D1692550

MEMORIE DELLA SOCIETÀ GEOGRAFICA ITALIANA
VOLUME LXXVII

# SVILUPPO GLO-CALE E SOCIETÀ NEI PAESI DEL SISTEMA ADRIATICO

ATTI DEL CONVEGNO INTERNAZIONALE
(Teramo, 9-11 giugno 2004)

organizzato da
SOCIETÀ GEOGRAFICA ITALIANA
UNIVERSITÀ DI TERAMO
UNIVERSITÀ «G. D'ANNUNZIO» DI CHIETI-PESCARA

a cura di
BERNARDO CARDINALE

**SOCIETA' GEOGRAFICA ITALIANA**

Il volume è stato pubblicato con il contributo di:

Dipartimento di Economia e Storia del Territorio, Università «G. d'Annunzio» di Chieti-Pescara.

Dipartimento di Studi Filosofici, Storici e Sociali, Università «G. d'Annunzio» di Chieti-Pescara.

Società Geografica Italiana.

Ogni autore è responsabile in maniera formale e sostanziale del proprio scritto e delle relative illustrazioni iconografiche e cartografiche.

# SOMMARIO

B. CARDINALE
*Introduzione* ............................................................................................. pag. 9

TAVOLA ROTONDA, *Sviluppo glo-locale e società nei Paesi del Sistema Adriatico*, F. SALVATORI, A. PEPE, P. LANDINI, B. CORI, D. MAGAS, G. DI PLINIO, R. PETROVÍC, P. GARGIULO ............... 13

E. BULLADO
*I porti turistici dell'Adriatico tra opportunità di sviluppo locale e creazione di una rete* ........................................................... 39

M. CAPRIATI e R. GRUMO
*Scelte localizzative delle imprese nel Sistema Adriatico* ............... 53

B. CARDINALE
*La provincia di Teramo nello scenario competitivo dell'Italia adriatica. Un esercizio di* benchmarking *territoriale* ... 71

V.A. CARULLI
*Reti transeuropee di trasporto: opportunità di sviluppo per la Puglia e i Paesi dell'Adriatico* ......................................... 85

G. CAVUTA
*Paesaggio e pianificazione del territorio. Il caso delle aree protette in Abruzzo* ............................................................ 105

S. CICCARELLI e L. FALCO
*Analisi preliminare della pressione sociale e della densità infrastrutturale nei subsistemi turistico-balneari della costa adriatica* ............................................................................................. 115

L.D. DE FLAVIIS
*L'Unione Europea verso Est: la politica di prossimità e lo spostamento del baricentro europeo* ................................... 139

D. De Vincenzo
*Squilibri territoriali e turismo nella «Regione» adriatica balcanica*     153

F. Dini
*Variabilità e invarianti dello sviluppo locale*     167

F. Ferrari
*Struttura produttiva e commercio internazionale
nell'Italia adriatica. Un'analisi congiunturale*     181

R. Friolo
*La rete territoriale indotta dai flussi energetici
nel Sistema Adriatico*     199

M. Fuschi
*L'Arco Occidentale Adriatico: indicatori di contesto ambientale
e variabili di rottura*     211

A. Galvani
*Ferrara: modello internazionale di gestione ambientale*     235

M. Gattullo
*Identità, territorialità e regionalizzazione:
il caso della sesta provincia pugliese*     249

A. Gianvenuti
*Percorsi di territorializzazione per le politiche
di sviluppo turistico: esperienze regionali*     261

G. Imparato
*Fondi strutturali e sviluppo sostenibile nelle regioni Obiettivo 1:
una misura del contributo dell'UE allo sviluppo glo-cale*     271

I. Iozzolino
*Dall'Adriatico al Mar Nero… e oltre:
il Corridoio VIII fattore di stabilizzazione, di integrazione
e di sviluppo dell'Europa sud-orientale*     279

I. Jelen
*Globalizzazione, Europa, Mediterraneo: nuovi spazi
e nuove scale per la geografia politica*     291

A. LE BLANC
*Un modello di sviluppo glo-cale? Il distretto culturale di Sud-est,
nella Val di Noto*   303

E. LEMMI e M. DE LEO
*L'afflusso studentesco alle università dell'Italia adriatica*   313

D. LOMBARDI e M. BOTTEON
*«Vivere» la mobilità e il traffico: il caso di Conegliano Veneto*   327

D. MAGAS e A. CUKA
*L'impatto della deruralizzazione sullo sviluppo territoriale
dell'arcipelago di Zara*   337

G. MASSIMI
*Ristorazione e ricezione (1991-2001). Appunti per un atlante*   351

A. MIMMO
*Nel passato l'origine dell'attuale Sistema Adriatico*   391

M.C. MIMMO e F. RINELLA
*Dal «Mare alla rete»: il turismo dei comuni adriatici italiani*   401

S. MONTEBELLI
*Adriatico in divenire: la metamorfosi del porto*   415

L. MUNDULA
*Globalizzare dal basso: la sfida della pianificazione territoriale
sostenibile*   429

E. PALMA e A. RINELLA
*Il ruolo dei parchi scientifici e tecnologici nella filiera
della conoscenza: il caso del parco scientifico e tecnologico
«Tecnopolis» di Valenzano (Bari)*   443

A. PELLICANO
*Cipro e Malta: l'integrazione verso l'insularità*   455

F. POLLICE e C. RINALDI
*Nuove prospettive per un'integrazione turistica dell'Adriatico*   465

M. Prezioso
*Competizione, coesione, sostenibilità nelle politiche territoriali
per l'integrazione europea* — 483

F. Randelli
*I patti territoriali: uno strumento innovativo nelle politiche
per lo sviluppo locale?* — 493

P. Romei
*Territorio, innovazioni tecnologiche e imprese* — 507

S. Ronconi
*Le linee strategiche dell'assistenza dell'Unione Europea
ai Balcani Occidentali: sfide e strumenti per
l'integrazione regionale* — 525

D. Russo Krauss
*Verso un'Unione allargata: un percorso complesso* — 541

L. Scarpelli
*Flussi turistici internazionali in Slovenia e in Croazia* — 553

S. Scorrano
*I Balcani Occidentali verso l'integrazione europea* — 563

L. Spagnoli
*«Il Golfo di Venezia Olim Adriaticum Mare». L'Adriatico
e l'immagine di Venezia nell'espressione cartografica nautica* — 573

M. Tatar e L. Zarrilli
*Nuove forme di internazionalizzazione del sistema
produttivo italiano: il caso degli IDE italiani in Romania* — 589

D. Vestito
*Il turismo sostenibile in Puglia: attualità e prospettive* — 601

A. Violante
*Slavi ortodossi, minoranze storiche e profughi in Montenegro* — 617

# INTRODUZIONE

*La regione adriatica è da sempre considerata luogo di incontro e di scontro di culture e popolazioni; la sua valenza strategica viene a essere evidenziata in varie epoche con fatti che hanno inciso su tutto lo sviluppo europeo. Eppure, con l'inizio del periodo colonialistico e l'apertura alle rotte oceaniche, l'Adriatico, come tutto il bacino mediterraneo, ha iniziato un lento declino fino ridurre la sua importanza a semplice via di comunicazione.*

*I drammatici eventi balcanici degli anni Novanta, il riesplodere di conflitti etnici fino ad allora faticosamente sopiti dai regimi socialisti, l'intervento dei Paesi occidentali per ristabilire gli equilibri infranti hanno risvegliato l'attenzione del mondo su un'area troppo a lungo dimenticata, «porta» di passaggio tra Occidente e Oriente d'Europa, tra culture e religioni diverse, tra sistemi politici ed economici radicalmente differenti e in netto contrasto. L'evento dell'esplosione e della frammentazione etnica dell'ex Iugoslavia, ancora non completamente risolto, pur nella sua evidente drammaticità e negatività, ha però comportato anche un fatto positivo. Da questi tristi eventi, infatti, si è aperta una speranza di collaborazione internazionale con il diretto coinvolgimento degli organismi sovra-nazionali nell'opera di ricostruzione e modernizzazione delle nuove entità statali. L'Unione Europea ha partecipato attivamente al processo di pace e di ricostruzione, partendo da una politica di emergenza è arrivata, a distanza di dieci anni, a prevedere il coinvolgimento, attraverso il Processo di Stabilizzazione e di Associazione, della regione balcanica.*

*La vicinanza geografica porta l'Italia à recitare un ruolo da protagonista nel dialogo sempre più intenso da instaurare con le nuove economie emergenti. Un confronto con tali realtà territoriali così vicine, ma anche così sconosciute, appare importante per capire le reali possibilità di una collaborazione reciproca tra i due versanti opposti dell'Adriatico. L'apertura di una nuova stagione per dialogare e per riportare il bacino adriatico alla sua centralità storica a livello internazionale non deve comunque far sottacere la necessità di studiare le peculiarità e i localismi esistenti non solo nell'area balcanica, ma anche all'interno del territorio italiano. Nel tempo, in effetti, alla tradizionale contrapposizione Nord-Sud, si è andata sovrapponendo una struttura economica molto più eterogenea e localistica, di cui il «corridoio adriatico» è specchio e testimone fedele di tutte le ampie gamme di sviluppo presenti in Italia.*

*La necessità di avviare un confronto internazionale sulle tematiche del bacino adriatico ha, dunque, una duplice valenza e necessità: da un lato, il tentativo di valu-*

tare l'efficacia delle prime politiche internazionali per l'avvicinamento della sponda orientale a quella occidentale, e più in generale all'Unione Europea; dall'altro, la volontà di ascoltare, tramite punti di vista qualificati, le esigenze sociali ed economiche emergenti dalle diverse comunità locali.

Gli anni Novanta e i primi anni del Duemila sembrano dunque contradditori nelle loro traiettorie: la volontà di rendere l'Europa un'unica grande «casa» dove accogliere le esigenze di tutte le popolazioni che in esse convivono sembra apparentemente mal conciliarsi con il riemergere di particolarismi, etnicismi, nazionalismi; il compito principale e non facile dei governanti e degli studiosi è dunque quello di comprendere il globale attraverso le peculiarità locali, ossia il raccogliere le informazioni e le istanze dei luoghi per poi cercare di fonderle in una volontà unica, con obiettivi fissi ma flessibili a seconda delle emergenze riscontrate. L'Adriatico sembra dunque la «sfida» più interessante per lo sviluppo economico, politico e sociale del Duemila, rappresentando una regione storica, declinata a semi-periferia nel quadro economico mondiale in cerca di una nuova identità nel contesto internazionale, un'identità che le possa permettere di giocare un ruolo di primo piano all'interno della nascente Unione Europea, nel tentativo di portare più a Sud il baricentro dell'Unione Europea.

La Società Geografica Italiana ha voluto, con il convegno di cui si presentano con questo volume gli Atti, percorrere un sentiero rivolto ad analizzare gli sviluppi che hanno riportato il Sistema Adriatico al centro degli interessi geopolitici internazionali, rivalutandone e riscoprendone quel ruolo di centralità culturale che storicamente ha interessato le popolazioni rivierasche. A tal fine, lo scopo che l'evento convegnistico si prefigge è quello di proporre un momento di riflessione sulle tematiche sopra esposte nell'intento di poter fungere da strumento concettuale che permetta la compiuta analisi dello spazio adriatico inteso nella sua ampia accezione.

L'interpretazione delle tematiche sopra citate sono state lasciate alla valutazione personale dei singoli autori. A tal fine, si è proposto che le analisi fossero incentrate attorno ai seguenti punti: «EU Enlargement and Transborder Integration» (coordinatore: prof. Ernesto Mazzetti, Università di Napoli «Federico II»); «Human Mobility» (coordinatore: prof. Berardo Cori, Università di Pisa); «Economical Activities and Innovation Process» (coordinatore: prof. Francesco Dini, Università di Firenze); «Urban and Regional Planning» (coordinatore: prof. Carlo Lefebvre, Università «G. d'Annunzio» di Chieti-Pescara); «Transports» (coordinatore: prof. Bernardo Cardinale, Università «G. d'Annunzio» di Chieti-Pescara); «Tourism Pressure» (coordinatore: prof. Giorgio Spinelli, Università di Roma «La Sapienza»); «Environment and Landscapes» (coordinatore: prof.ssa Maria Mautone, Università di Napoli «Federico II»).

Al convegno hanno partecipato attivamente, con relazioni, comunicazioni e interventi anche alla tavola rotonda introduttiva ai lavori, numerosi ricercatori sia geografi sia cultori di discipline vicine, ma sempre con argomenti di generale interesse geografico.

*Sia consentito al curatore del volume ringraziare quanti hanno contribuito alla riuscita del convegno e alla pubblicazione degli Atti, in particolare i colleghi che hanno presentato relazioni e comunicazioni, il presidente della Società Geografica Italiana, professor Franco Salvatori, il vice presidente della stessa, professor Piergiorgio Landini, e il professor Adolfo Pepe, preside della Facoltà di Scienze Politiche dell'Università di Teramo, per i preziosi suggerimenti e l'incoraggiamento a intraprendere l'iniziativa convegnistica tenutasi presso l'ateneo teramano.*

*Ancora al Magnifico Rettore dell'Università degli Studi di Teramo, professor Luciano Russi, per l'accoglienza e il sostegno di tale iniziativa.*

BERNARDO CARDINALE

# TAVOLA ROTONDA

*Sviluppo glo-locale e società nei Paesi del Sistema Adriatico*


Franco Salvatori

Magnifico Rettore dell'Università di Zara, delegato del Magnifico Rettore dell'Università di Teramo, amplissimo Preside, cari colleghi e amici, forse è materia trita e ritrita fare riferimento al processo di globalizzazione che investe il nostro Paese e, naturalmente, il resto del mondo, eppure a me sembra non sia cosa vana richiamare la circostanza che con la scala globale siamo tenuti a confrontarci per la parte che ci compete, vale a dire per la parte scientifica.

Certamente scienze dell'uomo e scienze della natura debbono tener conto che questo nostro tempo è fortemente caratterizzato e segnato dalla processualità a scala globale, così come lo è, in realtà ormai da qualche decennio, dai processi di integrazione e di allargamento. L'Italia, in particolare, ha visto nell'Unione Europea e nella necessità di progressivi allargamenti la strada maestra per rispondere alle sfide della globalità e del superamento delle dimensioni nazionali al fine di raggiungere scale di azione più congrue e meno conflittuali. Questo progressivo allargamento ha avuto come reazione, come legittima reazione, una riscoperta del locale, della dimensione quindi entro la quale si svolge concretamente il nostro agire e il termine «locale» che è nell'epigrafe di questo nostro Convegno vuole essere, a mio giudizio, prima che il riconoscimento di una realtà effettuale, l'auspicio che queste naturali volontà di dare spazi concreti, da un lato agli allargamenti degli orizzonti e dall'altro alle proprie radici, si sappiano integrare e fondere, divenendo così lo spazio reale di svolgimento della nostra esistenza.

L'Adriatico, come già accennato dal Prorettore, è uno spazio particolarmente interessante sotto questo profilo: a lungo marginale e marginalizzato, è luogo certamente di integrazione ma anche di conflitto. La marginalizzazione che ha vissuto per lunghi decenni è stata proprio l'effetto concreto di una divisione del mondo che, effettivamente, aveva come linea di confine l'Adriatico. Il superamento di quella linea, o meglio il suo abbattimento con i processi virtuosi che ne sono conseguiti, ma anche con le conflittualità che ne sono derivate, non soltanto sulla sponda che ci è di fronte ma anche su quella che ci è propria, così come la riscoperta dei localismi esasperati, delle piccole patrie, della volontà di affermare dimensioni che avessero anche riconoscimenti politici significativi sono sfide con le quali bisogna confrontarsi senza «bende» e senza paura.

L'Adriatico, dunque, è banco di prova dove questa necessità di saper coniugare locale e globale è particolarmente interessante così come, se i colleghi me lo consentono, l'Abruzzo nello specifico.

Credo sia brevetto di Piergiorgio Landini il termine «l'Abruzzo cerniera»: la regione, infatti, è cerniera tra Nord e Sud della nostra Penisola, ma è anche cerniera possibile nel Sistema Adriatico tra la sponda balcanica e la sponda italiana.

Che questo Convegno si tenga ne «l'Abruzzo cerniera», e in quella parte più vitale e più «oleata» che si è manifestata essere il teramano, mi pare assuma un significato peculiare. Chi, come me, ha conosciuto l'Abruzzo di cinquant'anni fa è in grado di misurare i notevoli progressi che questa regione ha compiuto in mezzo secolo, lo straordinario tratto di strada che ha saputo realizzare proprio «giocando» su questa caratteristica di cerniera tra Nord e Sud. Se tale cerniera potrà funzionare nei riguardi non soltanto della dimensione Nord e Sud, ma anche Est e Ovest, l'Abruzzo ne avrà tutto da guadagnare, e il teramano altrettanto.

Il ruolo dell'Università, a tale riguardo – non perché *Cicero pro domo sua*, ma in quanto dato oggettivo – è snodo fondamentale. I processi di conoscenza e di comprensione della realtà che le sono propri e il ruolo di avvezzare i giovani agli stessi costituiscono le sue funzioni formativa e culturale. Spesso questa riforma che siamo chiamati a realizzare provoca uno spostamento di interesse soprattutto sul lato formativo e, quindi, professionalizzante. L'Università, in realtà, non ha soltanto questa funzione, come non ha solamente la funzione di ricerca, ne possiede una terza che è quella culturale, alla quale ritengo sarebbe un danno rinunciare.

L'Università, può, dunque, a mio avviso, essere il volano di un processo di conoscenza che porti al centro del nuovo dimensionamento cui sono chiamati l'Abruzzo e il teramano, processo di integrazione e di ridimensionamento che, naturalmente, non può che avere le sue ricadute sul piano economico e sul piano complessivo dello sviluppo civile.

Ritengo, anche, e ancora una volta non mi sembra di esprimermi in maniera autoreferenziale, che la geografia debba e possa dare un contributo significativo. Come Presidente della Società Geografica è missione mia e della Società sostenere ciò, tuttavia credo che questa affermazione nel luogo in cui siamo e nel contesto di cui parliamo possa essere suffragata da fatti concreti, da prove scientifiche.

La giovane geografia abruzzese da circa vent'anni è una parte importante del sistema di ricerca geografico nel nostro Paese: si è saputa affermare come scuola ed è stata in grado di fornire contributi significativi che hanno trovato spazio anche nel «recinto» della Società Geografica. Ancora pochi anni fa un intero fascicolo del Bollettino della Società Geografica fu dedicato all'Abruzzo e al suo sviluppo territoriale nella prospettiva che è propria appunto dell'indagine geografica. Il fatto che questo Convegno veda impegnati tanti colleghi ma, prevalentemente, la competenza geografica è una ulteriore affermazione nella direzione indicata.

Come abruzzese prima – mi si consenta quest'ordine di graduatoria – universitario poi, e Presidente della Società Geografica infine, non posso che essere soddisfatto di questi risultati e accreditare un ulteriore passo avanti che questo Convegno saprà sicuramente realizzare.

Ringrazio l'Università di Teramo che ha voluto non solo ospitare ma corealizzare il Convegno; il professor Cardinale per essersi sobbarcato la fatica della realizzazione (chi ha esperienza di organizzazione di attività convegnistiche è consapevole delle difficoltà e complicazioni che tale impegno comporta); il professor Landini che se ne è fatto interprete; ringrazio tutti voi per aver accolto l'invito e auguro senz'altro buon lavoro. Grazie.

Adolfo Pepe

Buongiorno a tutti, il mio compito è triplice. Un saluto e un ringraziamento al Rettore con il quale abbiamo già avuto un proficuo incontro in un'altra circostanza, un saluto caro al presidente della Società Geografica, all'amico Landini naturalmente, amico fraterno con il quale collaboriamo da tanti anni, e un ringraziamento particolare al professor Cardinale, nostro giovane collega, che è l'anima di questo convegno, l'organizzatore ma anche colui che in qualche modo lo ha pensato, ipotizzato; infine un ringraziamento a tutti i colleghi e alle colleghe e ai colleghi, agli studenti e agli studiosi tutti che sono presenti. Una seconda mia funzione è quella di introdurre i lavori: è difficile introdurre o concludere un convegno scientifico e, quindi, mi limiterò ad alcune riflessioni problematiche che troveranno invece nelle relazioni scientifiche dei colleghi la loro manifestazione compiuta sul piano della proposta intellettuale, a cominciare da quella di Piergiorgio Landini, e in ultimo, esaurirò il mio compito coordinando la tavola rotonda che poi servirà alle relazioni della mattinata.

Dunque alcune mie riflessioni su questo tema. Il Convegno è stato voluto fortemente dalla nostra Facoltà di Scienze Politiche e vi è una ragione che schematicamente riassumerò in tre punti. Il primo elemento è che la Facoltà ha operato un sostanziale rinnovamento dei propri indirizzi didattici e scientifici, scegliendo come percorso privilegiato il rapporto con il territorio, gli studenti, le istituzioni, ma anche come terreno di ricerca scientifica originale, quello della internazionalizzazione dei fenomeni economico-sociali e politico-istituzionali. L'internazionalizzazione è uno degli assi sui quali l'intera Facoltà in tutti i suoi corsi di laurea si è venuta orientando. Un secondo elemento, come ricordava opportunamente il presidente della Società Geografica è che qualsiasi fenomeno legato alla internazionalizzazione o alla globalizzazione (termine che meriterebbe un'analisi più approfondita) ha come risvolto immediato una riflessione sui fenomeni di ritorno alle identità locali e alle condizioni dello sviluppo locale. La Facoltà ha attivato un secondo filone didattico e scientifico legato all'attenzione ai fenomeni della *governance*, dello sviluppo e della formazione delle classi dirigenti amministrative a scala subnazionale e sovranazionale e, in sintesi, a tutti quei fenomeni che attengono allo sviluppo nelle comunità locali. Un terzo motivo è che la Facoltà, in sintonia con l'intero ateneo, ha individuato l'area adriatica come l'area strategica di riferimento della propria attività sia accademica che di ricerca. L'Adriatico settentrionale e il medio Adriatico costituiscono per noi punto di riferimento fondamentale nel sistema delle relazioni, in primo luogo, con i nostri interlocutori accademici, quindi, le Università, e in secondo luogo con le realtà sociali, politiche ed economiche che, al di qua e al di là dell'Adriatico, costituiscono quella che possiamo considerare un'unica area integrata nella quale si sviluppino delle sinergie in cui ciascuno riesca a mettere il meglio delle proprie capacità. Lo sviluppo e l'attenzione verso l'area adriatica e verso le sue complesse sfaccettature, costituiscono per l'Ateneo e per la Facoltà una scelta strategica.

Oggetto specifico di questo ricco ed articolato Convegno è il tema del localismo e del suo rapporto con la realtà adriatica.

Attualmente ci troviamo in una fase di ridisegno dello spazio economico europeo ed è il primo punto dal quale occorre partire, non solo perché ci troviamo di fronte alla realizzazione di processi di allargamento, ma soprattutto perché questi processi sono appena iniziati.

L'Europa, in seguito all'allargamento di qualche settimana fa, ha solo iniziato un percorso di ridefinizione dei suoi confini e dei suoi spazi che potrebbe portare, da qui a dieci-quindici anni a una configurazione assolutamente inedita e originale. I fenomeni di allargamento e di integrazione dello spazio hanno posto in evidenza i problemi della ridefinizione degli spazi interni all'area europea, infatti non essendo più identici gli spazi tradizionali, anche le dimensioni nazionali e subnazionali, le dimensioni regionali e locali, appaiono estremamente fluide e in via di ridefinizione. Per l'Italia questo è un fenomeno di grande importanza; infatti essa ha individuato nello sviluppo del sistema del Nord-Est e della «quarta Italia» una delle vie di uscita nella transizione dal sistema della grande impresa fordista alla economia delle reti, dell'informatica e della globalizzazione. Questo processo è, tuttavia, caratterizzato da momenti di grande difficoltà, non si può infatti ignorare che questo modello, (che fino a qualche anno fa era un modello assolutamente vincente anche nella letteratura e nell'attenzione che gli studiosi stranieri vi portavano), registra oggi alcune difficoltà dovute allo scollamento tra lo sviluppo della grande impresa e questo sistema economico reticolare. Senza una grande impresa un Paese fa difficoltà a fare innovazione, ricerca, qualità e a stare dentro la globalizzazione come sistema. Autorevoli affermazioni del nuovo presidente della Confindustria, dei sindacati, del governatore della Banca d'Italia hanno riproposto con forza questo tema. Questo vuol dire che noi oggi abbiamo da insegnare agli amici dell'altra sponda dell'Adriatico nella stessa misura in cui loro hanno da insegnare a noi. Dico ciò con una certa dose di realismo, infatti, se qualche anno fa potevate apprendere qualcosa, oggi forse siamo noi a dover riflettere sul nostro sistema e a verificarlo con voi per apprendere qualche elemento in più su che cosa significa uno sviluppo locale integrato, sostenibile e autopropulsivo, che regga nei nuovi spazi europei.

Quali i fenomeni che caratterizzano questo passaggio? Nelle giornate che seguiranno i temi sono tutti riassunti, ma vorrei concentrare l'attenzione su alcuni.

Al centro vi è la questione dei grandi corridoi (energetici, infrastrutturali e tecnologici), ma soprattutto la grande questione che si situa a cavallo tra globalizzazione e localismo è quella delle reti e dei flussi immateriali. Dai processi di informatizzazione ai processi di finanziarizzazione, le reti e i flussi immateriali costituiscono il punto di saldatura e di raccordo tra i fenomeni di globalizzazione e quelli di localizzazione.

La geoeconomia ha individuato con molta chiarezza come, insieme al trasferimento quasi metafisico dei processi materiali di produzione fuori dallo spazio, ha corrisposto per tutti i settori all'avanguardia la ricerca spasmodica di spazi fisici ottimali sui quali realizzare gli investimenti. Gli investimenti e i cicli produttivi esistono ancora e si svolgono in spazi determinati, la competizione sugli spazi nei quali localizzare gli investimenti innovativi è oggi il punto strategico centrale che lega i processi di globalizzazione con i processi di localizzazione.

Di non minor rilievo sono i grandi fenomeni di mobilità o migrazioni delle popolazioni. Gli spostamenti e flussi di popolazione hanno acquisito una dimensione imponente e sono flussi che riguardano sia i microcircuiti sia i circuiti molto più ampi.

L'Italia, attualmente, è caratterizzata da un ritorno di fenomeni di migrazione interregionale e di spostamento di popolazione dal Sud del Paese verso il Centro e il Nord e, (ma è materia più nota), da fenomeni di mobilità della popolazione a più ampio raggio, con flussi circolari che interessano sia le diverse aree europee fra loro, che le aree ovviamente dei Paesi extraeuropei.

Un terzo punto fondamentale, a cui facevo riferimento, è costituito dai nuovi processi di delocalizzazione industriale. E qui affrontiamo uno dei nodi che riguardano le difficoltà strutturali dello sviluppo locale italiano. Infatti non possiamo trascurare un elemento strutturale fondamentale: l'economia italiana è stretta fortemente tra l'economia francese e, soprattutto, dall'economia tedesca. I processi di delocalizzazione delle grandi imprese tedesche verso l'Est e verso i Paesi balcanici restringono gli spazi naturali di espansione delle imprese e dei prodotti italiani. La delocalizzazione, per l'economia industriale tedesca, è spazialmente contigua; è infatti nella storia dello sviluppo del capitalismo tedesco quello di non fare salti spaziali. Ma oggi la globalizzazione impone alla Germania livelli di concorrenza mondiali tali per cui il suo interlocutore privilegiato è la Cina. Però l'economia tedesca, la più grande economia dell'Europa continentale, trova un grande sbocco sui due grandi mari di riferimento. Questo è un serio problema perché, mentre prefigura una integrazione più stretta dell'Europa, ne accentua i livelli di concorrenzialità e le tensioni interne sul mercato del lavoro, sul mercato sociale di riferimento, e sulla qualità degli investimenti e su cosa va ad investire. Questo ha una ricaduta decisiva sui Paesi adriatici ma soprattutto sui Paesi (per il momento) dell'area centro-orientale.

Un quarto ordine di considerazioni attiene alle identità storico-culturali. I processi di disaggregazione che sono seguiti al crollo del comunismo hanno dato luogo a fenomeni conflittuali e di tensione che hanno assunto nell'area adriatica un carattere particolarmente drammatico, il confronto tra le questioni di identità etnica, religiosa e di ridisegno dei circuiti economici, tradizionali e nuovi, costituiscono un terreno di riflessione fondamentale per le nuove classi dirigenti dell'Adriatico e per la loro legittima aspirazione a integrarsi maggiormente nella economia e nella società politica europea.

Quanto si sta verificando nella ridefinizione dello spazio economico ha una ricaduta diretta sulle istituzioni e sullo spazio politico europeo. Infatti, contemporaneamente a questi fenomeni, noi siamo in una fase in cui vengono ridisegnate le istituzioni politiche europee, con processi di intenso trasferimento di competenze e di poteri da autorità nazionali ad autorità sovranazionali e sub-nazionali. Il quadro che ne è derivato, per la verità non chiaro, appare sostanzialmente ancora caratterizzato da molto tecnicismo e da un aggiramento sostanziale del problema fondamentale della legittimazione demografica delle istituzioni. I meccanismi decisionali, procedurali, amministrativi e istituzionali hanno comunque configurato una gerarchia di autorità e di poteri decisionali che è diversa da quella precedente: lo spazio economico e lo spazio politico-istituzionale appaiono oggi fortemente in trasformazione.

Qual è, ed è l'ultima riflessione, la peculiarità dell'area adriatica? Perché abbiamo posto sotto osservazione la società dell'area adriatica? Presenterò quelle che a mio giudizio appaiono alcune tendenze che, se analizzate, possono consentire di mettere in campo politiche correttive di fenomeni che possono diventare «fenomeni non positivi».

Il primo elemento da sottolineare è che l'area adriatica rischia di configurarsi come una grande zona di semplice comunicazione, infatti non possiede, o comunque per il momento non è valorizzata sul piano geo-politico e geo-economico per le risorse. Partendo dalla considerazione che oggi il mondo si divide in base a due grandi parametri, laddove ci sono le risorse e laddove ci sono i canali per trasportarle. Se si è fuori da questi due si è fuori dallo sviluppo, se si sta dentro a uno dei due bisogna capire quale ne sono le conseguenze.

L'appartenenza ad aree geo-politiche dotate di risorse aumenta la probabilità di guerre, mentre l'appartenenza ad aree in cui prevalgono le funzioni di comunicazione corrisponde a uno stato a metà tra le potenzialità di sviluppo e la marginalizzazione. È il puro e semplice transito della ricchezza, delle innovazioni, delle mobilità, in tendenza del sottosviluppo.

L'area adriatica, così come noi l'abbiamo e la leggiamo nelle analisi, rischia di essere un grande crocevia, una sorta di rete fittissima dei corridoi energetici, il punto nel quale le grandi risorse energetiche che vengono dall'Eurasia debbano e possono essere dirottate verso l'Europa continentale, il Mediterraneo o più ancora, attraverso il controllo dei mari, verso gli Stati Uniti. Primo problema è, dunque, quello di porre al centro dell'attenzione per queste società rischi, vantaggi e opportunità politiche atte a trasformare una situazione geo-politica e geo-economica di pura cerniera e di transito dei corridoi energetici in occasione di sviluppo.

Un secondo elemento è legato alla natura della fuoriuscita dal sistema comunista.

La transizione per queste aree ha comportato un prezzo molto alto, forse il prezzo maggiore tra tutte le società che rientravano dietro o dentro la «cortina di ferro», per usare la vecchia espressione della Guerra Fredda. Due fenomeni che caratterizzano diversamente sul piano storico queste società; il primo è l'insistenza in questi territori di guerre guerreggiate; e, la guerra è sempre un dato che non si può ignorare, guerre vere, guerre terribili, guerre di ridefinizione dei confini e non solo. Fortunatamente, forse, oggi sono avviate al superamento, mentre altre permangono. Il dato, comunque, è quello di una realtà attraversata da un decennio di guerre che hanno comportato una particolare ricollocazione politico-diplomatica di questa area, perché nelle guerre è implicita questa evoluzione. Ma vi è un altro elemento, ossia queste aree, proprio perché impegnate nelle guerre, non hanno conosciuto i fasti e i nefasti del liberismo selvaggio, della globalizzazione degli anni Novanta. È un po' il problema inverso delle società dell'Europa Orientale, e in parte della Russia, che uscite pressoché indenni dal comunismo, sono state però travolte dall'ondata del liberismo totale, quello in cui il rapporto tra globalizzazione e localizzazione si è trasformato in un rapporto «lineare» in cui la localizzazione, o il localismo, era pressoché ridotto a zero e tutto si riduceva al trasferimento meccanico autoritario dei sistemi della globalizzazione.

In queste società non si è registrato l'esperimento del liberismo selvaggio nelle forme distruttive delle identità locali che è stato proprio, invece, di molte realtà dei Paesi dell'Est. Questo è un argomento storico, politico e culturale che va annoverato tra le opportunità perché può ricollegare, più facilmente, la realtà adriatica al modello sociale ed economico dell'Europa continentale.

Non deve, infatti, sfuggire che nell'antico continente, e quindi sul *welfare* e la sua trasformazione, sicuramente, le linee del liberismo selvaggio dell'Europa Orientale costituiscono un modello pericolosamente alternativo.

I Balcani hanno l'opportunità invece di riflettere e costruire un modello che può in qualche modo ricollegarsi ai necessari ammodernamenti del modello sociale di *welfare* dell'Europa continentale senza percorrere le strade che portano meccanicamente alla marginalità nello sviluppo del liberismo integrale, ossia di un liberismo che deriva meccanicamente dall'applicazione dei principi della globalizzazione, soprattutto finanziaria. Attualmente vi è una minore integrazione tra queste aree rispetto a quella dell'Europa Centro-Orientale e l'Europa. Ma ciò, per alcuni versi, non è un male perché l'Europa ha agito nei confronti delle aree centro-orientali con una logica a scala che è la stessa con cui ha agito la globalizzazione in generale. Maastricht è stato uno strumento di coercizione e come tale ha agito in maniera differenziata: ha aiutato l'Italia a divenire virtuosa, ma ha anche depresso molte classi dirigenti e molte economie costringendole dentro dei paradigmi economici che non prevedevano adeguati tassi di sviluppo.

E, allora, io credo che voi potete agganciare l'Europa in un momento in cui essa sta ridiscutendo, e non può non ridiscutere, con un minimo di intelligenza il rapporto che c'è tra i parametri delle compatibilità finanziarie e di bilancio e il necessario rilancio dello sviluppo. Per l'area adriatica è possibile utilizzare «l'integrazione in Europa» in un momento in cui la ripresa possa consentire di aprire un circolo virtuoso e l'Europa possa diventare, non il gendarme della globalizzazione a livello europeo e regionale, ma un'autentica area di espansione e di sviluppo.

Il tema dello sviluppo compatibile è, in ultima istanza, l'oggetto specifico della nostra discussione. E quindi, dobbiamo analizzare a fondo gli scenari, comprenderne le radici storico-economiche e politiche, individuare le condizioni dello sviluppo, perché rimaniamo ancora convinti che la geo-economia faccia agio sulla geo-politica e non perché, come dicono gli studiosi e i politici statunitensi, è meglio dare il lavoro piuttosto che la guerra. La pace in Iraq si porta dando il lavoro, ma perché in realtà noi riteniamo che è ancora la geo-economia l'elemento che rende e dissuade la geo-politica dal trasformarsi in geo-strategia militare. Dunque l'area adriatica, dotata di grandi potenzialità, in collegamento con le economie europee confinanti, ma anche ricercando al proprio interno funzioni originali, modelli propri, collegamenti interessanti, può trasformare quella che rischia di essere una semplice area di transito tra economie ricche e sviluppate, in una vera e propria area, come sempre è stato, di sviluppo economico ma, soprattutto, di grande civiltà e di grande cultura. Un'area cerniera, non solo di prodotti e di merci (tra l'altro di bassa qualità), ma di intelligenze, di istituzioni, di valori, in definitiva, l'area adriatica come uno dei grandi poli della civiltà del Mediterraneo che è di fatto il completamento della civiltà europea.

Piergiorgio Landini

Obiettivo di questo intervento è (ri)esplorare, nel quadro tematico del Convegno, un paradigma fondante per la disciplina che pratico e, non di meno, per la comprensione delle problematiche, tipicamente transdisciplinari, legate allo sviluppo locale in un contesto regionale evolutivo come quello adriatico.

È il paradigma della regionalizzazione, che – introducendo i concetti di sistema e, dunque, di processo – ha segnato la rifondazione del pensiero geografico regionale, in Italia, a partire dagli anni Settanta del secolo trascorso. Il concetto di regione rappresenta una prelazione indiscutibile della geografia, alla quale si deve, da sempre, la definizione, descrizione e interpretazione degli spazi organizzati dall'uomo, all'interno del contesto politico ma anche al di fuori di esso, quando si pensi, da un lato, agli ostacoli interposti da barriere fisiche interne a unità statali o regionali amministrative e, dall'altro, al superamento dei confini normativi da parte di flussi antropici (le migrazioni) o economici (le polarizzazioni urbane e industriali) che quei confini possono in qualche modo limitare, non certo interrompere.

La regione naturale, unità di indagine per eccellenza della geografia fisica, e quella culturale, alla base della geografia umana, si fondono nel concetto di «genere di vita», prodotto dal pensiero idealista nella prima metà del Novecento, sotto l'egida unificante de *Les Annales*: ambiente e uomo, geografia e storia convergono, attraverso reciproche interazioni, nel «plasmare» i luoghi, dando loro equilibrio e armonia, unicità di forme e peculiarità di paesaggi, come espressione di un uso delle risorse che tende alla continuità più che allo sfruttamento, anticipando quei concetti di sostenibilità che dovranno essere riscoperti e codificati, sul finire del secolo, di fronte ai rischi che l'espansione della rivoluzione industriale ha inesorabilmente generato.

Anche la regione ha rischiato di esserne travolta e ha dovuto affrontare una complessa rivisitazione. Quell'armonia di piccoli spazi gestiti attentamente dalle comunità locali, che tuttavia finiva per renderli marginali, era sostituita dalle gerarchie regionali, guidate da città, poli industriali, aree metropolitane: la quantità (massa di popolazione, occupazione, reddito, consumo) metteva in secondo piano la qualità e la peculiarità dei «luoghi».

Il neologismo *glo-cale*, che bene rappresenta l'idea-guida di questo Convegno, può apparire, senza dubbio, una sorta di indulgenza a quello che potrebbe essere considerato uno stereotipo; e tuttavia appare efficace come sintesi non di due fenomeni, tanto meno nuovi, ma di due momenti del medesimo processo, appunto il processo di regionalizzazione. Certamente si può analizzarli in maniera separata, ma essi vanno a riconvergere nella storia dello sviluppo umano sul territorio, attraversando la fase pre-industriale, quella della prima e poi della seconda rivoluzione industriale, infine la fase che potremmo definire in diversi modi: post-industriale, dei grandi consumi di massa, della terziarizzazione. Molti, ormai, la definiscono globalizzazione, semplificando e generalizzando all'eccesso, perché la globalizzazione parte molto più da lontano, dalle prime relazioni fra regioni, e non da una costruzione politologica ed economica recente.

E il localismo, allora, cosa rappresenta? Con Franco Salvatori ricordiamo una delle nostre tante esperienze comuni di lavoro e di ricerca, una «Memoria della Società Geografica» nata, alla fine degli anni Ottanta, come bibliografia commentata degli studi sulle regioni italiane e poi divenuta – oso dire – un punto di riferimento della letteratura geografica italiana, perché, insieme ai giovani colleghi di allora, abbiamo creduto di non limitarci all'obiettivo iniziale, bensì di analizzare i modelli di sviluppo regionale partendo dal locale e quasi riscoprendolo, dopo gli anni dell'enfasi modellistica e funzionalista.

Il percorso verso la globalizzazione, a ben vedere, era già iniziato con le classificazioni di regione proposte dai geografi ancora nel primo Novecento: regione *elementare, complessa, integrale*. Indubbiamente si avvertiva, all'epoca e per alcuni decenni, una certa difficoltà soprattutto nel passaggio dalla regione complessa a quella integrale, dovuta alla presenza di «mondi» chiusi e separati, come quello socialista, ma soprattutto alla mancanza di strumenti di comunicazione «in tempo reale», per cui, nonostante i progressi dei mezzi di trasporto, le distanze fisiche restavano imponenti. Dunque, se appariva chiaro come un certo numero di regioni elementari, fra loro contigue, formassero una regione complessa, non era altrettanto immediato definire la regione integrale, se non – dicevo talvolta, scherzosamente, ai miei allievi – come «una regione complessa ancor più complessa».

In ogni caso, il localismo non è una scoperta della economia politica, con tutto l'apprezzamento per la scuola fiorentina del Becattini che ne ha riproposto il concetto, applicandolo peraltro al distretto industriale marginale di impostazione marshalliana. Ma il «luogo», in geografia, è molto di più: è la sintesi dei concetti, tra loro interrelati, di genere di vita e di paesaggio, di preesistenza e di vocazione, di impronta umana sul territorio.

Genere di vita è cultura locale, certamente influenzata dai vincoli dell'ambiente fisico: chi dice che il possibilismo – come è stata definita la scuola di geografia umana di matrice francese – ha spazzato via il determinismo ottocentesco non legge bene, perché in realtà il genere di vita è fondato soprattutto sulla ottimizzazione delle risorse locali, risorse che all'epoca erano essenzialmente primarie. In questo modo, è la cultura del luogo che identifica il paesaggio nelle sue componenti antropo-economiche; ed è questo il localismo originario, armonico e virtuoso.

Perché, allora, una regione così bella, serena, «ecologica» è stata abbandonata, quasi cancellata? La risposta, ancora una volta, sta nella teoria geografica giunta alla concezione sistemica: perché era una regione chiusa, e come tale destinata all'entropia, in uno stadio di sviluppo, quello della prima rivoluzione industriale, che andava sempre più diffondendo i propri modelli produttivi e comportamentali.

Ed era chiusa anche nelle definizioni dei geografi: il genere di vita deve essere consolidato e stabile, sostenevano i possibilisti ortodossi; ma, in tal modo, non dava spazio alla modernizzazione. Quando, per esempio, la produzione di energia elettrica è salita nella parte alta delle valli alpine – che costituiscono veri laboratori di ricerca sul localismo – e con essa vi è salita l'industria (poiché l'energia non era trasportabile e, quindi, doveva essere prodotta e consumata in prossimità di quelle cadute d'acqua che rappresentavano una meravigliosa risorsa naturale), il genere di vita locale si è inesorabilmente «snaturato». L'industria, infatti, ha trasformato gli agricoltori, i boscaioli, i pastori – che, in precedenza, davano luogo alla transumanza verticale tipica dell'alpeggio – in operai. E quando l'industria, essendo l'energia divenuta trasportabile e non avendo più senso localizzazioni impervie e lontane dai mercati, è ridiscesa a valle, quegli uomini non sono ritornati al genere di vita originario ma, per la gran parte, sono emigrati nelle città della pianura.

A riflettere obiettivamente, se è facile dire che l'armonia del genere di vita e del paesaggio di quelle valli è stata sconvolta nel suo equilibrio irripetibile, è anche egoistico e ingeneroso pensare che quelle popolazioni dovessero rimanere ancorate a generi di vita arcaici, mentre progrediva un modello urbano-industriale sicuramente meno gradevole per molti aspetti di qualità territoriale, ma denso di modernizzazione e, con essa, di opportunità economiche e sociali.

Certo, la polarizzazione ha inghiottito regioni dense di valori qualitativi (e pertanto non quantificabili), privandole della loro identità. Il polo attrae popolazione, risorse, consumi e genera flussi; l'area di influenza del polo, cioè la regione funzionale, è tanto più grande quanto più il polo è forte. Perché Parigi ha «desertificato» il territorio francese, come affermavano già quarant'anni fa urbanisti e geografi? Perché la massa di Parigi concentrava non solo il 20% della popolazione – e sarebbe stato già molto – ma addirittura l'80% dei capitali, e dunque delle scelte di investimento e di localizzazione, dell'intero Paese. Allo stesso modo Roma, con la massa delle proprie funzioni pubbliche e la conseguente crescita esponenziale della popolazione, ha desertificato una regione come il Lazio e, in qualche misura, l'intera Italia centrale.

La sempre più accentuata divisione socio-spaziale del lavoro, della produzione e dei servizi segnava già allora la prima fase di quella che oggi definiamo globalizzazione: una fase di marcata concentrazione dello sviluppo economico, in cui emergevano gerarchie territoriali fra loro relativamente separate, a scala sia mondiale che nazionale e regionale. Sarebbe stato, di lì a un quarto di secolo, lo sviluppo delle reti immateriali, unitamente alla caduta delle grandi barriere geopolitiche, ad accelerare il processo di integrazione economica regionale, all'interno del quale non si deve tuttavia sottovalutare il fondamentale problema del rapporto con il territorio e con le sue discontinuità, fisiche ed antropiche.

Nella stagione funzionalista, anche i geografi hanno elaborato modelli generali in cui l'analisi del territorio muoveva dall'ipotesi uno spazio isotropico, sostanzialmente euclideo. In effetti, limitata e forse tardiva è stata l'adozione di geometrie alternative, dove lo spazio non fosse considerato solo quantità ma anche qualità. Tali approcci venivano proposti da alcuni «oppositori» del funzionalismo, che confluivano in una sorta di «geografia radicale», apparentemente – e talora sostanzialmente, a causa di un eccesso di teorizzazione politica – astratta dalle ineludibili contraddizioni della crescita economica e sociale.

L'introduzione del concetto di «sistema» nella teoria geografica forniva strumenti metodologici idonei a meglio interpretare l'evoluzione delle strutture regionali, il loro continuo dinamismo e anche i fenomeni di rottura, ovvero i momenti rivoluzionari. Strumenti che segnavano il distacco dalla staticità dei modelli funzionalisti, senza per questo giustificare il ricorso a forme di «post-modernismo» incentrate su componenti pseudo-culturali non meno astratte del radicalismo, e che oggi si vorrebbero – da alcuni – riproporre.

Il problema delle discontinuità territoriali permane comunque nella regione globale, ed è un problema geografico nel senso integrale del termine. Le reti immateriali hanno un ruolo innegabilmente forte, perché consentono relazioni interregionali in tempo reale, anche a grandissima distanza; ma le reti materiali conservano una importanza non minore, e anzi determinante, perché proprio quelle relazioni accrescono l'esigenza di trasferire fisicamente i beni, materie prime e prodotti finiti, rendendone le transazioni massimamente mobili. E qui le barriere geografiche tornano a far avvertire il proprio peso.

Ancora: la regione globale può considerarsi il termine ultimo del processo di regionalizzazione? Non significa, ciò, una contraddizione negli stessi termini sistemici?

Riandando alle antiche civiltà, che hanno saputo, anche sotto il profilo tecnologico, realizzare manufatti, strutture e forme di organizzazione meravigliose (pensiamo alla civiltà romana, ma anche egizia, cinese e a quelle americane autoctone), esse hanno trovato il loro limite, e dunque la decadenza, nella «chiusura» della regione, quando non sono più riuscite a controllare i margini della loro espansione, a causa dei mezzi di comunicazione insufficienti, o a sostituire risorse divenute scarse, attingendole dall'esterno.

Oggi, pur disponendo di tecnologie di comunicazione estremamente avanzate e sofisticate, che permettono di interscambiare informazioni e risorse fra ogni parte della regione globale, dobbiamo restare consapevoli del fatto che questa è, a sua volta, una regione chiusa; né le prospettive, pur affascinanti, della esplorazione dello spazio cosmico possono ancora darci l'idea di risorse economicamente utilizzabili provenienti da regioni esterne al pianeta Terra.

Ma questo è un problema di ricerca fondamentale, che al momento dobbiamo accantonare per tornare al caso regionale oggetto, qui, della nostra attenzione, l'Adriatico, alla sua organizzazione e al suo ruolo in sistemi progressivamente più ampi: italiano, europeo e mediterraneo.

Dall'osservatorio dell'Abruzzo, regione-cerniera del medio Adriatico, un approccio significativo – in pieno accordo con Adolfo Pepe – non può non centrarsi sull'analisi delle reti. Franco Salvatori ha avuto la bontà di attribuirmi quella definizione di «cerniera», introdotta in letteratura da un breve saggio pubblicato più di trent'anni or sono e nato da un lavoro professionale, una collana di divulgazione dell'Istituto Geografico De Agostini, dove esso si intitolava, molto più banalmente, «panorama geografico dell'Abruzzo». Chiesi a Francesco Compagna, meridionalista e professore di Geografia politica nell'Università di Napoli, di accoglierlo nella sua prestigiosa rivista, «Nord e Sud», avendone come sempre sollecita attenzione. In realtà Giovanni Maria Mongini – geografo di grande cultura e profondità prematuramente scomparso, e che ho avuto intensamente vicino proprio nella professione editoriale – già qualche anno prima aveva colto il ruolo emergente e di profonda trasformazione dell'Abruzzo, collocandolo fra Centro e Mezzogiorno d'Italia, e dunque bene anticipando il significato della «cerniera».

Significato che si attaglia pienamente – a sua volta – all'Adriatico, cerniera fra Europa sud-occidentale e Penisola Balcanica. A questo punto, per uscire dalla mera definizione e arrivare a sostanziarla, è necessario affrontare il tema dei «corridoi», dal forte contenuto tecnico, e che, pertanto, può apparire estraneo alla matrice di questo Convegno, essenzialmente culturale. Tuttavia, evitando di limitarci a una interpretazione di cultura che escluda aprioristicamente, quasi con distacco, tutto ciò che è produzione materiale e trasformazione del territorio, dobbiamo essere consapevoli del ruolo che l'infrastruttura assume nella connotazione regionale, soprattutto in un contesto, come quello europeo, di riunificazione fra sistemi politici ed economici rimasti troppo a lungo separati.

Fino a un passato recente, l'identificazione della Regione Adriatica stava in quel generico coronimo, *Adria*, utilizzato dagli operatori turistici internazionali per «vendere» le spiagge romagnole. Ancora oggi una Regione Adriatica non esiste: la possiamo e vogliamo costruire, certamente, tramite l'incontro e il confronto delle culture, ma anche strutturandola su assi portanti di quella rete materiale che è la sola condizione per immetterne le produzioni nelle reti globali.

Partendo dal Corridoio Adriatico italiano, dobbiamo purtroppo constatare come, a vent'anni dalla sua prima individuazione nel Piano Generale dei Trasporti, ci troviamo ancora alla fase dei convegni e di qualche ottimo studio, nonostante la conclamata attività di concerto delle Regioni interessate. Subentra, qui, il problema della *governance* territoriale da parte di una classe dirigente politico-amministrativa tuttora debole sul piano della progettualità e dell'attuazione di scelte compatibili.

Non vorrei riprendere la critica – che ritengo qualunquistica e, per molti versi, immotivata – di un localismo che si traduce in campanilismo. Tuttavia, per alcuni aspetti della geografia dei trasporti e nel caso abruzzese, è difficile sottrarsi a questo tipo di considerazione. Ad esempio, osservando direttamente il porto di Giulianova, in un gradevole paesaggio turistico-balneare, dovremmo chiederci se quel porto, oltre a essere utilizzato per la funzione peschereccia, punto forte della cultura giuliese, e in subordine, pur con qualche problema, per la nautica da diporto che bene si lega alla funzione turistica della città, abbia una pur minima potenzialità commerciale, come ancora si continua ostinatamente non solo a dire, ma anche a fare, erogando «rivoli» di finanziamenti per tale finalità. Del resto, si tratta dell'unico scalo marittimo abruzzese dotato di un ente portuale, mentre gli altri (Pescara, Ortona e Vasto) continuano a ricevere altri rivoli e a contendersi un ruolo regionale che neppure la somma dei loro traffici potrebbe in alcun modo suffragare di fronte alle dimensioni raggiunte dalla portualità moderna!

Come si può constatare, siamo ben lontani da quel concetto di «sistema portuale», pure contenuto nel primo PGT, tendente a razionalizzare le funzioni marittime mediante una efficiente specializzazione: al contrario, nessun porto vuole rinunciare a una pluralità di funzioni che la condizione oceanografica per prima esclude, aggiungendosi a essa la carenza di spazi e attrezzature a terra. Ma neppure considerando tratti più lunghi e meglio dotati della costa adriatica si vedono realizzate forme significative di integrazione sistemica: Trieste, Venezia, Ravenna, Ancona, Bari restano porti plurifunzionali più o meno organizzati, ma di fatto isolati tra loro e dagli scali minori, per i quali appare problematica anche l'attività di *short shipping*, ovvero di cabotaggio internazionale, penalizzata dall'ostinazione a inseguire obiettivi irraggiungibili.

Non potendo neppure avvicinare i volumi di traffico dei grandi porti, quindi, trovare il posizionamento nel contesto globale significa non rinunciare a modernizzare le funzioni, ma anzi introdurre tecnologie mirate alle modalità di trasporto compatibili, essenziali per supplire alle deboli condizioni naturali offrendo migliori servizi e, dunque, aumentando la competitività.

La stessa cosa accade invero sulla sponda opposta, a causa di una morfologia costiera del tutto diversa ma non per questo più favorevole, di una storia politica quanto mai tormentata fino a epoca recentissima e, soprattutto, della mancanza di un retroterra economico, dimostrata dalla carenza pressoché assoluta di adeguate infrastrutture di trasporto terrestre, che viceversa esistono sul versante italiano.

Anche rispetto a queste ultime, tuttavia, non sono mancate incongruenze vistose: basti pensare al dibattito aperto dall'esclusione della linea ferroviaria adriatica dalla rete ad alta velocità. Da geografi, dobbiamo chiederci come sarebbe stato mai possibile immaginare – viceversa – l'attraversamento di quella città lineare che, generata dalla stessa ferrovia e poi saldata dal turismo balneare, vede già problematico un traffico a medio-bassa velocità commerciale.

Una ragionevole calibratura degli obiettivi di pianificazione, che sembra finalmente in atto, vede obiettivamente remota – per molti dei motivi detti – la prospettiva del Corridoio VIII, trans-balcanico, che comporterebbe inoltre l'adeguamento, a breve, delle penetrazioni ferroviarie nella penisola italiana, per consentirle di svolgere una funzione di *landbridge* fra il Mediterraneo occidentale e l'Adriatico.

Appare maggiormente congrua, pertanto, l'ipotesi di una rapida attuazione della direttrice Nord-Sud, ovvero dell'innesto su quel Corridoio V che transita per la Pianura Padana ed entra in Slovenia e che può rappresentare l'aggancio della cerniera adriatica all'Europa centrale, da un lato, e al Vicino Oriente, dall'altro.

Infine, il tema della multietnicità, che trova autorevoli competenze in questo Convegno. Vorrei solo concludere con una riflessione in proposito: l'esperienza vissuta dolorosamente sulla sponda opposta dell'Adriatico, e che ci ha coinvolti molto da vicino, ci potrà rendere più maturi e più aperti di fronte alla multietnicità del Mediterraneo, orizzonte non di conquista ma di integrazione per quella Regione Adriatica che ci accingiamo a costruire.

Se, a partire da iniziative culturali e scientifiche, saremo riusciti a dare anche un piccolissimo contributo alla costituzione della Regione Adriatica, avremo fatto qualcosa di importante per i territori nei quali viviamo, nei quali crediamo e che vogliamo vedere inseriti, con una loro identità, all'interno del mondo globale.

Berardo Cori

Quando gli amici Cardinale e Landini mi hanno invitato a discutere del «sistema adriatico», mi sono per prima cosa domandato se esiste al momento attuale tale sistema spaziale, quali sono i suoi fondamenti concettuali (per ora comprensibilmente vaghi), come si possono definire i suoi confini. Ho provato a riflettere su quest'ultima tematica, anche perché giusto un paio d'anni fa avevo tentato un'operazione analoga insieme con Adalberto Vallega e il collega inglese Russell King per definire il «sistema mediterraneo»; discutendone insieme, avevamo finito per convenire, essenzialmente sulla base delle riflessioni di King, che i limiti del mondo mediterraneo possono essere identificati in base ai criteri strettamente fisici di «bacino» e di «spartiacque»; oppure al criterio biogeografico, e anche economico-agrario, dei limiti della coltura dell'olivo; ma ancora più razionale, e più semplice sul piano operativo, ci sembrò senz'altro il criterio degli «Stati che si affacciano sul Mediterraneo»: venti, compresi naturalmente gli Stati insulari (ma non – almeno per ora – Gibilterra e la Palestina!), ai quali va però tradizionalmente aggiunto un Paese atlantico come il Portogallo.

Se noi usiamo questo criterio per il Sistema Adriatico, dando per ipotizzato ma non scontato che si tratti già di un sistema, troviamo naturalmente l'Italia, la Croazia, la Iugoslavia (*pardon*, la «Serbia e Montenegro»!) e l'Albania. Questi quattro sono i tipici Stati adriatici, ma a essi dobbiamo aggiungere anche la Slovenia, che com'è noto ha due comuni che sboccano sull'Adriatico, quei due comuni per cui l'Italia non confina con la Croazia. E direi anche la Bosnia ed Erzegovina, visto che anche questo Stato si affaccia sul mare all'imbocco della Penisola di Sabbioncello (Peljesac) e che fra l'altro, tra parentesi, ha fatto diventare la Croazia uno Stato polimerico (mi meraviglio che i manuali di Geografia politica non riportino ancora questo esempio, a fianco di quello della Russia con la provincia di Kaliningrad!). Quindi, siamo d'accordo su questi sei, per ora, Italia, Slovenia, Croazia, Serbia e Montenegro, Bosnia ed Erzegovina, Albania. Ma a questo punto ci si può domandare: e la Grecia? Merita forse di essere esclusa e tagliata fuori, soltanto perché dal punto di vista oceanografico non è un Paese «adriatico» ma «ionico»? Ora, io sono un sostenitore della geografia unitaria e dò molta importanza alla geografia fisica, però non so se sia proprio il caso che ci si debba far condizionare da fatti strettamente oceanografici, o tener piuttosto presente che sulla sponda opposta della Grecia troviamo di nuovo regioni italiane, come la Calabria e la Sicilia orientale.

Allora ho provato a fare un confronto con l'altro bacino marittimo dell'Italia, quello tirrenico (o tirrenico-ligure, chiamiamolo così altrimenti i Liguri s'inquietano!). Come qualcuno di voi sa io insegno a Pisa, vivo undici mesi all'anno sul bacino tirrenico per l'appunto, però un mese all'anno lo passo sull'Adriatico perché sono di origine abruzzese e con questo mare ho mantenuto dei legami storico-familiari. Il sistema tirrenico sembra più facilmente individuabile perché è un sistema in massima parte italiano, ha dunque qualcosa di diverso e di più facile nei confronti del Sistema Adriatico, per il quale abbiamo potuto elencare sei o sette Stati.

Storicamente, anzi, il Sistema Tirrenico è totalmente italiano, grazie al lungo collegamento storico-culturale che c'è stato e permane fra Napoli e la Sicilia, fra Genova e la Corsica, fra Pisa, se mi consentite, e la Corsica e la Sardegna. Un legame soltanto culturale quest'ultimo, ma vorrei ricordare che l'Arcivescovo di Pisa ha ancora il titolo di Primate di Corsica e di Sardegna, quindi il sistema sopravvive almeno sul piano religioso. (Possono servire anche questi indizi spirituali a individuare i sistemi: scoprii qualche anno fa in Corsica che la chiesa anglicana che sorge ad Aiaccio dipende dalla diocesi di Gibilterra, quasi un tentativo di delineare un sistema anglicano nel Mediterraneo occidentale...).

Il Sistema Adriatico è definito spesso in un altro modo: per me è una delle prime volte che lo sento chiamare sistema, mentre molto più frequentemente ho sentito la parola «corridoio», che tra l'altro anche Piergiorgio Landini ha ripreso oggi stesso. Effettivamente si tratta di un corridoio, di cui vediamo molto bene le materializzazioni sulla sponda italiana dal punto di vista autostradale e ferroviario, mentre è in via di realizzazione un sistema parallelo almeno dal punto di vista stradale con l'autostrada croata, e ovviamente un sistema di traffici marittimi con Trieste, Venezia, Ancona, Bari, Split, Durres; e naturalmente ci metterei anche Kérkyra in Grecia.

Ma l'Adriatico è uno spazio di transito non solo nel senso evocato dalla parola «corridoio», cioè la direzione nord-ovest sud-est lungo il mare, ma anche uno spazio di transito da est a ovest, un percorso di migrazione che non è solo quella, comunque limitata, dagli Stati dell'Adriatico orientale all'Italia, ma il tratto di un itinerario che include tutta l'Europa orientale e addirittura l'Asia. Cioè ci sono percorsi migratori che attraversano tranquillamente parti dell'Asia e dell'Europa orientale e poi adoperano l'Adriatico per raggiungere non tanto il lato orientale dell'Italia (non è una questione locale di migrazioni da una sponda all'altra), quanto per arrivare a quell'Ovest che, per quanto riguarda l'Italia, è rappresentato dalle città del Tirreno o dell'Italia settentrionale «continentale».

Forse l'Adriatico diventerà un sistema: dipende anche dalla volontà politica degli Stati ripuari di farcelo diventare, se c'è questa volontà politica. Un corridoio lo è già di sicuro, sembra fatto apposta per essere un corridoio di traffici. Ciò che non vorrei che diventasse l'Adriatico è «un terzo Rio Grande». Questa espressione può sembrare un pochino astrusa, ma abbiamo tutti letto lavori di autori che parlano di secondo Rio Grande per lo Stretto di Gibilterra. Il primo Rio Grande, come tutti sanno, è il confine tra gli Stati Uniti e il Messico ed è un termine di passaggio continuo di migrazione da sud-ovest a nord-est. Quando è cominciata la forte migrazione marocchina verso la Penisola Iberica, che ha rivoluzionato la geografia dell'immigrazione in Spagna e in Europa, ecco che si è parlato di secondo Rio Grande per lo Stretto di Gibilterra.

Non direi che il destino migliore per il Mare Adriatico sia quello di diventare un terzo Rio Grande (anche se più grande degli altri due!) per spostamenti massicci di popolazione da est a ovest che non abbiano una specifica giustificazione dal punto di vista funzionale dello sviluppo coerente e solidale tra Asia, Europa orientale, Mediterraneo, Europa occidentale.

## Damir Magas

Egregi signori, vorrei salutarvi anche a nome dei miei colleghi del Dipartimento di Geografia dell'Università di Zara. I colleghi italiani hanno già riferito sui problemi di collegamento che investono i Paesi Adriatici, i quali risultano strategici nel rinnovato scenario delle relazioni est-ovest alla luce di quella che sarà la piena appartenenza all'Unione Europea; in particolare, la Croazia, con la sua posizione geografica rappresenta uno storico collegamento tra diverse culture. In tale contesto, il Mare Adriatico riveste un ruolo unificante, rendendosi protagonista dello sviluppo armonico dell'intera regione, quale fulcro sistemico degli equilibri geopolitici.

Con riferimento ai nostri due Paesi, c'è un collegamento storico molto importante; e anche se l'Italia, adesso risulta più collegata con i Paesi dell'Ovest, mentre la Croazia spesso si rapporta con quelli dell'Est, i legami con le nuove iniziative pro-Europee sono divenuti il motivo per cui si auspica in futuro una crescente collaborazione. Le fonti storiche testimoniano il legame, rappresentato dai traffici economici e dai rapporti culturali, durato per anni tra i nostri due Paesi; per contro, nella seconda metà del ventesimo secolo, la Croazia è stata inclusa in altri sistemi politici che purtroppo ne hanno limitato lo sviluppo e l'hanno condotta in un isolamento sociale ed economico.

Negli anni Novanta, dopo l'ultimo conflitto interno, la Croazia si è trovata ad affrontare la transizione politica-economica prodromica all'adesione all'Unione Europea, assumendo un ruolo trainante della regione occidentale dei Balcani e registrando una crescente apertura internazionale confermata dal significativo aumento degli investimenti diretti esteri. Si tratta, in particolare, di nuovi investimenti nelle infrastrutture di trasporto che sicuramente aiuteranno lo sviluppo economico: la realizzazione dell'iniziativa del collegamento dei Paesi Adriatici con la costruzione del cosiddetto «percorso adriatico-ionico» nella più ampia strategia di trasporto pan-europea, avrà grande influsso sullo sviluppo dell'intera regione.

D'altro canto, la citata apertura internazionale ha reso possibile la messa in valore delle note risorse naturali, intensificando lo sviluppo del turismo che oggi rappresenta una delle più importanti attività economiche croate; tuttavia, restano irrisolti i problemi derivanti dalla polarizzazione, causati dall'intensa emigrazione, originata dalle piccole isole, dalle zone rurali e montane.

In estrema sintesi, l'auspicio che ritengo di poter esplicitare in questa sede riguarda la speranza che la Croazia riesca nella tutela delle sue risorse naturali, perseguendo la crescita economica, la ricerca scientifica e il consolidamento dei rapporti interculturali. A tal proposito, di particolare importanza appare l'istituzione delle nuove Università che collaborano con altre istituzioni culturali e scientifiche nel mondo.

## Giampiero Di Plinio

Ringrazio gli organizzatori del Convegno e il professor Adolfo Pepe, amplissimo preside, per tutti, e avvio subito alcune riflessioni, tra l'altro stimolate moltissimo dagli interventi che ho ascoltato, i quali, sebbene muovano da altre scienze e da altre prospettive, sono infinitamente utili per il costituzionalista, specie nei crocevia di questo terzo millennio, in rapporto alle trasformazioni profonde che hanno messo in crisi tutti gli appoggi dogmatici del diritto pubblico tradizionale e non solo di quello, investendo tutte le configurazioni dell'*ancien régime* istituzionale e delle scienze sociali che lo studiano, il cui patrimonio accumulato prima degli anni Novanta rappresenta, ormai, se non qualcosa di totalmente superato, sicuramente qualcosa che va profondamente riadattato ai cambiamenti che stiamo vivendo.

La globalizzazione – uso questo termine per brevità, e chiedendo mentalmente scusa al professor Landini – ha da tempo indotto nell'analisi giuspubblicistica una accelerazione degli studi sulle cosiddette transizioni costituzionali. Gli atteggiamenti teorici sono moltissimi, ma c'è una troppo scontata e implicita tendenza a ritenere che il modello finale delle transizioni debba essere quello europeo-occidentale, in un contesto di sfumature che vanno dal modello costituzionale liberal-democratico a quello democratico-sociale. Talora si usano altre terminologie meno neutrali, e più pesanti, fino a teorizzare la «civiltà giuridica occidentale» come un iperuranio culturale e costituzionale, mettendo in seria difficoltà chi vuole fare scienza e vuole fare a meno delle ideologie. Spesso si parla di processi di democratizzazione, ma anche in questi casi il linguaggio è ancora molto ambiguo, forse troppo. In tutti i casi, però, il paradigma sottinteso di confronto è lo «Stato», attributario ultimo e spesso implicito delle aggettivazioni «giuste», come quelle di liberale, democratico, sociale.

A prescindere dai pur rilevanti vizi da sindrome ideologica, a questi modelli viene oggi a mancare la polpa. Nella realtà succede questo, che proprio mentre a una serie di territori – da quelli derivanti dalla disgregazione dell'ex impero sovietico, a quelli in trasformazione nei Paesi in via di sviluppo, dalla fenomenologia cinese ad altri processi altrettanto complessi, dall'Africa all'America Latina – proprio mentre a questi paesi i giuristi occidentali chiedono di viaggiare verso appunto le configurazioni costituzionali standardizzate del paradigma occidentale all'interno di una grande convergenza dei modelli costituzionali, in realtà sta scomparendo il *core*, il nucleo tradizionale dei processi costituzionali, cioè sta scomparendo lo Stato.

Centinaia di popoli – ecco a questo punto un termine più appropriato – mentre sono spinti, dai giuristi occidentali e dalle istituzioni finanziarie mondiali, a trasformare il loro regime politico ed economico in un modello (liberal-democratico) di economia sociale di mercato (per raccogliere una importante indicazione di linguaggio che veniva dalla relazione del preside Pepe) – questi popoli che sboccano nel tunnel della transizione, si trovano circondati da poteri mondiali il cui carattere sovranazionale impone regole e vincoli uniformi e richiede direttamente la dismissione di aree di quello che era il DNA classico dello Stato, cioè la sovranità nazionale.

Ovviamente tutto questo mette in crisi la dottrina dello Stato. Ormai l'equazione Stato/Costituzione è caduta, e si può configurare una Costituzione senza Stato, dalla fisionomia spiccatamente sovranazionale. In questo senso, non è necessario che l'Unione Europea diventi uno Stato, perché si abbia già, prima ancora (e indipendentemente dal fatto) che si approvi il testo del trattato costituzionale, una Costituzione economica europea. Ciò dovrebbe indurre il giurista a guardare più da vicino i fenomeni che studia, a indossare altri occhiali, più profondi, per vagliare dimensioni che le scienze giuridiche da sole non sempre riescono a mettere a fuoco, e a distinguere la *law in the books*, il diritto sui libri, dalla *law in action*, il diritto vivente. Non basta scrivere una Costituzione per avere una «Costituzione» effettiva. Un Paese può anche, come ha fatto l'Italia per molti anni, ricopiare le direttive comunitarie, ad esempio in materia di qualità delle acque di balneazione, poi per lo stesso periodo non applicarle affatto, con una catena di decreti legge di proroga oppure molto semplicemente evitando i controlli sulle imprese. Possiamo dire di non aver violato il diritto comunitario solo perché abbiamo tradotto in italiano la direttiva comunitaria sulle acque di balneazione? ovviamente no, perché nei fatti, nella realtà vivente abbiamo eluso ciò che abbiamo scritto nelle leggi. Possiamo dire che abbiamo comunque esibito uno splendido esempio dei valori del costituzionalismo e della civiltà giuridica occidentale? Al di là dei vari ricami che si possono tessere intorno a questioni di questo tipo, è importante rilevare che questa prospettiva mentale apre la possibilità di uno studio scientifico oggettivo e senza preconcetti e ideologie, un fantastico laboratorio, in cui le differenze e le convergenze sono valutate per sé stesse, senza modelli precostituiti, senza pretese di superiorità a priori di un modello rispetto agli altri, senza guardare la pagliuzza negli occhi dell'altro, non vedendo la trave nei propri.

Il Diritto pubblico comparato, ma anche altre scienze, oggi sono molto interessate a questo laboratorio; molti comparatisti, compreso il sottoscritto, sono addirittura magnetizzati dalle transizioni e dall'analisi degli sbocchi della transizione; e i Balcani sono un eccezionale terreno di coltura per l'analisi e la sperimentazione costituzionale, come appare più che evidente se prendiamo la concezione fisica dello spazio europeo, rubandone le configurazioni alle dense analisi di Landini o di Cori, e la trasferiamo sullo scrittoio del costituzionalista. Noi abbiamo uno spazio fisico che a sua volta è uno spazio giuridico di uno spazio più ampio, che è uno spazio costituzionale; e l'altra sponda dell'Adriatico, che fa già parte dello spazio costituzionale dell'Europa, comincia a solidificare un sistema di relazioni sempre più complesse e stabili, che ne prefigurano il viaggio verso l'Unione Europea, l'Euro, l'Unione Economica e Monetaria. I Balcani Occidentali sono uno spazio costituzionale circondato dallo spazio europeo, che fisicamente cerca lo sbocco in Europa. Alcuni frammenti dei Balcani entreranno nel Mercato Comune e, forse, nell'Unione Economica e Monetaria entro questo decennio, altri si muovono più lentamente, o con ritmi diversi.

I comparatisti hanno un interesse formidabile per questa varietà di situazioni, di modelli, di accelerazioni, di circolazione dei modelli. Proprio qui a Teramo ad opera di colleghi giovani ma estremamente bravi come Laura Montanari, Romano Orrù, Lucia Sciannella, da tempo si affina lo studio dei processi di transizione in ottica europea. Abbiamo costituito gruppi di studio comune con Pescara, dove si studiano le costituzioni economiche, con Trento, con Trieste, con Bari, con Udine, tutti orientati nella ricerca sulle transizioni nei Balcani Occidentali: sembra quasi che le università di questa sponda dell'Adriatico si siano date appuntamento in questo crocicchio, in questo laboratorio straordinario che sono i Western Balkans. Non a caso – e qui colgo l'occasione per invitare tutti i presenti, a nome del professor Giuseppe Franco Ferrari e mio personale – l'Università di Pescara sarà sede del convegno biennale dell'Associazione di Diritto Pubblico Comparato ed Europeo, il 19-20 novembre 2004, focalizzato su «Le transizioni costituzionali nei Western Balkans in vista dell'allargamento dell'Unione Europea».

Mi rendo conto che il tempo che mi è concesso si va contraendo, ma vorrei riuscire a dire ancora due cose. Se lo sbocco per i Balcani Occidentali è l'Europa, bisogna guardare come ciò avviene e perché, nel senso delle ragioni profonde e delle pressioni oggettive che spingono verso l'allargamento dell'Unione, indipendentemente dalla velocità delle formalizzazioni. Il WTO chiude il ciclo del *Millenium Round* alla fine di quest'anno. Molti problemi si sono installati da tempo e continueranno a riversarsi sull'Europa, specie in termini di una insostenibile pressione contro i protezionismi e per l'allargamento dei mercati; ciò significa che l'individuazione dello sbocco, specie per i mercati agricoli, della produzione europea diventa sempre più vitale. Ciò può spiegare in parte anche l'accelerazione che sta avendo in questi mesi la «politica di prossimità», dopo l'Europa a venticinque, nei confronti delle zone economiche che circondano i nuovi confini dell'Unione, dalla Russia al Marocco, verso le quali si apre una nuova concezione del libero scambio, condividendo tutto l'*acquis* giuridico e regolatorio, fuorché le istituzioni. Ciò rende il processo di espansione di questo universo che è l'Europa sempre più veloce.

D'altra parte, l'ingresso dei dieci nuovi Stati membri nell'Europa a venticinque pone oggi dei problemi che forse erano già in passato più formali che materiali; e che diventano sempre più vistosamente faticosi e obsoleti; le pagelle agli Stati che chiedono di entrare nell'Unione, i paradigmi di cui parlava il professor Pepe stamattina, i parametri di Copenaghen, i severissimi standard applicati da minuziosi funzionari debbono sicuramente essere applicati, ma forse è necessario, prima ancora di giudicare con la giusta severità Serbia e Albania, Croazia e Macedonia, guardare un po' più da vicino i nostri occhi, per vedere se vi sono pagliuzze, o vistose travi. Non si può dimenticare che la Corte di giustizia annualmente ci ricopre di sentenze di condanna, distribuendo sonore batoste a tutti i mitici Stati membri dell'Europa a 15, dagli eccezionalmente evoluti finlandesi – i quali, per quanto riguarda le società miste locali e l'elusione della disciplina europea degli appalti pubblici, sono dei maestri – ai colleghi belgi – che cercano di bloccare con misure sproporzionate l'accesso ai loro mercati ad alcuni prodotti degli altri Paesi della Unione Europea, con la scusa della protezione della salute dei consumatori; e solo per ragioni di tempo stendo un velo pietoso sulle violazioni italiane del diritto comunitario; il fatto è che ogni Stato, ogni figlio indisciplinato di questa paziente Europa, da sempre cerca un *free ride*, annullando nella *law in action* tutta la pomposa immagine di una superiore civiltà giuridica, ostentata nella *law in the books*. Ma al di là della vena polemica, voglio semplicemente dire che, per questa e per altre importanti ragioni, considerando anche la nuova realtà dell'Europa a venticinque, non è più tanto distante, ormai, il livello dei i parametri costituzionali dei Balcani Occidentali, nell'attuale fase della transizione, dal cosiddetto modello europeo.

E poggiando sulle riflessioni del costituzionalista la formulazione di un mio convincimento personale, che penso di condividere con tutti i presenti, concludo con l'augurio di una nuova, formidabile e benvenuta accelerazione dell'allargamento dell'Unione.


Rade Petrovíc

Ringrazio gli organizzatori dell'invito a questo Convegno. Sono stato in gran parte delle università italiane e l'unico mio contatto con Teramo è stato durante il recente conflitto interno ai Balcani quando, in qualità di rappresentante della Bosnia presso il Governo italiano, incontrai Marco Pannella. Quest'ultimo, grande politico, con tantissime idee, mille problemi, e di gradevole personalità, un incontro che ricordo con particolare simpatia.

In qualità di storico contemporaneista dei popoli jugoslavi, l'altra sponda, la nostra, muove verso Budapest, verso l'interno continentale. In ciò ravviso la profonda differenza fra l'Italia e tutta l'area dei Balcani, in quanto questa è notoriamente molto divisa e diversa. In Italia troviamo uno Stato unitario, mentre dalla nostra parte, dopo i tragici eventi del Novantuno, abbiamo divisi e diversi interlocutori tra i quali il dialogo appare difficile a seguito dei contrasti intercorsi.

Circa la provvisorietà delle regionalizzazioni, sottolineata anche per il Sistema Adriatico, aggiungerei a sostegno di tale tesi che il dibattito definitorio sull'area balcanica è iniziato da circa due secoli. Infatti, alcuni illustri studiosi individuano l'inizio dei Balcani a Monaco di Baviera, altri a Vienna, altri ancora a Trieste. A tal proposito, un grande scrittore croato, Miros sostiene che i Balcani cominciano davanti all'Hotel Esplanade a Zagabria; inoltre, non mancano posizioni a sostegno del fatto che i Balcani siano già Belgrado e Sarajevo.

Al di là di tale dibattito, la regione balcanica presenta una caratterizzazione trilatera sintetizzabile nelle seguenti problematiche che rappresentano per i Paesi dell'area – candidati naturali all'Unione Europea – il comune denominatore nella transizione verso la loro armonizzazione al concerto europeo: le diversità etnico-culturali; la maturità democratica e la stabilizzazione macroeconomica.

La mia analisi, lungi dall'essere un esperimento esaustivo, vuole segnalare quanto l'area in questione ed in particolare i Balcani occidentali (ex Jugoslavia) siano un composito insieme di Paesi che, nella loro diversità e complessità, impedisce l'attuazione di quella dialettica europea inclusiva che ha fatto della condizionalità politica lo strumento principe per l'attivazione del processo di adesione su basi bilaterali. Tali Paesi risultano, infatti, ancora alla ricerca di quella maturità istituzionale, garanzia di successo verso l'economia di mercato in un contesto stabile e democratico, rispettoso delle minoranze etnico-culturali, che consenta loro di poter cogliere il paradigma della cessione di sovranità alla struttura sovranazionale comunitaria nell'interesse di valorizzazione delle diversità per garantire, allo stesso tempo, l'autonomia decisionale nell'amministrazione di quei localismi, forieri di squilibri e tensioni, nella più ampia accezione del principio di sussidiarietà.

Il processo di stabilizzazione a carattere prevalentemente esogeno porterà nell'arco del prossimo decennio alla completa ed efficiente riattivazione di quelle comunicazioni che storicamente hanno contribuito all'affermazione di quella cultura adriatica di cui auspichiamo il ritorno. Le relazioni frontaliere tra Ancona e Zara e tra Pescara e Spalato, beneficiando delle spinte comunitarie al rinnovamento infrastrutturale, potranno efficacemente contribuire alla realizzazione di una concreta euroregione adriatica, quale vero luogo di interculturalità e sviluppo reciproco.


PIETRO GARGIULO

Desidero anzitutto ringraziare gli organizzatori di questo Convegno per l'invito rivoltomi a intervenire. Un ringraziamento particolare al collega Cardinale al quale non avrei saputo veramente sottrarmi dato il debito di riconoscenza nei suoi confronti per la preziosa disponibilità e collaborazione che mi ha sempre assicurato nel lavoro della Scuola di specializzazione in Diritto Europeo.

Confesso tuttavia di avere avuto qualche perplessità «tematica» considerato che il titolo del contenitore che ci vede riuniti qui questa mattina non offre spazi particolari per chi si occupa prevalentemente di diritto internazionale e diritto dell'Unione Europea.

Poi, riflettendo un pochino più approfonditamente, mi è parso che qualche profilo sul quale dare qualche modesto contributo esisteva, in particolare in relazione al ruolo assunto dallo sviluppo locale come fattore di avanzamento del processo di integrazione e su come tale fattore si sta coniugando con le iniziative dell'Unione nei rapporti con gli Stati terzi del sistema adriatico. Questo in un contesto nel quale a mio modo di vedere, l'Adriatico può assumere un ruolo determinante per l'Italia per cercare di incidere rispetto alla definizione dei futuri assetti politici ed economici in Europa.

Consentitemi di dare qualche breve frammento sullo sviluppo locale e la sua importanza strategica rispetto alla crescita dell'occupazione e dell'economia del territorio.

Il fenomeno della mondializzazione che caratterizza l'economia dei Paesi membri dell'Unione Europea ha avuto tra i tanti suoi effetti anche quello di valorizzare il territorio nella sua dimensione locale come fattore di sviluppo. In altre parole l'aumento della disoccupazione e il rallentamento della crescita economica hanno imposto come ambito di riflessione e di azione a livello dell'Unione quella che viene definita la dimensione globale/locale (cioè la dimensione richiamata dal titolo del nostro incontro).

Senza fare una ricostruzione pignola di tutte le iniziative dell'Unione che potrebbero testimoniare la funzione strategica assunta da tale dimensione, vorrei indicare le più significative tra le stesse: i patti territoriali per l'occupazione (1997-2001); il programma d'azione comunitario per combattere l'esclusione sociale (2002-2006); l'azione pilota «terzo sistema e occupazione» (1997-2001); le iniziative EQUAL, URBAN, LEADER.

Sul piano tecnico ciascuna delle iniziative ci dice qualcosa di diverso, ci indica degli obiettivi diversi. Ma non è la varietà di tali iniziative che in realtà attira la mia attenzione. Quanto piuttosto il fatto che nel loro insieme queste realizzano una strategia europea i cui attori principali sono le istituzioni, le amministrazioni, regionali e, soprattutto, locali. Mi verrebbe di dire che l'azione di questi attori diventa una forma importante della *governance* all'interno dell'Unione. E, sotto tale profilo, mi fa piacere richiamare una delle tante cose interessanti presentate dal professor Landini nella sua relazione: l'estrema necessità che la cultura di governo di chi gestisce gli enti locali muti, si trasformi, si prepari a essere sempre di più una forma della *governance* europea.

Mi viene anche di pensare, non so se bene o male, che forse è limitativo ritenere che lo sviluppo locale sia un fattore diretto esclusivamente a creare posti di lavoro o a favorire la crescita economica. Esso, piuttosto, è uno strumento indispensabile per favorire la coesione economica e sociale, migliorare la qualità della vita, favorire un maggiore livello partecipativo degli individui. Insomma uno strumento per realizzare la stabilità economica e sociale e la democrazia. Due aspetti, questi, che risultano tra gli obiettivi prioritari dell'azione dell'Unione anche rispetto ai Paesi del bacino adriatico. Un dato, questo, che trova conferma nell'analisi del *Terzo rapporto annuale sul processo di stabilizzazione e di associazione nel sud-est europeo* nel quale si ribadisce che l'eleggibilità a tale processo – cioè, nella sostanza, essere legittimati al sostegno dell'Unione – si fonda su un presupposto essenziale: il rispetto dei principi di democrazia, dello stato di diritto e della tutela dei diritti umani, in particolare la protezione delle minoranze.

Si tratta nella sostanza di una dimensione di valori che gli Stati membri pongono a fondamento della loro appartenenza all'Unione ma che necessariamente impongono a tutti gli Stati che eventualmente vogliono parteciparvi. Non è un caso che nel Rapporto che ho citato, la prospettiva dell'associazione dei Paesi del sud-est europeo, il primo stadio di un futuro ingresso, si sedimenti intorno alla valutazione del sistema democratico di governo, del ruolo delle associazioni di rappresentanza della società civile, della riforma della pubblica amministrazione, dei processi formative ed educativi, del ritorno dei rifugiati, della lotta alla corruzione, della crescita economica e della lotta alla disoccupazione e così via.

Nella sostanza, si delineano i due poli del rapporto associativo: da un lato, l'Unione Europea con le regole che caratterizzano il suo processo integrativo; dall'altro, gli Stati candidati, che queste regole devono fare proprie come condizione per la loro adesione.

Vengo al secondo aspetto sul quale devo soffermarmi per dare coerenza alla riflessione che mi sono proposto di fare: come questa dimensione dello sviluppo locale si inserisce nella prospettiva dei rapporti esterni all'Unione e in particolare con i Paesi dell'area adriatica.

Sotto questo profilo vengono in rilievo gli strumenti dell'Unione che promuovono la cooperazione transfrontaliera e subregionale. Ai nostri fini rileva, in particolare, l'iniziativa comunitaria INTERREG, oggi INTERREG III.

Il programma è articolato in varie sezioni, ma quella che a noi interessa è la sezione B relativa alla cooperazione transnazionale tra le autorità nazionali, regionali e locali al fine di promuovere una migliore integrazione nell'Unione grazie alla formazione di grandi gruppi di regioni europee.

Nell'ambito di INTERREG III B, la regione adriatica europea è presa specificamente in considerazione dal programma CADSES. Le priorità d'azione di tale programma sono note, ma vorrei brevemente indicarle per dare il senso materiale degli ambiti nei quali è possibile operare e nei quali già si opera: la promozione di strategie di sviluppo territoriale e di azioni finalizzate alla coesione sociale ed economica; la realizzazione di un sistema di trasporto efficiente, multimodale e sostenibile; la promozione e gestione del paesaggio e del patrimonio culturale e naturale; la tutela dell'ambiente, la gestione delle risorse e la prevenzione dei rischi; l'assistenza tecnica. È evidente che tali azioni costituiscono nel loro insieme la strategia che l'Unione ha messo in opera con un'unica finalità – una finalità che condivido – e cioè l'ingresso dei Paesi dell'area adriatica all'interno dell'Unione.

Resta il problema dell'Italia, il suo ruolo rispetto alle iniziative indicate e come ciò si inserisce in un quadro politico più generale.

Sembra quasi superfluo dire che dal punto di vista dell'Italia, il problema dell'utilizzo delle risorse finanziarie rese disponibili per realizzare tali iniziative resta sempre lo stesso: l'incapacità di mettere a punto una strategia nazionale complessiva, coordinata tra il centro e la periferia (il locale appunto), che vada oltre l'internazionalizzazione occasionale dei rapporti tra territori, per stabilire dei veri e propri partenariati strategici. Sotto questo profilo, condivido pienamente le riflessioni che ci ha proposto Adolfo Pepe nella sua introduzione.

Sulla importanza di un tale salto di qualità nell'azione del nostro Paese non solo non si riflette abbastanza, ma credo non ne esista nemmeno una diffusa coscienza a livello politico.

Questo è un limite fondamentale del ruolo dell'Italia specialmente rispetto al Sistema Adriatico. Questo, infatti, resta l'unico ambito di azione attraverso il quale possiamo sperare di riequilibrare la configurazione geopolitica e geoeconomica dell'Unione. A me pare, infatti, che il recente allargamento a est dell'Unione abbia spostato o, quanto meno, accentuato lo spostamento dell'asse portante sotto i profili indicati verso nord-est, amplificando l'emarginazione dell'Italia sul piano politico, economico e commerciale.

Per andare verso una conclusione, voglio dire che ritengo importante che l'Italia utilizzi strategicamente le risorse dell'Unione proprio per favorire questo riequilibrio. Credo si comprenda che l'obiettivo prioritario in questa prospettiva, a mio modo di vedere, non può essere altro che una forte spinta per imporre che il «transfrontaliero adriatico» trovi una posizione di rilievo nella politica di prossimità. Ciò al fine di favorire, nei tempi più rapidi possibili, l'ingresso a pieno titolo nell'Unione dei Paesi dell'altra sponda dell'Adriatico.

Emanuela Bullado *

# I PORTI TURISTICI DELL'ADRIATICO TRA OPPORTUNITÀ DI SVILUPPO LOCALE E CREAZIONE DI UNA RETE

*Premessa metodologica e ambito di analisi*

Per «navigazione da diporto» si intende la navigazione effettuata per soli fini sportivi e/o ricreativi e comunque non finalizzati a realizzare un guadagno, mentre una definizione più ampia deve essere riferita al «diportismo nautico», che raggruppa in senso lato gli spostamenti che si svolgono mediante una imbarcazione (a vela o a motore) a fini ricreativi.

In termini di Turismo nautico, collegandosi alla più generale definizione che correla il movimento turistico alla presenza di almeno un pernottamento nell'ambito dello spostamento attuato a fini non lavorativi, si tende in generale a distinguere tra nautica «maggiore» (effettuata con imbarcazioni che consentono il pernottamento a bordo) e nautica «minore» (realizzata con natanti adatti a uscite giornaliere e a breve raggio).

In realtà l'evoluzione del comparto, soprattutto con riferimento alle innovazioni tecnologiche introdotte nel piccolo e medio cabotaggio, ha reso spesso improponibile la rigida impostazione indicata in precedenza, ad appannaggio, invece, di nuove forme di fruizione[1] che hanno spesso caratteristiche individuabili comunque come turistiche.

Sotto il profilo normativo, la legge n° 172 del 2003 relativa alle «Disposizioni per il riordino e il rilancio della nautica da diporto e del turismo nautico» ha af-

---

\* Università di Verona.

[1] Tra queste nuove forme si pensi ad esempio alle cosiddette «barche itineranti» (navigazione in circuiti che garantiscono approdi a terra per il pernottamento), o al «semi stanziale» (si affitta una casa e si sfrutta il porto adiacente per la propria imbarcazione).

francato la navigazione da diporto dai regolamenti tipici del Codice del Diritto della Navigazione, al quale prima si era sempre fatto riferimento.

È questa una tappa decisiva di un processo in atto che, anche in relazione alle necessità di allineamento agli standard comunitari, prevede un progressivo passaggio verso una regolamentazione del settore sempre più liberale, con responsabilità in termini di sicurezza e registrazione dei natanti, che gravano in prima persona il costruttore e l'utente delle imbarcazioni [2].

Si tratta in generale di un settore complessivamente di difficile quantificazione: difficoltà nel censimento e nella raccolta delle informazioni, disomogeneità nei criteri di classificazione e problematiche legate alla valutazione dell'indotto economico diretto e indiretto spingono a impostare necessariamente un approccio analitico a step successivi.

Lo schema di analisi proposto per dimensionare il fenomeno in Italia prende l'avvio, dal lato dell'offerta, dall'esame dell'industria nautica italiana, che deve essere incrociato con le informazioni desumibili dalla consistenza del parco nautico rilevato; successivamente la dotazione infrastrutturale in termini di porti turistici (offerta) va raccordata alle stime dei flussi esistenti come turisti nautici.

Il riferimento ai dati presenti a livello nazionale viene utilizzato per valutare il peso relativo all'ambito di indagine più ristretto proposto nel presente lavoro: l'area Adriatica.

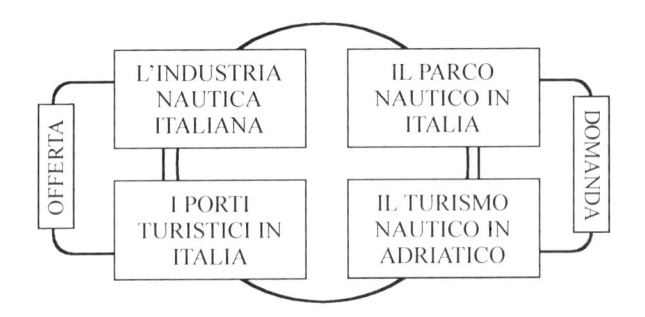

Tav. 1 - *Approccio metodologico per il dimensionamento del turismo nautico.*

---

[2] Tra le principali norme cogenti introdotte, particolare rilevanza ha rivestito l'introduzione del marchio CE (scelta dei criteri e caratteristiche di costruzione). In termini di dotazioni minime di salvataggio e di sicurezza che l'unità da diporto deve avere a bordo, queste devono essere definite in relazione alla navigazione che si intende effettuare, al numero delle persone trasportate, alla distanza dalla costa e da approdi sicuri (la precedente normativa obbligava il diportista a dotare l'unità di mezzi di sicurezza in rapporto all'abilitazione posseduta). La patente nautica è ora determinata con riferimento alla distanza dalla costa e svincolata dall'unità particolare (fermo restando che nessun mezzo a motore può essere condotto senza patente quando la potenza massima supera i 40.8 CV, anche a meno di 300 m da terra; negli altri casi, la patente è obbligatoria per tutte le unità in navigazione oltre le sei miglia dalla costa, indipendentemente dalla motorizzazione). Dal punto di vista fiscale la finanziaria 2002 ha abolito il bollo per la patente nautica.

*L'industria nautica italiana*

Il mercato nautico è da diversi anni in forte espansione: la produzione italiana, pari a circa 1,4 miliardi di euro, è cresciuta del 140% rispetto al 1994 con un aumento del 16% nel solo ultimo anno (+ 18% nel 2000).

L'industria nautica italiana è risultata nel 2003, per il secondo anno consecutivo, prima in Europa come valore della produzione di imbarcazioni da diporto e seconda nel panorama mondiale dopo gli Stati Uniti.

È parimenti cresciuta l'occupazione diretta che ha raggiunto circa 11.000 addetti (più 16% sul 2000)[3]; in Italia inoltre in termini di personale impiegato la media è di 9 dipendenti per azienda, a dimostrazione del fatto che la piccola media industria riveste, in questo come in altri settori industriali, il ruolo di protagonista della produzione nazionale anche se non mancano anche esempi di grandi realtà produttive con una organizzazione di dimensioni industriali.

Un grande traino della crescita della produzione interna viene esercitato dalla domanda estera; l'80% della produzione nazionale viene esportata, con principali paesi di sbocco la Francia, gli USA e il Regno Unito.

L'industria nautica ha registrato un andamento fortemente positivo negli ultimi cinque anni; il mercato nazionale, sebbene ancora contenuto nel valore assoluto, ha confermato lo sviluppo già mostrato nel 2002.

L'industria nautica italiana è quella che produce imbarcazioni con il valore medio più alto. Ciò è dovuto al grosso apporto della produzione di superyacht ovvero delle imbarcazioni con scafo di lunghezza superiore agli 80 piedi, pari a circa 24 metri.

Nel comparto delle unità da diporto[4] la Lombardia ospita il maggior numero di aziende che impiegano anche la percentuale maggiore di addetti; è seguita dalla Toscana e dalla Liguria che, considerate insieme, assommano una quota per-

Tav. 2 - *I principali tratti caratteristici dell'industria nautica italiana.*

---

[3] Se non diversamente specificato, i dati indicati sono tratti da UCINA (2003).

[4] Nell'industria nautica complessivamente considerata vengono per la particolare rilevanza di norma distinti il comparto delle unità da diporto, il comparto degli accessori e il comparto dei motori.

centuale del numero di aziende che si avvicina a quella della Lombardia, ma considerando la sola quota di addetti sommano un valore che supera di poco la metà di quello delle aziende lombarde.

Nell'ambito di tale comparto il 20% di aziende di maggiori dimensioni occupa il 65% circa del totale degli occupati e sviluppa oltre l'80% del valore complessivo.

In relazione alla tipologia dei natanti prodotti, la categoria delle unità entrobordo ed entrofuoribordo conferma il proprio ruolo di settore merceologico prevalente (89,8% di tutte le esportazioni e 78,6% delle importazioni; 81,9% della produzione nazionale e 49,7% del fatturato interno).

Il mercato nazionale delle unità da diporto risulta essere anch'esso formato prevalentemente, in valore complessivo, dalle unità più grandi con una percentuale pari al 62,5% del valore.

Le unità fuoribordo rappresentano il 14,3% del valore totale del mercato nazionale, seguite dalla vela con il 13,4% e dalle pneumatiche con il 9,8%.

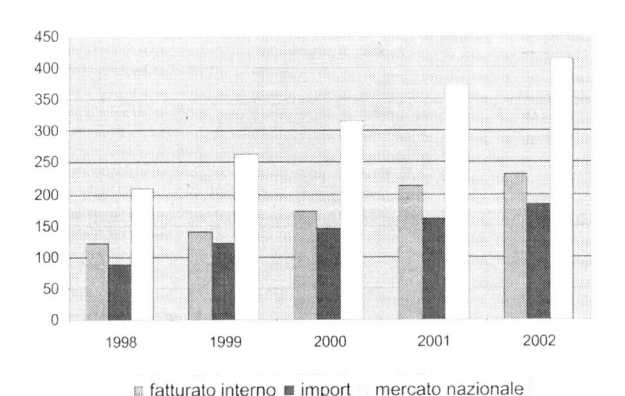

Tav. 3 - *Mercato nazionale imbarcazioni da diporto (fatturato in milioni di euro - UCINA, 2003).*

Sotto il profilo economico il comparto va più opportunamente misurato con riferimento all'indotto generato e quindi in generale alla ricchezza veicolata.

|  | 1998 | 1999 | 2000 | 2001 | 2002 |
|---|---|---|---|---|---|
| Produzione diretta | 1.033 | 1.291 | 1.498 | 1.777 | 1.953 |
| Indotto (turismo nautico) | 3.615 | 3.873 | 4.132 | 4.103 | 4.300 |
| **Totale (milioni di euro)** | **4.648** | **5.164** | **5.630** | **5.880** | **6.253** |
| Occupazione diretta | 8.300 | 9.500 | 10.000 | 11.000 | 11.600 |
| Indotto a monte | 5.200 | 5.500 | 5.900 | 6.000 | 6.200 |
| Indotto a valle (turismo nautico) | 65.500 | 70.000 | 75.000 | 76.000 | 76.500 |
| **Totale occupati** | **79.000** | **85.000** | **90.900** | **93.000** | **94.300** |

Tav. 4 - *Contributo al PIL italiano della nautica da diporto (UCINA, 2003).*

*Le dimensioni della domanda: il parco nautico in Italia*

L'attività nautica in Italia è una pratica seguita da un numero elevato di persone che si avvicinano alla barca per le più varie motivazioni (vacanza, sport, divertimento).

In misura analoga a quanto visto dal lato dell'offerta, problemi in certo qual modo ancora maggiori sorgono in relazione alla possibilità di dimensionare e monitorare l'andamento del comparto dal lato dell'utenza.

La difficoltà di stima della domanda di un simile servizio è legata alle problematicità che esistono nella rilevazione delle variabili che lo contraddistinguono, prime tra tutte la stagionalità, la durata e il tipo di viaggio, ma anche le peculiarità legate alla nazionalità con cui vengono registrate le imbarcazioni.

Alcuni indicatori possono comunque dimostrare, seppure indirettamente, l'andamento storico del comparto e le sue possibili prospettive future: tra questi la consistenza del naviglio iscritto nei registri e le previsioni di sviluppo del noleggio di unità da diporto.

Tav. 5 - *Gli indicatori per la stima della domanda di diportismo.*

Pur con i limiti di non disporre di dati recentissimi, emerge un trend di crescita per quanto riguarda la consistenza del naviglio iscritto nei registri; la discontinuità che emerge nel 1998 è sostanzialmente riconducibile agli effetti della Legge 498/94 che ha comportato la cancellazione dai registri di circa 3.500 natanti per i quali veniva a cessare l'obbligo di iscrizione (imbarcazioni con lunghezza fuori tutto inferiore a 7,50 m se a motore o a 10 m se a vela).

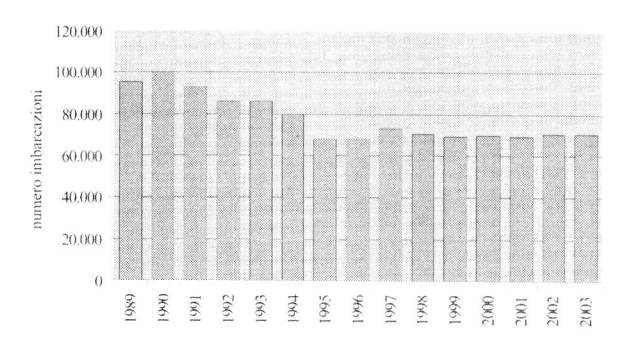

Tav. 6 - *Naviglio da diporto immatricolato in Italia nel periodo 1989-2003 (UCINA, 2004).*

La più recente stima disponibile (Comando Generale delle Capitanerie di Porto, 1997) riporta un parco nautico non immatricolato in Italia di 320.000 natanti e 400.000 tra canoe, *kayak*, tavole, piccole derive, ecc.

Nel corso del 2002 il totale delle nuove patenti rilasciate e quello di quelle rinnovate e sostituite ammonta a 39.667 (in calo rispetto agli anni precedenti).

Sale il noleggio a discapito della proprietà dell'imbarcazione e quindi un ulteriore indicatore interessante è desumibile dall'attività delle società di *charter*, ovvero armatori/*broker* che noleggiano imbarcazioni dai 9/10 m fino agli *yacht* di lusso di 60/70 metri.

Le associazioni di categoria (Confturismo-Federnautica/Ainud) stimano un interessante trend di crescita per le unità da diporto noleggiabili (sono stimate pari a circa 3.000 del 2005) e di riflesso sui volumi d'affari generabili dal comparto del turismo nautico (con previsioni di fatturato al 2005 di oltre 500 milioni di euro) e dell'indotto da questa generato (al 2005 altri 670 milioni di euro).

Una interessante indicazione sintetica è desumibile dal calcolo dell'indice di diportismo che consente di ponderare la dotazione in termini di parco nautico disponibile con il numero degli abitanti di un Paese.

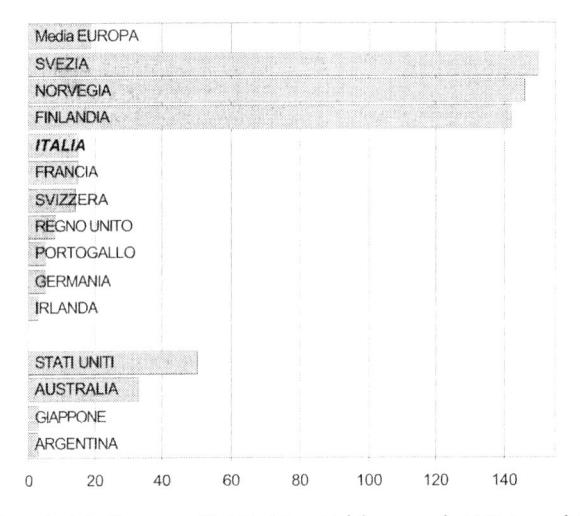

Tav. 7 - *Unità imbarcazioni da diporto ogni 1.000 abitanti (elaboraz. su dati Ministero dei Trasporti - 2003)*.

Il dato evidenzia per l'Italia una situazione ancora inferiore alla media europea, in cui un ruolo assolutamente rilevante è ricoperto soprattutto dai paesi scandinavi.

La rilevazione relativa alle patenti nautiche in essere (nuovi rilasci e rinnovi) mostra un trend calante nell'ultimo triennio: si passa infatti dalle 20.544 rinnovate nel 2001 alle 18.763 del 2003 a cui fanno fronte quasi 21 mila nuovi rilasci, per un totale di 39.724 nel 2003 contro i 39.667 del 2002.

Dal punto di vista della distribuzione delle patenti nautiche registrate, il 73% è attribuibile alle regioni affacciate sul mare Tirreno, mentre il residuo 27% insiste sull'Adriatico.

La Liguria detiene la *leadership* assoluta con il 22,5% del totale, seguita da Lazio, Campania e Sicilia attestate attorno all'11% cadauna.

In misura analoga il naviglio immatricolato risulta per il 75% di pertinenza delle regioni tirreniche (la sola Liguria con il 26%) e per il 25% di quelle adriatiche (*in primis* il Veneto con poco più del 6%).

*I porti turistici nell'Adriatico*

In Italia esistono attualmente circa 700 strutture portuali o similari, classificate con criteri non del tutto omogenei e variabili anche in relazione alla regione di appartenenza[5].

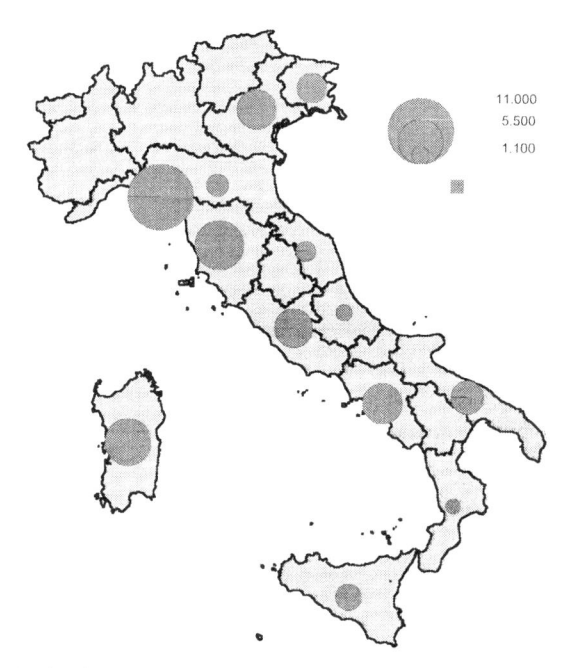

Tav. 8 - *La distribuzione regionale degli approdi in porti turistici (UCINA, 2002).*

---

[5] La classificazione più comunemente adottata distingue fra approdo/rada, banchina/pontile, darsena, marina privato, porto/porticciolo, porto canale, porto industriale/commerciale, porto militare, spiaggia attrezzata.

Secondo i dati del Ministero dei Trasporti e Navigazione, alla fine del 2001 erano disponibili in Italia 116.873 posti barca, con un aumento del 5,4% rispetto al 1999.

Tale crescita è concentrata quasi totalmente in due regioni: il Veneto e la Sardegna[6].

La crescita positiva dei circa 6.000 posti barca in rispetto al 1999 è quasi tutta concentrata nei porti turistici; questo fenomeno è dovuto in larga misura riconducibile alla semplificazione normativa delle procedure per la costruzione dei porti turistici (DPR 507/1997)[7].

Nonostante la positiva crescita registrata nel 2001 però, l'offerta di posti barca in Italia è ancora da considerarsi deficitaria soprattutto lungo le coste meridionali.

Nel Sud della Penisola non sono state sfruttate ancora appieno le possibilità di insediare approdi turistici all'interno dei porti commerciali o attraverso il recupero e la riconversione delle strutture portuali dismesse.

Una complessiva ricognizione dei porti turistici insistenti sul mare Adriatico è stata realizzata mediante ricerche effettuate su pubblicazioni settoriali e ricorrendo, ove possibile, alle informazioni reperibili dal materiale pubblicitario (ivi inclusi i siti Internet) dei singoli porti.

Il relativo elenco, riportato nelle Tavole 9 e 10, non ha pertanto pretesa di esaustività, ma punta a classificare i principali porti turistici rilevati in relazione alla loro collocazione, alla capacità ricettiva (categoria e numero di ormeggi) e alla disponibilità di servizi.

La tipologia dell'offerta di servizi accessori all'ormeggio riveste un ruolo sempre più determinante nelle scelte degli utenti e, di conseguenza, un fattore cruciale per lo sviluppo.

La suddivisione adottata evidenzia la dotazione in relazione all'assistenza diretta alle imbarcazioni con riferimento alla presenza di un distributore (D) per il rifornimento, dell'officina (O), della gru (G) per la movimentazione degli scafi, della possibilità di rimessaggio coperto (RC) e della possibilità si eseguire riparazioni sugli scafi (RS).

---

[6] I posti barca disponibili in Veneto nel 1999 erano 3.562 mentre alla fine del 2001 se ne contano ben 5.118 con un aumento del 43,7%. I posti barca nelle strutture sarde aumentano in due anni del 25,5% passando dagli 11.320 del 1999 ai 14.201 del 2001. Invariato il numero dei posti barca in Liguria, Lazio, Molise, Abruzzo, Marche, Friuli-Venezia Giulia. In leggera contrazione il numero dei posti barca in Emilia-Romagna e in Toscana.

[7] Il DPR 507/97 – meglio noto come decreto Burlando – attraverso la valorizzazione dello strumento delle Conferenze di Servizi, ha ridotto il periodo medio di attesa per il rilascio delle concessioni demaniali marittime da 10/12 anni a 2. Sono stati inoltre più chiaramente definiti i requisiti di progetti da allegare alle istanze di concessione, è stata formalizzata la procedura per le valutazioni di impatto ambientale, sono stati ridotti del 70% circa i canoni demaniali da corrispondere.

| # | Denominazione Porto Turistico | collocazione | cat. | numero ormeggi |
|---|---|---|---|---|
| 1 | PORTO SAN ROCCO | Muggia (TS) | 1 | 165 |
| 2 | SAN GIUSTO SEA CENTER | Trieste | 1 | 226 |
| 3 | MARINA DI LEPANTO | Monfalcone (GO) | 1 | 250 |
| 4 | PORTO SAN VITO | Grado (GO) | 1 | 165 |
| 5 | CENTRO NAUTICO SAN MARCO | Grado (GO) | 3 | 60 |
| 6 | MARINA SANT'ANDREA | San Giorgio (UD) | 2 | 122 |
| 7 | MARINA SAN GIORGIO | San Giorgio (UD) | 2 | 270 |
| 8 | PORTOMARAN | Marano Lag. (UD) | 1 | 470 |
| 9 | PORTO TURISTICO MARINA UNO | Lignano Sab. (UD) | 1 | 435 |
| 10 | PORTOBASELEGHE | Bibione Pinetia (VE) | 2 | 400 |
| 11 | DARSENA DELL'OROLOGIO | Caorle (VE) | 2 | 450 |
| 12 | MARINA 4 | Porto S. Margherita (VE) | 1 | 420 |
| 13 | MARICLEA CLUB | Eraclea Mare (VE) | 2 | 170 |
| 14 | MARINA DI CORTELLAZZO | Lido di Jesolo (VE) | 3 | 140 |
| 15 | NBS NAUTICA BOAT SERVICE | Lido di Jesolo (VE) | 3 | 70 |
| 16 | PORTO TURISTICO DI JESOLO | Lido di Jesolo (VE) | 1 | 488 |
| 17 | NAUTICA DAL VI' | Lido di Jusolo (VE) | 2 | 430 |
| 18 | MARINA DEL FARO | Cavallino (VE) | 2 | 100 |
| 19 | MARINA DEL CAVALLINO | Cavallino (VE) | 1 | 400 |
| 20 | MARINA DI LIO GRANDO | Cavallino (VE) | 2 | 200 |
| 21 | DARSENA FUSINA | Malcontenta (VE) | 3 | 200 |
| 22 | DARSENA MOSELLA | Sottomarina Lido (VE) | 2 | 150 |
| 23 | SPORTING CLUB MARINA DI CHIOGGIA | Sottomarina Chioggia (VE) | 1 | 350 |
| 24 | MARINA DI CHIOGGIA | Valli di Chioggia (VE) | 2 | 250 |
| 25 | CLUB NAUTICO MARINA DI BRONDOLO | Chioggia (VE) | 2 | 200 |
| 26 | MARINA DI ALBARELLA | Rosolina (RO) | 1 | 455 |
| 27 | MARINA DI PORTO LEVANTE | Albignasego (PD) | 1 | 520 |
| 28 | MARINA DEGLI ESTENSI | Lido degli Estensi (FE) | 1 | 300 |
| 29 | MARINA DI CERVIA | Cervia (RA) | 1 | 300 |
| 30 | SEASER "MARINARA P.T. INT." | Ravenna (RA) | 1 | 1.500 |
| 31 | ONDA MARINA PORTO TURISTICO DI CE | Cesenatico (FO) | 1 | 300 |
| 32 | MARINA DI RIMINI | Rimini (RN) | 1 | 620 |
| 33 | PORTOVERDE | Miano Adriatico (RN) | 1 | 350 |
| 34 | PORTO BAIA VALLUGOLA | Gabicce Mare (PS) | 1 | 150 |
| 35 | MARINA DEI CESARI | Fano (PS) | 1 | 500 |
| 36 | PORTO DI GIULIANOVA | Giulianova Lido (TE) | 3 | 200 |
| 37 | MARINA DEL SOLE | Lanciano (CH) | 1 | 404 |
| 38 | MARINUCCI YACHTING CLUB | Termoli (CB) | 1 | 120 |
| 39 | DARSENA FONTANELLE | Gallipoli (LE) | 2 | 160 |

Totale ormeggi mare Adriatico Italia: 12.440

Tav. 9 - *I principali porti turistici italiani in Adriatico (elaborazione personale).*

I servizi a terra consistono nella possibilità di allacciamento a prese d'acqua e di energia elettrica (AL), alla presenza di servizi igenici e docce (WC), e alla possibilità di parcheggio interno per l'automobile (P).

In tema di ristorazione viene considerata la presenza di bar (BAR), la possibilità di accedere al ristorante (RIS) e quella di effettuare acquisti al market (MKT).

In termini di alloggi a terra nell'ambito della struttura portuale viene indicata l'eventuale presenza di camping (CAM) o di appartamenti/camere (ALL).

La stessa tipologia di rilevazione è stata realizzata con riferimento alla dotazione di porti sulla costa est dell'Adriatico (in preminenza siti in Croazia).

Nel complesso sono stati analizzati 62 porti turistici con 12.658 ormeggi.

I siti italiani contano mediamente un maggior numero di ormeggi (319) rispetto a quelli esteri (270) e si qualificano per un maggior grado di presenza di servizi di assistenza alle imbarcazioni (in particolare di alaggio e varo), confermando una natura maggiormente stanziale (in via preminente sede di rimessaggio e partenza imbarcazioni) che non di transito (tipica invece degli scali esteri).

*Il turismo nautico in Adriatico*

In Italia (seconda delle 80 grandi aree di vacanza per affluenza di turismo nautico insieme ai Caraibi), il mercato del diporto nautico viene stimato ad oggi pari a circa 150 milioni di euro di fatturato con una presenza di oltre 150.000 turisti.

Il turismo nautico ha conosciuto negli ultimi anni una maggiore diffusione in relazione alle trasformazioni in atto nella composizione della domanda.

In particolare si assiste alla richiesta di una maggiore integrazione tra l'aspetto ludico-sportivo legato alla navigazione in sé stessa, e la possibilità di abbinare la particolare mobilità legata all'utilizzo di una imbarcazione con la possibilità di effettuare anche turismo nell'entroterra, caratteristica questa particolarmente valorizzabile nell'area mediterranea così ricca di tesori naturalistici e storici.

Veneto e Friuli-Venezia Giulia detengono la *leadership* adriatica con oltre 20.000 posti barca ricavati in «marinas» espressamente progettati per la nautica da diporto (pari al 20% dell'offerta nazionale).

A fronte di questo, circa il 30% dell'utenza nazionale svolge le proprie crociere estive nell'area del Nord Adriatico.

Le due regioni rappresentano un naturale «sbocco a mare» dell'utenza straniera, con la conseguenza che i porti turistici dell'Alto Adriatico sono frequentati da una quota variabile che va dal 30% al 60% di imbarcazioni straniere (in prevalenza a bandiera tedesca e austriaca).

In ciò concorre anche una politica di tariffe portuali in Adriatico estremamente concorrenziale rispetto ad altre aree dell'Italia (le tariffe applicate nei porti turistici del Nord-Est sono circa la metà rispetto a quelle del Tirreno) e una pre-

| Denominazione Porto Turistico | collocazione | cat. | numero ormeggi | assistenza imbarcazioni | | | | | servizi a terra | | | | ristorazione | | | soggiorno | |
|---|---|---|---|---|---|---|---|---|---|---|---|---|---|---|---|---|---|
| | | | | D | O | G | | RCRS | AL | WC | P | BAR | RIS | MKT | CAM | ALL |
| 01 MARINA ISOLA | Izola (SI) | nd | 620 | | | | | | | | | | | | | |
| 02 ACI MARINA UMAG | Umag (HR) | nd | 518 | | | | | | | | | | | | | |
| 03 ACI ROVINJ | Rovinj (HR) | nd | 380 | | | | | | | | | | | | | |
| 04 ACI PULA | Pula (HR) | nd | 200 | | | | | | | | | | | | | |
| 05 ACI MARINA POMER | Pomer (HR) | nd | 220 | | | | | | | | | | | | | |
| 06 ACI OPATIJA | Icici (HR) | nd | 300 | | | | | | | | | | | | | |
| 07 ACI CRES | Cres (HR) | nd | 450 | | | | | | | | | | | | | |
| 08 ACI SUPETARSKA DRAGA | Rab (HR) | nd | 270 | | | | | | | | | | | | | |
| 09 ACI RAB | Rab (HR) | nd | 140 | | | | | | | | | | | | | |
| 10 ACI SIMUNI | Kolan (HR) | nd | 175 | | | | | | | | | | | | | |
| 11 ACI ZUT | Jezera (HR) | nd | 120 | | | | | | | | | | | | | |
| 12 ACI PISKERA | Jezera (HR) | nd | 150 | | | | | | | | | | | | | |
| 13 ACI JEZERA | Jezera (HR) | nd | 200 | | | | | | | | | | | | | |
| 14 ACI SKRADIN | Skradin (HR) | nd | 200 | | | | | | | | | | | | | |
| 15 ACI VODICE | Vodice (HR) | nd | 415 | | | | | | | | | | | | | |
| 16 ACI TROGIR | Trogir (HR) | nd | 180 | | | | | | | | | | | | | |
| 17 ACI SPLIT | Split (HR) | nd | 360 | | | | | | | | | | | | | |
| 18 ACI MILNA | Milna (HR) | nd | 190 | | | | | | | | | | | | | |
| 19 ACI PALMIZANA | Hvar (HR) | nd | 160 | | | | | | | | | | | | | |
| 20 ACI VRBOSKA | Vrboska (HR) | nd | 85 | | | | | | | | | | | | | |
| 21 ACI KORKULA | Korkula (HR) | nd | 135 | | | | | | | | | | | | | |
| 22 ACI DUBROVNIK | Mokosica-Dubrownick (HR) | nd | 450 | | | | | | | | | | | | | |
| 23 OMC JADRAN | Bar (Montenegro YU) | nd | 300 | | | | | | | | | | | | | |

| Totale ormeggi mare Adriatico Estero | 6.218 |
|---|---|

Tav. 10 - *I principali porti turistici esteri in Adriatico (elaborazione personale)*.

senza di strutture portuali in altre aree ancora inadeguata (in particolare le coste del Sud Italia).

I poli alternativi sono rappresentati principalmente da Sardegna e Liguria, dove peraltro sia l'ubicazione sia le caratteristiche del mare richiamano tipologie di natanti diversi rispetto a quelli che usualmente solcano il mare Adriatico del Nord.

Una minaccia potenziale allo sviluppo di infrastrutture portuali nell'Adriatico del Nord può originare dalla crescita in atto nella portualità in Croazia, che potrebbe realizzarsi sia mediante l'ammodernamento e il rinnovamento delle strutture ricettive già esistenti, sia con lo sviluppo di nuove infrastrutture nautiche a opera di capitali privati (anche italiani), nell'ambito di una situazione politica che sta gradualmente tornando equilibrata e di un quadro di riferimento normativo che solo recentemente ha assunto connotati più precisi in materia di concessioni demaniali marittime.

*Il concetto di rete*

Un fattore di accelerazione della domanda interna potrebbe originare da una diversa concezione dell'imbarcazione che si sta pian piano evolvendo da mezzo ludico a mezzo per il soggiorno turistico; fattori frenanti sono peraltro ancora il limitato periodo temporale di utilizzo (in media 25 giorni all'anno in Italia) e il livello della spesa per il turismo nautico ancora elevato: per 4 persone si aggira mediamente sui 5 mila euro annui per imbarcazione.

Le strategie di sviluppo dei porti italiani – anche in risposta alla potenziale minaccia di quelli croati – poggiano sullo sviluppo di un'offerta sempre più qualificata, in cui a fianco delle attrezzature di alaggio e varo d'avanguardia si punta sulla presenza di personale altamente qualificato e di una rete capillare di piccoli cantieri nautici specializzati in riparazioni e restauri, nonché di adeguate strutture e servizi a terra; si tratta per lo più di iniziative a carattere misto immobiliari e portuali, dove i progetti realizzati mirano a creare cittadelle della nautica dotate di ogni bene e servizio, con carattere di esclusività e spesso rivolte a una fascia di clientela medio-alta[8].

Il potenziale economico e occupazionale del turismo nautico è oggi una realtà consolidata e in continuo sviluppo.

Il consolidamento e lo sviluppo del turismo nautico in Italia è non solo un obiettivo fondamentale, ma soprattutto uno strumento di crescita economica e occupazionale particolarmente in aree ad alto potenziale turistico.

---

[8] Tra queste si può citare l'iniziativa sviluppata sull'Isola di Albarella (da parte del gruppo Marcegaglia).

L'elemento «barca» è infatti il nodo centrale attorno al quale gravita un complesso fortemente significativo di realtà economiche e occupazionali in continua evoluzione e sviluppo, che, come visto, contribuiscono in modo evidente al PIL nazionale.

Affinché il porto possa diventare un polo di sviluppo economicamente attivo è necessario che sia integrato in un sistema nazionale o quantomeno regionale; e che ogni struttura coinvolga il territorio retrostante e attivi un sistema di porti minori, distanziati tra loro non più di 20-30 miglia, perché tale è la distanza ottimale, corrispondente al percorso medio giornaliero di una barca a vela (CIRELLI, MALAFARINA e PORTO, 2004).

Parimenti è indispensabile l'effettuazione di comuni e mirate azioni di marketing tese a richiamare utenti interni ed esteri (ad esempio accordi poliennali con associazioni di utenti per la concessione di agevolazioni sulle tariffe d'ormeggio e sui voli).

Bisogna in sostanza riuscire a passare da una concezione del porto come punto isolato di stanziamento o approdo al porto visto come nodo di una rete non solo quindi terminale delle rotte di navigazione, ma elemento catalizzatore di flussi turistici provenienti dall'entroterra e diretti al mare e, viceversa, provenienti dal mare e interessati a ciò che l'entroterra turistico può offrire.

Si tratta di interpretare l'ambiente mare come una risorsa per il movimento nautico e non come un freno; da questo modo d'intendere l'ambiente marino deriva una visione unica che accomuna il destino della nautica da diporto a quello dello sviluppo turistico delle nostre coste.

Il porto turistico deve assumere un ruolo di valorizzazione ambientale in senso lato, con un importante ruolo di tutela e recupero anche di ambienti preesistenti (ad esempio riconversione di strutture portuali dismesse o in declino), raccordandosi anche all'attrattività turistica del sito (storica e naturalistica).

È indispensabile quindi attuare una prospettiva di sviluppo integrato per aree costiere appartenenti al medesimo potenziale bacino di utenza, sfruttando economie di scala sia in termini di gestione e organizzazione che, come in precedenza evidenziato, di complessiva immagine del prodotto/servizio costituito dal porto turistico.

## BIBLIOGRAFIA

BULLADO E., *Gli aspetti economici del turismo: strutture, infrastrutture e flussi*, in BERNARDI R. e GAMBERONI E. (a cura di), *Turismo e Geografia*, Bologna, Patron, 2004, pp. 95-104.

CAMPIONE G. (a cura di), *Il Mediterraneo*, in Geotema n. 12, Bologna, Pàtron, 1998.

CENSIS (a cura di), *Rapporto sull'economia del mare*, Milano, Franco Angeli, 2001.

CIRELLI C., MALAFARINA S. e PORTO C.M., *I porti turistici come opportunità di valorizzazione e rilancio del turismo costiero siciliano*, in ADAMO F. (a cura di), *Contributi alle Giornate di Geografia del Turismo 2001-2002*, Bologna, Pàtron, 2004, pp. 181-232.

CIRELLI C., *Un nuovo rapporto con il mare elemento qualificante della forma della vita urbana*, in ADAMO F. (a cura di), *Contributi alle Giornate di Geografia del Turismo 2001-2002*, Bologna, Pàtron, 2004, pp. 103-123.

CONTI S. e SEGRE A. (a cura di), *Mediteranean Geographies*, Società Geografica Italiana, CNR - Italian Committee for International Geografical Union, Roma, 1998.

DI GIANDOMENICO G. e ANGELONE C. (a cura di), *Porti turistici e navigazione da diporto*, Milano, Giuffrè, 1998.

GASPARINI M.L., *Turismo e diporto nautico. Il ruolo dei porti per la gestione integrata del territorio*, in ADAMO F. (a cura di), *Contributi alle Giornate di Geografia del Turismo 2001-2002*, Bologna, Pàtron, 2004, pp. 163-179.

NOCIFORA E., *Il turismo mediterraneo come risorsa e come rischi*, Napoli, Ipermedium, 1996.

SOCIETÀ GEOGRAFICA ITALIANA (a cura di), *L'Italia nel Mediterraneo*, Rapporto Annuale 2005, Roma, luglio 2005.

UCINA (a cura di), *La nautica in cifre edizione 2003*, Genova, Ucina, 2003.

MICHELE CAPRIATI e ROSALINA GRUMO *

# SCELTE LOCALIZZATIVE DELLE IMPRESE NEL SISTEMA ADRIATICO **

*Introduzione*

Negli ultimi decenni le trasformazioni a livello mondiale hanno determinato un cambiamento strutturale delle economie, tale da coinvolgere tutti gli aspetti dell'organizzazione territoriale, economico-produttivi e sociali, urbani, culturali e politici. Si sono creati nuovi equilibri e accentuati i divari esistenti fra le aree. La globalizzazione caratterizzata dalla convergenza spazio-tempo ha trasferito nei sistemi, secondo un modello di rete, tutti gli elementi del suo processo, imponendo un cambiamento di logiche, una spazialità multiscalare, e determinando un forte impatto sul livello locale. Oggi si può parlare di una nuova rivoluzione le cui parole chiave sono accessibilità, competitività e connettività (BALDWIN e MARTIN, 2001).

La dipendenza al processo di omologazione che tale sistema ha creato è strettamente connessa al grado di interazione, comunicazione e coesione dei sistemi locali, alla loro capacità di elaborazione, reinterpretazione del loro ruolo e determinazione di proposte strategiche che, pur nella logica della globalizzazione, abbiano un carattere innovativo e originale, e rappresentino un modello radicato sul territorio e ben identificato. Da più parti si sottolinea che i meccanismi della globalizzazione stiano anche mettendo in luce, lì dove non ne siano addirittura gli artefici, processi di differenziazione, dimostrando come ci sia un interesse generalizzato alle caratteristiche identitarie dei sistemi locali di produzione e alle abitudini locali di consumo (TINACCI MOSSELLO, 2001). L'apertura al globa-

---

\* Dipartimento per lo Studio delle Società Mediterranee, Università di Bari.
Dipartimento di Scienze Geografiche e Merceologiche, Università di Bari.

\*\* Pur nella comune organizzazione dell'articolo i paragrafi 1 e 3.1 sono da attribuirsi a R. Grumo, i paragrafi 2 e 3.2 a M. Capriati, l'introduzione e le osservazioni conclusive a entrambi.

le e la valorizzazione delle identità rappresentano il mix fondamentale per avviare strategie efficaci e soprattutto sostenibili, cioè compatibili alle vocazioni del territorio. Se infatti si va modificando il concetto di spazio e di tempo e la produzione va smaterializzandosi sempre più, si è sempre più convinti che i luoghi, le risorse, acquisiscano grande rilevanza per operare in un contesto mondiale e concorrenziale.

Le nuove logiche di mercato, la nascita di settori innovativi, la crescente complessità dei fenomeni e delle dinamiche territoriali sono alcuni tra i fattori che hanno messo in crisi i modelli interpretativi tradizionali. Ciò si esprime in particolar modo nei sistemi urbani e nell'organizzazione delle imprese. Quest'ultimo percorso su cui è centrato il contributo, porta a una riflessione sui comportamenti e sole scelte localizzative delle imprese, rispetto ai processi di delocalizzazione produttiva e di internazionalizzazione delle imprese con riferimento al Sistema Adriatico, analizzato come una macroarea caratterizzata da elementi culturali, economici e sociali omogenei ma anche distinti, e all'ipotesi di sviluppo delle regioni che si affacciano sull'Adriatico.

Inoltre è risultato interessante verificare quali siano attualmente nell'area le scelte localizzative delle imprese riguardo alle ipotesi di decentramento e di internazionalizzazione, partendo dai fattori localizzativi che hanno determinato i comportamenti nella localizzazione delle unità centrali. Negli anni Ottanta e Novanta la presenza di sistemi di piccola e media impresa legati ad attività di tipo tradizionale e al decentramento produttivo ha comportato uno spostamento verso aree che garantissero minori costi di lavoro e vantaggiose condizioni non più reperibili in loco legate agli aumentati costi dei fabbricati, dei terreni, dei trasporti, alla difficoltà nel reperire manodopera per funzioni banali. Ci si chiede allora quali cambiamenti di scenario abbiano determinato le trasformazioni nelle scelte e verso quali aree queste si siano rivolte.

## 1. *I comportamenti spaziali delle imprese*

Il passaggio da un modello economico di tipo fordista al post fordismo e alla specializzazione flessibile ha senza dubbio determinato un cambiamento radicale nell'ambiente interno ed esterno delle imprese, e una diversa concezione nell'utilizzazione dello spazio. Il fordismo con la presenza di grandi impianti verticalmente integrati ha sostanzialmente consumato lo spazio fisico, utilizzando i fattori di localizzazione classici, separando la fabbrica dal contesto e privilegiando le componenti fisiche della produzione (edifici, macchinari, infrastrutture). Esso ha inoltre tratto vantaggi competitivi dalla produzione di massa e a buon mercato e dalla divisione del lavoro, i cui compiti, scarsamente qualificati e parcellizzati, erano controllati in quanto ritenuti funzionali allo sviluppo del sistema capitalistico (DICKEN e LLOYD, 1993).

La crisi del modello fordista, che aveva peraltro già in sé le condizioni del passaggio, corrisponde a un cambiamento di scenario e all'evoluzione degli elementi sottesi al momento storico, economico e politico che lo avevano determinato. L'apertura all'esterno, lo sviluppo delle relazioni orizzontali, la dimensione internazionale in cui l'impresa doveva necessariamente operare, le tecnologie della comunicazione hanno imposto una riorganizzazione complessiva delle imprese, dei comportamenti e delle scelte localizzative. Il dove localizzarsi e l'influenza dell'ordine spaziale sulla produttività dei fattori hanno costituito e costituiscono tuttora due temi fondamentali nella dinamica delle imprese.

Il modello della specializzazione flessibile si innesta nella crisi della grande impresa verticalmente integrata. Esso decreta anche la fine della produzione e del mercato di massa, e impone la presenza di un prodotto specializzato e del posizionamento in nicchie di mercato da conquistare attraverso un costante adattamento alle esigenze e ai gusti dei consumatori. In questo senso il confine tra l'impresa e il suo ambiente esterno è soggetto a cambiare nel tempo, e dipende dai diversi tipi di strategia competitiva adottati. Divenivano inoltre favoriti i processi di decentramento, di delocalizzazione, e internazionalizzazione.

Nel frattempo si andava modificando l'uso del territorio. L'apertura al globale e il rapporto con il locale trovano infatti compiutezza nel modello reticolare sia sotto l'aspetto urbano, assegnando alla città una funzione gerarchica, gravitazionale e organizzativa dei flussi e delle reti, che sotto l'aspetto economico e produttivo. Dal lato dell'offerta ciò si manifesta attraverso una produzione diversificata e personalizzata, mentre dal lato della domanda si cerca di rispondere meglio alla frammentazione e alla segmentazione dei mercati. Tutto questo si riflette nell'organizzazione delle unità produttive in reti di imprese che intrattengono diversi tipi di relazioni verticali, laterali con fornitori e imprese che realizzano prodotti intermedi, e di servizio con i consumatori e gli attori istituzionali.

Nell'analizzare quali possano essere le scelte localizzative delle imprese in un contesto globale, in particolare nel Sistema Adriatico, va considerato da un lato il tipo di organizzazione e di struttura interna (grande, media o piccola impresa o sistema locale), in quanto diverse sono le modalità, i comportamenti, e i fattori ritenuti più rilevanti rispetto alle dimensioni, il settore, il tipo di attività e la scala geografica di riferimento. Fattori ritenuti rilevanti a scala locale non lo sono più se l'analisi viene fatta a scala più ampia. Dall'altro va esaminato il tipo e il grado di esternalizzazione e di internazionalizzazione, attraverso il ricorso all'innovazione e alla tecnologia, la creazione di filiali, la partecipazione a imprese produttive estere, la creazione di *joint ventures*, gli accordi di cooperazione, le alleanze, la realizzazione di Investimenti Diretti Esteri (IDE).

Le scelte della localizzazione hanno seguito negli anni una evoluzione e una articolazione complessa. Va innanzitutto esaminata la spazialità dei fattori classici della produzione. La terra come luogo fisico dell'industria e come contenitore delle risorse, influenza la localizzazione per l'eterogeneità degli *input* naturali presenti in un sistema produttivo. Senza tralasciare le *amenities* che costituiscono un elemento di scelta e di attrazione soprattutto per le aree del terziario superiore. Il capitale fisico e monetario, la cui spazialità è rilevante e mutevole nello spazio, e in quanto molto mobile, elegge le aree dove vi è già sviluppo per realizzare investimenti. Il lavoro, fattore cruciale della localizzazione condiziona le scelte del decentramento verso Paesi a basso costo di lavoro, non si presenta uniformemente distribuito e appare fortemente differenziato strutturalmente sul piano delle specializzazioni. Per tale motivo la localizzazione si rivolge soprattutto lì dove le specializzazioni sono più presenti, in particolar modo per alcune industrie in cui sono necessarie particolari abilità, dando rilievo alla natura del lavoro locale. Ma vi sono anche altri elementi che influenzano tale fattore riguardanti il livello di produttività e abilità e il grado di affidabilità. Infine la tecnologia sempre più determinante nella localizzazione ed elemento strategico che determina a livello globale, in quanto diversamente diffusa sul territorio, sostanziali divergenze territoriali tra le aree centrali e le aree periferiche, la cui differenza spaziale deriva dalla maggiore o minore interazione, dal livello di informazione e di comunicazione (GEORGE, 1970; BALE, 1976; TINACCI MOSSELLO, 1990; DICKEN e LLOYD, 1993; CONTI, 1999).

Riguardo ai fattori di localizzazione territoriale sono state realizzate numerose classificazioni. Negli anni Cinquanta e Sessanta il Toschi citava una ottantina di fattori (TOSCHI, 1959). In modo più sintetico egli riportava le condizioni secondo cui venivano classificate le industrie con i titoli dei sette gruppi nei quali erano disposte. Il riferimento riguardava: Condizioni fisiche e naturali, Condizioni demografiche, Condizioni storiche, Condizioni topografiche dei fattori produttivi, Condizioni tecnico-ingegneristiche degli stabilimenti, leggi proprie dei processi di localizzazione, ad altre Condizioni politiche, cosiddette artificiali, Condizioni economiche che si rifacevano al modello di Weber. L'insieme di tali Condizioni portava alla determinazione dei fattori della localizzazione industriale. Sempre secondo il Toschi la classificazione sintetica riguardava undici Fattori, tecnici esterni ed interni, paratecnici, e non tecnici, fortemente correlati fra di loro (TOSCHI, 1959; TOSCHI, 1963, pp. 87-91). Per seguire l'evoluzione delle scelte di localizzazione si è cercato di realizzare una ricostruzione dei fattori ritenuti rilevanti. Il Bailly ad esempio ha considerato che il ruolo dei fattori localizzativi fosse importante secondo le circostanze. Ricostruendo una graduatoria dei fattori, numerati secondo l'ordine loro assegnato, e accorpati per renderli comparabili, egli ha focalizzato l'attenzione su alcune posizioni della scuola anglosassone e francese (GEORGE, 1970; BALE, 1976, DÉZERT e VERLAQUE, 1978; SMITH, 1968). Da ciò, sotto diverse forme gerarchiche, sono emersi come fondamentali il fattore capitale e le risorse, seguiti dal lavoro, dai fattori politici e dalle politiche per il territorio e in ultimo il mercato e i trasporti. Il risultato è che, se pure non si comprendano esattamente le relazioni tra i fattori, vi sia la necessità di una azione congiunta tra i fattori stessi e che comunque vadano esaminati soprattutto i casi particolari. Tutto dipende dalle relazioni e dalle cooccorrenze che si determinano (BAILLY e BÉGUIN, 1984).

Ma cosa accade oggi? Quali sono le dinamiche che influenzano lo sviluppo locale e quali trasformazioni avvengono nei comportamenti delle imprese, in particolar modo nel Sistema Adriatico? Se si ragiona in termini di sistema ai fattori tradizionali si affiancano elementi che possono assumere via via maggiore o minore importanza. Ci sono casi in cui si sfugge decisamente ai principi classici della localizzazione produttiva, le materie prime vengono da lontano, i mercati principali sono all'estero, i porti di imbarco sono altrettanto lontani, il mercato del lavoro non offre lavoratori specializzati. Nei casi esaminati le aree sono ad esempio vocate all'agricoltura, anche se vi è la presenza di un «saper fare diffuso» di tipo artigianale. Le imprese sono spesso familiari e dunque i fattori psico-sociali e storico-culturali sono determinanti, in quanto le decisioni sono fortemente legate alla figura dell'imprenditore, e fondamentali risultano altresì le relazioni tra l'industria e l'immagine dei luoghi, la sua storia. Contano molto anche le economie di agglomerazione, le infrastrutture di trasporto e l'offerta dei fattori di trasporto, ma anche gli incentivi pubblici. A tal proposito e soprattutto riguardo ai fattori politici, se da più parti si è sempre lamentata una certa indifferenza e mancanza di sostegno pubblico che non ha favorito la presenza di infrastrutture e di servizi, dall'altro si è addirittura fieri di non essere ricorsi a finanziamenti pubblici e di aver utilizzato le risorse personali per far crescere una cultura positiva del lavoro, basata sulle proprie forze.

Tali elementi negli anni sono sempre stati presenti. L'accessibilità ad esempio risulta un fattore essenziale ed è una pregiudiziale, la prossimità fisica che sembrava un elemento meno rilevante diviene fondamentale per consentire il trasferimento, la circolazione di conoscenze, di progetti, di idee, di persone e prodotti, ma risultano fattori fondamentali anche la presenza di forza lavoro qualificata, lo sfruttamento delle tecnologie, il contenuto di immagine del contesto, il livello dei prezzi immobiliari, il costo dei trasporti, il favorire processi di apprendimento collettivo, il costruire una rete di relazioni con soggetti esterni come i fornitori, il mercato, gli attori istituzionali, i referenti del settore. Tutto ciò sottolinea ed esprime il necessario collegamento soprattutto nella scelta tra i fattori economici e i fattori socio-culturali.

Le condizioni favorevoli che garantiscono l'avvio delle imprese nelle aree di localizzazione possono essere dunque produttive, tecnologiche, e commerciali, ma quelle che consentono l'apertura all'esterno e all'internazionalizzazione sono soprattutto cognitive, tecnologiche e informative e dipendono in modo imprescindibile dal grado di coesione interna delle imprese e dei sistemi. L'efficienza dei servizi alle imprese ad esempio rappresenta un fattore cruciale delle decisioni localizzative delle imprese multinazionali, gli Investimenti Diretti Esteri, a prescindere dalle ragioni che li determinano, l'ingresso in nuovi mercati o la riduzione dei costi di produzione, richiedono una rete efficiente di fornitori e produttori di servizi. Ciò significa non solo creare una interazione tra gli operatori economici e gli attori istituzionali del territorio e praticare una cultura collaborativa finalizzata ad azioni concrete, ma valorizzare soprattutto il capitale umano.

I modelli di organizzazione delle imprese possono far riferimento a un'unica unità produttiva con tutte le fasi interne all'impresa, oppure a una impresa che si occupa degli approvvigionamenti e del controllo di qualità, mentre la produzione viene affidata a terzisti o si delocalizza, e ad un terzo caso che si può definire misto. Tale apertura e i processi di decentramento e delocalizzazione che costituiscono un fenomeno diffuso per numerose imprese del Sistema Adriatico, centrate soprattutto sui settori tradizionali, sono strettamente connessi a una sorta di incapacità nel reperire condizioni favorevoli nell'area di localizzazione, come i servizi e la formazione ad esempio, e di essere sul mercato in modo competitivo. Ciò può essere raggiunto non solo attraverso la semplice concorrenza sul basso costo del lavoro, e sulla flessibilità dell'uso della forza lavoro, tra gli elementi principali su cui si è fondato il successo delle aree marginali del sistema, e una delle cause fondamentali oggi della delocalizzazione. Ma soprattutto puntando sui servizi al cliente, in particolare sui tempi di consegna, sulla logistica e la qualità. La politica dei prezzi infatti non basta più, è necessario assegnare un valore aggiunto al prodotto, e per far ciò è fondamentale agire sui processi della pianificazione, organizzazione, innovazione e ricerca.

Dunque i fattori di localizzazione si basano sempre più su fattori materiali ma anche immateriali e sulla capacità di valorizzare relazioni locali ma anche sovralocali, in un'ottica di integrazione con i differenti processi globali. Anche rispetto ai due casi di studio, mentre si lascia all'analisi e alle osservazioni conclusive il risultato di quanto verrà esposto, si può ipotizzare che i comportamenti spaziali, diversificati sul piano geografico e settoriale, siano fortemente determinati dal livello di organizzazione e dalle condizioni di area dei sistemi di riferimento, e si può aggiungere anche dalla funzione che in alcuni casi ha avuto una impresa guida nei sistemi locali (vedi il gruppo Natuzzi). Infatti la funzione di un'impresa leader, soprattutto nelle aree marginali, non appare essenziale solo per la capacità di radicare, valorizzare e coordinare tutte le risorse presenti nell'area e nei sistemi economico-territoriali, ma anche per l'abilità nel favorire relazioni esterne, promuovendo le connessioni internazionali, la cooperazione e la competizione, riconosciute fondamentali per lo sviluppo locale che rischia di rimanere asfissiato da un eccessivo localismo. Dunque le condizioni e le scelte relative allo spazio che determinano la nascita di una impresa in un'area produttiva sono diverse da quelle che ne consentono lo sviluppo. Esse si evolvono e si modificano nello spazio e nel tempo.

## 2. La delocalizzazione nel «made in Italy»

In Italia negli anni Novanta la delocalizzazione del *made in Italy* ha avuto un sensibile incremento: fatto 100 il valore del 1990, se misurata in termini di Traffico di Perfezionamento Passivo [1] (TPP) è arrivata a 1300 nel 1999; se misurata in termini di Investimento Estero Diretto (IED) il valore è stato pari a 326. Nello stesso arco di tempo le esportazioni del *made in Italy* si sono «solo» raddoppiate (ROSSETTI e SCHIATTARELLA, 2003; SCHIATTARELLA, 1999; 2002).

Oggi la dimensione del fenomeno è ragguardevole: il rapporto tra valore della delocalizzazione e fatturato estero è stimato pari al 4%; mentre il totale degli occupati del comparto all'estero, stimato come occupazione generata dal decentramento di lavorazioni e di stabilimenti, è tra le 150 e le 180 mila unità (MARIOTTI, 2002; BALDONE, SDOGATI e TAJOLI, 2002). La gran parte della delocalizzazione raggiunge i paesi dell'Est europeo (68%), mentre una quota significativa riguarda i paesi del bacino del Mediterraneo (13%). Particolarmente attive nel decentramento internazionale nel comparto sono state le regioni dell'area adriatica sia a Nord-est del paese che nel Centro-sud (CAPRIATI, 2003; CORÒ e VOLPE, 2003; MARIOTTI, 2003).

Le analisi empiriche hanno messo in evidenza alcune caratteristiche del processo di delocalizzazione che è opportuno passare rapidamente in rassegna. In primo luogo non è stata riscontrata una stretta relazione tra delocalizzazione e perdita dell'occupazione né tra delocalizzazione e riduzione delle retribuzioni (MARIOTTI, 2003). Nel dibattito corrente si ritiene che la progressiva specializzazione dei paesi avanzati nelle produzioni ad alto valore aggiunto e il conseguente spostamento delle attività a elevata intensità di manodopera nei paesi in via di sviluppo porterebbero alla riduzione dell'occupazione meno qualificata nei paesi a più alto reddito e a una riduzione delle retribuzioni medie, trascinate verso il basso dalla concorrenza con i paesi meno avanzati.

Al contrario si è dimostrato che le aree a maggiore propensione al decentramento, in un quadro di complessiva riduzione dell'occupazione verificatasi nel decennio, sono quelle dove la riduzione è più contenuta. Così come è stato evidenziato che tali aree siano anche quelle in cui le retribuzioni sono cresciute maggiormente (ROSSETTI e SCHIATTARELLA, 2003). Entrambi i fenomeni sono stati ori-

---

[1] Le statistiche sul Traffico di perfezionamento consentono di rilevare i flussi di merci in uscita dall'UE, destinati a interventi di perfezionamento (lavorazione, trasformazione o riparazione) a titolo di esportazioni temporanee, e i flussi in entrata (reimportazioni) generati da queste ultime. Questi due flussi misurano il Traffico di perfezionamento passivo. Specularmente, sono rilevati anche i flussi in entrata nel territorio dell'UE per importazioni temporanee che subiranno interventi di perfezionamento e che genereranno successive riesportazioni. In questo caso si parla di Traffico di perfezionamento attivo. Dei quattro flussi considerati qui vengono considerate le reimportazioni che misurano il valore dei prodotti (semilavorati o finiti) che sono stati oggetto di temporaneo trasferimento per la realizzazione di fasi del processo produttivo.

ginati da un cambiamento intervenuto in questi anni della composizione per qualifica della manodopera: a lavoratori generici e poco qualificati si sono sostituiti lavoratori a più elevata qualifica. Ciò è testimoniato anche dal maggior numero di impiegati in rapporto al totale degli occupati che si può evidenziare nelle aree a maggiore propensione alla delocalizzazione produttiva.

Passando sul fronte della competitività si è anche mostrato che le aree a maggiore delocalizzazione sono anche quelle in cui cresce maggiormente l'export, grazie a recuperi di competitività generati da una più elevata riduzione dei prezzi all'esportazione. In queste aree si assiste inoltre a una più intensa caduta degli investimenti a cui però corrisponde un forte incremento della produttività.

Complessivamente è possibile intravedere l'affermarsi di un processo che si é schematizzato nella figura 1. Il maggiore decentramento produttivo ha due effetti. Il primo effetto positivo sui prezzi che, grazie al contenimento dei costi della trasformazione derivante dal più intenso ricorso alla delocalizzazione internazionale, si riducono favorendo un innalzamento della capacità competitiva (di prezzo) e un aumento delle esportazioni. L'incremento del venduto e il minore costo della produzione fanno aumentare i profitti che vengono investiti per l'elevamento della qualità del prodotto (migliore *design*, stile, materiali, *packaging*, promozione e marketing) e ottiene il risultato di un aumento della produttività veicolata dal maggiore utilizzo di personale qualificato. Il secondo effetto, negativo, si ripercuote sulla tendenza all'investimento in macchine delle imprese che delocalizzano. A causa del trasferimento all'esterno del paese delle fasi di trasformazione produttiva, queste ultime richiedono un minore impiego di risorse in investimento fisso e parallelamente, come si è visto, un aumento di quelle in investimenti immateriali. La riduzione dell'investimento in macchine porta con sé una contrazione dell'occupazione meno qualificata. I due effetti (aumento dell'occupazione qualificata e riduzione di quella meno qualificata) hanno un saldo che nelle aree a maggiore intensità di decentramento è positivo o meno negativo, rispetto alle aree in cui il decentramento è stato meno intenso o addirittura nullo (fig. 1).

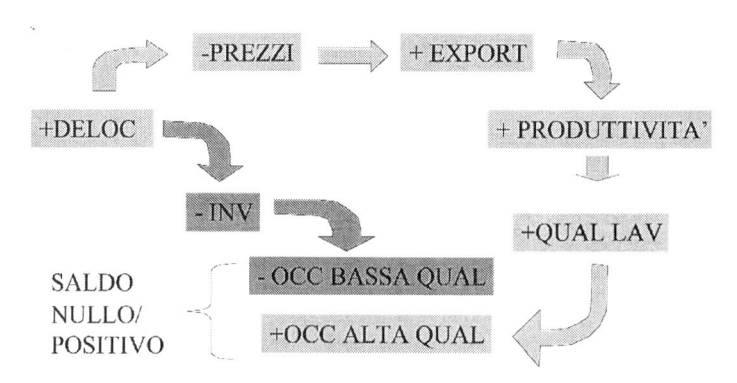

Fig. 1 - *Il circolo virtuoso della delocalizzazione del «made in Italy»*.

*3. I casi di studio*

Per valutare le scelte di localizzazione delle imprese si sono analizzati due casi di imprese pugliesi appartenenti al «made in Italy» che potessero essere significativi. Si tratta della Natuzzi, localizzata a Santeramo, in provincia di Bari e della Romano Confezioni, localizzata a Matino, in provincia di Lecce. La griglia dell'intervista ha riguardato soprattutto notizie su: Caratteristiche delle imprese, Mercato e caratteristiche delle relazioni, Grado di internazionalizzazione, Figura dell'imprenditore, Rapporti con le altre imprese locali, Livello di accessibilità, Tipologia delle interazioni, Composizione del mercato del lavoro, Immagine dell'area, Presenza di servizi, Fattori politico-economici, Delocalizzazione e relazioni nell'area di delocalizzazione, Modalità di investimento, Vantaggi e ostacoli della nuova localizzazione.

3.1 *Romano Confezioni*

Il caso esaminato si riferisce a una impresa di seconda generazione, localizzata a Matino, in provincia di Lecce, in Puglia, a circa cinquanta chilometri dal capoluogo. Essa è inserita nel distretto di Casarano, nell'area Sud-ovest del Salento leccese, specializzato nel settore tessile-abbigliamento[2]. Il comparto dominante è il calzaturiero, con imprese di grandi dimensioni e numerose imprese subfornitrici, tomaifici in prevalenza. Nell'area risulta dominante la presenza di laboratori artigianali e contoterzisti e la quasi inesistenza di marchi propri (GRUMO, 1996). La Romano Confezioni non realizza produzioni che caratterizzano tale distretto (calze, cravatte, maglieria e scarpe), in quanto la sua specializzazione è soprattutto la produzione del jeans. L'impresa nasce a Matino negli anni Sessanta con un laboratorio di 10 addetti in un'area periferica fortemente vocata all'agricoltura. Nel 1986 si insedia nell'area industriale dove è localizzata attualmente, da snc diviene società di capitali e nel 1994 lancia un marchio proprio «Meltin' Pot»; il bilancio di questi dieci anni mostra un fatturato in continua evoluzione.

Ma qual è stata e qual è l'organizzazione dell'impresa? Sino a qualche anno fa all'unità centrale facevano capo 36 laboratori dislocati nell'area salentina che realizzavano il cucito, poi il prodotto semilavorato rientrava nell'unità centrale per essere sottoposto ai trattamenti e proseguire le altre fasi sino alla commercializzazione. Attualmente i laboratori non ci sono quasi più, ne sono rimasti tre che realizzano il cucito, con 30-35 addetti ciascuno e 30 operaie nell'unità centrale che realizzano il campionario. Dunque vi è stata una grande trasformazione nell'organizzazione interna, ma ciò non ha provocato licenziamenti. Gli addetti, quasi esclusivamente presenti nell'unità centrale, sono attualmente 370, non realizzano

---

[2] I Comuni del distretto sono: Casarano, Collepasso, Matino, Parabita, Ruffano, Supersano, Taurisano, Tuglie.

la produzione ma la modellistica e lo stile per il campionario, i trattamenti, e tutte le altre fasi. Rispetto alle nuove esigenze gli addetti sono stati solo spostati di reparto, ma certamente questo corrisponde soprattutto a una strategia che modifica totalmente l'organizzazione interna ed esterna.

L'impresa è ben posizionata sul mercato italiano con 700 clienti a cui vende con il proprio marchio «Meltin' Pot». All'estero è presente per il 60% con proprio marchio e per il 40% con marchio del cliente, soprattutto in Francia, Germania, Spagna e paesi Scandinavi. La rete commerciale avviene attraverso rappresentanti per i prodotti con il proprio marchio, e un ufficio commerciale estero dove si commercializza il prodotto anche con altro marchio. L'impresa rappresenta un caso estremamente emblematico sia di esternalizzazione (stile, modellistica, servizi, ricerca, tecnologia), con relazioni sporadiche, quasi nulle, con il contesto locale, sia di attenzione all'evoluzione interna dell'impresa e alle proprie esigenze, seguendo i gusti dei consumatori, internalizzando la formazione e il marketing.

Ma l'elemento centrale è il decentramento totale della produzione verso grandi laboratori all'estero che producono anche per altre imprese. Si tratta di realtà con un grande numero di addetti, da 1.000 a 4.000, localizzate in India, in Cina, a Bangkok, in Tunisia, in Egitto, a Malta, in Portogallo e in Albania, con i quali la Romano ha un rapporto diretto, cui fornisce il tessuto, importato attualmente dalla Turchia, la modellistica, il controllo della qualità realizzato da propri tecnici. La produzione che si aggira sui 25.000 capi al giorno torna nell'unità centrale per i trattamenti e per il completamento del processo.

Ma quali sono i fattori fondamentali e gli ostacoli dell'attuale localizzazione? E quali i motivi del decentramento? Negli anni Sessanta il Salento era un'area di emigrazione, l'isolamento e l'assenza di altre imprese con cui confrontarsi sono state causa di difficoltà. Sino a cinque anni fa la presenza di laboratori façonisti era elevata, attualmente una percentuale altissima ha chiuso i battenti, anche per la presenza dei contratti di riallineamento. Dunque i fattori psico-sociali e culturali hanno determinato la scelta, lì dove l'imprenditore aveva già avviato relazioni che sono risultate utili ai fini della localizzazione e del posizionamento. Le difficoltà derivano dal doversi rapportare quasi esclusivamente ad aziende esterne al territorio (modelli, bottoni, macchine, tecnologia), localizzate soprattutto in Lombardia e in Veneto, a livello locale c'è solo un riferimento alla stamperia e non si realizzano economie di scala.

I fattori ostacolanti sono legati alla comunicazione e all'accessibilità. Infatti il Sud Salento presenta ancora una situazione complicata su questo piano, soprattutto per le linee ferroviarie. I trasporti dei prodotti avvengono prevalentemente per via aerea, su gomma o via mare dal porto di Napoli. Attraverso l'esperienza personale sembra che l'immagine del contesto non sia assolutamente forte all'esterno, anche perché le imprese che producono jeans nell'area sono un numero esiguo. Nel contesto c'è qualche riferimento a banche locali (Banca Popolare Pugliese), di cui l'imprenditore è anche amministratore. In generale si desidera che queste siano più attente allo sviluppo locale. Sui fattori politici nessun ricorso ad agevolazioni, solo alla legge 64 quando è stata insediata l'impresa, ma non ci si è avvalsi di nessun altro sostegno.

Come si è potuto constatare l'aver delocalizzato completamente la produzione, con un alto contenuto di manodopera, risponde a una esigenza di minimizzare i costi di produzione attraverso un costo del lavoro inferiore. Questo è un dato oggettivo, ma la causa prevalente di tale scelta non è solo dettata dal costo del lavoro, quanto dall'alto livello di assenteismo presente a livello locale. Tra l'altro la qualità realizzata è assolutamente soddisfacente e controllata dai loro tecnici presenti nei laboratori esterni, in generale non si realizzano investimenti all'estero, *joint ventures* o accordi, e dunque i rapporti con i laboratori sono solo legati alla fase del cucito. In sintesi gli elementi positivi per la localizzazione in questa area erano presenti sino a qualche anno fa per l'affidabilità, gli sgravi fiscali per le piccole imprese, ma la presenza di un forte assenteismo, accompagnato dalla mancanza di sostegni, ha causato la scelta del decentramento. Attualmente la localizzazione in tale area è divenuta un ostacolo per l'assenza di atmosfera e cultura di impresa e la presenza di difetti nella comunicazione.

*3.2 Natuzzi*

Il gruppo Natuzzi, fondato da Pasquale Natuzzi nel 1959, oggi è il maggiore produttore mondiale nel settore di divani in pelle e il leader del settore arredamento in Italia. La Natuzzi oggi conta 11 stabilimenti in Italia e dal 2001 tre unità produttive in Cina, Brasile e Romania. Nel 2003 il gruppo ha fatturato circa 800 milioni di euro e occupa 6.100 addetti. Il 90% del fatturato viene esportato in 135 mercati sparsi nel mondo con una particolare concentrazione negli USA e in Europa. Il gruppo ha 2.400 clienti e un totale di 244 negozi monomarca.

A causa dei cambiamenti dello scenario competitivo degli ultimi anni, la Natuzzi ha operato scelte che stanno ridefinendo rapidamente la propria posizione di mercato. La concorrenza dei paesi asiatici e la svalutazione del dollaro degli ultimi anni hanno provocato una riduzione secca dei costi dei nuovi produttori, stimabile intorno al 40%. La concorrenza così come si presentava prima di questi cambiamenti di scenario era originata in prevalenza dai produttori locali, imitatori e inseguitori delle scelte dell'azienda leader. Questi riuscivano a proporre i loro prodotti a prezzi più contenuti ma entro limiti che permettevano alla Natuzzi una strategia di *upgrading* e miglioramento qualitativo che le garantisse comunque il mantenimento di una posizione di leadership.

Tutto ciò ha richiesto un rapido mutamento di strategia: l'azienda ha deciso di puntare al posizionamento sul mercato di due marchi. Il primo promozionale (ITALSOFÀ) a presidio della fascia di mercato medio-bassa prodotta dagli stabilimenti esteri; il secondo (Divani & Divani by NATUZZI e in prospettiva solo NATUZZI) a presidio della fascia medio-alta/alta prodotta in Italia. A questa ridefinizione delle *brand* aziendali si assocerà una riorganizzazione dei canali di vendita che prima dell'avvio di queste scelte era prevalentemente di tipo *Business to Business* e raggiungeva gallerie, catene di distribuzione e negozi in *franchising* che avevano una loro autonomia di vendita. L'obiettivo è quello di ampliare il numero dei negozi monomarca in modo da intensificare il rapporto diretto con il consumatore (*Business to Consumer*). La vendita di fascia bassa sarà alimentata dalle produzioni che come si è detto saranno realizzate da stabilimenti all'estero e in particolare dallo stabilimento rumeno di Baia Mare per l'area europea; da quello brasiliano per l'area delle due Americhe; da quello cinese per l'area asiatica e l'Oceania.

Le scelte di delocalizzazione si inseriscono quindi in questo contesto di cambiamento strategico e hanno finalità molteplici che non si possono ricondurre alla sola riduzione dei costi della manodopera. Infatti le nuove localizzazioni sono state scelte con l'obiettivo di servire mercati in parte nuovi e per i quali si prevede una futura significativa espansione dei consumi, basti pensare a Cina, India, America Latina e paesi dell'Est europeo. In secondo luogo l'azienda ha attivamente avviato le possibili forme di integrazione con le economie ospiti, infatti, in particolare in Cina e in Romania il gruppo Natuzzi ha cercato di intensificare gli acquisti di materie prime, così come di componenti per la realizzazione del prodotto finale.

In Romania, ad esempio, si è raggiunto un notevole grado di integrazione con l'impianto di una segheria che utilizza legname del luogo, su cui vengono effettuate le prime lavorazioni: taglio, essiccazione, realizzazione dei fusti. Al termine di queste prime fasi di lavorazione, parte del semilavorato raggiunge gli stabilimenti italiani e parte viene utilizzato in loco per le successive fasi di trasformazione. L'investimento rumeno occupa circa 60 mila metri quadri di superficie coperta e impiega circa mille addetti (2.600 in tutti e tre gli stabilimenti esteri). La Natuzzi ha di recente acquistato altri 100 mila metri quadri di terreno per un nuovo stabilimento a Baia Mare che si prevede di avviare per il prossimo anno. Anche per gli altri due insediamenti esteri si ipotizza il raddoppio in tempi brevi. La gestione dello stabilimento rumeno è affidata a due dirigenti italiani che gestiscono personale del posto addestrato a suo tempo da tecnici italiani. L'azienda ha sempre cercato di curare con la massima attenzione i rapporti con il sistema istituzionale locale: centri di formazione, amministrazioni locali, governo e ministeri. Un rilevante punto di debolezza dell'insediamento rumeno è lo stato del sistema viario e dei trasporti ancora largamente carente.

*Una sintesi e alcune prime evidenze sui modelli prevalenti*

Una lettura dei profili delle due aziende esaminate con riferimento alle strategie di decentramento internazionale è sintetizzata dalla figura 2. Come si é visto nell'illustrazione dei casi, le due aziende si differenziano oltre che per comparto di appartenenza e dimensione, soprattutto per strategia adottata di risposta alla pressione competitiva di questi ultimi anni. Nel caso della Romano Confezioni, pur in presenza di un prodotto con una propria *label*, riconosciuto sul mercato e di fascia medio-alta, il centro focale della scelta competitiva è la riduzione dei costi di produzione e il decentramento di fasi ad alto contenuto di manodopera. I paesi verso cui si indirizza il processo di delocalizzazione sono diversi, da quelli appartenenti al bacino del Mediterraneo alle più lontane India e Cina.

Nel caso della Natuzzi la strategia di risposta è più articolata e prevede, come si è visto, lo sdoppiamento delle aree di affari dell'azienda in due differenti fasce di mercato, servite con due marchi e due differenziati canali di vendita. Le aree di decentramento sono solo tre (Cina, Romania e Brasile) e la loro scelta è stata dettata dalla necessità di attuare una strategia che mirasse al contenimento dei costi, ma anche alla opportunità di servire mercati in espansione e specifiche aree di mercato di interesse dell'azienda. Inoltre, in un processo che mira a una effettiva globalizzazione della struttura produttiva, la Natuzzi sta operando nella direzione di ottimizzare i canali di approvvigionamento delle materie prime e dei semilavorati presenti nelle aree di insediamento.

Tale differenza nelle scelte strategiche si ripercuote sulle modalità di decentramento delle due imprese. Nel primo caso, la gestione dei flussi di lavorazione è affidata a tecnici dell'azienda che hanno contatti con i laboratori (generalmente di grandi dimensioni dai 1.000 ai 4.000 addetti) presso cui vengono trasferiti i tessuti. Questo personale tecnico effettua controlli sulla qualità dei processi e del prodotto e garantisce la corretta realizzazione dei trasferimenti in entrata e in uscita delle merci e delle materie prime. I laboratori vengono gestiti da imprenditori locali e i rapporti tra azienda e luoghi di produzione si limitano all'invio dei tecnici, mentre sono assenti relazioni di altro tipo con soggetti locali.

Nel caso della Natuzzi l'organizzazione del decentramento vede l'impegno diretto con l'apertura di stabilimenti di proprietà di grandi dimensioni (circa un migliaio di dipendenti per unità). L'investimento dell'azienda è maggiore e si indirizza anche verso la formazione del personale, l'integrazione dei processi produttivi, i rapporti con l'ambiente istituzionale locale. Inoltre, non essendo in prospettiva destinati ai soli ruoli produttivi, questi stabilimenti dovranno arricchire il proprio organico con personale qualificato provvisto di competenze tecniche e di mercato. La rilevanza dell'investimento, non solo materiale, in corso di realizzazione fa sì che i rapporti con il contesto locale abbiano una rilevanza strategica (fig. 2).

Le due modalità di decentramento confrontate hanno anche differenti conseguenze sull'occupazione. Oggi la Romano Confezioni ha reciso completamente i rapporti stabili di subfornitura che aveva sino a qualche anno fa con i 36 laboratori nell'area salentina che occupavano un totale di circa un migliaio di addetti e ha concentrato le sue attività nelle fasi a più elevato valore aggiunto nella predisposizione del campionario, dello stile, del modellismo, dei trattamenti, oltre che nell'amministrazione, finanza, organizzazione e commercializzazione. Inoltre l'occu-

|  | ROMANO | NATUZZI |
|---|---|---|
| Produzione | abbigliamento | salotti |
| Dimensione | 370 addetti | 4000 addetti |
| Strategia | fascia medio-alta riduzione prezzo-costi | fascia medio-alta/ canale diretto fascia bassa/ canale indiretto |
| Aree di delocalizzazione | Mediterraneo, Albania, Cina, India, Portogallo | Cina, Brasile, Romania |
| Motivazioni | costo lavoro | costo lavoro materie prime mercato |
| Organizzazione | tecnici? laboratori delocalizzati (grandi) | stabilimenti di proprietà (grandi) formazione personale |
| Rapporti locali | assenti | elevati |
| Effetti sulla occupazione | in loco? riduzione area? + occupazione (precaria) | in loco? mantenimento area? + occupazione (stabile) |

Fig. 2 - *Sintesi delle principali caratteristiche dei casi analizzati.*

pazione generata nelle aree di decentramento è ovviamente aumentata ma, come abbiamo visto, a causa della particolare organizzazione della gestione dei flussi dei prodotti, è da considerarsi a medio-bassa qualificazione e in prospettiva sostanzialmente precaria.

La Natuzzi sta riducendo la propria occupazione in loco ma in una misura attualmente non superiore al 10% dell'occupazione diretta. Lo sforzo è quello di mantenere gli attuali livelli occupazionali dell'intera area, indotto incluso, consapevole dell'importanza che il polo del salotto riveste per l'area murgiana. Nelle aree di insediamento all'estero, come si è detto l'occupazione appare come il risultato delle scelte strategiche di fondo, mostrandosi tendenzialmente più qualificata, oltre che in sicura crescita nel futuro prossimo.

Quindi, volendo ipotizzare una generalizzazione dei due casi esaminati, si può evidenziare l'emergere di due differenti modelli di impatto sulle aree di localizzazione (fig. 3). Il primo si può definire un modello «semplice», basato essenzialmente sul decentramento di fase e motivato dal solo costo del lavoro che non è in grado di alimentare rapporti più complessi con l'ambiente locale e contribuisce all'impiego di forza lavoro semi-qualificata. Il secondo definibile come modello «complesso», punta invece a un coinvolgimento diretto dell'azienda, attraverso l'avvio di stabilimenti di proprietà ed è motivato da strategie di impresa che mirano a una più compiuta globalizzazione del gruppo, e a ottenere vantaggi di mercato, di costo del lavoro e di approvvigionamento delle materie prime e dei semilavorati. Tale strategia più articolata sembra produrre una necessaria interazione con l'ambiente locale e istituzionale, e inoltre in prospettiva appare maggiormente mirata alla crescita dell'occupazione qualificata, attivata negli stabilimenti esteri.

| Modello «semplice» ROMANO | Modello «complesso» NATUZZI |
|---|---|
| Decentramento di fase | Stabilimento di proprietà |
| Solo vantaggio di costo del lavoro | Vantaggio di costo del lavoro, materie prime e mercato |
| Scarso rapporto con l'ambiente locale | Rapporto con istituzioni locali/territorio |
| Lavoro semi-qualificato | Lavoro qualificato |

Fig. 3 - *Due differenti modelli di impatto sulle aree di delocalizzazione.*

# BIBLIOGRAFIA

ACOCELLA N. e SONNINO E. (a cura di), *Movimenti di persone e movimenti di capitali in Europa*, Bologna, Il Mulino, 2003.

BAILLY A. e BÉGUIN H., *Introduzione alla geografia umana*, Milano, Franco Angeli, 1984, pp. 164-190.

BALDONE S., SDOGATI F. e TAJOLI L., *Frammentazioni internazionali della produzione e crescita*, in CUCCULELLI M. e MAZZONI R., *Risorse e competitività*, Milano, Franco Angeli, 2002, pp. 249-287.

BALDWIN R. e MARTIN P., *Due ondate di globalizzazione: somiglianze superficiali, differenze fondamentali*, in MAZZOLA F. e MAGGIONI M., *Crescita regionale ed urbana nel mercato globale*, Milano, Franco Angeli, 2001, pp. 43-85.

BALE J., *The location of manufacturing industry*, Edimburgo, Olivier and Boyd, 1976, pp. 24-53.

BUFFONI F. e MAZZIOTTA C., *I fattori di localizzazione industriale in Italia fra passato e futuro*, in MARTELLATO D. e SFORZI F. (a cura di), *Studi sui sistemi urbani*, Milano, Franco Angeli, 1990, pp. 369-387.

CAPRIATI M., *I nuovi termini della "direttrice adriatica" dello sviluppo*, in «Economia Marche», Fondazione Aristide Merloni, Ancona, Conerografica, n. 1, 2003, pp. 29-57.

CONTI S., *L'industria manifatturiera*, in CONTI S., DE MATTEIS G., LANZA C. e NANO F., *Geografia dell'economia mondiale*, Torino, UTET, 1999, pp. 155-205.

CORÒ G. e VOLPE M., *Il ruolo delle piccole e medie imprese nella integrazione internazionale della produzione*, in «Piccola impresa-Small Business», Associazione per lo studio delle piccole e medie imprese, Urbino, Università di Urbino, n. 2, 2003, pp. 67-91.

CUCCULELLI M. e MAZZONI R., *Risorse e competitività*, Milano, Franco Angeli, 2002.

DÉZERT B. e VERLAQUE CH., *L'espace industriel*, Parigi, Masson, 1978, pp. 83-167.

DICKEN P. e LLOYD P., *Nuove prospettive su spazio e localizzazione*, Milano, Franco Angeli, 1993, pp. 212-219.

FORMEZ, *Internazionalizzazione dei sistemi locali di sviluppo. Dalle analisi alle politiche*, Roma, 2003.

GEORGE P., *Précis de géographie economique*, Parigi, Presse Universitaire de France, 1970, pp. 84-91.

GRUMO R., *Sistemi produttivi locali delle Pmi pugliesi. Uno studio preliminare al Programma Operativo Plurifondo (1994-1999)*, in «XVII Conferenza Italiana di Scienze Regionali», Sondrio, 1996, pp. 365-380.

HARTSHORNE R., *Location as a factor in geography*, in SMITH R., TAAFFE E. e KING L., *Readings in economic geography*, Chicago, Rand McNally e Company, 1968, pp. 23-27.

LLOYD P. e DICKEN P., *Spazio e localizzazione. Un'interpretazione geografica dell'economia*, Milano, Franco Angeli, 1988, pp. 145-167.

MARIOTTI I., *Methodological problems in firm migration research. The case of Italy*, in CUCCULELLI M. e MAZZONI R., *Risorse e competitività*, Milano, Franco Angeli, 2002.

MARIOTTI I., *Le strategie di delocalizzazione delle imprese del Nord-est nei paesi dell'Europa sud-orientale: reti lunghe o fabbriche con le ruote?*, in ICE, *Rapporto 2002-2003, L'Italia nell'economia internazionale*, Roma, 2003.

PIZZUTI F.R., *Globalizzazione, istituzioni e coesione sociale*, Roma, Donzelli Editore, 1999.

Rossetti S. e Schiattarella R., *Un approccio di sistema all'analisi della delocalizzazione internazionale. Uno studio per il settore del made in Italy*, in Acocella N. e Sonnino E., *Movimenti di persone e movimenti di capitali in Europa*, Bologna, Il Mulino, 2003, pp. 385-502.

Schiattarella R., *Delocalizzazione internazionale e occupazione*, in Pizzuti F.R., *Globalizzazione, istituzioni e coesione sociale*, Roma, Donzelli Editore, 1999, pp. 234-257.

Schiattarella R., *Gli effetti della delocalizzazione internazionale nei paesi Terzi Mediterranei. Un'analisi per il comparto del "made in Italy"*, in «Argomenti», n. 6, 2002, pp. 35-56.

Smith W., *The location of industry*, in Smith R., Taaffe E. e King L., *Readings in economic geography*, Chicago, Rand McNally e Company, 1968, pp. 105-115.

Tinacci Mossello M., *Geografia economica*, Bologna, Il Mulino, 1990, pp. 196-219.

Tinacci Mossello M., *Nuovi sentieri nel quadro della globalizzazione*, in «Rivista Geografica Italiana», Firenze, Società di Studi Geografici, n. 108, 2001, pp. 385-408.

Toschi U., *Geografia economica*, Torino, UTET, 1959, pp. 265-267.

Toschi U., *La geografia dell'economia industriale e i suoi fattori*, in Toschi U., *Compendio di geografia economica generale*, Roma, Cremonese, 1963, pp. 72-98.

Bernardo Cardinale *

# LA PROVINCIA DI TERAMO NELLO SCENARIO COMPETITIVO DELL'ITALIA ADRIATICA. UN ESERCIZIO DI *BENCHMARKING* TERRITORIALE

*Aspetti metodologici*

La presente analisi è tesa alla valutazione della competitività del territorio della provincia di Teramo, relativamente a quella degli altri territori provinciali facenti parte dell'arco adriatico italiano e considerati in qualità di concorrenti nell'attrazione della domanda potenziale di territorio, ipoteticamente espressa dalle attività economiche d'impresa. A tal fine, la metodologia di *benchmarking* territoriale adottata in questa sede si sviluppa nelle fasi di seguito indicate [1]: identificazione dello scenario competitivo; definizione degli indicatori di base; analisi fattoriale sugli indicatori di base per l'estrazione degli ambiti concettuali (relativi ai sessanta indicatori osservati sulle ventidue province dello scenario competitivo); confronto dei valori assunti dai territori concorrenti nei diversi ambiti concettuali; definizione della classifica e individuazione dei territori *best performers* per ciascun ambito concettuale; interpretazione della posizione competitiva del territorio oggetto di studio nello scenario competitivo [2].

---

\* Dipartimento di Economia e Storia del Territorio, Università «G. d'Annunzio» di Chieti-Pescara.

[1] La base dell'analisi è costituita dalle indagini svolte nell'ambito dei corsi accademici di Geografia economica e di Organizzazione e pianificazione del territorio tenuti, rispettivamente, dal professor Piergiorgio Landini e dallo scrivente nella Facoltà di Economia dell'Università «G. d'Annunzio» di Chieti-Pescara, in particolare ai fini dell'elaborazione di tesi di laurea.

[2] D'altra parte, si rileva che un'analisi di *benchmarking* territoriale che si caratterizzasse per i medesimi intenti di quello aziendale, dovrebbe ulteriormente prevedere anche le seguenti fasi di studio: analisi delle politiche territoriali intraprese dai *best performers* con riferimento ai relativi ambiti concettuali di eccellenza; comprensione delle possibilità di riproporre le *best practices* adottate con suc-

La scelta dello scenario competitivo, ovverosia, la considerazione dei territori appartenenti all'arco geografico definito dalla costa adriatica italiana, va interpretata tenendo in considerazione due aspetti: i limiti di fondo della presente analisi di *benchmarking* e la variegata composizione macro-regionale dello scenario prescelto. Con riferimento al primo aspetto, i limiti indicati derivano dal fatto che l'analisi in questione non è prevista in un più ampio studio di *marketing* d'area; di conseguenza, la stessa analisi non può avvalersi dei necessari risultati propedeutici dell'indagine territoriale, tesa a selezionare le variabili competitive rilevanti (sulle quali effettuare i confronti) per quei segmenti di domanda territoriale ritenuti potenzialmente attraibili (poiché tali segmenti di domanda non sono state esplicitati in via preliminare). Circa il secondo aspetto, si osserva che la scelta dei territori da analizzare è stata fatta considerando un insieme di aree geografiche, competitivamente distanti tra loro in termini economici e sociali, quali il Nord-Est, il Centro e il Sud dell'Italia costiera adriatica; tuttavia, tale scansione comporta la possibilità di valutare, in senso confermativo o meno, l'effettiva distanza tra le aree geografiche considerate, individuando dei casi d'eccezione alla tradizionale partizione economico-sociale del Paese.

I territori considerati concorrenti del territorio provinciale teramano assumono delle dimensioni territoriali differenziate, riguardando le seguenti province italiane: Trieste, Gorizia, Udine, Venezia, Padova, Rovigo, Ferrara, Ravenna, Forlì, Rimini, Pesaro Urbino, Ancona, Macerata, Ascoli Piceno, Pescara, Chieti, Campobasso, Foggia, Bari, Brindisi e Lecce. Pertanto, al fine di evitare che tali differenti dimensioni territoriali costituissero un condizionamento distorsivo nell'interpretazione dei risultati scaturiti dall'analisi, la ricerca in questione ha privilegiato gli indicatori della misurazione relativa, rispetto a quelli, pur considerati, della misurazione assoluta.

Notoriamente, l'interpretazione dei risultati di un esercizio di *benchmarking territoriale* è inevitabilmente condizionata dalla scelta degli indicatori statistici analizzati, che rappresentano gli oggetti del confronto; tale osservazione evoca il concetto di «relatività» insito nelle valutazioni di competitività, in quanto un territorio può essere notevolmente competitivo se osservato sotto taluni aspetti, ma, al tempo stesso, può non esserlo se valutato sotto altri (VANOLO, 2002).

Come già rilevato, l'analisi di *benchmarking* in questione non è svolta nell'ambito di una concreta azione di *marketing* d'area e, di conseguenza, non è supportata da un preliminare definizione della domanda e dell'offerta territoriale; da ciò deriva che la scelta delle variabili territoriali è stata suggerita dal loro

---

cesso altrove nello specifico contesto territoriale oggetto di studio. Ciò nonostante, le analisi di *benchmarking* del territorio spesso si limitano a descrivere i risultati dei confronti tra dati territoriali, svolgendo una delle fasi fondamentali per l'elaborazione di strategie di sviluppo territoriale, con o senza il ricorso alle tecniche e agli strumenti del *marketing* territoriale (CAMAGNI, 2002; CONTI, 2002).

generico potere attrattivo nei confronti di attività economiche, riconoscendo la necessità di osservare altri aspetti economico-sociali capaci di costituire delle peculiarità territoriali e, pertanto, concorrere all'individuazione delle vocazioni dei territori.

In particolare, la selezione degli indicatori di base per la predisposizione dell'analisi fattoriale e l'estrazione degli ambiti concettuali, ovverosia i nuovi indicatori parimenti rappresentativi dei caratteri inizialmente esaminati attraverso i quali effettuare il confronto competitivo (DEL COLLE ed ESPOSITO, 2000), ha condotto alla definizione di un insieme di sessanta variabili espressione di sette diversi macro-aspetti economici e sociali[3]: il tessuto imprenditoriale[4], i risultati economici[5],

---

[3] Per quanto attiene alla determinazione e alla stima dei fattori, esse sono state svolte secondo gli standard del software di elaborazione dati SPSS, avvalendosi della tecnica di estrazione delle componenti principali, di seguito ruotata nello spazio tramite il metodo Varimax, che permette di rendere più agevole l'interpretazione dei risultati, riducendo la dispersione delle variabili su più fattori senza alterare la varianza spiegata. Nel complesso, l'analisi in questione ha estratto nove fattori, ma nella ricerca si è scelto di prendere in considerazione soltanto i primi sei, in quanto gli ultimi tre hanno restituito una percentuale di varianza spiegata molto debole, e di conseguenza la loro adozione avrebbe potuto fornire risultati fuorvianti; tuttavia, i fattori considerati spiegano oltre l'ottanta per cento della varianza totale. Com'è noto, l'analisi fattoriale costituisce anche un utile strumento di interpretazione dei dati in quanto è in grado di calcolare i punteggi fattoriali, ovverosia, i valori che le unità di osservazione ottengono sui fattori estratti: in questo studio, i punteggi fattoriali (calcolati con il metodo della regressione) sono stati, successivamente, utilizzati per classificare le province osservate con riferimento a ciascun fattore estratto e, conseguentemente, per fornire un'interpretazione dello scenario competitivo.

[4] Un quantitativo numeroso di indicatori di base osservati nell'esercizio di *benchmarking* è riconducibile a quell'aspetto del territorio che va sotto la denominazione di «tessuto imprenditoriale», questo al fine di concentrare la valutazione competitiva dei territori proprio sulla capacità di attrarre e soddisfare la domanda proveniente dalle imprese. L'analisi in questione ha richiesto la scelta dei seguenti indicatori (in grado di descrivere quali sono le attività economiche maggiormente diffuse e caratterizzanti nei territori; oltre alla canonica distinzione settoriale, viene rilevato anche il peso della imprenditoria artigianale): *totale imprese attive; tasso imprese artigiane attive; tasso imprese nell'agricoltura; tasso imprese nell'industria in senso stretto; tasso imprese nelle costruzioni; tasso imprese nel commercio e nel turismo; tasso imprese nei trasporti e nelle comunicazioni; tasso imprese nel credito e nelle assicurazioni; tasso imprese nei servizi alle imprese; tasso imprese in altre attività*. A questi si aggiungono altri indicatori atti alla descrizione della struttura dimensionale, in termini di addetti occupati, delle attività economiche insediate sui territori: *tasso imprese con 1-2 addetti; tasso imprese con 3-9 addetti; tasso imprese con 10-49 addetti; tasso imprese con 50-199 addetti; tasso imprese con oltre 200 addetti*. Inoltre, non mancano quegli indicatori che descrivono, rispettivamente, la presenza sui territori di concentrazioni di imprese e di specificità produttive, il livello di diffusione dello spirito imprenditoriale, e la vitalità del sistema-impresa esistente nelle aree, che rappresenta un sintomo della qualità delle condizioni locali necessarie per lo sviluppo e il sostenimento delle attività economico-produttive d'impresa: *distretti industriali individuati dall'ISTAT; tasso di densità imprenditoriale per 100 abitanti; tasso di evoluzione (natalità-mortalità) imprenditoriale*.

[5] Gli indicatori privilegiati sono riferiti alla produzione interna lorda: *totale; nell'agricoltura; nell'industria in senso stretto; nelle costruzioni; nel commercio e nel turismo; nei trasporti e nelle comunicazioni; nel credito e nelle assicurazioni; nei servizi alle imprese; in altre attività; pro capite*.

l'apertura dei mercati[6], le risorse umane[7], la ricerca[8], il tenore di vita[9] e la dotazione infrastrutturale[10]; al riguardo, si rileva che la misurazione dei tradizionali fattori economico-sociali di tipo materiale (quali, ad esempio, il livello di reddito e di occupazione, ecc.) è stata fatta in modo diretto, predisponendo specifici indicatori statistici a essi dedicati; e che la misurazione per i fattori immateriali (quali, ad esempio, la ricerca, il tenore di vita, ecc.), è stata effettuata in modo indiretto attraverso la valutazione dei loro riflessi territoriali (VANOLO, 2002).

*L'analisi fattoriale*

Il presente esercizio di *benchmarking* territoriale si caratterizza per l'adozione di una tecnica di elaborazione statistica, l'analisi fattoriale, che, sulla base delle correlazioni esistenti tra i valori assunti negli indicatori di base dalle unità statistiche esaminate, consente l'individuazione di un esiguo numero di nuovi indicatori (gli ambiti concettuali o, secondo la terminologia statistica, i fattori latenti) pienamente rappresentativi dei caratteri originariamente considerati, per i quali ogni unità statistica rileva un valore di sintesi misurato dal punteggio fattoriale.

Pertanto, attraverso l'analisi fattoriale si è potuta contenere la comparazione dei ventidue territori provinciali ai soli ambiti concettuali estratti dai sessanta indicatori di base al primo momento esaminati; in tal senso, le fasi di maggiore complessità hanno riguardato l'interpretazione, e la successiva denominazione, degli ambiti concettuali identificati; in via generale, la fase interpretativa richiede l'at-

---

[6] Attraverso i seguenti indicatori: *saldo commerciale (differenza tra esportazioni e importazioni); tasso di propensione all'esportazione; tasso di apertura; investimenti diretti provenienti dall'estero.*

[7] Nel dettaglio, sono stati considerati i seguenti indicatori: *totale occupati; tasso di occupati nell'agricoltura; tasso di occupati nell'industria; tasso di occupati nel terziario; tasso di disoccupazione.*

[8] In particolare, osservando: *studenti universitari; laureati; università e politecnici; sedi e strutture di enti di ricerca; parchi scientifici e tecnologici; domande di brevetti depositate.*

[9] La valutazione del tenore e delle condizioni di vita dei territori analizzati è stata condotta avendo avuto riguardo ai seguenti indicatori: *indice generale di costo della vita; reddito disponibile pro capite; consumi finali interni pro capite; depositi bancari delle famiglie; indice di qualità ambientale di «Legambiente»; indice di qualità della vita di «Italia Oggi»; indice di qualità della vita de «Il Sole 24 Ore».* Com'è noto, gli ultimi tre indicatori sono degli indici di sintesi che esprimono, con un valore, la qualità dell'ambiente e della vita esistente nei territori oggetto di comparazione.

[10] Le dotazioni infrastrutturali presenti nei territori analizzati sono state valutate attraverso l'adozione dei seguenti indicatori: *indice di dotazione della rete stradale; indice di dotazione della rete ferroviaria; indice di dotazione dei porti (e bacini d'utenza); indice di dotazione degli aeroporti (e bacini d'utenza); indice di dotazione degli impianti e delle reti energetico-ambientali; indice di dotazione delle strutture e delle reti per la telefonia e la telematica; indice di dotazione delle reti bancarie e di servizi vari; indice di dotazione delle strutture culturali e ricreative; indice di dotazione delle strutture per l'istruzione; indice di dotazione delle strutture sanitarie.*

tenta valutazione delle correlazioni esistenti tra gli stessi ambiti concettuali e gli indicatori di base, tenendo presenti, in caso di necessità, le informazioni esterne al modello, vale a dire quelle costituenti il patrimonio conoscitivo del ricercatore (CONTI, 2002; FABBRIS, 1997).

L'analisi fattoriale svolta nella ricerca in questione ha condotto all'estrazione di sei ambiti concettuali preminenti, i quali, secondo le indicazioni suddette, sono stati così definiti: benessere economico [11]; produttività reale [12]; terziarizzazione e patrimonio infrastrutturale [13]; apertura al commercio internazionale [14]; potenziale innovativo [15]; tradizione manifatturiera e artigianale [16].

*La competitività della provincia di Teramo: i risultati dell'analisi*

Con riferimento alle fasi successive dell'analisi comparativa, esse riguardano il confronto dei valori assunti dai territori provinciali concorrenti nei diversi ambiti concettuali estratti, la definizione della classifica e l'individuazione dei territori *best performers* relativi a ciascun ambito concettuale, e l'interpretazione della posizione della provincia di Teramo nello scenario della competizione territoriale.

Com'è noto, le ricerche di *benchmarking* territoriale rappresentano lo stadio fondamentale dell'analisi tesa alla definizione della competitività di un sistema ter-

---

[11] Questo ambito concettuale può essere correttamente interpretato come la misura della ricchezza economica presente nelle aree, e rappresenta un aspetto competitivo non indifferente per quelle attività economiche che ricercano, per il loro insediamento, un clima favorevole dal punto di vista della propensione al consumo.

[12] La produttività reale può essere definita come la capacità di un'economia locale di produrre ricchezza, e dunque rappresenta un fattore competitivo importante per quelle imprese che intendono stabilire le proprie attività all'interno di un contesto territoriale efficientemente disposto dal punto di vista produttivo.

[13] Tale ambito concettuale interpreta la presenza, sui territori, di una struttura economico-produttiva in transizione da una base produttiva eminentemente industriale a una moderna economia di servizi. In più, tale indicatore reagisce al livello di dotazione infrastrutturale delle aree, e dunque i valori registrati dalle unità territoriali analizzate devono essere interpretati avuto riguardo a questi due differenti aspetti.

[14] Questo ambito può essere interpretato come la misura della propensione al commercio internazionale presente nelle economie locali, e dunque definisce un potere attrattivo dei territori per quelle imprese tendenzialmente operanti su un versante internazionale.

[15] Il potenziale innovativo presente nelle aree rappresenta un fattore attrattivo molto importante per quelle attività economiche che necessitano di capitale umano potenzialmente qualificato e della vicinanza di strutture e organizzazioni dedicate alla ricerca, alla formazione e all'innovazione.

[16] Esso può essere interpretato come la presenza, sui territori, di un tessuto produttivo particolarmente sviluppato nell'industria e nell'artigianato, e dunque, misura la forza attrattiva delle aree nei confronti di quelle imprese industriali che intendono collocare le loro attività in contesti territoriali nei quali i comparti produttivi nelle quali operano risultano essere diffusi e consolidati.

ritoriale, valutata all'interno di un determinato scenario competitivo, attraverso la messa in evidenza dei punti di forza e di debolezza e delle vocazioni del sistema stesso; successivamente, da tale definizione può scaturire la fase di elaborazione delle strategie di sviluppo territoriale, auspicabilmente mirate alla valorizzazione dei suddetti punti di forza e alla riduzione dei punti di debolezza dell'area, assecondando quelle che sono le vocazioni dei territori (CAMAGNI, 2002; CONTI, 2002).

L'analisi dei diversi ambiti concettuali riferita alla provincia di Teramo evidenzia delle situazioni positive limitatamente alla tradizione manifatturiera e artigianale e all'apertura al commercio internazionale. Nel dettaglio, la provincia teramana si colloca: al sedicesimo posto nella classifica del *benessere economico* (un risultato decisamente negativo, se considerato rispetto all'intero scenario, pur trattandosi del secondo valore più elevato tra quelli segnati dalle province del Mezzogiorno); al terzultimo posto, davanti alle sole province di Campobasso e di Gorizia, nella *produttività reale*; al diciassettesimo e al quindicesimo posto nella classifica dello scenario complessivo rispettivamente alla *terziarizzazione e patrimonio infrastrutturale* e al *potenziale innovativo*; all'ottavo e al sesto posto delle relative classifiche dell'*apertura al commercio internazionale* e alla *tradizione manifatturiera e artigianale*.

Come rilevato, la provincia di Teramo risulta essere, per quanto riguarda il livello di *benessere economico* presente nell'area, tra le più dinamiche del Mezzogiorno, ma accusa un indubbio ritardo rispetto alle altre province adriatiche situate più a nord. Infatti, l'economia teramana segnala un livello di produttività *pro capite* pari a 14.465 euro, ovverosia, il valore più elevato tra quelli registrati dalle province meridionali adriatiche, ma notevolmente inferiore alle cifre del Nord-Est e del Centro Italia, che variano dagli oltre 20.000 euro, delle province di Rimini e Forlì, ai circa 16.500 euro di Macerata e Ascoli Piceno. Analoghe considerazioni si possono fare per l'indice generale del costo della vita: Teramo, con 104,5, registra il valore più alto del Mezzogiorno adriatico, ma tale valore si discosta da quelli rilevati dalle altre province situate più a nord, per le quali l'indice del costo della vita si attesta intorno a 115.

Un valore modesto si registra per il reddito *pro capite*, con 12.980 euro, il quale tuttavia risulta superiore a quello segnato in media dalle province del Mezzogiorno adriatico; inoltre, con 11.080 euro *pro capite*, il livello di consumi finali interni è il secondo più alto delle province meridionali adriatiche italiane, inferiore soltanto a quello segnato dalla provincia pescarese. Infine, il tasso di disoccupazione è pari a 4,6%, ovverosia, un valore sostanzialmente contenuto, sempre se riferito al Mezzogiorno e anche rispetto ad alcune province del Nord-Est, quali Trieste, Rovigo e Ferrara.

Per quanto concerne il livello di *produttività* dell'economia teramana, si è rilevato come esso si collochi al terzultimo di tutto lo scenario adriatico italiano (il prodotto interno lordo totale è pari a 4,3 miliardi di euro, di cui circa il 30% proviene dall'industria). Tuttavia, analizzando i valori riferiti alla dimensione demografica dell'area, la produttività della provincia di Teramo (14.465 euro *pro capite*) è decisamente inferiore a quella segnata da Gorizia (in posizione meno favorita nella classifica della produttività reale), con un divario superiore ai 5.000 euro *pro capite*. Circa il numero di imprese attive, la provincia teramana si colloca al quintultimo posto della graduatoria, con 29.974 imprese; per contro, la densità imprenditoriale, con 10,3 imprese ogni 100 abitanti, riscatta la provincia teramana in merito alla presenza di spirito imprenditoriale. Il dato riferito all'occupazione è di oltre 108.000 occupati, soprattutto impiegati nel terziario e nell'industria; tale valore appare essenzialmente positivo, se valutato in rapporto al numero dei circa 287.000 residenti e interpretato unitamente al tasso di disoccupazione.

Nell'ambito concettuale della *terziarizzazione e patrimonio infrastrutturale*, il livello di terziarizzazione può essere valutato nella media dello scenario competitivo di riferimento, con un numero di occupati nei servizi pari al 59,8% del totale, e una percentuale di imprese operanti nel terziario pari al 48,2% del totale imprese attive; tali valori, tuttavia, devono essere analizzati congiuntamente alle percentuali, certamente cospicue, rilevate nel settore industriale, ovverosia, il 36% del totale occupati e oltre il 28% delle imprese attive (15% nell'industria in senso stretto e più del 13% nelle costruzioni). Per contro, la situazione della provincia teramana riferita al patrimonio infrastrutturale appare sicuramente contraddittoria, con la migliore dotazione di rete viaria dello scenario adriatico (il relativo indice è pari a 167,9), non accompagnata da un'altrettanta qualità delle altre infrastrutture economiche e sociali: in particolare, nella classifica delle province adriatiche, la rete ferroviaria occupa la quartultima posizione (53,7, davanti a Macerata, Ascoli Piceno e Campobasso), l'offerta portuale la terzultima (34,7, davanti a Macerata e Pescara).

La presenza di impianti e strutture energetico-ambientali pone la provincia teramana in una situazione di ritardo rispetto alle altre province del Nord (il cui relativo indice assume un valore medio di 150), pur collocandola nelle posizioni di vertice nei confronti con le province meridionali (92,3, dopo Pescara e Brindisi); un'analoga situazione si registra riguardo la dotazione di reti e strutture per la telefonia e la telematica e di reti bancarie e di servizi vari (con valori dei relativi indici pari rispettivamente a 65,3 e 80,4, ovverosia, la terzultima e la quartultima posizione dell'areale competitivo). Inoltre, anche con riferimento alla dotazione di infrastrutture sociali la situazione non appare rassicurante, poiché la provincia registra degli indici dai valori tra i più bassi dello scenario (41,9 nelle strutture culturali e ricreative, il terzultimo valore davanti a Foggia e Chieti; 76 nelle strutture per l'istruzione e 79,3 nelle strutture sanitarie, entrambi al quintultimo posto tra i valori registrati da tutte le province dello scenario adriatico).

In estrema sintesi, la provincia teramana appare caratterizzata: da un livello di terziarizzazione che la pone in una posizione intermedia nello scenario competitivo di riferimento; da un patrimonio infrastrutturale dove coesistono la migliore rete stradale dello scenario adriatico ed altre dotazioni infrastrutturali, sia economiche che sociali, di minore valenza qualitativa; da un tessuto produttivo-industriale piuttosto sviluppato.

Circa l'ambito relativo al commercio internazionale, la provincia di Teramo considerata nello scenario competitivo adriatico non evidenzia situazioni di eccellenza; tuttavia, tra le province meridionali, quella teramana risulta essere tra le più attive nell'intercambio commerciale internazionale, dove il livello delle esportazioni della provincia nel 2002 è stato pari a circa un miliardo di euro (quasi il 19% del valore delle esportazioni regionali). Tra le merci esportate prevalgono i prodotti legati al tessile-abbigliamento, cuoio e pelli che occupano ben quattro delle prime dieci posizioni della classifica, assorbendo un terzo di tutte le esportazioni. I mercati di riferimento sono principalmente europei; quasi il 10% del totale delle esportazioni è però diretto verso gli Stati Uniti. La situazione delle importazioni è abbastanza simile (nel 2002 circa 1 miliardo di euro), anche se il peso dei settori che giocano un ruolo importante nelle esportazioni si riduce di circa sei punti percentuali a vantaggio pressoché esclusivo dell'industria alimentare (UNIONCAMERE e ISTITUTO TAGLIACARNE, 2003).

Con riferimento alla presenza nel territorio di risorse umane qualificate e di organizzazioni dedicate alla ricerca e all'innovazione, la provincia di Teramo presenta una quadro poco soddisfacente. La popolazione studentesca universitaria (relativa all'università statale, l'unica struttura presente sul territorio), che conta circa 10.000 iscritti nell'anno accademico 2002-2003, è, dopo quelle di Campobasso e Foggia, la meno consistente tra le province dello scenario adriatico che dispongono di atenei propri (le province di Rimini, Ravenna e Ascoli Piceno presentano un numero di studenti universitari inferiore a quello della provincia teramana, ma nel loro territorio esistono solo sedi distaccate che fanno capo a università localizzate in altre province). Analoghe considerazioni si possono fare relativamente al numero di laureati nel 2002, che si attesta intorno alle 900 unità, e alla ricerca scientifica applicata, dove la situazione desta qualche preoccupazione per il fatto che in provincia di Teramo non vi sono, attualmente, né centri di ricerca, né parchi scientifici e tecnologici [17], riconosciuti dal Ministero dell'Istruzione dell'Università e della Ricerca o convenzionati con il Consiglio Nazionale delle Ricerche.

Pertanto, dal punto di vista del potenziale innovativo, la provincia teramana evidenzia situazioni da recuperare, registrando risultati di notevole svantaggio rispetto ai suoi migliori concorrenti; i quali, tuttavia, non sono immuni da condizioni deficitarie auspicabilmente migliorabili.

Completa il quadro degli ambiti concettuali privilegiati quello relativo alla *Tradizione manifatturiera e artigianale*; in tale ambito concettuale la provincia di Teramo registra, all'interno dello scenario competitivo, il risultato più confortante:

---

[17] È in fase di realizzazione una sede provinciale del Parco scientifico e tecnologico della Regione Abruzzo.

essa occupa la sesta posizione nella classifica, subito dopo le migliori situazioni delle province marchigiane e di quelle nord-orientali di Padova e Forlì. Inoltre, la provincia teramana rileva la quarta percentuale più importante di imprese attive nell'industria in senso stretto, vale dire il 15%, inferiore soltanto a quelle registrate dalle *best performers* marchigiane; e una elevata percentuale di imprese artigiane (29,6%), la più alta in termini assoluti tra le province meridionali, ma superiore anche a quelle di molte altre province dello scenario competitivo in questione.

*Il territorio provinciale teramano: i punti di forza e di debolezza*

L'analisi della posizione competitiva della provincia teramana, con riferimento a ciascun ambito concettuale, ha evidenziato una situazione di sostanziale vantaggio nei confronti delle province meridionali dello scenario adriatico; per contro, tale situazione appare ancora svantaggiata rispetto alle province nord-orientali, in media più apprezzabili su tutti gli ambiti della competizione. Le indicazioni ampiamente positive sono quelle relative alla tradizione manifatturiera e artigianale; mentre, quelle di segno opposto si riferiscono al potenziale innovativo e quelle di medio spessore competitivo sono riconducibili all'apertura al commercio internazionale, alla terziarizzazione e alla produttività reale. Di carattere contraddittorio appare la condizione del patrimonio infrastrutturale, dato che nella provincia coesistono la migliore rete stradale dell'arco adriatico ed altre infrastrutture economiche di non apprezzabile qualità.

Con riferimento all'analisi di *benchmarking* territoriale, sono state definite quelle caratteristiche territoriali astrattamente considerabili quali punti di forza e di debolezza della provincia di Teramo. Tra i primi, un'importante presenza di un tessuto produttivo, tradizionalmente incentrato sulla manifattura e sull'artigianato, e la migliore rete stradale dello scenario adriatico. Tra i secondi, la modesta presenza di potenziale innovativo, soprattutto con riferimento alla ricerca scientifica e tecnologica applicata, e l'insufficiente dotazione di altre infrastrutture economiche. Tra le altre peculiarità: un moderato grado di apertura al commercio internazionale, per lo più legato alle produzioni manifatturiere e artigianali; un livello di terziarizzazione che si pone nella media dello scenario di riferimento; una condizione di benessere economico tra le più significative del Meridione adriatico, ma con situazioni di svantaggio rispetto a quella rilevata in media nelle province nord-orientali adriatiche; un livello di produttività reale mediamente apprezzabile se rapportato alla dimensione demografica dell'area, ma poco soddisfacente in termini assoluti.

Pertanto, le potenzialità competitive della provincia teramana, valutate come capacità d'attrazione della domanda espressa in astratto dalle attività imprenditoriali esogene, devono essere innanzitutto rafforzate segnatamente al tessuto economico e imprenditoriale dell'area, qualificato secondo la tradizione da attività produttive di tipo manifatturiero e artigianale. Il rafforzamento di tale peculiarità del territorio può, allo stesso tempo, contribuire all'attrazione di nuovi investimenti esogeni e nuove competenze e favorire l'affermarsi di un processo positivo di sviluppo locale, in grado di tradursi in una crescita della produttività reale, dell'intensità degli scambi con l'estero e del benessere economico. Inoltre, il perseguimento della competitività territoriale della provincia di Teramo impone l'accrescimento del potenziale innovativo, relativamente a quello che riguarda le strutture per la ricerca e lo sviluppo della conoscenza e dell'innovazione, e della dotazione di infrastrutture economiche diverse dalla rete viaria.

Al riguardo, si rileva che la presenza di potenziale innovativo appare fortemente auspicabile, non solo per poter ricercare l'insediamento e lo sviluppo di nuove attività economiche a più elevata intensità di innovazione e tecnologia, ma anche per rafforzare quelle già esistenti, in quanto la concorrenza sviluppata sui mercati dei prodotti manifatturieri e artigianali può essere affrontata con efficacia attraverso l'affermazione di processi produttivi in grado di rappresentare la giusta combinazione dei migliori aspetti della tradizione locale e quelli dell'innovazione.

Per quanto attiene allo sviluppo delle infrastrutture di comunicazione, esso si rende necessario affinché il territorio teramano possa ottenere maggiori benefici della sua strategica posizione di centralità geografica relativamente al «corridoio adriatico» (unitamente alla vicinanza con l'area metropolitana di Roma), mentre l'aumento delle altre infrastrutture economiche, sopra specificate, si impone alla provincia di Teramo così come in ogni altro contesto territoriale avente l'obiettivo di accrescere la propria capacità attrattiva nei confronti delle nuove attività economiche d'impresa.

L'individuazione della tradizione manifatturiera e artigianale tra i punti di forza del sistema provinciale teramano consente il richiamo della specificazione dei contenuti di tale tradizione produttiva e del livello di competitività territoriale che sviluppa nello scenario dell'Italia adriatica. Relativamente alla specificazione delle vocazioni produttive del territorio provinciale teramano, appare utile ricordare il ruolo del Distretto Industriale Vibrata-Tordino-Vomano (individuato con la Delibera del Consiglio Regionale n. 34/3 del 23 luglio 1996), elemento centrale dello sviluppo economico-produttivo, nonché potenziale contesto di competitività territoriale, dal punto di vista della tradizione manifatturiera e artigianale, per l'intero territorio provinciale (LANDINI e CARDINALE, 1997).

L'estensione territoriale di tale distretto è molto ampia (20 comuni e oltre il 30% del territorio provinciale teramano) e la popolazione (oltre 152.000 residenti) risulta di gran lunga superiore a quella media degli altri distretti industriali italiani, costituendo uno dei più dinamici e avanzati casi di distretto multisettoriale in Italia; inoltre, esso può vantare una notevole tradizione artigianale, un'esperienza produttiva pluridecennale, una qualità e quantità della gamma dei prodotti di livello importante: oltre alle tradizionali aziende di confezioni attive nel comparto del tessile e dell'abbigliamento, costituenti le specializzazioni primarie del distretto, e nella lavorazione del cuoio e delle pelli, sono sopraggiunte numerose aziende attive nell'industria del legno e del mobilio, nell'agroalimentare, nell'artigianato di qualità e, ultime in termini diacronici, nella meccanica.

Con riferimento all'insieme delle unità locali presenti nell'area distrettuale, esse registrano meno di cinquanta addetti; tuttavia, non mancano le imprese medio-grandi che, spesso, hanno rappresentato un modello per le piccole-medie imprese distrettuali, ai fini della crescita della cultura imprenditoriale locale nella direzione dell'innovazione organizzativa e gestionale. Infatti, l'organizzazione produttiva del tessuto imprenditoriale del distretto teramano può essere ben rappresentata dal decentramento produttivo attuato dalle imprese maggiori nei confronti di gruppi di fasonisti e di laboratori artigianali, generando una particolare integrazione verticale della produzione (CCIAA TERAMO, 2003).

Composto inizialmente da dodici comuni della Val Vibrata, dove già negli anni Settanta erano ubicati insediamenti di eccellenza nelle produzioni tessili e nella pelletteria, il Distretto Industriale Vibrata-Tordino-Vomano ha rappresentato una realtà produttiva che ha dovuto fronteggiare diverse situazioni di difficoltà macroeconomiche (fine dei deprezzamenti competitivi a partire dal 1999, concorrenza della produzione orientale) e finanziarie (uscita nel 1997 dall'Obiettivo 1 e sgravi contributivi INPS negati per le nuove assunzioni), accompagnate da altrettante riorganizzazioni che hanno portato a delocalizzare fasi della produzione nell'Europa orientale tramite investimenti diretti all'estero (CCIAA TERAMO, 2003).

In estrema sintesi, è possibile affermare che la competitività del territorio provinciale teramano può essere opportunamente incrementata a partire dal ripensamento delle strategie di posizionamento e attraverso la rivalorizzazione dei tradizionali settori produttivi del Distretto Vibrata-Tordino-Vomano, tra i quali, il tessile e abbigliamento, la pelletteria e il mobilio. Tuttavia, tale percorso di recupero competitivo, incentrato sulle vocazioni produttive manifatturiere e artigianali, deve essere accompagnato da un processo di sviluppo sistemico che coinvolga anche gli altri aspetti della competizione, questi ultimi di tendenziale richiamo per le risorse economiche e umane, con specifico interesse per la crescita del potenziale innovativo (rilancio degli investimenti in ricerca e sviluppo, formazione e qualità del prodotto), il rafforzamento della dotazione infrastrutturale nel suo complesso e il miglioramento del grado di apertura all'estero.

*Riflessioni conclusive*

I risultati conseguiti attraverso l'esercizio di *benchmarking* territoriale, incentrato sulla competitività espressa dalla provincia teramana in termini di capacità di attrazione di nuovi investimenti e competenze esogene nello scenario adriatico italiano, potrebbero, al di là della pura ricerca, essere concretamente impiegati nell'ambito di auspicabili strategie di intervento territoriale.

Nel complesso, quella teramana è risultata essere una delle province più attrattive del Mezzogiorno, pur palesando delle situazioni di divario nei confronti delle realtà maggiormente competitive del Nord-Est adriatico; infatti, l'adozione di un concetto di competitività, pur in termini di generale e astratto potere d'attrazione, ha condotto alla dimostrazione delle maggiori potenzialità attrattive che quest'ultime realtà territoriali generalmente hanno rispetto alle restanti realtà dello scenario competitivo prescelto.

Ai fini del recupero delle posizioni nella classifica della competitività, lo sviluppo del territorio provinciale teramano potrebbe essere perseguito attraverso la valorizzazione della propria tradizione manifatturiera e artigianale, ottenibile con il recupero delle debolezze riscontrate negli altri fattori competitivi, di per sé rilevanti, ma ancora più strategici se valutati come sinergici per gli obiettivi auspicati; ci si riferisce, come rilevato nelle note precedenti, alla presenza di potenziale innovativo e alla dotazione infrastrutturale nel suo complesso.

Con riferimento al potenziale innovativo, infatti, la provincia di Teramo appare in una situazione di svantaggio rispetto alle province del Nord-Est, ma anche rispetto ad alcune province del Mezzogiorno, come quelle di Bari e Lecce. Per quanto attiene alla dotazione infrastrutturale, un loro potenziamento dovrebbe rappresentare un obiettivo fondamentale nell'ambito di una strategia di sviluppo territoriale, affinché si possa rendere il territorio di riferimento maggiormente attrezzato per lo sfruttamento della peculiare posizione geografica e capace di supportare in maniera adeguata le attività d'impresa già insediate nell'area o potenzialmente attraibili.

Tra le azioni auspicabili, tese alla crescita della competitività territoriale, vi è quella della valorizzazione della tradizione manifatturiera e artigianale, capace di rafforzare il tessuto innovativo e il sistema di dotazione infrastrutturale dell'area, ma allo stesso tempo in grado di realizzare il coinvolgimento anche di altri ambiti ritenuti mediamente competitivi dall'analisi di *benchmarking* territoriale, quali la produttività reale, il grado di apertura al commercio internazionale e il benessere economico.

Non altrettanto competitivo risulta l'ultimo ambito concettuale, relativo alla terziarizzazione, considerato nell'analisi. Tuttavia, una possibilità di recupero delle posizioni di svantaggio potrebbe derivare dall'adozione di una strategia di sviluppo territoriale del tipo sopra richiamato, ossia legata alla valorizzazione del sistema produttivo locale e al potenziamento del tessuto innovativo e del patrimonio infrastrutturale dell'area; infatti, è piuttosto probabile che, a un'ipotizzata crescita delle attività produttive tradizionali, faccia seguito anche quella delle attività terziarie locali.

Le attuali iniziative di sviluppo territoriale in atto e in programmazione nella provincia di Teramo appaiono confermare le ipotesi progettuali sopra esposte; infatti, vanno in tal senso le iniziative private di promozione e *marketing* territoriale proposte per il sistema produttivo provinciale e distrettuale, e i programmi di sviluppo contenuti negli accordi di programmazione negoziata e nel più recente Piano Territoriale definiti in provincia di Teramo, che hanno individuato, appunto, l'esigenza di un rafforzamento infrastrutturale e d'ispessimento innovativo dell'intero sistema territoriale di riferimento.

In fase conclusiva, il ruolo della provincia teramana che scaturisce dall'analisi applicata allo scenario delle province adriatiche italiane appare sostanzialmente contraddittorio; infatti, nell'intento di voler formulare una considerazione di carattere conclusivo e di sintesi delle argomentazioni svolte, non si può che ribadire il fatto che la provincia teramana presenta situazioni competitive apprezzabili nei confronti delle restanti province meridionali adriatiche, ma, di converso, registra ancora una generale condizione di svantaggio rispetto alle province adriatiche settentrionali. Pertanto, appare condivisibile quanto le istituzioni locali, pubbliche e private hanno ravvisato, vale a dire, la necessità di accrescere la competitività del territorio teramano, attraverso la rivalorizzazione delle produzioni locali e l'accrescimento, nel sistema provinciale teramano, del complesso infrastrutturale e del potenziale innovativo.

BIBLIOGRAFIA

BONAVERO P., *Gli scenari competitivi*, in CONTI S. (a cura di), *Op. cit.*, 2002, pp. 25-30.

CAGLIANO R., CAPELLO R. e SPAIRANI A., *Il benchmarking dei sistemi territoriali. Best practice territoriali e gestionali nelle aree liguri di piccola impresa*, Milano, Franco Angeli, 2001.

CAMAGNI R. (a cura di), *Benchmarking territoriale*, Trento, Edizioni 31, 2002.

CCIAA DI TERAMO, *Prima giornata dell'economia*, Teramo, 2003 (*paper*).

CCIAA DI TERAMO e ISTITUTO G. TAGLIACARNE, *Osservatorio sull'economia della provincia di Teramo. L'andamento dell'economia teramana nel 2002*, Teramo, 2003 (*paper*).

CAPELLO R. e SPAIRANI A., *Il benchmarking dei sistemi territoriali: il Trentino a confronto con altre realtà territoriali*, in CAMAGNI R. (a cura di), *op. cit.*, 2002, pp. 1-67.

CARDINALE B., *Il sistema dei trasporti in Abruzzo*, in «Bollettino della Società Geografica Italiana», Roma, 1997, pp. 205-229.

CARDINALE B., *Barriere geografiche e mobilità in Italia*, Milano, Franco Angeli, 2000.

CARDINALE B., *Sostenibilità e industria: riflessioni sul caso abruzzese*, Pescara, Quaderni del Dipartimento di Economia e Storia del Territorio, Università degli Studi, Chieti-Pescara, 2002.

CARDINALE B., *Nuove prospettive di localizzazione: le opportunità del marketing territoriale*, in CALAFIORE G., PALAGIANO C. e PARATORE E. (a cura di), *Atti del XXVIII Congresso Geografico Italiano. Roma 18-22 giugno 2000*, Roma, EDIGEO, 2003, vol. III, pp. 2956-2969.

CARDINALE B. (a cura di), *Mobilità, traffico urbano e qualità della vita. Politiche e dinamiche territoriali*, Milano, Franco Angeli, 2004.

CARDINALE B., *Marketing e territorio: ruolo e potenzialità dei consorzi di sviluppo industriale*, in *Atti del XXIX Congresso Geografico Italiano*, Palermo, 2004 (in corso di stampa).

CAROLI M.G., *Il marketing territoriale*, Milano, Franco Angeli, 1999.

CELANT A. (a cura di), *Competizione territoriale nelle regioni italiane. La "geografia" come fattore di crescita economica*, Roma, Società Geografica Italiana, 2002.

CONTI S. (a cura di), *Torino nella competizione europea. Un esercizio di benchmarking territoriale*, Torino, Rosenberg & Sellier, 2002.

COOK S., *Pratical Benchmarking. A Manager's Guide to Creating a Competitive Advantage*, Londra, Kogan Page, 1995.

DEL COLLE E. ed ESPOSITO G.F., *Economia e statistica per il territorio*, Milano, Franco Angeli, 2000.

FABBRIS L., *Statistica multivariata. Analisi esplorativa dei dati*, Milano, McGraw Hill, 1997.

GUERZONI M. e TROPEA M., *Benchmarking territoriale: analisi di alcuni indicatori infrastrutturali per la provincia di Trento e le province del nord-est italiano*, in CAMAGNI R. (a cura di), *op. cit.*, 2002, pp. 69-99.

LANDINI P. (a cura di), *Abruzzo. Un modello di sviluppo regionale*, Roma, Società Geografica Italiana, 1999.

LANDINI P. e CARDINALE B., *Localismo e nuovi orizzonti dell'industrializzazione diffusa. Il caso abruzzese*, in «Bollettino della Società Geografica Italiana», Roma, 1997, pp. 159-176.

LANDINI P. e MASSIMI G., *La geoeconomia del territorio*, in AA. VV., *Monografia della Provincia di Teramo. Il secolo XX*, Teramo, Edigrafital, 1999, vol. 1, pp. 3-46.

LANDINI P. e SALVATORI F. (a cura di), *I sistemi locali delle regioni italiane (1970-1985)*, Roma, Società Geografica Italiana, 1989 («Memorie della Società Geografica Italiana», XLIII).

LATUSI S., *Il marketing territoriale per gli investimenti*, Milano, Egea, 2002.

LEIBFRIED K.H.J. e MC NAIR C.J., *Benchmarking: a Tool for Continuos Improvement*, New York, Harper Collins Publishers, 1992.

NAPOLITANO M.R., *Dal marketing territoriale alla gestione competitiva del territorio*, Napoli, Edizioni Scientifiche Italiane, 2000.

ORTOLANI M., *La geografia comparata*, in «Bollettino della Società Geografica Italiana», Roma, 1957, pp. 405-411.

PROVINCIA DI TERAMO, *Piano territoriale della Provincia di Teramo (approvato con Delibera del Consiglio Provinciale n. 20 del 30 marzo 2001). Relazione*, Teramo, 2002.

UNIONCAMERE e ISTITUTO G. TAGLIACARNE, *Atlante della competitività delle province*, Roma, 2003 (*paper*).

VALDANI E. e ANCARANI F. (a cura di), *Strategie di marketing del territorio. Generare valore per le imprese e i territori nella economia della conoscenza*, Milano, EGEA, 2000.

VANOLO A., *I punti cardinali del vantaggio competitivo*, in CONTI S. (a cura di), *op. cit.*, 2002, pp. 59-78.

Vito Arcangelo Carulli *

# RETI TRANSEUROPEE DI TRASPORTO: OPPORTUNITÀ DI SVILUPPO PER LA PUGLIA E I PAESI DELL'ADRIATICO

*Analisi storica delle reti transeuropee*

L'Unione Europea, in particolare dopo la caduta del muro di Berlino e con la sottoscrizione del Trattato di Maastricht (7 febbraio 1992), ha assunto l'impegno prioritario di accrescere la competitività delle sue imprese. In questo senso vanno interpretate l'introduzione della moneta unica e la centralizzazione delle politiche monetarie e dei cambi attraverso il coordinamento della Banca centrale europea. Allo stesso tempo, l'UE ha definito le politiche infrastrutturali attraverso i cosiddetti progetti TEN (*Trans European Networks*).

Dal 1995 si è assistito a un cambiamento dell'impostazione di tutto il progetto TEN. Così, seguendo la tumultuosa evoluzione politica della zona compresa tra l'Adriatico e il Caspio, area nota col nome di «ovale eurasiatico», e sotto l'incalzare dei processi di globalizzazione economica, l'originario concetto di reti transeuropee si è trasformato in quello di reti paneuropee, i *Paneuropean Networks* (PAN), attraverso le cosiddette PETRA, *PanEuropean Transport Areas*. Queste estendono i corridoi continentali, includendo importanti aree periferiche europee e incorporando i maggiori porti e le principali rotte fuori dell'UE: verso Nord, l'area del Mare del Nord, più il Mare di Barents e il Baltico settentrionale; nel Sud-Est, il bacino del Mar Nero; nel Sud, i mari Adriatico e Ionio, più il bacino Mediterraneo.

Con la combinazione delle reti paneuropee (PAN) e delle aree di trasporto (PETRA) si è voluto definire un unico spazio, geopolitico oltre che economico,

---

\* Dipartimento di Scienze Geografiche e Merceologiche, Università di Bari.

comprendente l'intera Europa dall'Atlantico agli Urali e i paesi del Mediterraneo orientale. La logica del passaggio dal progetto originario dei TEN a quello successivo dei PAN non è puramente incrementale. Almeno nelle intenzioni dei promotori, il cambiamento dovrebbe corrispondere a un'espansione – in senso lato – culturale. Ciò comporterebbe, in tutti i paesi coinvolti, non semplicemente un aumento delle infrastrutture, ma anche e soprattutto un ripensamento del quadro complessivo delle condizioni amministrative, legali, commerciali e operative nella prospettiva di uno spazio aperto alla libera circolazione di merci e persone.

A questo punto è necessario un chiarimento terminologico. Le reti di trasporto paneuropee, in quanto vettori di connettività intermodale in tutta Europa, hanno due dimensioni, una interna (connettività intra-UE) e una esterna, in fase di incipiente sviluppo (connettività ultra-UE). L'obiettivo di realizzare collegamenti intermodali in Europa e dell'Europa è soddisfatto da vari sistemi di reti che prendono il nome di corridoi e di reti transeuropee (RTE, Reti Trans-Europee o TEN, Trans-European Network), intendendosi per i primi collegamenti di prioritaria importanza che attraversano sia Stati membri dell'Unione sia Stati terzi, per le seconde reti che attraversano Stati membri e che, eventualmente, vengono estese a Stati terzi su iniziativa dell'Unione, in qualità di diramazioni esterne della preesistente TEN. Spesso questa distinzione linguistica è disattesa e le due espressioni vengono usate alternativamente. Vale la pena ricordare, inoltre, che, in quanto concepite come parte di un progetto transfrontaliero, anche diramazioni di mera estensione regionale o nazionale possono essere indicate come corridoi paneuropei o come TEN, pur costituendone solo un frammento o un capillare, come per esempio lo Stretto di Messina in Italia, classificabile come TEN.

Le reti transeuropee sono un sistema di corridoi a tre livelli: trasporti, energia e telecomunicazioni. Ogni corridoio è, in realtà, a sua volta, una ragnatela di ferrovie, strade, stazioni, ponti, rimesse, porti, aeroporti, rotte. Lungo l'ossatura dei trasporti si diramano, in buona parte, anche i corridoi energetici, costituiti da centrali e reti elettriche, oleodotti e gasdotti, rotte di navi cisterna, terminali di stoccaggio, carico e scarico, raffinerie e depositi. Anche le telecomunicazioni, almeno nelle componenti fisse e terrestri, seguono materialmente queste direttrici e forniscono, in corrispondenza dei vari assi di scorrimento, l'infrastruttura necessaria alla trasmissione e alla gestione delle informazioni.

La nascita del concetto di reti transeuropee risale al 1993, con il «Libro bianco» di Jacques Delors sulla *Crescita, la competitività e l'occupazione*. L'idea era di preparare l'intelaiatura per uno spazio economico europeo comprendente non solo i paesi dell'UE, ma anche l'Europa centrorientale. Gli anni decisivi per la definizione di queste politiche sono stati quelli dal 1993 al 1995, caratterizzati da un rapido aumento delle necessità di collegare, anche psicologicamente, gli Stati dell'Europa occidentale tra loro e con l'Europa orientale. Per quanto riguarda l'Est, si trattava di mettere mano al sistema dei trasporti, precedentemente tutto orientato su un unico polo, Mosca, creando nell'UE alcuni centri d'irraggiamento (strade, ferrovie, aeroporti, porti), capaci di favorire una migliore circolazione di merci e servizi tra Europa occidentale e orientale.

In quegli anni, molti dei paesi un tempo gravitanti nell'orbita sovietica sono entrati nell'area d'influenza del marco tedesco e hanno compiuto passi formali per l'adesione all'Unione Europea. Nei summit di Copenaghen nel giugno 1993 e di Essen nel 1994 il Consiglio europeo ha deciso di estendere le reti transeuropee ai richiedenti la partecipazione all'Unione. Nel biennio 1993-94, l'UE ha riconosciuto alcuni progetti prioritari, destinando a ognuno di essi i finanziamenti ritenuti necessari. In questa prospettiva, nel corso della Conferenza paneuropea dei trasporti, tenutasi a Creta nel 1994, sono stati indicati nove corridoi, noti da allora come *Crete corridors* (Corridoi di Creta).

Nella successiva Conferenza di Helsinki del 1997 il numero dei corridoi è stato portato a dieci. La responsabilità per un coordinamento dei progetti è stata affidata al *transport group* del G-24, il gruppo dei ventiquattro maggiori paesi industrializzati. I *Crete corridors* includono collegamenti stradali e ferroviari tra Helsinki e Varsavia (corridoio I), Berlino e Mosca (corridoio II), nonché una connessione fluviale sul Danubio attraverso sette Stati (corridoio VII) e una tra Germania e Turchia attraverso cinque dei richiedenti la partecipazione all'UE (corridoio IV). Il progressivo allargamento dell'UE, delineatosi nel Consiglio europeo di Copenaghen del 1993, riguardava – tra i paesi provenienti a vario titolo dall'area sovietica – Bulgaria, Estonia, Lettonia, Lituania, Polonia, Ungheria, Slovacchia, Romania e Repubblica Ceca. Subito dopo è venuto il turno della Slovenia, mentre accordi per altre forme di cooperazione hanno riguardato l'Albania e la Croazia. Così, la realizzazione delle reti transeuropee diventava il punto di partenza nella strategia per l'inserimento dell'Europa centrorientale nelle strutture politiche dell'Unione Europea. In questo senso si è espresso il Consiglio europeo di Essen nel dicembre 1994 (PAOLINI, 1999).

A Essen, tra l'altro, sono state definite le linee-guida dei principali progetti per le reti di energia. Tra di essi alcuni riguardano l'Europa centrorientale e tendono al rafforzamento dei sistemi di trasporto del gas con l'Unione Europea attraverso l'Ucraina, la Slovacchia e la Repubblica Ceca (collegamento centrale); altri prevedono la costruzione di nuovi gasdotti in Bielorussia e Polonia (collegamento settentrionale) e in Moldavia, Romania e Bulgaria (collegamento meridionale). Per coordinare i lavori relativi a tali progetti e per facilitare l'accesso ai finanziamenti comunitari dei Programmi PHARE, TACIS e dei fondi di coesione ISPA e del Patto di Stabilità – fondo CARDS – la Commissione Europea, nel 1995, ha previsto che per ciascun corridoio venisse sottoscritto un protocollo d'intesa da parte dei paesi interessati (*Memorandum of Understanding*).

In realtà, i progetti TEN sono stati, fin dall'inizio, cofinanziati in vario modo. Parte dei fondi sono arrivati dal G-24, parte da due specifici programmi di assistenza dell'UE (PHARE E TACIS), ma hanno contribuito anche istituzioni finanziarie internazionali come la Banca Europea per la Ricostruzione e lo Sviluppo (EBRD) e la World Bank.

A seguito delle Conferenze Paneuropee di Praga (1991), Creta (1994) ed Helsinki (1997), sono stati identificati i seguenti dieci corridoi multimodali paneuropei:

I - Helsinki-Tallinn-Riga-Kaunas-Warsaw (Strada e Ferrovia Baltica) e Riga-Kaliningrad-Gdansk

II - Berlin-Warsaw-Minsk-Moscow-Nizhnij Novgorod

III - Berlin/Dresden-Wroclaw-Lviv-Kiev

IV - Berlin/Nurnberg-Prague-Budapest-Constantia/Thessaloniki/Istanbul

V - Venezia-Trieste/Koper-Ljubljana-Budapest-Uzgorod-Lviv
  – Branch A: Bratislava-Zilina-Kosice-Uzgorod
  – Branch B: Rijeka-Zagreb-Budapest
  – Branch C: Ploce-Sarajevo-Osijek-Budapest

VI - Gdansk-Grudziadz/Warsaw-Katowice-Zilina
  – Branch A: Katowice-Ostrava-Corridor IV

VII - Danube

VIII - Durres-Tirana-Skopje-Sofia-Varna/Burgas

IX - Helsinki-St.Petersburg-Moscow/Pskov-Kiev-Ljubasevka-Chisinau-Bucharest-Dimitrovgrad-Alexandroupoli
  – Branch A: Ljubasevka-Odessa
  – Branch B: Kiev-Minsk-Vilnius-Kaunas-Klaipeda/Kaliningrad

X - Salzburg-Ljubljana-Zagreb-Beograd-Nis-Skopjes-Veles-Thessaloniki
  – Branch A: Graz-Maribor-Zagreb
  – Branch B: Budapest-Novi Sad-Beograd
  – Branch C: Nis-Sofia-sul corridoio IV fino a Istanbul
  – Branch D: Veles-Bitola-Florina-Via Egnatia

«La finalità dichiarata è di individuare direttrici capaci di facilitare gli scambi multimodali di merci, persone, servizi, fonti energetiche, sistemi di comunicazione, tra i paesi aderenti all'Ue, gli Stati balcanici, quelli che si affacciano sul Mar Nero e sul Mar Caspio. […] La posta in gioco non è solo la possibile crescita economica, ma l'intera gerachizzazione del sistema in tutte le funzioni regionali e metropolitane» (AA.VV., 2004, p. 23). Inoltre, la Commissione europea, per dare maggiore impulso all'attuazione dei corridoi, ha definito gli interventi prioritari nell'ambito dello studio TINA (*Transport Infrastructure Needs Assessment*) al fine di individuare i fabbisogni finanziari nella prospettiva di allargamento dell'Unione Europea verso i Paesi dell'Est. Di questi corridoi, il numero V ed il numero VIII interessano direttamente l'Italia.

*Le reti transeuropee di trasporto*

La rete transeuropea di trasporto (TEN-T) è indispensabile per assicurare la libera circolazione delle merci nell'Unione Europea. Su di essa viaggia circa la metà delle merci e dei passeggeri. Gli orientamenti per la TEN-T definiscono le priorità dell'Unione Europea, applicando l'etichetta di «rete» a determinati itinerari, per concentrare così il sostegno finanziario comunitario a favore di progetti con un valore aggiunto comunitario più elevato. «Le reti transeuropee di trasporto possono, in un certo senso, essere interpretate come un primo, sistematico, tentativo di discorso integrato fra politica dei trasporti e politica regionale dell'Ue» (MARCHESE, 1998).

Benché il sostegno finanziario comunitario proveniente dal bilancio TEN sia piuttosto limitato (in linea di principio è inferiore al 10%), il fondo di coesione, il FESR, svolge un ruolo importante, così come la BEI e in una certa misura anche i fondi RST. La rete serve da quadro di riferimento per altra legislazione comunitaria e promuove la coesione economica, sociale e territoriale dell'Unione. Alcuni importanti progetti sono inclusi in un elenco di progetti prioritari. Essi rappresentano solo una parte dei numerosi progetti della TEN-T; tuttavia la loro selezione tra un ampio ventaglio di progetti li rende particolarmente visibili, un elemento che consente di concentrare, attirare e coordinare le risorse finanziarie.

L'attuale rete TEN-T comprende 75.200 km di strade, 78.000 km di ferrovie, 330 aeroporti, 270 porti marittimi internazionali, 210 porti per la navigazione interna. Anche i sistemi di gestione del traffico e i sistemi di navigazione e informazione degli utenti fanno parte della TEN-T.

Come sottolinea il *Libro bianco* del 2001 sui trasporti, gli orientamenti per la rete TEN-T dovrebbero essere adattati per tenere conto del preoccupante aumento della congestione dovuto al persistere di strozzature, a raccordi mancanti e alla carenza di interoperabilità così come dell'urgente necessità di promuovere un riequilibrio fra i modi di trasporto. L'allargamento agli altri 12 nuovi paesi accentua la necessità di un nuovo approccio per conservare la competitività dell'economia europea e garantire uno sviluppo equilibrato e sostenibile dei trasporti. Nell'ottobre del 2001 la Commissione ha proposto una prima revisione limitata, che è stata accettata, nei suoi tratti essenziali, dal Parlamento europeo. Nel mese di febbraio del 2002 la Vice Presidente della Commissione con delega ai Trasporti e all'Energia, Loyola de Palacio, ha comunicato la decisione di istituire un Gruppo di Alto Livello per la rete di trasporto transeuropea a cui dare il mandato di rivisitare le reti TEN e, quindi, integrare le stesse con i corridoi eurasiatici. Il Gruppo ha redatto il 1° *Master Plan* delle Infrastrutture e dei Trasporti della Unione Europea e ha ricevuto mandato dal Vicepresidente di identificare, entro l'estate del 2003, i progetti prioritari della rete transeuropea di trasporto fino al 2020 in base alle proposte formulate dagli Stati membri e dai paesi in via di adesione. Questo lavoro rientra nella più ampia revisione delle linee-guida comunitarie sullo sviluppo della rete transeuropea di trasporto. Questo Gruppo, presieduto da Karel Van Miert, composto da un rappresentante di ogni Stato membro, da un osservatore per ciascun paese in via di adesione e da un osservatore per la Banca Europea per gli Investimenti si è riunito in 10 occasioni tra dicembre 2002 e giugno 2003. Uno dei maggiori compiti è consistito nel selezionare un ristretto numero di progetti prioritari per la rete di trasporto dell'Unione allargata. Detti progetti risultano essenziali al completamento del mercato interno del continente europeo e al rafforzamento della coesione economica e sociale. In conformità con il mandato del Gruppo, la lista dei progetti prioritari comprende unicamente le infrastrutture di maggior rilevanza per il traffico internazionale, tenuto conto degli obiettivi generali di coesione del continente europeo, dell'equilibrio tra i modi di trasporto, dell'interoperabilità e della riduzione delle strozzature. Inoltre, è stata eseguita una valutazione di come ciascun progetto soddisfi agli obiettivi di politica europea in materia di trasporto, del valore aggiunto per la Comunità e della natura sostenibile dei suoi finanziamenti fino al 2020. Tale piano redatto in otto mesi è stato presentato nel Consiglio informale dei Ministri svoltosi a Napoli il 4 e 5 luglio 2003, durante il semestre di presidenza italiana dell'Unione Europea.

In tale documento strategico sono prospettati quattro distinti elenchi:

– *Elenco 0*: fornisce una lista di progetti realizzati o che saranno completati prima del 2010. Il Gruppo concorda nuovi tempi di realizzazione per i restanti progetti e li accorpa, integrandoli con l'estensione al territorio dei futuri Stati membri, in nuovi progetti da realizzare entro il 2020 (elenco 1).

– *Elenco 1*: le nuove priorità, chiaramente definite, hanno un alto valore aggiunto in termini di dimensione europea e sono realistici per quanto riguarda il finanziamento e la possibilità di dare inizio ai lavori entro i tempi stabiliti. Sezioni importanti dei sei progetti di Essen sono integrate all'interno di questi nuovi progetti prioritari. I paesi interessati si impegnano a iniziare i lavori relativamente a tutte le parti di ciascuno di questi progetti al massimo nel 2010, per renderli operativi al massimo nel 2020. All'interno di questa lista vi sono 6 interventi che riguardano l'Italia: il corridoio I Berlino-Napoli; il ponte sullo Stretto di Messina; il corridoio V (da Lisbona a Kiev); il corridoio Genova-Rotterdam; il progetto dell'autostrada del mare dell'Europa sud-orientale, dall'Adriatico allo Ionio fino al Mediterraneo orientale (Cipro); il progetto dell'autostrada del mare del Mediterraneo occidentale (tra Spagna, Francia e Italia meridionale) e orientale (dall'Italia verso il Mar Nero).

– *Elenco 2*: presenta progetti dotati di un valore aggiunto di natura europea particolarmente alto e che, sebbene con prospettive di più lungo termine, meritano speciale attenzione.

– *Elenco 3*: progetti importanti per la coesione territoriale che contribuiscono alla coesione economica e sociale. In questa lista sono previsti 2 progetti che riguardano direttamente l'Italia: il prolungamento del corridoio I fino a Palermo; il corridoio VIII che, inizialmente legato solo al collegamento tra Durazzo e Varna, si aggancia a Bari e quindi al corridoio intermodale adriatico.

Il 1° ottobre 2003 la Commissione ha preso visione della proposta Van Miert condividendo, tra l'altro, oltre alla maggior parte della proposta legata agli interventi del nuovo *Master Plan* dell'Unione Europea allargata a 25 Stati, anche quattro proposte sostanziali:
– la possibilità di aumentare la percentuale (inizialmente del 10%) per la copertura finanziaria degli itinerari della rete TEN;
– la disponibilità della BEI di garantire fino al 75% il servizio del debito e allungare fino a 35 anni l'arco temporale dell'indebitamento;
– la identificazione di un coordinatore del corridoio, responsabile del Corridoio stesso;
– la dichiarazione di interesse europeo delle proposte, definita in modo da responsabilizzare gli Stati a fare e a fare in tempi certi, con l'adeguata priorità, gli interventi scelti.

Nella stessa occasione la Commissione ha identificato le 18 opere prioritarie dell'elenco 1 e tra queste ha definito quelle che riguardano direttamente il nostro paese:
– il corridoio I (Berlino-Palermo), cioè non più articolato in due segmenti Berlino-Napoli e Napoli-Palermo; un unico asse ferroviario che prevede il potenziamento del tunnel del Brennero e la costruzione, entro il 2015, del Ponte sullo Stretto;
– il corridoio V, che, collegando Lisbona a Kiev, attraverserà la Pianura Padana con il tunnel del Moncenisio (da completarsi entro il 2015-2017);
– il corridoio Genova-Rotterdam (il vero ponte fra i due mari: il Mare Mediterraneo ed il Mare del Nord), un grande asse ferroviario che connette il porto di Genova con quello di Rotterdam attraverso il tunnel del Gottardo (da completarsi entro il 2018); di tale asse il CIPE ha già approvato il progetto del segmento ferroviario Genova-Novara-Sempione;
– l'autostrada del mare del sistema occidentale del Mediterraneo e l'autostrada del mare del sistema orientale del Mediterraneo di cui i porti italiani beneficeranno.

Il 5 dicembre 2003 i ministri europei dei Trasporti hanno dato il via libera definitivo alla lista di 29 grandi progetti infrastrutturali (cui si aggiunge l'asse Senna-Shelda) selezionati dalla Commissione europea sulla base del lavoro svolto dal gruppo Van Miert. Tra il 2003 e il 2004 il corridoio VIII è stato inserito ed escluso più volte dalla lista 1 da parte della Commissione Trasporti del Parlamento europeo, per lasciarlo definitivamente tra le opere dell'elenco 3 a vantaggio del Ponte sullo Stretto di Messina.

La risoluzione legislativa del Parlamento Europeo del 30 marzo 2004 ha consentito un aumento dal 10% al 20% del sostegno comunitario alle reti transeuropee. I finanziamenti per i progetti prioritari selezionati dal gruppo raggiungono circa 235 miliardi di euro fino al 2020. Il costo totale della rete (progetti prioritari e altri progetti) supera i 600 miliardi di euro. Gli investimenti necessari per realizzare i progetti prioritari raccomandati rappresentano in media lo 0,16% del PIL e sono tuttavia investimenti produttivi fondamentali che miglioreranno il potenziale di crescita economica.

*Il corridoio VIII tra la Puglia e i Balcani*

Nel 1995 Bill Clinton, attraverso la *Trade and Development Agency* (TDA), lancia la cosiddetta *South Balcan Development Initiative*, un programma di aiuti allo sviluppo delle infrastrutture di trasporto tra Bulgaria, Macedonia e Albania, lungo l'asse Est-Ovest. Il progetto intende convogliare investimenti USA nella regione e mira al finanziamento di interventi per forme di assistenza tecnica e studi di fattibilità. L'idea è di realizzare una grande direttrice autostradale e ferroviaria Durazzo-Tirana-Skopje-Sofia-Istanbul. Si tratta dell'ottavo dei corridoi paneuropei, noto anche come Via Egnatia, dal nome della strada romana risalente al II secolo a.C. In realtà, la via antica, costruita originariamente con l'ambizione di avvicinare Roma alla Grecia, collegava Durazzo a Costantinopoli via Tessalonica, l'odierna Salonicco, allora capitale della provincia romana di Macedonia. La traiettoria era spostata leggermente più a Sud e passava per Elbasan, Ocrida, Bitola, Tessalonica, Serres, Drama, Comatina, Roussa, Rodosto. Lo stesso percorso compiuto da Raimondo di Tolosa, Roberto di Fiandra, Roberto di Normandia e Stefano di Blois, alla testa delle loro truppe, nella prima crociata (PAOLINI, 1999).

Il corridoio VIII prevede un insieme di progetti che porteranno alla realizzazione di una complessa rete di infrastrutture di comunicazione e di trasporto (porti e aeroporti, strade e autostrade, ferrovie, terminal per container, cavi a fibra ottica per le telecomunicazioni, elettrodotti, oleodotti e gasdotti). Il tracciato principale si sviluppa sulla direttrice Bari-Brindisi, Durazzo e Tirana (Albania), Skopje (Macedonia), Sofia, Bourgas e Varna (Bulgaria). Sono previste, inoltre, bretelle di collegamento con la Grecia e, attraverso l'interconnessione con il corridoio IV, con la Turchia. La lunghezza della rete ferroviaria prevista è di circa 1.270 chilometri, mentre l'estensione della rete stradale è di circa 960 chilometri.

Oggi la Bulgaria è il perno del principale asse di traffico che collega l'Europa centrale alla Turchia. Varna e Burgas, sul Mar Nero, sono i maggiori scali portuali. Da Sofia la rete stradale conduce in Macedonia fino a Skopje. Qui, seguendo l'unico passaggio naturale tra i paesi danubiani e l'Egeo, si varca il confine verso Nord, entrando nella pianura del Kosovo. Pristina è il crocevia da cui, procedendo verso sud-ovest, si supera la frontiera di Morini, giungendo nel centro albanese di Kukes.

L'area del Sud-Est Europa coperta dal corridoio VIII presenta collegamenti da sempre assai scarsi. Quelli stradali sono difficilissimi sia in Albania sia in Macedonia, soprattutto ai passi di Qafe Thane (confine Albania-Macedonia) e di Deve Bujir (Macedonia-Bulgaria); per le ferrovie mancano ancora tratti di raccordo (69 chilometri fra Albania e Macedonia e 57 fra Macedonia e Bulgaria), il loro livello tecnico è insufficiente in Macedonia e Bulgaria e pessimo in Albania. Per questo, la realizzazione del corridoio VIII richiede maggiori risorse sia economiche sia di cooperazione internazionale, ma apre anche potenzialità del tutto nuove. Esso apre una via nuova, fondamentale per la Macedonia e l'Albania e di importanza altrettanto grande per le regioni italiane dell'Adriatico centro-meridionale e del Centro-Sud in genere. Attraverso il collegamento marittimo fra i porti pugliesi e Durazzo in Albania, e poi quello stradale-ferroviario fino al Mar Nero, infatti, il corridoio VIII potrebbe consentire di estendere progressivamente verso Oriente quelle forme di collaborazione industriale e commerciale che sono già significative fra le due sponde. L'integrazione con i paesi dell'Europa sud-orientale è fondamentale in particolare per il Nord-Est e per il Centro-Sud italiani. I rapporti con i paesi del Sud-Est Europa sono poi importantissimi per il Centro-Sud. In particolare la Puglia ritrova terre con le quali nella prima metà del secolo scorso aveva intessuto relazioni molto forti.

La sottoscrizione di un Memorandum di Intesa del Corridoio Paneuropeo VIII, avvenuta a Bari il 9 settembre 2002 tra i ministri dei Trasporti di Grecia, Macedonia, Bulgaria, Turchia, Albania e Italia, ha dato un rinnovato impulso alla realizzazione del corridoio VIII. La firma del Memorandum è stata la dimostrazione che esso costituisca una vera priorità per l'Italia anche a livello politico. La funzione di coordinamento e di promozione delle iniziative per la realizzazione di tale corridoio sono svolte dallo *Steering Committee*, composto dai rappresentanti dei paesi partecipanti, la cui presidenza è affidata all'Italia. Nella prima riunione dello *Steering Committee*, svoltasi a Roma nel giugno 2003, è stata approvata la costituzione del Segretariato permanente, da localizzare in Bari, nel Centro Direzionale della Fiera del Levante, con il supporto finanziario del Governo italiano, inaugurato in occasione dell'incontro dei ministri dei Trasporti dei paesi aderenti, svoltosi a Bari nel settembre 2003. Il Segretariato svolge attività di supporto allo *Steering Committee* e assiste anche gli Stati membri nella definizione dei progetti tendenti a realizzare l'asse principale dell'intero corridoio VIII, nonché le attività necessarie per il reperimento dei fondi. Il Segretariato dipende funzionalmente dalla Presidenza dello *Steering Committee*, che ne individua contenuti e modalità operative, sia delle attività tecniche che amministrative e finanziarie.

Da uno studio dell'Istituto per il Commercio Estero (ICE) sui rapporti commerciali tra le regioni italiane e i paesi balcanici emerge che la Puglia è al primo posto nell'esportazione verso l'Albania, al quinto verso la Serbia e Montenegro, al settimo verso la Bulgaria, all'ottavo verso la Romania, al nono verso la Bosnia-Erzegovina, all'undicesimo verso la Macedonia e al tredicesimo verso la Croazia.

Inoltre, fra il 2003 e il 2002, sia l'import che l'export pugliesi relativamente all'area balcanica hanno mostrato un trend positivo (tav. 1). Sono aumentate, in particolare, le esportazioni verso la Bulgaria (+31,05%), la Romania (+29,20%) e la Croazia (+24,44%) e le importazioni dalla Macedonia (+638,96%), dalla Croazia (+21,32%), dalla Bulgaria (+20,40%), dall'Albania (+8,10%), dalla Romania (3,80%). Considerato che la maggior parte delle merci deve necessariamente viaggiare via mare, si avrà un incremento dei traffici marittimi anche in considerazione dell'attuale tendenza alla delocalizzazione dei distretti regionali pugliesi nell'area balcanica. I Balcani rappresentano terreno fertile per poter attivare Piccole e Medie Imprese (PMI) grazie anche a diversi programmi di finanziamento sia comunitari, sia nazionali (AUTORITÀ PORTUALE, 2004).

TABELLA 1
*Interscambio commerciale della Puglia con i paesi balcanici nel 2003 (valori espressi in milioni di lire e variazioni sull'anno precedente in percentuale)* (Fonte: propria elaborazione su dati ICE)

| Paese | Export 2003 | Var. (%) | Import 2003 | Var. (%) | Saldi |
|---|---|---|---|---|---|
| Albania | 378.839 | -0,56 | 242.713 | 8,10 | 136.126 |
| Bosnia Erzegovina | 11.140 | -23,45 | 3.566 | -33,17 | 7.574 |
| Bulgaria | 88.014 | 31,05 | 110.040 | 20,40 | -22.026 |
| Croazia | 50.196 | 24,44 | 26.568 | 21,32 | 23.628 |
| Macedonia | 2.879 | -23,06 | 27.089 | 638,96 | -24.210 |
| Romania | 114.105 | 29,20 | 150.269 | 3,80 | -36.164 |
| Serbia Montenegro | 121.884 | -15,30 | 38.380 | -1,88 | 83.504 |
| *Totale* | *767.057* | — | *598.625* | — | *168.432* |

L'obiettivo è creare una macroregione transadriatica e favorire la «cooperazione transfrontaliera» che tende a sviluppare poli economici e sociali partendo da strategie comuni di sviluppo territoriale. Gli Stati membri destinano in media, a questa sezione, il 50% delle loro dotazioni finanziarie derivanti dall'INTERREG III. Le zone di interesse sono individuate a livello di NUT III nella nomenclatura dell'EUROSTAT. Si tratta di tutte le zone situate lungo i confini terrestri interni ed esterni dell'Unione Europea (e alcune regioni marittime) e le zone limitrofe eleggibili nel limite del 20% del *budget* dei Programmi d'Iniziativa Comunitaria (PIC) considerati.

Interesse non secondario per una programmazione di sviluppo congiunta dello spazio adriatico è rappresentata dall'Iniziativa Adriatico-Ionica (IAI), varata dalla Conferenza di Ancona nel maggio 2000. Essa mira a intensificare la cooperazione nei principali settori di interesse comune dell'area suddetta. Per realizzare tale obiettivo l'Iniziativa punta all'utilizzo sinergico delle risorse finanziarie comunitarie, in particolare dei fondi strutturali delle regioni europee e di quelle destinate al gruppo dei paesi balcanici occidentali. L'utilizzazione di tali fondi ha già consentito l'avvio di centinaia di progetti nella catena trasportistica, ma il trend sopra evidenziato mostra, altresì, la necessità di un rapido adeguamento delle infrastrutture e attrezzature portuali adriatiche.

Per quanto concerne, infatti, la realtà portuale balcanica, notevoli progressi si sono registrati in quest'ultimo periodo. Basti pensare all'incremento stabile dei traffici esteri della Croazia a partire dal 2000 che la colloca in una posizione vantaggiosa, dal punto di vista commerciale, rispetto agli altri stati balcanici.

Anche i porti dell'Adriatico orientale, come Ploce, Bar e Durres (Durazzo), si propongono il rafforzamento delle proprie infrastrutture in modo da poter servire al meglio il proprio *hinterland* di riferimento. Ploce, ad esempio, secondo l'Accordo di Pace di Dayton, serve non solo Sarajevo ma anche Spalato e Dubrovnik e, pur non disponendo di un terminal container dedicato, risulta essere efficiente anche per questo tipo di movimentazione. Il Montenegro utilizzerà i 64 milioni di euro del Patto di Stabilità per rinnovare le infrastrutture della baia di Bar e per rafforzare i collegamenti stradali e ferroviari. Il porto è alla ricerca di un operatore esterno che possa apportare miglioramenti al proprio terminal container e possibilmente istituire un centro di trasbordo. In Albania, in linea con tale tendenza, si stanno approntando piani per la realizzazione di un nuovo bacino portuale più periferico rispetto all'attuale che comprenderà anche un terminal container. Il porto di Durazzo, che movimenta l'85% dei traffici marittimi albanesi, tende, infatti, a congestionarsi rapidamente; ciò avviene specialmente quando arrivano i traghetti misti merci-passeggeri da Bari.

La possibile integrazione della Turchia nella UE completerà l'anello che lega la Russia caspico-caucasica ai Balcani dei quali viene così esaltata la funzione di transito.

L'area di Mosca, d'altra parte, sta rafforzando il suo collegamento con l'Europa centro-occidentale. L'attenzione è attualmente rivolta al settore energetico con la costruzione di pipeline o elettrodotti che forniranno valide alternative all'attuale approvvigionamento di materie prime combustibili ed in particolare provenienti dal Caucaso e dalle Repubbliche ex sovietiche dell'Asia centrale.

La realizzazione di infrastrutture innovative, quindi, non interesserà più solo il Mar Baltico, ma anche la direttrice balcanica che dall'Ucraina sfocia sulla costa croata e prosegue per Trieste. Tale direttrice è rilevante poiché stabilisce un collegamento Est-Ovest in aree che fino ad ora sono state attraversate esclusivamente da Nord a Sud.

Una grande occasione di sviluppo e di crescita per le popolazioni balcaniche che potranno usufruire, non solo del capoluogo barese, terminale italiano del corridoio VIII, ma di tutta la Puglia, rafforzandone il ruolo di regione-cerniera verso l'Oriente europeo e così capace di concorrere incisivamente alla futura integrazione giuridica, economica e socio culturale dell'area euro-balcanica.

Il corridoio VIII potrebbe costituire per la Puglia priorità per investimenti diretti all'estero (IDE), *joint ventures* e società miste per la utilizzazione di zone minerarie ed energetiche ivi esistenti. Sensibili sarebbero, inoltre, i benefici di promozione economica per appalti e impianti in quanto nelle aree interessate sono previste la costruzione, l'ampliamento o il miglioramento di autostrade, di ferrovie ad alta velocità, di terminal per container e di cavi ottici per le telecomunicazioni.

D'altra parte sono nate le più recenti tendenze strategiche socio-economiche dirette a creare con maggiore attenzione oltre che i rapporti tra Nord e Sud anche in special modo tra Est (Europa) e Ovest anche in una prospettiva di collegamento con l'Oriente.

Per questo il corridoio assume valenza fondamentale.

*Le autostrade del mare*

Il *Libro bianco* su «La politica europea dei trasporti fino al 2010» pone l'accento sul concetto di «autostrade del mare». Dette autostrade sono un elemento della rete transeuropea dei trasporti (TEN-T), come le autostrade terrestri e le linee ferroviarie, e hanno l'obiettivo di ridurre la congestione del traffico, o persino di migliorare l'accesso alle regioni e agli Stati periferici e insulari. Oltre a consentire la diminuzione del numero di camion sui grandi assi stradali, esse contribuiranno in alcuni casi a incentivare il trasporto marittimo di passeggeri, nel caso delle tratte adibite sia al trasporto passeggero che al trasporto merci. «I vantaggi delle autostrade del mare sono la diminuzione dei costi grazie all'accorciamento del tragitto o alle economie di scala offerte dal mezzo di trasporto, ma anche la riduzione dell'impatto ambientale, grazie al trasferimento del trasporto da terra a mare. Un tipico esempio di autostrada del mare attiva è quello offerto dal collegamento tra Genova e Barcellona, che si stima dirotti dal percorso terrestre attraverso la fascia costiera francese il 10% del traffico camionistico» (AA.VV., 2004, p. 80). L'auspicio è che col tempo le autostrade del mare diventino parte integrante delle catene logistiche «porta-a-porta» e offrano servizi efficaci, regolari, affidabili e frequenti che possano competere con i trasporti stradali sul piano, ad esempio, dei tempi e dei costi. I porti collegati alle autostrade del mare potranno vantare collegamenti efficaci con l'entroterra, procedure amministrative rapide e un elevato livello di servizio in modo da garantire il successo delle operazioni di trasporto marittimo a corto raggio.

Sebbene il trasporto marittimo a corto raggio sia la modalità da utilizzare su queste autostrade, il suo concetto di base è più ampio di quello delle autostrade del mare in quanto comprende, oltre a collegamenti internazionali tra paesi membri dell'Unione Europea, collegamenti con paesi terzi vicini, collegamenti interni e collegamenti con le isole.

La Commissione europea ha presentato tra i 29 progetti prioritari quattro autostrade del mare:
- autostrada del Mar Baltico (che collega gli Stati membri del Mar Baltico a quelli dell'Europa centrale e occidentale, ivi compresa la rotta attraverso il canale Mare del Nord/Mar Baltico);
- autostrada del mare dell'Europa occidentale (che collega la Penisola Iberica, seguendo l'arco atlantico, al Mare del Nord e al Mar d'Irlanda);
- autostrada del mare dell'Europa sud-orientale (che collega il Mar Adriatico al Mar Ionio e al Mediterraneo orientale per includere Cipro);
- autostrada del mare dell'Europa sud-occidentale (Mediterraneo occidentale, che collega Spagna, Francia, Italia e Malta, e che collega l'autostrada del mare dell'Europa sud-orientale, ivi compresi collegamenti col Mar Nero).

Il Parlamento europeo ha approvato la posizione comune del Consiglio concernente la proposta della Commissione presentata nell'aprile del 2004. Il nuovo articolo 12 bis sulle autostrade del mare autorizza la concessione di aiuti comunitari per una serie di provvedimenti nell'ambito della rete transeuropea. Detto meccanismo consentirà agli Stati membri, con l'aiuto della Comunità, di sostenere tra l'altro gli investimenti nelle infrastrutture, gli impianti e i sistemi di gestione logistica nell'ambito di adeguate procedure di gara. Il sostegno allo sviluppo delle autostrade del mare si basa sugli stessi criteri applicati nell'ambito del programma Marco Polo [1], tra cui la volontà di evitare distorsioni della concorrenza e la fattibilità del progetto quando questo non beneficia più di aiuti comunitari.

Per contribuire a questo processo, la Commissione sta elaborando degli orientamenti riguardanti i criteri e le procedure applicabili al finanziamento dei progetti concernenti le autostrade del mare conformemente alle regole che disciplinano la rete transeuropea di trasporto, in modo da agevolarne l'applicazione

---

[1] Il programma «azioni pilota a favore del trasporto combinato (PACT)» è terminato alla fine del 2001 e seguito nell'agosto 2003 da un nuovo programma, «Marco Polo», che ha una portata più ampia del programma precedente in quanto consente di finanziare azioni in tutti i settori del trasporto marittimo a corto raggio, del trasporto ferroviario e delle vie navigabili interne. Marco Polo si pone l'obiettivo di trasferire 12 miliardi di t/km l'anno dal trasporto stradale verso altri modi. Lo stanziamento previsto per il nuovo programma è pari a 100 milioni di euro per il periodo 2003-2006. Il primo invito a presentare proposte nell'ambito del programma Marco Polo è stato pubblicato nell'ottobre 2003 con uno stanziamento di 15 milioni di euro. In risposta a questo invito sono pervenute alla Commissione 87 proposte per un importo totale di 182,4 milioni di euro di aiuti. Il 36% delle proposte riguardavano direttamente il trasporto marittimo a corto raggio, mentre il 34% dei progetti riguardava il trasporto ferroviario, il 5% il trasporto per vie navigabili e il 25% riguardava più modi di trasporto (ad eccezione del trasporto stradale) (ad esempio, trasporto marittimo a corto raggio in combinazione con la ferrovia o le vie navigabili).

concreta. Gli orientamenti dovrebbero essere disponibili rapidamente dopo l'entrata in vigore degli orientamenti TEN-T.

Esistono già collegamenti marittimi che possiedono le principali caratteristiche delle autostrade del mare, tra cui, notoriamente, i collegamenti attraverso il Canale della Manica e i collegamenti nel Kattegat (Danimarca/Svezia) e quelli dell'Europa sud-occidentale, mentre è ancora sulla carta l'autostrada che si snoda lungo la dorsale adriatica. Per conseguire l'ambizioso obiettivo stabilito dalla Commissione nel suo *Libro bianco* sulla politica europea dei trasporti fino al 2010, cioè l'assorbimento da parte del trasporto marittimo a corto raggio – e in particolare delle autostrade del mare – di una parte significativa dell'aumento dell'attività di trasporto, sarà necessario tuttavia fissare norme di qualità più rigorose e sviluppare considerevolmente questi collegamenti.

Il 17 marzo 2004 è stata costituita la Rete Autostrade Mediterranee SpA, con capitale sociale di 1 milione di euro e come soci Sviluppo Italia (95%) e Sviluppo Italia Aree Produttive (5%). L'oggetto sociale riguarda la promozione e il sostegno all'attuazione del programma autostrade del mare, finalizzato alla creazione di un sistema integrato di servizi di trasporto.

*Il «Corridoio adriatico» e la TEN-T*

L'Adriatico è «un naturale canale di navigazione, una regione transfrontaliera, di mediazione tra Occidente e Oriente e di comunicazione tra Nord e Sud» (PAVIA, 2001, p. 43). Braudel considera l'Adriatico come la più omogenea delle regioni del Mediterraneo. Tale omogeneità si struttura su una rete di città-porto. Il Mar Adriatico, come grande porta di accesso tra sistemi culturali ed economici diversi, può ancora svolgere un importante ruolo di sviluppo. Un tale obiettivo esige una profonda riorganizzazione della portualità e delle modalità del trasporto marittimo. Nel 1995, su iniziativa delle regioni Emilia-Romagna e Marche, è stata avanzata all'Unione Europea la proposta di cofinanziare lo studio di fattibilità del corridoio plurimodale adriatico. Tale richiesta è stata accolta e il Corridoio adriatico inserito tra i progetti di interesse comunitario. Tra le sette regioni adriatiche (Friuli-Venezia Giulia, Veneto, Emilia-Romagna, Marche, Abruzzo, Molise e Puglia) sono stati siglati accordi per la realizzazione dello studio di fattibilità e per la gestione delle fasi successive del progetto. Già il Piano Generale dei Trasporti del 1986 individuava i *corridoi plurimodali* «come assi infrastrutturali di collegamento e di servizio alle relazioni funzionali tra le diverse aree del paese e come elementi su cui agire con una pianificazione per progetti di sistema» (ROSINI, 2001, p. 32). Gli obiettivi del progetto erano:

– inserire il sistema del Corridoio adriatico nell'ambito della grande rete di comunicazioni europea, eliminando le principali strozzature, costruite da un lato dai valichi alpini (Brennero, Tarvisio e valico orientale), e dall'altro dalla ridotta connessione tra il Corridoio adriatico e i restanti corridoi plurimodali italiani;

- migliorare i livelli funzionali e di servizio delle infrastrutture, la loro efficienza e l'integrazione tra i modi di trasporto e tra le infrastrutture lineari e puntuali (porti, interporti, aeroporti);
- migliorare l'accessibilità e favorire l'uso delle modalità alternative alla strada e meno impattanti sull'ambiente;
- rispondere con misure di razionalizzazione del trasporto e di riorganizzazione logistica alla domanda di trasporto dei sistemi urbani e produttivi dell'area adriatica.

Le Regioni adriatiche italiane, attraverso lo «Studio di Fattibilità del Corridoio Adriatico», hanno avviato tra il 1997 e il 2000 un'analisi delle prospettive dei traffici su strada e ferrovia che passeranno per tale Corridoio con orizzonte temporale 2007-2015 e, in base ai dati ottenuti, hanno dimensionato una progettazione comune di interventi e di infrastrutture (tab. 2), fra cui rientra il potenziamento del porto di Bari (PASQUINI, 2001).

TABELLA 2
*Previsione del quantitativo di merci su strada e su rotaia per il Corridoio Adriatico*
(Fonte: PASQUINI, 2001)

| SU STRADA | 2000 t | 2007 t | 2015 T |
|---|---|---|---|
| attraverso la Grecia | 13.755.708 | 20.951.027 | 25.236.819 |
| attraverso il Corridoio VIII | 940.261 | 1.431.000 | 2.399.692 |
| attraveso il Corridoio V | 3.345.825 | 5.515.988 | 7.244.731 |
| *Totale su strada* | *18.041.794* | *27.898.015* | *34.881.242* |
| SU ROTAIA | | | |
| da/per l'Italia | 942.101 | 1.648.554 | 2.398.147 |
| da/per l'Europa Occidentale | 352.101 | 614.715 | 896.419 |
| *Totale su ferrovia* | *1.294.202* | *2.263.269* | *3.294.566* |
| Totale carichi (strada + ferrovia) | 19.335.996 | 30.161.284 | 38.175.808 |

Il Corridoio persegue la volontà di sottrarre quote di traffico alla modalità stradale, mediante efficienti alternative intermodali, a partire dal riconoscimento del ruolo strategico del trasporto via acqua, sia marittimo che idroviario, e dalla necessità di rispondere all'importante domanda di trasporto merci interessata.

La condizione di squilibrio modale consiste specie per quanto riguarda il trasporto terrestre nel 1997, con meno di 30 milioni di t/anno trasportate su ferrovia contro i quasi 300 milioni su strada.

Lo studio assume uno scenario di crescita basso che ipotizza per le merci un aumento di domanda pari all'1% annuo.

In tale quadro di crescita, e sulla base delle informazioni ricavate della indagini *ad hoc* effettuate lungo il sistema del Corridoio, lo studio ha stimato la quota di domanda potenzialmente trasferibile dalla strada agli altri modi sulla base dei due noti criteri «vocazionali»: la classe di distanza dello spostamento e la merceologia trasportata (oltre, naturalmente, alla considerazione della effettiva accessibilità ai terminal intermodali).

Sulla base di tali assunzioni, si ottiene un potenziale trasferibile dalla strada al 2005 di circa 9 milioni di t/anno su acqua (pari a uno sgravio di circa 1.800 veicoli pesanti al giorno) e di circa 13 milioni di t/anno su ferrovia.

Il totale delle merci trasportate via ferro potrebbe così salire a circa 40 milioni di tonnellate/anno, pari al 13,4% del totale trasportato su strada nel Corridoio (ROSINI, 2001, p. 33).

Sarà necessario, accanto alle realizzazioni proposte e simulate dallo studio sulle infrastrutture ferroviarie e interportuali, includere anche altri interventi in grado di produrre offerta di efficienti servizi logistici e rinnovo del parco veicolare.

Lo studio ha preso in esame l'avanzamento di programmi e progetti europei e internazionali relativi in particolare ai porti e ai corridoi transeuropei e paneuropei ferroviari e stradali delle aree balcaniche e del Mediterraneo orientale. Il quadro che ne emerge è di particolare rilevanza per le prospettive del trasporto lungo il Corridoio adriatico.

Nonostante siano in corso numerose procedure di pianificazione e di acquisizione di finanziamenti internazionali sui vari modi di trasporto, allo stato attuale risultano decisamente più avanzate quelle relative alle strade e ai porti rispetto a quelle ferroviarie.

I porti adriatici del versante orientale considerati (in base alla posizione geografico-strategica, ai traffici attuali e ai programmi di sviluppo), a seconda della loro collocazione e della loro specializzazione, possono risultare sia in interazione che in concorrenza con i porti del Corridoio adriatico.

Per quanto riguarda i traffici di lunga percorrenza e intercontinentali (relativi a un bacino extra-mediterraneo) le previsioni vedono una tendenza all'aumento dei trasporti containerizzati via mare (su relazioni complete o in cicli *transhipment-feeder*) sulle rotte via Suez, con una conseguente crescita di importanza dei porti con caratteristiche di *transhipment-hub* (il ruolo acquisito di Gioia Tauro e di Taranto); tali crescenti traffici interessano il Corridoio adriatico per tutte le sue modalità: marittima e fluvio-marittima per gli avanzamenti *feeder*, ferroviaria per le componenti intermodali, stradale per i movimenti terminali di recapito/raccolta.

Le previsioni sulla domanda che potrà interessare i porti del Corridoio adriatico si possono riassumere nei punti seguenti:

- *nel breve periodo* il traffico con la Grecia è destinato ad aumentare, in misura proporzionale ai trend economici, utilizzando prevalentemente i porti; quello con i paesi del Mediterraneo orientale dovrebbe mantenersi ai livelli attuali; quello interadriatico dovrebbe essere destinato a crescere, in particolare nel settore passeggeri;
- *nel medio periodo* ci si deve attendere che vi siano significativi incrementi di traffico con il porto di Igoumenitsa per effetto della realizzazione della Via Egnatia, che fungerà da collettore stradale per il bacino della Grecia e della Turchia; saranno inoltre possibili aumenti di traffico anche con i porti orientali dell'Adriatico, compatibilmente con la stabilizzazione politica; infine, sono attesi possibili incrementi di traffico con la Bulgaria e, attraverso questa, con il bacino del Mar Nero (attraverso il corridoio VIII);
- riduzioni dei tassi di crescita sono ragionevolmente prevedibili solo *nel lungo periodo*, nella misura in cui verranno completati e si renderanno affidabili ed efficienti i corridoi paneuropei IV e X, alternativi al Corridoio adriatico.

Nonostante una gran quota del traffico, soprattutto in arrivo, sia servita dal terminal di Gioia Tauro, lo sviluppo e il miglioramento dell'assetto intermodale delle infrastrutture del Corridoio adriatico risultano di prioritaria importanza. Il Corridoio adriatico sarà approdo e canale di riferimento per un considerevole numero di paesi situati nell'area del Mediterraneo orientale, come percorso alternativo e spesso obbligato per ragioni di affidabilità per i movimenti diretti in Europa centrale: già oggi esso attira importanti movimenti anche da paesi del Medio Oriente come Siria, Libano, Israele ed Egitto.

Ciò, con particolare riferimento alle merci, obbliga a riflettere sulle esigenze infrastrutturali sia dei terminal portuali che del loro *inland*. È del tutto probabile infatti che, in assenza di adeguate misure in favore del trasporto combinato, l'aumento del traffico si traduca, a valle dell'approdo, in un carico gravante per la gran parte sulla modalità stradale.

*Conclusioni*

La riottosità a vincoli di nazionalità e la forte vocazione trasversale pongono in capo ai corridoi una prepotente preponderanza dei profili funzionali del progetto al punto che, in alcuni casi, si configura una scissione tra il momento dell'ideazione politica e quello della implementazione, tale da far sì che l'idea di assicurare diffusa connettività interna ed esterna al continente Europa venga realizzata attraverso canali organizzativi del tutto estranei agli stessi organismi coinvolti nel lancio del progetto politico dei corridoi.

Le reti transnazionali europee, infatti, sebbene dietro il primato funzionale dell'Unione Europea (in particolare della Commissione), supremazia peraltro più evidente nell'elaborazione del progetto politico che in quella del progetto tecnico, non vengono elaborate da un organismo permanente centrale e superiore. In sintesi, vi è l'influenza centrale delle politiche di integrazione di mercato dell'Unione e, quindi, dietro la spinta comunitaria, l'istituzione di sedi di incontro e coordinamento, quali conferenze e forum, di soggetti internazionali, sopranazionali e locali che cercano di elaborare un programma di lavoro e una lista di reti prioritarie. Non si tratta di un quadro organizzativo stabile, quanto piuttosto di incontri puntuali che spesso riformulano orientamenti e indirizzi definiti in precedenza. L'impulso all'elaborazione del progetto e la sua continuità sono sorrette dalla leva finanziaria e sono meno accidentati quando il collegamento da realizzarsi è tra gli Stati membri dell'Unione, e quindi quando ci si può avvalere di un sistema giuridico a integrazione permanente seppur flessibile. A ogni modo, la cooperazione bilaterale, sia all'interno sia all'esterno del centro gravitazionale, rappresentato dall'UE, resta la dimensione più sviluppata. Il grado di progressione della rete transnazionale resta comunque asimmetrico e disomogeneo; si è in presenza di TEN all'interno dell'Unione, di corridoi paneuropei come tracciati di riferimento all'interno e all'esterno dell'estensione comunitaria.

L'autonomia del profilo funzionale spezza del tutto il tradizionale nesso giuridico tra potere legittimante (che elabora il progetto politico) e potere esecutivo in senso lato (che elabora il progetto tecnico)[2], rivelando una caratteristica innovativa dello spazio giuridico globale.

Napoleone, stratega e conquistatore, diceva: «La geografia detta la politica di un paese». Oggi, agli albori dello spazio giuridico globale, ciò è solo parzialmente vero. L'emersione di funzioni globali, che allargano i confini politici dei paesi e allentano in più direzioni il vincolo di sovranità, potrebbe portare alla ribalta un'altra prospettiva. E cioè che siano le politiche di poli aggreganti internazionali a disegnare la geografia per lo sviluppo non tanto di paesi quanto di civiltà globali, giuridiche e non. A condizione che il multilateralismo pacifico dello spazio giuridico globale prevalga su scelte unilaterali.

---

[2] È una scissione diversa da quella che avviene all'interno dello stesso ordinamento giuridico con la creazione, ad esempio, di autorità indipendenti antitrust (cd. NCAs) che, pur non facendo parte del potere esecutivo (qui in senso stretto e cioè del Governo), attuano normative nazionali e comunitarie, operando quindi in funzione nazionale e comunitaria. Le autorità antitrust nazionali, infatti, attuano due progetti politici convergenti all'interno dei due ordinamenti giuridici ai quali esse stesse appartengono, l'ordinamento giuridico nazionale e quello comunitario.

# BIBLIOGRAFIA

AA. VV., *Trasporti in Italia: oggi e domani. Rapporto annuale 2004*, Roma, Società Geografica Italiana, 2004.

AUTORITÀ PORTUALE, *Master plan del porto di Bari*, Bari, 2004.

COMMISSIONE EUROPEA, *Libro Bianco «Crescita, competitività, occupazione. Le sfide e le vie da percorrere per entrare nel XXI secolo»*, 1993.

COMMISSIONE EUROPEA, *Libro Bianco «La politica europea dei trasporti fino al 2010: il momento delle scelte»*, 2001.

COMMISSIONE EUROPEA, *Rapporto del Gruppo ad alto livello sulla rete transeuropea di trasporto*, 2003a.

COMMISSIONE EUROPEA, *Progetti prioritari per la rete di trasporto fino al 2020*, 2003b.

MARCHESE U., *Reti transeuropee di trasporto e politica regionale dell'U.E.: il Sud Europa mediterraneo nella competizione economica globale*, in *Atti XXI Convegno Annuale della rivista L'industria «L'economia italiana tra centralità europea e marginalità mediterranea»*, Bari, 1998.

PAOLINI M, *Sangue nei corridoi*, in «Guerre & Pace», Torino, Stampa La grafica Nuova, n. 62, settembre 1999, pp. 36-40.

PASQUINI P., *Guidelines for an Eco-compatible Transport System in the Target Area*, World Bank, 2001.

PAVIA R., *I porti del Corridoio adriatico*, in «Adriatico», Pescara, Rubbettino, n. 1, 2001, pp. 42-45.

ROSINI R., *L'Adriatico come rete di infrastrutture e come area-mercato dei trasporti internazionali*, in «Adriatico», Pescara, Rubbettino, n. 1, 2001, pp. 30-41.

Siti internet consultati
*www.autostrademed.it*
*www.balcanionline.it*
*www.bulgaria-italia.com*
*www.corridoio8.it; www.esteri.it*
*www.europa.eu.int*
*www.ice.gov.it*
*www.infrastrutturetrasporti.it*
*www.osservatoriobalcani.org*
*www.secretariat-corridor8.it*
*www.strettodimessina.it*
*www.sviluppoitalia.it*

Giacomo Cavuta *

# PAESAGGIO E PIANIFICAZIONE DEL TERRITORIO. IL CASO DELLE AREE PROTETTE IN ABRUZZO

La tematica dello sviluppo economico delle aree parco potrebbe sembrare contraddittoria poiché se si parla di parco, cioè di un'area protetta soggetta a salvaguardia dello *status quo*, qualsiasi sviluppo dovrebbe portare a una variazione delle condizioni iniziali, quindi non a uno sviluppo economico bensì a uno sviluppo sostenibile. Tali perplessità possono essere superate solamente considerando lo sviluppo sostenibile come un'attività posta in essere per sostenere le popolazioni che vivono nel parco ed evitare un flusso migratorio verso le metropoli, come risulta dalla legge quadro sui parchi.

Inoltre, per analizzare tale problematica è impossibile partire da visioni ambientalistiche oppure antropocentriche; piuttosto, la base di partenza deve essere individuata nell'intenzione di rendere l'interesse ambientale elemento fondamentale dell'azione umana, intesa nella sua accezione più ampia.

Negli ultimi anni il dibattito sulla pianificazione e protezione dell'ambiente e del paesaggio si è imposto anche in Italia, dapprima in modo disordinato, come sempre accade quando un problema a lungo trascurato dagli uomini di cultura e dall'opinione pubblica diventa improvvisamente attuale, poi in forma più razionale, più scientifica. Dalla metà degli anni Ottanta è stata anche promulgata una legge[1] con la quale è possibile fare molto per la difesa della natura e dei paesaggi. Trovare soluzioni razionali però non è cosa facile, non solo per i ben noti ostacoli sui quali di solito viene a urtare qualsiasi opera di protezione della natura, come la lentezza degli organi governativi, la mancanza di risorse finanziarie, l'ostilità delle popolazioni locali orientate piuttosto ad accettare il «mo-

---

\* Dipartimento di Economia e Storia del Territorio, Università «G. d'Annunzio» di Chieti-Pescara.

[1] *Legge 8 agosto 1985 n. 431*, nota come «legge Galasso», dal nome del ministro proponente.

derno» per realizzare guadagni, ma anche per altre ragioni; nel caso specifico la discorde opinione degli studiosi su ciò che deve intendersi per paesaggio (BARBIERI, 1971). Non poche incertezze permanevano fino a pochi anni addietro su questo concetto, non tanto tra i geografi e i naturalisti, quanto tra gli uomini politici e gli amministratori responsabili della politica ambientale. Non sorprende quindi che tali incertezze si riflettessero anche a livello legislativo e operativo. Oggi però non vi è alcun dubbio sul fatto che il paesaggio rappresenta una unità spaziale definita, la cui individualità trae origine dalla sedimentazione delle azioni della natura e delle attività umane.

Nella definizione di paesaggio si ricomprendono «non solamente le bellezze naturali ma anche quelle che, a opera dell'uomo, sono inserite nel territorio, né la sola natura, ma la forma del territorio o dell'ambiente, creata dalla comunità umana che vi si è insediata, con una continua interazione tra la natura e l'uomo. Paesaggio, in un ambiente naturale modificato dall'uomo, è l'espressione di una dinamica di forze naturali, ma soprattutto di forze dell'uomo e quindi di forze sociali condizionate dall'ambiente geografico e dal clima, che non ne accettano supinamente le costrizioni e operano contro di esse, o sono addirittura particolarmente stimolate da esse» (PREDIERI, 1981, p. 503). Il paesaggio dunque presuppone la presenza dell'uomo, il quale prende coscienza delle particolari qualità del suo intorno, diverse da quelle di altri luoghi, ed entra in rapporto con esso mediante un graduale processo che non è solo conoscitivo ma anche di scelta affettiva (CAVUTA, 2004).

La tutela del paesaggio perde così il carattere conservativo e statico e diventa un'attività gestionale e dinamica, proiettata interamente nel settore della pianificazione territoriale. Quest'ultima dovrà rimanere condizionata dal valore culturale del paesaggio, impegnandosi a non modificarlo. Una pianificazione globale del territorio può scaturire solo da studi preliminari approfonditi, necessari sia ai fini di una completa ricognizione dell'esistente, sia di una corretta valutazione delle attività umane: di quelle in atto e di quelle suscettibili di sviluppo nei limiti della compatibilità. Tale obiettivo si può raggiungere solo con l'apporto di più figure professionali, di diversa estrazione culturale che si muovono gradualmente verso un approccio di tipo integrato (PINNA S., 1995).

La pianificazione ambientale è un potente strumento di ottimizzazione del rapporto uomo-ambiente nella prospettiva di una più lunga gestione del territorio. Inoltre è correlata alla salvaguardia e alla produzione di valori territoriali. Possiamo definire la pianificazione ambientale come l'auspicata continuità tra pianificazione antropica e conservazione dell'ambiente, con il duplice effetto di estendere i principi di tutela della risorsa naturale sino alle zone più antropizzate e di coinvolgere sempre più uomini nella conservazione della natura.

«Concepire tutta la pianificazione regionale in chiave di disegno sistemico, continuo, correlato ad azioni umane e risorse dell'ambiente, conduce all'assunzione di un nuovo tipo di processo pianificativo, a un processo cioè che pone in continua relazione l'uso con la disposizione e la vocazione delle risorse, definendo per la loro utilizzazione i termini della rinnovabilità ed efficienza ecologica e i limiti al di sopra dei quali tale processo non è più compatibile» (GIACOMINI e ROMANI, 1982, p. 59). Ma un processo di pianificazione che tiene conto di tutti i fattori coinvolti è necessariamente un processo integrato fra conservazione, ripristino delle espressioni naturali e programmazione delle attività umane, e pertanto, se da un lato stiamo arrivando con difficoltà alla formulazione di un'ecologia globale che considera l'attività umana all'interno dei cicli spontanei, dall'altro è inevitabile giungere a una pianificazione che deve riuscire a governare gli usi del suolo, in modo da assicurare la massima armonia tra processi antropici e processi naturali.

La pianificazione dell'ambiente fisico, quindi, per sua natura comprende una vasta gamma di aspetti che, per essere considerati, esigono tempo, raccoglimento, pazienza: governare la forma del territorio nel lungo periodo è una sfida, ogni dettaglio è essenziale, e qualunque semplificazione può rivelarsi disastrosa; inoltre tutti i calcoli e le mediazioni devono passare al vaglio di una progettazione globale, appoggiata a previsioni durevoli. L'espressione «progetto ambientale» viene associata a una forma d'azione di una comunità che sostituisce il proprio ambiente di vita con processi ai quali il pianificatore partecipa contribuendo, con il suo sapere specifico e la sua intenzionalità tecnica, a stimolare una presa di coscienza collettiva delle dominanti ambientali che presiedono alla formazione dell'insediamento.

La politica ambientale è caratterizzata da una pervasività che si ripercuote sul piano sociale, economico e politico; risulta difficile individuare un settore o aspetto che non sia ricollegabile in qualche modo all'ambiente attinente, perché è all'interno dell'ecosistema che hanno luogo le azioni umane: salute, sicurezza, estetica, risorse naturali, attività produttive, occupazione, trasporti, energia, ricerca scientifica, relazioni internazionali e lo stesso funzionamento del sistema politico (TRICART e KILLIAN, 1985).

La pianificazione è oggi chiamata a rispondere ad alcune sollecitazioni fondamentali emergenti dalla crisi ambientale, rivedendo in profondità i suoi apparati concettuali e i suoi strumenti applicativi, a cominciare da quello della zonizzazione. La scommessa che la pianificazione deve raccogliere consiste nel valorizzare le differenze per rinnovare il senso profondo dei luoghi, senza affidarsi al principio d'esclusione; nell'articolare le misure di disciplina e i criteri d'intervento in funzione del valore e delle criticità dei siti per ridurre i livelli di rischio e di conflitto, senza indulgere alle strategie della separazione spaziale, al di là dello stretto necessario. La crisi ambientale contemporanea ha sollecitato e sollecita politiche pubbliche orientate da strategie vaste e lungimiranti, per uscire dai fallimenti di quelle settoriali e d'emergenza e per affrontare al livello appropriato i problemi e rischi ambientali. L'obiettivo principale dell'azione di pianificazione sostenibile è quello di creare un modello istituzionale di direzione del territorio che sia capace di valorizzare lo sviluppo delle personalità locali pre-esistenti, alle diverse scale, senza oltrepassare i limiti degli atti naturali e antropici per l'attuazione della *governance*. Si è ripetutamente notato che la pianificazione è chiamata a esprimere strategie sempre più lontane dalle illusioni della razionalità sistemica e comprensiva degli anni iniziali e dalle legittimazioni performative di matrice aziendale, sempre più orientate a operare in reti aperte di relazioni multilaterali, riferendosi all'evoluzione dei contesti (PREZIOSO, 2003).

Lo sviluppo recente della pianificazione ambientale deve non poco del suo interesse alle esperienze di gestione e di pianificazione delle aree protette che hanno evidenziato l'insufficienza delle forme speciali di tutela. Molte difficoltà che si incontrano nella gestione delle aree protette derivano dallo sconfinamento o dall'isolamento di tali aree, che rendono scarsamente efficaci le azioni di tutela e di promozione; tali difficoltà possono essere superate soltanto in presenza di forme di controllo e pianificazione estese all'intorno territoriale delle aree protette.

«La pianificazione delle aree protette, e in particolare dei parchi naturali, deve essenzialmente la sua specificità al fatto che gli ambiti interessati, pur nella loro diversità, sono sempre caratterizzati da qualche forma di protezione istituzionale per il particolare valore delle risorse naturali, degli ecosistemi e dei paesaggi ospitati. È proprio questo particolare valore che ne fa dei potenziali laboratori di sperimentazione di accettabili rapporti col mondo naturale e di forme sostenibili di sviluppo, con un sempre crescente interesse alla pianificazione che li riguarda. Questo interesse è oggi accentuato da alcune circostanze significative, come la rapida diffusione delle aree protette anche all'interno dei territori prevalentemente urbanizzati, il ricorso sempre più frequente alla pianificazione come strumento per gestirle, l'emergere, al loro interno o in loro prossimità, di problemi, di conflitti e di tensioni che assumono carattere paradigmatico nei confronti del resto del territorio» (GAMBINO, 1997, p. 110).

L'utilizzo sempre più ampio delle politiche «verdi» con l'estensione dei parchi naturali tende a intrecciare i problemi di tutela e conservazione degli spazi naturali con quelli dello sviluppo socioeconomico, urbano e produttivo, e quindi dell'organizzazione e dell'uso del territorio.

Nel tentativo di rispondere alle sollecitazioni derivanti dalla questione ambientale, la cultura della pianificazione ha imboccato strade diverse da quelle tradizionali, ha aperto nuovi terreni di ricerca e proposto nuovi strumenti di gestione. Due principali tendenze si sono andate affermando:

a) da un lato, quella che specializza gli approcci e gli strumenti, dando vita, soprattutto in Italia, a una confusa e scoordinata proliferazione delle figure di piano: dai piani monotematici a quelli paesistico-ambientali, a quelli dei parchi e delle aree protette;
b) dall'altro, quella che integra la tutela ambientale negli strumenti di pianificazione generale del territorio (SEGRE e DANSERO, 1996)[2].

---

[2] Nei programmi di ricerca degli urbanisti, dei geografi, degli economisti e degli storici «l'imperativo ecologico» tende a prevalere.

In rapporto a queste tendenze, lo sviluppo della pianificazione dei parchi e degli spazi naturali ha assunto in Italia, e più generalmente in Europa, importanza crescente, non soltanto per la progressiva dilatazione del campo d'applicazione, ma anche per il ruolo particolarmente incisivo che a questa forma di pianificazione viene riconosciuto a livello giuridico e istituzionale.

La ben definita distinzione tra la pianificazione interna e quella esterna al parco contrasta chiaramente con l'esigenza di forti interrelazioni tra i processi di piano e di gestione che si sviluppano sul territorio, rispetto ai quali i confini del parco hanno scarso significato (GAMBINO, 1997). L'esperienza europea e ancor più quella americana mostrano, invece, una crescente attenzione per lo sviluppo di forme cooperative attraverso i confini: come raccomanda il National Park Service «mediante la pianificazione, i parchi devono essere considerati nel più ampio contesto della regione circostante» (US-NPS, 1988, p. 29).

Le nuove tendenze di pianificazione portano a valorizzare il concetto di paesaggio, il quale non ha avuto nel tempo sempre lo stesso valore e ancora oggi il significato non è univoco. Secondo alcune scuole di pensiero, la parola evoca un sistema di simboli, traduzioni di valori storico culturali tramandati nel tempo; altre indicano il paesaggio come una descrizione estetico-percettiva della realtà ed ancora la visione ecologica lo interpreta come un ecosistema in evoluzione.

A lungo i concetti di natura e cultura sono stati associati e il paesaggio è stato visto come il prodotto visibile dell'ambiente organizzato dall'uomo, e quindi si parlava di paesaggio ambientale visto per esempio come paesaggio rurale o come paesaggio urbano. Ma è soprattutto negli ultimi anni che il concetto di paesaggio ha avuto un notevole sviluppo grazie all'apporto della psicologia cognitiva, per cui si è visto come il paesaggio abbia questa dimensione non solo in qualche modo oggettiva, perché fa riferimento ad un ambiente materiale, materializzato e per questo visibile, ma perché fa riferimento anche alla soggettività di chi guarda, a dei filtri culturali.

Non pare dunque essere in discussione l'allargamento del concetto di ambiente da quello fisico a quello antropizzato, poiché in quasi tutti gli ambienti concreti da analizzare l'intreccio tra risorse naturali e «segni» dell'intervento umano è talmente stretto che la distinzione sarebbe quasi impossibile (CAVUTA, 2004).

D'altronde il paesaggio, che è il tipico prodotto dei processi di antropizzazione, è considerato in tutte le legislazioni un «valore» da proteggere al pari di quelli più strettamente naturalistici. «La repubblica... tutela il paesaggio e il patrimonio storico e artistico della Nazione» come dimostra l'art. 9 della Costituzione; tale principio viene ribadito nel nuovo Codice dei Beni Culturali e del Paesaggio[3] dove l'art. 1 recita «in attuazione dell'art. 9 della Costituzione, la Repubblica tute-

---

[3] D. L. recante il «CODICE DEI BENI CULTURALI E DEL PAESAGGIO (D. LGS. n. 42/2004)», ai sensi dell'articolo 10 della legge 6 luglio 2002, n. 137.

la e valorizza il patrimonio culturale in coerenza con le attribuzioni di cui all'art. 117 della Costituzione e secondo le disposizioni del presente codice»; l'art. 131 «1. Ai fini del presente codice per paesaggio si intende una parte omogenea di territorio i cui caratteri derivano dalla natura, dalla storia umana o dalle reciproche interrelazioni; 2. La tutela e la valorizzazione del paesaggio salvaguardano i valori che esso esprime quali manifestazioni identitarie percepibili», manifestando una volontà e una esigenza alla modifica dell'art. 9 in chiave moderna e tenendo conto del mutato approccio alle politiche ambientali con le relative problematiche emerse negli ultimi decenni.

«Esiste in realtà una incoerenza tra quanto disposto dall'art. 9 della Costituzione e l'art. 1 del nuovo Codice sopra citato. Infatti l'art. 9 sancisce che lo Stato tutela il paesaggio e il patrimonio storico e artistico della Nazione, ma non parla di valorizzazione come invece dispone l'articolo del Codice, peraltro esplicitandola soltanto per i beni culturali e ponendo dubbi interpretativi se tale separazione di ambito sia valevole anche per i beni ambientali. Sembra che il nuovo Codice per alcuni aspetti riapra – ammesso che si possa considerare mai completato – il dibattito sull'interpretazione dell'art. 9. Il primo orientamento della dottrina sul concetto di "paesaggio", richiamandosi al criterio esegetico della "pietrificazione", ritenne di interpretare tale espressione limitandola alle bellezze naturali – a ciò che quindi è solo bello da vedere – dovendosi ritenere tale l'intento dei costituenti» (VIVOLI, 2004, pp. 3-4).

Il Codice compie una vera e propria rivoluzione: infatti stabilisce che i beni paesaggistici sono parte del patrimonio culturale. Per la prima volta si riconoscono formalmente il paesaggio e i beni che ne fanno parte come beni culturali e si dà finalmente piena e concreta attuazione alla carta costituzionale. Alla poca attenzione degli organi politico-istituzionali fa riscontro una spesso giustificata insofferenza verso una regolamentazione imperniata su di un apparato essenzialmente vincolistico tuttora fortemente legato a una concezione estetica e statica del paesaggio. Nonostante quelli che possono essere i giudizi sulle singole disposizioni, al testo tuttavia non può non essere riconosciuto il merito di aver affrontato l'argomento con lo scopo di operare un ammodernamento su vasta scala rivitalizzando il dibattito sulla tutela del patrimonio culturale e paesaggistico.

Il territorio è il prodotto finale di un continuo processo di trasformazione; esso contiene inevitabilmente i segni del passato che permettono all'uomo di sentirsi appartenente ad esso con un rassicurante legame. La trasformazione viene intesa come la crescita dello strato antropico e l'introduzione nel territorio di strumenti completamente al servizio dell'uomo; siamo davanti a un processo inarrestabile, destinato a formare un nuovo habitat. Un esame più «tecnico» del significato di trasformazione conduce a una prima distinzione degli interventi realizzabili:

– *variazioni sostanziali,* dove si prospetta una trasformazione totale delle preesistenti condizioni di abitabilità. Le modificazioni, di cui si parla, alterano sostan-

zialmente la struttura dell'ambiente, per cui deve essere attribuito un nuovo ruolo a tutti gli elementi del sistema preesistente;
- *variazioni di rafforzamento*, dove l'intervento si propone la conservazione delle preesistenti condizioni di abitabilità. Si tratta di modificazioni effettuate nel rispetto dei caratteri primari, per cui occorre solo verificare le relazioni tra la modifica effettuata e gli elementi preesistenti.

Ci si trova di fronte alla scelta di intervenire con «variazione» o «conservazione»: l'una prevede un nuovo uso della spazio da parte della comunità, l'altra prevede le trasformazioni necessarie ad assicurare la continuità del sistema di relazioni in atto fra comunità e ambiente (DACLON, 1995).

Sicuramente il territorio sottoposto a protezione rappresenta l'insediamento e l'attività di un gruppo umano al quale soprattutto si deve la conservazione dell'ambiente, di quei caratteri peculiari, di quelle diversità. Uno spazio lavorato, dunque, coltivato, gestito, in qualche caso addirittura progettato. Conservazione, allora, significa qualcosa di più di una forma, di una regola, di una legge; significa sostituzione di un intervento che non ha più sbocchi economici nella società attuale con un altro che ne abbia e che sia compatibile con l'ambiente; significa progettazione continua degli ecosistemi tenendo conto delle nuove e non sempre legittime richieste che da lontano si dirigono verso le aree più remote e più naturali, per bisogno di conoscenza, di valori ambientali e culturali, curiosità, attualità, ma anche – talora – «colonizzazione» e specializzazione economica.

Un'area tutelata e valorizzata, che pur necessita di alcuni vincoli e divieti, rappresenta una serie di opportunità di sviluppo sociale ed economico già brillantemente sperimentate in diverse regioni europee.

*La situazione in Abruzzo*

Caso regionale particolarmente interessante per il grande impegno di territorio (circa il 35% della superficie totale) è quello dell'Abruzzo. Nelle aree protette abruzzesi sono presenti numerosi esempi di attività compatibili e incentivate con sostegni economici quali la creazione di villaggi a struttura orizzontale negli agglomerati spopolati, con organizzazione di tipo agrituristico e servizi gestiti dai locali; rivitalizzazione dei centri storici anche in funzione turistica, con infrastrutture pubbliche comuni alla popolazione locale e agli ospiti esterni; istituzione di una duplice rete di campeggi attrezzati, in prossimità dei centri abitati e in luoghi seminaturali; realizzazione di centri visita e di informazioni, a tematica differenziata, in ogni località turistica della zona secondo il piano di assetto territoriale; costituzione, in ogni centro dell'area protetta, di almeno una cooperativa per i servizi turistici incaricata delle attività più importanti di carattere produttivo, culturale e ricreativo; costruzione di un'area faunistica, destinata a specie animali pregiate diverse da caso a caso; incoraggiamento di attività artigianali, di produzioni agro-silvo-pastorali e di specialità gastronomiche a sostegno e supporto del turismo, commercializzazione dei prodotti attraverso l'immagine e il marchio del parco (CAVUTA, 1995).

*Conclusioni*

Nel contempo, le aree protette rappresentano un ecosistema fondamentale al mantenimento delle funzioni essenziali per la vita, per la conservazione di zone di elevata diversità di specie, per la protezione di paesaggi importanti dal punto di vista culturale che evidenziano un rapporto armonico tra uomo e natura. A ciò vanno aggiunti l'uso sostenibile delle risorse naturali, gli usi ricreativi ed educativi degli ecosistemi e l'applicazione concreta di un nuovo rapporto tra uomo e ambiente naturale.

Di fronte a eventi di così vasta portata, il problema del paesaggio e della sua organizzazione si pone in termini di responsabilità, e il rimedio da parte dell'uomo dovrà consistere nel prendere parte cosciente nella evoluzione del paesaggio. Provvedimenti di tutela e di controllo saranno certamente necessari e inevitabili; il paesaggio, tuttavia, non può essere assoggettato a una generica tutela di tipo vincolistico, poiché esso non è oggetto definito e immutabile, ma implica un continuo processo di adattamento in relazione a certe necessità umane che sono e restano insopprimibili.

Queste considerazioni comportano un'esigenza che si fa ogni giorno più pressante: quella di trovare modi di pensare l'ambiente, e quindi di trasformarlo, compatibili con l'intervento umano. Il problema di come pervenire, su scala planetaria, alla realizzazione di contesti ambientali a «misura d'uomo» si pone con particolare vigore se si pensa a quanto si stia rivelando illusoria la promessa occidentale di una universale diffusione dello sviluppo, ovvero di tranquillità sociale e progresso civile per l'umanità intera.

# BIBLIOGRAFIA

BARBIERI G., *Evoluzione del concetto e della funzione dei parchi nella politica del territorio e dell'ambiente. Tesi per un dibattito*, in BARBIERI G. e CANIGIANI F. (a cura di), *Le ragioni dei parchi e l'Italia protetta*, Istituto di Geografia dell'Università, Firenze, 1989, pp. 9-41.

BARBIERI G., CANIGIANI F. e CASSI L., *Geografia dell'ambiente*, Torino, UTET, 1991.

CAVUTA G., *Parks project and compatible development for the Abruzzo mountains*, in SCARAMELLINI G. (a cura di), «*Sustainable Development of Mountain Communities*», Milano, Guerini e Ass., 1995, pp. 195-204.

CAVUTA G., *Il sistema delle aree protette nel quadro della conservazione del territorio e dello sviluppo eco-compatibile. Il Parco Nazionale della Maiella*, in «Bollettino della Società Geografica Italiana», Roma, 1-2, 1997, pp. 231-249.

CAVUTA G., *Protezione del paesaggio e pianificazione ambientale*, in «L'Universo», Firenze, 3, 2004, pp. 318-339.

CARDINALE B. e CAVUTA G., *Economia e territorio: il Parco nazionale del Gran Sasso e dei Monti della Laga*, in «Notizie dell'economia», Teramo, 5-6, 1995, pp. 63-78.

DACLON C.M., *I parchi nazionali*, Milano, 1995.

DI PLINIO G., *Diritto pubblico dell'ambiente e aree naturali protette*, Torino, UTET, 1994.

FUSCHI M., *A margine di alcune considerazioni sull'ambiente: il Parco Regionale Sirente-Velino*, in «Bollettino della Società Geografica Italiana», Roma, 1-2, 1997, pp. 251-265.

FUSCHI M. e CAVUTA G., *Il prodotto verde & parchi nel settore turistico abruzzese. Una verifica empirica*, in ADAMO F. (a cura di), *Turismo e territorio in Italia*, Bologna, Pàtron, 2004, pp. 286-311.

GAMBINO R. (a cura di), *I parchi naturali europei*, Roma, Nis, 1994.

GAMBINO R., *Conservare, innovare*, Torino, UTET, 1997.

GIACOMINI V. e ROMANI V., *Uomini e parchi*, Milano, Franco Angeli, 1982.

LANDINI P. e LEONE V., *Ipotesi di un parco naturale nella duna di Lesina. Un approccio interdisciplinare*, in «Memorie della Società Geografica Italiana», XXXIII, Pisa, Pacini, 1984.

LEONE U., *Una nuova politica per l'ambiente*, Roma, Carocci, 2002.

PINNA M., *I parchi nel moderno rapporto tra uomo e natura*, citato da PINNA S., *op. cit.*, 1995.

PINNA S., *La protezione ambientale*, Milano, Franco Angeli, 1995.

PREDIERI A., voce «Paesaggio», *Enciclopedia del Diritto*, Milano, Giuffrè, 1981.

PREZIOSO M., *Pianificare in sostenibilità*, Roma, Adnkronos libri, 2003.

SEGRE A. e DANSERO E., *Politiche per l'ambiente. Dalla natura al territorio*, Torino, UTET, 1996.

TRICART J. e KILLIAN J., *L'ecogeografia e la pianificazione dell'ambiente naturale*, Milano, Franco Angeli, 1985.

US-NPS (United States Department of Interior, National Park Service), *Park Planning and Special Studies: Planning Process Guidelines*, Washington, 1978-1986.

VALLEGA A., *La regione, sistema territoriale sostenibile*, Milano, Mursia, 1995.

VIVOLI G., *Prime riflessioni sulla tutela del paesaggio alla luce del nuovo Codice dei Beni Culturali e sul Paesaggio (D. Lgs. N. 42/2004)*, in *www.ambientediritto.it*.

ZERBI M.C., *Paesaggi della geografia*, Torino, Giappichelli, 1993.

Silvia Ciccarelli e Luigi Falco *

# ANALISI PRELIMINARE DELLA PRESSIONE SOCIALE E DELLA DENSITÀ INFRASTRUTTURALE NEI SUBSISTEMI TURISTICO-BALNEARI DELLA COSTA ADRIATICA

*Turismo, sviluppo economico e qualità ambientale*

Le attività economiche della filiera turistico-ricreativa, destinate a individui residenti e non, costituiscono un'unica impresa di commercializzazione del prodotto mare. Tale macro-impresa gode di una forte integrazione al proprio interno tra i diversi sub-settori che la costituiscono, e tra essi e l'ecosistema costiero.

Al turismo è riconosciuta la capacità di fungere da traino per lo sviluppo economico e sociale della meta di destinazione e dei territori circostanti. Numerosi paesi si sono affermati come destinazioni turistiche internazionali e molti di questi considerano il turismo come il settore di punta delle proprie politiche di sviluppo, o per lo meno come parte integrante e imprescindibile. Per alcuni paesi, il turismo rappresenta l'unico strumento di sviluppo a cui si possa realisticamente ricorrere, data la scarsità di risorse. Inoltre il turismo internazionale, che ha avuto una crescita costante a partire dagli anni Sessanta – le recenti previsioni della World Tourism Organization (WTO) evidenziano che tale crescita proseguirà anche nel XXI secolo – è considerato fonte primaria di capitale straniero e uno strumento efficace per la creazione di posti di lavoro. Infine, il comparto ha in genere costi di avvio relativamente bassi e, diversamente da altre forme di economia internazionale, è abbastanza svincolato da restrizioni commerciali.

---

\* Dipartimento di Studi Geoeconomici, Linguistici, Statistici, Storici per l'Analisi Regionale, Università di Roma «La Sapienza».

Benché l'articolo sia frutto di un lavoro comune degli autori i paragrafi 1, 2, 5, 8 e 9 sono da attribuire a L. Falco, i paragrafi 3, 4, 6 e 7 a S. Ciccarelli.

L'importanza di tale settore, e la sua dimensione territoriale, è sottolineata dal fatto che oggi il turismo è integrato in numerose aree di *policy* su diverse scale: locale, nazionale, europea. Queste prevedono momenti di pianificazione e progettazione territoriale condivisa e mobilitano anche una discreta quantità di risorse. Le politiche di sviluppo economico non sono più settoriali o di sostegno alla singola impresa, ma si rivolgono al territorio nel suo complesso. Lo sviluppo di una regione arretrata o in declino non può dunque prescindere dalla valorizzazione e dallo sfruttamento delle attrattive turistiche. Esiste in qualche modo un parallelismo con quanto accaduto dal dopoguerra agli anni Settanta, quando era l'industrializzazione l'asse portante delle politiche di sviluppo. Oggi si assiste a una fase di «turistizzazione» di tali politiche, non più condotte secondo un approccio *top-down*, ovvero attraverso progetti spesso estranei alle realtà territoriali, bensì secondo un più efficace approccio *bottom-up*, facendo quindi leva sulle risorse tipiche di un determinato territorio.

Dato il riconoscimento unanime delle capacità propulsive forti e autonome di questo settore, diventa più che mai necessaria un'opera di progettazione e pianificazione affinché il suo contributo potenziale allo sviluppo di una regione si realizzi in maniera sostenibile (GUNN, 1994). Come attività economica il turismo è particolare, frammentato e multisettoriale; comprende innumerevoli tipologie di piccole imprese private coinvolte direttamente e indirettamente nella fornitura di prodotti e servizi. Una politica adeguata è perciò essenziale per assicurarsi che tutti questi elementi siano sviluppati in maniera integrata e servano tanto al comparto turistico quanto alle necessità dell'economia del territorio (INSKEEP, 1991).

A seconda della scala di azione, della tipologia e del tasso di sviluppo del settore turistico si pongono questioni di *governance* differenti. In genere è accettato che un certo grado di intervento statale nello sviluppo del turismo sia necessario (ELLIOT, 1997), ma l'estensione di tale intervento rimane oggetto di un intenso dibattito. Molto dipende dal contesto politico e dalla struttura economica in cui il settore è sviluppato. In economie meno avanzate è probabile, per esempio, che lo Stato abbia un ruolo manageriale e imprenditoriale più attivo. Al contrario, nei paesi a economia avanzata con un settore privato maturo (dove è probabile che il turismo contribuisca in maniera minore all'attività economica complessiva), il ruolo degli enti preposti alla pianificazione sarà meno forte, più che altro di appoggio e facilitazione. In ambo i casi, comunque, è responsabilità dello Stato formulare un'idonea politica di sviluppo e fornire l'appropriata legislazione, gli strumenti amministrativi e di pianificazione in modo da ottimizzare i benefici del turismo per la realtà locale in una situazione globale di crescente competitività.

Altra questione dibattuta è poi se una *partnership* pubblico/privata nella pianificazione e nello sviluppo del turismo sia auspicabile nelle regioni sviluppate e competitive a livello internazionale come il Mediterraneo e ancora di più nelle sue aree periferiche e marginali.

Il turismo balneare è quello che ha conosciuto più di ogni altro una crescita sensibile. Nell'immaginario collettivo si associa il turismo di massa con le spiagge affollate di bagnanti, attrezzate per far fronte alle crescenti richieste dei turisti, con conseguenti risultati di modificazione più o meno controllata ed evoluta della costa. A tale proposito Miossec ben descrive i legami tra sviluppo turistico e modificazioni progressive del territorio nelle varie fasi di regionalizzazione turistica di un area (MIOSSEC, 1977). Il turismo, se incontrollato, genera di frequente una varietà di diseconomie, impatti svantaggiosi a livello sociale e ambientale, per cui è la sua stessa natura a esigere pianificazione e coordinazione.

È fuor di dubbio che esista una relazione diretta e necessaria tra soddisfacimento della domanda turistica, qualità dell'ambiente naturale e salute dell'economia locale (fig. 1). Perciò l'attività turistica è stata spesso considerata sostenibile per definizione (GOODALL e STABLER, 1992; BUHALIS e FLETCHER, 1995), data la presenza di incentivi alla tutela ambientale e alla rigenerazione urbana.

In sostanza, la possibilità che l'economia locale si fondi e si mantenga sulla capacità di sfruttare e valorizzare le risorse turistiche che il territorio possiede dipende dalla qualità ambientale che si riesce a preservare. Essa si pone alla base del soddisfacimento della domanda turistica, quindi del successo di una determinata località. Per questo motivo sono in molti a sostenere che esista una relazione simbiotica tra turismo e ambiente che viene mantenuta tale se gestita in maniera sostenibile dagli enti preposti alla pianificazione (MATHIESON e WALL, 1982).

Fatte queste premesse, con la presente analisi si tenterà di stabilire una relazione tra sviluppo del settore turistico e impatti ambientali negativi sull'ecosistema

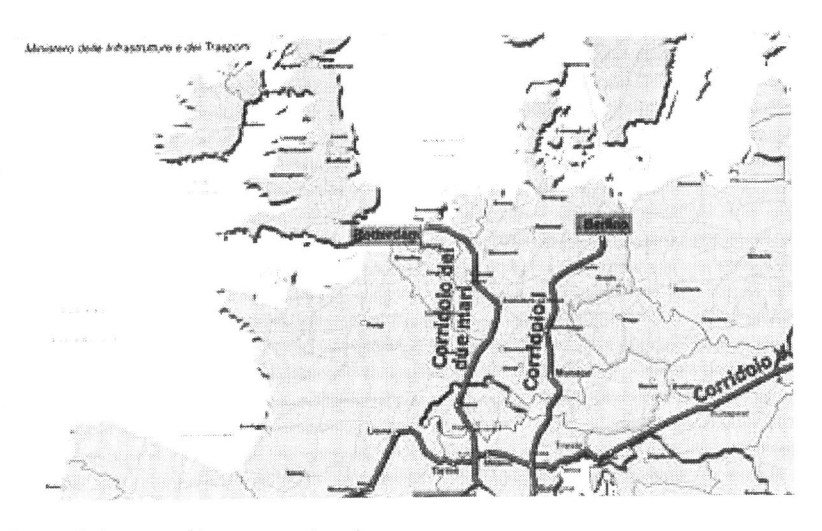

Fig. 1 - *Relazione ambiente-economia-turismo.*
(Fonte: Holden, 2000)

costiero. Individuando il livello di congestione infrastrutturale alberghiera e di pressione sul substrato sociale raggiunto nei sistemi turistico-balneari dell'Adriatico, il presente lavoro pone le basi per la realizzazione di un modello di zonizzazione dettagliata degli impatti ambientali del turismo balneare.

La complessità del sistema turistico-balneare è al centro dell'analisi. Occorrerebbe quindi parlare piuttosto di Ecosistemi Turistici Locali per armonizzare effettivamente sviluppo economico e conservazione delle risorse e considerare la sostenibilità come parte integrante del sistema turistico locale, piuttosto che un punto di arrivo o un obiettivo finale. La valutazione finale della sostenibilità dei sistemi turistici costieri dell'Adriatico necessita quindi di considerare altre variabili territoriali. Abbandonando, seppure con un certo margine di imprecisione, il limite di isomorfismo dato al territorio, perché estremamente vario è l'ambiente naturale e sociale di cui il turista gode e che sempre più spesso «consuma», sarà possibile leggere gli indicatori tradizionali di pressione turistica in maniera molto più approfondita. Attraverso elaborazioni statistiche e cartografiche di dati demografici, turistici e ambientali a livello comunale (i comuni della costa adriatica sono 116, per una popolazione residente totale di 3.345.044 al censimento del 2001), lo studio, una volta completato, provvederà a una classificazione dei comuni della costa adriatica sulla base non solo delle caratteristiche della domanda e dell'offerta turistica, ma anche di altri aspetti fisici, ambientali, demografici come ad esempio i morfotipi costieri prevalenti, la dinamica dei litorali, il livello di infrastrutturazione, la presenza e la fruibilità delle aree protette, i km di costa eventualmente vietati alla balneazione, la struttura per età della popolazione e lo stato occupazionale, e così via, per pervenire a una valutazione della pressione esercitata dai flussi e dalle strutture turistiche sull'ecosistema ambientale e socio-economico.

*Impatto ambientale diretto dell'industria turistica: rottura del legame simbiotico turismo-ambiente naturale*

Alcuni beni ambientali, essendo beni pubblici senza prezzo, sono soggetti a un eccesso di domanda e quindi a sovra-sfruttamento. Specialmente nei periodi di punta lo sfruttamento eccessivo delle risorse naturali genera molto spesso situazioni in cui il turismo si pone in conflitto con l'ambiente. Inoltre le caratteristiche del processo di sviluppo del settore, dapprima la massificazione e in seguito la globalizzazione del fenomeno, accompagnate da una scelta turistica non sempre influenzata dalle specifiche qualità ambientali della località di destinazione quanto piuttosto da fattori di attrazione artificiali, hanno alterato da tempo il rapporto tra turismo ed ambiente, con conseguenti processi di modificazione, spesso irreversibile, delle località turistiche da un punto di vista sia ambientale che socio-economico.

Alcune località si sono liberate dal legame simbiotico con il proprio territorio ampliando il ventaglio dei determinanti del proprio vantaggio competitivo

(UGOLINI, 1996), maturando un'offerta turistica costituita da prodotti artificiali, esportabili addirittura in altre località.

L'ambiente naturale rimane però uno dei principali fattori che rende una destinazione desiderabile e attrattiva. La natura della relazione tra turismo e ambiente è difficile da analizzare così come è problematico stimare gli impatti ambientali associati allo sviluppo del turismo, identificarli e distinguerli da quelli provocati da altre attività economiche svolte nella stessa area o in territori contigui. In quanto sistemi, o meglio ecosistemi, le relazioni orizzontali e verticali spesso si estendono anche verso l'entroterra, il quale pertanto può essere considerato in alcuni casi come parte integrante del sistema turistico balneare in senso stretto.

Le imprese turistiche locali, per lo più di piccole e medie dimensioni, offrono una grande varietà di prodotti turistici, di svago e di accoglienza. Esse forniscono la sistemazione, gli approvvigionamenti, i divertimenti, i trasporti e i servizi finanziari. Di frequente tali imprese hanno un rapporto conflittuale con l'ambiente, dal momento che cercano di massimizzare i benefici economici nel breve periodo (BUHALIS e FLETCHER, 1995). In particolare nel caso in cui gli imprenditori non appartengono alla popolazione locale il loro comportamento può essere descritto nel modo seguente: «Il loro investimento è collocato il più possibile vicino alle attrazioni naturali e massimizzato per capacità o densità; il contributo è spesso soggetto ad una forte svalutazione e si basa sullo sfruttamento massimo delle risorse. Puntando al recupero rapido dei capitali investiti le spese di mantenimento sono ridotte al minimo e i guadagni raggiunti nel più breve tempo possibile» (*Organisation for Economic Cooperation and Development*, OECD, 1980).

Da ciò si evince che le ripercussioni negative sull'ambiente dell'attività delle imprese turistiche consistono spesso nel rapido deterioramento del capitale fisico e ambientale delle aree di destinazione, mentre raramente si ottiene un ritorno ragionevole sui costi sociali generati dall'utilizzo delle risorse naturali pubbliche. Le imprese di conseguenza possono massimizzare i benefici nel breve termine a spese del welfare pubblico (BUHALIS e FLETCHER, 1995). Nel lungo periodo, però, perdono il proprio giro d'affari e la propria quota di mercato, per cui sono comunque costrette a operare con minori margini di profitto, con qualche vantaggio per il sistema socio-economico e ambientale locale.

Nel momento in cui il turismo diviene antagonista dell'ambiente sono due i tipi di impatto negativo che si verificano: il primo associato alle infrastrutture (hotel, vie di comunicazione, porti, attrezzature di svago), il secondo provocato dagli stessi turisti (MAY e INSKEEP, 1991). Gli impatti diretti dell'industria turistica sull'ambiente (fig. 2) riguardano per prima cosa l'inquinamento delle acque e delle coste, dovuto allo scarico in mare di rifiuti non trattati, all'assenza o il malfunzionamento degli impianti di depurazione, alle imbarcazioni turistiche, alla congestione e cementificazione delle spiagge, nonché al rumore prodotto dai servizi complementari di svago (discoteche, attività sulla spiaggia, ecc.). La perdita dei caratteri ecologici e culturali del paesaggio è causata invece dalla costruzione di

Fig. 2 - *Possibili impatti del core del turismo balneare insostenibile sull'ambiente costiero.*

abitazioni, infrastrutture e residenze per i turisti che inevitabilmente occupano, degradandoli, spazi naturali, aree agricolo-pastorali o di valore storico e artistico. Ma il danno può anche derivare dall'impossibilità di godere di siti di indubbio valore naturalistico che vengono privatizzati da aziende o singoli individui. Infine, gli effetti di congestione, competizione e conflitto si verificano nel momento in cui l'industria turistica si fa troppo invasiva, non solo occupando e consumando spazio, ma andando anche a incidere sulle tradizionali attività economiche e sui costumi locali.

In conclusione, il turismo da un lato deve puntare alla conservazione e alla salvaguardia delle aree naturali, dall'altro non può fare a meno di rendere escludibili tali beni provocandone un lento depauperamento. Per l'attività turistica, in particolar modo quella svolta sulla costa adriatica, si deve quindi far riferimento al concetto di «sostenibilità debole» dal momento che delle forme di modificazione e alterazione dell'ambiente naturale sono comunque necessarie per renderlo fruibile dal turista.

*Sostenibilità, politiche di tutela ambientale e metodologie di valutazione della pressione turistica*

Da una parte l'industria turistica ha un interesse legittimo nella protezione delle risorse naturali e culturali, che, generalmente, ne costituiscono il presupposto; dall'altra, come qualsiasi altra industria, può avere un impatto negativo sull'ambiente se gestita senza alcun criterio e controllo. Le esternalità negative prodotte dal turismo hanno nel tempo dato vita a una serie di considerazioni teoriche sulla sostenibilità e sulla valutazione dei costi ambientali e sociali a essa connessi. Tali riflessioni si sono tradotte in una serie di misure di pianificazione e gestione dello sviluppo turistico, finalizzate a ridurre gli impatti negativi dell'uso incrementale delle risorse naturali.

Le politiche di tutela ambientale possono essere raggruppate in cinque grandi categorie: 1) istituzione di aree protette, in base alla legislazione internazionale, nazionale e regionale; 2) misure di pianificazione dell'uso delle risorse naturali, tra cui lo zoning, l'analisi della capacità di carico, l'analisi dei limiti di cambiamento accettabile; 3) procedura obbligatoria di VIA; 4) misure a favore del coordinamento tra enti locali in materia ambientale e tra questi e il settore privato, tramite ad esempio l'auditing ambientale; 5) codici di comportamento per gli operatori turistici e i turisti stessi.

A partire dagli anni Sessanta e Settanta, quando il movimento turistico ha iniziato ad assumere connotazioni di fenomeno di massa, sono sorte le prime considerazioni scientifiche sull'effettivo impatto di tale settore sui substrati economici, sociali e ambientali in cui esso si inseriva. A prevalere erano considerazioni di tipo conservazionistico, dovute al successo del movimento ambientalista, che condannavano pesantemente l'espansione del fenomeno turistico (TURNER e ASH, 1973).

Durante gli anni Ottanta un ruolo di primo piano viene giocato, oltre che dalla WTO, anche direttamente dalle Nazioni Unite, soprattutto attraverso gli organi dell'UNESCO e, successivamente, dell'UNDP e dell'UNEP. Si moltiplicano gli studi su turismo e sostenibilità attraverso l'impulso sia di enti pubblici che privati.

Negli anni Novanta, a seguito del Summit di Rio de Janeiro del 1992, che ha rilanciato ancora una volta il concetto di sostenibilità, sono numerosissime le conferenze mondiali e regionali, volte ad affermare i principi di eco-compatibilità nel settore turistico. In occasione della Conferenza Mondiale sul Turismo Sostenibile, tenutasi nel 1995 a Lanzarote, si giunge alla stesura della «Carta del Turismo Sostenibile», approvata poi dall'Assemblea delle Nazioni Unite. Particolare enfasi è data alla necessità di cooperazione tra tutti gli attori coinvolti nel settore per la concertazione e la risoluzione delle emergenze ambientali a tutti i livelli, da quello internazionale fino a quello locale (FERRARI e GRUGNALE, 2003).

In precedenza anche l'Unione Europea era intervenuta in materia, all'interno del quinto programma comunitario d'azione a favore dell'ambiente, entrato in vigore dal gennaio del 1993 e intitolato «Verso uno Sviluppo Sostenibile». Nel 1999 la Commissione Europea decide di formare alcuni *working groups* sulle tematiche ritenute più interessanti da sviluppare in ambito turistico, tra cui la sostenibilità ambientale. Nel rapporto finale del gruppo di lavoro impegnato sulla sostenibilità (MERCADOU, PELLETREAU e VOURCH'H, 2001) si individuano le fasi necessarie allo sviluppo sostenibile del turismo nell'Unione Europea e vengono specificati gli obiettivi strategici per gestire la sostenibilità nell'Unione Europea.

Per ognuno di essi, si indicano le raccomandazioni da seguire per l'ottenimento degli stessi, tracciando anche le azioni positive da svolgersi a livello della UE e nell'ambito di singoli Stati o regioni oppure di comunità locali. Particolare importanza assumono: la necessità di elaborare una «Carta Europea dei Territori del Turismo Durevole», gestita dal «Comitato 21 Europeo per il Turismo Durevole» (il quale avrà precedentemente dovuto redigere l'Agenda 21 del Turismo valida per l'intera UE); l'identificazione dei territori pilota attraverso una valutazione delle «buone pratiche» esistenti riguardo alle tematiche della sostenibilità; la creazione di una rete che accomuni, attraverso pratiche di partenariato, i diversi territori coordinati da una struttura associativa; infine lo sviluppo di un marchio per promuovere le località facenti parte della «rete» del turismo sostenibile, al fine di renderle facilmente riconoscibili dalla clientela.

Attualmente la valutazione della pressione turistica, in base alla quale utilizzare una politica di tutela piuttosto che un'altra, si basa essenzialmente su metodologie provenienti dall'*Environment Committee* della WTO e dall'UNEP (*United Nations Environment Programme*), che opera invece tramite il *Mediterranea Action Plan* (MAP) sul concetto di capacità di carico e sulla sua misurazione. La prima ha sviluppato una serie di indicatori di sostenibilità, specifici per tipologia di ecosistema di accoglienza dei flussi turistici, da utilizzare come strumento per la pianificazione dello sviluppo turistico e validi a livello internazionale, indicatori già citati in precedenza e su cui si focalizzerà il lavoro di ricerca in futuro.

La metodologia di *Carrying Capacity Assesment* (CCA) è stata formulata, come si diceva, dall'ONU e in particolare dal Centro *Priority Actions Programme /Regional Activity Centre* (PAP/RAC). Le linee-guida UNEP indicano come la CCA debba diventare parte integrante del processo di pianificazione e gestione delle aree turistiche. Secondo la definizione della WTO «la Capacità di carico di una località turistica è costituita dal numero massimo di persone che visitano, nello stesso periodo, una determinata località senza comprometterne le caratteristiche ambientali, fisiche, economiche e socioculturali e senza ridurre le soddisfazioni dei turisti». La capacità di carico è quindi quell'intervallo ottimale in cui si verifica un processo sostenibile di sviluppo del turismo, compreso tra lo sviluppo intensivo della risorsa turistica, insostenibile dal punto di vista delle risorse di cui è dotato il territorio, e l'approccio iperconservativo per cui il turismo è visto come una minaccia per l'ambiente e non come una risorsa per l'intero ecosistema.

Si tratta di un concetto che deve modificarsi notevolmente secondo il contesto specifico proprio di ogni area e di ogni litorale, nel caso del turismo balneare. La metodologia proposta dall'UNEP, rivolgendosi tanto gli attori locali e ai *decision makers* pubblici quanto agli attori del settore turistico, prevede sia l'analisi dello scenario turistico attuale, sia la definizione degli scenari di sviluppo turistico futuro. Gli indici di pressione turistica maggiormente utilizzati sono:

– impatto dell'offerta ricettiva (densità territoriale del turismo, letti/km$^2$, tasso di funzione turistica, letti/1000 abitanti);

– impatto della domanda turistica (popolazione equivalente turistica, distribuzione stagionale dei flussi turistici, presenze e permanenza, da cui l'indice di utilizzazione lorda).

L'obiettivo generale di fornire informazioni per la pianificazione dei diversi subsistemi turistici, in base alla tipologia di turismo prevalente (balneare per i comuni litoranei), rende più completa la politica di sviluppo e valorizzazione elaborata nell'ambito del concetto di Sistema Turistico Locale (STL), nella cui definizione (Legge Quadro sul Turismo n° 135 del 2001) trova spazio anche l'ambiente. Infatti gli STL puntano anche alla valorizzazione sostenibile delle risorse naturali, essendo definiti come «contesti turistici omogenei o integrati, comprendenti ambiti territoriali appartenenti anche a regioni diverse, caratterizzati dall'offerta integrata di beni culturali, ambientali e di attrazioni turistiche, compresi i prodotti tipici dell'agricoltura e dell'artigianato locale, o dalla presenza diffusa di imprese turistiche singole o associate».

*Caratteri generali della costa adriatica e ricettività alberghiera*

Le zone costiere sono state sfruttate considerevolmente dall'uomo per la localizzazione e lo sviluppo dell'industria, l'estrazione di risorse naturali, l'urbanizzazione e il turismo, con il conseguente sviluppo di un'economia costiera florida ma non priva di numerosi impatti ambientali negativi.

Una zona costiera va considerata come un sistema nel quale gli agenti di cambiamento (naturali o indotti dall'uomo) agiscono in modo positivo o negativo sui subsistemi socio-economici e naturali.

La linea costiera adriatica italiana è lunga circa 800 km, ha una larghezza media di 150 km e una superficie di 132.000 km$^2$. Comunica a sud col Mar Ionio attraverso il Canale d'Otranto (70 km). La costa occidentale è abbastanza uniforme, interrotta soltanto dalle lagune di Venezia, di Marano e di Grado, dal golfo di Trieste, dal delta del Po e dai promontori del Monte Conero e del Gargano (che si prolunga nel mare con le Isole Tremiti). L'Adriatico può essere considerato un mare chiuso ed è generalmente poco profondo: il bacino settentrionale ha una profondità media di 70-80 m, con un massimo di 270 m tra Pescara e Sebenico; quello meridionale è più profondo (1.222 m tra Bari e le Bocche di Cattaro). Da alcuni anni l'Adriatico è tra i mari italiani più colpiti da fenomeni di eutrofizzazione essendo, limitatamente alla costa italiana, destinazione finale delle acque del bacino idrografico del fiume Po e di numerosi altri corsi d'acqua nelle cui valli sono localizzati i maggiori potenziali demografici, industriali, agricoli e zootecnici del nostro Paese. In quest'area i processi di urbanizzazione hanno storicamente prediletto la costa, che ha sempre rappresentato il confine sud-orientale dell'Europa, «porto» per eccellenza di tutto il continente.

L'ambiente costiero, pertanto, subisce sia fattori esogeni di inquinamento sia fattori endogeni dovuti alla presenza di considerevoli flussi turistici. A fronte di un insediamento stabile di 3.345.044 residenti nel 2001, l'ecosistema adriatico è oggetto di un turismo di massa fortemente stagionale.

Limitatamente alla ricettività alberghiera dell'Adriatico è innanzitutto possibile descrivere il quadro dell'ospitalità, la sua evoluzione tra gli anni 1991 e 2002, i luoghi in cui la ricettività è divenuta importante sotto il profilo quantitativo, dove è probabilmente maggiore la pressione turistica (fig. 3). Dall'individuazione di aree in espansione turistica e aree in declino sarà quindi possibile avanzare ipotesi interpretative sulle cause del degrado ambientale.

Sono due le zone costiere in cui si registra una diminuzione di posti letto: la riviera romagnola e la costa abruzzese-molisana, a favore di un incremento nelle immediate vicinanze. Infatti il golfo di Venezia, le Marche e il Gargano hanno vissuto un'espansione dell'industria alberghiera negli ultimi dieci anni. La provincia di Trieste ha ceduto posti letto a favore del tratto di litorale che va da Lignano a

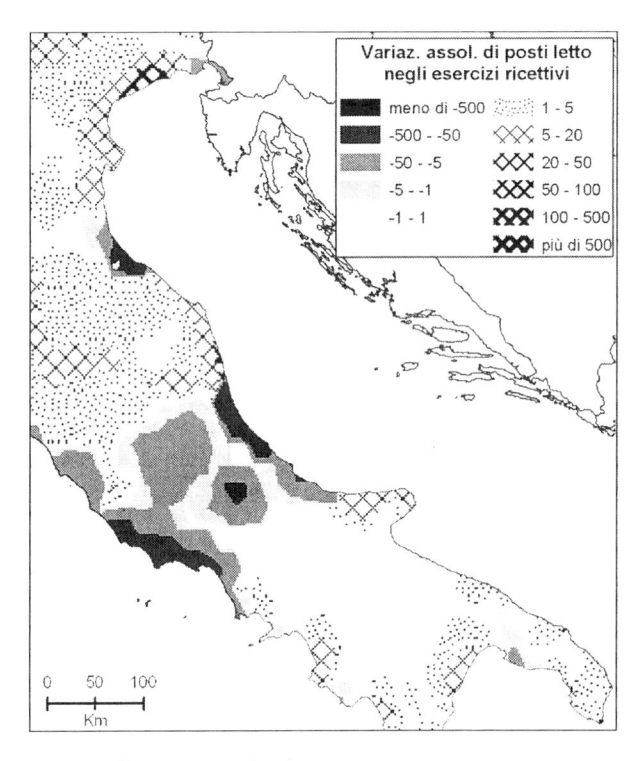

Fig. 3 - *Urbanizzazione e disurbanizzazione turistica, 1991-2002*.
(Fonte: elaborazione di F. CELATA su dati ISTAT - GRANTUR, 2004, modificata)

Ravenna, probabilmente anche a seguito della crescente competitività della vicina Croazia.

Nel caso della riviera romagnola a determinare un calo della infrastrutturazione alberghiera sono evidentemente fenomeni endogeni di congestione alberghiera ed esogeni di degrado ambientale, unitamente a una crescita di competitività della Regione Marche, pioniera nel riconoscimento degli STL e caratterizzata da una efficace politica di sviluppo turistico che punta all'integrazione tra la costa e l'interno (fig. 4). Un elemento trainante è il consolidamento dell'attività agrituristica, che sta pian piano connotando questa regione come una nuova Toscana; ma fondamentali sono poi le numerose risorse culturali e artistiche custodite scrupolosamente nei numerosissimi comuni dell'interno nonché la presenza di un tessuto consolidato di piccole e medie imprese che operano nel comparto tessile e in quello calzaturiero.

*Densità territoriale e pressione sociale*

La maggior parte della letteratura sul turismo sostenibile è di natura descrittiva: ciò ha fatto del comparto uno dei primi settori dell'economia per i quali si è cominciato a parlare di sostenibilità, ma lo ha privato anche del fondamentale

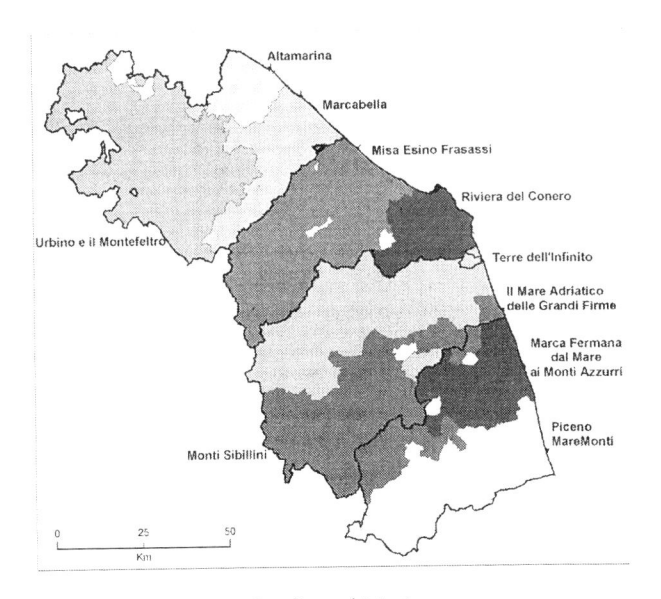

Fig. 4 - *Sistemi Turistici Locali marchigiani.*
(Fonte: elaborazione di L. FALCO)

legame col territorio. Per un'analisi corretta della pressione turistica sulla costa si rende necessaria l'applicazione di un approccio sistemico, poiché complesso è ciascun sistema turistico (*Complex adaptive tourism system*, FARREL e TWINING-WARD, 2004). Si tratta di sistemi territoriali allargati che comprendono, in quanto tali, aspetti sociali, economici, geomorfologici ed ecologici del contesto di riferimento (fig. 5). Detto ciò, per la valutazione della pressione antropica e infrastrutturale del turismo ci si può concentrare in primo luogo sul *tourism core system*, vale a dire l'insieme di strutture, beni e servizi di cui è costituito o si serve il settore.

La densità territoriale del turismo (letti delle strutture ricettive alberghiere per km$^2$) è un indicatore molto usato per stimare il livello di congestione infrastrutturale dell'offerta turistica. Le statistiche utilizzate per l'analisi e l'elaborazione delle carte sono quelle pubblicate dall'ISTAT e riferite al 2001. Per valutare la pressione turistica sul substrato sociale si considerano indicatori demografici (piccoli e grandi centri, numero di famiglie, età della popolazione) e occupazionali/reddituali (peso del settore primario, confronto tra l'occupazione in attività tradizionali e in quelle nuove).

Nella presente analisi l'indice utilizzato è quello di funzione turistica, ideato da Defert. La classificazione presa come riferimento è quella ideata per i centri francesi da Boyer (1972): centri con valori inferiori a 75,21 ossia con poche attività e funzioni turistiche; centri con valori tra 75,21 e 100, in cui il turismo è un comparto significativo, ma non dominante; centri con valori compresi tra 100 e 500, ossia quelli in cui il turismo è un'attività rilevante, ma insieme ad altre attività; centri con valori compresi tra 500 e 1.000, ossia quelli in cui il turismo domina

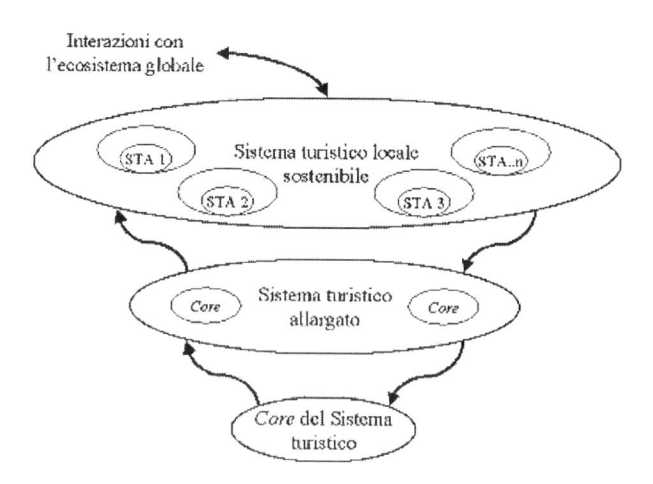

Fig. 5 - *Gerarchia territoriale del turismo.*
(Fonte: FARREL e TWINING-WARD, 2004)

l'economia locale, mentre scarsissimo spazio è riservato agli altri settori; centri con valori registrati oltre 1.000, ossia le grandi stazioni turistiche saturate economicamente da tale settore.

*L'alto Adriatico e la foce del Po*

Questa prima zona è fondamentalmente caratterizzata da un basso livello di densità territoriale del turismo. Ad eccezione delle località di Lignano Sabbiadoro (696,2 letti/km$^2$) e Jesolo (321,1 letti/km$^2$), infatti, tutti gli altri comuni presentano valori inferiori a 50 letti/km$^2$.

In particolare, la costa del Friuli si presenta per la maggior parte della sua estensione con litorali sabbiosi dove, pur avendo sede rinomate stazioni balneari, in media si registra una bassa densità (41,8 letti/km$^2$) con comuni come Staranzano che sono addirittura privi di alberghi. Ciò probabilmente, da un punto di vista morfologico, è dovuto al fatto che dopo il breve arco pianeggiante del Golfo di Panzano la costa diviene alta e rocciosa con brevi piane alluvionali, caratterizzata da profondi valloni sede di antiche valli fluviali ora sommerse dal mare, quindi di difficile accessibilità.

La costa veneta è bassa e sabbiosa, orlata da lagune e da una alternanza di cordoni sabbiosi e di canali di acque salmastre. Tali coste presentano zone in chiara erosione e zone in ripascimento, su cui la pressione dei principali flussi turistici, orientati verso le località più dotate di strutture ricettive, si distribuisce evidentemente in maniera molto diversa. In prossimità di Caorle la costa è sabbiosa con una morfologia rettilinea e acque basse: ciò ha fatto sì che quest'area sia piuttosto attrezzata (74,3 letti/km$^2$). Nel litorale si segnalano inoltre una zona ad alta tutela ambientale, priva di costruzioni e a ridosso di una pineta e zone marine protette per la presenza nei fondali di reperti archeologici databili all'epoca dei Romani.

La parte più conosciuta della Laguna di Venezia, patrimonio artistico e culturale unico al mondo, mostra un valore contenuto della densità alberghiera: il comune di Venezia ha «solo» 50,2 letti/km$^2$, dato attribuibile all'estensione dello stesso che è pari a 421 km$^2$, il secondo comune costiero più esteso dell'Adriatico. Nella parte meridionale di tale costa sfocia il fiume Po, causa di inquinamento oggi e insalubrità ambientale nel passato, che rende tuttora poco appetibili da un punto di vista turistico i comuni costieri ivi situati.

In generale questo sistema turistico si caratterizza per un entroterra fortemente strutturato e sviluppato, con una fitta rete infrastrutturale. La bassa urbanizzazione dei comuni costieri comporta una pressione antropica di carattere tipicamente stagionale che, su un tratto di costa breve e inquinato, determina rilevanti fenomeni di congestione. La pressione sul substrato sociale dell'offerta turistica vede coinvolti numerosi comuni del litorale veneto-friulano. Da Grado a Cavallino

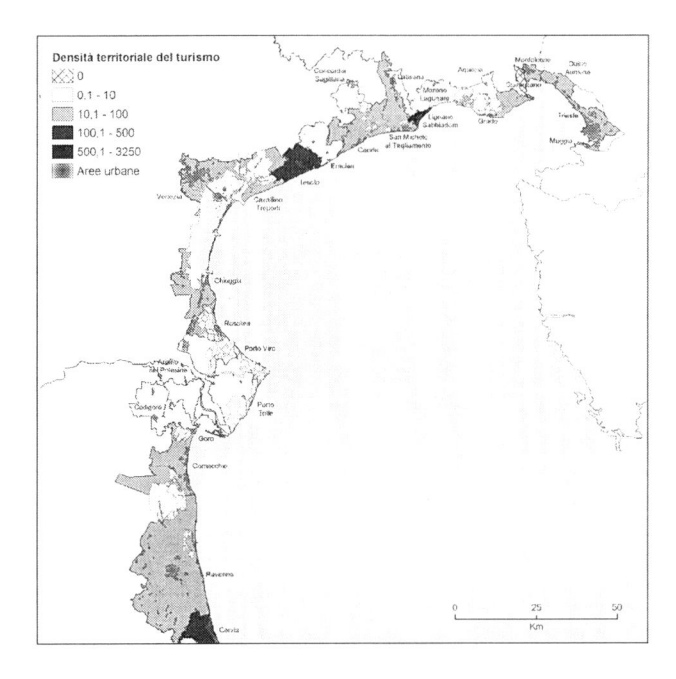

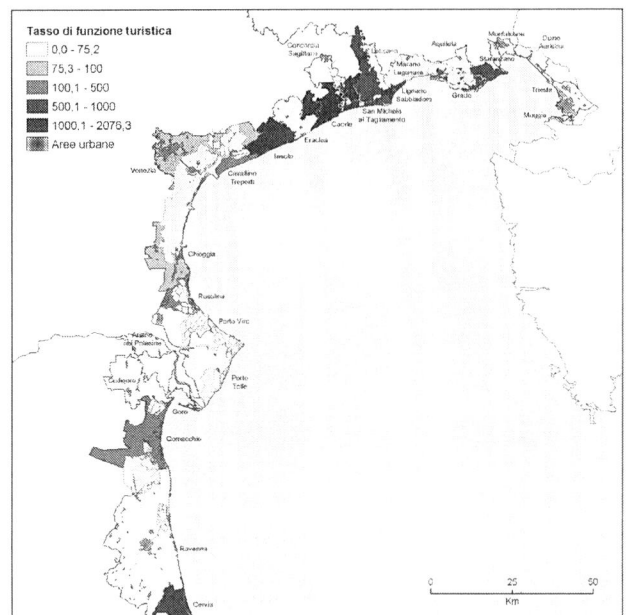

Fig. 6 - *Alto Adriatico e foce del Po.*
(Fonte: elaborazione di L. Falco su dati ISTAT, 2002)

Treporti si registrano valori del tasso di funzione turistica elevati: il turismo rappresenta un'attività importante, se non dominante, per la popolazione locale, ad eccezione della cosiddetta «Perla dell'Adriatico», una spiaggia lunga un chilometro e mezzo situata nel comune di Eraclea, ancora in parte integra e incontaminata, soprattutto se confrontata con le spiagge vicine.

*Riviera romagnola e costa marchigiana*

Ravenna (13,3 letti/km$^2$, 653 km$^2$ di superficie che ne fanno il comune più grande della costa) segna il passaggio tra una costa poco attrezzata e la specializzazione massima dei comuni della riviera romagnola, come è evidente nei casi di Cattolica (praticamente una città albergo, con 3.248,3 letti/km$^2$), Cervia (322,9), Cesenatico (478,2), Bellaria (1.279,3), Rimini (con ben il 15,3% dei letti della costa adriatica e una densità pari a 472,8 letti/km$^2$), Riccione (1.372,4) e Misano Adriatica (316,9).

Le coste dell'Emilia-Romagna, con i loro 120 km circa di lunghezza, si presentano basse e sabbiose e la presenza, quasi ininterrotta, di stazioni balneari la rende una delle mete preferite sia dal turismo nazionale sia internazionale. La costa risulta a morfologia rettilinea e sono presenti delle scogliere artificiali a protezione del litorale. Inoltre la presenza di depuratori e servizi di raccolta differenziata negli stabilimenti dei rifiuti dimostra forme di tutela di base delle spiagge, a cui si aggiungono progetti di pianificazione che hanno lo scopo di gestire l'enorme pressione turistica esercitata su un ambiente già piuttosto compromesso. Il fenomeno turistico sembra essere piuttosto omogeneo nella riviera romagnola, anche grazie a una capillare infrastrutturazione che rispecchia il sistema padano.

L'impatto sociale di questo notevole movimento turistico è filtrato però innanzitutto dalla consistenza della popolazione residente, distribuita nei numerosi comuni di medie dimensioni, e in secondo luogo dalla diversificazione dell'offerta, che contribuisce a diminuire l'ampiezza della stagionalità. Le coste delle Marche si sviluppano per un'estensione di 165 km e sono essenzialmente basse e sabbiose, con mare poco profondo, tranne che per il promontorio del Conero, che bruscamente rende la costa alta e rocciosa. Ai piedi di tale rilievo sono presenti insenature che disegnano spiagge sabbiose uniche e affascinanti. Fino al comune di Numana la densità turistica territoriale è medio-bassa. La costa di Numana, in particolare, si presenta essenzialmente ghiaiosa con scogli, la morfologia è rettilinea e caratterizzata da piccoli golfi e insenature. Tutta la zona è compresa nell'area protetta del Conero ed è caratterizzata da un approdo turistico che ha ricevuto un ulteriore riconoscimento da parte della UE.

A differenza della costa più a nord, le Marche non mostrano caratteri di omogeneità né nella distribuzione della popolazione residente, concentrata nei comuni capoluogo, né nella distribuzione del turismo, che appare fortemente pola-

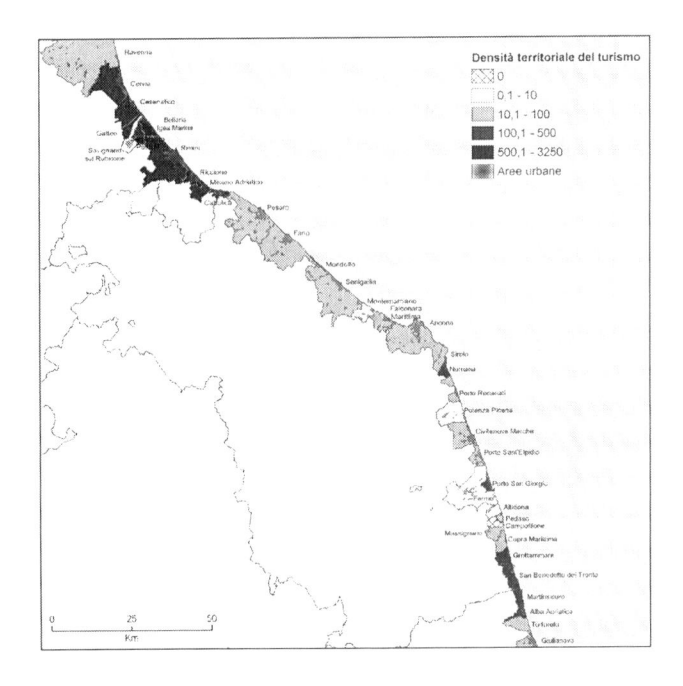

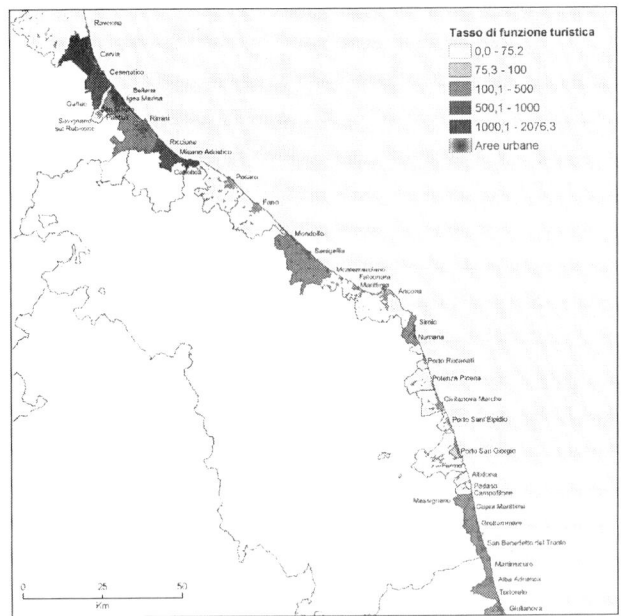

Fig. 7 - *Riviera romagnola e costa marchigiana.*
(Fonte: elaborazione di L. Falco su dati ISTAT, 2002)

rizzato nei comuni di San Benedetto del Tronto e nel promontorio a sud di Ancona che, nei mesi estivi, vive elevati fenomeni di congestione.

*La costa abruzzese e molisana e il Gargano*

La costa nord-occidentale abruzzese costituisce un *unicum* turistico con la costa più meridionale delle Marche. Il turismo è sviluppato sul modello romagnolo, le spiagge sono attrezzate e organizzate in stabilimenti balneari. Si tratta di un tratto di litorale che non è caratterizzato da una eccessiva cementificazione, la ricettività si distribuisce verso l'entroterra in strutture residenziali complementari. La parte più occidentale è pianeggiante e sabbiosa, mentre la parte meridionale si fa alta e rocciosa per il degradare dei rilievi appenninici verso il mare. Anche per questa ragione la parte a nord è quella che presenta una maggiore densità di infrastrutture alberghiere. Da Massignano a Montesilvano l'indice di funzione turistica supera il valore di 100.

Pescara esclusa, a nord del capoluogo di regione la popolazione è di 124.603 abitanti, la densità demografica di 694 ab./km$^2$, 20.351 i letti presso le strutture alberghiere e 114 i letti ogni mille abitanti. A sud, dopo Francavilla al Mare, nonostante i chilometri di costa siano maggiori e la presenza della macchia mediterranea renda il paesaggio di quest'ultima parte tipico e suggestivo, tutti i valori considerati sono più bassi per cui l'importanza del turismo per la popolazione e la relativa pressione turistica sono inferiori.

Nonostante la costa molisana risulti completamente pianeggiante e sabbiosa, di limitata estensione (35 km) e caratterizzata dalla presenza di una fitta vegetazione spontanea a fustaia, l'infrastrutturazione turistica è scarsamente presente per cui la densità e la pressione che possono risultare da questa prima analisi sono piuttosto modeste.

Il Gargano può essere considerato un sistema turistico-balneare a sé stante, sebbene di dimensioni minori. Il promontorio interrompe bruscamente l'uniformità del resto della costa, la sua bellezza naturalistica attrae molti turisti nei mesi estivi, mentre è abbastanza stabile il flusso di turismo religioso verso Monte Sant'Angelo.

Il movimento turistico è quindi qui caratterizzato da una forte stagionalità e riguarda un'area pressoché spopolata per il resto dell'anno, con una conseguente elevata congestione. Rodi Garganico, Peschici, Vieste e Mattinata sono i comuni con i valori più elevati, in seguito a un turismo balneare consolidato, soprattutto negli esercizi ricettivi complementari. Nei limiti amministrativi della provincia di Foggia ricadono le Isole Tremiti, caratterizzate da coste alte a falesia e mare profondo. Certamente, date le qualità specifiche delle isole, vale a dire distanza e isolamento dai centri metropolitani, una base economica limitata e scarsità di risorse, il turismo rappresenta per gli abitanti un'attività fondamentale. Infatti la

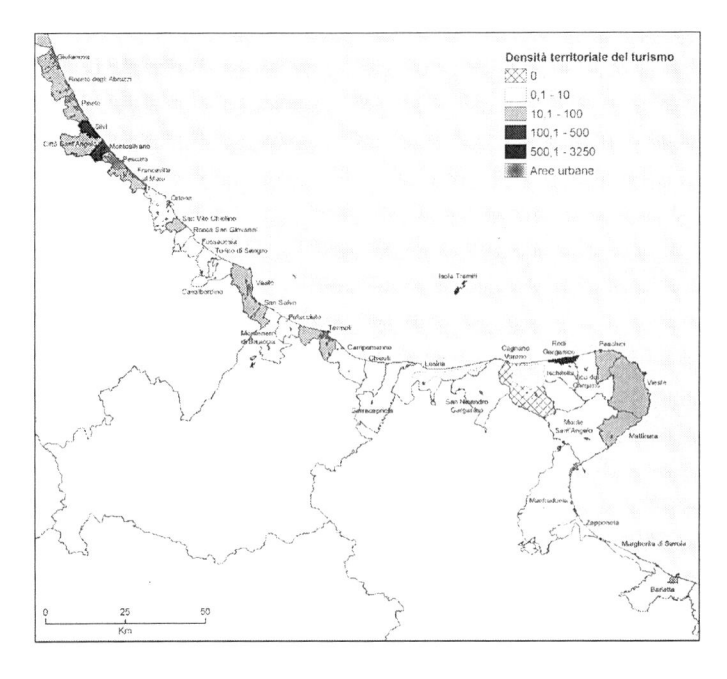

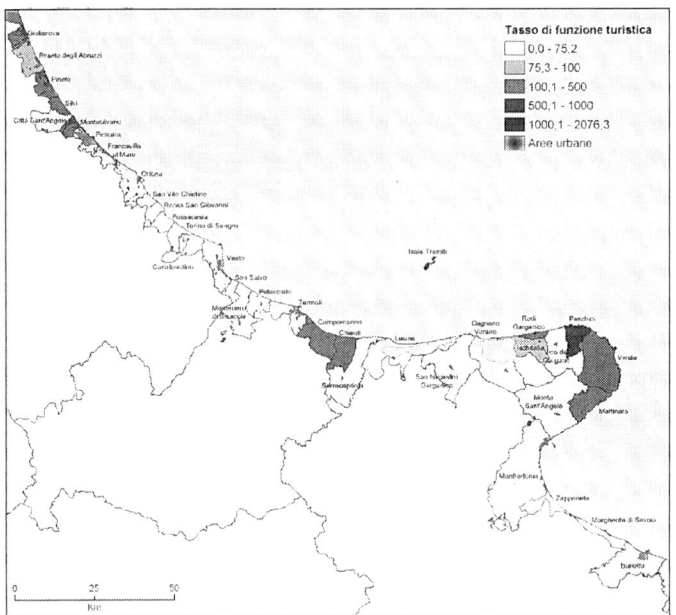

Fig. 8 - *Costa abruzzese-molisana e promontorio del Gargano*.
(Fonte: elaborazione di L. FALCO su dati ISTAT, 2002)

densità alberghiera è pari a 254 letti al km$^2$ e la pressione sulla popolazione a 2.076, sui livelli di quella della grandi stazioni turistiche saturate dal settore. Queste isole rappresentano quindi un esempio interessante in cui una pianificazione sostenibile del turismo costituisce una sfida per il successo, sul lungo termine, delle politiche di sviluppo turistiche.

Uno dei comuni più turisticamente sviluppati è Margherita di Savoia, con grandi spiagge organizzate in lidi. La presenza di strutture alberghiere è però molto modesta, trattandosi spesso di escursionismo dalle province di Foggia e Bari piuttosto che di turismo, per cui la ricettività si sviluppa soprattutto nelle forme di seconde case e case vacanza.

*Costa pugliese*

Dopo la discontinuità garganica che fa registrare valori di densità turistica superiori alla media della costa adriatica delle regioni del Mezzogiorno, la presenza di strutture ricettive alberghiere torna a farsi modesta anche se in aumento. L'urbanizzazione si sviluppa prevalentemente sulla costa e le città capoluogo si alternano a località turistiche di media grandezza, mete soprattutto di escursionismo o del cosiddetto *visiting relatives and friends* (persone che si recano nella destinazione turistica per visitare parenti e amici). Più di altri tratti costieri adriatici quello pugliese si presenta fortemente discontinuo per distribuzione di strutture ricettive, una distribuzione che negli ultimi 10 anni è stata pressoché costante.

Le cause di un eventuale stress esercitato dal turismo sull'ambiente naturale vanno ricercate allora sulla pressione esercitata dai flussi escursionistici interni, che spostano nei mesi estivi una quantità ingente di popolazione verso le coste.

Da Barletta in poi, per tutto il litorale barese, la pianificazione del litorale ai fini dello sviluppo turistico è storia recente. Per molto tempo alla bellezza dei centri urbani costieri non si è accompagnato un mare altrettanto attrattivo, con la conseguente carenza di flussi turistici e di infrastrutture ricettive alberghiere. La costa è qui alta oppure bassa e rocciosa. Le spiagge, spesso di nicchia, hanno per molto tempo conosciuto fenomeni di forte erosione e ultimamente si è provveduto a opere di ripascimento e conservazione tramite scogliere frangiflutti.

Le caratteristiche della costa, dopo Brindisi e Lecce, mutano fortemente tanto che questo tratto di costa si considera facente parte del sistema turistico balneare salentino. Anche qui si registrano dei forti carichi per effetto delle seconde case, dei campeggi e dei villaggi vacanze, nonché una forte componente escursionistica. Le infrastrutture alberghiere sono poco presenti, in ben tre comuni del Salento sono del tutto assenti, vale a dire a Vernole, San Pietro Vernotico e a Torchiarolo.

Il resto del territorio litoraneo si mostra scarsamente turistico se riferito alla sola capacità ricettiva nelle strutture alberghiere. Vale perciò lo stesso discorso fat-

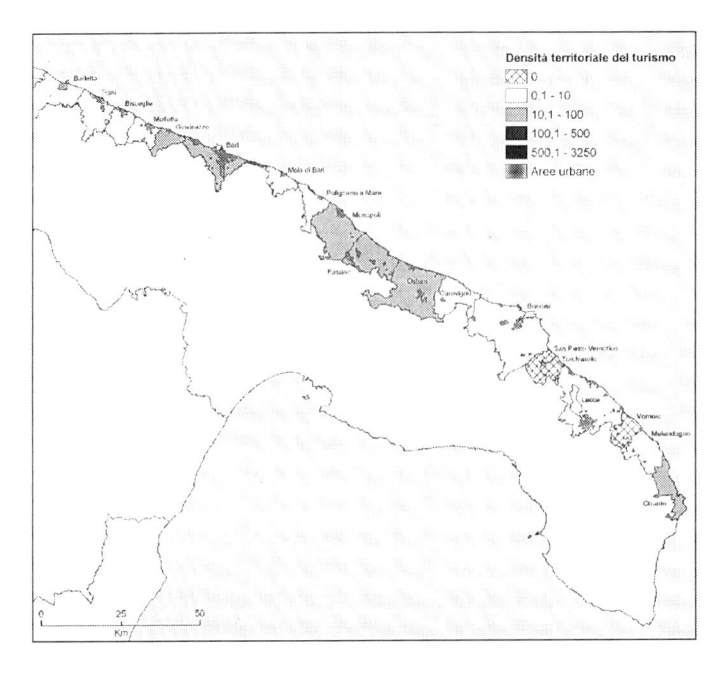

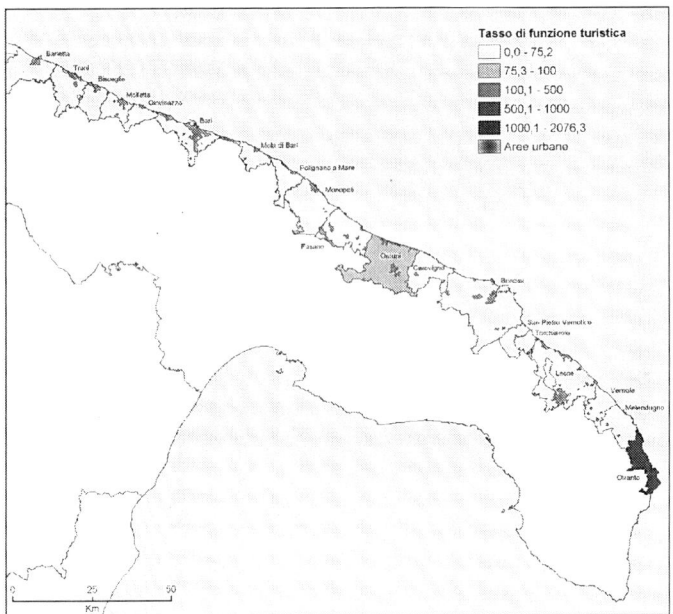

Fig. 9 - *Costa pugliese*.
(Fonte: elaborazione di L. Falco su dati ISTAT, 2002)

to per la densità di tali strutture, vi sono certo litorali poco attrattivi ma la maggior parte delle coste salentine e del basso litorale foggiano e barese, nonché quelle a sud di Brindisi.

*Considerazioni conclusive*

L'analisi preliminare fin qui effettuata ha evidenziato, in prima approssimazione, sia la dimensione che il potenziale impatto negativo della ricettività alberghiera nelle diverse località costiere. Attraverso l'uso di indicatori semplici immediatamente leggibili, e tramite una breve descrizione delle caratteristiche geografiche e morfologiche del litorale, è stato possibile riconoscere quattro sistemi turistico-balneari in cui la pressione dell'offerta turistica sulla popolazione residente è molto elevata: il litorale della laguna di Marano e della laguna veneta, la riviera romagnola, il sistema turistico balneare delle province di Ascoli e Teramo e il sistema promontorio del Gargano/Isole Tremiti.

Lo studio, tuttavia, è ancora in corso e per giungere a una rappresentazione esaustiva dell'impatto turistico sulla costa adriatica occorrerà mettere in relazione l'intera offerta turistica con la domanda e soprattutto con la sua accentuata stagionalità. Questa caratteristica renderà più agevole, rispetto ad altre attività economiche, valutare gli effetti di natura antropica sull'ecosistema, mentre data la natura complessa dei sistemi turistico-balneari, sarà più difficoltoso pervenire all'analisi delle numerose variabili che caratterizzano tali subsistemi territoriali, e alla loro rappresentazione cartografica.

La processualità dello sviluppo turistico nelle diverse località è un'altra caratteristica che l'analisi dell'impatto del turismo balneare sul sistema ecologico e sociale costiero deve considerare. È stato possibile, tramite una elaborazione geostatistica, individuare le località in cui negli ultimi dieci anni la ricettività alberghiera ha conosciuto una sensibile crescita e dove invece un declino. Per le aree in crescita l'espansione turistica, se perseguita in modo inadeguato e insostenibile, rischia di portare a una perdita di competitività del sistema. La qualità ambientale rappresenta ormai una questione di capitale importanza nella scelta di una meta turistica, e richiede quindi adeguata gestione politica e manageriale. La competitività ambientale può essere aumentata attraverso opportuni sforzi di limitazione dell'impatto ambientale di determinate strutture e nella gestione sostenibile dell'ambiente (MIHALIC, 2000).

Inoltre le località turistiche costiere, pur giocando un ruolo fondamentale nel complesso di azioni e retroazioni che determinano la vulnerabilità dei diversi subsistemi turistico-balneari, sono fondamentalmente attori passivi. Non solo perché sono destinatarie dei carichi inquinanti di tutto l'entroterra ma anche perché le proprie caratteristiche ambientali e territoriali rappresentano il prodotto stesso dello sviluppo dell'attività turistica.

Risulta invece più difficoltoso interpretare la relazione tra impatto ambientale e densità territoriale del turismo, poiché il dato risulta estremamente eterogeneo e indipendente dalla densità abitativa, ad eccezione della riviera romagnola. Sono necessarie in questo caso considerazioni particolari in riferimento alla morfologia del litorale, coste alte/basse e coste rocciose/sabbiose, all'estensione del territorio comunale e all'economia locale, nella misura in cui essa risulta poco o molto «turistica». In particolare gli aspetti relativi alla morfologia e all'economia dell'area considerata, allo stato attuale del lavoro solo accennati, andranno approfonditi ed eventualmente inseriti in ulteriori indicatori.

## BIBLIOGRAFIA

BERRY S. e LADKIN A., *Sustainable Tourism: A Regional Perspective*, in «Tourism Management», vol. 18.7, pp. 433-440, Elsevier, Pergamon, 1997.

BOYER J.-C., *Le tourisme*, Parigi, Seuil, 1972.

BUHALIS D. e FLETCHER J., *Environment Impacts on Tourist Destination: An Economic Analysis*, in COCCOSISS H. e NIJKAMP P. (a cura di), *Sustainable Tourism Development*, Aldershot, Ashgate, 1995.

CICI C., CHITOTTI O. e VILLA A. (a cura di), *Turismo sostenibile: dalla teoria alla pratica*, Monfalcone, Edicom, 1999.

COCCOSSIS H. e NIJKAMP P. (a cura di), *Sustainable Tourism Development*, Aldershot, Ashgate, 1995.

ELLIOT J., *Tourism*, Londra, Routledge, 1997.

FABBRI K.P., *A Methodology for Supporting Decision Making in Integrated Coastal Zone Management*, in «Ocean & Coastal Management», vol. 39, pp. 51-62, Elsevier, 1998.

FARREL B.H. e TWINING-WARD L., *Reconceptualizing Tourism*, in «Annals of Tourism Research», Vol. 31, 2004, pp. 274-295.

FERRARI F. e GRUGNALE B., *La sostenibilità del turismo nella regione Abruzzo* (stesura preliminare), Università «G. d'Annunzio» di Chieti - Sede di Pescara - Facoltà di Lingue e Letterature Straniere, Dipartimento di Studi Filosofici, Storici e Sociali, 2003.

GOODALL B. e STABLER M., *Environment Auditing in the Quest of Sustainable Tourism: The Destination Perspective*, Paper presentato alla Conferenza *Tourism in Europe*, Newcastle, 1992.

GORMSEN E., *The Impact of Tourism on Coastal Areas*, in «GeoJurnal», vol. 42.1, 1997, pp. 39-54.

GRANTUR, *Turismo e crescita produttiva, fattori locali e competitività del territorio*, Programma di Ricerca cofinanziamento MIUR 2002, Rapporto finale, novembre 2004.

GUNN C.A., *Tourism Planning: Basics, Concepts, Cases*, Washington, Taylor & Frances, 1994.

HALL C.M. e LEW A.A. (a cura di), *Sustainable Tourism: A Geographical Perspective*, New York, Longman, 1998.

HOLDEN A., *Environment and Tourism*, Londra, Routledge, 2000.

INNOCENTI P., *Geografia del turismo*, Roma, La Nuova Italia Scientifica, 1990.

INSKEEP, *Tourism Planning: An Integrated and Sustainable Development Approach*, New York, Van Nostrand Reinhold, 1991.

ISTAT, *Statistiche del Turismo*, Annate varie.

ISTAT, *Censimento della Popolazione*, Annate varie.

LOZATO GIOTART J.P., *Geografia del turismo. Dallo spazio visitato allo spazio consumato*, Milano, Franco Angeli, 1988.

MATHIESON A. e WALL G., *Tourism: Economic, Physical and Social Impacts*, Harlow, Longman, 1982.

MAY V., *Tourism Environment and Development Values*, in «Tourism Management», vol. 12.2, Elsevier, 1991, pp. 112-118.

MERCADOU C., PELLETREA A. e VOURCH'H A., *La promotion de la protection de l'environnement et du développement durable en matière du tourisme. Vers un Agenda 21 européen du tourisme*, Bruxelles, Unione Europea, 2001.

MIHALIC T., *Environmental Management of a Tourist Destination. A Factor of Tourism Competitiveness*, in «Tourism Management», Elsevier, vol. 21, 2000, pp. 65-78.

MIOSSEC J.M., *Un modèle de l'espace touristique*, in «L'espace géographique», pp. 41-48, 1977.

OECD, *The Impact of Tourism on the Environment: General Reports*, Parigi, 1980.

PROVINCIA DI RIMINI, *La sfida del turismo sostenibile nelle destinazioni turistiche di massa*, Rimini e Calvià.

TOURING CLUB ITALIANO e LEGAMBIENTE, *Guida Blu 2004*, Milano, Touring, 2004.

TURNER L. e ASH J., *The Golden Hordes: International Tourism and the Pleasure Periphery*, Londra, Constable, 1973.

UGOLINI G.M., *Turismo, valori ambientali e organizzazione del territorio: il caso della Liguria*, Genova, 1996.

UNEP, *Tourism and Local Agenda 21*, Parigi (*www.uneptie.org*).

UNEP e MAP, *La valutazione della Capacità di Carico Turistica nel Mediterraneo (www.inu.it)*.

VALLEGA A., *La regione, sistema territoriale sostenibile*, Milano, Mursia, 1995.

WTO, *Workshop on Environmental Aspects of Tourism*, UNEP e WTO meeting, Madrid, 1983.

Luciano Decio De Flaviis *

# L'UNIONE EUROPEA VERSO EST: LA POLITICA DI PROSSIMITÀ E LO SPOSTAMENTO DEL BARICENTRO EUROPEO

*Il mercato unico allargato*

La caduta del Muro di Berlino e i cambiamenti generalizzati nel contesto geopolitico verificatisi nel corso degli anni Novanta hanno ridisegnato il panorama regionale europeo, tanto da aver portato nel breve volgere di un decennio la gran parte dei paesi dell'ex blocco sovietico ad aderire all'Unione Europea, dopo avere affrontato le riforme economiche strutturali previste dalla strategia di preadesione.

L'allargamento dell'Unione Europea, oltre a essere il risultato di un notevole e inestimabile dialogo politico, volto alla storica riunificazione morale del continente, pone seri e ineludibili problemi legati alla completa ridefinizione della Politica Estera Comune; ovvero, quali ruoli essa debba interpretare in un contesto internazionale, oramai rapidamente mutato. È evidente come un tale quesito non possa essere risolto nelle pastoie diplomatiche di un sistema intergovernativo che, per sua natura, risulta essere sovrarappresentativo di interessi particolari, detrattori di un interesse generale centrale nelle questioni relative alle relazioni esterne e alla sicurezza.

La dinamica evoluzione degli scenari impone un vero rilancio strategico del ruolo europeo nell'intero contesto Euromediterraneo, fulcro sistemico delle logiche che sono alla base di quelle che vengono definite le emergenze *povertà - immigrazione - terrorismo*. In questo contesto, la nascita della Politica Europea di Prossimità si propone quale nuovo quadro strategico regionale nell'interpretare e gestire le relazioni derivanti dalla spostamento verso est dello spazio europeo; e in quest'ottica il Processo di Barcellona – teso alla realizzazione di un'area di libero

---

\* Dipartimento di Storia e Critica della Politica, Università di Teramo.

scambio con la riva Sud del Mediterraneo entro il 2010 – debba essere rafforzato, a significare una vera ridefinizione dei rapporti internazionali con popolazioni di cultura islamica.

L'adesione dei Paesi dell'Europa Centro-Orientale (PECO) è effettivamente l'occasione per portare a compimento il processo di costruzione di una entità sovranazionale europea, che finirà per ricongiungere paesi che hanno condiviso per secoli storia, cultura e istituzioni. Paesi, questi, che per oltre quarant'anni sono stati profondamente isolati dal contesto europeo costretti in un sistema di relazioni internazionali e politico-economico, totalmente diverso da quello in cui erano inseriti nel periodo precedente il secondo conflitto mondiale, e dove il sistema di pianificazione centralizzata e l'*integrazione economica sovietica* nell'ambito del COMECON hanno lasciato in eredità un sensibile ritardo di sviluppo economico.

Nel 1989, l'allora Comunità Europea stabiliva relazioni diplomatiche con i paesi dell'Europa centrale e varava il *Poland and Hungary Assistance for Restructuring of the Economy* (PHARE), programma con cui si creavano le misure di sostegno finanziario allo sforzo di riforma e ricostruzione delle economie di tali paesi [1].

Il PHARE è ben presto diventato il programma di assistenza più grande al mondo per i paesi dell'Europa centrale, fornendo *know-how* tecnico e sostegno agli investimenti, prodromo alla conclusione degli Accordi Europei: base giuridica per le relazioni bilaterali fra i PECO e l'Unione Europea. I relativi trasferimenti monetari provenienti dalla UE sono stati e sono tuttora molto importanti, pari a circa 20 miliardi di euro, nel periodo 1990-2003: un dato considerevole ma che risulta essere appena lo 0,02 del PIL della UE nel periodo considerato, e oltretutto sovrastimato, se paragonato a quanto speso dalla Germania per assorbire i *Lander* della RDT (oltre 500 miliardi di euro tra il 1991-98, pari a circa il 5% del PIL annuo tedesco) [2]. Questo stato di cose ha permesso all'Unione Europea di diventare presto il loro partner economico più importante e il mercato principale per le esportazioni provenienti da quell'area, assorbendone più della metà del totale.

Il decennio appena trascorso è stato un periodo di generale trasformazione nell'economia in questi paesi che hanno visto crescere l'interscambio con l'UE, secondo logiche di forte complementarietà (COMMISSIONE EUROPEA, 2001) [3].

---

[1] Nel corso di tutti gli anni Novanta la cooperazione con ex Cecoslovacchia, Polonia, Ungheria, Slovenia, Estonia, Lettonia, Lituania, Bulgaria e Romania si è aggiunta a quella attivata in precedenza con Cipro, Malta e la Turchia, con la quale dal 1996 è attiva l'Unione doganale.

[2] AA. Vv., *CEE - From Transition to Convergence Getting Started in the UE*, in Explicit July 2004, Bank Austria Creditanstalt, Vienna, p. 4.

[3] Ancora nel 1999, dopo quasi un intero decennio di intensa attività di trasformazione e di riconversione economica in larga parte assistita e guidata dall'UE, il livello del PIL in molti paesi PECO non è tornato a essere quello del 1989, e il tasso di disoccupazione è rimasto relativamente alto; in molti casi oltre il 10% (EUROPEAN COMMISSION, DG Economic and Financial Affairs, enlargement papers, *The Economic Impact of Enlargement*, p. 12).

Numerosi sono gli esempi di fortunati insediamenti produttivi di multinazionali europee che, sfruttando gli enormi vantaggi realizzabili dal punto di vista del costo della manodopera, hanno innescato un processo di progressivo interessamento da parte di entità imprenditoriali, anche molto piccole. Queste, infatti, potendo beneficiare di una reale prossimità geografica, hanno riorganizzato l'intera filiera produttiva, preferendo delocalizzare intere fasi di produzione nei distretti industriali *oltre cortina* per la realizzazione di semilavorati e dell'assemblaggio, lasciando solo la finale commercializzazione del prodotto all'interno dell'UE (BALDONE, SDOGATI e TAJOLI, 2002, p. 210).

In tal modo, le regioni dei nuovi Stati membri a ridosso del confine occidentale, che si trovavano in una situazione periferica sfavorevole durante il regime precedente, dopo l'inizio della transizione hanno tratto il vantaggio maggiore proprio dalla loro ubicazione, registrando una tendenza positiva di lungo periodo sia in termini di occupazione, che di sviluppo economico. Quindi, vicinanza all'Unione Europea, infrastrutture relativamente ben sviluppate e bassi costi del lavoro, associati a discrete competenze professionali [4], hanno contribuito a stimolare il commercio transfrontaliero incoraggiando gli investimenti, permettendo ai PECO di rendersi protagonisti di una vera rivoluzione economica iniziata con la selvaggia *deregulation* immediatamente successiva all'implosione del sistema sovietico e conducendo, in tempi relativamente brevi, alla completa integrazione di regioni profondamente diverse.

D'altro canto, però, la progressiva rinascita economica registratasi in questi paesi ha prodotto l'accentuarsi delle disparità al loro interno, soprattutto per quanto riguarda le aree delle capitali e delle regioni confinanti con l'UE-15, più interessate dagli investimenti delle regioni orientali che, al contrario, scontavano una relativa distanza dal confine comunitario (RODRIGUEZ-POSE, 2003, p. 187). Fenomeno questo che si è tradotto nelle realtà di Bulgaria e Romania le quali, pur avendo riattivato in larga parte le rispettive economie, soffrono ancora molto la loro condizione di perifericità geografica, la loro non contiguità *al confine europeo,* rinviandone l'adesione all'Unione a un ampliamento futuro. Questo stato di cose permetterebbe di argomentare, senza troppe forzature, che un allargamento *de facto* sia già avvenuto, prima del maggio 2004.

Alla base di quanto affermato in precedenza, oltre al ruolo della comunità internazionale, un grosso peso è stato esercitato dagli Investimenti Diretti Esteri (IDE) [5] che sono stati, da subito, di fondamentale importanza nella riorganizzazione

---

[4] Nei PECO, la percentuale di persone con un livello di istruzione superiore alla scolarizzazione di base risulta essere maggiore alla media UE-15, rispettivamente 80% contro 64% (COMMISSIONE EUROPEA, 2004, p. XII).

[5] L'IDE si definisce come il capitale investito nell'acquisizione di attività reali allo scopo di costituire una sussidiaria all'estero (*green field investment*) oppure per ottenere il controllo di una società straniera esistente. Mira a stabilire relazioni economiche a lungo termine con unità aventi sede

economica dei PECO, finanziando e stimolando il mercato locale, verso un graduale processo di adeguamento economico, strettamente connesso con le riforme che i paesi beneficiari andavano facendo verso la progressiva liberalizzazione e la creazione dell'economia di mercato. Particolare importante è stato come questi capitali esteri venivano coinvolti nelle privatizzazioni. Infatti, oltre 140 milioni di IDE sono arrivati nei PECO durante il corso degli anni '90, tanto da portare il volume di scambi commerciali tra i PECO e l'UE al livello di quello del mercato UE-15 [6].

La maggior parte dei flussi cumulati dall'inizio della transizione (periodo 1989-1999) è concentrata nei primi candidati ammessi al processo di preadesione. Tra questi, Polonia, Ungheria e Repubblica Ceca hanno ricevuto complessivamente oltre tre quarti degli IDE nell'area considerata. In particolare, la Polonia è divenuto il primo paese destinatario in termini di IDE cumulati, superando l'Ungheria che comunque detiene il primato in termini di IDE *pro capite*, seguito da Repubblica Ceca ed Estonia [7]. Questo strumento finanziario ha trovato terreno fertile nei citati paesi, in quanto i governi di questi ultimi ne hanno favorito l'ingresso garantendo enormi vantaggi fiscali alle imprese che vi si insediavano. Il dato polacco è lampante: nel decennio di trasformazione le *Zone Economiche Speciali* hanno attirato oltre 700 investitori dando lavoro a oltre 15 mila persone. Il tutto è avvenuto perché agli investitori è stata concessa un'esenzione dalla tassa sui profitti per i primi 10 anni e uno sconto sulla stessa pari al 50% per i successivi dieci [8].

È facile immaginare quanto possano essere importanti questi peculiari parchi industriali, ma è altresì vero che in un'ottica di progressiva armonizzazione alla normativa comunitaria, tali agevolazioni cozzano con i regolamenti sulla concorrenza e sugli aiuti di stato, falsando in anticipo quelle che dovrebbero essere le regole condivise del mercato unico allargato. Per quanto riguarda la provenienza degli IDE, è interessante notare come il ruolo preponderante è toccato ai paesi confinanti: la Germania, in termini assoluti, e l'Austria che, in proporzione alla propria grandezza e alla propria capacità economica, risulta essere lo Stato europeo più impegnato (LANDESMANN e STEHRER, 2002, p. 38).

Detti flussi finanziari hanno interessato, in un primo momento, produzioni tradizionali tendenzialmente *labour-intensive* (mobili, tessile e abbigliamento), beni *maturi* in cui le economie di scala hanno un ruolo importante (siderurgia, pro-

---

all'estero. La soglia che determina il controllo non è definita in modo uniforme: è del 10% nelle statistiche sugli IDE degli USA, del 20% in Francia e varia dal 25% al 50% negli altri paesi. Può essere sufficiente una partecipazione inferiore al 10% per acquisire il controllo di una società estera (ANDREFF, 2000, p. 13).

[6] AA. VV., *CEE - From Transition to Convergence Getting Started in the UE*, op. cit., p. 4.

[7] Oltretutto la Polonia ha attirato oltre il 35% del totale dei citati IDE con oltre 48 miliardi di euro, la Rep. Ceca il 28% pari a 41 miliardi e l'Ungheria infine con il 21% pari a 30 miliardi (*ibidem*).

[8] *La nuova Europa*, supplemento de «Il Sole 24 Ore» di sabato 17 aprile 2004, Milano, p. 3.

dotti in metallo e autoveicoli) e, più di recente, si sono diretti verso le *utilities* (elettricità, gas e acqua) e servizi come la grande distribuzione organizzata.

In altre parole, si è notato come in media un milione di euro di IDE abbia creato 70 posti di lavoro in Polonia, 60 in Repubblica Ceca, 50 in Ungheria, dove la stessa cifra investita in Cina ne creerebbe oltre 150. Dati, questi, che spiegano perché i vantaggi sperimentati nel decennio di transizione andranno progressivamente a scomparire, facendo perdere competitività ai PECO, sia per effetto di livellamento del mercato unico allargato, sia per l'entrata in vigore di una più stringente normativa di *welfare* (HISHOW, 2004, p. 3).

D'altro canto però, quello che i PECO andranno a perdere in termini di competitività nella UE, potranno recuperarlo attraverso l'intensificarsi delle rinnovate relazioni commerciali con i Paesi della Comunità di Stati indipendenti[9], in quanto eredi di un patrimonio di reciproche e simmetriche conoscenze derivanti dall'essere stati partner nel COMECON e dalla non trascurabile prossimità geografica, che fa dei PECO il loro interlocutore privilegiato (MOGILEVSKY, 2004, p. 11).

A questo punto è interessante notare come la geografia economica si coniughi con la storia nel determinare la distribuzione geografica degli IDE provenienti dai paesi membri. Il Marco tedesco (moneta) e il tedesco (lingua), per tutti gli anni Novanta sono stati il comune denominatore delle economie uscenti dal sistema comunista: il primo come faro economico e moneta franca, il secondo come mezzo trasversale di comunicazione, quale legame con il passato mitteleuropeo.

Si potrebbe affermare che, soprattutto lungo il confine tedesco-polacco, tedesco-ceco e austro-slovacco-ungherese, oramai da qualche tempo, l'integrazione culturale che era stata solo artificialmente *murata* abbia ripreso vigore con l'affermarsi di istituzioni democratiche e il passaggio all'economia di mercato, riconoscendo nella regione della *Cortina di Ferro*, quelle che il premio Nobel Robert Mundell definisce Aree Valutarie Ottimali, ovvero zone dove vi è un'elevata mobilità dei fattori lavoro e capitale. Prova ne sia il recente successo dell'euro, che in breve è divenuto moneta parallela nei nuovi Stati membri, stimolando ulteriormente il processo di convergenza economica e il ripristino delle comunicazioni, attraverso le nuove forme embrionali di capitalismo e il rafforzamento funzionale delle città. Infatti, nei grandi centri urbani si è registrata una consistente riconversione funzionale attirando flussi economici che rapidamente si sono re-indirizzati verso territori che fino a pochi anni prima erano considerati scarsamente interessanti da un punto di vista speculativo.

Questa tendenza si è concretizzata in un processo di privatizzazione dei grandi siti industriali presenti nei PECO, e la loro successiva acquisizione da parte di grandi gruppi occidentali e asiatici. Nella maggior parte dei casi le predette

---

[9] Si tratta dei seguenti paesi: Armenia, Azerbaigian, Bielorussia, Georgia, Kazakistan, Kirghizistan, Moldavia, Uzbekistan, Russia, Tagikistan, Turkmenistan e Ucraina.

aree, prevalentemente situate in contesti prossimi alle grandi capitali, sono state il volano di una progressiva riconversione innovativa che dai grandi centri si è irradiata verso le periferie [10]. Tale fenomeno è stato maggiormente influenzato dall'accessibilità del confine UE, ed ha favorito l'insediamento di attività strettamente legate alle produzioni occidentali nei territori a ridosso della vecchia *Cortina di Ferro*, innescando un lento processo di armonizzazione del tessuto produttivo e favorendone la materiale riunificazione europea.

*La nuova politica regionale europea e di prossimità*

L'Allargamento della Unione Europea ad Est è senza ombra di dubbio il più importante passo politico compiuto dalla Comunità dal 1957 ad oggi; 75 milioni di nuovi cittadini, pari a circa il 35% della popolazione attuale della UE-15, saranno partecipi della più grande area economicamente integrata al mondo (BYRSKA e VENABLES, 2004, p. 3), anche se nel loro insieme le economie dei nuovi paesi membri rappresentano appena il 5% del PIL comunitario, con un conseguente calo di oltre 12 punti percentuali dal reddito medio *pro capite* della UE-25 (COMMISSIONE EUROPEA, 2004, p. 10), dato questo che si pone quale punto di partenza per la rimodulazione di quella che in senso ampio viene definita Politica Regionale Europea [11].

Descrivere quali saranno gli scenari con i quali confrontarci appare prematuro. Sembrerebbe, invece, più opportuna una descrizione obiettiva di quello che è emerso dall'analisi del periodo di transizione che, pur con l'adesione politica della scorsa primavera, è ancora lungi dall'essere terminato.

È fuor di dubbio che un tale ampliamento avrà delicate conseguenze, progressivamente assorbite anche grazie all'aiuto dei fondi strutturali, che hanno iniziato a operare nei nuovi Stati membri nel triennio 2004-2006, grazie a uno stanziamento pari 24 miliardi di euro [12]. Altresì, preme evidenziare che stante l'attuale flebile congiuntura internazionale, i nuovi Stati membri, pur non apportando una grossa spinta propulsiva al sistema Europa, saranno, invece, dei piccoli e fondamentali rimorchiatori [13]. Questi, partecipando proporzionalmente ai costi dell'assor-

---

[10] Budapest ne è un caso lampante: nella sua regione sono arrivati oltre i 2/3 del totale degli IDE che sono arrivati in Ungheria. AA. Vv., *The impact of Trade and Fdi on Cohesion (preparation of the second cohesion report)*, Essen, RWI, 2001, p. 33.

[11] Un insieme logico-strategico di solidarietà finanziaria a carattere redistributivo, dove una parte degli Stati membri più sviluppati assume l'onere di contribuire alla ripresa dei beneficiari, che ammonta a circa 213 miliardi di euro per il periodo 2000-2006.

[12] Comunicazione della Commissione al Parlamento europeo e al Consiglio relativa all'attuazione degli impegni assunti dai paesi aderenti nel quadro dei negoziati di adesione riguardanti il Capitolo 21, Politica regionale e coordinamento degli Strumenti strutturali Com (2003) 433 def., Bruxelles, 16.7.2003.

[13] Cfr., AA. Vv., *Il dilemma euro atlantico - rapporto 2004 della Fondazione Istituto Gramsci sull'integrazione europea*, Roma, Nuova Iniziativa Editoriale, 2004, p. 177.

bimento delle loro economie, contribuiranno a evitare l'innescarsi di quei disordinati flussi migratori temuti per effetto dal principio comunitario della libera circolazione delle persone, normativa sottoposta restrittivamente a temporanea condizionalità da parte di alcuni UE-15, in manifesta violazione dei diritti di non discriminazione e di parità di trattamento (CARRERA, 2004, p. 21).

Basti considerare che le previsioni di crescita del PIL nel 2005 mostrano, per l'aggregato UE-25, un dato pari al 2,4% mentre, per quanto riguarda gli indicatori economici relativi ai soli PECO – che mostrano una discreta propensione allo sviluppo, conseguente alla loro crescente apertura all'internazionalizzazione – un dato pari a circa il 4,5%, in particolare per quanto riguarda la Polonia e le repubbliche baltiche (UNITED NATIONS ECONONIC COMMISSION FOR EUROPE, 2002, p. 1). Infatti, la forza dei PECO allo stato attuale è rappresentata dalla forte domanda aggiuntiva che esercitano in qualità di mercato di sfogo per le produzioni di *Eurolandia*.

Specularmente, i risultati di tale dinamica economica inclusiva producono seri effetti anche nei confronti degli altri paesi in preadesione, segnatamente Bulgaria e Romania che, malgrado le difficoltà legate alla citata perifericità e un'economia ancora profondamente dipendente da un debole settore agricolo, mostrano tassi di crescita per il 2005 del PIL su base annua pari al 5% (*ibidem*, p. 2), pur registrando un PIL *pro capite* pari rispettivamente al 29 e al 27% (BACHTLER, 2004, p. 4).

Ma il punto cardine in merito agli effetti economici dell'allargamento, e che ne rappresenta in tutta sicurezza il quesito principe, è dove trovare le risorse per garantire un corretto ampliamento, considerando la stima che ha quantificato in 50 euro *pro capite* il costo del primo anno di allargamento per le tasche dei cittadini dell'aggregato UE-15 (BOERI e altri, 2003, p. 8).

Il problema è articolato: dati i vincoli di finanza pubblica che gravano sia sul bilancio degli Stati membri sia su quello comunitario, è necessario garantire un puntuale finanziamento delle politiche esistenti e la loro estensione ai nuovi Stati membri. Notoriamente, la complessità del problema risiede nel fatto che, questi ultimi, sono in larga misura paesi con un reddito *pro capite* di gran lunga inferiore alla media comunitaria[14], caratterizzati da una forte presenza del settore agricolo, nonché da un sistema industriale ancora in trasformazione[15]. Pertanto, l'estensio-

---

[14] Pertanto l'ampliamento rappresenterà una sfida duplice per la coesione; in primo luogo, farà aumentare più del doppio lo popolazione residente in regioni con un PIL *pro capite* inferiore al 75% dell'attuale media UE (20.213 euro) da 71milioni a 174 milioni di persone, o dal 19% del totale UE-15 al 36% del totale UE-27, o al 26% del totale UE-27, se il PIL *pro capite* medio UE viene ridotto a quello dei 27 paesi, cioè 16.504 euro (COMMISSIONE EUROPEA, 2001, p. 8).

[15] Nel periodo 2004-2006 i nuovi Stati membri, pur potendo beneficiare dei circa 25 milioni di euro del fondo di coesione, sono vincolati, nel loro nuovo status di paesi membri, a implementare logiche progettuali che li vedono obbligati a contribuire alla realizzazione degli stessi con una quota di cofinanziamento. MINEFI-DREE/TRÉSO, *Revue Elargissement*, Dossier n. 445, giugno 2004, p. 1 - www.dree.org/elargissement.

ne delle politiche di coesione e della politica agricola comune, rispettivamente 35% e 40% del bilancio comunitario, nella loro forma attuale, richiederebbe la volontà da parte degli Stati membri, in particolare dei paesi contributori netti[16] di mantenere inalterata la vigente soglia di contribuzione al bilancio comunitario, pari al 1,24% del loro Prodotto Nazione Lordo (PNL). Ipotesi che appare scarsamente praticabile, in quanto questi ultimi hanno dichiarato di voler ridurre tale parametro all'1%.

Lo scenario descritto produrrebbe la triste conseguenza di avere ridotte le risorse da destinare alla futura politica di coesione per il periodo 2007-2013, con il paradossale effetto di vedere l'Unione ampliata a dieci nuovi membri, cui presto si aggiungeranno Romania e Bulgaria, dover far fronte alle accresciute disparità economico-strutturali con uno strumento finanziario che, sul piano quantitativo, risulterebbe essere inferiore al precedente periodo 2000-2006 (HÜBNER, 2005).

Infatti, allo stato attuale, gran parte dei nuovi Stati membri ha ancora un PIL inferiore di oltre 30 punti percentuali alla media europea ed è altresì altamente improbabile che nella nuova programmazione «2007-2013» venga mantenuto l'attuale parametro che vincola l'inserimento nell'Obiettivo 1 alle sole regioni con un PIL inferiore al 75% della media europea[17]. Per questo, l'eventuale fuoriuscita delle attuali regioni dall'Obiettivo 1, non sarebbe determinata da un loro reale miglioramento, ma soltanto dal cambiamento dei parametri statistici di riferimento che, nel frattempo, avranno incluso aree ancora più arretrate, scatenando il paradossale effetto di sottrarre, o nella migliore delle ipotesi ridurre, quelle determinanti risorse addizionali che, nei fatti, hanno sostenuto politiche programmatiche centrali per lo sviluppo di aree periferiche in ritardo economico[18].

È quindi necessario procedere, da un lato, a una sostanziale revisione dei principi su cui tali politiche poggiano, dall'altro, a rendere disponibili risorse attraverso un uso più efficiente e una gestione più attenta ai risultati delle politiche comunitarie. In quest'ottica, la Commissione Europea, al fine di evitare che ogni futuro ampliamento conduca a una radicale metamorfosi dell'istituzione

---

[16] Germania, Francia, Regno Unito, Paesi Bassi, Austria e Svezia.

[17] Tenuto conto dei livelli di reddito *pro capite* esistenti nei paesi candidati se la convergenza tra le regioni procedesse con lo stesso ritmo sarebbero necessarie almeno due generazioni per tradurla in un'Unione Europea allargata. Nell'Unione Europea attuale, l'efficacia dei fondi strutturali è indubbia da un punto di vista sia microeconomico sia macroeconomico. Ma resta spesso troppo modesta per consentire il recupero delle regioni che sono le destinatarie principali dei fondi: la messa a disposizione di finanziamenti a favore di uno sviluppo regionale equilibrato si scontra con dispositivi nazionali precostituiti, talvolta inadatti a tenere sotto controllo una geografia economica ormai molto più mutevole.

[18] Una parte dei paesi candidati, quali la Slovenia, Cipro, Malta e Rep. Ceca, potrebbero trovarsi finanziariamente penalizzati a seguito dell'adesione, in quanto risulterebbero «contributori netti» al bilancio comunitario (BACHTLER, 2004, p. 4).

«Europa», considerando che le attuali logiche integrazioniste l'hanno spinta a ridosso di regioni estremamente instabili sia in termini politici che economici, ha attivato una profonda rivisitazione delle linee-guida che sono alla base delle proprie relazioni esterne. Dove le dinamiche dell'approfondimento della Unione economica e monetaria sul fronte interno, come quelle di definire i confini oltre i quali altri ampliamenti non sono ipotizzabili [19], impongono la pianificazione di un'azione univoca che ne riassuma delineando tutte le macro-problematiche legate alla sua futura evoluzione.

Il territorio europeo, geograficamente inteso, risulta essere sottoposto a pesanti pressioni originantisi da due enormi macro-regioni quella asiatica e quella africana, all'interno delle quali sono in corso delle pulsanti frizioni di carattere economico e culturale, per tradursi nello scenario europeo sotto forma di immigrazione legale e clandestina, quest'ultima spesso sfruttata da logiche criminali che utilizzano il miraggio del riscatto sociale per milioni di persone come risorsa economica per finanziare altri traffici illegali. Per cercare di disinnescare il potenziale destabilizzante presente in queste due aree, l'UE ha promosso una strategia *inclusiva*: sia verso est, integrando i paesi dell'Europa centro-orientale nell'UE, sia verso sud, dove lo scopo è costruire insieme ai paesi del Mediterraneo, altrimenti definiti come Paesi Terzi Mediterranei (PTM), una zona di libero scambio entro il 2010 [20]. Per il raggiungimento di questo obiettivo è oltremodo necessario organizzare un quadro logico-strategico che inglobi in un'unica tematica le spinte dei migranti con le pulsioni destabilizzanti dell'estremismo terrorista, in quanto risposte organiche a una sola domanda, sintesi delle aspirazioni di tutti i popoli alla pace e al benessere.

Pertanto, la citata necessità di ribilanciare le relazioni con i propri vicini, unita alla preoccupazione per una sicurezza e stabilità costantemente messe in discussione dal divario economico con l'altra sponda del Mediterraneo, ha spinto la Commissione Europea a lanciare, con la comunicazione *Wider Europe*, la nuova politica di prossimità [21]. Questo perché in un contesto incoraggiato dalla globalizzazione dell'economia, oltre al già descritto processo di allargamento, occorre ela-

---

[19] La nozione di allargamento era inclusa nell'idea originale dell'Europa. Ne è testimone l'articolo 237 del Trattato di Roma, il quale stipula che «tutti gli Stati europei possono portare la loro candidatura per l'entrata nella Comunità».

[20] La dichiarazione finale della Conferenza ministeriale euromediterranea di Barcellona del 27 e 28 novembre 1995 è volta a istituire un partenariato globale e euromediterraneo al fine di trasformare il Mediterraneo in uno spazio comune di pace, di stabilità e di prosperità attraverso il rafforzamento del dialogo politico e sulla sicurezza, un partenariato economico e finanziario e un partenariato sociale, culturale e umano.

[21] Comunicazione della Commissione del 11.03.2003, *Wider Europe - Neighbourghood: A New Framework for Relations with our Eastern and Southern Neighbours* (Com/104/2003).

borare una rinnovata azione sia per i paesi del bacino del Mediterraneo[22], che con quelli con i quali si trova a condividere il nuovo confine, ma ai quali, al momento non offre una prospettiva di adesione[23].

Le priorità stabilite dalla Commissione Europea ipotizzano la creazione di uno *Strumento europeo di prossimità*[24], che si concentrerà sulla cooperazione transfrontaliera lungo la frontiera esterna dell'UE ampliata, per preparare il terreno al prossimo allargamento previsto per il 2007, rivolto a Romania, Bulgaria, e auspicabilmente anche alla Croazia[25], quest'ultima quale candidata *naturale* a un'adesione che può essere considerata il fine ultimo del processo di stabilizzazione in corso in tutti gli altri paesi dei Balcani occidentali[26].

Questo processo inclusivo europeo servirà a identificare nel bacino Mediterraneo il fulcro per lo sviluppo di quella dialettica strategica che dovrebbe permettere di esportare il modello dell'integrazione economica, per la normalizzazione delle relazioni internazionali tra tutti i paesi rivieraschi.

Quindi la Politica di Prossimità intesa come strategia biunivoca attraverso la quale l'agire europeo, sotto forma di *potenza civile* che punta sulla interdipendenza economica per creare cooperazione e sul dialogo politico per esercitare influenza (MISSIROLI, 2001, p. 394), muova verso la creazione di un'area caratterizzata da una forte contiguità geografica con il Vecchio Continente, che si traduca in un dialogo privilegiato, che abbia come risultato atteso la progressiva riduzione delle criticità di una vasta area in cui permangono grandi squilibri a livello di sviluppo, crescita demografica e diffusione della democrazia.

Nel medio termine questo dovrebbe produrre il rafforzamento delle relazioni della Unione Europea sia al suo interno, in un logica di progressiva armonizzazione socio-economica, sia esternamente, facendosi promotore di un'intensa attività di cooperazione culminante nella creazione di un'area di libero scambio, quale anello esterno, che troverebbe una stabile base legale sotto forma di Accordi Europei di Vicinato con tutti i paesi confinanti[27].

---

[22] I partecipanti non-UE del partenariato euromediterraneo: Algeria, Egitto, Israele, Giordania, Libano, Marocco, Autorità Palestinese, Siria, Tunisia e di recente la Libia in qualità di osservatore.

[23] Russia, Ucraina, Bielorussia e Moldavia.

[24] Il nuovo strumento di prossimità, operativo dal 2007, ingloberà principalmente i programmi INTERREG, TACIS e MEDA.

[25] La Croazia ha formalizzato la richiesta di adesione alla UE nel febbraio del 2003.

[26] Serbia e Montenegro, Bosnia-Erzegovina, Kosovo, Macedonia, Albania.

[27] La Commissione raccomanda di includere nell'ENP anche Armenia, Azerbaigian e Georgia. La Strategia europea di sicurezza, adottata dal Consiglio europeo nel dicembre 2003, identifica chiaramente il Caucaso meridionale come una delle regioni in cui l'UE deve mostrare un «interesse più forte e più attivo». COMMISSIONE EUROPEA, IP/04/632, Bruxelles 12.05.2004 - *www.europa.eu.int/comm/world/enp*.

*Conclusioni*

Il successo della moneta unica, frutto di una costante e progressiva cessione di sovranità degli Stati membri verso un'entità superiore, alla quale venivano affidate competenze gestorie di un interesse generale condiviso, ha prodotto l'innescarsi di un circo virtuoso per una crescita economica che è divenuta sviluppo strutturato. Il tutto è stato possibile solo dalla chiara definizione di dinamiche estrinsecantisi nella politica della concorrenza. Pertanto, se il libero mercato non è tale senza libera concorrenza, è altamente probabile che un contesto internazionale dove la sicurezza è gestita secondo logiche monopolistiche da un fantomatico *Leviatano* finisca per essere prodromico di fenomeni quantomeno distorsivi.

Analogamente, se è vero che il successo europeo risiede nel paradigma *cedere sovranità per avere sovranità*, la codificazione comunitaria delle procedure di politica estera e di sicurezza non può essere più rinviata. Ma alla Potenza Civile manca ancora una vera cultura strategica condivisa, ove con quest'ultima s'intenda l'individuazione dei futuribili rischi per la propria sicurezza, sintetizzabili nelle esternalità negative derivanti dai mal controllati movimenti migratori, che potrebbero essere fronteggiati migliorando la logica partenariale alla base della politica di prossimità. Oltretutto tale preoccupazione è ulteriormente rafforzata dalla considerazione che vede l'aumento dei flussi migratori – peraltro fenomeno non necessariamente negativo – quale effetto dell'integrazione economica regionale tra aree con forte differenziale socio-economico.

Preme altresì segnalare che gli equilibri politico-istituzionali del futuro scenario non possono essere sottorappresentati nelle due sedi del Parlamento europeo e governati da quell'Alta Autorità che, lungi dall'essere un Governo federale, contribuisce a entropizzare *quell'insieme di sistemi* come Mitterrand amava chiamare quest'Europa che lui stesso ebbe a progettare. Pertanto, il risultato parziale del superamento degli Stati nazionali deve essere completato con un ulteriore slancio politico volto alla organizzazione di un'unione federale. Parafrasando un illustre italiano, in tutta sicurezza si può affermare che gli europei ci sono, l'Europa resta da fare.

## BIBLIOGRAFIA

AA. VV., *CEE - From Transition to Convergence Getting Started in the UE*, in Explicit July 2004, Bank Austria Creditanstalt, Vienna.

AA. VV., MINEFI-DREE/TRÉSO, *Revue Elargissement*, Dossier n. 445, Parigi, giugno 2004.

AA. VV., *Hard Budgets, Soft States - Social Policy Choices in Central and Eastern Europe*, Institute for Public Policy Research, Londra, 2000.

AA. VV., *Il costo dell'allargamento: un falso problema*, in «Quaderni Europei» n. 2, Napoli, 2002.

AA. VV., *L'élargissement de l'Uunion europèenne à L'est de l'Europe, des gains à escompter à L'est et à L'ouest,* La Documentation Française, 1999.

AA. VV., *Il dilemma euro atlantico - Rapporto 2004 della Fondazione Istituto Gramsci sull'integrazione europea*, Roma, Nuova Iniziativa Editoriale, 2004.

AA. VV., *La nuova Europa supplemento*, Dossier Allargamento, «Il Sole 24 Ore» di 17.04 2004, Milano.

ANDREFF W., *Le Multinazionali Globali,* Trieste, Asterios Edizioni, 2000.

AUER J., *Infrastructure as Basis for Sustainable Regional Development*, Deutsche Bank Research, Francoforte sul Meno, giugno 2004.

BACHTLER J., *Il nuovo volto dell'Unione europea*, in «Inforegio» n. 13, Bruxelles, aprile 2004.

BALDONE S., SDOGATI F. e TAJOLI L., *Moving to Central-Eastern Europe: Fragmentation of Production and Competitiveness of the European Textile and Apparel Industry in an Enlarged Europe in the Economics of Enlargement*, in «Rivista di Politica Economica», n. 1, Roma, 2002.

BALFOUR R., *Rethinking the Euro-Mediterranean Political and Security Dialogue*, Institute for Security Studies, occasional Papers n. 52, Parigi, maggio 2004.

BOERI T., BRUECKER H., CORICELLI C. e ROSTOWSKY J., *Managing Enlargement*, Aspen European Dialogue, Redesignig Europe, Roma, 2003.

BYRSKA M. e VENABLES T., *The Unfinished Enlargement - Report on Free Movement of People in EU-25*, European Citizen Action Service, Bruxelles, maggio 2004.

CARRERA S., *What does free movement Mean in Theory and Pracrice in an Enlarged EU?*, Centre for European Policy Studies, CESP Working documents n. 208, Bruxelles, ottobre 2004.

COMMISSIONE EUROPEA, Comunicazione della Commissione del 11.03.2003, *Wider Europe - Neighbourghood: A New Framework for Relations with our Eastern and Southern Neighbours* (Com/104/2003).

COMMISSIONE EUROPEA, *Unità dell'Europa solidarietà dei popoli e diversità dei territori, secondo rapporto sulla coesione economica e sociale*, Bruxelles, 2001.

COMMISSIONE EUROPEA, *Un nuovo partenariato per la coesione, convergenza, competitività e cooperazione. Terzo rapporto sulla coesione economica e sociale*, Bruxelles, 2004.

COMMISSIONE EUROPEA, IP/04/632, Bruxelles, 12.05.2004, *www.europa.eu.int/comm/world/enp*.

DE GRAUWE P., *Economia dell'Unione Monetaria*, Bologna, Il Mulino, 2001.

EUROPEAN COMMISSION, DG Economic and Financial Affairs, Enlargement papers, *The Economic Impact of Enlargement 2001*, Bruxelles.

EDERVEEN S. e THISSEN L., *Can Labour Market Institution Explain Unenployment Rates in New Member States?*, European Network of Economic Policy Research Institutes, Working Papers n. 27, Bruxelles, giugno 2004.

HISHOW O.N., *Pressure from the East European Member State, Tax Burdens, Locational Competition and Reform Requirements within the EU-25*, in SWP Comments September 2004, Stiftung Wissenschaft und Politik German Institute for International and Security Affairs, Berlino.

HÜBNER D., *Seminar on Structural Funds - Achievements and Challenges*, organizzato dal Partito Socialista Europeo, Parlamento Europeo, Bruxelles, 28 febbraio 2005.

LANDESMANN M.A. e STEHRER R., *Evolving Competitveness of CEEC's in an Enlarged Europe in The Economics of Enlargement*, in «Rivista di Politica Economica» n. 1, Roma, febbraio 2002.

MATTINA L. (a cura di), *La sfida dell'allargamento, l'Unione europea e la democratizzazione dell'Europa centro-orientale*, Bologna, Il Mulino, 2004.

MISSIROLI A., *La politica estera e di sicurezza fra Nato e Unione europea*, in GUERRIERI S., MANZELLA A. e SDOGATI F. (a cura di), *Dall'Europa a quindici alla Grande Europa. La sfida Istituzional*e. Fondazione Istituto Gramsci, Bologna, Il Mulino, 2001.

MOGILEVSKY R., *CIS-7 Perspective on Trade with EU in the Context of EU Enlargement*, Center for Social and Economic Research, Varsavia, luglio 2004.

MUARER A., LANG K. e WHITLOCK E., *New Stimulus or Integration Backlash - EU Integration and Transatlantic Relations*, in SWP Comments July 2004, Stiftung Wissenschaft und Politik German Institute for International and Security Affairs, Berlino.

RODRIGUEZ-POSE A., *L'Unione Europea - economia, politica e società*, Milano, Franco Angeli, 2003.

UNITED NATIONS ECONONIC COMMISSION FOR EUROPE, *A Strong but Uneven Rebound of the ECE Economy*, in «UNECE Economic Survey of Europe 2004», n. 2, Ginevra, luglio 2002.

Domenico de Vincenzo *

# SQUILIBRI TERRITORIALI E TURISMO NELLA «REGIONE» ADRIATICA BALCANICA

*Premessa*

Le profonde trasformazioni registrate nell'ultimo decennio nella Penisola Balcanica rendono particolarmente complessa la lettura dei processi socio-economici e delle traiettorie di sviluppo ivi in atto. Sperimentazioni di democrazia; pacificazione instabile; spinte secessionistiche; richieste di riconoscimento quale identità minoritaria; profondi contrasti anche politici e culturali; aperture verso l'occidente non sempre convinte; presenza di una *governance* parallela e non sempre sulla linea della legalità; pesanti eredità ricevute dalle guerre del '91-'95 (in cui i genocidi, le «pulizie etniche», sono un elemento a nostro parere più forte, più potente delle distruzioni materiali perpetrate dai bombardamenti); altrettanto pesanti eredità sedimentatesi durante un quarantennio di regime dittatoriale (eredità che si scontrano spesso con una richiesta di maggiore dinamicità di tutto il sistema economico, il quale invece risulta a volte appesantito da una eccessiva presenza dello Stato); pericoli di ingerenze esterne derivanti anche da investimenti diretti esteri che possono condurre verso una gestione eterodiretta dei processi economici; consapevolezza di possedere un passato e una cultura degni della migliore tradizione europea, ma, allo stesso tempo, sensazione, tipica dei popoli «di confine», di non essere pienamente da una parte e nemmeno pienamente dall'altra: una sensazione di indeterminazione che rischia di tramutarsi in una affermazione debole della propria identità. Come è emerso in diverse occasioni durante i lavori di questo convegno, i paesi della ex Iugoslavia hanno una sponda, quella propriamente tale, adriatica, verso Occidente e l'altra (più complessa dal punto di vista politico, culturale e religioso, pur condividendone per decenni il destino) verso est.

---

* Dipartimento di Economia e Territorio, Università di Cassino.

In questo lavoro sui paesi dell'Adriatico balcanico, ci occuperemo soprattutto di Croazia e Montenegro, tralasciando i paesi della ex Iugoslavia che si affacciano per brevi tratti sull'Adriatico (Slovenia e Bosnia-Erzegovina). In tale contesto, tenteremo di ricostruire quanto emerge da questo panorama composto, all'interno del contesto «regionale» adriatico, in cui sembra che si rinnovi una condizione territoriale comune, che ha forse la pretesa, ma anche il merito, di continuare un percorso interrotto molti secoli fa (con la caduta della Repubblica di Venezia), mai ricucito con la Grande Guerra, momentaneamente (ma pur sempre troppo a lungo) troncato dalla divisione, nel Secondo dopoguerra, tra est e ovest, tra paesi al di qua e al di là della Cortina di Ferro. Tenteremo di ricostruire ciò attraverso il turismo, un «mito» che spesso ha condizionato (e suggestionato) le interpretazioni dello sviluppo e le politiche di sviluppo delle aree depresse, come è stato un punto di riferimento (apparentemente) irrinunciabile per le politiche di sviluppo di gran parte dei paesi dell'Adriatico, non solo balcanico.

*Centro e periferia turistica nella regione adriatica balcanica*

Il turismo, nei paesi della ex Iugoslavia, è considerato quale una delle voci più importanti dell'economia nazionale e delle politiche di sviluppo. Naturalmente, nonostante i tentativi di diversificazione dell'offerta turistica operati dai paesi dell'ex Iugoslavia, le maggiori attenzioni vengono puntate proprio sulle aree costiere, anche se esse non sono prese in considerazione in maniera esclusiva. Le aree costiere, di fatto, contengono una duplice possibilità turistica, potendo essere avvicinate sia dai turisti «culturali» che vogliono visitare le antiche città della costa dalmata, sia dai turisti «balneari», che possono accedere a delle spiagge di particolare e rara bellezza naturalistica. I tentativi di spingere i turisti verso le regioni interne della Croazia e del Montenegro risultano ancora piuttosto ardui e ciò porta a una ulteriore periferizzazione di tali aree interne, non solo dal punto di vista turistico, con un consolidamento di uno sviluppo squilibrato che già interessa molte regioni di Croazia e Montenegro.

L'importanza del turismo per l'economia non era sfuggita neanche al regime socialista, per cui esso nella sua evoluzione appare strettamente legato alle vicende storiche dell'ultimo sessantennio. Sicuramente meno impermeabile degli altri paesi d'oltre Cortina, la ex Iugoslavia, già durante la dittatura di Tito, aveva aperto le porte al turismo di massa, soprattutto straniero, particolarmente intenso sulla costa dalmata e, soprattutto, nella penisola istriana. Un turismo gestito direttamente dallo Stato, che manteneva la proprietà delle attività ricettive, senza peraltro preoccuparsi di intervenire in ristrutturazioni di alberghi che via via divenivano obsoleti. Cosa, quest'ultima, che creò ben presto una stasi nelle presenze turistiche, che preludeva a un declino del turismo nell'area.

Oggi, come si è detto, il turismo, per i paesi balcanici che si affacciano sull'Adriatico, assume un'importanza fondamentale all'interno delle politiche di sviluppo. Oltre a rappresentare una importante voce del bilancio statale, contiene in sé le premesse di un riconoscimento internazionale di paesi prostrati da un sanguinoso periodo bellico che ancora non trova una piena risoluzione per alcuni di essi. Il turismo, in effetti, diventa il simbolo di una identità da proporre a livello internazionale, una identità appannata da decenni di regime socialista e completamente stravolta dagli eventi bellici. In tale contesto, diventa importante il fatto che il turismo assuma un aspetto diverso da quello che aveva nel periodo pre-bellico di turismo di basso costo, per coloro che non potevano permettersi mete esotiche e costose; nonché un basso livello di diversificazione e con una spiccata predilezione per il turismo di massa. Di fatto, il tentativo è quello di scrollare dall'immagine dell'Adriatico balcanico l'aspetto di «periferia», per vestire i panni di un turismo di qualità, che si ponga in diretta competizione con il turismo dell'altra sponda dell'Adriatico e con il turismo dell'area mediterranea più in generale.

Analizzando i dati relativi al turismo dell'attuale Croazia (fig. 1), notiamo che le presenze turistiche nel 1970 erano circa 30 milioni e, nel giro di un quindicennio, raggiungono i 70 milioni. Di queste, i 2/3 sono di turisti stranieri, i quali rappresentano sempre la maggior parte delle presenze.

Alla vigilia della guerra del '91-'95, le presenze turistiche subiscono una decisa flessione portandosi a poco oltre 50 milioni nel 1990. La cesura bellica, dunque, arriva in un momento in cui il ciclo di vita del prodotto turistico croato (e della ex Iugoslavia in generale) era in piena fase di declino, determinata anche dall'incertezza delle conseguenze della fine del regime socialista e della divisione della federazione iugoslava in tanti stati indipendenti.

Nel 1991, si ha il crollo verticale: infatti, le presenze scendono a 10 milioni (6 milioni di stranieri). Tra il 1992 e il 1995, i flussi turistici (anche di stranieri) crescono, rispetto al 1991, seppur debolmente[1]. Al termine degli eventi bellici,

---

[1] Secondo CAVLEK (2002), una grossa parte in questo mantenimento dei flussi turistici soprattutto stranieri la ebbe una agenzia turistica croata, la *Bemextours*, la quale, già dal 1992, svolse un'opera di promozione del turismo croato più simile a quella di un ufficio turistico nazionale che a quella di un'agenzia turistica. Quest'opera di promozione (attraverso la distribuzione di brochure, la partecipazione a fiere di settore, l'invio di troupe televisive in Croazia, inviti a giornalisti, ecc.) fu, in effetti, la prima promozione della Croazia come «nuova» meta turistica (dopo la dissoluzione dell'ex Iugoslavia) e, seppur non portò un numero elevato di turisti alla *Bemextours* (poco meno di 9.000, su 1,3 milioni di turisti stranieri), fece in modo da attrarre l'attenzione degli operatori turistici sulla Croazia. Infatti, dopo due anni (1992 e 1993) in cui le agenzie turistiche europee avevano escluso la Croazia tra le mete di viaggio offerte ai loro clienti, dal 1994, riprendono a inserirla all'interno di pacchetti di viaggio.

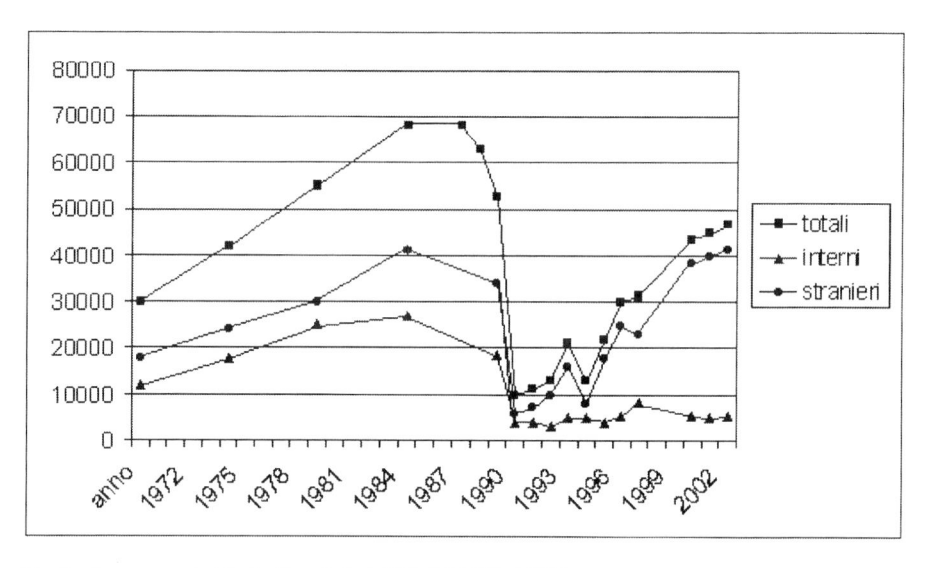

Fig. 1 - *Presenze turistiche in Croazia (x 1.000) dal 1970 al 2003.*
(Fonte: nostra elaborazione da Ministero del Turismo, 2001; Ufficio Centrale di Statistica, 2004; UNECE, 2003)

la crescita delle presenze – ora, quasi esclusivamente composte da stranieri – riprende senza esitazione, tanto che nel 2003 arrivano a 46,6 milioni, cifra che, comunque, non supera né eguaglia ancora il valore massimo del periodo pre-bellico. Il 2004, nonostante si sia parlato di *boom* della Croazia, non sembra staccarsi dal dato tendenziale degli anni precedenti. Infatti, i primi nove mesi dell'anno hanno registrato 500.000 arrivi e 1 milione di presenze in più, rispetto agli stessi mesi del 2003: dunque una crescita del tutto in linea con quella dei tre anni precedenti, se non addirittura in leggero rallentamento. Vi è da notare, però, come l'incremento abbia interessato solo gli stranieri, mentre i turisti interni sono rimasti pressoché stabili come arrivi e addirittura risultano in flessione per quanto riguarda le presenze.

La maggior parte delle presenze (96%) e degli arrivi (87%) si concentra nelle sette province costiere (fig. 2).

I maggiori flussi turistici provengono dalla Germania (1,5 milioni di arrivi, 11 milioni di presenze, pari, rispettivamente, al 21% e al 27% del totale), seguita dall'Italia (1,2 milioni di arrivi e 5,3 milioni di presenze) e dalla Slovenia (0,9 milioni di arrivi, 5,2 milioni di presenze, pari al 12,4% di arrivi e 12,6% di presenze). La Slovenia rappresenta la maggior quota di arrivi e di presenze dai paesi della ex Iugoslavia, che in totale ammontano a 1,1 milioni di arrivi e 6,2 milioni di presenze (corrispondenti all'incirca al 15% di arrivi e di presenze). Risulta comun-

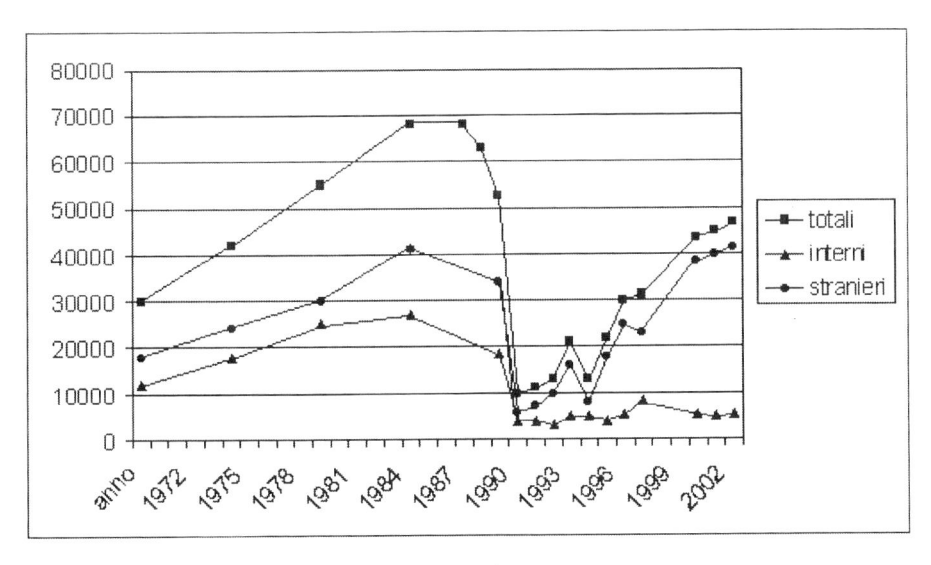

Fig. 2 - *Croazia. Presenze turistiche per provincia (2003)*.
(Fonte: nostra elaborazione su dati dell'Ufficio Centrale di Statistica, 2004)

que abbastanza chiara l'importanza dei paesi dell'Est europeo quale bacino di provenienza di turisti (fig. 3).

Considerazioni del tutto simili a quelle croate possono essere fatte per il Montenegro. Nel 1985, anno del picco di presenze turistiche nella Iugoslavia socialista, si erano registrate 10,7 milioni di presenze, che nel 2002 erano ancora a 3,7 milioni (di cui solo 0,9 milioni stranieri; di questi stranieri, il 27% provenienti da paesi della ex Iugoslavia), in calo rispetto al 2001 (4 milioni totali, di cui 0,7 milioni stranieri). Nel 2003, le presenze sono tornate sui 4 milioni (0,9 milioni di stranieri). Nei primi otto mesi del 2004, si erano già registrati 3,9 milioni di presenze (3,4 milioni erano state le presenze nello stesso periodo dell'anno precedente), di cui 950.000 stranieri (0,7 milioni nello stesso periodo dell'anno precedente). Una condizione, dunque, opposta a quella della Croazia, che, come si è visto, ha sempre avuto un più elevato numero di presenze da parte degli stranieri. Si nota, dunque, una crescita piuttosto lenta (e addirittura un calo, come nel 2002 e nel 2003) dei turisti interni, mentre si assiste a una più decisa crescita dei turisti stranieri. Le ragioni della flessione o della crescita rallentata dei turisti locali vengono attribuite al fatto che i montenegrini, per la prima volta, possono trascorrere le vacanze all'estero; alla riduzione di arrivi di turisti dal Kosovo (–70%), ai prezzi elevati dei servizi ricettivi e di ristorazione cui non è seguito un incremento della qualità; alla riduzione di potere d'acqui-

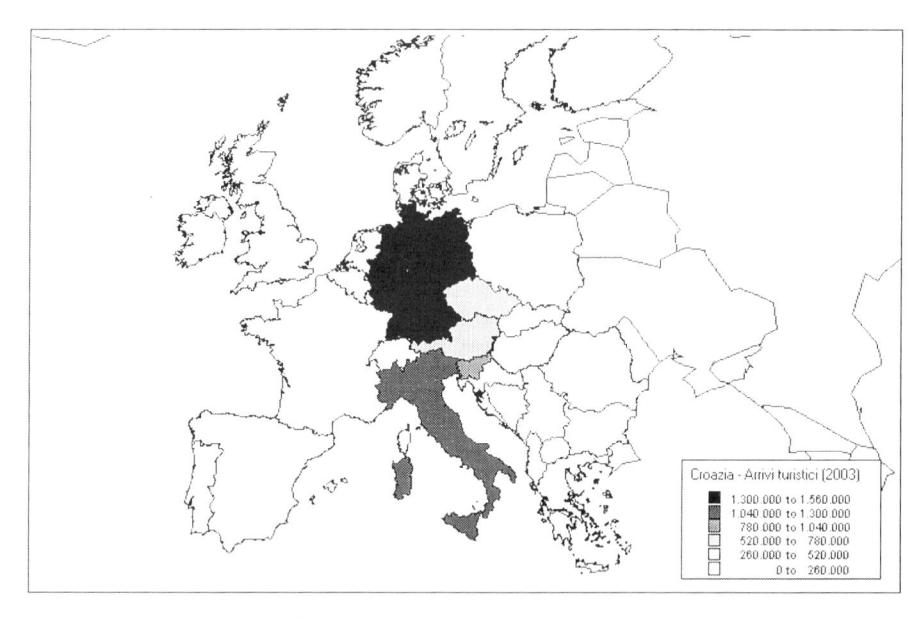

Fig. 3 - *Croazia. Arrivi turistici da paesi europei (2003).*
(Fonte: nostra elaborazione su dati dell'Ufficio Centrale di Statistica Croato)

sto della Serbia (MINISTRY OF TOURISM, *Bullettin*, n. 15-16, febbraio 2003). Altre fonti attribuiscono questo calo di turisti interni esclusivamente ai bassi redditi delle popolazioni di Serbia e Montenegro (OSSERVATORIO SUI BALCANI, 2001).

Diversa rispetto alla Croazia è anche la provenienza degli stranieri. Infatti, in Montenegro prevalgono (a parte la Germania), i paesi della ex Iugoslavia (circa il 30% degli arrivi e delle presenze) e i paesi dell'Est europeo (33,5% degli arrivi e quasi il 40% delle presenze).

L'Italia è solo al dodicesimo per gli arrivi (3.295; 2,3% del totale) e al sedicesimo per le presenze (10.573; 1,1% del totale) (fig. 4).

Sicuramente maggiori, rispetto alla Croazia, sono le difficoltà che il Montenegro sta cercando di superare nell'ambito turistico e non solo, come conseguenza di una maggiore perifericità (anche turistica) del Montenegro rispetto alla Croazia. Tale condizione è legata a un più lento ritorno alla normalità, dopo gli eventi bellici, del Montenegro (si pensi alla situazione in Kosovo, ancora non pienamente risolta), e al fatto che il Montenegro è una delle due anime della confederazione con la Serbia, la quale, a lungo, ha destato preoccupazioni negli osservatori internazionali (quanto a piena ripresa della democrazia al termine delle ostilità), e nei potenziali turisti (quanto a percezione del rischio, e in relazione alle responsabilità nel-

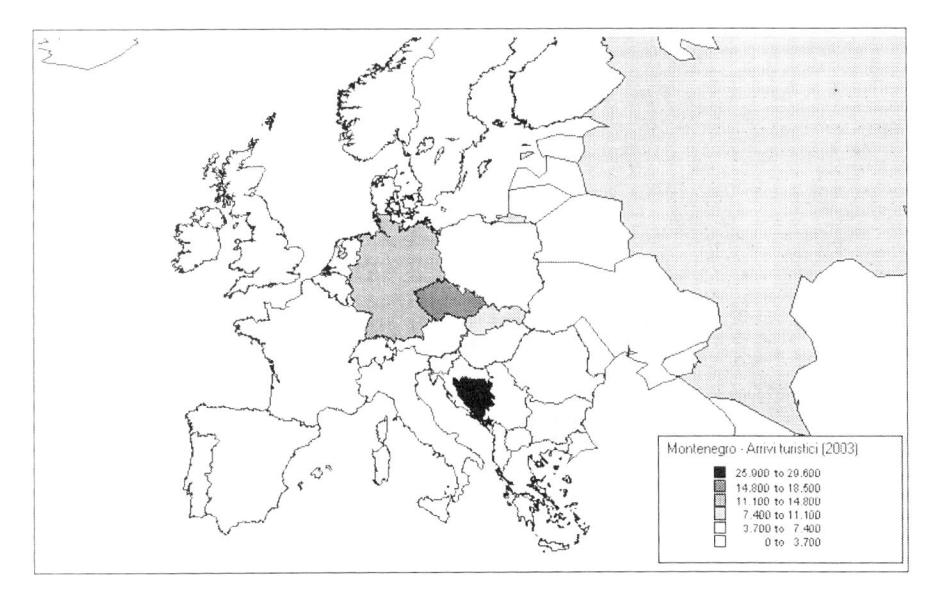

Fig. 4 - *Montenegro. Arrivi turistici da paesi europei (2003).*
(Fonte: nostra elaborazione su dati del Ministero del Turismo Montenegrino)

l'innesco della guerra balcanica e nella spietata repressione delle minoranze, nonché nel perdurare di condizioni di instabilità politica).

*Dotazione ricettiva*

Le strutture ricettive di Croazia e Montenegro, durante il periodo bellico, hanno subito – come è facile immaginare – notevoli danni causati in parte dai bombardamenti e in parte dal loro uso come abitazioni per i profughi: un terzo di esse è stato distrutto, mentre la restante parte è stata notevolmente danneggiata dall'uso come ricovero per i profughi[2]. La dotazione ricettiva, comunque, già prima della triste parentesi bellica necessitava di una profonda ristrutturazione e di una riclassificazione, secondo più moderni criteri (è ciò che è avvenuto, come ve-

---

[2] Secondo una stima effettuata da Hendija et al. (1996, cit. in MELER e RUZIC, 1999, p. 638), i danni bellici ammontavano a 1,6 miliardi di scellini austriaci per gli alberghi distrutti, mentre i costi di restauro di quelli danneggiati dall'uso «improprio» come rifugio ammontavano a 1,2 miliardi di scellini austriaci. Il reddito, inoltre, si è ridotto del 68% rispetto al periodo pre-bellico e le perdite di entrate da parte della ricettività alberghiera e complementare assommerebbero ad almeno 10 miliardi di dollari.

dremo, in Montenegro), nonché di un processo di privatizzazione delle strutture stesse, che, fino a quel momento, erano quasi tutte di proprietà statale. Tale processo di privatizzazione, in effetti, è stato piuttosto lento e poco tempestivo. In Croazia, ad esempio, all'inizio del 1999, secondo i dati forniti dal Ministero del Turismo (riportati in UNECE, 1999, p. 161), appena il 9% delle strutture turistiche croate erano di diretta proprietà dello Stato, mentre secondo altre fonti (CIZMAR e WEBER, 2000, p. 233), sempre nel 1999, dopo dieci anni di privatizzazione, il 60% dei beni relativi al settore turistico era ancora di proprietà dello Stato. In ogni caso, la lentezza e l'incertezza dei processi di privatizzazione sono tra i più importanti motivi che hanno rallentato la ripresa del turismo. Infatti, gli osservatori sono concordi nel dire che tale situazione ha bloccato molte iniziative imprenditoriali e scoraggiato gli investitori stranieri in campo turistico (CIZMAR e WEBER, 2000, p. 228; UNECE, 1999, p. 161).

In Croazia, nel 1990, abbiamo un totale di oltre 860 mila posti letto, tra ricettività alberghiera, extra-alberghiera e complementare (tab. 1). Nel 2001, i posti letto sono decisamente diminuiti, passando a circa 722 mila (–16%), di fatto mantenendo invariata la capacità di utilizzazione media (61 giorni nel 1990 e 60 giorni nel 2001), in quanto come si è visto, tra il 1990 e il 2001 cala anche il numero di presenze di circa 9 milioni (tab. 1).

In Montenegro, nel 1997, i posti letto erano complessivamente circa 94.000, ma stime governative ritengono che vi siano almeno 160 mila posti letto non registrati in case private e in appartamenti di vacanza, per un totale di 254 mila posti letto, di cui solo un decimo di tipo alberghiero. Dal punto di vista qualitativo, solo l'1% del totale dei posti letto può essere offerto a una clientela straniera

TABELLA 1
*Croazia - Numero di letti, presenze e capacità di utilizzazione media delle strutture alberghiere nel 1990 e nel 2001*

| Tipologia ricettiva | Letti | | Presenze (x 1.000) | | Utilizzazione media | |
|---|---|---|---|---|---|---|
| | 1990 | 2001 | 1990 | 2001 | 1990 | 2001 |
| Hotel | 140.476 | 95.428 | 20.715 | 14.582 | 147 | 153 |
| Villaggi | 58.201 | 54.407 | 5.198 | 4.916 | 89 | 90 |
| Altre attività ricettive di base | 6.789 | 15.236 | 603 | 409 | 89 | 27 |
| *TOTALE attività ricettive di base* | *205.466* | *165.071* | *26.515* | *19.907* | *129* | *121* |
| Camping | 292.934 | 179.574 | 12.010 | 12.131 | 41 | 68 |
| Affittacamere e appartamenti privati | 264.092 | 306.306 | 7.375 | 9.346 | 28 | 31 |
| Altra ricettività complementare | 97.747 | 71.574 | 6.622 | 2.019 | 68 | 28 |
| *TOTALE attività ricettiva complementare* | *654.773* | *557.454* | *26.007* | *23.496* | *40* | *42* |
| *TOTALE COMPLESSIVO* | *860.239* | *722.525* | *52.522* | *43.403* | *61* | *60* |

(Fonte: Ufficio Centrale di Statistica Croato)

(UNECE, 2003, p. 197). La categoria alberghiera che accoglie la quasi totalità dei posti letto è quella a 3 stelle (circa 21.000 posti letto); poco rappresentativi risultano gli alberghi a 1 e 2 stelle (in tutto poco più di 300 posti letto). Nel 2004, si registra una situazione profondamente diversa. Infatti, cala complessivamente il numero dei posti letto alberghieri (che diventano circa 18.000) e calano soprattutto negli alberghi a 3 stelle, ma anche in quelli a 4 e 5 stelle. Cresce, invece, il numero dei posti letto in alberghi a 1 e 2 stelle. È chiaro che si tratta di una riclassificazione degli alberghi più orientata a una clientela straniera e ciò fornisce un quadro realistico del panorama alberghiero montenegrino, anche se questa operazione rientra in un piano di riqualificazione dell'offerta ricettiva (tab. 2).

TABELLA 2
*Montenegro - Posti letto, per classe di albergo, nel 1997 e nel 2004*

| Classe | 1997 | 2004 | var. ass | var. % |
|---|---|---|---|---|
| 1* | 47 | 162 | 115 | 244,68 |
| 2** | 273 | 9608 | 9335 | 3419,41 |
| 3*** | 20830 | 6950 | -13880 | -66,63 |
| 4**** | 4489 | 1290 | -3199 | -71,26 |
| 5***** | 240 | 144 | -96 | -40,00 |
| TOTALE | 25879 | 18154 | -7725 | -29,85 |

(Fonte: nostra elaborazione su dati Touristic Masterplan, 2000 e Ministero del Turismo)

L'ubicazione delle strutture alberghiere di Croazia e Montenegro è soprattutto costiera (fig. 5). In Croazia, troviamo una elevata concentrazione alberghiera interna solo nella regione di Zagabria. In Montenegro – che possiede una costa meno estesa della Croazia, ma anche l'unica spiaggia sabbiosa dell'Adriatico orientale, lunga 13 km, nei pressi di Ulcinj – le strutture alberghiere si concentrano in una ristretta fascia costiera, soprattutto intorno a Budva e nella vicina Sveti Stefan, famosa località turistica d'*élite* degli anni '70 e '80 trasformata in un unico grande albergo, dove troviamo concentrati tutti gli alberghi a 5 stelle. Le strutture alberghiere appaiono quasi del tutto assenti nelle aree interne. È importante notare che questa assenza di strutture alberghiere nell'interno contrasta visibilmente con l'attività di promozione che il governo montenegrino sta effettuando per rilanciare il turismo anche attraverso la promozione del turismo lacuale (lago di Scutari, condiviso con l'Albania) e del turismo invernale (Kolašin e Rožaje a nord-est; Durmitor a nord). In ogni caso, la dotazione ricettiva del Montenegro appare meno strutturata di quella croata, per cui solo l'1% di essa è considerato di livello adeguato per il mercato internazionale (UNECE, 2002, p. 197). Inoltre, diffusa è la pratica ricettiva senza gli adeguati permessi (MINISTRY OF TOURISM, *Bulletin*, n. 15-16, febbraio 2003).

Fig. 5 - *Alberghi in Croazia e Montenegro (2004)*.
(Fonte: nostra elaborazione su dati dei Ministeri del Turismo della Croazia e del Montenegro)

*Politiche di sviluppo turistico e politiche per l'ambiente, tra globale e locale*

Gli squilibri territoriali presenti in Croazia e Montenegro, come si è visto nei paragrafi precedenti, hanno chiarissimi risvolti anche nel turismo e sono individuabili anche nella qualità della dotazione ricettiva e nella sua distribuzione territoriale. Gli squilibri territoriali sono anche evidenti nella composizione turistica, che – nonostante le vicende che, perlomeno in Serbia e Montenegro, ancora non permettono di definire «tranquille» le condizioni politiche, per la vicenda del Kosovo – vede una crescita del turismo internazionale e non di quello interno. Dunque, una condizione tipica di regioni in ritardo di sviluppo.

Sia la Croazia che il Montengro hanno approntato una serie di documenti atti alla promozione e alla pianificazione del turismo. In particolare, la Croazia, già dal 1991, aveva approntato uno *Studio sullo sviluppo del turismo*, seguito nel 1993 (e aggiornato nel 1998) da una *Strategia di lungo termine per lo sviluppo del turismo croato*; ancora, nel 1994 ha approntato un *Master-plan* per lo sviluppo del turismo croato; nel 2003, è stata varata una *Roadmap* per l'industria turistica nella regione di Spalato e Dalmata per il periodo 2000-2006, in collaborazione con l'Agenzia degli Stati Uniti per lo Sviluppo Internazionale (USAID). Il Montenegro ha nel *Master-plan* per il turismo (MINISTRY OF TOURISM, 2001), lo strumento su cui poggia la gran parte della pianificazione dello sviluppo turistico. Da quanto si evince da questi documenti, le politiche di sviluppo turistico di Croazia e Montenegro si poggiano sostanzialmente su due punti fermi: la privatizzazione delle attività ricettive (e, più in generale, di tutte le attività collaterali al turismo ancora di proprietà statale) e l'attrazione di investimenti diretti esteri, entrambi finalizzati alla riqualificazione dell'offerta turistica in un'ottica di piena internazionalizzazione dei flussi. La cornice di tale riqualificazione è, come vedremo, la sostenibilità ambientale. Tutto ciò in funzione della creazione di un turismo non di massa e della formazione di una nuova identità turistica che allontani dall'immagine della Croazia e del Montenegro la sensazione di marginalità turistica che il *loisir* «di stato» ha imposto nei decenni trascorsi.

A una presenza di politiche esogene basate sull'internazionalizzazione (e dunque esportazione) del prodotto turistico e sull'ingresso di capitali esteri, si accompagna una debole politica di sviluppo di tipo endogeno. Una politica, cioè che coinvolga il livello locale. Un debole approccio localistico, ad esempio, vi è nella promozione delle risorse agro-alimentari tipiche legata allo sviluppo del turismo, stabilendo una forte connessione tra turismo e agricoltura per raggiungere una più vantaggiosa forma di esportazione (RSD, 2003, p. 17). Più forti riferimenti alle comunità locale e al loro coinvolgimento nelle politiche di sviluppo turistico sono però presenti soprattutto in relazione alla tutela ambientale[3].

In effetti, uno dei rischi tipici di regioni in ritardo di sviluppo, che poggiano sul turismo i maggiori punti di forza delle politiche, è quello della scarsa attenzione alla sostenibilità ambientale. Il coinvolgimento del livello locale nella tutela ambientale in ambito turistico è sicuramente un momento di crescita e di presa di coscienza dell'importanza delle risorse naturali e della loro conserva-

---

[3] Un caso interessante di sviluppo locale nel turismo, descritto nel già citato documento dell'UNECE (1999, pp. 164 e ss.), è quello di Krk, un'isola che fronteggia Rijeka, in cui il turismo assume un ruolo fondamentale per l'economia locale. Allo stesso tempo, l'eccessiva pressione turistica (la popolazione, in estate passa da 17.000 a oltre 100.000 individui), crea notevoli danni ambientali, derivanti, in particolare, dallo smaltimento di reflui e di rifiuti solidi e dalle carenze idriche durante l'alta stagione turistica. A Krk è stato esperito il tentativo di pianificazione territoriale «dal basso» coinvolgendo le amministrazioni e le comunità locali – anche con dei piani simili ai nostri Accordi di programma – per la realizzazione di impianti idraulici o di smaltimento dei rifiuti. In tale contesto, risulta importante anche la partecipazione a progetti di coinvolgimento degli attori locali attraverso l'adesione a *Bandiera Blu* e ad *Agenda 21*.

zione, se servono per produrre ricchezza così come sono e non quando subiscono profonde modificazioni. Ma l'esperienza fatta in altri contesti regionali con condizioni di partenza simili hanno dimostrato che se il coinvolgimento del «locale» in uno sviluppo turistico sostenibile è senza dubbio un momento di crescita, allo stesso tempo può anche essere un modo per utilizzare senza nessun tipo di attenzione le risorse ambientali, se non vi è una seria azione di «formazione» della coscienza ambientale di coloro che dovrebbero garantire la conservazione dell'ambiente stesso. Lo sviluppo turistico, infatti, in tali contesti, spesso risulta essere tutt'altro che garante dell'ambiente e della sua qualità; il più delle volte, anzi, ne vengono trascurati gli effetti, se non vi è una seria azione di pianificazione territoriale. Il Masterplan per il turismo approntato per il Montenegro, ad esempio, non trascura di prendere in considerazione la sostenibilità dello sviluppo turistico, ma è possibile che a una enunciazione di principi non segua una prassi pianificatoria sostenibile. Secondo l'UNECE (2003, p. 198), ad esempio, la pianificazione delle aree turistiche di Kotor e di Ulcinj progettata dal Masterplan prevede il coinvolgimento delle popolazioni locali, ma non predisporrebbe azioni concrete per la tutela ambientale. La stessa legge sul turismo approvata nel 2002 dal parlamento montenegrino (legge n. 39) non contiene riferimenti allo sviluppo sostenibile. Il documento per la politica economica del Montenegro per il 2004 (RSD, 2003), pur non trascurando di affrontare il problema della tutela ambientale (par. 2.4), non lo mette in relazione con il turismo, mentre vengono poste grandi aspettative di crescita del reddito nella creazione di un turismo della caccia (p. 17). Allo stesso modo, la legge sull'ambiente montenegrina (n. 16/1996) non mette in relazione alcuna la tutela ambientale con il turismo.

I problemi ambientali che si presentano sono di diversa natura. Le strutture turistiche costruite prima della caduta del socialismo appaiono quasi tutte realizzate in spregio alla conservazione ambientale e non è raro trovare impianti industriali in prossimità di aree sensibili e protette della costa adriatica (PRAVDIĆ, 1995). Dunque molti danni ambientali sono ereditati dal passato e, a volte, sono indipendenti dall'attività turistica, ma vengono da essa accentuati.

Tra i problemi ambientali prevalenti, troviamo il trattamento dei reflui: molte aree a forte presenza turistica non sono fornite di fogne (ad es., la Baia di Kotor, in Montenegro) o sono sprovviste di impianti di depurazione. Gli stessi impianti di smaltimento sono insufficienti durante la stagione di picco turistico. I rifiuti solidi urbani spesso determinano problemi legati alla moltiplicazione delle discariche, che spesso sono ubicate nei pressi di aree turisticamente (e naturalisticamente) di elevato interesse (BOŠKOVIĆ, 2003). Le carenze idriche si fanno sentire, in Croazia e in Montenegro, soprattutto nei periodi di massimo affollamento, nelle isole e in molte zone costiere secche. L'eccessiva proliferazione di seconde case e alloggi per turisti (abitazioni costruite anche abusivamente) sta diventando un problema di proporzioni macroscopiche. Un esempio ci è stato fornito, durante i lavori di questo convegno, dalla relazione di D. Magras e A. Čuka, secondo cui a Zadar (Croazia) le seconde case sono passate da 2.271 del 1971 a 16.197 nel 2001. Allo stesso tempo, soprattutto nelle piccole isole, colpite da intensi fenomeni migratori, vengono abbandonati i vecchi insediamenti. Viene anche rilevata la costruzione di strutture turistiche in aree protette o sulle spiagge (UNECE, 1999, p. 161).

A dimostrazione che il turismo ha un forte impatto ambientale, si può dire che il periodo bellico, allontanando i turisti per un lungo periodo, ha inaspettatamente preservato in molti casi l'ambiente naturale e ne ha addirittura migliorato la qualità.

In ogni caso, nonostante i descritti problemi ambientali, la qualità dell'ambiente di Croazia e Montenegro risulta (ancora) migliore di molte località turistico-balneari del Mediterraneo (molte spiagge della Croazia e tutte le spiagge del Montenegro sono state insignite della *Bandiera blu*).

BIBLIOGRAFIA

Bošković T., *Viaggiare in Montenegro, una guida rapida*, Osservatorio sui balcani, http://www.osservatoriosuibalcani.org/article/articleview/2319/1/47, 2003.

Bulić N., *Croatian Tourism in Sustainable Development*, in Atti del convegno «Environmental Protection & Health» Dubrovnik, 11-13 ottobre 2002 (Mimeo), 2002.

Cavlek N., *Tour Operators and Destination Safety*, in «Annals of Tourism Research», vol. 29, n. 2, 2002, pp. 478-496.

Central Bureau of Statistic, *Touristic Traffic* (Bollettino diffuso via Internet nel sito del Ministero del Turismo), 2004.

Cizmar S. e Weber S., *Marketing Effectiveness of the Hotel Industry in Croatia*, in «Hospitality Management», vol. 19, n. 3, 2000, pp. 227-240.

Croatia Tourism Cluster, *Roadmap for the Tourism Industry in Splitsko-Dalmatinska County, 2003-2006*, Zagabria, 2003.

Formica S. e Uysal M., *The Revitalization of Italy as a Tourist Destination*, in «Tourism Management», vol. 17, n. 5, 1996, pp. 323-331.

Hendija Z., Ivandic N., Mikacic V. e Radnic A., *Promjene u turizmu Hrvatske pod utjecajem rata (Changes in the Tourism of Croatia under Influence of War)*, Convegno «Suserti na dragomkamenu», Pula, 1996.

Meler M. e Ruzic D., *Marketing Identity of the Tourist Product of the Republic of Croatia*, in «Tourism Management», n. 20, 1999, pp. 635-643.

Ministry of Economy of Croatia, *Croatia. Country report*, Zagabria, 2000.

MINISTRY OF PUBLIC WORKS, RE-CONSTRUCTION AND CONSTRUCTION OF CROATIA, DEUTSCHE GESELL-SCHAFT FÜR TECHNISCHE ZUSAMMENARBEIT (GTZ), *Basic Guidelines for the Elaboration of Strategic Development Programs at the Local Level*, Working Paper n. 1/1, Zagabria/Francoforte, 2003.

MINISTRY OF TOURISM OF MONTENEGRO, GERMAN INVESTMENT AND DEVELOPMENT COMPANY (DEG), *Touristic Masterplan for Montenegro*, Podgorica, 2001.

MINISTRY OF TOURISM OF MONTENEGRO, TOURISM ORGANIZATION OF MONTENEGRO, *Bulletin* (vari anni).

OSSERVATORIO SUI BALCANI, *Quali prospettive per il turismo in Serbia e in Montenegro*, http://www.osservatoriosuibalcani.org/article/articleview/84/1/49/, 2001.

PRAVDIĆ V., *The Chemical Industry in the Croatian Adriatic Region: Identification of Environmental Problems, Assessment of Pollution Risks, and the New Policies of Sustainability*, in «The Science of Total Environment», n. 171, 1995, pp. 265-274.

REPUBLIC SECRETARIAT FOR DEVELOPMENT (RSD), *Economic policy of Montenegro for the year 2004*, Podgorica, 2003.

UNITED NATION ECONOMIC COMMISSION FOR EUROPE (UNECE), *Environmental Performance Review of Croatia*, Ginevra, 1999.

UNITED NATION ECONOMIC COMMISSION FOR EUROPE (UNECE), *Environmental Performance Review of Serbia and Montenegro*, Ginevra, 2003.

WEBER S., *War, Terrorism, and Tourism*, in «Annals of Tourism Research», vol. 25, n. 3, 1998, pp. 760-763.

Francesco Dini *

# VARIABILITÀ E INVARIANTI DELLO SVILUPPO LOCALE

*Premessa intorno allo sviluppo economico*

Nel 2003 lo svedese Sigge Eklund ha pubblicato un romanzo il cui titolo in italiano suona come *L'ultimo mito*. Si tratta della storia di uno scrittore giovane e squattrinato, cui uno sconosciuto dà l'incarico di scrivere la biografia di un amico morto di recente. Il libro si snoda per molti non facili capitoli fino al finale che si sospettava già da alcune pagine, che cioè il personaggio di cui raccontare la vita fosse lo stesso committente, giunto anch'egli nel frattempo in punto di morte. L'interesse del romanzo sta nel fatto che costui era un intellettuale catturato in gioventù, anzi ossessionato, dallo strutturalismo e dalla sua promessa di interpretare il mondo, e la parabola della sua vita quella della fortuna scientifica della teoria, che lo aveva disilluso al punto di renderlo incapace di scrivere non solo l'opera scientifica che avrebbe desiderato, ma addirittura alcunché.

*Topos* rilevante della letteratura della seconda metà del Novecento, l'impossibilità dello scrivere, che viene dall'impossibilità del conoscere, si attaglia convenientemente al tema dello sviluppo economico. In verità nessuno può sensatamente prevedere il futuro, e pertanto nessuno può sensatamente pre-vedere le sue declinazioni geografiche. Tuttavia si possono fare sensate pre-visioni, che ipotizzano con un certo grado di verosimiglianza quanto nel futuro è probabile che accada. Senza l'ambizione di ripercorrere il sentiero conoscitivo dello strutturalismo, possiamo sostenere che la capacità di fare sensate pre-visioni ci è consentita dalla conoscenza di fattori *invarianti* basati sull'esperienza e sul ragionamento, che rappresentano agenti più o meno individuabili e riconoscibili, dal cui operare possiamo sensatamente attenderci certe conseguenze. Poiché questi fattori invarianti operano e non possono non operare che in contesti di variabilità (pluralità di tempi, di luoghi, di intensità, di fattori influenti ulteriori e diversi: in una parola, nel *reale*), le pre-visioni non possono che relativizzarsi e assumere al più un grado maggiore o minore di probabilità.

---

* Dipartimento di Studi Storici e Geografici, Università di Firenze.

Ricordo di aver letto che il paradigma *globale-locale* emerge per la prima volta, alla fine degli anni Cinquanta, in neuropsichiatria: somministrando lo stesso farmaco (l'invariante) agli organismi (variabilità) di pazienti affetti dalla medesima psicopatologia, si ottenevano risultati profondamente diversi. Ovviamente il futuro che si fa atto, il reale, la realtà, dipenderanno caso per caso dalla relazione fra invarianti e variabilità. Ove la forza del fattore invariante rispetto alla variabilità sia alta, alta sarà anche la nostra capacità di pre-visione. Se al contrario è alta la variabilità rispetto all'invariante, la nostra pre-visione del reale sarà modesta e largamente soggetta a errore. Accadranno in altre parole molti fatti inaspettati.

Si potrebbe immaginare, per ricondurlo a un'immagine, che il reale si muova su un tragitto circolare che congiunge invarianti e variabilità, le quali esercitano su di esso e su se stesse vari effetti. Una raffigurazione analoga lega *globale* e *locale*, anche loro capaci di esercitare forze diverse sul reale. La globalizzazione frutto di *deregulation* e non regolata, ad esempio, moltiplica paradossalmente la capacità darwiniana del locale, e moltiplica pertanto l'imprevedibilità e i differenziali geografici; di contro l'introduzione redistributiva della Tobin-tax, regole ai mercati finanziari, una *governance* globale più efficace del G-8 e dell'oggi carente multilateralismo renderebbero più forti i fattori previsivi invarianti, lo sviluppo sarebbe più governabile e i differenziali geografici (forse: dipende dal governo) diminuirebbero.

Purtroppo la materia di cui stiamo parlando, la geografia dello sviluppo economico, è assai più scottante di un gioco di vettori. Contempla vita e morte, destini individuali e collettivi, giustizia (ovvero l'individuazione e la condivisione di priorità etiche) e ingiustizia, e pertanto non ammette serenità e distacco. Non li ammette nella politica, ovvero nell'insieme di relazioni che definiscono la quantità, la qualità e l'indirizzo del governo e delle *invarianti*. Non li ammette neppure nella descrizione e nell'interpretazione, ovvero sotto il profilo cosiddetto scientifico, che in teoria dovrebbe guidare la politica. Il caso probabilmente più eclatante di divergenza delle priorità etiche sulla base della riflessione cosiddetta scientifica si rintraccia per esempio fra il punto di vista liberale e quello redistributivo [1] nell'interpretazione dei fatti economici (sviluppo), divergenza che contraddistingue i mondi della politica dall'inizio dell'era industriale. Perseguendo infatti entrambi la felicità individuale e l'armonia sociale (con la *repubblica mercantile universale* di Adam Smith o con la *res publica* democratica di estrazione illuministica), il punto di vista liberale accetta di rinviare l'obiettivo etico di un benessere condiviso sino all'eliminazione dei fattori perturbanti che ostacolano gli effetti diffusivi del mercato, men-

---

[1] Si intende qui il senso dato al termine da Polanyi, ovvero quello di un *principio di organizzazione economica* diverso dal *principio di mercato* (CELLA, 1997), in ragione del prevalente conferimento al centro del valore creato dall'attività economica, e dalla sua susseguente redistribuzione. Si tratta pertanto di un'organizzazione economica alternativa al mercato, valevole per descrivere tanto gli imperi tributari di Wittfogel, quanto le economie pianificate del socialismo novecentesco (e, almeno in parte, il keynesismo).

tre il punto di vista redistributivo desidera introdurne di nuovi (o perché, radicalmente, nega che il mercato abbia quegli effetti, o perché, riformisticamente, non considera etico il rinvio, o perché, confusamente, pensa ora questo ora quello). Ma le evidenze non dicono ciò che non possono dire, ovvero se sia migliore l'uno o l'altro: fanno semplicemente prevalere, al mutare delle condizioni di creazione di ricchezza, *ora l'uno, ora l'altro* punto di vista, in un'oscillazione senza fine. Sappiamo soltanto, in realtà, che lo sviluppo è faccenda dinamica, iscritta nella necessaria traiettoria di mutamento dei suoi motori: il mercato, la politica, l'individuo (ovvero le forme con cui si crea la ricchezza, le forme con cui, inferferendo sul mercato, si fissano le priorità socialmente condivise, e l'*ubi consistam* di entrambe).

*Variabilità delle invarianti*

Ma se lo sviluppo dipende da essi, e se essi stessi mutano, allora diventa difficile parlare di invarianti. Certo il mercato funziona *grossomodo* come ai tempi di Adam Smith, per non dire come lo prefigurarono i mercanti sud-europei del XIV secolo, la politica non è dissimile, nei fondamenti, da quella di cui discuteva Platone, e l'individuo, transgenerazionalmente, è sempre quello, con i suoi vincoli biologici e le stesse passioni di cui scrisse la tragedia greca.

Ma v'è il sospetto che, ai fini della comprensione dello sviluppo economico, si tratti di *invarianze deboli*. Il mercato oggi funziona in modo profondamente diverso da come funzionava appena venticinque anni fa, diversità che non si può agevolmente liquidare come *non strutturale*. La ricchezza si crea in modo diverso, non più organizzando giganteschi complessi localizzati e durevoli di produzione materiale, ma giocando in reti trans-territoriali di opportunità volatili. Gli attori economici fanno scelte diverse: i produttori riclassificano i propri investimenti dal materiale all'immateriale come a suo tempo li riclassificarono fra terra e lavoro, e i non produttori (le famiglie, gli individui, *alias* la domanda e la politica) già da tempo ricavano le briciole loro spettanti di ricchezza dall'esercizio prevalente di attività terziarie piuttosto che materialmente produttive[2].

Che già questo renda diversa la politica è conseguente. Ma essa è pure diversa a ogni scala: da quella delle relazioni internazionali a quella che governa i mercati interni o spazi nazionali. Non è, quest'ultima, una scala da disistimare: regola la geografia politica dal trattato europeo di Westfalia (1648), e ha regolato quel mo-

---

[2] Questo naturalmente è vero solo per le economie cosiddette occidentali, mentre nei *nuovi spazi della produzione* la crescita delle attività terziarie si accompagna a una redistribuzione della produzione materiale fra agricoltura e industria che rende quest'ultima il settore in reale espansione. Resta però vero *in generale* che la produzione industriale si realizza in modo progressivamente *labour saving* e con un contributo sempre maggiore del cosiddetto *terziario implicito*, e sarebbe un grave errore vedere la globalizzazione solo come il trasferimento geografico del consueto *dirty job* dell'industria.

dello, lo *stato-nazione*, che gli europei hanno esportato in tutto il mondo con modalità ed esiti variamente cruenti, e che dopo aver mostrato la corda là dove è stato più repentinamente trapiantato (nell'Africa decolonizzata, per esempio), va in difficoltà anche nella sua culla. E infine l'individuo, coi suoi vincoli biologici e le passioni da tragedia greca. Esse non mutano, è vero, nella sostanza, ma se oggi si discute di *antropocene*, allora si mette in discussione il rapporto dell'uomo con l'*altro da sé*, che può bene essere considerato strutturale. Il rapporto fra antropocentrismo ed etero(eco)centrismo diventa poroso, e questa contaminazione rende come minimo vago l'*ubi consistam* e ne modifica circolarmente il rapporto con il mercato e con la politica. Se v'è un eccesso di variabilità geoeconomica, geopolitica, sociologica e persino esistenziale, dove rintracciare le invarianti di *mutamento* e *sviluppo*?

*Tecnologia come invariante?*

Se affrontiamo un ragionamento intorno a questo binomio postulando l'anteriorità della *tecnologia*, facciamo di sicuro un errore concettuale, ma intraprendiamo una strada empiricamente proficua e forse in grado, lo vedremo, di autoemendarsi nelle conclusioni.

L'errore concettuale, per non far troppa filosofia, sta semplicemente nel fatto che ogni assetto tecnologico si basa su un vasto e «diverso» *a priori*, mentre la fecondità risiede essenzialmente nella sua natura trasversale, che consente di incorporare nel discorso ad essa relativo la dimensione geoeconomica, quella geopolitica, quella sociologica e così via, superando gli steccati delle partizioni disciplinari. Per non dire che mutamento e sviluppo, *oggi*, sono così visibilmente legati all'avvento di nuove tecnologie, che il ragionamento correrà snello, verosimile e validato dall'immediata esperienza. Quest'ultima non è propriamente una considerazione scientifica (anche se attiene a una logica, quella della *verosimiglianza*, preziosa nella nostra coazione alle analogie), ma è d'aiuto per vedere la tecnologia, con umiltà, come un semplice corrimano per non perdere la strada nell'ineliminabile complessità dei processi di sviluppo, che spesso (regolarmente) danno luogo a contingenze geografiche impreviste e apparentemente imprevedibili (DINI, 2004). Perché alcune aree rurali e classificate come «depresse» del nostro Nord-Est-Centro hanno messo a segno inusitate *performances* di sviluppo, del tutto sorprendenti alla luce dei modelli in voga? E perché un intero areale subcontinentale, l'Asia d'Oriente, dopo una rovinosa e ininterrotta deriva millenaria (per alcuni mezzo millennio, ma la differenza è relativa), realizza negli ultimi decenni uno sviluppo tanto forte da qualificarla attualmente come l'area emergente dell'intero complesso dell'economia internazionale?

Non esiste un caso che, singolarmente, non si presti (*a posteriori*) ad essere spiegato: sociologia, cultura, geopolitica, economia politica teorica e applicata, marketing e psicologia forniscono motivazioni peculiari e di volta in volta attendibili. Ma la partecipazione di più punti di vista disciplinari fra loro sovente in conflitto (e, di volta in volta, la prevalenza di uno diverso) priva la gamma delle risposte di quella generalità considerata un requisito pratico, oltre che estetico, dell'interpretazione. La natura trasversale e prima richiamata della tecnologia può a questo fine rivelarsi utile.

*Tecnologia, mutamento, sviluppo*

Benché il flusso di invenzioni e innovazioni, da qualche secolo a questa parte, possa essere genericamente considerato ininterrotto, la tecnologia non si muove linearmente, o meglio non si muove linearmente la sua traduzione in fatti di mercato. Questi assomigliano piuttosto ad autentici *fall out* che hanno luogo quando un grappolo di innovazioni sufficientemente forte e articolato trova brecce applicative e scarica con violenza all'esterno tutto quanto ha accumulato all'interno del suo mondo (i laboratori, i reparti produttivi e di ricerca, i dipartimenti universitari, le riviste e i convegni scientifici). Queste esplosioni accelerano il mutamento e lo denotano.

Numerosi sono stati i tentativi di sistematizzare il mutamento tecnologico, a partire dai pionieristici lavori di Kondratiev, gli affinamenti della cui proposta (vecchia ormai di quasi un secolo) ci fanno leggere lo sviluppo come una successione di ondate tecnologiche che, alla Kuhn (1968), si affermano e poi declinano in un periodo di circa mezzo secolo. La teoria, che individua un sistema tecnologico in base alla sua capacità di riclassificare integralmente il sistema dei prezzi, è in qualche misura validata dalla statistica: mostra infatti (negli areali per i quali ha senso parlare di indice dei prezzi, dunque nelle varie economie nazionali) il succedersi di una fase tendenzialmente inflattiva di due-tre decenni, seguita da una fase tendenzialmente deflattiva di periodo grossomodo analogo.

La motivazione di questa dinamica è trasparente: ogni nuovo assetto tecnologico prevede l'integrale sostituzione dei cicli produttivi, che si trasmette (a partire dal settore-paese pioniere nel quale la nuova tecnologia si è sviluppata) fra i vari settori e fra le varie economie geografiche, generando immensi investimenti che si trasferiscono sui prezzi. Quando (ma che ci vogliano un paio di decenni, è naturale)[3] la sostituzione tecnologica dei cicli è diffusamente (per settore e per geogra-

---

[3] Le recenti vicende della cosiddetta «rivoluzione elettronica» (ROSENBERG e MOWERY, 2001), che taluni assimilano alla «terza rivoluzione industriale», sono sintomatiche. I computer intesi come calcolatori elettronici sono commercializzati dall'IBM dagli anni Cinquanta, e funzionano prima con valvole termoioniche e poi con logiche non diverse da quelle dei transistor che hanno fatto diventare piccoli e mobili gli apparecchi radiofonici. Saranno necessari i semiconduttori e il circuito integrato sviluppati nella Silicon Valley a rendere possibile il personal computer che la Apple commercializzarà nel 1978. Prima sarà però necessario il microprocessore brevettato dalla Intel nel 1971. Sarà solo con gli sviluppi degli anni Ottanta di questa innovazione che il pc e il suo mercato si svilupperanno, e soprattutto che sarà possibile applicare, flessibilizzandole, la microelettronica alle macchine elettromeccaniche dei cicli produttivi. Ne seguirà un ingente processo di sostituzione dei cicli che porterà all'era

fia) ammortata, i prezzi sono raffreddati: a) dagli effetti di scala e di portata; b) dall'accresciuta concorrenza dovuta alla scadenza (o alla permeabilità o all'aggiramento) dei brevetti; c) dalla conseguente perdita di competitività delle imprese schumpeteriane; d) dalla maggior efficienza complessiva del sistema che si è regolato adeguatamente in base alle esigenze della nuova tecnologia; o anche solo e) dai semplici *saving* finanziari dell'esaurimento dei debiti.

Naturalmente ciò che c'interessa non è l'andamento tendenziale dell'inflazione, ma quanto la precoce sostituzione dei cicli tecnologici implica in chiave di benefici localizzati, *alias* differenziali geografici di sviluppo. Chi innova nel modo giusto, è naturale, si avvantaggia. Così le cinque onde di Kondratiev (o *businnes cycles* di Schumpeter, o *paradigmi tecno-economici* alla Freeman) che si sarebbero succedute dalla fine del XVIII secolo a oggi avrebbero sagomato la storia economico-politica e la struttura sociale del mondo[4].

I geografi sono talmente avvezzi a misurare sulla propria pelle le insidie dell'astrazione che leggono questi grandi affreschi con sospetto: per esempio sono più interessati al fatto che le due onde pressoché integralmente americane, la quarta e la quinta, si sviluppino in regioni completamente diverse: Atlantico contro Pacifico, *frostbelt-manufacturing belt* (e poi *rustbelt*) contro una *sunbelt* che, da prevalente contenitore di attività primarie, diventa la più formidabile concentrazione di nuove tecnologie del Pianeta. Tuttavia dalla *logica Kondratiev* si possono trarre spunti assai proficui, in ordine alle dinamiche dello sviluppo e alla ridefinizione delle gerarchie geografiche (DINI, 1995).

In breve, sarebbe un paradigma tecnologico, definendo per un certo periodo *le regole del gioco* dell'efficienza economica, a sancire il quadro geografico delle minacce e delle opportunità, non definendo a priori chi vince e chi perde, ma fornendo un verosimile indirizzo per prevedere chi è verosimile che vinca e chi è

---

clintoniana e alla cosiddetta *new economy*, quando nel corso degli anni Novanta l'economia degli Stati Uniti riprenderà saldamente la leadership internazionale crescendo in efficienza e produttività assai più delle altre. Queste, a loro volta, seguiranno l'esempio americano con ritardo, e l'Est Asia sarà in genere più lesto dell'Europa. Con le dovute eccezioni: la Finlandia, per esempio, un'economia marginale in seno all'Europa, svilupperà tecnologie e imprese assai competitive scalando le classifiche della ricchezza *pro capite*. E di contro altre economie nazionali si manifesteranno ritardatarie, di quel ritardo di cui oggi si discute ad esempio nel nostro paese a proposito del *declino italiano*. Dal microprocessore della Intel è intanto trascorso un quarto di secolo.

[4] La Prima è quella della rivoluzione industriale britannica, e tanto basta, e la Seconda è quella dell'applicazione del vapore ai trasporti (il resto è sostanzialmente incrementale), sancendo entrambe il dominio imperiale britannico dalla fine del Settecento alla fine dell'Ottocento. La Terza ha una genesi geografica più complessa, con un modesto contributo britannico e con l'apporto essenziale degli Stati Uniti e della Germania da poco unificata (nella chimica e nella meccanica), ponendo le basi delle due sfide, economica e imperiale, all'egemonia del Regno Unito. Poiché la Germania troverà giusto impegnare l'incipiente vantaggio tecnologico in una strategia bellica, la Quarta, nei cinquant'anni centrali del Novecento, sarà integralmente transatlantica, e a smentire (almeno per ora) le profezie di declino del *secolo americano* la Quinta, quella attuale, originerà anch'essa dagli Stati Uniti.

verosimile che perda. Nel quadro e all'interno di un paradigma tecnologico, il *vantaggio iniziale* non è una garanzia assoluta, ma è assai probabile che chi lo detiene ne ricavi benefici durevoli, e non solo non perda la sua posizione di forza, ma addirittura, per ovvie dinamiche cumulative e rendimenti crescenti myrdaliani, la incrementi.

Di contro, il cambio di paradigma non annullerebbe il vantaggio iniziale, ma lo renderebbe quantomeno instabile, e renderebbe critica la posizione di chi lo detiene, ma non è sufficientemente svelto a scommettere sul mutamento (e qua la psicologia, vedi il caso dell'eclisse britannica, vale quanto la dotazione materiale e immateriale di fattori). Oltre e rendere incerto il vantaggio iniziale, il mutamento di paradigma toglierebbe anche (o almeno potrebbe togliere) drammaticità allo *svantaggio iniziale*: a chi non è in vantaggio, infatti (vedi i paesi produttori di petrolio al netto della *dutch disease*, o l'odierna Asia d'Oriente), si aprirebbero le *windows of opportunity* di Carlota Perez (1983).

Riconoscere e cronologizzare distinti paradigmi tecno-economici aiuta immediatamente nell'interpretazione di numerose traiettorie storiche di sviluppo. I lunghi e secolari periodi di crescita britannico e americano, in costanza o controllo di paradigma; l'eclisse britannica all'esaurimento del secondo paradigma di fine Ottocento, potenza che gestisce il mondo ma non produce più, dopo un secolo e mezzo, innovazione; il contestuale rigoglio tecnologico americano, che per l'appunto porterà al cambio di egemonia; la grande spinta innovativa tedesca che anticipa e segue l'unificazione prussiana, che porterà all'aspra contestazione geografica ed economica dei monopoli britannici, al misconoscimento dei brevetti, e oltre; le difficoltà dell'economia europea dopo gli anni Ottanta del Novecento, alle prese con un paradigma sviluppato competitivamente altrove con la spinta reaganiana, dopo un poderoso recupero realizzato nel secondo dopoguerra attraverso il protezionismo della Comunità Europea, ma anche attraverso il *favoritismo geopolitico atlantico* che le aveva consentito di partecipare pienamente al maturo paradigma *fordista*; la recente capacità dell'Est Asia di intercettare le nuove tecnologie in un originale modello che le unisce ai contenuti costi del lavoro; ma anche il sorprendente sviluppo italiano con il quarto paradigma tecnologico, per il quale il nostro paese si modernizza repentinamente e diventa una delle principali potenze industriali del Pianeta; e forse anche l'attuale, ipotizzato, *declino italiano* – tutti questi andamenti rientrano agevolmente nel quadro pre-visivo sopra riportato.

V'è una sorta di cartina di tornasole di natura epistemologica, legata cioè al nostro modo di interpretare il mondo, che tende a validare dall'interno un tale tipo di interpretazione. Essa mostra come la stessa genesi di questo modello pre-visivo obbedisca a un ciclico sistema di diverse sollecitazioni culturali che si succedono. Potremmo dire che nelle fasi di costanza di un paradigma tecnoeconomico si tende (POPPER, 1972) a disistimare lo *storicismo*, ovvero la dipendenza dal passato nel nostro modo di interpretare il mondo. Il motivo è naturale: l'esperienza dell'*oggi* pare del tutto sufficiente a prevedere il *domani*, e il contributo della storia non solo è marginale, ma può apparire addirittura fuorviante. È nelle fasi di instabilità (quelle che vedono contestuali l'obsolescenza di un paradigma e il primo emergere del successivo) che lo storicismo viene rivalutato: ciò che è accaduto nell'immediato ieri non serve più a niente, perché *stanno mutando le regole del gioco*. Se l'immediato ieri non serve più a niente, e tuttavia sono necessari schemi per prevedere il futuro, allora è naturale che, recuperando la storia, si cerchi di inserire la fase che si sta vivendo in una più ampia successione di fasi che fissi l'*ante* e prefiguri il *post*.

Queste fasi sono infatti confuse ed impregiudicate, proprio perché rendono rapido ciò che è lento, e instabile ciò che è (era) stabile. La perdita di senso dell'esperienza vicina nel tempo (oltre a rendere utile lo storicismo) produce dosi rilevanti di mutamento geografico, perché pone chiunque (e ogni *dove*) di fronte a domande di cui non è più certa la risposta. Ogni risposta diversa produce una diversa traiettoria, e queste per così dire si aprono a ventaglio, almeno fino all'avvento della prossima stella polare. Gli «attori», cioè, si muoveranno su una (per lo più inconsapevole) pluralità di logiche geografiche: organizzeranno diversamente il proprio spazio, inaugureranno diverse relazioni trans-territoriali, si relazioneranno ad attori diversi in modo diverso. Ma non tutte le traiettorie consentiranno la medesima velocità.

*Velocità, lentezza, assenza delle traiettorie di sviluppo*

Ne emerge un altro tipico portato di queste *preziose* fasi, la già segnalata ridefinizione delle gerarchie geografiche. Negli esempi sinora avanzati, questa operava alla piccola scala, mostrando come fossero le grandi economie nazionali, o aggregati geoeconomici ancora più vasti, a mutare la propria competitività e la propria dinamica di sviluppo. Ma ciò che è vero alla piccola scala è vero anche per la grande, e la ridefinizione delle gerarchie geografiche dovrebbe valere anche per il livello locale.

Ricercare nell'esperienza un tale effetto di dettaglio non è difficile, e i casi in cui una tecnologia modifica finemente la distribuzione geografica delle attività economiche sono numerosi. Il semplice effetto delle pompe di drenaggio delle miniere, rese possibili dal vapore, è quello di consentire l'estrazione del carbone a profondità sempre maggiori, e questo modifica drasticamente la geografia mineraria britannica fra la prima e la seconda ondata di industrializzazione (fra gli altri POLLARD, 1981). Ne seguirà l'emergere di numerose nuove regioni industriali e il declino rovinoso di altre, talché la geografia industriale del Regno Unito nel 1830 sarà assai diversa di quella del 1790, e non solo nel senso della progressiva diffusione dell'industria. Naturalmente le pompe non saranno le uniche responsabili dei declini localizzati. *Mala ubicazione* rispetto a mercati e assi di traffico (l'essere per esempio mal collocati rispetto ai costi e all'ottimo logistico della nascente rete ferroviaria), dimensioni demografiche insufficienti a un buon mercato regionale interno, semplici errori di valutazione o precoce disimpegno degli imprenditori locali coopereranno alle difficoltà. Ma tutti questi sono i normali fattori influenti sullo sviluppo: essi evolvono continuamente la geografia delle opportunità, la cui tessitura è appunto molto fine, e produce effetti finemente *territoriali*. Così regioni periferiche come la Cornovaglia e il Nord Galles tornano alla loro condizione di pericità e diventano regioni tributarie di capitali e lavoro, pur continuando a godere di alcuni dei vantaggi dell'appartenenza a un sistema geografico superiore che si va affermando come *fabbrica del mondo*.

Se dalla prima Kondratiev passiamo all'ultima, e torniamo a quel trasferimento *coast to coast* della competitività americana prima accennato, possiamo rintracciare una logica non dissimile. Le pompe di drenaggio sono diventate qualcosa di molto diverso. Forse sono diventate Fred Terman, professore di ingegneria elettronica a Stanford che, sembra per motivi di salute, rifiuta un prestigioso incarico presso un'università atlantica, per restare in California e dar luogo al parco tecnologico che di lì a poco diventerà la Silicon Valley (SAXENIAN, 1994). Certo Terman e la stessa Silicon Valley sono *uno* dei fattori influenti. La *Sunbel* non si sarebbe così sviluppata se, per motivi geostrategici, il governo federale non avesse accumulato da un secolo sul Pacifico molte industie belliche a forte contenuto tecnologico, come l'aeronautica e l'aerospaziale. E la California non sarebbe diventata la California se un'altra industria diversamente tecnologica, quella dello spettacolo, non vi si fosse localizzata ai primi del Novecento, per sfuggire agli avvocati newyorkesi della Pathé Cinema che volevano il rispetto dei brevetti acquisiti dai Lumiére. Ma per oltre settant'anni le potentissime economie esterne della produzione materiale avevano trattenuto vantaggi competitivi e localizzazioni nelle regioni urbano-industriali atlantiche o del Midwest, e sarebbe stata necessaria la loro crisi per ribaltare la geografia statunitense delle opportunità.

Ecco dunque che la singolarità *casuale* di Fred Terman si colloca e può produrre effetti solo nel perimetro di una turnazione tecnologica profonda e di natura paradigmatica. Mentre Ford e General Motors dovevano risolvere il mastodontico problema di rendere un po' più elastiche le loro rigidissime linee produttive, Bill Gates aveva solo quello di convincere i genitori a fargli usare il garage. Quale più mirabile esempio della diversa geografia dei vincoli e delle opportunità causata dalle tecnologie? Mentre la profondità dei pozzi, Fred Terman, il costo delle verghe, Hollywood e un modesto quoziente demografico dato dalla povertà della preesistente agricoltura sono gli elementi di variabilità che contraddistinguono il *locale*, le turnazioni tecnologiche potrebbero dunque essere considerate un'invariante. In presenza dei loro effetti, le economie locali si muovono con maggior o minor velocità, o restano ferme.

*Transdisciplinarità dei paradigmi tecno-economici e impossibilità di restare fermi*

Queste considerazioni sono largamente dipendenti dalle analisi storiche degli ultimi decenni sul ruolo della tecnologia (ad esempio ROSENBERG, 1981;

Mokyr, 1990; Chandler, 1990, per non dire l'intera scuola di estrazione braudeliana del *world-system*), e si ispirano al recupero del punto di vista schumpeteriano sui cicli di investimento operato dai cosiddetti economisti neo-tecnologici (Freeman, 1982), che ha luogo quando la crisi del fordismo rilascia il pendolo storicistico e antipopperiano nelle analisi delle scienze sociali. Il peccato riduzionistico è accettabile se si accetta la convenzione che Fred Terman non sia visto nella sua sfaccettata complessità umana ma come parte di un'evoluzione paradigmatica, ovvero come attore che si manifesta nel momento giusto al posto giusto – che cioè tutti gli elementi prima citati (pozzi, verghe, Hollywood e natalità) siano interpretati in funzione del loro legame con un paradigma tecno-economico.

Si tratta, è vero, di una risposta alla Sigge Eklund, che teorizza l'impossibilità dello scrivere scrivendo un romanzo. Ma si tratta anche di leggere positivamente la natura della tecnologia e la sua capacità prima ipotizzata di *superare gli steccati delle partizioni disciplinari*. Un *paradigma tecno-economico* non è una semplice collezione di innovazioni, ma un insieme di risorse e produzioni strategiche (o di diverso contenuto di strategicità delle varie produzioni), di stili organizzativi, di particolari forme di interazione fra offerta e domanda, di relazioni stato-mercato, di aspettative individuali e collettive rispetto alla percezione delle opportunità, che non guidano soltanto la scelta di dove e come lavorare o investire, ma che mettono in vibrazione, evolvendola, l'intera trama dell'economia *reale*. Che dunque le specifiche innovazioni con le quali nominalisticamente si descrive un paradigma tecno-economico possano anche essere assenti o quasi da un territorio, e le problematiche ad esse legate possano essere addirittura estranee alla locale configurazione dell'economia e della società, nulla toglie al fatto che quel territorio ricavi la propria traiettoria di sviluppo dalla relazione con il quadro di possibilità prodotto da quel paradigma. L'eventualità di generare un Fred Terman si colloca all'incrocio fra quelle sollecitazioni e il tessuto che le accoglie. È un caso normale che le sollecitazioni possano eccedere la capacità di risposta di un sistema territoriale, e che un Fred Terman non possa semplicemente essere prodotto: in questo caso il sistema territoriale ne avrà ostacolata la sua dinamica di sviluppo, e ove non trovi altre strade (non un Fred Terman, ma per esempio un posizionamento sussidiario nelle pieghe o nei mercati complementari al paradigma: non è quello che è successo al Nec *non-fordista* negli anni Sessanta?), dovrà attendere che le carte vengano redistribuite per *provarci* di nuovo.

In realtà, però, nessun sistema territoriale resta fermo, sia perché la freccia del tempo in ogni caso si muove, sia perché l'assenza di dinamismo è comunque un adeguamento al contesto in via di evoluzione, ed è probabile che siano convulsioni più che immobilità. Fra questa condizione estrema e quella di chi, generando o intercettando precocemente il paradigma, innesca una traiettoria virtuosa, sta la stragrande maggioranza di sistemi territoriali che, più o meno sfavoriti, debbono tentativamente intraprendere la loro riorganizzazione interna. Se l'Abruzzo che ci ospita avesse come controcosta adriatica la California, è probabile che l'Università di Chieti avrebbe da tempo una popolatissima Facoltà di Ingegneria, e forse non ci interrogheremmo sul *declino italiano*. Così non essendo ed essendo meno probabile un Fred Terman, la riorganizzazione interna deve procedere per vie diverse.

*Variabilità e invarianti fra globale e locale: interno vs. esterno*

Una tale convenzione interpretativa, così come è stata presentata, può essere soddisfacente per uno storico economico, meno per un geografo economista, abituato sì al riduzionismo logico dei vicini, ma anche a ragionare *trans-scalarmente*. Estendere la convenzione a una dimensione direttamente geografica significa inglobare nel discorso pre-visivo basato sull'evoluzione dei paradigmi tecno-economici la natura plurale e ambigua di *globale* e *locale*.

Si tratta infatti di termini estremi e polari, validi anch'essi come convenzioni. *Globale* è tutto ciò che è generale e portatore di una generalizzata capacità di influenza. È pertanto qualcosa di a-spaziale e/o potenzialmente ubiquitario. *Locale* è ciò che è geograficamente denominato e singolare. Ma tutto questo ha poco a che vedere con la carne viva delle diversificate traiettorie geografiche dello sviluppo. Qui processi convenzionalmente globali (la filosofia liberoscambista affermatasi in metà mondo nel 1944 e in quasi tutto dopo la fine della Guerra Fredda, la *questione ambientale*, i potenziali delle nuove tecnologie) danno luogo a sollecitazioni trans-territoriali (dunque *non-locali*) dalla geografia complessa e *non-globale* (ad esempio i diversi requisiti localizzativi delle varie produzioni dell'ultimo paradigma tecno-economico, anche alla luce dei vincoli ambientali, o i diversi accordi settoriali della filosofia globalista WTO). E qualcosa che è geograficamente denominato e si comporta da *locale* alla scala-mondo, l'Unione Europea per esempio (ma anche lo Stato italiano), è ben fonte di influenze generalizzate sulle proprie regioni, e si comporta pertanto da *globale*.

Trappole alla Sigge Eklund: il *globale* non è una totalità, il *locale*, sempre scomponibile, non è la particella elementare, ed entrambi sono collezioni di scale diverse. Perciò, di fronte a una transizione paradigmatica, sarà bene procedere ulteriormente per convenzioni, e leggere il processo di riorganizzazione di un sistema territoriale comunque definito come rapporto fra l'interno (la variabilità, l'endogeno, il locale) e l'esterno (con tutta l'imprecisione del caso, l'invariante, l'esogeno, il globale).

In concreto ciò significa che una regione, poniamo l'Abruzzo, viene interrogata da sollecitazioni esterne che in teoria sono infinite[5], ma che si possono ricondurre alle famiglie numerabili: a) delle sollecitazioni provenienti dagli istituti aven-

---

[5] In teoria lo si può dimostrare: le catene di relazione si estendono tanto nello spazio quanto nel tempo. Se ne possono perciò rintracciare tante quanti i numeri naturali, per i quali esiste sempre la convenzione del «più uno»: ogni fattore influente di una relazione ne ha infatti a monte un altro.

ti potere normativo; b) da quelle provenienti dal mercato; c) da quelle favorite dalla prossimità geografica; d) e naturalmente da quelle provenienti dalla combinazione delle tre precedenti.

Sub (a) la traiettoria dello sviluppo economico regionale sarà influenzata dal *quadro nazionale*. Anche se Scott (2001) ci avverte sensatamente che viviamo in un mondo di regioni, la cogenza del condizionamento nazionale è ancora molto potente sotto svariati punti di vista, ivi compresi la forma delle relazioni amministrative territoriali e l'eredità dell'articolazione multiregionale dello sviluppo italiano. Sarà influenzata dal *quadro comunitario* quanto a dispositivi giuridici, regolamentari e redistributivi, quanto all'emergere di economie concorrenti, quanto alle scelte strategiche di privilegiare i rapporti a Est (allargamento) piuttosto che a Sud (Partenariato Euro-mediterraneo). Sarà influenzata *dall'ulteriore quadro regolativo sovra-nazionale* volontaristico (WTO, UNDP) o gerarchico (G-8) sia come indirizzo, sia come singole misure operative. Sarà influenzato infine dal nascente *quadro delle cooperazioni formali e informali* che infra e inter-nazionalmente ridisegnano i confini pratici delle relazioni regionali, anche se questo quarto ordine potrebbe essere collocato anche sub (d).

Sub (b) le specializzazioni dell'economia abruzzese dovranno fare i conti con i rispettivi mercati e con il loro rispettivo grado di trans-territorializzazione. Naturalmente anche le attività economiche a mercato locale, o protette a vario titolo dalla concorrenza (per esempio certi servizi e certo commercio), dovranno fare i conti con l'apertura dei mercati. Ciò influenzerà il processo molecolare di creazione di ricchezza, con esiti che l'attuale transizione non fa pre-vedere modesti. Per ciascuna delle specializzazioni produttive, esisterà un bilancio fra mix dei fattori produttivi approvvigionati prevalentemente all'interno oppure all'esterno dei confini nazionali, e insieme di fatturati realizzati prevalentemente all'interno o sui mercati esteri. Quando prevarrà il primo caso, che è ancora presente in misura non marginale, è probabile che gli andamenti di quel settore risentiranno di un processo di despecializzazione-rispecializzazione regionale che ancor oggi si realizza nei mercati interni secondo logiche di divisione infra-nazionale del lavoro; nel secondo caso gli andamenti saranno governati dal minor o maggior grado di internazionalizzazione del relativo oligopolio, che influenzerà le logiche rilocalizzative. Allo stesso modo la specializzazione nel turismo, mercato dove la territorialità dell'offerta già adesso è strutturalmente collegata all'estrema mobilità della domanda, dovrà fare i conti con vari ordini di sollecitazioni (trans-territorialità di attori chiave come i tour operators, crescenti esigenze di servizio della domanda rispetto alle culture di servizio locali, e così via).

Sub (c) e praticamente per intero sub (d) le relazioni nascenti, nonostante le previsioni azzardate sul *cottage elettronico* e l'indiscutibile globalizzazione, tenderanno a intensificarsi in funzione della prossimità geografica, come mostra a usura l'evidenza empirica contestuale alla crescita delle relazioni trans-territoriali a lunga distanza (la *regione cerniera* di Landini, del resto, è tale per vocazione geografica).

Ciò naturalmente non avverrà in modo lineare, e la cerniera dovrà sostanziare legami differenti. È probabile che certe relazioni di prossimità (per esempio quelle con le regioni italiane vicine, che hanno fatto dell'Abruzzo un caso particolare e diverso dal modello Nec nella seconda industrializzazione italiana) tendano a contrarsi, man mano che procede l'internazionalizzazione dell'economia nazionale. Ma proprio un tale processo aprirà (ha aperto) ulteriori opportunità inter-nazionali influenzate dalla prossimità adriatica.

Questa rapida ricognizione non esaurisce evidentemente la complessità delle sollecitazioni esterne, ma ne esemplifica buona parte. L'aspetto tassonomico qui dato loro non implica risposte lineari: ciascuna interrogazione prefigura scenari possibili (alcuni fra loro organici, altri contraddittori), e la velocità della traiettoria di sviluppo regionale dipenderà in buona parte dalla coerenza fra quelli che concretamente si realizzeranno. Sfortunatamente però non esiste un ente in grado di regolare adeguatamente questa coerenza. A fronte della trans-scalarità del globale sta infatti una natura altrettanto trans-scalare e pluri-soggettiva del locale.

Così la traiettoria dello sviluppo economico deriverà, in buona parte, da come ogni singolo sistema locale sub-regionale e ogni singola specializzazione regionale intercetteranno questa famiglia di distinte sollecitazioni, viste analogicamente come effetti di un mutamento paradigmatico e profondamente diverse quanto a ambiti e influenze. Ma la re-distribuzione che ne seguirà metterà (ha messo) in crisi l'armonia imperfetta e delicata che il precedente paradigma industrialista aveva generato, rilocalizzando popolazione e generatori di ricchezza fra città e campagna, insediamenti esogeni di grande impresa, sistemi territoriali a imprenditorialità industriale diffusa, aree turistico-costiere e montane. Essa tocca infatti gli equilibri dinamici di un modello geografico che aveva allocato le proprie risorse in modo complessivamente efficiente, di un'efficienza socialmente riconosciuta e condivisa pur nell'inevitabile scenario di ineguaglianze geografiche. In tal modo l'evoluzione del modello, modificando le relazioni funzionali interne alla regione, porta con sé la modifica degli stessi sensi di identità e comunanza, e questi incidono (positivamente o negativamente) sulla capacità delle risorse locali di rispondere alle sollecitazioni esterne.

Senza voler fare paragoni con il dinamismo delle Zes costiere cinesi simboleggiato dalla sensazionale *skyline* di Shangai rispetto al desolato interno, una regione affacciata sul mare che si proietta all'esterno tende a marginalizzare le sue relazioni con il retroterra. E, nel quadro dei condizionamenti scalari esterni prima discussi, essere parte di sistemi geografici più o meno organici al paradigma tecnoeconomico produce atteggiamenti assai diversi rispetto all'incertezza, che vanno dall'entusiasmo alla paura. Chi governa, pur non potendola regolare adeguatamente, una regione conosce bene il duplice problema di trovare interlocutori all'esterno governando il sommovimento interno, e come i due problemi si complichino maledettamente a vicenda. Ma questa è la partita che deve essere giocata, e interrogarsi sulle regole può aiutare.

# BIBLIOGRAFIA

ARRIGHI G., *Il lungo XX secolo. Denaro, potere e le origini del nostro tempo*, Milano, Il Saggiatore, 2000 (ed. orig. 1994).

CELLA G.P., *Le tre forme dello scambio. Reciprocità, politica, mercato a partire da K. Polanyi*, Bologna, Il Mulino, 1997.

CHANDLER A.D. jr., *Dimensione e diversificazione. Le dinamiche del capitalismo industriale*, Bologna, Il Muluino, 1994 (ed. orig. 1990).

DINI F. (a cura), *Geografia dell'industria. Processi globali e sistemi locali*, Torino, Giappichelli, 1995.

DINI F., *Aspettative e differenziali di sviluppo: una relazione controversa*, in «Rivista Geografica Italiana», Firenze, 2004, pp. 689-725.

EKLUND S., *Den sista myten*, Oslo-Stoccolma, Gyldendal, 2003.

FREEMAN C., *The Economics of Industrial Innovation*, Londra, Pinter, 1982.

KUHN T., *La logica della scoperta scientifica*, Torino, Einaudi, 1972 (ed. orig. 1968).

LANDINI P. (a cura), *Abruzzo: un modello di sviluppo regionale*, Roma, Società Geografica Italiana, 1999.

MATTELART A., *La comunicazione globale*, Roma, Editori Riuniti, 1999 (ed. orig. 1998).

MOKYR J., *La leva delle ricchezze. Creatività tecnologica e progresso economico*, Bologna, Il Mulino, 1995 (ed. orig. 1990).

PEREZ C., *Structural Change and Assimilation of the Technology in the Economic and Social Systems*, in «Future», 15, 1983, pp. 357-375.

POLANYI K., *Traffici e mercati negli antichi imperi*, Torino, Einaudi, 1978 (ed. orig. 1957).

POLLARD S., *La conquista pacifica. L'industrializzazione in Europa dal 1760 al 1970*, Bologna, Il Mulino, 1989 (ed. orig. 1981).

POPPER K., *Miseria dello storicismo*, Milano, Feltrinelli, 1972 (ed. orig. 1971).

ROSENBERG N., *Dentro la scatola nera. Tecnologia ed economia*, Bologna, Il Mulino, 1990 (ed. orig. 1981).

ROSENBERG N. e MOWERY M.C., *La rivoluzione elettronica*, Milano, Feltrinelli, 2001 (ed. orig. 2000).

SABEL C. e PIORE M.J., *Le due vie dello sviluppo industriale: produzione di massa e produzione flessibile*, Torino, Isedi, 1987 (ed. orig. 1984).

SAXENIAN A., *Il vantaggio competitivo dei sistemi locali nell'era della globalizzazione: cultura e competizione nella Silicon Valley e nella Route 128*, Milano, Franco Angeli, 2002 (ed. orig. 1994).

SCOTT A.J., *Le regioni nell'economia mondiale. Produzione, competizione e politica nell'era della globalizzazione*, Bologna, Il Mulino, 2001 (ed. orig. 1998).

SMITH A., *Un'indagine sulla natura e sulle cause della ricchezza delle nazioni*, Torino, UTET, 1975 (ed. orig. 1776).

FABRIZIO FERRARI *

# STRUTTURA PRODUTTIVA E COMMERCIO INTERNAZIONALE NELL'ITALIA ADRIATICA. UN'ANALISI CONGIUNTURALE

*La situazione congiunturale del manifatturiero in Italia e nelle province adriatiche*

Nella seconda metà degli anni Novanta e ancora più nei primi anni del nuovo millennio si assiste a un progressivo indebolimento del tessuto produttivo italiano, proprio in quei settori che sono tradizionalmente intesi come caratterizzanti il sistema manifatturiero nazionale. Le spiegazioni più comuni per sottolineare l'arretramento delle posizioni competitive del *made in Italy* sui mercati internazionali si focalizzano sulle politiche aggressive condotte dai NICs (produzioni standardizzate con decisivi risparmi sui costi del lavoro) e sulla situazione di incertezza a livello internazionale (decisamente aggravatasi nel nuovo millennio, tanto che si può iniziare a parlare di «terzo shock petrolifero» data la pesante situazione di tensione nel Vicino e Medio Oriente). Ma appare decisamente più significativo spostare l'attenzione sulla situazione strutturale dei settori indicati come la «spina dorsale» del sistema produttivo italiano.

I settori produttivi più tipici dell'economia italiana, ossia l'alimentare, i comparti della moda, il legno e i mobili, indicati come i principali attori delle spinte localistiche verso la transizione da sistemi agricoli a contesti industriali negli anni Settanta e Ottanta, hanno invero evidenziato percorsi differenziati, sostanzialmente riconducibili a due forme sostanziali: da un lato, si è mantenuto un assetto di piccole industrie tipico del distretto marshalliano, oppure lo stesso si è evoluto in una tipologia «satellitare» con poche industrie di grandi dimensioni attorno a cui

---

\* Dipartimento di Economia e Storia del Territorio, Università «G. d'Annunzio» di Chieti-Pescara.

ruotano molte realtà di piccole dimensioni con funzioni di *subcontractors*; dall'altro, in molti casi le piccole imprese non sono riuscite ad evolversi, rimanendo al margine dei mercati con prodotti di scarsa qualità o non sufficientemente pubblicizzati e agendo sovente come «contoterziste» di aziende di grandi dimensioni, spesso esogene alla realtà industriale locale.

Questo secondo «percorso», intrapreso dalle aziende manifatturiere italiane con un atteggiamento tipicamente difensivo o di mera sopravvivenza sui mercati, seppure ha portato alla celebrazione del «mito» produttivo italiano negli anni Ottanta e nei primi anni Novanta, rivela tutta la sua fragilità in periodi di stagnazione dell'economia nazionale, come quelli che si vivono attualmente. La piccola impresa e la sua massima manifestazione sul territorio, il distretto industriale, sembravano essere il rimedio a tutti i difetti dell'industrializzazione italiana. Ma, come sottolinea Viesti: «La cultura industriale dei distretti, quasi per definizione, è una cultura che non genera innovazioni radicali, ma si muove, migliora ed approfondisce i sentieri della propria tradizione manifatturiera» (VIESTI, 1992, p. 16).

Due elementi sono dunque da sottolineare nella trattazione della situazione congiunturale industriale italiana: la tradizione manifatturiera e l'innovazione nelle imprese. In effetti, negli anni Ottanta e nei primi anni Novanta vi è stata una proliferazione di cosiddetti «distretti industriali», grazie anche a una legislazione nazionale troppo vaga, che ha permesso l'identificazione degli stessi anche laddove non vi era una tradizione produttiva tale da giustificare l'evocazione di tale tipologia aggregativa. Inoltre, l'eccessiva sicurezza nel *made in Italy*, in settori appunto in cui non si richiedeva una marcata propensione per l'innovazione, ha comportato una progressiva perdita di competitività tecnologica nei confronti non solo dei Paesi più evoluti, ma anche di alcuni NICs.

Nella tabella 1, in cui si evidenzia l'andamento congiunturale delle imprese nel periodo 1995-2003, si ha un chiaro riscontro di quanto affermato: da un lato, presentano un saldo negativo tutti i settori tradizionali (con la significativa eccezione dell'alimentare[1]), ma, d'altra parte, neanche il settore dell'elettronica e delle telecomunicazioni (considerato il comparto simbolo del paradigma tecnologico attualmente dominante) e quello della chimica (uno dei settori a maggiore incidenza dell'innovazione sulla competitività dei prodotti) riescono a esprimere una *performance* positiva. Tale situazione si riflette anche nel complesso delle province adriatiche, pur dovendosi rimarcare eccezioni, con dati alcune volte in controtendenza (nella produzione di carta e nel comparto della fabbricazione dei macchinari elettrici).

---

[1] Il comparto alimentare è comunque da considerarsi un «settore rifugio» nei momenti di congiuntura economica negativa e, quindi, una buona *performance* dello stesso non è sempre da considerare positivamente. Inoltre, spesso in esso si celano micro-esercizi del commercio (bar, pasticcerie, panifici, ecc.), che rendono ipertrofico il comparto rispetto alla sua reale valenza sul mercato.

TABELLA 1
*Numero delle imprese presenti in Italia e nelle province adriatiche nel 1995 e nel 2003*

| Settori manifatturieri | Province adriatiche | | | Italia | | |
|---|---|---|---|---|---|---|
| | 1995 | 2003 | Var. % | 1995 | 2003 | Var. % |
| Alimentare | 14.881 | 17.668 | 18,73 | 78.573 | 94.541 | 20,32 |
| Tabacco | 60 | 33 | -45,00 | 191 | 116 | -39,27 |
| Tessile | 4.952 | 4.439 | -10,36 | 40.909 | 31.822 | -22,21 |
| Vestiario | 11.944 | 10.712 | -10,31 | 56.646 | 50.181 | -11,41 |
| Pelli e cuoio | 9.498 | 7.996 | -15,81 | 29.448 | 25.384 | -13,80 |
| Legno | 10.283 | 8.914 | -13,31 | 60.502 | 53.657 | -11,31 |
| Carta | 712 | 741 | 4,07 | 5.290 | 5.057 | -4,40 |
| Editoria | 3.631 | 4.284 | 17,98 | 28.105 | 31.606 | 12,46 |
| Prod. Energetici | 84 | 101 | 20,24 | 587 | 644 | 9,71 |
| Chimica | 1.033 | 894 | -13,46 | 8.674 | 7.766 | -10,47 |
| Gomma e plastica | 1.573 | 1.734 | 10,24 | 13.038 | 13.213 | 1,34 |
| Prod. min. non metal. | 4.816 | 4.880 | 1,33 | 29.372 | 30.029 | 2,24 |
| Siderurgia | 548 | 517 | -5,66 | 5.272 | 4.912 | -6,83 |
| Prodotti in metallo | 14.341 | 15.724 | 9,64 | 104.696 | 112.133 | 7,10 |
| Meccanica | 6.035 | 6.591 | 9,21 | 45.096 | 47.066 | 4,37 |
| Macchine per ufficio | 219 | 516 | 135,62 | 1.477 | 3.422 | 131,69 |
| Macchinari elettrici | 2.679 | 2.786 | 3,99 | 20.812 | 20.690 | -0,59 |
| App. per le comunicazioni | 1.355 | 1.289 | -4,87 | 9.396 | 8.130 | -13,47 |
| Mecc. di precisione, ecc. | 4.693 | 4.866 | 3,69 | 27.743 | 28.616 | 3,15 |
| Autoveicoli | 320 | 408 | 27,50 | 2.583 | 3.067 | 18,74 |
| Altri mezzi di trasporto | 997 | 1.263 | 26,68 | 5.047 | 6.279 | 24,41 |
| Mobili e altre man. | 10.481 | 11.407 | 8,84 | 64.351 | 66.740 | 3,71 |
| Riciclaggio | 147 | 424 | 188,44 | 1.331 | 2.620 | 96,84 |
| *Totale* | 105.282 | 108.187 | 2,76 | 639.139 | 647.691 | 1,34 |

(Fonte: elaborazione su dati Infocamere)

Sembra dunque delinearsi per l'Italia una situazione piuttosto anomala, in cui paradossalmente non godono di buona salute né i settori più tradizionali, né quelli ad alta tecnologia; le *performances* migliori ritornano a essere quelle dei comparti ad alta incidenza delle economie di scala, in particolare l'industria dei mezzi di trasporto e quella dei prodotti in metallo.

Tentando di cogliere l'essenza del modello industriale italiano in questo particolare momento, si giunge alla conclusione dell'estrema complessità dello stesso, in cui risulta difficile leggere sia la tradizionale contrapposizione Nord-Sud sia il tentativo di individuazione del modello della «Terza Italia». Emerge sempre più il concetto preponderante del localismo, ossia del successo irripetibile in determinati territori di alcuni fattori e peculiarità, che altrove non comportano necessariamente lo sviluppo dell'economia, determinando sempre più un modello «puntiforme» dell'industrializzazione italiana.

Eppure, si può comunque individuare in Italia, fermandosi al livello provinciale, una schematizzazione piuttosto netta e precisa delle scelte imprenditoriali, attraverso la classificazione di Pavitt (1984)[2], come si osserva in figura 1. In tal modo, si dovrebbe riuscire a rispondere alla questione che più preme nell'am-

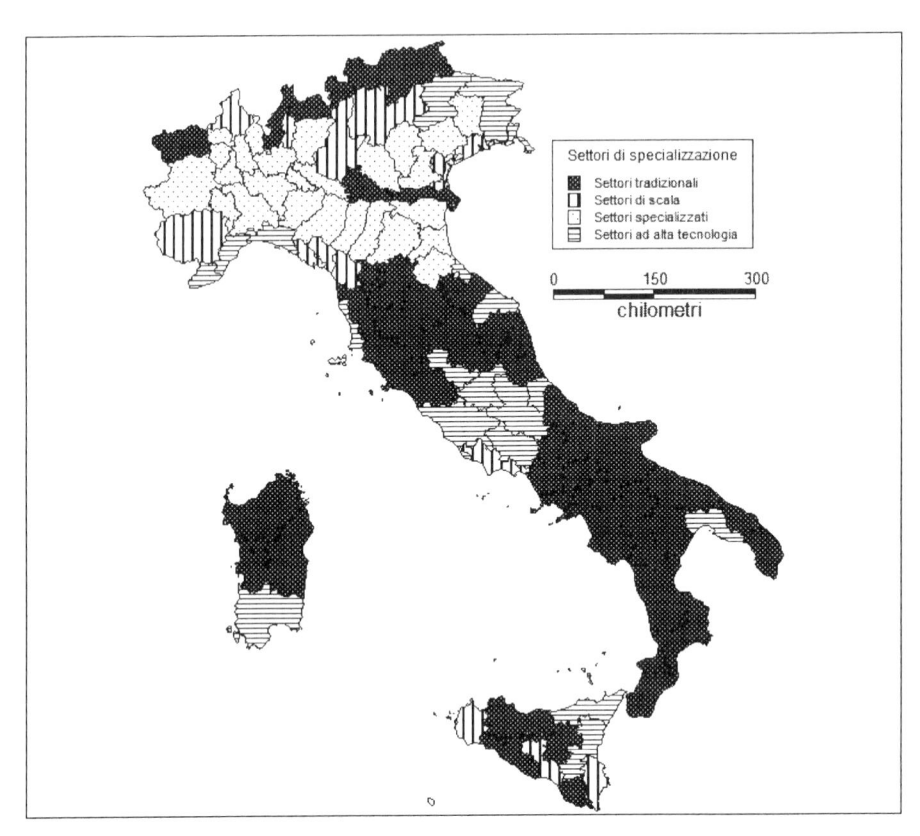

Fig. 1 - *Le tipologie imprenditoriali prevalenti nelle province italiane nel 2003, in termini di imprese attive.*
(Fonte: elaborazione su dati Infocamere)

---

[2] Si sono raggruppati i settori secondo la metodologia di Pavitt: settori tradizionali (alimentare, tabacco, tessile, vestiario, cuoio e pelli, legno, mobili e altre manifatturiere); settori di scala (carta, editoria, prodotti energetici, chimica, gomma e plastica, minerali non metalliferi, siderurgia, prodotti in metallo, autoveicoli e altri mezzi di trasporto); settori specializzati (meccanica, macchinari elettrici e riciclaggio); settori ad alta tecnologia (macchine per ufficio, apparecchi per comunicazione e meccanica di precisione). A questo punto si è calcolato per ogni raggruppamento l'indice di concentrazione delle imprese attive in ogni provincia rispetto al totale, confrontando lo stesso con il dato nazionale. Si è rappresentato, quindi, il gruppo con indice di concentrazione più elevato.

bito del presente contributo, ovvero se emerga un «modello adriatico» di industrializzazione.

La risposta, in via generale, sembra negativa, sebbene si possa focalizzare l'attenzione su alcuni comparti tradizionali molto diffusi (alimentare, vestiario, pelli e cuoio) soprattutto nelle province del medio e basso Adriatico. In verità, tali settori sembrano ben radicati anche nella Romagna, nonostante tale regione si vada evolvendo verso modelli di sviluppo più complessi a cui si sovrappongono, alle produzioni *labour-intensive*, alcuni comparti specializzati, come la meccanica, spesso nati come supporto alle prime. Accade così che l'Emilia-Romagna vada sempre più componendo un nuovo «triangolo industriale» policentrico con le regioni del Nord-Ovest, non rinunciando comunque alle produzioni nei settori più tradizionali.

I sistemi industriali delle province friulane e di Venezia sembrano invece radicalmente diversi dal resto della costiera adriatica, con scarso peso delle attività ad alta intensità di lavoro e forte incidenza della meccanica e dei macchinari elettrici ed elettronici, pur dovendosi rimarcare spesso un andamento congiunturale negativo di questi settori nel periodo 1995-2003.

In definitiva, si possono individuare tre modelli diversi di industrializzazione nelle province adriatiche: uno friulano-veneto basato su grandi aziende in settori specializzati e ad alta tecnologia, spesso in difficoltà negli ultimi anni (prova ne è il fatto che Trieste, Udine e Venezia hanno subito, nel periodo 1995-2003, un decremento nel totale delle imprese attive); uno romagnolo, in transizione tecnologica, dove si rimarca la sostituzione di imprese tradizionali con altre, in specie della meccanica; infine, uno del medio e basso Adriatico, con radicata presenza di imprese dell'alimentare, vestiario e cuoio e pelli (quest'ultima produzione sembra la più caratterizzante).

*I flussi commerciali nel periodo 1995-2003 nelle province adriatiche*

Le province che si affacciano sull'Adriatico sono da sempre considerate tra le più attive negli scambi commerciali, sia per l'importanza delle stratificazioni storiche delle relazioni internazionali, in specie con i Balcani, sia per l'ampia offerta di infrastrutture di trasporto, prime fra tutte quelle portuali.

Andando a esaminare quali siano stati i beni industriali più scambiati sul mercato internazionale da parte delle province adriatiche (tab. 2), ci si accorge innanzitutto di un dato paradigmatico: la bilancia commerciale risulta ancora largamente positiva, ma il volume monetario delle importazioni complessive risulta incrementato in proporzione maggiore rispetto alle esportazioni; se, da un lato, questo evento è da considerarsi comunque negativo, perché testimonia una maggiore vulnerabilità del «sistema» adriatico sul piano internazionale, bisogna però considerare anche la possibilità di un miglioramento del tenore di vita della popolazione residente e, perciò, di una maggiore richiesta di beni dall'estero.

TABELLA 2
*Le esportazioni delle province adriatiche nel 1995 e nel 2003 (in migliaia di euro) per tipologia settoriale (classificazione di Pavitt) e principali settori produttivi per volume di scambi internazionali*

| Tipologie settoriali | Adriatico | | | | Variazione % 1995-2003 | |
|---|---|---|---|---|---|---|
| | 1995 | | 2003 | | | |
| | Import | Export | Import | Export | Import | Export |
|---|---|---|---|---|---|---|
| Settori tradizionali | 3.475.774 | 9.066.935 | 5.821.351 | 11.449.578 | 67,48 | 26,28 |
| *di cui:* | | | | | | |
| Cuoio e Calzature | 515.075 | 2.872.614 | 1.103.812 | 3.291.123 | 114,30 | 14,57 |
| Alimentari | 1.639.452 | 1.407.173 | 2.273.246 | 1.811.652 | 38,66 | 28,74 |
| Mobili e altre manifatturiere | 169.099 | 2.861.950 | 315.608 | 3.449.381 | 86,64 | 20,53 |
| Settori di scala | 6.354.639 | 8.692.674 | 9.448.346 | 12.706.551 | 48,68 | 46,18 |
| *di cui:* | | | | | | |
| Chimica | 1.808.832 | 1.681.403 | 2.308.604 | 2.443.807 | 27,63 | 45,34 |
| Autoveicoli | 660.104 | 2.249.187 | 1.519.326 | 2.553.799 | 130,16 | 13,54 |
| Altri mezzi di trasporto | 317.248 | 887.472 | 974.013 | 2.067.756 | 207,02 | 132,99 |
| Settori specializzati | 1.287.481 | 4.762.882 | 2.294.894 | 7.814.842 | 78,25 | 64,08 |
| *di cui:* | | | | | | |
| Meccanica | 1.008.547 | 4.179.571 | 1.862.883 | 6.884.512 | 84,71 | 64,72 |
| Settori ad alta tecnologia | 404.412 | 405.849 | 1.065.499 | 802.986 | 163,47 | 97,85 |
| *di cui:* | | | | | | |
| Appar. per la comunicazione | 130.894 | 238.881 | 568.354 | 431.004 | 334,21 | 80,43 |
| *Totale Province Adriatiche* | 11.522.306 | 22.928.340 | 18.630.090 | 32.773.957 | 61,69 | 42,94 |

(Fonte: elaborazione su dati ISTAT)

Aiutandosi ancora una volta con la classificazione dei beni secondo la metodologia di Pavitt, si scorgono altri dati che fanno propendere per un giudizio complessivamente negativo per l'evoluzione del commercio internazionale nelle province adriatiche e che gettano ombre anche sull'immediato futuro, seppure in parte fugate da alcuni cambiamenti strutturali positivi. Si è finora scritto che la principale fonte di alimentazione del manifatturiero nelle regioni adriatiche sono stati i settori definiti «tradizionali», ad alta intensità di lavoro. Ebbene, mentre nel 1995, in una situazione comunque già non del tutto favorevole per l'elevata quota di importazioni nel settore alimentare, i comparti *labour intensive* rappresentavano la principale fonte di entrate nella bilancia commerciale dei Paesi dell'Adriatico, nel periodo intercorso l'incremento percentuale degli stessi è stato modesto e inferiore alla media di tutti i settori, cosicché hanno assunto un ruolo leader i comparti «di scala». Il motivo di ciò è da imputarsi soprattutto alla maggior vulnerabilità del settore del cuoio e calzature sui mercati internazionali, testimoniato anche dall'ampio incremento delle importazioni. È significativo, inoltre, notare che entrambi i movimenti della bilancia commerciale, ossia quelli in entrata e quelli in uscita, sono alimentati soprattutto dalle province marchigiane (Ascoli Piceno e Macerata) e pugliesi (Bari e Lecce); tale fenomeno appare indissolubilmente legato a un incremento elevato del contoterzismo internazionale, per cui alcune fasi o l'intero procedimento produttivo viene delocalizzato verso Paesi esteri (soprattutto per motivi di riduzione dei costi del lavoro), generando così movimenti pressoché «virtuali» all'interno della bilancia commerciale, ossia alimentati da soggetti giuridici formalmente diversi, ma in verità aventi soggetti economici spesso identici o comunque legati tra loro da strettissimi rapporti d'affari. Tali fenomeni di spostamento dei baricentri produttivi verso l'estero non si verificano solamente nei settori ad alta intensità di lavoro e con tecnologie mature, ossia quelli con minori barriere all'entrata dei potenziali concorrenti, ma anche nei comparti dei mezzi di trasporto (è soprattutto il caso della provincia di Chieti), ove hanno maggiore gioco proprio le determinanti competitive della ramificazione degli stabilimenti delle aziende italiane verso l'estero, prime fra tutte quelle legate al trasferimento delle componenti tecnologiche e delle conoscenze scientifiche e di *know-how* del prodotto specifico.

Un altro fattore negativo da considerare è poi quello dello scarsissimo peso assunto dal movimento commerciale con l'estero dei settori ad alta tecnologia, evidentemente poco radicati nelle province adriatiche; inoltre, dal 1995 al 2003, ad aggravare tale situazione, si può notare che la bilancia dei settori ad alta tecnologia è diventata negativa, con le importazioni che tendono ad espandersi a un ritmo molto più veloce delle esportazioni.

Nell'analisi settoriale dell'evoluzione della bilancia commerciale delle regioni adriatiche nel periodo considerato vi sono comunque due fattori positivi: da un lato, la meccanica appare ancora il settore più rilevante delle esportazioni (le province leader in tale settore sono Ancona e Udine), con un tasso di crescita nel periodo superiore a quello medio di tutti i settori (sebbene inferiore rispetto a quello delle corrispondenti importazioni); inoltre, si è potuto notare un rilancio della chimica, la quale è ritornata ad esprimere, nonostante le note difficoltà del comparto, un saldo positivo, potendo contare su una rete provinciale di esportazioni meno polarizzata di altri settori (infatti i valori tra le province leader, ossia Ravenna, Ascoli Piceno, Ferrara e Venezia, non appaiono molto distanti l'uno dall'altro).

Allo scopo di poter ponderare meglio l'importanza dei movimenti della bilancia commerciale delle province adriatiche rispetto al complesso dell'Italia, si sono calcolati gli indici di capacità importativa (Ici) e quello di capacità esportativa (Ice)[3]. Come si può notare (tab. 3), in generale la capacità importativa ed

---

[3] Tali indici sono stati calcolati in modo diverso dall'impostazione classica, che raffronta le importazioni e le esportazioni alla popolazione residente (GUERRIERI e MILANA, 1990; ROMEI, 1995); infatti, si è preferito il confronto con l'universo delle imprese, allo scopo di ottenere un rapporto diretto tra scambi commerciali e manifatturiero.

TABELLA 3
*Gli indici di capacità importativa ed esportativa delle province adriatiche nel 1995 e nel 2003*

| Province | Indice di capacità importativa | | Indice di capacità esportativa | |
|---|---|---|---|---|
| | 1995 | 2003 | 1995 | 2003 |
| Trieste | 1,34 | 1,56 | 1,56 | 1,52 |
| Gorizia | 1,16 | 1,47 | 2,23 | 2,29 |
| Udine | 0,76 | 0,72 | 1,25 | 1,28 |
| Venezia | 0,87 | 1,07 | 1,00 | 1,26 |
| Rovigo | 0,27 | 0,47 | 0,50 | 0,56 |
| Ferrara | 0,50 | 0,49 | 1,01 | 1,09 |
| Ravenna | 1,42 | 1,42 | 1,05 | 1,04 |
| Forlì - Cesena | 0,63 | 0,59 | 0,92 | 0,88 |
| Rimini | 0,16 | 0,29 | 0,37 | 0,75 |
| Pesaro e Urbino | 0,16 | 0,22 | 0,63 | 0,66 |
| Ancona | 0,57 | 0,57 | 1,24 | 1,66 |
| Macerata | 0,16 | 0,26 | 0,56 | 0,67 |
| Ascoli Piceno | 0,28 | 0,36 | 0,66 | 0,72 |
| Teramo | 0,28 | 0,41 | 0,45 | 0,56 |
| Pescara | 0,37 | 0,39 | 0,28 | 0,29 |
| Chieti | 0,95 | 1,12 | 1,64 | 1,82 |
| Campobasso | 0,30 | 0,23 | 0,32 | 0,22 |
| Foggia | 0,23 | 0,24 | 0,17 | 0,14 |
| Bari | 0,21 | 0,29 | 0,37 | 0,39 |
| Brindisi | 0,64 | 0,54 | 0,38 | 0,52 |
| Lecce | 0,14 | 0,13 | 0,31 | 0,20 |
| *Totale Adriatico* | *0,47* | *0,52* | *0,72* | *0,79* |
| Italia | 1,00 | 1,00 | 1,00 | 1,00 |

(Fonte: elaborazione su dati ISTAT e Infocamere)

esportativa della macro-area adriatica appare sensibilmente inferiore a quella nazionale. Una simile constatazione appare ancora più rilevante andando a esaminare la distribuzione tra Nord e Sud con le imprese meridionali che sembrano ancora poco propense a entrare sui mercati internazionali (su ciò pesano senz'altro i vincoli dovuti alla polverizzazione aziendale).

Il giudizio espresso va adattato a ogni singolo settore, ma appare chiara l'importanza strategica di espandere la propria presenza sui mercati internazionali da parte delle imprese delle province adriatiche. L'alternativa, infatti, in un'epoca in cui la competitività si estende sempre più nello spazio, è quella di non riuscire più a competere con aziende meglio consolidate sui mercati, così da portare a una progressiva atrofizzazione dell'apparato produttivo; ciò, in estrema sintesi, dovrebbe comportare una progressiva riduzione del numero di imprese attive sul territorio.

Questa situazione appare tanto più veritiera per i settori «tradizionali» (tab. 4), la cui progressiva scomparsa (o comunque forte riduzione) potrebbe mutare radicalmente la fisionomia del manifatturiero nelle province adriatiche. È significativo, in tal senso, che, dall'analisi effettuata, emerga un dato emblematico: il settore della lavorazione del cuoio e della produzione delle calzature è da sempre identificato come uno dei punti di forza del Sistema Adriatico e, in particolare, delle province di Ascoli Piceno e Macerata (che ospitano sul loro territorio più della metà delle imprese attive nell'area); ebbene, in questo comparto, tali province mostrano un indice di capacità esportativa, proporzionato al numero di imprese, decisamente modesto, sebbene in leggero incremento dal 1995 al 2003 (Macerata è passata dallo 0,85 allo 0,89; Ascoli Piceno dallo 0,64 allo 0,71), denotando una debolezza per molti versi inaspettata sui mercati internazionali. Sintomo di tale condizione di scarsa competitività è la forte contrazione di imprese attive nel settore calzaturiero denotato nello stesso periodo (Macerata –11% e Ascoli Piceno –14%); in tal caso,

TABELLA 4
*Gli indici di capacità importativa ed esportativa nelle province adriatiche per settori manifatturieri nel 1995 e nel 2003*

| Settori manufatturieri | Indice della capacità importativa | | Indice della capacità esportativa | |
|---|---|---|---|---|
| | 1995 | 2003 | 1995 | 2003 |
| Alimentare | 0,60 | 0,72 | 0,73 | 0,66 |
| Tabacco | 0,02 | 0,81 | 0,53 | 0,18 |
| Tessile | 0,58 | 0,56 | 0,36 | 0,43 |
| Vestiario | 0,39 | 0,48 | 0,62 | 0,73 |
| Pelli e cuoio | 0,48 | 0,57 | 0,82 | 0,85 |
| Legno | 1,04 | 1,10 | 1,10 | 1,27 |
| Carta | 0,95 | 0,75 | 1,06 | 0,78 |
| Editoria | 0,18 | 0,17 | 0,26 | 0,22 |
| Prod. Energetici | 1,70 | 1,20 | 0,46 | 0,36 |
| Chimica | 0,64 | 0,57 | 0,91 | 0,83 |
| Gomma e plastica | 0,68 | 0,81 | 1,10 | 1,11 |
| Prod. min. non metal. | 0,58 | 0,68 | 0,52 | 0,64 |
| Siderurgia | 0,61 | 0,92 | 0,63 | 0,92 |
| Prodotti in metallo | 0,48 | 0,68 | 0,85 | 1,01 |
| Meccanica | 0,57 | 0,69 | 0,80 | 0,94 |
| Macchine per ufficio | 0,13 | 0,16 | 0,03 | 0,27 |
| Macchinari elettrici | 0,41 | 0,44 | 0,70 | 0,81 |
| App. per le comunicazioni | 0,12 | 0,32 | 0,34 | 0,44 |
| Mecc. di precisione, ecc. | 0,20 | 0,26 | 0,22 | 0,27 |
| Autoveicoli | 0,33 | 0,35 | 1,13 | 0,92 |
| Altri mezzi di trasporto | 0,61 | 0,78 | 0,99 | 1,32 |
| Mobili e altre man. | 0,41 | 0,45 | 1,33 | 1,36 |
| *Totale* | 0,47 | 0,52 | 0,72 | 0,79 |

(Fonte: elaborazione su dati ISTAT e Infocamere)

l'eccessivo incremento di imprese «satelliti» e contoterziste delle aziende leader, sorte in un periodo di congiuntura favorevole dei mercati, ha comportato l'ipertrofia del settore rispetto alle mutate situazioni di mercato, con conseguente espulsione delle aziende marginali, il cui ruolo esclusivo era quello di assorbire il *surplus* produttivo degli stabilimenti di maggiori dimensioni. Questa situazione, ora rappresentata come significativa delle peggiorate condizioni di vita delle aziende del versante adriatico italiano, non è comunque unica; purtroppo, i piccoli imprenditori (la maggioranza in Italia) spesso non hanno coraggio (o competenze) sufficienti per affacciarsi da soli su mercati variegati e diversificati e perciò reputano più conveniente rivolgersi alla produzione non di beni per il mercato, ma per pochi soggetti di dimensioni maggiori, rendendo così il mercato estero italiano (e ancor più nello specifico quello delle province adriatiche) fondamentalmente «oligarchico».

Eppure, non tutti i settori «tradizionali» denotano una situazione così negativa: in particolare, un giudizio sicuramente favorevole meritano i settori della lavorazione del legno, e non solo quello – più celebrato – della fabbricazione dei mobili, ma anche quello della prima lavorazione (infissi, serramenti e operazioni di lavorazione del materiale grezzo, come taglio, piallatura, ecc.); l'estrema positività del dato si rafforza con la considerazione che la propensione all'esportazione è piuttosto diffusa su tutto il territorio adriatico (ben 10 province su 21 nel settore del legno e 9 su 21 in quello della fabbricazione di mobili e altre manifatturiere mostrano, nel 2003, un Ice superiore all'unità), sebbene si rimarchi ancora una forte discrepanza tra gli indici del Centro-Nord e quelli meridionali.

Ma, al di là delle considerazioni sui settori ad alta intensità di lavoro e a tecnologia matura, il panorama esportativo è ancora decisamente in fase evolutiva, spinto, in alcuni comparti dominati dalla economia di scala, da poche imprese esogene, che spesso deformano, a un primo sguardo, la reale capacità del territorio di dialogare con i mercati esteri. È questo il caso della fabbricazione di veicoli, dove gli stabilimenti di aziende esogene dominano nell'area adriatica e possono sfruttare i canali internazionali aperti dalla casa madre, mentre le piccole imprese si trovano più o meno comprese nel «sistema solare» delle prime; ne deriva un indice di capacità esportativa piuttosto elevato e prossimo alla media italiana, ma che comunque non riflette affatto una vocazione imprenditoriale reale verso tali settori. Invece, le migliorate *performances* della meccanica, seppure distribuite su poche province, fanno ben sperare in un futuro sviluppo di questo settore, che potrebbe stimolare anche altri comparti, dato che esso è spesso visto in funzione di produzione di macchinari al servizio di altri segmenti produttivi.

Negative, allo stato, sono anche le considerazioni riguardanti i settori ad alta tecnologia: i movimenti complessivi sia in entrata sia in uscita sono molto modesti (non raggiungono, in proporzione, neanche la metà della media italiana in tutti i comparti) e ciò non è solo sintomatico di una scarsa propensione verso lo scambio di prodotti ad alta tecnologia, ma anche dello scarsissimo impiego di prodotti e procedimenti *hi-tech* negli altri comparti, così da ipotizzarsi un quadro di immobilismo tecnologico sistematico delle imprese adriatiche o, quantomeno, un disinteresse diffuso verso i possibili miglioramenti dei processi produttivi: situazione, è facile immaginare, comunque pericolosa per il futuro sviluppo del manifatturiero.

*Gli scambi commerciali delle province adriatiche con i Balcani*

Il *big bang* politico ed etnico verificatosi durante gli anni Novanta nella Penisola Balcanica ha comportato, però, anche l'insorgenza di nuovi mercati e nuove sfide per l'Europa, in specie per la neonata Unione Europea, la cui prima missione è divenuta quella di calmierare e, in una seconda fase (appena avviata), di assorbire nella propria orbita tutti i Paesi dell'ex blocco orientale. Il motivo di ciò è, da una parte, l'occasione di avere nuovi mercati (e bacini di forza lavoro) su cui poter espandere la propria influenza, ma anche l'esigenza di assorbire, con il minor trauma possibile, i contraccolpi e le turbolenze politiche ed economiche provenienti dai Paesi dell'Europa orientale.

Nella seconda metà degli anni Novanta si è assistito a un progressivo consolidamento e assestamento delle relazioni tra Italia e Balcani (tab. 5). Una prima fase, per molti versi ancora in corso, ha riguardato la ricostruzione o comunque l'ammodernamento del tessuto industriale balcanico, con la massiccia importazione di prodotti italiani (in particolare macchinari e altri beni strumentali) e, per converso, una scarsa propensione all'esportazione se si eccettuano i tradizionali interscambi esistenti tra Slovenia, Croazia e Italia nord-orientale. In un secondo momento gli imprenditori della sponda italiana hanno cominciato a percepire i vantaggi della delocalizzazione dei processi produttivi nei Balcani, cosicché i flussi complessivi tra le due sponde dell'Adriatico sono aumentati sensibilmente, ma con un incremento delle importazioni molto più incisivo delle esportazioni.

Bisogna rimarcare alcuni fenomeni generali significativi per il mutamento delle relazioni interadriatiche: innanzitutto, l'enorme rafforzamento dei flussi provenienti dalla Romania, divenuta il Paese di riferimento, nell'area, per l'Italia; inoltre, la riapertura dei flussi commerciali con la Serbia e il Montenegro, ancora piuttosto contenuti, ma potenzialmente rilevanti. Infine, i due Paesi leader dei movimenti commerciali dai Balcani verso le province adriatiche, ossia Slovenia e Croazia, non ottengono nel periodo 1995-2003 incrementi significativi rispetto agli altri Stati, così da perdere quote di mercato (specialmente la Croazia). Da queste considerazioni schematiche si può affermare che non solo i flussi commerciali verso i Balcani sono ormai un fattore determinante degli assetti con l'estero delle province adriatiche, ma che vi è stato anche uno spostamento importante, in questi anni, del baricentro degli stessi, con l'emergere del ruolo centrale della Romania a scapito della Croazia e della Slovenia, le quali, nel loro rapido processo di convergenza verso l'Unione Europea (ormai completato per la seconda) si vanno sempre più uniformando agli standard UE anche con l'innalzamento dei salari e dei prezzi dei prodotti, rendendosi di fatto meno competitive.

TABELLA 5
*La distribuzione nei Paesi dei Balcani delle importazioni e delle esportazioni delle province adriatiche nel 1995 e nel 2003*

| Paesi | Importazioni | | | | |
|---|---|---|---|---|---|
| | 1995 | % su tot. | 2003 | % su tot. | var. % |
| Albania | 56.616 | 7,3 | 176.795 | 8,1 | 212,3 |
| Bosnia ed Erzegovina | 9.111 | 1,2 | 60.371 | 2,8 | 562,7 |
| Bulgaria | 71.665 | 9,3 | 278.798 | 12,8 | 289,0 |
| Croazia | 218.054 | 28,2 | 228.224 | 10,5 | 4,7 |
| Ex Repubblica Iugoslava di Macedonia | 30.288 | 3,9 | 20.531 | 0,9 | - 32,2 |
| Romania | 173.947 | 22,5 | 700.632 | 32,1 | 302,8 |
| Serbia e Montenegro | 644 | 0,1 | 137.461 | 6,3 | 21.234,5 |
| Slovenia | 213.738 | 27,6 | 579.044 | 26,5 | 170,9 |
| *Balcani* | *774.063* | *100,0* | *2.181.855* | *100,0* | *181,9* |

| Paesi | Esportazioni | | | | |
|---|---|---|---|---|---|
| | 1995 | % su tot. | 2003 | % su tot. | var. % |
| Albania | 144.214 | 10,5 | 278.730 | 11,8 | 93,3 |
| Bosnia ed Erzegovina | 29.350 | 2,1 | 101.435 | 4,3 | 245,6 |
| Bulgaria | 77.218 | 5,6 | 171.028 | 7,2 | 121,5 |
| Croazia | 418.719 | 30,4 | 444.143 | 18,7 | 6,1 |
| Ex Repubblica Iugoslava di Macedonia | 74.214 | 5,4 | 24.676 | 1,0 | - 66,8 |
| Romania | 134.315 | 9,8 | 588.618 | 24,8 | 338,2 |
| Serbia e Montenegro | 13.096 | 1,0 | 191.483 | 8,1 | 1.362,2 |
| Slovenia | 484.686 | 35,2 | 569.319 | 24,0 | 17,5 |
| *Balcani* | *1.375.812* | *100,0* | *2.369.431* | *100,0* | *72,2* |

(Fonte: elaborazione su dati ISTAT)

Esaminando la distribuzione delle importazioni e delle esportazioni per settori (tab. 6), ci si accorge che i beni scambiati sono sostanzialmente appartenenti a poche tipologie specifiche, con scarsa diversificazione produttiva. Dal lato delle importazioni si è assistito a una prima fase di afflusso in Italia di prodotti delle industrie di base, tipiche della struttura produttiva dei Paesi socialisti, in cui i *kombinat* statali dovevano avere, nelle intenzioni dei pianificatori, la funzione strategica di attivare un *big push* nell'economia statale. Come noto, l'obiettivo di stimolo dell'economia è stato raggiunto solo parzialmente, mentre gli elevati costi di manutenzione degli stabilimenti e l'obsolescenza dei macchinari impiegati comportano un'ondata di smantellamento e rapida riconversione industriale verso modelli più leggeri, prendendo come riferimento anche l'Italia; comunque, i prodotti metallurgici (in particolare quelli siderurgici) restano una quota importante dei beni provenienti dai Balcani verso le province adriatiche. La seconda (e più recente) fa-

TABELLA 6
*Le importazioni e le esportazioni per settori manifatturieri tra province adriatiche e Balcani nel 2003 per Paesi*

| Paesi | Importazioni I Settore | Importazioni II Settore | Importazioni III Settore | Esportazioni I Settore | Esportazioni II Settore | Esportazioni III Settore |
|---|---|---|---|---|---|---|
| Albania | Cuoio e calzature (58%) | Vestiario (26%) | Prodotti in metallo (6%) | Cuoio e calzature (26%) | Vestiario (12%) | Meccanica (9%) |
| Bosnia ed Erzegovina | Metallurgia (40%) | Prodotti in legno (31%) | Mobili e altre industrie (7%) | Meccanica (26%) | Mobili e altre industrie (9%) | Metallurgia (9%) |
| Bulgaria | Cuoio e calzature (36%) | Metallurgia (32%) | Prod. energetici (14%) | Cuoio e calzature (45%) | Meccanica (18%) | Autoveicoli (7%) |
| Croazia | Alimentari (26%) | Prodotti in legno (15%) | Mobili e altre industrie (9%) | Meccanica (19%) | Mobili e altre industrie (10%) | Chimica (9%) |
| Macedonia | Metallurgia (59%) | Alimentari (16%) | Cuoio e calzature (15%) | Meccanica (28%) | Cuoio e calzature (15%) | Mobili e altre industrie (9%) |
| Romania | Cuoio e calzature (37%) | Vestiario (23%) | Meccanica (8%) | Cuoio e calzature (37%) | Meccanica (16%) | Tessile (12%) |
| Serbia e Montenegro | Alimentari (35%) | Metallurgia (30%) | Cuoio e calzature (9%) | Meccanica (20%) | Cuoio e calzature (12%) | Mobili e altre industrie (9%) |
| Slovenia | Autoveicoli (59%) | Prodotti in legno (7%) | Meccanica (7%) | Meccanica (15%) | Autoveicoli (14%) | Metallurgia (13%) |
| Balcani | Cuoio e calzat. (23%) | Autoveicoli (15%) | Metallurgia (12%) | Cuoio e calzat. (19%) | Meccanica (16%) | Prodotti in metallo (7%) |

(Fonte: elaborazione su dati ISTAT)

se prevede, come già scritto, un rapido processo d'inserimento di imprese «façoniste» specializzate in settori tradizionali e ad alta intensità di lavoro con partecipazione di capitali italiani, sia diretta che indiretta.

In sostanza, si possono notare diversi percorsi evolutivi del tessuto industriale balcanico a seconda dei diversi Stati; così, si può identificare ancora un sistema basato sulla grande industria di base nei Paesi più piccoli e in ritardo di sviluppo, ovvero le ex repubbliche iugoslave di Bosnia ed Erzegovina, Macedonia, Serbia e Montenegro, dove si ha anche un'emergenza embrionale di industrie tipiche potenzialmente interessanti (alimentari, lavorazione del legno, ecc.); una seconda tipologia di sistema produttivo «colonizzato» dall'Europa occidentale, con fenomeni marcati di lavorazioni in conto terzi, in specie in Albania e Romania, ma anche in Bulgaria (che comunque rimane ibrida rispetto alle due tipologie di industrializzazione descritte); infine, un sistema autonomo e maturo, potenzialmente in grado di competere con le industrie italiane, in Slovenia e, in misura minore, in Croazia, le quali si collegano funzionalmente soprattutto con il tessuto industriale del Nord-Est.

Dal lato dell'offerta, al di là degli scambi dovuti al contoterzismo (in specie nel settore calzaturiero), occorre focalizzarsi sull'elevata quota di esportazioni riguardanti il comparto della meccanica, soprattutto in Croazia, Romania e Slovenia. Solo una piccola quota di queste esportazioni sono rivolte all'utilizzo domestico, mentre la gran parte di esse sono macchinari specifici per l'industria. La rapida diffusione di tecnologie e *know-how* nei Balcani da parte delle aziende italiane (e più in generale dei Paesi dell'Europa occidentale) pone un interrogativo di fondo sulla futura evoluzione dell'industrializzazione e degli scambi commerciali con le province adriatiche. La notevole richiesta di macchinari per lo *start-up* di attività produttive competitive anche sui mercati dell'Europa occidentale ha, da un lato, stimolato un rinnovamento delle produzioni anche negli imprenditori della sponda adriatica italiana, abbandonando spesso l'offerta di beni tradizionali a favore di altri a maggiore contenuto tecnologico; ma nel lungo periodo l'afflusso di tecnologie e *know-how* attiverà un meccanismo di diffusione delle conoscenze tecniche che potrebbe porre in diretta concorrenza le due sponde dell'Adriatico.

Nel breve periodo, si va comunque delineando, a livello provinciale, una situazione molto più complessa di quella prospettata; infatti, esaminando la fig. 2, si può notare che, rispetto a una generica contrapposizione tra esportazioni di tecnologia e importazioni di beni ad alto contenuto di manodopera, si evidenzia un mosaico molto più frammentato e che sfugge anche alle usuali suddivisioni produttive Nord-Sud.

Dal lato delle importazioni dominano i settori tradizionali nelle Marche, in gran parte dell'Abruzzo e in parte della Puglia, mentre i settori di scala (metallurgia, prodotti petroliferi, ma anche utensili in metallo) sono più presenti nel Friuli-Venezia Giulia e nel Veneto; nei comparti specializzati e ad alta tecnologia vi è invece una scarsa propensione all'import se si eccettuano le province di Ancona, Chieti e Rimini (l'unica con specializzazione nell'import di prodotti *hi-tech*). Confrontando tale cartogramma con quello precedente riguardante le specializzazioni imprenditoriali, si può notare che si è «vulnerabili» alle importazioni dai Balcani proprio nei settori di punta dell'economia provinciale in gran parte dei casi; non solo, dunque, nei prodotti a basso impatto tecnologico, ma anche nelle industrie di scala, spesso di base per altre produzioni.

Per quanto riguarda le esportazioni, è difficile pervenire alla definizione di un modello unitario: così, si possono innanzitutto evidenziare diverse situazioni speculari tra import ed export (in specie nei settori tradizionali), laddove i flussi sono tendenzialmente virtuali perché, come già scritto, avvengono tra soggetti giuridicamente differenti, ma spesso coincidenti dal punto di vista economico; inoltre, vi è una maggiore presenza di province vocate nell'export di settori specializzati (meccanica), in specie nel Nord-Est e nelle Marche settentrionali, ma vi sono anche province che si focalizzano maggiormente nei settori di scala (chimica a Ra-

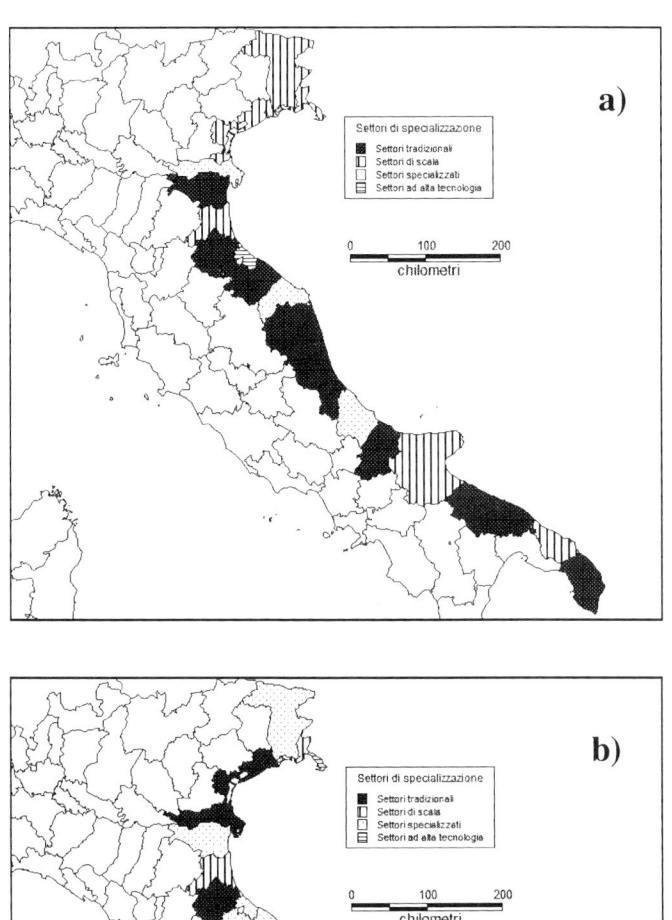

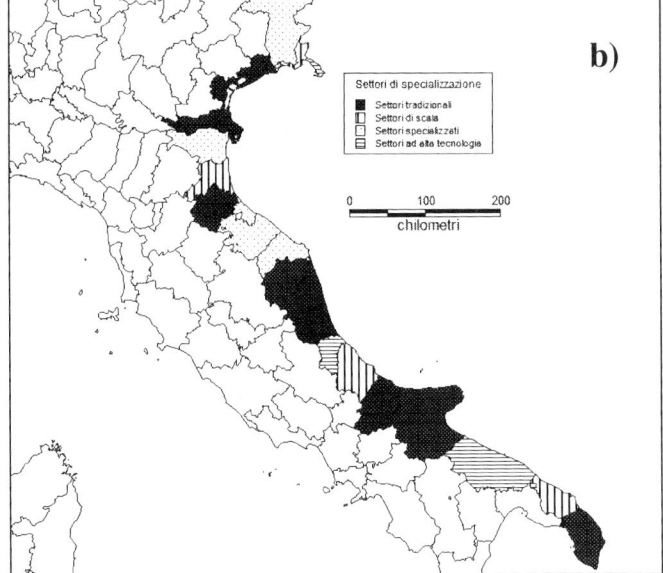

Fig. 2 - *Le tipologie produttive (secondo la metodologia di Pavitt) di maggiore specializzazione rispetto alla media italiana nell'import (a) e nell'export (b) delle province adriatiche nei confronti dei Paesi dei Balcani.*
(Fonte: elaborazione su dati ISTAT)

venna, autoveicoli a Chieti, prodotti petroliferi a Brindisi) e ad alta tecnologia (in specie a Bari, per gli apparecchi per la comunicazione). In definitiva, non emergono nella struttura esportativa vere vocazioni territoriali, se non in casi di eccellenza; anzi, l'export appare ancora dominato da poche grandi imprese che condizionano pesantemente il mercato.

*Alcune riflessioni di sintesi*

Le province adriatiche hanno finora percorso vie d'industrializzazione differenti, ma in tutte sono emerse, in momenti successivi, forze centripete endogene che hanno enfatizzato peculiarità proprie dei vari territori: localismi i cui confini sono sempre risultati difficili da tratteggiare in letteratura.

La spinta alla globalizzazione dei mercati e la concorrenza internazionale, sempre più determinata nei settori ad alta intensità di lavoro, pongono quesiti urgenti sul futuro dell'industrializzazione delle province adriatiche. I fenomeni di aggregazione locale, i modelli vincenti delle piccole imprese sono in crisi, come qualche autore afferma, o sono oppure in evoluzione verso nuove forme paradigmatiche? Si è scritto che i principali interlocutori internazionali, tra i NICs, per le province adriatiche sono i Balcani, il cui ruolo tenderà a crescere nei prossimi anni; allora, ci si chiede quali relazioni si verranno a consolidare tra le due sponde dell'Adriatico, visto che l'area balcanica va rapidamente fagocitando proprio quelle attività produttive che connotano l'industrializzazione dell'Italia adriatica.

A una prima analisi, può apparire che la rapida affermazione dell'industrializzazione balcanica tenda a far mutare il sistema industriale adriatico, spostando il baricentro da produzioni tradizionali a industrie specializzate (in specie la meccanica) o comunque funzionali ad altre tipologie produttive. Secondo quest'ottica, dunque, il localismo delle province adriatiche è fortemente minacciato dalla concorrenza balcanica, cosicché solo i produttori più forti e affermati riusciranno a sopravvivere nei comparti tradizionali, addirittura guadagnando nel processo delocalizzativo verso l'altra sponda dell'Adriatico.

Ma, ripensando anche alle teorie classiche sui distretti industriali, come quella weberiana, forse si può ipotizzare una nuova forma di localismo industriale, una forma estesa e discontinua nello spazio, che coinvolga attori distanti, ma con scopi comuni, i quali si possono scambiare velocemente informazioni grazie alle nuove tecnologie informatiche. In base a questa ipotesi, suggestiva e tutta da verificare, l'ottica del risparmio nei costi produttivi, principale motore della delocalizzazione produttiva, non sarebbe più da vedere come uno «strappo» a danno del tessuto industriale italiano, ma come un arricchimento e allargamento dello stesso. Eppure, anche per questa ipotesi già si intravede un forte elemento di criticità nell'immediato futuro: con il prossimo ingresso nell'Unione Europea il mercato del lavoro subirà sicuramente un irrigidimento, con conseguente spinta all'innalzamento salariale; ciò, forse, non provocherà gravi ripercussioni a breve sulle scelte localizzative delle imprese adriatiche, grazie al meccanismo di incentivi (comunitari e statali) che sicuramente verrà messo in atto per favorire le economie balcaniche in via di sviluppo, ma probabilmente nel lungo periodo, quando si raggiungeranno standard economici simili a quelli dell'Europa occidentale[4].

L'ipotesi di un distretto che travalichi i confini fisici, che faccia permanere il localismo al di là della contiguità fisica, al di là del *milieu* di partenza, resta un'ipotesi interessante e da indagare più a fondo nell'immediato futuro, allo scopo di sincerarsi della sua persistenza nel tempo, dell'effettivo assorbimento nel tessuto imprenditoriale endogeno dei NICs delle sue tecniche e dei suoi *know-how*, o, al contrario, della sua illusorietà, dettata da una situazione di utilità contingente, un'anomalia nel sistema che verrà riassorbita in pochi anni, allorché le nuove localizzazioni non sembreranno più soddisfacenti per le grandi aziende occidentali e si cercheranno nuovi *greenfields* dove esse troveranno più conveniente localizzarsi.

---

[4] Significativa a tal proposito è la notazione che la legge 84/01 «Disposizioni per la partecipazione italiana alla ricostruzione e allo sviluppo di Paesi dell'area balcanica», che prevede l'incentivazione statale per la partnership di imprese italiane in progetti produttivi nei Balcani non si applichi alla Slovenia, evidentemente già giudicata un'economia troppo avanzata per godere di benefici economici dall'Italia.

# BIBLIOGRAFIA

Cassano G. e Onelli S., *Vantaggi e prospettive di un'area di integrazione commerciale nell'Europa di Sud Est*, Roma, Ministero delle Attività produttive, 2003.

Celant A. (a cura di), *Commercio estero e competitività internazionale. Imprese e squilibri territoriali in Italia*, Roma, Società Geografica Italiana, 1999.

Guerrieri P. e Milana C., *L'Italia e il commercio mondiale. Mutamenti e tendenze nella divisione internazionale del lavoro*, Bologna, Il Mulino, 1990.

Ice, *Rapporto sul commercio estero*, Roma, vari anni.

Ice e Prometeia, *Evoluzione del commercio con l'estero: aree e settori*, 1, Roma, 2003.

Ice e Prometeia, *Evoluzione del commercio con l'estero per aree e settori*, 2, Roma, 2004.

Krugman P., *Geography and Trade*, Cambridge (Mass.), MIT, 1991.

Ministero delle Attività Produttive, *L'internazionalizzazione delle imprese italiane nell'Europa sud orientale e balcanica*, Roma, 2002.

Montanari A., *Filiere produttive e commercio internazionale: la regione Abruzzo*, in «Bollettino della Società Geografica Italiana», Roma, 2001, pp. 123-154.

Onida F., Viesti G. e Falzoni A.M. (a cura di), *I distretti industriali: crisi o evoluzione?*, Milano, EGEA, 1992.

Pavitt K., *Sectoral Patterns of Technical Change: Towards a Taxonomy and a Theory*, in «Research Policy», 13, Issue 6, 1984, pp. 343-373.

Romei P., *I flussi commerciali internazionali come indice di apertura regionale: un'analisi settoriale*, in Dini F. (a cura di), *Geografia dell'Industria. Sistemi locali e processi globali*, Torino, Giappichelli, 1995, pp. 149-172.

RICCARDO FRIOLO *

# LA RETE TERRITORIALE INDOTTA DAI FLUSSI ENERGETICI NEL SISTEMA ADRIATICO

*Premessa*

Le compagini etniche e gli Stati nazionali gravitanti sul Mar Adriatico dipendono largamente, all'avvio del III millennio, dalle importazioni di idrocarburi via terra e per mare, divenute d'importanza vitale allo scopo di soddisfare le necessità energetiche in gioco. Nello scacchiere dei rapporti internazionali condizionati dalla disponibilità di greggio e di fonti analoghe essi non si inquadrano infatti quali paesi produttori, essendo modeste le loro quote di partecipazione estrattiva, ma come aree di consumo differenziato in funzione del livello di maturazione economica e del grado di integrazione raggiunto dallo sviluppo dei settori-cardine per la formazione del Prodotto Interno Lordo.

In un simile contesto geoeconomico la cintura marittima interposta esplica il suo ruolo naturale di corridoio di transito e interscambio fra le sezioni europee occidentali e orientali. Di fatto essa viene a rappresentare allo stesso tempo sia una importante diramazione dei fasci di rotte del Mediterraneo, sia la sponda terminale delle condotte terrestri che si lanciano verso l'Oriente europeo e asiatico da cui provengono gli indispensabili flussi di approvvigionamento delle risorse energetiche.

*Note storiche*

Bacino di attrazione di migrazioni etniche, relazioni commerciali e imprestiti culturali sin dalle Età del Bronzo e del Ferro (MALLORY, 1989, pp. 75-76) e prima

---

\* Scuola di Specializzazione per l'Insegnamento nelle Scuole Secondarie, Università di Trieste.

della fondazione delle colonie greche in Italia[1], l'interfaccia italo-dinaride viene a costituire in sede storica un complesso regionale di aree di gravitazione marittima legate ai flussi meridiani dispiegati fra lo stivale peninsulare, l'entroterra balcanico, il Settentrione europeo e la cimosa litorale africana.

È noto come nell'antichità «... popolazioni del grande ceppo indoeuropeo, provenienti... dal vicino oriente attraverso il Mare Adriatico...» (CARLI e DELL'ACQUA, 1967, p. 97) siano giunte ad installarsi sulla fascia litorale orientale della penisola italiana: Veneti, Piceni, Messapi rientrano fra coloro che più solida impronta di sè avrebbero lasciato nelle regioni di stanziamento attestato già nel V secolo a.C. (SCHMIEDT, 1970, p. 24).

In epoca romana repubblicana e imperiale successivamente è Aquileia a rappresentare l'attivissimo emporio di interscambio mercantile e di contatto etnico che allarga la sua sfera di influenza e richiamo sul continente. L'area abbracciata si estende dal Nord-Est della penisola sino ai territori delle popolazioni illiriche gravitanti sul bacino del Danubio, con una fitta serie di categorie merceologiche trafficate via mare a comprendere derrate alimentari, capi di bestiame, pelli e schiavi[2].

Lo stesso fascio di itinerari innervati sulla *Via dell'Ambra* in un'ambientazione preistorica e storica coinvolge nei suoi tratti terminali il corridoio marino disteso dal litorale veneto ai mercati della penisola ellenica (DETTORE, 1965, p. 12), mentre il processo di romanizzazione della Pannonia rafforza l'antico percorso (MAMBELLA e SANESI MASTROCINQUE, 1986, pp. 280-282) attraverso la costruzione di strade e la fondazione di città[3] che finiranno con il confluire nell'attuale Corridoio V sulla direttrice Budapest, Lubiana, Trieste (PONGETTI, 2003, p. 3219), a conferma di una vitale continuità storica delle prerogative esibite dagli assi di raccordo fra l'Europa centrale, la regione balcanica e le coste altoadriatiche.

La riconquista propugnata da Giustiniano in Occidente sancirà la conferma delle prerogative politiche, amministrative e militari del caposaldo di Ravenna nei domini settentrionali, mentre le acque proiettate verso Capo Santa Maria di Leuca

---

[1] In merito alla «Colonizzazione mitica» delle isole di Diomede identificate con il gruppo delle Tremiti, alla leggenda dell'eroe greco diffusa nel perimetro adriatico e ai flussi di percorrenza marittima nel medesimo bacino in un'epoca precedente il movimento migratorio ellenico in Occidente dei secoli VIII, VII e VI a.C., si veda BÉRARD, 1963, pp. 357-360. Di remote rotte di navigazione provenienti da Creta e intersecate con la costa della Iapigia parla anche Erodoto (*Storie*, VII, 170, 171).

[2] Nella fase epocale contrassegnata dalla *pax* di marca augustea è Strabone che presenta Aquileia quale: «... ἐμπορεῖον τοῖς περὶ τὸν Ἴστρον τῶν Ἰλλυριῶν ἔθνεσι...» i quali vi trovano la possibilità di rifornirsi delle merci convogliate via mare (*Geografia*, V, 8).

[3] I centri viari distribuiti lungo il tracciato teso da Aquileia a *Iulia Emona*, unitamente ai relativi dettagli delle fonti itinerarie di età imperiale, sono introdotti in BOSIO, 1997, pp. 201-202.

e l'ingresso nello Ionio si convertono in una sezione critica del collegamento marittimo con la capitale Costantinopoli[4].

Un asse di richiamo per ulteriori progetti di espansione e conquista vengono a costituire le coste dalmate nel breve intervallo 1241-42 (LAJTA, 1992, p. 9) di fronte al dilagare dell'*Orda d'Oro* mongola, la quale, dopo l'annientamento dell'esercito magiaro, si spinge a minacciare Venezia e l'Europa tutta (SILVERBERG, 1998, p. 108). Un ben più prolungato arco temporale-evolutivo contrassegnerà la vicenda storica della Serenissima, che trasforma la sua laguna e il suo mare in un prospero intreccio di traffici con il Levante[5] supportati da un dispositivo di misure a carattere informativo e igienico-preventivo[6], mentre si rinsalda la linea logistica di appoggio militare[7] nel prolungato ruolo di contrasto della potenza ottomana lanciata sulla direttrice balcanica contro i popoli della cristianità (SPINI, 1963, II, pp. 101 e 174).

In età moderna, nel corso del Novecento, anche lungo le proiezioni adriatiche viene a costituirsi una linea di veicolazione del greggio che si sovrappone alla tradizione storica delle vie mercantili dominate dalle spezie quali carichi di pregio, riconducendo lo spazio marino teso fra il Canale d'Otranto e il Golfo di Venezia a un anello di collegamento strategico con lo scacchiere asiatico meridionale dove si collocano i distretti produttivi di rilevanza mondiale e da cui si tendono le rotte di approvvigionamento petrolifero attraverso i passaggi nodali di Malacca, Hormuz e Bab al-Mandab (FRIOLO, 2003).

Oggigiorno il «sistema adriatico» rappresenta la sezione meridionale della cintura di contatto fra l'Unione Europea e i paesi dell'ex blocco socialista esteso

---

[4] Per l'evoluzione topografico-morfologica del profilo litorale altoadriatico-ravennate dal principato di Augusto a quello di Onorio e sino alla costituzione del caposaldo bizantino nella penisola italiana, vedasi SCHMIEDT, 1970, tav. CXXXVII. Spezzoni cartografici di dettaglio e una ripresa aerea evidenziano la localizzazione delle infrastrutture pertinenti allo scalo di Classe.

[5] Un quadro di sintesi delle basi d'appoggio scaglionate lungo la rotta protesa dalla madrepatria verso il Mar Nero viene offerto dalla descrizione del viaggio di ritorno dei Polo effettuato al termine della lunga stanza in Estremo Oriente e introdotto nel capitolo <18> «Qui divisa come messer Marco e messer Niccolao e messer Mafeo si partiro dal Grande Cane» del *Milione*: «... sì se ne vennero a Trapisonde, e poscia a Costantinopoli, e poscia a Negropont, e poscia a Vinegia; e questo fue de l'anni.mcclxxxxv» (POLO, 1994, p. 26).

[6] I controlli di qualità delle merci e il rilevamento di veicoli d'infezione rappresentano pratiche di vitale importanza per il sostegno della mercatura d'oltremare. In merito ai «Baluardi di sanità» eretti a partire dalla peste del 1348 e mantenuti con tenace lungimiranza dalla repubblica veneta, si veda VANZAN MARCHINI, 2004.

[7] Di vitale importanza nel circuito difensivo marittimo posto a guardia del percorso di avvicinamento alla metropoli lagunare risulta sulla fronte meridionale la piazzaforte di Chioggia. Per una serie di carte e piante antiche delle fortificazioni costruite dopo la Guerra di Chioggia (1379-1381) sino a tutto il Settecento, vedasi AA.VV., 1999, pp. 4-8, pubblicazione legata all'inaugurazione della mostra dedicata alle fortezze veneziane nel Levante (21 maggio 1999, Museo Civico di Chioggia).

fino alla Federazione Russa e allo stesso tempo mantiene tutti i vincoli tradizionali con il Medio Oriente, in un quadro continentale e mediterraneo di intenso sviluppo delle interdipendenze monetarie e geopolitiche.

In termini produttivo-strutturali di stretta attualità il saliente marino riavvicina quindi l'Occidente dei paesi ricchi, importatori di energia ed esportatori di beni manifatturati, con le economie di transizione dell'Est europeo in cerca di crescenti livelli di benessere e consumo. In modo del tutto concomitante i vantaggi connettivi offerti dalla posizione geografica espongono gli spazi marini adriatici al proliferare di tutta una serie di traffici illeciti che coinvolge le sostanze stupefacenti e la migrazione clandestina di diverse provenienze extra-continentali.

Da queste basi emerge con chiarezza come prerogative strategiche vengano assunte dalla rete logistico-infrastrutturale collegata agli approvvigionamenti energetici nel quadro regionale affacciato all'asse marittimo di raccordo. In successione «verticale» una serie di soggetti geografici si ricompone in un quadro funzionale che garantisce la regolare continuità dei flussi di alimentazione e distribuzione, a partire dai distretti minerario-estrattivi e sino a raggiungere le aree di mercato maturo. Nel quadro di una scansione condotta da «monte verso valle» i termini intermedi comprendono:

– la logistica di trasporto terrestre sulle grandi distanze (oleodotti e gasdotti);
– le rotte marittime di convogliamento;
– i terminal di scarico/sbarco;
– i poli di raffinazione;
– la rete interna di condotte per trazioni e consegne finali.

*Le componenti del sistema regionale*

Il complesso geografico delle aree di mercato e consumo rivolte alla corsia di scorrimento adriatica si presenta molto diversificato sotto il profilo strutturale di matrice socio-economica.

Il primo parametro significativo a tal riguardo è il PNL/ab. che permette di evidenziare il livello elevato di sviluppo dei paesi facenti parte dell'Unione Europea da più tempo: Italia, con 20.170 $ USA per il 1997 (*Calendario Atlante...*, 2000, p. 126); Austria (27.920 $ USA); Grecia (11.640). Fanno seguito con situazioni oltremodo variegate i soggetti politici scaturiti dalla dissoluzione dell'ex Iugoslavia: Slovenia (9.840); Croazia (4.060); Bosnia ed Erzegovina (1.086); Nuova Repubblica Federale di Iugoslavia (1.900); Macedonia (1.100). Dal canto loro Ungheria (4.510), Romania (1.410) e Bulgaria (1.170) rientrano negli stessi margini di oscillazione, a costituire un blocco unico in una fascia geografica limitrofe e unita da forti vincoli al bacino adriatico. Segue in coda l'Albania, arrestata a un basso valore di 760 $ USA/ab [8].

Una riproposizione delle posizioni assunte nello schieramento proviene dal consumo di energia *pro capite* che vede in prima fila nuovamente Italia (con 4.870 kWh/ab.), Austria (6.882) e Grecia (4.617). La Slovenia esibisce nuovamente il suo livello avanzato con un valore di 5.774 kWh/ab che le permette di distaccare gli altri paesi della compagine storica di provenienza: Croazia (2.861); Bosnia ed Erzegovina (664); Nuova Repubblica Federale di Iugoslavia (3.685); Macedonia (2.985). Valori medio-alti spettano al gruppo Ungheria (3.624), Romania (2.744), Bulgaria (4.991), mentre nuovamente l'Albania ricade nella sezione dei termini più bassi (1.801).

La successiva serie di dati riferiti al commercio estero si raccorda all'analisi precedente e conferma gli stretti legami intercorrenti fra l'Est balcanico e i paesi dell'Unione Europea inseriti nella scansione meridiana Germania-Austria-Italia.

La Slovenia ha come *partners* principali nell'interscambio mercantile Germania, Italia, Francia e Austria, con esportazioni basate su carta, alluminio, macchinari e mezzi di trasporto (*Calendario Atlante...*, 2000, p. 845). La Croazia vede l'Italia quale primo *partner* commerciale ed esporta legnami, prodotti chimici e macchinari.

Ben diverso è il caso della Bosnia ed Erzegovina che esce da pesanti vicende belliche e deve dipendere da rilevanti aiuti a fronte di un debito estero che è quasi pari al PNL. La Nuova Repubblica Federale di Iugoslavia presenta la bilancia commerciale gravata da un saldo passivo, perché esporta prodotti agricoli, bestiame, tessili, minerali a fronte delle importazioni di macchinari, prodotti elettrici e mezzi di trasporto. Anche la Macedonia subisce i condizionamenti di un debito estero pesante (3/4 del PIL) con la bilancia commerciale negativa e la necessità di aiuti esterni.

Fra i paesi danubiani l'Ungheria stabilisce relazioni commerciali privilegiate con Germania, Austria, Federazione Russa e Italia, dove invia beni strumentali. La Romania si ricollega allo stesso ventaglio di relazioni e destinazioni mercantili cui indirizza le esportazioni di petrolio, macchinari e materie plastiche. La Bulgaria rivolge il 50% del commercio estero verso l'Unione Europea, Germania, Italia e Grecia *in primis,* con voci merceologiche a basso contenuto di valore aggiunto.

Infine anche l'Albania si inserisce nel novero delle economie che fronteggiano una bilancia commerciale in forte saldo negativo, perché le uscite di tabacco,

---

[8] Per una rassegna più aggiornata di indicatori economico-nazionali disposti in utili matrici di confronto, si veda UNICEF, 2002, pp. 32-35. Le principali fonti di dati di cui l'organismo si serve per redigere i quadri di sintesi sono la *World Bank* per il *Gross National Income (GNI) per capita* e il *Gross domestic product (GDP) per capita*; l'*International Monetary Fund* per le voci riguardanti salute, educazione e difesa.

prodotti alimentari e bestiame non possono pareggiare le importazioni di macchinari, veicoli, combustibili ed energia.

Sulla falsariga degli schemi riscontrabili per la composizione della bilancia commerciale, anche i flussi energetici del sistema regionale circumadriatico fanno registrare una piattaforma di vincoli e opportunità che scaturiscono dalla particolare conformazione geografica e dalla collocazione spaziale dell'insieme delle componenti nazionali.

L'Italia dipende in misura massiccia dalle importazioni di idrocarburi per il soddisfacimento del suo fabbisogno energetico e ha posto nella diversificazione delle aree fornitrici uno dei suoi obiettivi strategici primari. I distretti produttivi italiani si piazzano in Sicilia, in Val d'Agri di Lucania e in Adriatico, con giacimenti *off-shore* sia di gas che di greggio.

Il circuito impiantistico italiano di raffinazione, dotato di numerose e imponenti concentrazioni petrolchimiche distribuite lungo lo sviluppo costiero, presenta interessanti caratteri operativi di natura sia quantitativa che qualitativa, per la sua capacità di garantire l'approdo ai vettori di stazza maggiore e allo stesso tempo di elaborare una varietà di prodotti combustibili differenziati.

Un massiccio afflusso di importazioni, iniziato all'avvio degli anni Settanta, domina anche il fronte gassifero, con una percentuale del 75% dei consumi complessivi. Il paese si ritrova a occupare il terzo posto nel panorama energetico in Europa per quanto riguarda sia le importazioni di greggio sia il mercato del gas naturale. E il consumo di quest'ultimo è destinato a crescere in quanto i piani energetici italiani prevedono che quote sempre maggiori di elettricità vengano prodotte con centrali a gas. Nel 2000 il 32% del gas metano veniva destinato a questo impiego, mentre il 30% e il 35% spettavano rispettivamente al settore industriale e agli usi commerciali e residenziali-domestici.

Di elevati tassi di profitto gode nel comparto la catena rappresentata da fornitori, trasportatori e distributori finali.

Nei progetti strategici di differenziazione delle fonti d'approvvigionamento l'Adriatico gioca un ruolo significativo in rapporto agli impianti per il trattamento del gas liquefatto. I centri prescelti per lo sviluppo degli approdi di accoglienza e rigasificazione, inseriti in un piano che coinvolge pure Taranto, le coste calabresi e la Toscana, sono infatti Brindisi, Marina di Rovigo in posizione *off-shore* e Muggia, situata nel Golfo di Trieste nei pressi della linea confinaria con l'adiacente repubblica di Slovenia. Nigeria e Qatar costituiscono al momento i principali paesi fornitori[9]. Dal canto suo, l'area balcanica, scarsamente produttiva e caratterizzata da

---

[9] Gestita dalla *Energy Information Administration (United States)*, la pagina di riferimento *www.eia.doe.gov* esibisce una panoramica aggiornata di frequente sulle implicazioni geoeconomiche e strategico-politiche dei flussi energetici a scala planetaria. In particolare alla sezione *Country Analysis Briefs* sono disponibili dati e tabelle riguardanti il movimento di idrocarburi nella *Balkans Region* e nel circuito periadriatico.

bassi livelli di consumo, appare investita da una rilevante funzione di ganglio di transito e raccordo fra i distretti mineralizzati della Federazione Russa e del Mar Caspio da una parte e le aree di mercato maturo dell'Europa occidentale dall'altra.

Il potenziamento operativo di tale ruolo passa attraverso la realizzazione di una serie di condotte che si pongono nella veste di ponte per il collegamento diretto fra gli scali del Mar Nero e il bacino dell'Adriatico, tagliando fuori la sempre più congestionata rotta che passa per gli stretti del Bosforo e dei Dardanelli. Resta in tal modo chiaramente definita e sottoposta a verifiche di fattibilità la visione progettuale-strategica di creare alternative terrestri al traffico marittimo teso dal Ponto al Mediterraneo attraverso l'Egeo e il Mar di Marmara.

Sulla base della scarsa disponibilità di riserve e dei bassi livelli di produzione anche i paesi balcanici coinvolti dai tracciati logistici (Croazia, Nuova Repubblica Federale di Iugoslavia ed Albania, dipendenti per l'80% del loro fabbisogno dalle importazioni, attraverso flussi convogliati sia via mare che tramite oleodotti dalla Russia e dalla Grecia) si ritrovano a mantenere il massimo interesse nei confronti dei nuovi piani infrastrutturali.

Anche per il gas naturale un'analoga situazione produttiva attiva sostenuti flussi di importazione provenienti in massima parte dalla Federazione Russa. Dal canto suo la Bosnia ed Erzegovina, del tutto sprovvista di idrocarburi, sia liquidi che gassosi, deve contare esclusivamente sulle importazioni per soddisfare le proprie necessità energetiche.

*La rete logistico-infrastrutturale*

Il complesso adriatico delle aree di mercato e dei complessi etno-politici di gravitazione diretta dipende sotto il profilo energetico da una ampia serie di distretti produttivi a diversa collocazione geografica. Il variegato dispiegarsi dei giacimenti minerari che rappresentano le fonti del greggio per le regioni europee coinvolte interessa la Federazione Russa, il bacino del Mar Caspio, il Medio Oriente e l'Africa settentrionale.

Le più importanti infrastrutture di caricamento risultano concentrate nel Golfo Persico per alimentare i flussi condotti via mare, attraverso gli stretti di Hormuz e Bab al-Mandab, verso il Canale di Suez e il bacino mediterraneo. Gli altri poli e circuiti di estrazione ricorrono invece a una logistica di trasporto continentale largamente basata su una fitta trama di condotte rivolte verso il quadro regionale periadriatico.

In tale contesto emerge lo stendimento dell'oleodotto *Adria* che da Belgrado e dall'Ungheria riunisce a Zagabria le diramazioni per puntare sul porto di Omisalj sul Golfo del Quarnero, convogliando in tal modo le correnti di greggio provenienti dalla *Seconda Baku*, a nord del Caspio. Da Trieste si diparte una linea di rifornimento tesa verso l'Europa centrale in Austria, Repubblica Ceca e Germania, l'oleodotto *Trans Alpine Line* (LA GRECA, 2004, p. 65), mentre a Venezia discende il gasdotto che taglia il bassopiano sarmatico per poi attraversare la Slovacchia e l'Austria.

Tale convergenza di linee infrastrutturali sottolinea le valenze strategiche del settore altoadriatico compreso fra l'Istria e il delta padano, ma l'importanza del bacino nell'intera sua estensione, in rapporto ai crescenti volumi di domanda e di crescita economica delle aree affacciate, resta evidenziato dalla pluralità progettuale presente sul tappeto. Due allacciamenti risultano di particolare interesse ai sensi di un collegamento diretto fra Europa Occidentale, Balcani e i distretti dell'Asia Centrale rientranti nell'orbita del Mar Caspio: il construendo oleodotto da Costanza sul Mar Nero a Belgrado, destinato a raccordarsi all'*Adria*; e l'*AMBO project* (Albania-Macedonia-Bulgaria *Oil Pipeline*), teso dal porto di Vlore (Valona) sul Canale d'Otranto sino a quello di Burgas, posto in posizione cruciale sul Mar Nero nei pressi di Istanbul e degli stretti e potenziato negli anni Ottanta dagli impianti di raffinazione rifornito con il greggio importato dall'Unione Sovietica (*Enciclopedia Geografica...*, 1995, p. 200). In rapporto a questa stesura reticolare il previsto raccordo fra Omisalj e Trieste assume la prerogativa di un anello di congiunzione fra i grandi tracciati di approvvigionamento energetico collegati al Mare del Nord e all'Est europeo e prolungati sino alla catena degli Urali attraverso le distese del bassopiano sarmatico.

Le rotte marittime adriatiche a stendimento meridiano completano il quadro, mentre la bretella centrale Ancona-Ploce manifesta grandi potenzialità per i collegamenti Est-Ovest trasversali fra l'Italia centrale e il raggruppamento geografico rappresentato nei Balcani da Croazia, Bosnia, Serbia, Ungheria, Romania e Bulgaria (PONGETTI, 2003, pp. 3215-3220).

Lungo le coste orientali italiane si dispiegano i principali terminal di scarico/sbarco petrolifero, con una serie di porti specializzati facenti parte del circuito dei «Liquid bulk gateways» (LUCIA, 1998, p. 122).

Il traffico commerciale nei porti del settore si riconduce a una classifica di fine decennio-secolo-millennio (1995) che vede al primo posto Trieste con un totale di 34,677 milioni di tonnellate di merci sbarcate/imbarcate, dove una netta prevalenza riguarda gli arrivi delle rinfuse liquide. In seconda posizione segue il dipolo Venezia-Chioggia con 25,239 milioni di tonnellate complessive, a piena conferma della vitalità mercantile espressa dagli scali dell'Alto Adriatico in collegamento diretto con il retroterra padano e centroeuropeo[10].

---

[10] A cura dell'Autorità Portuale di Venezia il sito telematico *www.port.venice.it* fornisce le statistiche economiche relative alle correnti mercantili dello scalo lagunare, evidenziando il movimento marittimo, la circolazione delle merci, il primato di fine secolo-inizio millennio nella sezione *container*, la corsa al rialzo sul fronte dell'afflusso passeggeri. Per dati di dettaglio sulla struttura geografica dell'avanmare veneziano, nonché per una utile rassegna di indicazioni riguardanti i servizi logistici e le modalità di trasporto combinato, vedasi la pubblicazione «News & Sailing List 2004» (Venezia), n. 3, pp. 41-67, emessa dalla medesima fonte.

Il motivo resta confermato da Ravenna, piazzata al terzo posto con un totale movimentato di 20,180 milioni di tonnellate, un quantitativo di tutto riguardo nel contesto dei flussi di scorrimento periadriatici.

Con riferimento stretto alle categorie merceologiche, il confronto fra le principali voci di traffico attivate due anni più tardi collocava al primo posto lo scalo triestino sul fronte della movimentazione delle rinfuse liquide, attestata sui 36,748 milioni di tonnellate. In successione si poneva Venezia con una quota di 12,470 milioni di tonnellate, pari a un terzo del totale raggiunto a Trieste. Largamente distaccati facevano seguito gli scali di Ravenna (7,795), Ancona (4,904) e Brindisi (4,248), definiti in base alle medesime unità di misura. Estremamente ridotte risultavano infine le quantità spettanti a Monfalcone e Bari, collocate di tre ordini di grandezza al di sotto dello scalo di testa-classifica[11].

Nel dispositivo portuale adriatico di approvvigionamento del greggio è venuto quindi a distaccarsi il ruolo funzionale del caposaldo di Trieste, interessato da flussi veicolati via terra e per mare e sottoposto a successivi interventi di potenziamento[12].

Pochi chilometri più a sud, separato soltanto dal setto che raccorda la penisola istriana all'entroterra, si colloca il porto croato di Omisalj. Situato nell'isola di Krk, disimpegna da alcuni anni il ruolo di *Special Purpose Port* per il trasporto del greggio, a costituire il terminal dell'oleodotto *Adria* con i suoi rami biforcati verso Belgrado, Budapest e Bratislava. Nei dodici mesi del 2002 faceva registrare una movimentazione delle rinfuse liquide petrolifere pari a 5,6 milioni di tonnellate[13].

Verso sud il porto di Vlore in Albania, associato a industrie chimiche, alimentari e cementifici (*Enciclopedia Geografica...*, 1995, p. 85) costituisce al momento uno scalo del servizio di traghetti che fanno la spola sulle tratte per Otranto-Brindisi e per Hegoumenitsa. La proposta di farne la sezione terminale

---

[11] Vedasi in merito le risultanze diffuse dal registro della rete informatica *www.filtcgil.it* che sotto il titolo: «Statistiche sui traffici portuali italiani» raccoglie fonti diverse: ISTAT; Assoporti; Autorità Portuali, Capitanerie di Porto e Aziende Speciali varie.

[12] L'evoluzione logistico-infrastrutturale dello scalo giuliano resta sottolineata dall'analisi cartografica comparativa condotta in chiave diacronica. In particolare per le fasi più recenti vedasi: Istituto Geografico Militare Italiano, *Trieste. Foglio n° 110. Scala 1:50.000*, Firenze, IGM, 1967, con le indicazioni del *Porto vecchio*, del *Porto Doganale*, del *Porto nuovo* e dello *Scalo legnami*; la fotografia aerea nadirale del comprensorio portuale pubblicata su *Il Meridiano* (Trieste), 28 gennaio 1993, p. 21, con la scansione degli accosti operativi e la ristrutturazione-ampliamento del *Molo VII*; la carta tematica sull'articolazione della fronte portuale con la successione dei *Mineral Oil Terminals* e del *Petroleum Terminal*, comparsa in AUTORITÀ PORTUALE DI TRIESTE, 2001-2002, pp. 10-11.

[13] Dati forniti a cura dell'*US Commercial Service* dell'Ambasciata statunitense a Zagabria attraverso il *locus* telematico *www.buyusa.gov/croatia*. Si veda in particolare il capitolo: *Industry Sector Analysis-Port Infrastructure*, con un'analisi comparativa dei principali scali portuali dell'Alto Adriatico in Italia, Slovenia e Croazia.

del construendo oleodotto *AMBO* promette di modificare in modo radicale gli indirizzi funzionali di cui risulta attualmente investito.

Il successivo anello della rete territoriale indotta dallo scorrere degli idrocarburi è costituito dai poli di raffinazione. I principali impianti dislocati lungo il litorale italiano orientale risultano Porto Marghera e Falconara Marittima (*Calendario Atlante...*, 2000, pp. 146-147). Quest'ultimo in particolare tratta il petrolio proveniente dal Nord Africa e dal Mar Nero, con destinazioni nazionali e intracomunitarie (PONGETTI, 2003, p. 3214).

Dalla fronte litorale si diparte il sistema interno di gasdotti e oleodotti per le consegne terminali. La trama delle condutture di servizio in Italia ha dovuto adeguarsi per fare fronte agli aumentati volumi di domanda del mercato. In particolare la lunghezza complessiva dei metanodotti «è aumentata tra il 1995 e il 2000 dell'11,87% e raggiunge ormai i 128.742 km» (SCARPELLI, 2003, p. 726). Acquisisce importanza per lo sviluppo infrastrutturale del perimetro adriatico la condotta costiera longitudinale estesa da Brindisi verso nord sino a raccordarsi nella pianura veneta col gasdotto proveniente dalla Federazione Russa e in proseguimento per il cuore dell'asse padano. Tutta una serie di allacciamenti tali da configurare un grafo a pettine si protende in senso trasversale verso le aree appenniniche interne, ad alimentare la trama delle linee di servizio regionale nell'Italia Meridionale e Centrale. Fra i principali oleodotti emerge quello transpadano, lanciato via Porto Marghera e Ostiglia.

*Conclusioni*

Lo sviluppo della rete logistica degli approvvigionamenti energetici, comparato con le diverse tipologie di struttura socio-economica caratterizzante i paesi proiettati sul Mar Adriatico, evidenzia gli stretti rapporti di reciproca dipendenza che vincola fra di loro le nazioni che si ritrovano ad affacciarsi sulla via d'acqua. In particolare l'attuale congiuntura storico-politica esalta le connotazioni geografiche del bacino nel suo assetto di spazio incuneato fra terre emerse e in grado di facilitare sia le linee di trasporto distese da Nord a Sud che i collegamenti trasversali proiettati in senso Est-Ovest.

I moderni sviluppi della rete dei trasporti transeuropei potenziano tali prerogative grazie alla stesura del Corridoio V, lanciato da Venezia per Trieste, Lubiana, Budapest, Bratislava sino ad Uzgorod (nei pressi del confine fra Slovacchia e Ucraina) e Lvov (Leopoli); una seconda apertura di ritorno al mare si imposta con la diramazione che dal nodo di Budapest punta su Osjek, Sarajevo e Ploce sulla costa dalmata.

Si affacciano quindi nuove, concrete opportunità di interscambio mercantile e di collaborazione sui piani tecnico-progettuale e informativo-culturale.

È significativo in tal senso il caso del porto di Ancona, attraverso il quale relazioni privilegiate possono essere avviate fra l'Italia e la Grecia che non confina direttamente con alcun altro paese dell'Unione Europea; e ancora un ponte resta da sviluppare verso Polonia, Ungheria e Romania per lo smistamento e le riesportazioni di semilavorati e parti componenti per l'assemblaggio.

Sul terreno delle distanze più allungate e con una maggiore intensità di relazioni geopolitiche è stato già sottolineato come il progetto dell'oleodotto *AMBO* lanci un tracciato strategico teso attraverso i Balcani in modo tale da tagliare fuori gli stretti del Bosforo e dei Dardanelli, di problematico attraversamento per le unità petroliere di grandi dimensioni. La sua realizzazione ricondurrebbe quindi il corridoio adriatico alla veste di fronte di rifornimento avanzata del sistema europeo occidentale in comunicazione diretta, attraverso il Mar Nero, con i distretti mineralizzati a idrocarburi del Caucaso e dell'Asia centrale.

Questa visione progettuale resta intersecata in forma concorrenziale dai piani incentrati sull'oleodotto che dovrebbe raggiungere i nodi di Baku, Tblisi e Ceyhan (noto attraverso l'acronimo *BTC*) per convogliare sul Golfo di Iskenderun (già di Alessandretta) il greggio del Caspio. Una tale soluzione di trasporto, tesa a Settentrione dei percorsi storicamente consolidati che attraversano le aree di conflitto e di gravitazione sul Golfo Persico, si caratterizza per l'interessamento di un lungo tratto del territorio turco, potente alleato degli Stati Uniti nel settore anatolico e paese confinario con l'Iran. Di fatto vengono gettate in questo modo le basi per un ridimensionamento del ruolo che la repubblica islamica, insieme con la Federazione Russa, riveste sul mercato del greggio, perché, qualora venisse realizzata la condotta tesa direttamente verso la sezione orientale del Mar Mediterraneo, Teheran e Mosca si ritroverebbero a perdere significativi margini di controllo sulle linee di flusso e approvvigionamento centroasiatiche.

D'altro canto è fuor di dubbio che il tracciato, nella misura in cui si allontana dal teatro mesopotamico di instabilità bellica acceso nel marzo 2003, risponde a precise esigenze di sicurezza di cui i paesi occidentali avvertono con forza la necessità.

Da queste premesse risulta evidente come le sponde adriatiche rientrino in un complesso gioco, dalle matrici insieme politiche, militari e strategiche, che coinvolge la vitale movimentazione degli idrocarburi a scala mondiale, in un contesto epocale in cui non si intravede ancora la possibilità di introdurre nei sistemi economici contemporanei significativi ventagli allargati sia di alternative fra le fonti energetiche, sia di misure idonee ad abbattere gli elevati livelli di consumo e di emissioni nocive strettamente legati agli attuali mezzi di trasporto in circolazione.

Di fronte ai problemi globali che la dipendenza perdurante dagli idrocarburi trascina con sé, appare auspicabile che gli aumentati volumi dell'interscambio commerciale periadriatico e il rafforzamento dei livelli di interazione transconfinaria favoriscano più coesivi processi di aggregazione geopolitica e di mutua cooperazione, in una cerniera di raccordo che comunque resta essenziale per lo sviluppo del dialogo Est-Ovest fra Europa, Balcani e Medio Oriente.

# BIBLIOGRAFIA

AA. VV., *Il Forte San Felice di Chioggia*, Venezia, Associazione «Comitato per il Forte San Felice», 1999.

AUTORITÀ PORTUALE DI TRIESTE, *Guida del Porto di Trieste*, Trieste, 2001-2002.

BÉRARD J., *La Magna Grecia*, Torino, Einaudi, 1963.

BOSIO L., *Le strade romane della Venetia e dell'Histria*, Padova, Esedra, 1997.

*Calendario Atlante De Agostini 2001. Anno 97°*, Novara, Istituto Geografico De Agostini, 2000.

CARLI E. e DELL'ACQUA G.A., *Storia dell'arte*, I, Bergamo, Istituto Italiano d'Arti Grafiche, 1967.

DETTORE U., *Storia delle esplorazioni*, Novara, Istituto Geografico De Agostini, 1965.

*Enciclopedia Geografica Garzanti*, Milano, Garzanti, 1995.

FRIOLO R., *Evoluzione storico-territoriale e problematiche confinarie nel sistema regionale di gravitazione sulla rotta del Mar Rosso*, in CALAFIORE G., PALAGIANO C. e PARATORE E. (a cura di), *Vecchi territori e nuovi mondi: la geografia delle emergenze del 2000*, Roma, EDIGEO, 2003, pp. 3164-3184.

LA GRECA O., *Valdario, nuovo porto commerciale di Chioggia*, in «L'Universo», Firenze, 2004, pp. 52-74.

LAJTA H., *Budapest*, Milano, Garzanti, 1992.

LUCIA M.G., *Italian Seaports Facing Maritime Transportation Changes*, in AA. VV., *Italy's Sea. Problems and Perspectives*, Roma, Società Geografica Italiana, 1998, pp. 119-134.

MALLORY J.P., *In Search of the Indo-Europeans. Language, Archaelogy and Myth*, Londra, Thames & Hudson Ltd, 1989.

MAMBELLA R. e SANESI MASTROCINQUE L., *Le Venezie*, Roma, Newton Compton, 1986.

POLO M., *Milione* (edizione critica a cura di V. BERTOLUCCI PIZZORUSSO), Milano, Adelphi, 1994.

PONGETTI C., *Nuovi livelli di aggregazione transfrontaliera: il ruolo del ganglio dorico* in *Atti del XXVIII Congresso Geografico Italiano (Roma, 18-22 giugno 2000)*, Roma, EDIGEO, 2003, pp. 3212-3222.

SCARPELLI L., *Gli effetti della globalizzazione e dell'innovazione nei trasporti*, in «Bollettino della Società Geografica Italiana», Roma, 2003, pp. 717-728.

SCHMIEDT G., *Atlante aereofotografico delle sedi umane in Italia. Parte seconda*, Firenze, Istituto Geografico Militare, 1970.

SILVERBERG R., *La leggenda del Prete Gianni*, Casale Monferrato, Piemme, 1998.

SPINI G., *Disegno storico della civiltà. II*, Roma, Cremonese, 1963.

STRABONE, *Geografia. L'Italia* (introduzione e note a cura di A.M. BIRASCHI), Milano, RCS Rizzoli Libri, 1988.

UNICEF, *The State of the World's Children 2002. Official Summary*, New York, United Nations Children's Fund, 2002.

VANZAN MARCHINI N.E. (a cura di), *Venezia e i lazzaretti mediterranei*, Venezia, Edizioni della Laguna, 2004.

VIETOR R.H.K., *Italy's Economic Half-Miracle* in «Italian Journal», New York, 2001-2002, 15, pp. 11-15.

Marina Fuschi *

# L'ARCO OCCIDENTALE ADRIATICO: INDICATORI DI CONTESTO AMBIENTALE E VARIABILI DI ROTTURA

*Introduzione*

Parlare di «sistema adriatico»[1] è decisamente prematuro e, per il momento, soltanto prevedibile e auspicabile.

Questo tratto di mare quasi «chiuso», che scenari di idrogeologia marina prospettano come lago adriatico, vede convergere sulle sue sponde paesi profondamente divergenti quanto a caratteristiche socio-economiche e culturali.

Alla prossimità geografico-fisica della penisola italiana con quella balcanica, valutabile in termini marittimi in 800 km di lunghezza e, mediamente, in 150 km di larghezza, si contrappone una frattura storica e un quadro geopolitico caratterizzato, nel versante orientale, da fragilità istituzionali e da conflitti interetnici. Dalla fine della Guerra Fredda e a partire dal processo di frammentazione della ex Iugoslavia (1991), la Penisola Balcanica è stata devastata da numerosi conflitti che, in dieci anni, hanno riconsegnato paesaggi economici, infrastrutturali, ambientali pesantemente «svuotati» e danneggiati caratterizzanti, oggi, i nuovi Stati indipendenti della Slovenia, Croazia, Bosnia ed Erzegovina, Iugoslavia, Macedonia e la stessa Albania.

Il versante occidentale è tutto italiano e riflette l'immagine dell'economia capitalistica di mercato propria dei principi politici liberali ulteriormente rinforzati dal processo di integrazione europea.

---

\* Dipartimento di Economia e Storia del Territorio, Università «G. d'Annunzio», di Chieti-Pescara.

[1] La riflessione muove dalla partecipazione al Convegno Internazionale dedicato a «Sviluppo glo-cale e società nei Paesi del Sistema Adriatico».

Fra le due sponde una profonda frattura storico-economica che un'azione di integrazione regionale promossa dalla Unione Europea, poggiante sul Patto di stabilità per il Sud-est Europeo, prioritariamente attraverso la strategia dei *corridoi pan-europei*[2], tende a colmare allo scopo di ridurre le disparità economico-sociali e nella prospettiva di un ulteriore allargamento dell'Unione.

Complessivamente poco più di 82 milioni di persone abitano i sei Stati adriatici, di cui circa 58 milioni nella sola Italia, mentre decisamente contenuto appare il capitale umano dei paesi balcanici[3] con la sola Iugoslavia che supera i dieci milioni di abitanti (10,7 al 2001). Strutturalmente la composizione demografica riflette il maggior peso della componente anziana in Italia con circa il 20% di popolazione maggiore di 65 anni, mentre all'estremo opposto l'Albania registra appena il 7% di tale componente e ben il 29% di fascia giovanile (0-14). La distribuzione territoriale della popolazione riflette ancora società profondamente rurali con percentuali di oltre il 50% in Albania (57%), Bosnia ed Erzegovina (57%) e Slovenia (51%), mentre la Croazia (42%) e la Iugoslavia (48%) si attestano su valori di poco più bassi e decisamente distanti dal 33% registrato dall'Italia. A conferma di tale quadro la struttura produttiva dei paesi adriatici orientali assorbe ancora una buona quota della forza lavoro nel settore agricolo (con l'Albania che registra il valore estremo del 50%), mentre il comparto industriale e quello terziario riflettono una lenta, ma avviata, transizione in termini di ammodernamento, innovazione, riconversione e qualificazione.

La portata del PNL è, del resto, rappresentativa di tale scenario: a fronte di un valore italiano, al 2001, pari a oltre 1.100.000 miliardi di $ USA, registriamo valori tutti inferiori ai 20 miliardi, con l'Albania e la Bosnia ed Erzegovina che producono, rispettivamente, 4.000 e 5.000 miliardi di $, pari a un PNL *pro capite* di appena 1.300 e 1.200 $, rispetto agli oltre 19.000 $ *pro capite* italiani.

Di fronte a un tale scenario il bacino adriatico deve riconquistare un ruolo di convergenza da auspicare non in termini di mera occidentalizzazione, bensì in un'ottica di regionalizzazione sistemica consapevole delle identità e della complessità territoriale da indagare e strutturare in chiave di complementarità che la stessa dimensione storica, dall'età moderna all'Ottocento (e con la sola eccezione della conquista turca), ci riconsegna parlando di *koinè* adriatica (ANSELMI, 1988, pp. 23-23).

---

[2] Come è noto si tratta di progetti multimodali per la realizzazione o la ristrutturazione delle reti infrastrutturali di trasporto ed energetiche.

[3] Al 2001 la Slovenia registrava 2 milioni di abitanti; la Croazia 4,4; la Bosnia-Erzegovina 4,1 e l'Albania 3,2 milioni.

*Il caso di studio: l'Arco Occidentale Adriatico*

A tal fine, si è ritenuto opportuno procedere con una analisi a scala regionale della sponda occidentale adriatica per giungere a una conoscenza di dettaglio dei territori vocati, geograficamente, verso quel processo di intermediazione e di cooperazione che lo stesso allargamento a Est dell'Unione Europea sigilla quale momento ineludibile della transizione storico-politica avviata con il crollo dei regimi comunisti.

Si è pensato, inoltre, di valutare lo scenario *ambientale* di tali regioni inteso nella sua accezione più ampia di sistema composto da beni naturalistici, paesaggistici e socio-culturali; sistema che sicuramente appare come il meno conosciuto ma che, al contempo, si propone come la nuova «risorsa» su cui scommettere in termini di benessere e su cui investire in termini di competitività.

La cultura tardo capitalistica scopre che la promessa di una crescente felicità all'aumentare della produzione e del consumo è piena di incertezze: da una parte la società consumistica multi-opzionale fortemente energivora pone il problema della finitezza del sistema Terra; dall'altra, la crescita economica manifesta, territorialmente, problemi legati all'inquinamento, alla congestione, agli squilibri finendo per prospettare un peggioramento della qualità della vita e del benessere. Di contro, la stessa incertezza accompagna sia le modalità attraverso cui il degrado può incidere sull'attività economica, sia la valutazione dei costi delle politiche ambientali tese a contrastarlo.

Dalla metà degli anni Sessanta, le dimensioni sociale e ambientale dello sviluppo cominciano a ponderare diversamente il valore della ricchezza: il PIL[4] non appare più adeguato a misurare il benessere di un paese perché non tiene conto della forte complementarità esistente tra dimensione ambientale, dimensione socio-culturale e dimensione economica. Per esempio, non tiene conto dei cosiddetti *spillovers*, o costi nascosti, che finiscono per sovrastimare il reddito, mentre incidono negativamente sulla qualità della vita e dell'ambiente.

Samuelson sosteneva che la maggior parte di noi è più povera di quanto non creda: per una economia matura, post-industriale, come quella italiana è bene, allora, verificare il cammino di quel processo di transizione socio-culturale che porta ad accettare e a territorializzare i principi dello sviluppo sostenibile unendo all'obiettivo della crescita economica quello teso al miglioramento della qualità dell'ambiente e, più in generale, della qualità della vita.

---

[4] Nel 1968 Robert Kennedy affermava: «Il prodotto interno lordo non rende conto della salute dei nostri figli, né della qualità della loro istruzione o dell'allegria dei loro giochi. Esso non prende in considerazione neppure la bellezza delle nostre poesie o la solidità dei matrimoni, l'intelligenza dei nostri dibattiti pubblici o l'integrità dei nostri funzionari. Esso non misura la nostra intelligenza né il nostro coraggio, e neppure la nostra saggezza, la nostra compassione o la devozione al nostro paese; in breve, esso misura tutto salvo ciò che dà alla vita il suo valore» (SCIDÀ, 1997, p. 53).

Inoltre, la scala regionale d'indagine consente di apprezzare il ruolo della *sostenibilità istituzionale* nel garantire, nel tempo, il benessere della popolazione attraverso il principio della responsabilità, che si esplica con l'attività di valutazione, all'interno del più ampio processo di auto-sviluppo. Ciò significa, per l'amministrazione regionale, promuovere e controllare politiche che garantiscano il diritto all'ambiente naturale e culturale (buona qualità delle acque, purezza dell'aria, verde pubblico, integrità del patrimonio storico-artistico) nell'ottica del più condiviso principio di equità.

Gli indicatori regionali presi in considerazione sono, prevalentemente, quelli utilizzati dall'ISTAT[5] nell'ambito del progetto «Informazione statistica territoriale e settoriale per le politiche strutturali 2001-2008» per la valutazione del Quadro Comunitario di Sostegno 2000-2006.

Ai fini della nostra indagine, e per gli obiettivi che ci siamo prefissi, sono stati utilizzati gli indicatori relativi al contesto ambientale e delle variabili di rottura in grado di valutare il territorio regionale nell'ambito del reale processo di sviluppo.

L'Arco Occidentale Adriatico comprende sette regioni: tre geograficamente settentrionali ed economicamente appartenenti al modello della Terza Italia matura (Friuli-Venezia Giulia, Veneto e Emilia-Romagna); una centrale, le Marche, rispondente anch'essa al suddetto modello, forse nell'espressione più pura e marcatamente endogena di quella tipologia «piccola città-piccola impresa» che ha contraddistinto la cosiddetta «via adriatica allo sviluppo»; una, geograficamente centrale e storicamente meridionale, l'Abruzzo, che, economicamente, si pone oggi come «regione cerniera» o di transizione verso l'Italia di Mezzo essendo uscita, grazie all'incremento di reddito *pro capite*, dal cosiddetto «Obiettivo 1»; infine, il Molise e la Puglia, due regioni tipicamente «meridionali» per collocazione storico-geografica ed economica.

La consistenza demografica delle regioni adriatiche, al 2001, è pari a poco meno di 17 milioni di abitanti con una pressione territoriale, in termini di densità, particolarmente elevata in Veneto (246 ab./km$^2$) e in Puglia (208), mentre nelle altre regioni il carico antropico si mantiene al di sotto dei 200 ab./km$^2$, con il valore minimo registrato nel Molise (72 ab./km$^2$). Da sottolineare il ruolo del condizionamento orografico alpino-appenninico che ha respinto il popolamento verso le zone di pianura e lungo la fascia costiera determinando, all'interno delle singole regioni, pesanti squilibri in termini di congestionamento/spopolamento. Rappresentativa, a tal proposito, il caso della regione abruzzese con la provincia interna aquilana che rileva una densità di appena 58 ab./km$^2$ rispetto ai valori più che doppi delle province costiere (Pescara: 284; Teramo: 150; Chieti: 147).

Circa il grado di *artificialità* del territorio, un metro di misura è dato dalla consistenza dell'edificato (fig. 1) e dal livello di infrastrutturazione (fig. 2) inteso

---

[5] Sono stati altresì utilizzati alcuni dati dell'Istituto «G. Tagliacarne».

in senso stretto. Con riferimento al primo aspetto, le regioni adriatiche totalizzano un numero di edifici di oltre 4.100.000 unità, pari a meno di un terzo del patrimonio nazionale, con il Veneto e la Puglia che registrano il maggior carico corrispondente, rispettivamente, all'8.4% e al 7.9% del valore totale nazionale (circa 13 milioni di unità) pari, in termini di densità, a 60 e 53 ed./km$^2$. Segue, ad una certa distanza, l'Emilia-Romagna (6.4% e 38 ed./km$^2$), mentre le restanti regioni scontano un peso relativo particolarmente contenuto (con la sola eccezione del Friuli-Venezia Giulia che, in termini di densità, registra un valore di 41 ed./km$^2$) dipendente, ovviamente, dalle caratteristiche orografiche e di estensione del territorio e dalla consistenza della popolazione.

A conferma di quanto detto, l'*incidenza degli edifici ad uso abitativo* (fig. 1) sul totale dell'edificato, a livello regionale, non scende mai al di sotto dell'83% (valore riscontrato in Abruzzo), mentre l'*uso produttivo*[6] registra le più alte percentuali nelle regioni economicamente più dinamiche, quali l'Emilia-Romagna (5,1), il Veneto (4,8) e le Marche (4,1). Ancora da sottolineare: i più alti valori, seppur contenuti, dell'edificato destinato *ad altro tipo di utilizzo*[7] rilevati nelle regioni centro-meridionali, in parte come espressione di quel terziario non autopropulsivo che ha rappresentato la risposta politica più immediata, scarsamente programmata, alla «questione meridionale»; il marcato divario percentuale dell'edificato *non utilizzato*[8] riscontrato nella regione abruzzese (9,8%) e in quella molisana (10,6), rispetto ai più contenuti valori del Veneto (4,7) e dell'Emilia-Romagna (4,1), che potrebbe dimostrare, nelle prime, una maggiore dinamicità dell'edilizia residenziale e un relativo ammodernamento del patrimonio abitativo.

La *dotazione infrastrutturale* (fig. 2), intesa come consistenza delle vie di comunicazione e telecomunicazione, nonché degli impianti e reti energetico-ambientali, esprime un ulteriore livello di *artificialità* del territorio, peraltro indispensabile allo sviluppo dello stesso, come dimostrano gli indici di dotazione relativa[9] riscontrabili nelle regioni settentrionali (mediamente superiori al valore nazionale), a differenza di quelle centro-meridionali dove permane una situazione di pesante

---

[6] L'*uso produttivo* fa riferimento agli edifici utilizzati come «Alberghi, Uffici, Commercio e Industria, Comunicazione e Trasporti».

[7] Include gli edifici destinati a ospitare scuole, ospedali, attività ricreative e sportive, chiese, convivenze come caserme, conventi ecc.

[8] Include gli edifici in costruzione, in ricostruzione, in fase di consolidamento e gli edifici cadenti, in rovina e in demolizione.

[9] Al fine di neutralizzare gli effetti dovuti alla diversa dimensione territoriale, l'indicatore di dotazione viene rapportato a un analogo indicatore di domanda potenziale, espresso dalla popolazione, dalla superficie o a un indicatore di domanda effettiva. Il rapporto tra indicatore di offerta e indicatore di domanda determina indici di dotazione relativa territorialmente comparabili fornendo un valore pari a 100 per l'intera economia nazionale e, rispettivamente, valori superiori o inferiori a 100 a seconda che si tratti di territori con una dotazione relativa superiore o inferiore alla media nazionale.

sottodotazione. Emblematico il caso pugliese, dove la pressione sul territorio è esercitata, prevalentemente, dalla consistenza demografica e dal relativo carico abitativo, mentre scarso peso riveste l'offerta infrastrutturale.

Ulteriori indicatori di contesto ambientale sono stati valutati con riferimento a quegli aspetti che possono compromettere il cosiddetto «diritto all'ambiente» della popolazione.

Il parametro *coste non balneabili per inquinamento* (fig. 3) tratteggia pesanti situazioni di criticità nelle regioni centro-meridionali (eccezion fatta per il Molise) con valori superiori alla media nazionale (5,4%), mentre del tutto apprezzabile risulta la qualità delle acque costiere settentrionali, nonostante la consolidata vocazione turistica del litorale e il forte carico antropico valutabile in termini di scarichi urbani, attività industriali e agricole, attività di acquacoltura[10]. Peraltro, la Puglia è l'unica regione che vede aumentare l'estensione dei tratti di costa non balneabili nel periodo 1995-2001, nonostante vanti il maggior numero di aree marine protette[11] a dimostrazione del particolare valore naturalistico delle sue zone di mare la cui tutela potrebbe, paradossalmente, accentuare la pressione antropica nei tratti di costa non protetta e sicuramente non garantire una risposta politica equilibrata.

Circa l'*irregolarità nella distribuzione dell'acqua* (fig. 4) ad uso civile è ancora il basso e medio Adriatico a evidenziare situazioni di criticità con i pesanti valori, superiori alla media nazionale, registrati in Abruzzo (17,7%) e in Puglia (24,1%) dove si verificano, peraltro, situazioni di scarsità mentre, con riferimento al territorio abruzzese (così come per il Molise) è da valutare il livello delle perdite nel sistema di captazione-erogazione, oltre a una non capillare distribuzione della stessa rete idrica (FUSCHI, 2000, p. 116).

Accanto al «diritto all'ambiente» va maturando sempre più una profonda consapevolezza di responsabilizzazione individuale (il cosiddetto «dovere verso l'ambiente») che chiama in causa gli aspetti culturali e socio-comportamentali di ciascun individuo.

A tal proposito, si è fatto riferimento a tre indicatori quali la raccolta differenziata dei RSU, l'utilizzo dei mezzi pubblici di trasporto e la variazione di popolazione residente nei comuni rurali. Un marcato divario fra le regioni dell'arco settentrionale e quelle del versante meridionale si evidenzia relativamente alla *raccolta differenziata di rifiuti solidi urbani* (fig. 5) che, pur avendo registrato un aumento significativo a seguito delle politiche e delle misure messe in atto per una corretta gestione dei rifiuti, si attesta su percentuali di oltre il 20% nel Nord-Est e inferiori al valore medio nazionale (14,4%) nel Sud, con una attivazione della raccolta differenziata davvero modesta in Puglia (3,7%) e in Molise (2,3%).

---

[10] Si ricordi, a tal proposito, che nell'Alto Adriatico è localizzata la maggior parte di tali ambienti di allevamento con una superficie pari a circa il 51% di quella nazionale.

[11] Al novembre 2000, risultavano istituite le aree marine protette delle Isole Tremiti, di Torre Guaceto e di Porto Cesareo, peraltro relativa alla costa ionica.

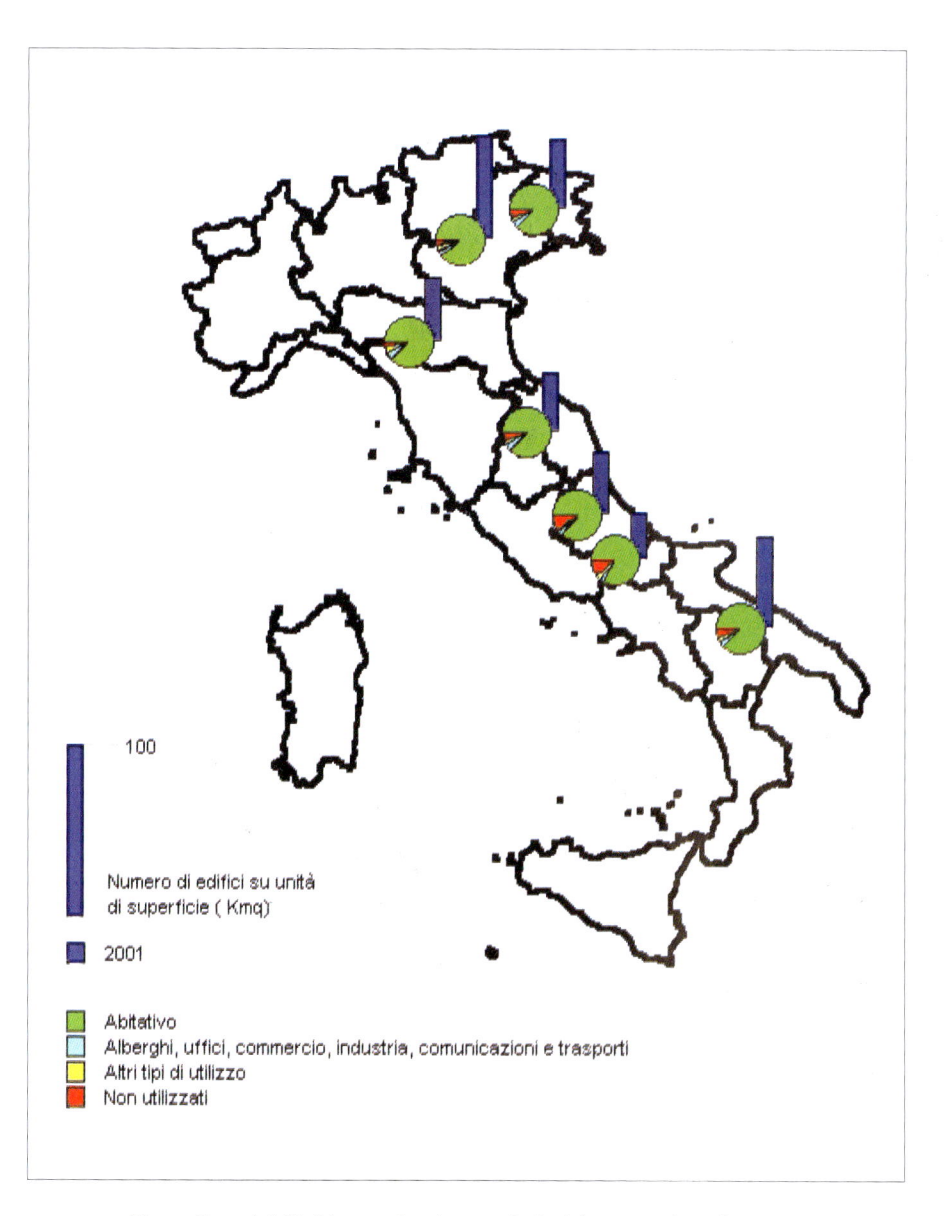

Fig. 1 - *Densità dell'edificato e distribuzione degli edifici per tipologia d'uso (%).*

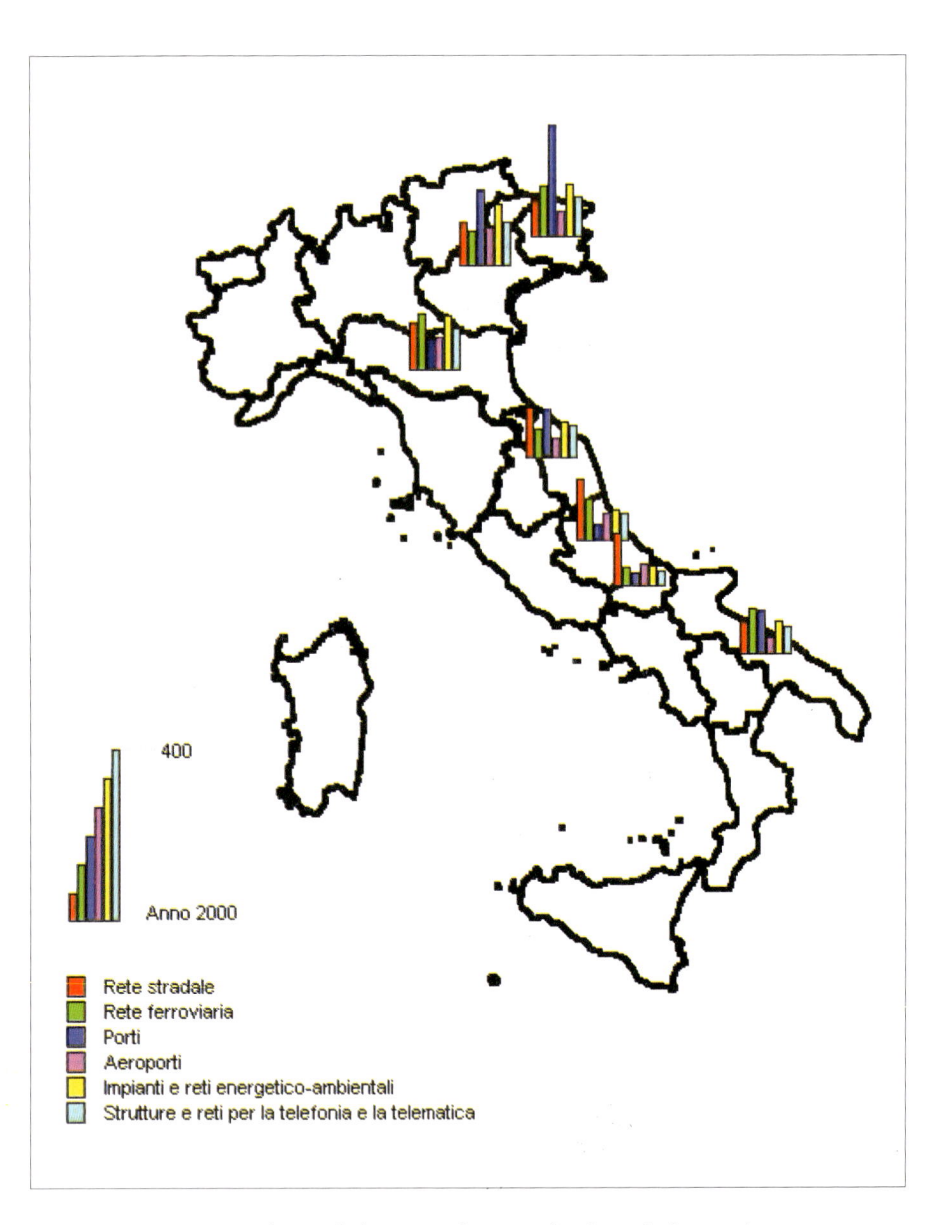

Fig. 2 - *Indicatori di dotazione infrastrutturale relativa (Italia = 100).*

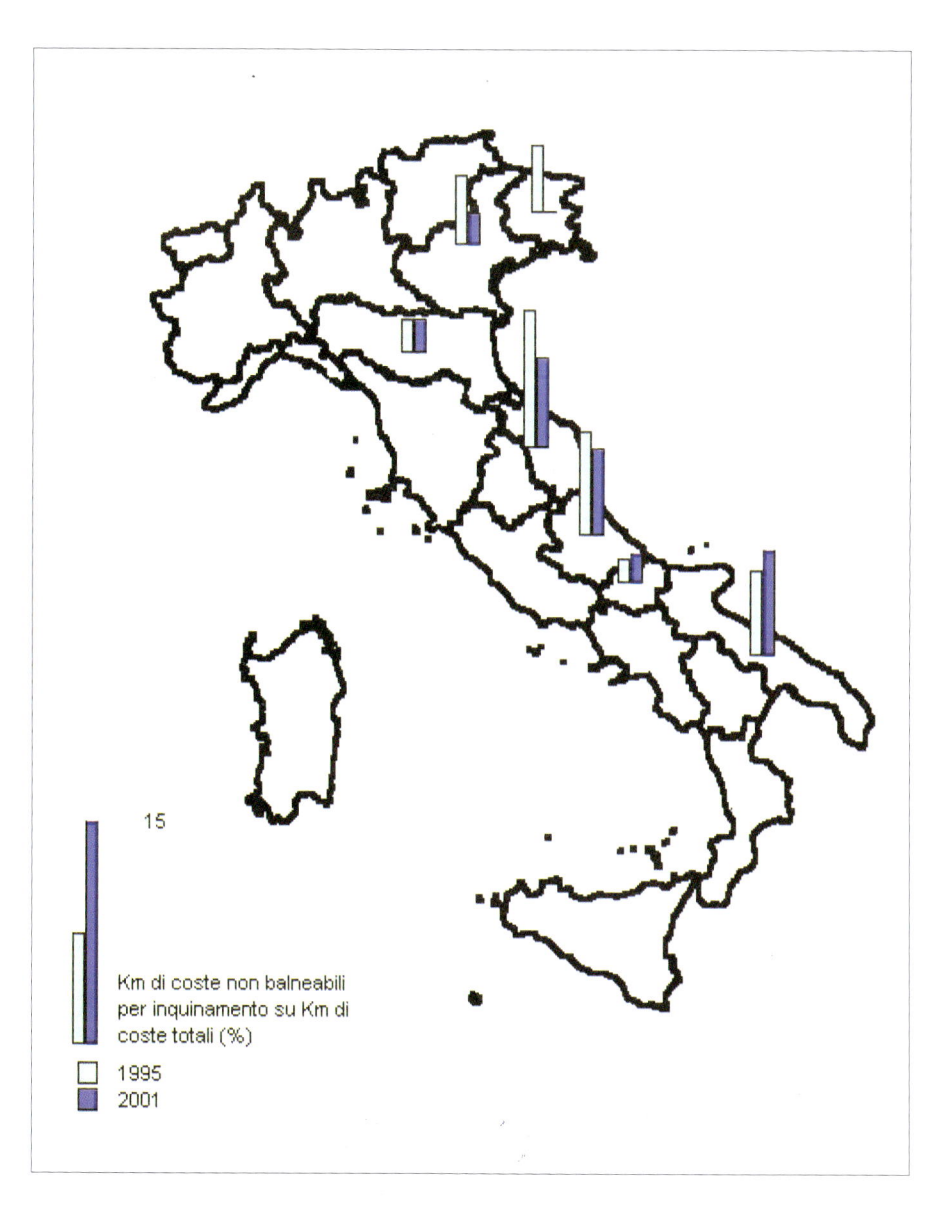

Fig. 3 - *Coste non balneabili per inquinamento.*

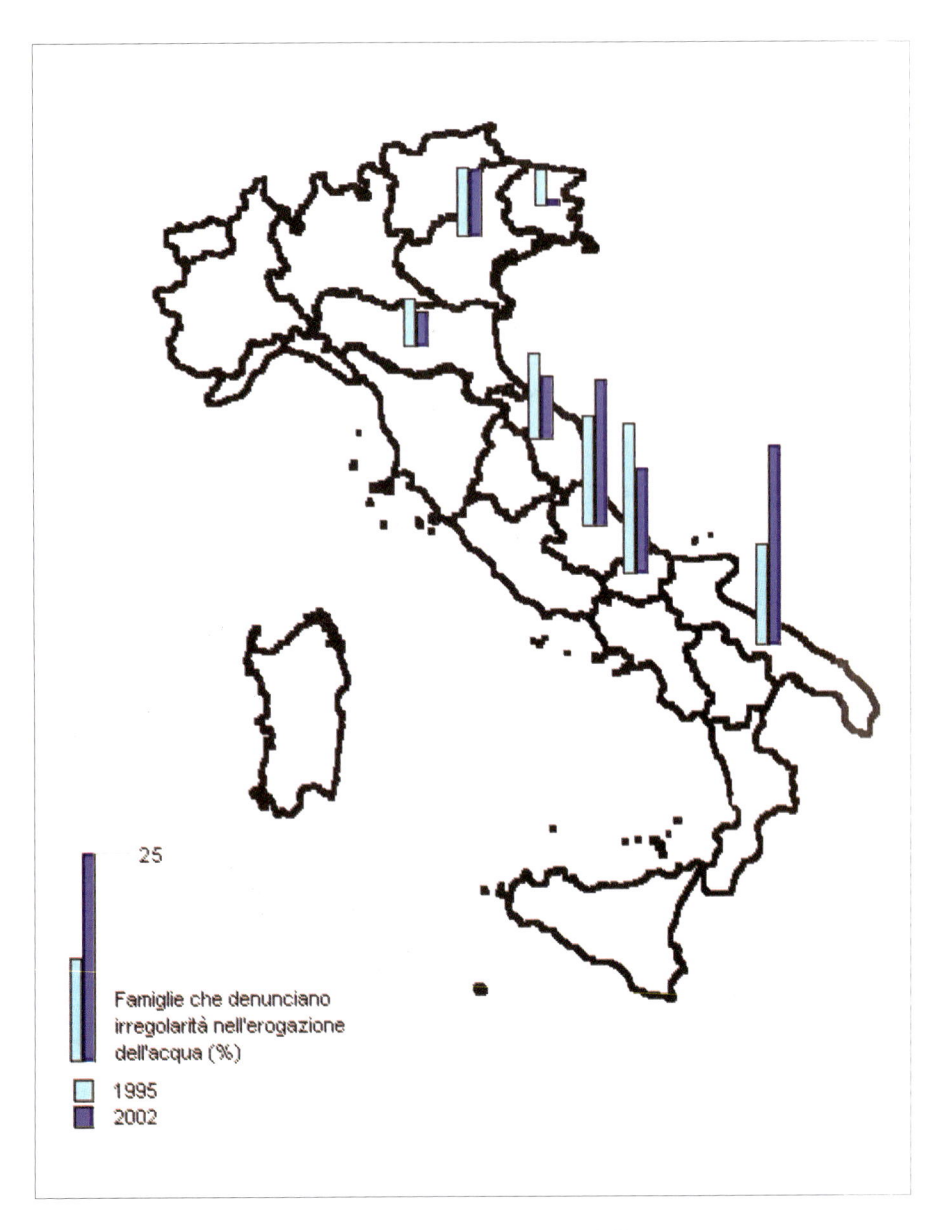

Fig. 4 - *Irregolarità nella distribuzione dell'acqua.*

Fig. 5 - *Raccolta differenziata dei rifiuti solidi urbani.*

L'analisi della *variazione percentuale di popolazione che sceglie di vivere in comuni rurali* (fig. 6) può interpretarsi, da una parte, quale riflesso del processo di controurbanizzazione, più maturo nelle regioni settentrionali e, dall'altra, nell'organizzazione socio-economica meno diffusa e più polarizzata tipica delle aree meridionali. Ciò spiegherebbe la rivitalizzazione demografica dei comuni rurali veneti, emiliano-romagnoli e marchigiani, nell'ambito di una forte interconnessione territoriale.

Circa il *monitoraggio della qualità dell'aria* (fig. 7) si evidenzia, per contro, una situazione *disomogenea*, nonostante le disposizioni dei Decreti del Ministro dell'Ambiente del 20 maggio 1991 e 25 novembre 1994 che stabiliscono i criteri per la raccolta dei dati sulla qualità dell'aria e, nonostante i finanziamenti del Ministero per la realizzazione delle reti di rilevamento. Sono ancora le regioni del medio e basso Adriatico a risultare sottodotate, con valori particolarmente inferiori al dato nazionale (1,5) (Puglia 0,2 e Abruzzo 0,7), fino al caso molisano che risulta del tutto privo di stazioni di rilevamento, malgrado l'evidente utilità di documentare l'andamento dei fenomeni di emissione e il compito istituzionale di rispondere alla normativa vigente in materia.

Con riferimento alla qualità dell'aria, l'*inquinamento causato da mezzi di trasporto* (fig. 8) incide in modo determinante[12] e diffuso sul territorio attraverso l'immissione in atmosfera di numerose sostanze dannose per salute e ambiente (anidride carbonica, ossido di carbonio, di azoto, zolfo, piombo, benzene e particolato fine). L'Arco Occidentale Adriatico presenta una certa *omogeneità* nel rilascio di $CO_2$ con valori regionali quasi ovunque superiori alla media nazionale (1,90 tn/ab per anno), eccezion fatta per la Puglia (1,86) che rileva, peraltro, nel periodo 1996-2001, una tendenza all'aumento delle emissioni. Ciò si lega alla forte mobilità su strada di merci e passeggeri che, in Italia, negli anni Novanta, ha fatto segnare una crescita costante: si consideri che, nel 1998, la quota del traffico passeggeri su strada ha raggiunto il 92,1% e, di questa, la modalità autovetture ha rappresentato l'82%, così come l'incremento del traffico merci è da attribuire, prevalentemente, all'autotrasporto che ha assorbito oltre il 64% della domanda.

Meno diffuso e più omogeneo il comportamento individuale circa l'*utilizzo del mezzo pubblico di trasporto* (fig. 9) che, nelle regioni adriatiche, risulta sempre al di sotto del valore medio nazionale (13,7) con i dati più incoraggianti rilevati in Molise (9,0), Friuli-Venezia Giulia (8,6), Puglia (7,6) e Veneto (7,0). Tale quadro riflette una cultura fortemente dipendente dalla macchina per un Paese, come

---

[12] Secondo stime del 1997, al settore trasporti si possono attribuire le seguenti emissioni, in termini percentuali sul totale: anidride carbonica ($CO_2$) 28% di cui il 24% da trasporto su strada; ossido di carbonio (CO) 78% di cui il 72% da trasporto su strada; composti organici volatili non metanici 53% di cui il 46% da trasporto su strada; ossido di azoto (NOx) 66% di cui il 53% da trasporto su strada; ossidi di zolfo (SOx) 4% di cui il 2,8% da trasporto su strada.

Fig. 6 - *Popolazione residente nei comuni rurali.*

È definito rurale il comune che presenta congiuntamente una densità di popolazione < 100 ab./km$^2$ e una quota di popolazione attiva agricola > 12,4% (2 volte la media comunitaria) alla data del censimento 1991. Il numero dei comuni rimane quindi fisso nel periodo considerato.

Fig. 7 - *Monitoraggio qualità dell'aria.*
I dati includono le stazioni di rilevamento ENEL.

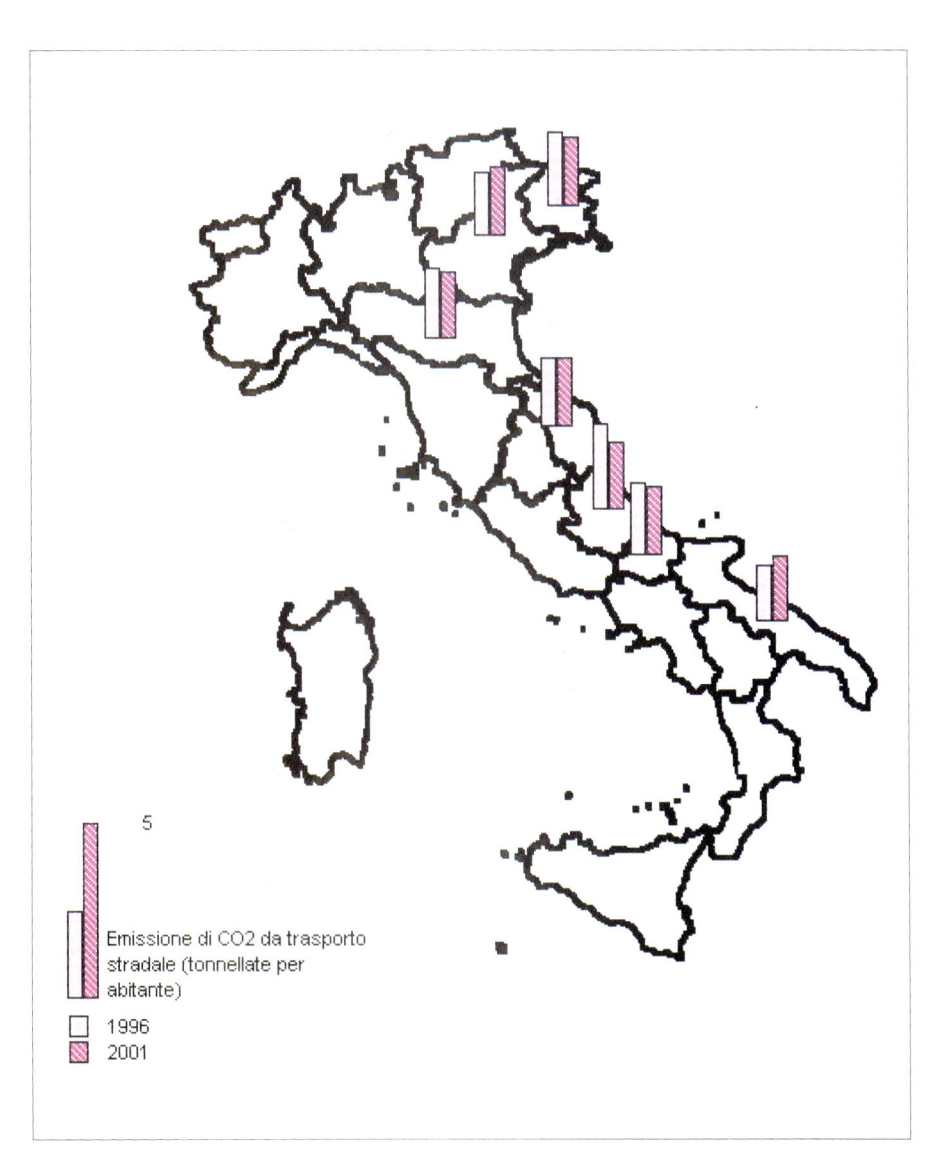

Fig. 8 - *Inquinamento causato dai mezzi di trasporto.*

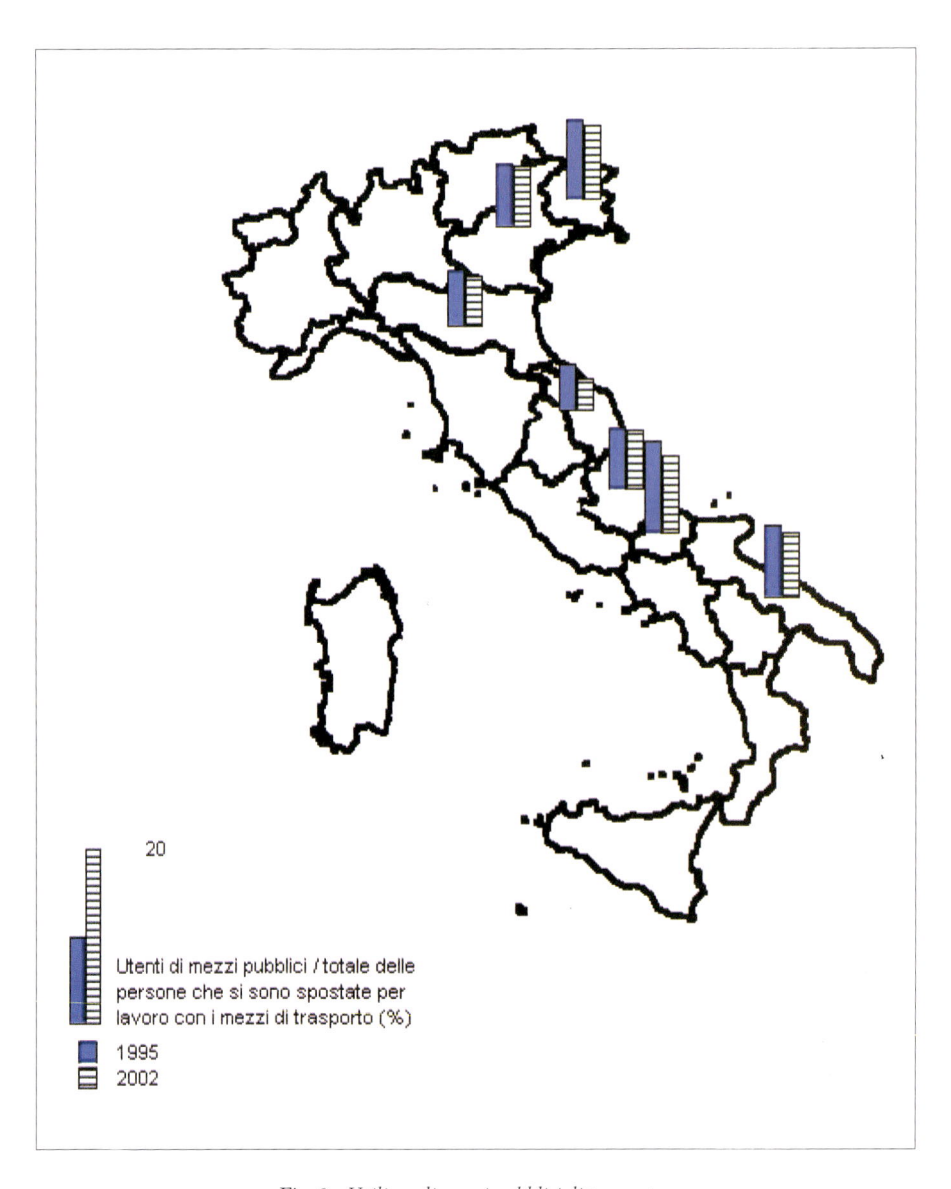

Fig. 9 - *Utilizzo di mezzi pubblici di trasporto.*

La popolazione di riferimento è definita dagli occupati di 15 anni e più che sono usciti di casa per recarsi al lavoro. Sono considerati mezzi pubblici: treno, bus, metropolitane, pullman e corriere (esclusi i pullman e le navette aziendali); si sono considerate anche le duplicazioni di mezzo utilizzato.

l'Italia, che vanta uno dei più alti tassi di motorizzazione [13] e la più alta densità di motoveicoli per km di rete stradale [14] tra i paesi industrializzati. È evidente, e quanto mai connesso, come un simile comportamento culturale consolidato possa impattare negativamente sull'ambiente e sulla stessa qualità della vita.

Per *variabili di rottura* si sono intese quelle variabili che, in positivo o in negativo, rappresentano una forma di «rottura» e, dunque, di impatto rispetto al processo di sviluppo socio-economico e ambientale fino a quel momento raggiunto all'interno del territorio regionale.

Tra queste, l'analisi dell' *indice di criminalità diffusa e violenta* (fig. 10 e fig. 11) esprime una «rottura» del tessuto sociale con un ribaltamento dell'immagine a tutto vantaggio delle regioni geograficamente centrali che sembrano conciliare la più contenuta dimensione demografico-territoriale [15] con un maggior livello di sicurezza e benessere.

L'*indice di partecipazione sociale* (fig. 12) segnala un maggior coinvolgimento delle regioni settentrionali, con valori tutti superiori alla media nazionale (9,8), anche se per il medio e basso adriatico, nel periodo 1995-2002, si registrano variazioni in aumento espressione di un più diffuso sentimento di partecipazione comunitaria.

Ulteriore variabile di rottura, in positivo, può considerarsi *l'incidenza della certificazione ambientale* (fig. 13) quale espressione di innovazione tecnologica che passa anche attraverso l'adozione di procedure di qualità. Da apprezzare le buone percentuali, superiori alla media nazionale (3,2), rilevate nelle regioni centro-meridionali (Abruzzo: 6,1; Molise: 7,9; Puglia: 5,7) a dimostrazione di una scelta strategica che trova, per esempio, nel comparto agroalimentare buona applicazione o che mira a sanare situazioni di ritardo attraverso la riduzione dell'impatto ambientale, del consumo energetico e dei materiali.

La promozione e lo sviluppo delle *fonti rinnovabili di energia* (fig. 14) risponde efficacemente agli obiettivi di contenimento e riduzione di emissioni inquinanti e climalteranti, così come previsto dagli accordi internazionali e comunitari. L'Italia punta a raddoppiare la sua produzione da FER passando dal 6% al 12% entro il 2010, rispetto ai valori del 1990, e le regioni del medio e basso Adriatico sembrano contribuire a tale obiettivo con percentuali soddisfacenti rispetto al panorama nazionale. Nel dettaglio, spiccano il Molise con il 5,22%, la Puglia (1,82%) e l'Abruzzo (0,99%) con un contributo all'energia eolica che trova nelle caratteristiche meteo-climatiche e anemologiche l'ambiente ideale a tale tipo di produzione.

---

[13] Secondo l'OCSE, nel 1996, la densità era di 53 autovetture ogni 100 abitanti, contro i 37 del Giappone, 44 della Francia, 49 degli USA, 50 della Gran Bretagna e 51 della Germania.

[14] Precisamente: 106 veicoli/km, contro 32 degli USA, 38 della Francia, 58 del Giappone, 69 della Germania e 77 della Gran Bretagna.

[15] I più alti valori del Friuli-Venezia Giulia rifletteno, probabilmente, la sua posizione confinaria.

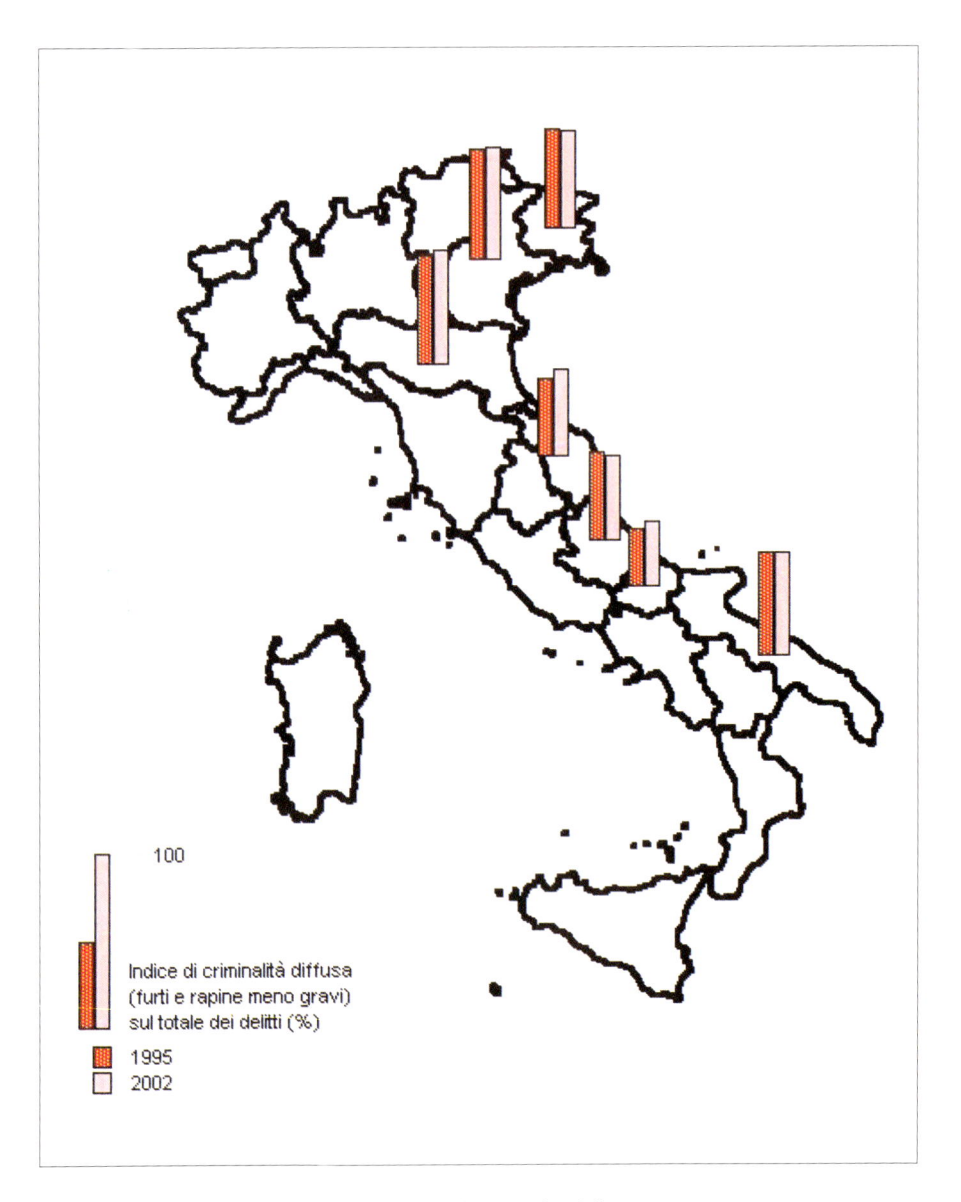

Fig. 10 - *Indice di criminalità diffusa.*

I furti e le rapine meno gravi comprendono: abigeato, borseggio, scippo, furti in uffici pubblici, in negozi, in appartamenti, su auto in sosta, in ferrovia, di opere d'arte e materiale archeologico, di merci su automezzi pesanti, di autoveicoli, altri furti, furti in danno di coppie o prostitute, altre rapine.

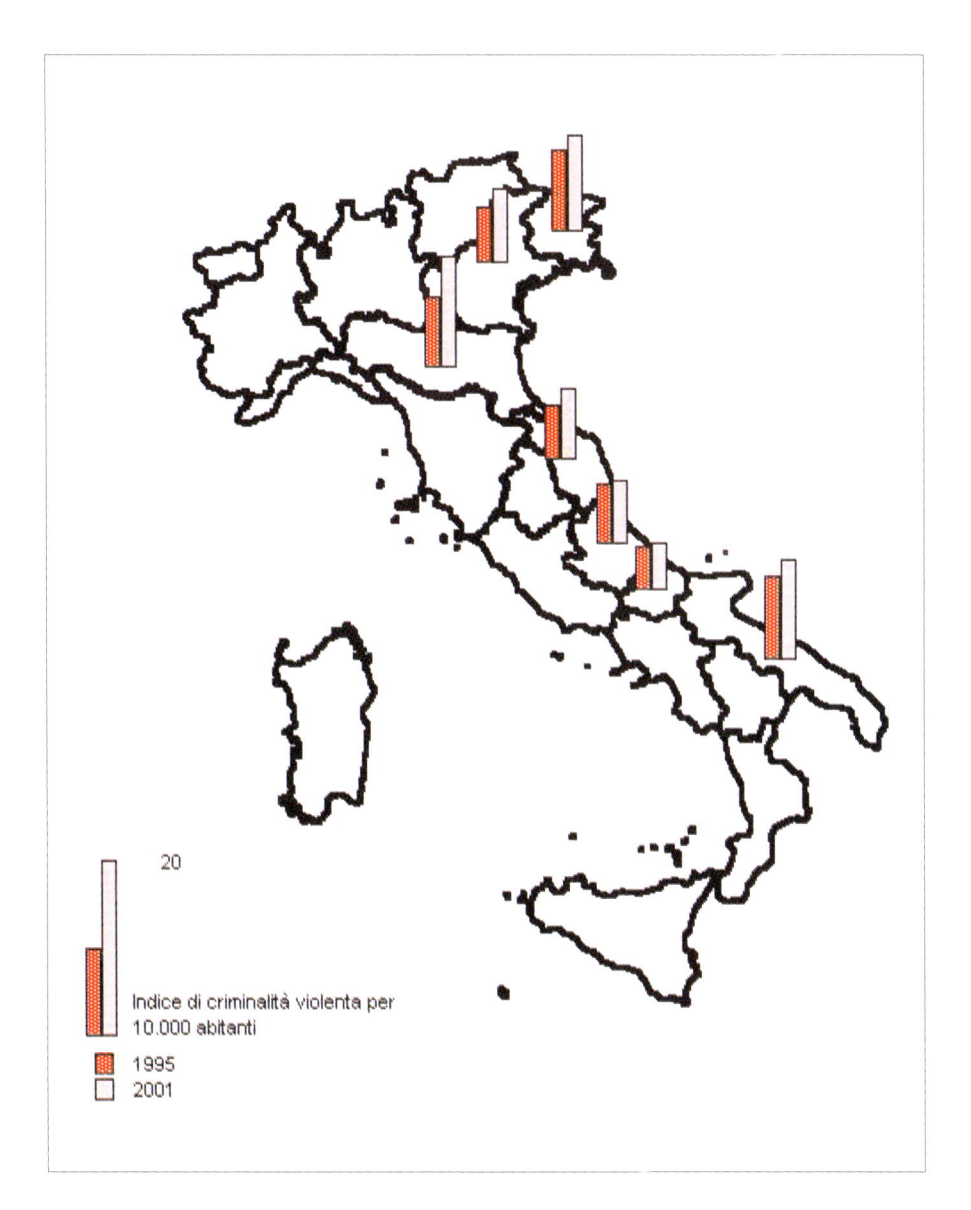

Fig. 11 - *Indice di criminalità violenta.*

La definizione di delitto «violento» comprende: i delitti per strage, gli omicidi dolosi, gli infanticidi, gli omicidi preterintenzionali, i tentati omicidi, le lesioni dolose, le violenze sessuali, i sequestri di persona, gli attentati dinamitardi e/o incendiari, le rapine gravi.

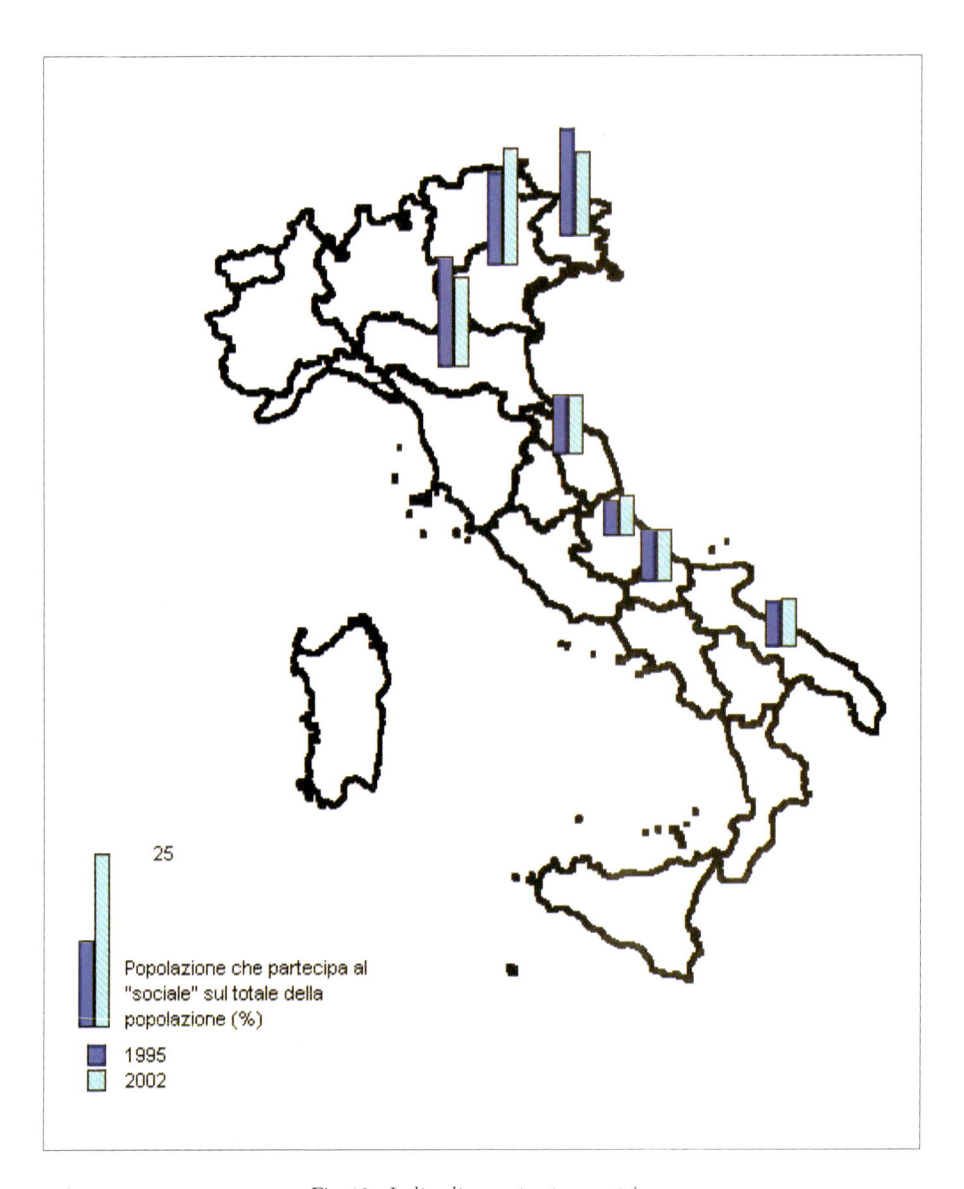

Fig. 12 - *Indice di partecipazione sociale.*

La popolazione che partecipa al «sociale» è definita come l'insieme delle persone di 14 anni e più che hanno partecipato a riunioni di volontariato, di associazioni ecologiche, per i diritti civili, per la pace o hanno svolto attività gratuita per associazioni di volontariato; mentre per totale popolazione si intende il totale delle persone di 14 anni e più.

Fig. 13 - *Incidenza della certificazione ambientale.*

Il totale comprende le seguenti certificazioni: ISO 14001, OHSAS 18001, ISO 9001:2000 e ISO 9001:1994, ISO 9002, ISO 9003, AVSQ '94, EN 46002, EN 729-2, EN 729-3, QS 9000.

Fig. 14 - *Energia prodotta da fonti rinnovabili.*

Nell'energia prodotta sono state considerate la fonte eolica, fotovoltaica e geotermoelettrica. Per produzione totale netta si intende la somma delle quantità di energia elettrica prodotte in uscita agli impianti, deducendo cioè la quantità di energia elettrica destinata ai servizi ausiliari della produzione (servizi ausiliari di centrale e perdite nei trasformatori di centrale).

Si ricordi, a tal proposito, che in Puglia il Subappennino dauno rappresenta una delle aree, a livello europeo, di maggiore produzione di questo tipo di energia.

*Conclusioni*

Il tentativo di tratteggiare il livello di sviluppo nelle regioni dell'Arco Occidentale Adriatico risponde alla logica dell'approccio stadiale che, maturata la fase della crescita quantitativa, riflette in termini di diseconomie e di sovravalutazione del concetto di benessere.

Le sette regioni adriatiche, fotografate sulla base di alcuni indicatori ambientali, sicuramente non esaustivi circa la portata e la scelta comunque parziale (soprattutto con riferimento alle variabili di rottura), consentono, tuttavia, di delineare un quadro territoriale scarsamente omogeneo e fortemente condizionato dal *background* economico-produttivo. Ne derivano alcune considerazioni di sintesi:

- le regioni economicamente più mature, appartenenti al modello della Terza Italia, registrano un maggior grado di artificialità del territorio (consistenza dell'edificato, soprattutto ad uso produttivo; livello di infrastrutturazione) e una più spinta pressione ambientale, anche in termini di carico demografico. Parallelamente, però, sono anche quelle più attente a garantire e a promuovere politiche di salvaguardia ambientale e ad aver maturato, culturalmente, il cosiddetto «dovere verso l'ambiente»;
- le regioni del medio e basso Adriatico, a fronte di una ancora pesante sottodotazione infrastrutturale, esprimono, comunque, una marcata pressione ambientale di tipo prevalentemente demografico-insediativo (emblematico, a tal proposito, il caso della regione pugliese i cui valori risultano di poco inferiori a quelli massimi registrati dal Veneto) non accompagnata, però, da sufficienti *performances* di qualità o di attenzione ambientale;
- una decisa omogeneità regionale la si riscontra, invece, con riferimento alla qualità dell'aria compromessa da una intensa mobilità e da una cultura fortemente dipendente dalla macchina e scarsamente propensa all'utilizzo del mezzo pubblico;
- circa le variabili di rottura si profila una «apertura ambientale» da parte delle regioni dell'Arco meridionale che sembrano scommettere sui caratteri più marcatamente territoriali (energia eolica; certificazione dei comparti agro-alimentari), mentre, con riferimento alla partecipazione sociale, le regioni settentrionali esprimono un più diffuso sentimento di partecipazione comunitaria.

Da questa analisi «di parte» del bacino adriatico derivano alcune considerazioni di sintesi che consentono di ripensare la metafora dell'Adriatico inteso come «sistema».

Gli assetti regionali sono il risultato di un processo di stratificazione storico-culturale e comportamentistico. Ogni cultura produce un patrimonio di obiettivi e di tecnologie che in parte si depositano sul territorio tendendo a relativizzare gli stessi processi di regionalizzazione.

Nel bacino adriatico sembrano profilarsi due diverse processualità orientate più verso la crescita, nel versante orientale balcanico e verso lo sviluppo in quello occidentale; dunque, quasi due distinti sistemi regionali che potrebbero trovare ricomposizione in un'unica organizzazione sistemica (da auspicare in termini di ulteriore apertura circa gli apporti di flussi di risorse) recuperando proprio il principio dell'*equifinalità ambientale* (da intendersi anche in termine di benessere e qualità della vita), necessario a garantire capacità omeostatiche e negentropiche rispetto al più ampio e ormai consapevole imperativo legato alla *finitezza* del sistema territoriale.

BIBLIOGRAFIA

ANSELMI S., *L'Adriatico come bacino territoriale, economico, demografico, in sede storica*, in «Atti del primo Incontro Demografico delle Regioni Adriatiche, Pescara 23-25 novembre 1987», Pescara, 1988, pp. 23-25.

BANCA MONDIALE, *The World Development Indicators*, Washington, 2003.

BOLOGNA G. (a cura di), *Italia capace di futuro*, Bologna, EMI, 2000.

CENCINI C., *Economia ambiente e sviluppo sostenibile*, Bologna, Pàtron, 1999.

CORNA PELLEGRINI G., *Gli indicatori ambientali nella ricerca geografica*, in SCHIMDT DI FRIEDBERG P. (a cura di), *Gli indicatori ambientali: valori, metri, e strumenti nello studio dell'impatto ambientale*, Milano, Franco Angeli, 1988, pp. 181-187.

FUSCHI M., *Ambiente urbano e area metropolitana*, Pescara, Libreria dell'Università Editrice, 2000.

ISPI, *Atlante geopolitico mondiale. Regioni Società Economie Conflitti*, Milano, TCI, 2002.

LANDINI P. e SALVATORI F. (a cura di), *I sistemi locali delle regioni italiane (1970-1985)*, in «Memorie della Società Geografica Italiana», Roma, SGI, 1989.

RONCHI E. (a cura di), *Un futuro sostenibile per l'Italia. Rapporto ISSI 2002*, Roma, Editori Riuniti, 2002.

SCIDÀ G., *Sociologia dello sviluppo*, Milano, Jaca Book, 1997.

VALLEGA A., *Regione e territorio*, Milano, Mursia, 1976.

Adriana Galvani *

# FERRARA: MODELLO INTERNAZIONALE DI GESTIONE AMBIENTALE

*Introduzione*

Nel presente lavoro prenderemo in analisi un caso di sviluppo sostenibile riferito alla città di Ferrara.

Ferrara è una cittadina di 131.000 abitanti posta nella parte terminale della pianura del Delta del Po, lungo il cui corso d'acqua ha trovato sistemazione dall'ottavo secolo.

Di origini medievali, essa ha avuto il suo apogeo durante il Rinascimento, allorché era gestita da una signoria illuminata che l'aveva portata a partecipare al consesso dei più elevati poteri della penisola. Già da quel periodo la città spicca per la ricchezza del suo patrimonio architettonico e la lungimiranza degli amministratori che, attribuendo all'architetto Biagio Rossetti l'incarico della pianificazione urbana, fanno sì che Ferrara diventi un modello urbanistico e venga qualificata come la «prima città moderna d'Europa».

*Ferrara patrimonio dell'umanità*

Il perfetto mantenimento del suo patrimonio e delle sue caratteristiche urbane le hanno meritato nel 1995 l'inserimento nella lista dei beni culturali dell'UNESCO [1]

---

\* Dipartimento di Scienze Economiche, Università di Bologna.

[1] UNESCO. La motivazione che sta alla base del riconoscimento internazionale si sintetizza così: «È un mirabile esempio di città progettata nel Rinascimento che conserva il suo centro storico intatto. I canoni della pianificazione urbana che vi sono espressi ebbero una profonda influenza per lo sviluppo dell'urbanistica nei secoli seguenti. Il riconoscimento si estende anche al territorio del Delta del Po poiché le residenze e i Duchi d'Este nel Delta del Po illustrano in modo eccezionale l'influenza della cultura del Rinascimento sul paesaggio naturale, trasformandolo in un contesto culturale pianificato che conserva la sua forma originale».

per l'intera estensione del tracciato entro le mura, a cui è stato aggiunto nel 1999 il territorio provinciale fino al Delta del Po.

La città in oggetto mantiene con cura quanto ereditato e si impegna nel processo di innovazione pianificatoria e gestionale in modo da soddisfare le esigenze dei cittadini, senza tuttavia perdere l'impronta ereditata dal passato.

La centralità storico-culturale di questo insediamento è ulteriormente attestata dall'ospitare la presidenza dell'Associazione Città Italiane Patrimonio UNESCO, nata nel 1997, a cui partecipano sia il Comune che la Provincia di Ferrara.

Detto organismo è stato creato con la finalità di organizzare iniziative per la tutela del patrimonio culturale e naturale, per procedere a scambi di esperienze di buone pratiche di gestione, per promuovere attività di formazione, dirette alle istituzioni educative e amministrative, per programmare una politica turistica e di diffusione dell'immagine a favore delle comunità locali e la promozione di legami con istituzioni similari.

Certamente possedere un patrimonio storico non è merito della cittadinanza, ma lo è il fatto di mantenerlo in buono stato e di permetterne un facile accesso, oltre a diffondere i mezzi di comunicazione e le informazioni necessarie alla divulgazione della sua conoscenza. Questo infatti viene realizzato e la città, oltre a conservare i suoi monumenti, pone in atto una nutrita serie di eventi culturali che mettono maggiormente in luce i beni architettonici. La vita culturale è illuminata dalle attività di una Università di prestigio, da un Conservatorio di musica dalla fama consolidata, dalla presenza della sede dell'Orchestra Giovanile Europea, da musei che organizzano esposizioni di livello internazionale, per cui Ferrara, assieme a Treviso, sta diventando una meta d'obbligo per gli amanti della pittura.

*Urbanesimo sostenibile*

Ferrara fu quindi città tra le grandi nel Rinascimento, tuttavia nei secoli seguenti le direttrici di traffico si spostarono, i pesi si riequilibrarono con le nuove attività industriali e la cittadina rimase ripiegata sulla sua economia agricola conoscendo solo tardivamente isolate manifestazioni industriali di vasta portata che proprio nella calma della piccola provincia cercavano vantaggi finanziari e un clima al riparo da turbolenze sindacali. Ma è stato grazie a questo «isolamento» e al conseguente mantenimento del legame con il mondo rurale, che la città ha potuto salvaguardare la possibilità di un suo sviluppo sostenibile e ritrovarsi in posizione privilegiata rispetto ad aree che ancora devono risolvere problemi di forzata industrializzazione e di riparazione da guasti ambientali.

Pigram (1997) sostiene che tra gli elementi pratici della strategia di sostenibilità sta in primo luogo lo sviluppo delle località in uno speciale senso del luogo che rifletta l'architettura locale, sensibile all'originalità del passato. È questo il caso della nostra città. La distesa della bassa e piatta pianura padana consente agli abitanti un uso estensivo della bicicletta[2] che contribuisce ulteriormente alla sostenibilità cittadina e a crearne un'immagine *d'antan* che colpisce il turista assieme alla cordiale atmosfera priva di evidenti effetti di devianza sociale e arricchita invece da una partecipazione comunitaria che richiama stili di vita tradizionali[3].

Ed è l'approccio alla implementazione dello sviluppo sostenibile che vogliamo qui descrivere a proposito di Ferrara che, dopo aver realizzato il modello adriatico di sviluppo (CELANT, 1988, p. 43), si pone all'apice di iniziative di efficiente gestione ambientale, offrendo una qualità di vita che le evita i disagi e gli squilibri di cui soffrono tanti agglomerati (CORI, 1988, 1997).

*La città integrata*

La città è, come ci ricorda Dematteis, «soprattutto un modo di vivere, e quindi di pensare, di lavorare, di costruire l'ambiente... di creare bisogni e desideri e di rispondere ad essi» (1993, p. 58). Spetta quindi alla geografia urbana rappresentare quella quantità di «fatti culturali, sociali, economici, politici che vanno ben oltre la semplice realtà fisica dell'agglomerazione di edifici ed abitanti» (*ibidem*, p. 49).

Tra questi fatti emerge oggi la tematica dell'ambiente e della gestione sostenibile della città, infatti – come afferma Dansero – «lo sviluppo sostenibile si presenta come la sfida per l'umanità alla fine del secondo millennio» (SEGRE e DANSERO, 1996, p. 114). Lo confermano i numerosi studi e le reiterate conferenze che si succedono a ritmo rapido a ogni livello di gestione e di ricerca. Lo attestano le iniziative di livello amministrativo locale, nazionale e internazionale o comunitario, come si legge nella Comunicazione COM (2004) 60 dell'Unione Europea «Verso una strategia per l'ambiente urbano» che apre i lavori per la «Strategia Tematica sull'ambiente urbano» attesa nel 2005. Obiettivo dell'iniziativa europea è il rafforzamento della *performance* ambientale delle aree metropolitane, allo scopo di salvaguardare la salute e la qualità della vita dei cittadini. Tutto ciò esprime la preoccupazione di uno scadimento generale della vita urbana sotto tutti gli aspetti, come già metteva in luce la Carta d'Atene (1941) che così concludeva: «La maggior parte delle città si presenta oggi come l'immagine del disordine. Queste città non corrispondono in alcun modo alla loro finalità che sarebbe

---

[2] In occasione del Salone del Ciclo a Milano e della giornata europea della mobilità sostenibile da celebrare il 22 settembre 2004, «Il Corriere della Sera» ha affrontato il tema dello spostarsi in città in bicicletta e ha offerto l'esempio di statistiche riguardanti tale mezzo in Europa e in Italia. Risulta che l'uso della bicicletta è più elevato al Nord, nelle città medio-piccole del Centro e del Nord gli spostamenti in bici sono fra il 12 e il 20%. All'avanguardia per il suo uso, oltre alla «solita» (virgolette nel testo) Ferrara ci sono città come Ravenna, Brescia e Bolzano.

[3] Il 28% degli spostamenti avviene per mezzo della bicicletta.

quella di soddisfare i fondamentali bisogni biologici e psicologici dei loro abitanti. La violenza degli interessi privati determina una disastrosa rottura dell'equilibrio tra la pressione delle forze economiche da un lato e la debolezza del controllo amministrativo e l'impotenza della solidarietà sociale dall'altro. La grave contraddizione che qui risulta evidente pone uno dei problemi più gravi della nostra epoca: l'urgenza di regolare con uno strumento legale la disponibilità del suolo utile per corrispondere ai bisogni vitali dell'individuo in piena armonia con i bisogni collettivi».

A parere di Gropius, «i mali derivano dalla mancanza di coordinamento fra il progresso scientifico e tecnico nei singoli settori e l'organizzazione generale della società; in particolare dalla mancanza di provvedimenti amministrativi adatti a controllare le conseguenze dei mutamenti economici» (1925, p. 20).

Pur se Ferrara è rimasta marginale allo sviluppo economico localizzato lungo la Via Emilia e non ha raggiunto gli stessi indicatori di ricchezza di altre città corregionali, tuttavia partecipa allo sviluppo globale con la presenza di una grande industria in *joint ventures* internazionale e con lo sviluppo scientifico-culturale della Università, ma segue un suo passo locale, difesa dai fenomeni degenerativi dei grandi sistemi urbani dalla metafora geografica della cerchia delle sue mura.

Infatti, secondo l'opinione corrente, ma pure scientificamente secondo i media e le statistiche ufficiali, sono assenti a Ferrara gli indicatori negativi.

In questo modo si è realizzato il: «Less is more» di Gropius (*ibidem*, p. 47).

*Ferrara oggi*

Conzen pensa che l'urbanizzazione sia la chiave interpretativa della storia contemporanea, in quanto «i processi abitativi, continui e complessi, del fenomeno urbano sono parte integrante della maturazione dell'economia mondiale contemporanea» (1986, p. 15).

Una amministrazione capace le consente di essere oggi scenario di un'attenta gestione del potere locale e teatro di eventi culturali di prim'ordine. Questo avviene in contemporanea alla evoluzione di una gestione moderna da parte della pubblica amministrazione che ha saputo coniugare in maniera esemplare l'antico con il nuovo, mantenendo le positive caratteristiche tradizionali che accompagnano oggi l'innovazione tecnologica. Infatti l'attuale sindaco, che è stato rieletto, già nella precedente candidatura aveva intitolato il suo programma: «Una moderna città europea», piano progettuale che si snodava in cinque sottoprogetti:
1. Ferrara quale città patrimonio;
2. Programma di salute pubblica e incremento del *welfare* locale;
3. Qualificazione e miglioramento dei servizi municipali;
4. Inventare nuove attività e nuove opportunità di impiego;
5. Adottare una visione strategica della struttura urbana.

L'amministrazione si è posta all'avanguardia in ambito europeo attraverso l'introduzione di una nuova forma di governo basata su speciali progetti interdisciplinari di cui uno formato da «Agenda 21 Locale per lo sviluppo sostenibile». I principali obiettivi di tale disegno si riassumono in tre punti:
– un ecosistema bilanciato;
– una efficiente economia;
– equità sociale.

Per acquisire tali mete dovevano venire intraprese cinque categorie di attività:
– partecipazione locale;
– accordi di partnership e responsabilità sociale corporativa;
– sistemi di management ambientale;
– aumento della consapevolezza;
– creazione di reti e scambio di buone pratiche.

Per prima cosa è stato creato un gruppo guida interdisciplinare per la pianificazione, al fine dello scambio di informazioni e di decisioni pianificatorie partecipate. Il gruppo è composto da un delegato del sindaco e dagli assessori coinvolti nella gestione di risorse ambientali. In secondo luogo gli accordi partecipativi sono stati identificati come strumento principale di implementazione dei Piani d'Azione di Agenda 21 Locale. Inoltre tutti i progetti locali volontari o obbligatori, compreso il Piano Regolatore, sono stati inclusi in quadri di *governance*, quali forum, lavori di gruppo, interviste con i portatori d'interesse, seminari e pubblici eventi, incontri con la stampa od *on line*, indagini tra i cittadini per raggiungere gli obiettivi. Ora il processo di implementazione sta focalizzando opportuni strumenti operativi, come schemi e gruppi di lavoro, sotto la responsabilità delle autorità locali che cercheranno le opzioni sostenibili dello sviluppo locale più allettanti per gli imprenditori.

Tutto ciò rivela la ricerca e l'attivazione di accordi fra i responsabili del Piano di Azione di Agenda 21 Locale, con la fattiva partecipazione dei cittadini. Si agisce poi a livello nazionale e internazionale per migliorare l'applicazione pratica del concetto di sostenibilità attraverso attività collaborative e scambio di buone pratiche.

Sono stati raggiunti risultati positivi per il progressivo aumento dell'applicazione degli strumenti partecipativi da parte degli amministratori, misurati anche tramite indicatori, sia per le attività ordinarie che straordinarie. Il livello del dibattito pubblico sulla sostenibilità ambientale rimane alto, anche dopo anni di incontri, il che dimostra l'impatto positivo raggiunto dal processo avviato. L'azione amministrativa continua a manifestare nel complesso un altissimo coinvolgimento nella problematica della eco-compatibilità, rinforzando l'impegno assunto con la Carta di *Aalborg*.

Ferrara con la sua AL 21 è stata in grado di dimostrare l'attrattiva della sostenibilità sia alla comunità locale che ai portatori di interessi. Inoltre, tramite la partecipazione e il lavoro di gruppo, è stato facilitato lo scambio di informazioni per raggiungere una generale coscienza ecologica.

Per addivenire a una piena fattibilità è in corso una serie di accordi tra diversi livelli di amministrazioni locali e centrali.

*Esempio di amministrazione partecipata*

Il Comune di Ferrara ha stanziato fondi per il rinnovamento e l'abbellimento di alcune tra le piazze principali. Ha quindi lanciato un concorso a cui hanno partecipato architetti di tutta Italia.

Dopo una prima selezione, invece di scegliere tra i progetti selezionati, ha organizzato un incontro tra i cittadini per fare discutere e decidere ad essi le soluzioni ritenute le migliori. Ha ideato un workshop dal titolo: «Immagina Ferrara» a cui ci si poteva iscrivere sia via Internet che tramite URP per partecipare alla fase decisoria. Nella mattinata di un sabato, nella sede della Fiera si è riunito un centinaio di persone, divise in gruppi di otto attorno a un tavolo di lavoro, coordinato da uno studente della locale Facoltà di Architettura. I gruppi erano fortuiti, nel senso che non si era preventivamente regolata una partecipazione omogenea nei riguardi delle competenze di ciascuno, piuttosto il raggruppamento avveniva in maniera spontanea. A ogni partecipante è stata fornita una cartella, molto esauriente dal punto di vista della documentazione, in cui venivano descritti i progetti architettonici, vincitori di una selezione, assieme allo stato di fatto delle piazze centrali.

I cittadini avevano così modo non solo di conoscere meglio il paesaggio costruito, attraverso la focalizzazione di disegni e di immagini prese da diverse prospettive, ma aprivano la loro visuale a nuove possibilità di intervento viste da occhi estranei, in quanto molti progetti erano frutto di architetti di altre città. Un nuovo progetto ha tuttavia sempre un impatto alienante su un residente che è assuefatto all'esistente a cui è andato affezionandosi nel tempo e la consuetudine con esso lo rende maggiormente critico e severo verso l'innovazione. Questo veniva confermandosi durante il dibattito attraverso la convergenza di idee e sentimenti dei cittadini. Ne emergeva anche un amore per la città, ma in particolare, una difesa accanita dall'invasione automobilistica che, a giudizio generale, doveva essere bandita dal centro storico. Le idee dei partecipanti al lavoro di gruppo venivano raccolte e sintetizzate dal coordinatore, poi confrontate con quelle degli altri tavoli. I risultati finali sarebbero stati in seguito inoltrati agli uffici competenti che avrebbero tenuto conto delle decisioni del simposio dei cittadini.

*I premi internazionali*

L'ambiente può essere rappresentato attraverso numerose categorie descrittive (SEGRE e DANSERO, 1996, p. 1), delle quali noi sceglieremo il paradigma di attribuzione dei premi internazionali, dato che le procedure di certificazione assumono importanza crescente ai fini di una riconoscibilità, ma soprattutto ai fini della diffusione delle *best practices* che l'Unione Europea tende a mettere in evidenza.

Ferrara ha ricevuto, assieme ad Heidelberg, *l'European Sustainable City Award* per il 2003, concesso ai progetti innovativi per una migliore sostenibilità, in concomitanza con la celebrazione della *Green Week*. Essa è stata premiata per l'implementazione di Agenda 21 Locale, aperta nel 1996 con l'adozione dei principi di *Aalborg* e lanciata nel 1998 con una visione personalizzata della sostenibilità e con una innovativa forma di amministrazione, basata su «speciali» progetti interdipartimentali.

Infatti i passi verso una gestione sostenibile evolvono già dalla Conferenza di *Rio de Janeiro* del 1992, anche se l'implementazione fattiva avviene dopo l'incontro di *Aalborg* con la creazione di un ufficio per l'ambiente nel 1995. Nel 1996 viene siglata la Carta di *Aalborg* che avvia i processi si sostenibilità locale. Nel 1998 viene attivata l'Agenda 21 Locale con personale permanente e *stages* concessi a studenti ed esperti.

Dopo il *summit* di *Hannover* viene attivato il *Forum* dell'Agenda 21 che si apre al dialogo con il cittadino e nel 2001 il vero e proprio Piano d'Azione. Più ampio diviene il coinvolgimento con le problematiche mondiali, dopo *Johannesburg*; risale infatti al 2002-2003 il Piano d'Azione di Ferrara, le cui mete effettive si ramificano in tre direzioni: Ecosistema Bilanciato; Efficienza Economica; Equità Sociale.

Proprio analizzando quest'ultimo punto si può arguire quale sia il meccanismo sistemico che sta alla base della positiva gestione: una evoluzione verso il sociale che non tutti i programmi ambientali hanno in carico e che previene i tempi in quanto, solo pochi anni dopo la Conferenza di *Rio*, ci si ritrova ad affrontare, al di là dell'ambiente, nuove problematiche di carattere demografico, quali la diffusione di sempre nuove malattie, l'invecchiamento della popolazione, il crollo delle nascite, oltre a un impoverimento dei gruppi marginali in una società che nelle punte emergenti diviene sempre più ricca.

Per raggiungere le mete di cui sopra dovevano essere attivate cinque strategie:
– partecipazione locale;
– accordi di partenariato, responsabilità sociale di gruppo;
– sistemi di gestione ambientale;
– aumento della presa di coscienza;
– creazione di reti e scambio di buone pratiche.

Il premio attesta che Ferrara è riuscita a far riconoscere il pregio della sostenibilità sia alla comunità locale che ai portatori di interessi, in un gioco di scambio di informazioni e di generale coinvolgimento. Inoltre la città ha dimostrato che per un buon processo di Agenda 21 Locale occorre una integrazione tra tutti i livelli di amministrazione.

Significativo, dal punto di vista sociale, risulta che nel Piano d'Azione dell'Agenda 21 Locale il gruppo di lavoro si orienti verso:
– la gestione delle risorse;
– la pianificazione del territorio;
– la qualità sociale;
– il lavoro e la produttività.

*Il premio per la mobilità*

Il centro padano ha ricevuto, tra l'altro, l'*European Mobility Week Award* con la seguente motivazione: «Ferrara ha realizzato il più completo piano d'azione che comprende eventi tematici, attività individuali e coinvolgimento dei cittadini».

La città estense, e con essa pressoché tutto il territorio provinciale, è pioniera nella problematica, poiché ha partecipato sin dall'inizio alle iniziative dell'*European Mobility Week Award* con la istituzione della giornata «In città senza l'auto».

Il centro emiliano è stato scelto per il più ampio spettro di attività in merito e per la rete di partner che coinvolgono 18 organismi locali per cui gli è stato attribuito il primo premio nella categoria *Most Comprehensive Action Plan*.

Il piano integrato che ha meritato a Ferrara l'assegnazione comprendeva le seguenti azioni, ripartite per giornata e svolte nel corso della settimana verde nel settembre 2002:

1. Trasporto pubblico – uso gratuito in città e per tutta la giornata in tutte le direzioni dei trasporti pubblici e del taxi bus con relativo sistema di comunicazioni;
2. La città e lo *shopping* ecologicamente compatibile – presentazione di veicoli elettrici, bus ibridi, installazione di ottimali sistemi di distribuzione per veicoli a GPL, lancio della campagna «Tu compri e noi te lo portiamo a casa»;
3. Biciclette ed energia solare – presentazione di una bicicletta con satellite a energia solare, noleggio gratuito di biciclette a determinati punti di affitto, distribuzione di una *brochure* sull'uso della bicicletta nelle scuole, conferenza sui sistemi termici solari;
4. Uso responsabile dell'auto – iniziative varie dei partner, simulazione di strade residenziali con attenuatori del traffico;
5. Strade verdi – *tour* cicloturistici guidati alla scoperta del verde di Ferrara, conferenza sulla pianificazione ambientale della città;

6. Mobilità e Salute – conferenza sull'inquinamento ambientale e i rischi per la salute, passeggiata salutare, mercato equo e solidale;
7. In città senza la mia auto – Ferrara chiusa alle auto, aggiunta di percorsi con autobus, gara di biciclette, riparazione gratuita delle biciclette, mercato equo e solidale.

Tra le varie azioni, oltre a misure già note, ne appaiono di innovative, quali la sostituzione degli autobus a *diesel* con mezzi a bassa emissione o mezzi ibridi, ampliamento delle strade ciclabili, allargamento dell'area pedonale e della zona a traffico limitato, accoglimento di iniziative regionali con la chiusura di aree urbane al traffico o con l'alternanza dei numeri delle targhe.

*La gestione regionale dell'ambiente*

Ferrara rientra, in misura collegiale, anche nel *Public Transport Award* che è stato attribuito collettivamente al complesso regionale.

Il progetto «Liberiamo l'aria» deriva dal coinvolgimento di tutte e nove le province e 81 comuni riguardo alle misure di chiusura dei centri cittadini al traffico privato.

L'amministrazione regionale ha svolto un ruolo guida nell'implementare e finanziare il progetto e nel definire i criteri della mobilità.

Il nocciolo dell'idea sta nella chiusura dei centri al traffico privato, oltre a misure generali di:
– traffico sostenibile;
– azioni a favore della mobilità pubblica;
– azioni atte a ridurre le emissioni di gas inquinanti nel medio e lungo termine;
– campagna d'informazione mirata a fornire ai cittadini precise e puntuali informazioni sulle restrizioni adottate.

La gestione urbana è facilitata in Emilia-Romagna da una amministrazione regionale efficiente che viene ritenuta esemplare anche da parte della UE, infatti un altro impianto progettuale è stato premiato: «Vivi Bologna».

L'iniziativa «Vivi Bologna» è stata lanciata nel 2001 ed è terminata a metà 2002 e, sebbene partita dal Comune bolognese e dall'azienda trasporti cittadina, faceva parte d'un programma regionale. Infatti il capoluogo, pur avendo presentato una candidatura individuale, ha ricevuto il primo premio abbinato a quello della regione. Tale progetto era teso a impedire l'accesso al centro del traffico privato durante i fine settimana, favorendo nel contempo opportunità di parcheggio nei punti nodali prossimi alle mura, incrementando ovviamente il numero dei mezzi di trasporto pubblico con piccoli autobus ecologici. Le giornate venivano coronate da programmi culturali e ricreativi, con visite gratuite ai musei, organizzate per addolcire la pillola di iniziative scarsamente popolari e attirare il favore del pubblico, di cui è necessaria la collaborazione, nell'immane sforzo di un miglioramento ecologico.

L'ambiente ne ha tratto tanto beneficio che la decisione è stata rinnovata, anche perché la chiusura al traffico individuale è limitata dalle 9,30 alle 12,30 e dalle 15,30 alle 18,30 e mezzi di servizio ne sono esentati, anche se sono costretti a diminuire la velocità.

In complesso, la giuria del premio ha trovato che queste decisioni vadano alla radice del problema attraverso misure coraggiose e siano in grado di capovolgere i correnti *trends*.

La implementazione ha riscosso un riconoscimento per l'estensione della progettualità a scala regionale in una rete urbana diffusa, tanto che, anche se il capoluogo e la regione nel complesso avevano presentato due candidature, il primo premio è stato offerto congiunto.

In conclusione, oltre alle tecniche adottate, ciò che merita segnalazione, a parere della giuria, è l'influenza positiva che tutto ciò potrà avere sulla coscienza ambientale dei cittadini.

*Conclusioni*

Da Agenda 21 ad Azione 21 si è attuato un passaggio caratterizzato, in particolare, dal progetto di coinvolgimento della popolazione verso una sua maggiore coscienza ambientale, in cui è l'azione dell'individuo che porta al successo i progetti, i quali vengono implementati in un interscambio dall'alto al basso, secondo un cammino di accordo continuo e progressivo che vede incontri organizzati a livello di quartiere per una visione condivisa dei casi e delle soluzioni.

In tal modo Ferrara si ritrova a ricevere riconoscimenti nazionali e internazionali. Molti dei riconoscimenti, dei premi e delle celebrazioni vengono condivisi da amministrazione comunale e provinciale insieme.

# Allegato
## Riconoscimenti alla Città di Ferrara

| | |
|---|---|
| 5 novembre 2004 | ECOMONDO |
| | PREMIO ERA - Emilia-Romagna Ambiente - 2004<br>Menzione speciale ai casi di successo internazionale<br>Comune di Ferrara: PROGETTO CLEAR |
| 10 giugno 2004 | CONFERENZA EUROPEA CITTÀ SOSTENIBILI AALBORG +10 |
| | Attestazione di conformità rilasciata alla città di Ferrara per la dimostrazione di impegno politico, pubblico, amministrativo e tecnico verso lo sviluppo sostenibile tramite la completa e positiva realizzazione di ecoBUDGET.<br>ICLEI quindi certifica che l'Amministrazione della Città di Ferrara ha realizzato e soddisfatto tutti i requisiti di ecoBUDGET.<br>Di conseguenza, Ferrara è quindi accreditata come città ecoBUDGET. |
| 2004 | LEGAMBIENTE PREMIO ECOSISTEMA URBANO 2004 |
| | Città di Ferrara<br>Menzione speciale per la presenza della città di Ferrara ai vertici della classifica di Ecosistema urbano nei 10 anni di svolgimento. |
| 5 giugno 2003 | PREMIO EUROPEO CITTÀ SOSTENIBILE 2003 |
| | Direzione Generale Ambiente a Bruxelles:<br>Le città di Ferrara (Italia), Heidelberg (Germania) e Oslo (Norvegia) sono state premiate col titolo di «Città Europea Sostenibile 2003».<br>Il premio è stato organizzato dalla Campagna Europea Città Sostenibili. Le tre città hanno ricevuto il premio lo scorso 5 giugno 2003 dal Commissario Europeo per l'Ambiente, Margot Wallstrom alla cerimonia dei Premi Europei per l'Ambiente organizzata dalla Commissione Europea al termine della Settimana Ecologica Europea.<br>I 12 candidati finalisti hanno dimostrato un elevato livello del processo mettendo lo sviluppo sostenibile al centro del loro modello di sviluppo locale. I tre vincitori sono stati selezionati sulla base di ciò che si considera un lavoro rimarchevole ed eccellente nei seguenti campi:<br>– Hanno attuato le tre dimensioni chiave dello sviluppo sostenibile: sociale, economica e ambientale;<br>– La sostenibilità si è radicata nella cultura e nelle pratiche istituzionali;<br>– Il loro approccio è stato innovativo, creativo e proattivo, coinvolgendo i loro cittadini e le organizzazioni locali;<br>– Hanno stabilito un dialogo regolare, efficace e significativo con i propri cittadini;<br>– Le tre città rappresentano buone pratiche di sviluppo urbano sostenibile e un modello per le città europee e per la sostenibilità;<br>– Le tre città esibiscono un impegno attivo, progressivo e continuo nel processo verso lo sviluppo sostenibile. |

| | |
|---|---|
| 31 marzo 2003 | HUMANA PEOPLE TO PEOPLE ITALIA ONLUS |

Attestato di Riconoscimento al Comune di Ferrara a nome di tutte le persone che in Africa hanno potuto beneficiare dei suoi progetti. Il Comune di Ferrara ha scelto Humana per la raccolta di indumenti permettendo di recuperare 78.670 kg di vestiti nel solo 2002, quantitativo che ha contribuito alla spedizione in Africa di 1,8 milioni kg di abiti dal 1998 al 2002 utili per vestire 720.000 persone.

| | |
|---|---|
| 30 luglio 2002 | LEGAMBIENTE COMUNI RICICLONI |

Attestato consegnato al Comune di Ferrara per avere superato il 15% di Raccolta differenziata (club 15%).

| | |
|---|---|
| 5 giugno 2002 | COMMISSIONE EUROPEA PER L'AMBIENTE<br>PRIMO PREMIO DELLA SETTIMANA EUROPEA DELLA MOBILITÀ 2002 |

Per l'impegno nell'attuazione della prima settimana della mobilità nel Comune di Ferrara. La giuria degli esperti ha selezionato la città per il Piano d'Azione più completo riguardo a eventi tematici, attività individuali e per il coinvolgimento dei cittadini. Con l'ampia gamma di attività organizzate e 18 partner locali coinvolti, Ferrara è stata selezionata come vincitrice per la categoria Piano d'Azione più completo.
*http://www.mobilityweek.org* Bruxelles

| | |
|---|---|
| 2001 | MINISTERO DELL'AMBIENTE<br>«MIGLIORE PROGETTO PER UNA CITTÀ SOSTENIBILE<br>DELLE BAMBINE E DEI BAMBINI»<br>«PRIMO PREMIO AL COMUNE DI FERRARA» |

L'istituzione fin dal 1993 di un unità operativa denominata «Città Bambina» testimonia la dimensione intersettoriale e l'impegno a creare le condizioni affinché i bambini e i ragazzi siano realmente coinvolti in attività di efficace partecipazione. Sono da segnalare i progetti «Spazi urbani e infanzia» e «Casa LEA» che hanno realizzato moltissime attività con i bambini: interventi che vanno dai parchi urbani, ai cortili scolastici, alle piste ciclabili, ai percorsi casa-scuola fino alle attività di educazione ambientale più in generale. Agenda 21 ha portato all'avvio di un progetto specifico «Scuola 21» che sperimenta e promuove il processo di Agende 21 nelle scuole. Da segnalare in ambito culturale il progetto «La casa delle arti» che ha l'obiettivo di mettere in rete le proposte artistiche.

| | |
|---|---|
| dicembre 2001 | ECOSISTEMA URBANO 2001 - LEGAMBIENTE<br>PRIMO PREMIO |

Nella classifica dell'Ottavo rapporto sulla qualità ambientale dei comuni capoluogo, la città di Ferrara si è classificata al 1° posto. I buoni risultati vengono da un impegno generale, consolidato nel tempo, sulla qualità ambientale.
Ecosistema Urbano 2001 di Legambiente - Roma.

| | |
|---|---|
| 7 giugno 2001 | WWF - 4 RUOTE - ASSTRA «RESPIRIAMO LA CITTÀ» |

Un premio per l'Ambiente 2000, alla città di Ferrara per le sue iniziative a favore della mobilità sostenibile - Roma.

| | |
|---|---|
| 25 maggio 2000 | PRIMO PREMIO PER LE CITTÀ SOSTENIBILI 1999 |
| | Ferrara ha ottenuto il primo premio nella categoria Città grandi (50 - 250.000 abitanti) per l'iniziativa «Ufficio Biciclette».<br>Il Ministro dell'Ambiente<br>Willer Bordon |
| 6 ottobre 1999 | MINISTERO AMBIENTE |
| | *Giornata europea in città senza la mia auto*<br>IMBOTTIGLIATI NEL TRAFFICO<br>LASCIA LA MACCHINA E RIPRENDI LA CITTÀ<br>PRIMO PREMIO al COMUNE di FERRARA<br>Per aver partecipato alla giornata distinguendosi per l'impegno verso il traguardo della «mobilità sostenibile» e per le spiccate qualità organizzative.<br>Il Ministro Edo Ronchi |
| 5 maggio 1999 | PREMIO «QUALITÀ IN COMUNE 99»<br>iniziativa promossa dall'ANCI e dal FORUM P.A. |
| | Il progetto Città Bambina è stato ritenuto il più significativo nel settore «Città dei Bambini» in quanto giudicato «rappresentativo di una decisiva svolta verso la qualità nelle Amministrazioni Locali». |
| 1999 | RICONOSCIMENTO<br>«CITTÀ SOSTENIBILE DELLE BAMBINE E DEI BAMBINI» |
| | istituito dal Ministero dell'Ambiente 1999.<br>Ferrara ha ottenuto la riconferma del Riconoscimento. |
| 1999 | RICONOSCIMENTO UNICEF |
| | a Città Bambina per la diffusione della Convenzione ONU sui Diritti dell'Infanzia. |
| 1998 | RICONOSCIMENTO<br>«CITTÀ SOSTENIBILE DELLE BAMBINE E DEI BAMBINI»<br>istituito dal Ministero dell'Ambiente con Decreto del 3 agosto 1998.<br>Il riconoscimento è stato assegnato a 15 comuni italiani:<br>Ferrara si è classificata al secondo posto. |

# BIBLIOGRAFIA

ALBERTI L.B., *L'Architettura (De re aedificatoria)*, testo latino e traduzione a cura di G. ORLANDI, Introduzione e note di P. PORTOGHESI, Milano, Il Polifilo, 1966.

BASCHERA R. e TAGLIABUE W., *Lo spazio magico. Il linguaggio esoterico del giardino*, Milano, Arcana/Mondadori, 1990.

BASSI C., *Nuova guida di Ferrara*, Ferrara, 1981.

BERDINI P. (a cura di), *Walter Gropius*, Bologna, Zanichelli, 1985.

*Carta d'Atene*, Parigi, 1941.

CELANT A. (a cura di), *Nuova città nuova campagna*, Bologna, Pàtron, 1988.

CESARI C., PASTORE M. e SCANNAVINI R., *Il centro storico di Ferrara*, a cura di P.L. CERVELLATI, Modena, 1976.

CONZEN M.P., *L'evoluzione dei sistemi urbani nel mondo: saggi in onore di Chauncy D. Harris*, Milano, Franco Angeli, 1986.

CORI B. (a cura di), *Traffico urbano e qualità della vita in Italia*, Bologna, Pàtron, 1988.

CORI B. (a cura di), *La città invivibile. Nuove ricerche sul traffico urbano*, Bologna, Pàtron, 1997.

DEMATTEIS G. (a cura di), *Il fenomeno urbano in Italia: interpretazioni, prospettive, politiche*, Milano, Franco Angeli, 1992.

DEMATTEIS G., *Il fenomeno urbano*, in CORI B. e altri (a cura di), *Geografia urbana*, Torino, UTET, 1993.

GROPIUS W., *International Architecture*, München, 1925.

LANZONI E., *Ferrara, una città nella storia*, Ferrara, vol. I, 1984; vol. II, 1990.

MUNARIN S. e TOSI M.C. (a cura di), *Il progetto ambientale della città: studi e ricerche per il PSC di Ferrara*, in «Atti del seminario, Ferrara, 20 settembre 2003», Padova, Il Poligrafo, 2003.

ORLANDI G.C., *Ferrara: città patrimonio dell'umanità*, Bologna, OGB, 1999.

PIGRAM J.J.,*Tourism, Development and Growth: The Challenge of Sustainability*, Londra-New York, Routledge, 1997.

PORQUEDDU M., *Biciclette, il sogno è una città a trenta all'ora*, in «Corriere della Sera», 17/9/04, pp. 18.

SCARDINO L., *Guida turistica di Ferrara. 8 itinerari per scoprire la città*, Ferrara, 1985.

SEGRE A. e DANSERO E., *Politiche per l'ambiente*, Torino, UTET, 1996.

Mariateresa Gattullo *

## IDENTITÀ, TERRITORIALITÀ E REGIONALIZZAZIONE: IL CASO DELLA SESTA PROVINCIA PUGLIESE

Nell'ultimo cinquantennio il passaggio dallo sviluppo *tout court* allo sviluppo locale e sostenibile si è tradotto in una serie di percorsi di regionalizzazione fondati su «risorse di identità, (auto)organizzazione e autonomia proprie di certe entità territoriali» (DEMATTEIS, 2003, p. 13) che hanno dato vita a sistemi locali territoriali (SLoT) non istituzionali sui quali si è concentrata l'attenzione dei geografi.

Nel 1990, accanto a tali forme di territorializzazione, prende avvio una revisione del mosaico territoriale istituzionale, ispirata al nuovo ordinamento delle autonomie locali contenuto nella legge 142 del 12 giugno (Ordinamento delle autonomie locali). Quest'ultima introduce fondamentali cambiamenti: 1) riconosce maggiore autonomia agli enti locali e trasferisce loro poteri e funzioni; 2) istituisce le aree metropolitane, nuovi enti locali a cui affida il compito di migliorare la dotazione infrastrutturale e razionalizzare i servizi di area vasta; 3) stabilisce che i comuni esclusi dai nuovi organismi territoriali ricadano in circoscrizioni provinciali già esistenti o in nuove province. L'azione sinergica di questi elementi innovativi legittima la spinta autonomistica di molti comuni che si traduce in quaranta progetti di legge per istituire altrettante province. I comuni considerano, infatti, la «formula» provinciale come uno strumento che, in certi casi, evita la dipendenza dalle città metropolitane e quindi l'obbligo di accogliere sul proprio territorio funzioni da queste indesiderate e, pertanto, decentrate. Per altri comuni, l'istituzione dell'ente provinciale è il modo di dare concretezza territoriale e forma giuridica a processi socio-economici e culturali di lungo periodo.

Durante gli anni Novanta, concludono il percorso istituzionale otto province: Biella e Verbania-Cusio-Ossola in Piemonte; Lecco e Lodi in Lombardia; Ri-

---

* Dipartimento di Scienze Geografiche e Merceologiche, Università di Bari.

mini in Emilia-Romagna; Prato in Toscana; Vibo Valentia e Crotone in Calabria. Si tratta di associazioni comunali già cementate da fitte relazioni tra attori e *milieu* che, attraverso l'elezione a provincia, dovrebbero acquisire una fondamentale azione di coordinamento sovralocale.

All'inizio del XXI secolo, il «Testo Unico delle Leggi sull'Ordinamento degli Enti Locali» riprende con forza l'idea di area metropolitana, rimasta sopita per dieci anni, e impone la loro delimitazione ai governi locali che ne hanno fatto richiesta. Il timore dei comuni dichiarati non metropolitani di ricadere definitivamente in province residuali, porta a un'ulteriore corsa verso l'autonomia provinciale e alla presentazione di nuovi progetti di legge. Tra questi solo tre completano l'*iter* e danno vita alle province di Monza e Brianza, Fermo e Barletta-Andria-Trani (BAT).

Quest'ultima, che in mancanza di precisi riferimenti geografici viene indicata come «sesta provincia», si presenta come il risultato di un processo di «regionalizzazione politico amministrativa» che: 1) si è mosso parallelamente a quelli di «regionalizzazione come processo di intervento sul territorio» e come «processo spaziale»; 2) ha risposto a esigenze che gli attori locali istituzionali hanno palesato nell'ultimo ventennio con i propri comportamenti; 3) ha istituzionalizzato aggregazioni territoriali create da forme integrate di pianificazione (cfr. VALLEGA, 1995). Con la sua costituzione si avvia una profonda riorganizzazione territoriale della Puglia, che parte dalla «riterritorializzazione» degli spazi regionali e ridisegna nodi, maglie e reti locali.

Il presente lavoro si propone di comprendere il ruolo della nuova provincia nel contesto locale e la risonanza che i *media* hanno dato a questo radicale cambiamento. L'obiettivo è quello di riflettere sull'attuale disarticolazione territoriale della regione e sul valore che tale disarticolazione avrà nelle relazioni con gli altri sistemi regionali.

*La provincia di Barletta-Andria-Trani: il sogno realizzato dell'autonomia del Nord Barese*

Benché l'*iter* legislativo per la creazione della «BATprovincia» cominci solo nel 2001, i comuni dell'area Nord Barese tra Cimosa Litoranea, Premurgia e Murgia Alta, e quelli foggiani del Basso Tavoliere, hanno storicamente rappresentato un'unità territoriale alla ricerca di autonomia.

Tale processo inizia nel 1854, anno in cui si chiede ai Borboni di elevare a provincia il circondario di Barletta, e passa attraverso varie tappe (1910, 1944, 1947, 1957, cfr. «La Gazzetta del Mezzogiorno», 31/10/2003; 20/10/2004) fino al 1990, quando il dibattito acceso dalla legge 142 porta a evidenziare come il sistema urbano della Puglia centrale sembri articolarsi su due insiemi metropolitani: quello di Bari e quello dei comuni forti del Nord Barese. Anche in questa circostanza Barletta, con Canosa, Minervino, Spinazzola, Margherita di Savoia, San Ferdinando di Puglia e Trinitapoli rivendicano a livello regionale l'istituzione della provincia dell'Ofanto (D.R. n. 13 del 12/12/1990) riproponendo la procedura al governo, ma ancora una volta questo non si completa.

Dopo dieci anni il percorso sembra terminato, anche se arrivare alla meta non è stato facile: emendamenti, rinvii, assenza di copertura finanziaria e decisioni altalenanti hanno cercato di ritardare, ancora una volta, la conclusione dell'*iter* legislativo (cfr. «La Gazzetta del Mezzogiorno» da febbraio a maggio 2004). Il 6 giugno 2001 i parlamentari pugliesi Sinisi e Rossi presentano alla Camera dei Deputati il Disegno di Legge 518 per l'istituzione della provincia di Barletta-Andria-Trani (BAT) costituita dai comuni baresi di Andria, Barletta, Bisceglie, Canosa di Puglia, Corato, Minervino Murge, Ruvo di Puglia, Spinazzola, Trani e da quelli foggiani di Margherita di Savoia, San Ferdinando di Puglia e Trinitapoli. Il 29 ottobre 2003 il Parlamento accoglie l'emendamento che esclude dal nuovo ente Corato e Ruvo di Puglia[1] e approva il testo definitivo della PDL 518/2001.

Il 19 maggio 2004, con il consenso del Senato, prende vita la sesta provincia pugliese. Per il nuovo ente si stanziano 250.000 euro per il periodo transitorio, 567.300 euro per le elezioni provinciali e 16 milioni 456 mila euro per il funzionamento delle strutture. Nel 2009 BAT opererà in maniera autonoma, con proprio Consiglio e Giunta. Per Sinisi «la sesta provincia pugliese non nasce per l'esigenza di rivitalizzare un'economia stagnante o in difficoltà, bensì per affermare il diritto sacrosanto di questo territorio a gestire in completa autonomia le proprie risorse e per innescare il processo virtuoso di autodeterminazione in materia di scelte strategiche per la crescita delle potenzialità ancora inespresse» (presentazione PDL alla Camera in *www.traniweb.it*, 2004). Visto dal basso, dunque, il traguardo raggiunto è importante perché, senza dubbio, attribuisce indipendenza di gestione a un'area della Puglia che da tempo ha puntato su programmi di sviluppo tesi a cementare i legami spaziali e funzionali tra le comunità che la costituiscono.

*Le radici economico funzionali*

La sesta provincia «non rappresenta solo un'operazione istituzionale, ma una tappa importante di quel processo di integrazione, di concertazione che in maniera assidua» i comuni stanno perseguendo da tempo (sindaco di San Ferdinando di Puglia in «La Gazzetta del Mezzogiorno», 13/05/2004). «È il naturale

---

[1] I comuni di Corato e Ruvo di Puglia hanno chiesto espressamente di non far parte della sesta provincia e di aderire all'Area Metropolitana di Bari (le delibere consiliari risalgono all'inizio degli anni Novanta). La posizione di Corato è stata molto radicale a tale proposito: oltre al diniego del sindaco e della Giunta, nella città è stato istituito un comitato contro il nuovo ente considerato inutile e costoso.

sbocco di realtà che da sempre hanno avuto in comune storia, tradizioni, scambi culturali e commerciali» (sindaco di Trinitapoli in «La Gazzetta del Mezzogiorno», 13/05/2004).

Tali affermazioni affondano le loro radici nei primi anni Settanta, quando gli amministratori locali dei nove comuni della parte settentrionale della provincia di Bari (Andria, Barletta, Bisceglie, Canosa di Puglia, Corato, Minervino Murge, Ruvo di Puglia, Spinazzola e Trani) individuano il Comprensorio del Nord Barese «con lo scopo di concordare lo sviluppo industriale e turistico del territorio, come premessa per la piena occupazione, per il trasferimento della forza lavoro esuberante dall'agricoltura all'industria e per il riassorbimento della forza lavoro emigrata, come impulso alle attività terziarie [...] e come strumento per elevare il tenore di vita della popolazione» (VLORA, 1972, p. 5).

Nel 1990 uno studio sui cambiamenti avvenuti tra il 1980 e il 1987 nella gerarchia urbana della regione funzionale pugliese evidenzia come l'area a nord-ovest di Bari, fuori dal cono d'ombra del capoluogo, abbia registrato un'importante crescita gerarchica. Secondo l'autrice, «qui l'istituzione della sesta provincia [...] aggiungerebbe alle forze endogene di crescita i vantaggi derivanti dall'attribuzione di funzioni di comando di tipo amministrativo e politico, e porrebbe forse le premesse per un'integrazione finalizzata di tutta l'area amministrata» riducendo la marginalizzazione dei comuni più deboli (FIORI, 1990, p. 35).

Nell'ultimo decennio del XX secolo, una serie di iniziative, fondate sul parternariato e sull'approccio *bottom-up*, che hanno coinvolto in tutto o in parte i comuni della sesta provincia e quelli contermini, hanno intensificato l'attaccamento degli attori alle specificità dei luoghi, spingendoli verso l'attuazione di interventi negoziali finalizzati al rafforzamento di relazioni orizzontali e verticali del *milieu*.

I documenti programmatici nazionali e comunitari hanno dedicato particolare attenzione alla valorizzazione delle risorse agricole e dei beni ambientali e culturali. Con il Programma Operativo Plurifondo (POP) 1994-1999 della Regione Puglia, cofinanziato con fondi comunitari FEOGA (Misura 4.3.2), si promuove l'istituzione di nove «Strade del Vino e dell'Olio». All'interno della provincia di BAT si snodano la Strada degli Antichi Vini Rossi (che unisce le aree dei DOC Moscato di Trani, Rosso Barletta, Rosso Canosa, Rosso Cerignola, Rosso Ortanova), la Strada del Vino DOC Castel del Monte e la Strada dell'Olio Terra di Bari-Castel del Monte.

Nel 1997 Andria, Barletta, Canosa di Puglia, Corato, Minervino Murge, Spinazzola e Trani insieme a Margherita di Savoia e Trinitapoli sottoscrivono il Patto Territoriale per l'Occupazione (PTO). «L'idea forza del Patto è quella di reagire alla crisi produttiva ed occupazionale degli ultimi anni, attraverso la ricerca di un'identità territoriale, in grado di riposizionare il territorio Nord Barese-Ofantino sui mercati internazionali e affrontare le future sfide della globalizzazione» (POM sviluppo locale, sottoprogramma 7). I 286 progetti approvati sino al 1999, la cui ricaduta occupazionale è valutata in 1.300 nuovi posti di lavoro, hanno privilegiato le azioni volte a eliminare punti di debolezza dell'area come il rafforzamento del comparto agroalimentare (50 iniziative Misura 2 - Valorizzazione delle risorse agricole) e la valorizzazione dei beni culturali (Misura 5 - Turismo e Ambiente) (cfr. GIORGIO, 2000; RINELLA, 2001).

Il PTO riconosce, inoltre, una funzione strategica alla suddetta sub-regione, «area cerniera nelle relazioni Nord-sud (Corridoio Adriatico) ed Est-ovest (Direttrice Ofantina)», candidata «a svolgere un ruolo di primaria importanza nello sviluppo dei traffici nel Mediterraneo e dei nuovi rapporti commerciali fra l'Europa e i Paesi del Nord Africa» (*www.pattonordbareseofantino.it*, 2004). Pertanto, realizza un'azione pilota (Misura 4 - Infrastrutture per lo sviluppo locale) per il potenziamento del porto di Barletta, snodo cruciale tra Corridoio Adriatico e Direttrice Ofantina.

L'ampliamento e la riqualificazione delle aree portuali e delle infrastrutture sono, inoltre, tra le linee di intervento più significative del PRUSST «Direttrice Ofantina», promosso ed elaborato dai comuni del Patto, finanziato dal Ministero dei Lavori Pubblici per un importo di 2.886.811.000 di lire, attualmente in fase di realizzazione (*www.pattonordbareseofantino.it*, 2004).

Un'ulteriore spinta verso l'integrazione sociale, economica e funzionale dell'area in questione arriva con l'approvazione del Programma Operativo Regionale (POR) 2000-2006 attraverso il quale la Regione Puglia intende istituire Progetti Integrati Territoriali (PIT) e Settoriali (PIS) «tesi al potenziamento delle sinergie tra settori produttivi e risorse immateriali (ambiente, cultura, risorse umane)» (RINELLA, 2001, p. 40).

In questo scenario, un PIT elaborato in modo specifico per il Nord Barese, a cui partecipino Andria, Barletta, Bisceglie, Bitonto, Canosa, Corato, Giovinazzo, Molfetta, Ruvo, Terlizzi e Trani (prov. Bari), San Ferdinando e Margherita di Savoia (prov. Foggia), appare «un utile strumento per legare più strettamente i processi di sviluppo in atto su un territorio [...] che si distingue, all'interno del contesto pugliese per la vivacità imprenditoriale e per il buon tenore di vita della sua popolazione». Tale PIT non è considerato un mezzo per risolvere tutti i problemi dell'area, ma «l'occasione per valorizzare i successi della precedente programmazione integrata, raccordandola meglio con alcuni indirizzi regionali» (Proposta di PIT Nord Barese, 2004, p. 4).

Nel contempo il PTO ha elaborato la proposta di PIS Normanno-Svevo-Angioino «Re Santi Crociati - nel cuore della Puglia Imperiale», che interessa la direttrice Trani-Barletta-Andria-Altamura-Gravina in Puglia. L'intento è costituire un Sistema Turistico Locale (cfr. legge quadro 135 del 2001), identificato con il marchio «Puglia Imperiale», che ricada all'interno dei 14 comuni oggi aderenti al Patto (*www.pugliaimperiale.it*, 2004). Gli investimenti proposti dal Programma per il settore turistico ammontano a 1.200 miliardi di lire (400 stanziabili da parte delle amministrazioni comunali e 800 da privati) (*www.pattonordbareseofantino.it*, 2004).

*Barletta-Andria-Trani: una provincia già squilibrata?*

La sesta provincia si estende per 1.530 km$^2$ e conta 381.117 residenti al 2001 (21,7% dei residenti della provincia di Bari più 6% di quelli della provincia di Foggia, 9,7% della popolazione regionale) (tab. 1). La densità è massima nei comuni costieri di Bisceglie (755 ab/km$^2$), Barletta (626) e Trani (520) e minima in quelli della Murgia Alta (Minervino Murge e Spinazzola: 40), mentre il valore medio provinciale è di 249 ab/km$^2$.

Nell'ultimo cinquantennio la popolazione dei dieci comuni di BAT è cresciuta costantemente, anche se tale andamento generale cela la presenza di tre tendenze consolidate, distinte e opposte (per la metodologia cfr. CENCINI, DEMATTEIS, MENEGATTI, 1983). Infatti, confrontando le variazioni percentuali dei periodi 1951-1971, 1971-1991 e 1991-2001 (ISTAT, 1951-2001) emerge con chiarezza come, fino al 1991 il processo evolutivo della popolazione si sia sostanziato nella «crescita accelerata» di Trani, Barletta e Andria e in quella «attenuata» di Bisceglie, nel passaggio dal «decremento» all'«incremento» di Canosa, Margherita, San Ferdinando, Trinitapoli e nello «spopolamento attenuato» di Minervino e Spinazzola (cfr. RINELLA, 2001, p. 22); nell'ultimo scorcio di secolo tale situazione si consolida inesorabilmente.

TABELLA 1
*Provincia di BAT: popolazione residente, superficie e densità per comune*
(Fonte: ISTAT, 2001)

| Comuni | Popolazione residente (2001) | Superficie (km$^2$) | Quota min-max (m s.l.m.) | Densità (ab./km$^2$) |
|---|---|---|---|---|
| Andria | 95.653 | 399,8 | 59-679 | 239 |
| Barletta | 92.094 | 147,2 | 0-158 | 626 |
| Bisceglie | 51.718 | 68,5 | 0-189 | 755 |
| Canosa di Puglia | 31.445 | 149,5 | 31-249 | 210 |
| Minervino Murge | 10.213 | 255,4 | 101-668 | 40 |
| Spinazzola | 7.362 | 182,6 | 224-679 | 40 |
| Trani | 53.139 | 102,1 | 0-226 | 520 |
| Margherita di Savoia | 12.585 | 36,4 | 0-10 | 346 |
| San Ferdinando di Puglia | 14.461 | 41,8 | 30-115 | 346 |
| Trinitapoli | 14.448 | 147,6 | 1-83 | 98 |
| *Provincia di BAT* | *381.117* | *1.530,9* | *0-679* | *249* |

Attualmente BAT presenta una distribuzione demografica legata a un'armatura urbana che ruota su due poli provinciali costituiti da Andria e Barletta, città con una crescita stabile e una soglia demografica vicina ai 100.000 residenti, che offrono a famiglie e imprese i servizi di rango più elevato (SOMEA, 1987; FIORI,

1990; RINELLA, 2001). Lungo la Cimosa Litoranea, Trani e Bisceglie, che accolgono più di 50.000 abitanti e presentano una consistente dotazione commerciale (servizi alle famiglie di III livello, SOMEA, 1987), completano il quadro dell'area forte. Il centro pedemurgiano di Canosa, insieme alle tre città della piana dell'Ofanto, formano l'area di ripopolamento anche se, queste ultime, sono centri di piccole dimensioni la cui dotazione funzionale è assai modesta (cfr. FIORI, 1990; 2000). Punto di debolezza restano Minervino Murge e Spinazzola, «sacche di marginalità» ancora contrassegnate da un processo di spopolamento che si contrappone a quello del resto della provincia (cfr. RINELLA, 2001).

La dinamica demografica dei comuni della sesta provincia ha, senza dubbio, condizionato notevolmente l'organizzazione economica di questo territorio. Nel 1991 BAT giunge allo stadio post-industriale: infatti il 47,8% della popolazione residente in condizione professionale è attiva nel terziario, il 36,7% nell'industria e il 15,5% nell'agricoltura. Tale andamento è comune a tutte le città dell'area, ad eccezione di Barletta, dove il 46,9% degli attivi è impegnato nell'industria, e San Ferdinando che vede l'agricoltura occuparne il 47,5% (ISTAT, 1991).

Soffermando l'attenzione sui singoli settori produttivi, secondo il V Censimento Generale dell'Agricoltura (2000), sono 34.162 le aziende agricole presenti con una dimensione media di 2,9 ha. Le colture permanenti (34% della superficie totale aziendale), in particolare la vite e l'ulivo, sono le più diffuse sul territorio provinciale e costituiscono un tratto saliente del paesaggio agrario dei tre comuni litoranei del Nord Barese e di quelli premurgiani (Andria, Canosa, San Ferdinando, Trinitapoli). Più adatti al seminativo asciutto sono, invece, i suoli di Minervino Murge (59,6% superficie totale aziendale) e Spinazzola (80,8%), mentre Margherita di Savoia si specializza nelle colture irrigue (71,8%). La struttura agricola provinciale si caratterizza per la polverizzazione della proprietà e la conduzione familiare senza salariati: il 76,2% delle aziende ha una superficie totale minore di 2 ha, con punte massime nei comuni costieri dove il 93% delle imprese è anche a conduzione diretta. Ciò significa che dal 1970 a oggi l'organizzazione fondiaria dei dieci comuni è rimasta sostanzialmente immutata, ancorata a un modello di gestione che la rende inadeguata alle esigenze dei mercati di sbocco e incapace di creare sentieri di sviluppo locale autocentranti.

Passando all'industria e ai servizi, i dati degli ultimi tre Censimenti Generali (1981, 1991, 2001) indicano importanti variazioni nella dinamica occupazionale di BAT. In particolare, nel decennio '81-'91 si riduce la capacità del sistema del lavoro: si registra un notevole incremento delle imprese (+13%) a cui corrisponde una riduzione considerevole del numero degli addetti (–18,1%). Tra il 1991 e il 2001 la situazione subisce un'inversione di tendenza: le imprese continuano a moltiplicarsi in maniera significativa su tutto il territorio provinciale (+31,6%) e, con loro, cresce il numero di addetti (+8,1%) (tab. 2). Da questo *trend* positivo restano esclusi San Ferdinando (–28,3% imprese e –44,3% addetti), Spinazzola (–10,8% imprese e –18,6% addetti) seguiti da Minervino (–6,4% imprese) e Trinitapoli (–16,8% addetti).

TABELLA 2
*Sesta provincia: imprese e addetti per comune ai Censimenti economici del 1981, 1991 e 2001*
(Fonte: ISTAT)

| Comuni | Imprese | | | Addetti | | |
|---|---|---|---|---|---|---|
| | 1981 | 1991 | 2001 | 1981 | 1991 | 2001 |
| Andria | 4.885 | 4.399 | 6.649 | 16.572 | 12.653 | 16.313 |
| Barletta | 3.104 | 4.517 | 6.054 | 19.932 | 18.897 | 18.531 |
| Bisceglie | 1.965 | 2.135 | 3.182 | 10.574 | 7.269 | 8.592 |
| Canosa di P. | 1.147 | 1.529 | 1.657 | 4.099 | 3.653 | 3.843 |
| Minervino M. | 513 | 486 | 455 | 2.003 | 1.112 | 1.116 |
| Spinazzola | 384 | 472 | 421 | 1.766 | 1.315 | 1.070 |
| Trani | 2.264 | 2.557 | 3.488 | 11.948 | 9.763 | 11.121 |
| Margherita di S. | 438 | 553 | 616 | 2.595 | 1.625 | 1.653 |
| S. Ferdinando di P. | 654 | 890 | 638 | 1.864 | 1.857 | 1.034 |
| Trinitapoli | 562 | 580 | 680 | 1.754 | 1.731 | 1.440 |
| TOTALE | 15.916 | 18.118 | 23.840 | 73.107 | 59.875 | 64.713 |

Osservando la distribuzione spaziale delle imprese si rileva che nel 2001 i comuni a più alto insediamento produttivo restano quelli costieri di Bisceglie (46 imprese/km$^2$), Barletta (41) e Trani (34), a cui si contrappongono Minervino Murge (2) e Spinazzola (2) che confermano la propria posizione di ritardo economico.

Le 23.840 imprese provinciali, si concentrano per il 64,5% (9.260) nel ramo G (commercio), seguito dalle attività manifatturiere (4.509, 19,7%). I dati censuari del 2001 mostrano come la distribuzione della dotazione commerciale e terziaria sia strettamente correlata alla taglia demografica e al ruolo funzionale dei comuni della provincia: Andria, Barletta, Bisceglie e Trani accolgono l'81% delle strutture commerciali (ramo G), oltre al 72,4% delle attività del ramo K (immobiliari, noleggio, R&S, consulenza, ecc.), a più dei due terzi delle imprese di intermediazione monetaria e finanziaria (ramo J) e al 78,7% degli alberghi e ristoranti (ramo H).

Una particolare attenzione va dedicata alle industrie manifatturiere: tra le imprese appartenenti a tale ramo (4.509 nel 2001), il 38,3% (1.726) opera nel settore tessile (industrie tessili e confezioni di articoli di vestiario), attualmente accentrato soprattutto nei comuni di Andria (555 aziende, 32,1% del totale provinciale), Barletta (677, 39,2%) e Bisceglie (278, 16,1%). Importante è anche la presenza di industrie della lavorazione del cuoio (12,2% delle aziende manifatturiere), distribuite per la maggior parte a Barletta (314) e Trani (176) (88,6% del totale provinciale), impegnate prevalentemente nella produzione di calzature. Secondo Viesti (2000a, p. 97; 2000b) questi due settori produttivi hanno dato vita, nel corso degli anni, a tre distretti industriali: Abbigliamento del Nord Barese, specializzato nella produzione di intimo e tute, tra i più grandi del Mezzogiorno;

Maglierie di Barletta (maglieria esterna); Calzature di Barletta (calzature con suola iniettata e tecniche). Si tratta di sistemi locali di piccole imprese, nati dall'opera di artigiani, che coinvolgono tutti i comuni della sesta provincia.

Tra le attività manifatturiere un peso importante va attribuito anche alle imprese alimentari (468 pari al 10,4% del totale) raggruppate pure in questo caso a Barletta (99 az.) e Andria (149 az.). Il *milieu* del settore agricolo ha limitato notevolmente l'evoluzione e l'espansione di tale settore produttivo che avrebbe potuto rappresentare un punto di forza all'interno di un'economia basata prevalentemente sull'agricoltura. Le industrie alimentari sono specializzate soprattutto nella produzione di vino e olio, solo di recente valorizzata attraverso marchi DOC e DOP; esse sono per lo più di dimensione medio-piccola, raramente commercializzano con marchio proprio e, nella maggior parte dei casi, sono impegnate in fasi di lavorazione a basso valore aggiunto (cfr. GATTULLO, 1998; GATTULLO e RINELLA, 2003).

*Alcune riflessioni conclusive*

Molte sono le considerazioni che possono farsi intorno alla nascita della nuova provincia di BAT, ma queste mutano direzione in funzione della scala di osservazione e, non di rado, ci lasciano di fronte a una serie di dubbi e perplessità.

Gli studi geografici legati alle città dell'area (VLORA, 1972; FIORI, 1990, 2000; RINELLA, 2001) evidenziano come nel sistema provinciale coesistano «caratteri tradizionali e innovativi, segnali preoccupanti e promettenti» (RINELLA, 2001, p. 36) che indurranno il nuovo ente a gestire problemi di squilibri nati da processi cumulativi di lungo periodo.

In particolare, dal 1951 a oggi il consolidamento della fascia costiera è stato continuo e inevitabile: infatti, già negli anni Settanta, le buone «capacità di attrazione portuale» di Trani, porto sub-regionale, e Barletta, vero e proprio porto regionale, si traducevano in un ruolo importante delle due città nell'organizzazione degli spazi interni (LANDINI, 1975). A metà degli anni Ottanta tali nodi si presentano come porti di integrazione urbano-commerciale (LANDINI e AMORUSO, 1985), capaci di potenziare le relazioni «longitudinali» e «trasversali» (ZUNICA, 1987) se sostenuti da un'opportuna azione di coordinamento intercomunale. Nell'ultimo ventennio i due poli hanno puntato sulla specializzazione: Trani ha rafforzato la sua funzione di porto turistico, legando a questa il potenziamento della dotazione ricettiva e ricreativa della zona Porto; Barletta, invece, «ha sviluppato a pieno la sua vocazione industriale e più in generale la *leadership* sugli altri comuni» del Nord Barese-Ofantino (RINELLA, 2001, p. 36). In tempi recenti, anche Bisceglie ha investito sulla riorganizzazione costiera: dal 1982 a oggi i lavori di risanamento e sistemazione della costa, la costruzione di un anfiteatro sul mare per accogliere eventi e spettacoli, l'inaugurazione del porto turistico molo di ponente (aprile

2004), la miriade di bar, *pubs*, ristoranti e seconde case hanno reso la sua riviera un punto di convergenza dei flussi ricreativi e turistici locali. Nel contempo, Andria ha cambiato sostanzialmente il tradizionale volto agricolo, indirizzandosi verso una significativa crescita delle attività agroalimentari; su questa scia si colloca anche Canosa, dove però tali trasformazioni si compiono molto più lentamente. Nelle aree interne della Murgia l'economia resta, invece, legata a un'agricoltura ancora condizionata da un'organizzazione debole e poco competitiva, mentre nei comuni ofantini si è affermata un'agricoltura irrigua d'alto reddito. Inoltre, Margherita di Savoia, caratterizzata anche dalla presenza delle saline, rappresenta un importante centro termale regionale.

Attualmente una grave minaccia incombe sull'economia della neo provincia: le città *trainer* sono alle prese con la crisi del settore calzaturiero che ha visto la chiusura di molte aziende e il ricorso massiccio alla cassa integrazione (Associazione Nazionale Calzaturifici Italiani, *www.anci.it*). Non meno preoccupante è la condizione del ramo tessile-abbigliamento schiacciato dalla concorrenza asiatica. Questa allarmante situazione mina alla base uno dei punti di forza di BAT più volte indicato come componente fondamentale dell'economia provinciale e come elemento identitario del territorio Nord Barese.

Tuttavia, seguendo l'immagine proposta dai media e quotidiani, e prendendo in esame le affermazione qui riportate degli attori locali «iniziatori» (deputati Sinisi e Rossi), «promotori» (sindaci dei 10 comuni aderenti) e «pivot» possiamo ritenere che, vista dal basso, la sesta provincia rappresenti un successo (cfr. § 1).

L'organismo territoriale, infatti, è presentato come il risultato di un processo di regionalizzazione che nasce dal bisogno di una periferia di contare sulle proprie forze, dalla volontà di dare voce a un territorio e al suo tessuto produttivo, dalla necessità di affermare un'identità negata per lungo tempo.

Sulla base delle esperienze più recenti di pianificazione per lo sviluppo, che hanno fatto da preludio all'istituzione del nuovo ente (cfr. § 2), BAT appare come un «sistema locale» che «vuole produrre valore aggiunto territoriale», partendo dalla consapevolezza dei suoi punti di forza e di debolezza. Dopo un ampio dibattito, e non poche polemiche sulla città capoluogo, la formula policentrica è sembrata quella più adatta ad assicurare la stabilità provinciale. Gli attori coinvolti riconoscono la presenza di un triangolo forte (Barletta, Andria, Trani), che concentra popolazione, attività e funzioni, e a questo attribuiscono il compito di creare «effetti di diffusione» dello sviluppo sull'intero territorio. Nel contempo, sottolineano la capacità di ciascuna città di contribuire alla «patrimonializzazione» della provincia con le proprie peculiarità e specificità che possono essere messe in valore solo rafforzando le relazioni «verticali» e «orizzontali» tra attori e *milieu*. È un sistema locale, dunque, che grazie alla nuova combinazione delle risorse, generata dagli attori iniziatori e sostenuta da quelli pivot, punta verso la massimizzazione dell'organizzazione per raggiungere la «patrimonializzazione contestualizzata» e la capacità di autovalorizzazione.

Cambiando scala, passando dalla lente d'ingrandimento al grandangolo, ci troviamo di fronte alla profonda riorganizzazione territoriale della Puglia.

Il nuovo organismo territoriale, infatti, sembra avviare una serie di reazioni a catena che modificano e indeboliscono il capoluogo regionale e la provincia di Bari a tutti i livelli della scala spaziale. Nel 2009, oltre alla sesta provincia, diventerà operativa anche l'area metropolitana che decreterà la fine della provincia di Bari. L'ente metroplitano, però, potrebbe non coincidere con ciò che rimane della provincia, ma solo con i comuni della prima corona del capoluogo, che oggi sono inclusi nel PIT 3 Area metropolitana (Adelfia, Bitritto, Bitetto, Capurso, Casamassima, Cellamare, Modugno, Mola, Noicattaro, Palo del Colle, Rutigliano, Sannicandro, Triggiano e Valenzano) più Giovinazzo e Bitonto che con i primi, formano il Bacino Bari 2 per la gestione dei rifiuti. Questo perché i comuni del Sud Est barese e dell'area murgiana non sembrano intenzionati ad aderire all'area metropolitana, ma appaiono propensi a formare una nuova provincia (cfr. «La Repubblica», 20/05/2003). Le conseguenze sarebbero la «deterritorializzazione» di uno spazio e l'alterazione di un equilibrio che, seppure non perfetto, aveva consentito a ciascuna provincia pugliese di potenziare particolari elementi della dotazione e di acquisire qualità specifiche che le attribuivano una precisa funzione socio-economica.

Pertanto, nonostante non sia facile stimare la portata e gli effetti di tale riorganizzazione degli spazi regionali, si può concordare con Ria, presidente dell'Unione delle province italiane, sul fatto che il fenomeno della mini provincia va frenato perché non giova al territorio, lo polverizza e lo svuota di significato. La grande perplessità nasce dal fatto che il più delle volte, e a ben guardare anche in questo caso, non è la logica dell'efficienza e dello sviluppo a guidare la richiesta di autonomia dei nuovi enti, ma una forma di campanilismo politico che non aiuta lo sviluppo regionale e fa perdere di vista quella visione sistemica più volte invocata.

# BIBLIOGRAFIA

CENCINI C., DEMATTEIS G. e MENEGATTI B. (a cura di), *L'Italia emergente. Indagine geo-demografica sullo sviluppo periferico*, Milano, Franco Angeli, 1983.

DEMATTEIS G., *Il modello SLoT come strumento di analisi dello sviluppo locale*, in C. ROSSIGNOLO e C. SIMONETTA IMARISIO (a cura di), *SLoT quaderno 3*, Bologna, Baskerville, 2003, pp. 13-27.

FIORI M., *Gerarchizzazione urbana nella regione funzionale pugliese: cambiamenti dal 1980 al 1987*, Bari, Adriatica Editrice, 1990.

FIORI M., *Gerarchia Urbana*, in M. FIORI e I. VARRASO (a cura di), *Centri e flussi nella Daunia. Una trama che avvolge ma non organizza il territorio*, Bari, Wip Edizioni Scientifiche, 2000, pp. 107-144.

GATTULLO M., *Le filiere agro-alimentari tra mercato globale e sviluppo locale*, in R. CAPELLO e A. HOFMANN (a cura di), *Sviluppo urbano e sviluppo rurale tra globalizzazione e sostenibilità*, Milano, Franco Angeli, 1998, pp. 267-288.

GATTULLO M. e RINELLA F., *Tante tessere per un solo puzzle: i marchi d'origine dell'olio e del vino nel contesto produttivo del Salento*, in A. RINELLA e F. RINELLA (a cura di), *Serre, cantine, frantoi. Viaggio nell'economia locale del Salento*, Bari, Progedit, 2003, pp. 169-192.

GIORGIO R., *Parternariato bottom up: garanzia di sviluppo locale? Una prima verifica sul Patto Territoriale per l'Occupazione Nord Barese-Ofantino*, in «Atti della XXI conferenza Italiana di Scienze Regionali» (Palermo, 2000), CD Rom prodotto da I.Pi.G.E.T. CNR, Napoli, p. 26.

ISTAT, *IV e V Censimento Generale dell'Agricoltura*.

ISTAT, *Censimento Generale della Popolazione e delle Abitazioni 1951-2001*.

ISTAT, *VI, VII e VIII Censimento Generale dell'Industria e dei Servizi*.

«LA GAZZETTA DEL MEZZOGIORNO», dal 31/10/2003 al 21/05/2004.

LANDINI P., *Il problema dei retroterra portuali nel Mezzogiorno*, in «Notiziario di Geografia economica», anno IV, 3-4, Roma, 1975, pp. 1-24.

LANDINI P. e AMORUSO O., *La portualità: fatto centrale o marginale nella geografia pugliese?*, in M. SORICILLO (a cura di), *Trasporti marittimi e portualità in Italia*, Napoli, Istituto navale, 1985, pp. 443-472.

RINELLA A., *Il Comprensorio del Nord-Barese: una visione d'assieme*, in A. RINELLA (a cura di), *Qualità della vita, criminalità, territorio*, Bari, Progedit, 2001, pp. 19-41.

SOMEA, *Atlante economico e commerciale d'Italia*, Roma, Levi Editore, 1987.

VALLEGA A., *La regione, sistema territoriale sostenibile. Compendio di geografia regionale sistemica*, Milano, Mursia, 1995.

VIESTI G., *L'abbigliamento nella Puglia centrale*, in G. VIESTI (a cura di), *Mezzogiorno dei distretti*, Cosenza, Meridiana Libri, 2000a, pp. 59-95.

VIESTI G., *Come nascono i distretti*, Bari, Laterza, 2000b.

VLORA A.K., *Gli squilibri territoriali nel costituendo comprensorio del Nord Barese*, Bari, Adriatica Editrice, 1972.

ZUNICA M., *Lo spazio costiero italiano. Dinamiche fisiche e umane*, Roma, Levi Editore, 1987.

Siti Internet consultati
*www.anci.it*; *www.pattonordbareseofantino.it*; *www.pugliaimperiale.it*; *www.traniweb.it*.

Andrea Gianvenuti

# PERCORSI DI TERRITORIALIZZAZIONE PER LE POLITICHE DI SVILUPPO TURISTICO: ESPERIENZE REGIONALI

*Introduzione*

I tassi di crescita della domanda turistica internazionale sono uniformemente ritenuti forti e costanti nel medio e nel lungo termine, rendendo il turismo, almeno allo stato potenziale, il settore trainante dell'economia mondiale per gli anni a venire. Nemmeno la sfavorevole congiuntura internazionale – guerre, attentati, epidemie – sembra poter contrastare questo nuovo fenomeno, favorito nel suo boom da fattori decisivi quali la globalizzazione dei trasporti e della comunicazione. Semmai, gli scenari di instabilità internazionale contribuiscono non ad arrestare i movimenti turistici, bensì a modificarne la distribuzione spaziale, favorendo lo sviluppo di un «turismo di prossimità» a scala nazionale e continentale a scapito dei viaggi a lunga distanza. Le destinazioni turistiche italiane non potranno che beneficiare di questa situazione, attraendo maggiori flussi turistici dal mercato interno e da quello europeo.

È tuttavia pacificamente riconosciuto che il turismo, sia dal lato della domanda che da quello dell'offerta, stia vivendo una fase di profonda evoluzione che produce conseguenze rilevanti sull'organizzazione del settore, determinando la necessità di nuove politiche e strategie per la promozione dei prodotti e delle destinazioni.

In tempi di competizione globale, la parola d'ordine nell'industria turistica internazionale è divenuta «integrazione», secondo due diverse modalità: l'integrazione orizzontale, che si realizza tra imprese che operano nello stesso ambito (alberghiero, trasporto aereo, ecc.), permettendo l'acquisizione di vantaggi competitivi sul mercato; l'integrazione verticale, che si realizza attraverso l'acquisizione di aziende poste a monte e/o a valle del proprio processo produttivo (è il caso di grandi Tour Operators internazionali come la tedesca TUI).

Le logiche che da alcuni anni sono alla base delle strategie aggregative realizzate dall'industria turistica sono applicabili anche ai territori destinatari (o potenzialmente tali) dei flussi turistici internazionali. Siamo entrati in una nuova fase, caratterizzata da una serrata competizione tra destinazioni a livello globale. L'internazionalizzazione del settore va infatti considerata nei suoi aspetti positivi e negativi, nelle sue opportunità e nelle sue minacce: se è vero che le destinazioni possono beneficiare oggi di un bacino potenziale di utenti a livello globale (fermo restando che la domanda turistica internazionale proviene esclusivamente dai paesi sviluppati), è altrettanto innegabile che i *competitors* non sono più situati, come fino a vent'anni fa, in regioni o Stati limitrofi, ma potenzialmente in tutto il mondo.

In questo nuovo scenario, caratterizzato da forte competitività, è evidente come le destinazioni turistiche non possano più vivere di rendita delle proprie risorse naturali e culturali, per quanto uniche esse possano essere, pena la scomparsa dal mercato. Sono necessarie azioni di pianificazione turistico-territoriale mirate, che promuovino un'adeguata qualità delle infrastrutture, delle strutture ricettive e dei servizi al turista che le permettano di rimanere competitive sul mercato internazionale. Per di più, contemporaneamente si sta assistendo a un significativo mutamento qualitativo del modo di fare vacanza: dalla ricerca di prodotti e mete standardizzate a basso prezzo, si è passati alla tendenza alla «Total Leisure Experience» (TLE), in cui accanto all'attrazione primaria (mare, cultura, sport, ecc.) il turista cerca anche altre esperienze ed emozioni (la conoscenza delle tradizioni locali, la degustazione dei prodotti tipici, l'incontro con la comunità locale, ecc.), prestando maggiore attenzione alla qualità dei servizi offerti.

Alla luce dell'evoluzione profonda degli scenari della domanda e dell'offerta turistica in ambito globale, le destinazioni sono dunque chiamate ad agire in un contesto di «rete» o di «sistema», perché solo attraverso la messa in comune delle potenzialità dei vari attori presenti sul territorio e forme di cooperazione tra pubblico e privato, il territorio può rispondere alle nuove esigenze del mercato e competere a scala globale. Il concetto di «distretto turistico», sulla falsariga del modello dei distretti industriali italiani, è stato da molti evocato come una forma di pianificazione turistica del territorio adatta ad affrontare la complessità del comparto e capace di promuovere uno sviluppo razionale e sostenibile delle destinazioni. È necessario, in definitiva, rendersi conto che il turismo è un settore complesso, all'interno del quale compaiono diverse componenti, ognuna fondamentale ai fini della creazione di un'offerta di successo. Se in tempi recenti le imprese turistiche hanno ricevuto finanziamenti pubblici pur non essendo inserite in un contesto produttivo specifico, oggi appare sempre più evidente che le imprese vadano invece sostenute nell'ambito di un sistema di riferimento più ampio, all'interno di un progetto territoriale che le valorizzi nel loro insieme.

In questo senso, l'emanazione della legge di riforma del turismo 135/2001, introducendo la nuova figura dei Sistemi Turistici Locali, appare un importante passo in avanti verso il riconoscimento dei Distretti Turistici e del loro ruolo per la realizzazione di politiche sostenibili di sviluppo territoriale.

*Il contributo della Legge Quadro sul Turismo (135/2001) alle politiche di governo locale del territorio*

Di fronte alle nuove sfide che vengono poste dal mutato panorama del turismo internazionale, è imprescindibile l'elaborazione di nuovi modelli di pianificazione territoriale, in cui la valorizzazione piena delle potenzialità del *milieu* sia l'obiettivo primario per lo sviluppo socio-economico delle destinazioni.

Il concetto di distretto turistico è stato da tempo individuato dai geografi come strumento adeguato di politiche di pianificazione territoriale, sul modello dei distretti industriali. Del resto la competitività di una destinazione si realizza attraverso processi di interazione tra tutte le componenti della filiera turistica, tra le imprese che operano a diretto contatto con i turisti e quelle che operano a monte e a valle della «catena del valore». La competitività turistica di un luogo si costruisce quindi a livello di distretto, sfruttando i vantaggi competitivi da questo prodotti (economie di scala, economie di localizzazione, campagne di promozione territoriale o di prodotto, ecc.) e intervenendo laddove la filiera presenti delle disfunzioni o delle carenze che indeboliscono il sistema competitivo.

La Legge Quadro sul Turismo del 2001, con l'introduzione della figura dei Sistemi Turistici Locali, costituisce un importante punto di partenza, riconoscendo l'importanza del concetto di «sistema» e accogliendo in pieno il principio di sussidiarietà introdotto dalla normativa europea con il Trattato di Maastricht e successivamente accolto dalla legislazione italiana con la legge 59/1997, che definiva, tra l'altro, il ruolo dei Comuni e delle Province nell'attuazione delle politiche intersettoriali e infrastrutturali necessarie alla valorizzazione dell'offerta turistica. La 135/2001 sposa in pieno il principio di sussidiarietà, responsabilizzando pienamente gli enti locali e riconoscendone il ruolo primario per le politiche di governo locale del territorio. La novità fondamentale introdotta dalla nuova legge è infatti il passaggio da un sistema di promozione e amministrazione regionalmente accentrato, che aveva nella regione la principale unità di riferimento politico-amministrativa, a una nuova struttura organizzativa, in cui è demandato a tutte le componenti locali – enti locali, enti funzionali, associazioni private di categoria – il compito di dar vita ai Sistemi Turistici Locali attraverso iniziative spontanee, che nascano sul territorio, nell'ottica di un nuovo modo di concepire e gestire il territorio stesso, che valorizzi l'approccio sistemico e di rete al fine di innescare quei processi di integrazione necessari per acquisire il necessario livello di competitività a scala globale. La *ratio* della legge risulta quindi fortemente innovativa, riconoscendo il ruolo del marketing territoriale come fattore decisivo di sviluppo, in cui il territorio messo a sistema si trasforma da oggetto a soggetto delle politiche di sviluppo e valorizzazione delle sue risorse naturali e umane.

La normativa, nel rafforzare e responsabilizzare gli enti locali, assegna alle Regioni il compito di riconoscere i Sistemi Turistici Locali e di gestire e coordinare le risorse finanziarie messe a disposizione dal «Fondo di co-finanziamento dell'offerta turistica», previsto dalla stessa l. 135/2001. Pur delegando a enti maggiormente legati al territorio, come i Comuni e le Province (oltre ai soggetti privati), il processo di costituzione degli STL, la legge quadro riconosce quindi alle Regioni un ruolo decisivo per lo sviluppo del «sistema», confermato dall'assenza nella legge di indicazioni in merito alla natura e le forme di organizzazione degli STL, un vuoto normativo che lascia alle Regioni la delicata scelta in merito ai criteri di riconoscimento dei STL o al tipo di integrazione da attuare tra i soggetti pubblici e privati chiamati a costituirli.

Se, tuttavia, in linea teorica il contenuto della legge contiene un indubbio carattere innovativo e i ruoli degli enti locali appaiono separati e ben definiti, l'applicazione pratica del dettato legislativo si sta realizzando in un contesto di marcata differenziazione tra le varie regioni italiane e, in alcuni casi, di confusione in merito ai soggetti pubblici titolari delle politiche territoriali. La legge 135/2001 si è inserita in effetti nel quadro di un'organizzazione turistica regionale già ben sviluppata in alcune regioni e in piena fase di realizzazione per altre. Così, regioni come l'Emilia-Romagna e la Toscana, con un'organizzazione turistica più evoluta e consolidata, strutturata in ambiti territoriali turisticamente rilevanti o in unioni di prodotto, non reputano necessario produrre nuove leggi regionali di settore, considerando la propria struttura organizzativa del tutto coerente e compatibile con quanto previsto dalla stessa legge quadro; altre regioni, come l'Umbria e le Marche, coerentemente con quanto disposto dall'art. 5 della l. 135, hanno attribuito alla Regione il compito esclusivo di riconoscere i STL, lasciando agli enti locali il compito di promuoverne la costituzione, secondo un approccio *bottom-up*; c'è poi il caso della Regione Veneto, in cui l'individuazione dei STL e del loro ambito territoriale è stata effettuata dalla stessa Regione, riprendendo gli ambiti territoriali di competenza delle precedenti APT, secondo un approccio centralizzato, o «calato dall'alto».

Ci si deve inoltre interrogare sui diversi livelli di sviluppo dei distretti turistici a livello locale e nazionale e i conseguenti effetti sulla distribuzione delle risorse messe a disposizione dalla legge quadro; in altre parole, la presenza di distretti turistici già consolidati potrebbe avvantaggiare questi ultimi dal punto di vista dell'accesso ai finanziamenti nei confronti di territori potenzialmente ricchi di risorse, ma nei quali il livello di associazionismo, le potenzialità imprenditoriali e culturali della popolazione locale sono ancora inespressi, non consentendo una risposta adeguata all'input dato dalla legge quadro. È il caso di alcune aree del Mezzogiorno, dove mancano un tessuto imprenditoriale diffuso, una tradizione di associazionismo e collaborazione con gli enti pubblici, fattori strumentali alla promozione di iniziative spontanee, dal basso, e dove quindi si rischia di non cogliere l'opportunità offerta dal legislatore nazionale. In questo senso, un ruolo propositivo degli enti pubblici regionali e nazionali può essere ancora decisivo per accompagnare un processo di sviluppo turistico «orientato» del territorio.

*Le differenti possibili tipologie di Sistema Turistico Locale in Italia*

Un'ulteriore peculiarità introdotta all'interno della legge quadro riguarda il riferimento a due modelli alternativi di distretto turistico. L'art. 5 della l. 135/2001, infatti, introducendo il concetto di Sistemi Turistici Locali, li definisce come «*contesti turistici omogenei o integrati,* comprendenti ambiti territoriali appartenenti anche a regioni diverse, caratterizzati dall'offerta integrata di beni culturali, ambientali e di attrazioni turistiche, compresi i prodotti tipici dell'agricoltura e dell'artigianato locale, o dalla presenza diffusa di imprese turistiche singole o associate».

Si distingue dunque tra STL omogeneo e STL integrato. Nel primo caso, ci si riferisce a una filiera turistica all'interno della quale agiscono imprese e destinazioni collocate non necessariamente in territori contigui, ma che operano in prodotti/segmenti di mercato specifici (mare, arte, montagna, ecc.), secondo un'ottica di integrazione orizzontale «di prodotto» o «club» e che, mirando a un unico target di riferimento, hanno un comune interesse a partecipare a reti che possano amplificare l'efficacia di specifiche azioni, in prevalenza di promo-commercializzazione (campagne pubblicitarie, creazione di cataloghi, presenza a fiere, contatti con i Tour Operators, ecc.). L'integrazione di prodotto risponde meglio a logiche di comunicazione e «motivazione della vacanza», agevolando l'attività di promozione verso la domanda potenziale, con azioni mirate sullo specifico segmento di riferimento. Esempi di distretti turistici omogenei sono le quattro unioni-prodotto dell'Emilia-Romagna (Città d'Arte, Riviera Adriatica, Appennino, Terme) create con l'emanazione della legge regionale 7/1998, che ha svolto una funzione anticipatrice rispetto alla 135/2001, o la suddivisione del territorio della Regione Veneto in STL secondo aree-prodotto (mare, montagna, lago, terme, città d'arte).

Il STL integrato risponde invece a una logica più accentuata di valorizzazione del territorio, all'interno del quale il sistema è in grado di produrre, sviluppare e promuovere diversi prodotti turistici, così da realizzare un'offerta integrata. In questo tipo di STL si assiste a una maggiore integrazione tra imprese che mira a rinforzare la filiera turistica con una partecipazione estesa, oltre alle imprese del settore e agli enti di governo locale, anche a quelle dei settori «a monte» e «a valle» della catena del valore. Il modello di STL integrato, adottato recentemente dalla Regione Marche, oltre a offrire una maggiore diversificazione del prodotto turistico, mira spesso a inserire nel sistema di offerta territoriale le aree meno conosciute e più marginali, rispetto alle quali i prodotti e le destinazioni principali possano fare da traino, contribuendo a inserirle nei circuiti turistici e distribuendo nello spazio i benefici economici prodotti dal turismo.

*Esperienze regionali di Sistemi Turistici Locali: i casi della Regione Marche e della Regione Veneto*

Le Regioni Marche e Veneto, insieme alla Regione Umbria, sono state le prime a recepire la legge quadro 135/2001 e l'istituto dei Sistemi Turistici Locali, pur adottando metodi e strategie di sviluppo territoriale fortemente differenziati.

Appare infatti discutibile la scelta della Regione Veneto, dove la legge regionale n. 33/2002 «Testo Unico delle leggi regionali in materia di turismo» stabilisce all'art. 13, comma 3, che il riconoscimento e l'*individuazione* dei corrispondenti ambiti locali dei Sistemi Turistici Locali sono demandati al Consiglio Regionale su proposta formulata dalla Giunta Regionale sentita la Conferenza permanente Regione-Autonomie locali. Lo stesso art. 13, comma 4, qualifica come sistemi turistici locali in sede di prima applicazione della legge «i contesti turistici coincidenti con gli ambiti territoriali previsti nell'allegato A», procedendo così alla costituzione di 14 STL (Dolomiti; Belluno, Feltre e Alpago; Treviso; Bibione e Caorle; Jesolo ed Eraclea; Venezia; Chioggia; Padova; Terme Euganee; Vicenza; Altipiano di Asiago; Garda; Verona; Rovigo), realizzati sulla base della precedente ripartizione territoriale prevista per le soppresse Aziende di promozione turistica. Se è vero che l'iter seguito si giustifica con la volontà di riconoscere le numerose aggregazioni di soggetti pubblici e privati già attivi da tempo sul territorio per la promozione turistica, è tuttavia pacifico che il procedimento formativo adottato si pone in contrasto sia di merito che di metodo con la l. 135/2001, imponendo dall'alto un modello di segmentazione territoriale già esistente.

Non può invece essere oggetto di critiche, bensì di discussione, la scelta operata dalla Regione Veneto relativa alla tipologia di offerta dei sistemi turistici locali, laddove lo stesso art. 13, comma 2 della legge regionale stabilisce che «al fine di sviluppare i sistemi turistici locali, il territorio della Regione è suddiviso in ambiti territoriali a *tipologia di offerta turistica omogenea*. Si realizza così una specializzazione tematica (turismo montano nel STL Dolomiti, turismo lacuale nell'STL Garda, turismo termale nell'STL Terme Euganee, turismo balneare nei STL Bilione e Caorle, Jesolo ed Eraclea, ecc.) che fa leva sulle capacità attrattive endogene di ogni area afferente agli STL, anche nell'ottica della realizzazione di politiche promozionali rivolte a specifici segmenti di domanda e allo scopo di creare un'immagine del territorio unica e ben distinguibile.

Per quel che concerne i requisiti per la costituzione delle «strutture di promozione turistica in forma associata» (i soggetti coordinatori degli STL), la Regione Veneto, ha seguito un approccio «da domanda», stabilendo che nell'ambito territoriale della nuova struttura debbano esser state rilevate, nell'anno precedente, almeno 4 milioni di presenze dal Sistema Informativo Regionale Turistico (art. 7, comma 4).

Completamente diverso è l'approccio seguito dalla Regione Marche, i cui amministratori sembrano aver interpretato la normativa nella maniera più fedele alle intenzioni del legislatore nazionale, limitandosi a definire i requisiti generali per la creazione dei Sistemi Turistici Locali e lasciando agli attori locali, pubblici e privati, la definizione dell'ambito territoriale e della struttura, secondo un modello *bottom-up* che esalta in pieno il principio della sussidiarietà.

Il principale punto di riferimento normativo per la Regione Marche (primo atto amministrativo regionale *ad hoc* in materia di Sistemi Turistici Locali) è costituito dalla Delibera della Giunta Regionale 19 marzo 2002, n. 578, «Sistemi turistici locali previsti dalla legge 29 marzo 2001, n. 135 - Linee di indirizzo», con la quale sono stati identificati gli enti chiamati a comporre i sistemi turistici locali (enti locali, enti funzionali, associazioni di categoria di operatori turistici, soggetti pubblici e/o privati interessati allo sviluppo turistico di un'area) e stabiliti una serie di requisiti minimi per il riconoscimento, tra i quali si ricordano la presenza di un «sistema di rete» tra soggetti pubblici e privati, l'esistenza (o possibilità di sviluppo) di più tipologie di offerte (mare, montagna, città d'arte, turismo d'affari, sportivo, enogastronomia, termale, religioso) e una capacità minima di 1.500 posti letto nelle strutture turistico-ricettive del territorio compreso nel sistema turistico locale (differenziandosi quindi dalla Regione Veneto che ha seguito l'approccio «da domanda»). Un particolare interesse è suscitato dalla scelta compiuta dalle Marche di promuovere lo sviluppo di un'*offerta turistica integrata* all'interno di uno stesso STL. Questa strategia, ben evidenziata dal requisito della necessaria presenza di una o più Comunità montane all'interno di ogni STL, si basa sulla volontà di integrare nei circuiti turistici regionali anche le zone collinari e appenniniche, legandole ai poli forti delle località balneari, che attualmente assorbono circa l'80% della domanda turistica e dell'offerta ricettiva della Regione.

Sulla base di queste indicazioni e in seguito all'avvio di processi di aggregazione spontanei tra enti pubblici e soggetti privati locali, col decreto dirigenziale n. 286 del 25 ottobre 2002 è stato riconosciuto il primo sistema turistico locale italiano «Misa Esino Frasassi», promosso dal comune di Senigallia. A questo si sono aggiunti nei mesi successivi altri 9 sistemi turistici locali: Marca Fermana, Il Mare Adriatico delle Grandi Firme, Riviera del Conero, Altamarina, Urbino e il Montefeltro, Terre dell'Infinito, Monti Sibillini Terre di Parchi e d'Incanti, Piceno Maremonti e Marcabella.

Tutti i Sistemi Turistici Locali – con l'eccezione del STL dei Monti Sibillini che ha nel segmento dell'ecoturismo il suo *target* ben identificato di riferimento – si caratterizzano fortemente per la presenza di una gamma diversificata di risorse ambientali e culturali. Va a questo riguardo sottolineato che i territori costieri sono sempre collegati con un entroterra, che varia considerevolmente in dimensione, con il STL Mare Adriatico delle Grandi Firme che comprende solamente 5 comuni fino al limite opposto del STL Misa Esino Frasassi, all'interno del quale agiscono 35 comuni e che ha un territorio molto vasto, che dalla costa di Senigallia arriva sino al confine appenninico con l'Umbria. L'unico STL, insieme a quello dei Monti Sibillini, a non comprendere zone costiere è il STL Urbino e il Montefeltro che tuttavia, anche in virtù delle sue ampie dimensioni (35 comuni in un'area di 1910 km$^2$), promuove ugualmente un'offerta turistica integrata, avendo puntato nelle sue «Linee guida di sviluppo turistico» sul patrimonio storico-culturale, sulle risorse termali, ma anche sul turismo enogastronomico e sull'artigianato, grazie alle numerose produzioni tipiche locali.

Appare dunque chiaro come tra gli operatori turistici e le altre imprese facenti parte della «filiera del prodotto» delle Marche si stia affermando con forza il concetto di rete, di sistema di integrazione organizzativa ed economica come fattore decisivo per lo sfruttamento delle potenzialità turistiche, soprattutto nell'ottica di una valorizzazione non solo delle imprese turistiche tradizionali, ma di tutti i settori collegati, dall'artigianato all'agricoltura e all'industria.

Va inoltre sottolineata l'aderenza dello sviluppo dell'organizzazione turistico-territoriale marchigiana agli obiettivi di sussidiarietà contenuti nella legge-quadro e sostenuti con forza dall'Unione Europea. La nascita e l'adesione ai singoli STL è avvenuta tramite una spinta «dal basso», da parte di tutti i soggetti locali, pubblici e privati, che agiscono sul territorio, e se è vero che l'appartenenza a una provincia risulta comunque un vincolo imprescindibile di adesione all'uno o l'altro progetto, alcuni comuni hanno scelto di aderire ad un STL meno contiguo, ma più consono alle proprie strategie di sviluppo turistico. È il caso del Comune di Monte Grimano Terme che, pur appartenendo all'area del STL Urbino e il Montefeltro, ha optato per l'adesione al STL Altamarina, in virtù del fatto che le presenze turistiche locali provengono tradizionalmente dalla riviera adriatica, essendo il segmento del turismo balneare più attirato dal prodotto terme piuttosto che il segmento del turismo culturale, punto di forza del STL di Urbino.

*Conclusioni*

La recentissima costituzione dei Sistemi Turistici Locali marchigiani non permette di giudicare la bontà o meno di questi processi di aggregazione territoriale ai fini della crescita dei flussi turistici verso le aree interessate. È fuor di dubbio, tuttavia, che le politiche regionali e locali che hanno seguito l'emanazione della legge quadro nazionale sul turismo hanno risposto con efficacia alle linee-guida da essa fornite, innescando un meccanismo di partecipazione collettiva da parte dei soggetti privati e pubblici locali verso la creazione di quelle reti di integrazione tra operatori della filiera turistica che, oggi più che mai, nel nuovo contesto del mercato turistico globale, appaiono determinanti per vincere la sfida della competitività.

Non si possono non considerare anche i rischi che una politica di marketing territoriale così delineata può comportare: la scelta verso la promozione di un'offerta turistica integrata che veda come protagonista principale non il singolo prodotto, ma il territorio nel suo insieme, può costituire un ostacolo non facile, soprattutto a uno stadio iniziale, quando la destinazione è ancora poco conosciuta, perché promuovere l'immagine di un territorio e di tutte le sue risorse presso la domanda turistica nazionale e internazionale è una sfida non di poco conto; in questo senso, vanno monitorati anche i cambiamenti nelle abitudini di spesa dei visitatori nei confronti delle località turisticamente più sviluppate all'interno di ciascun STL, come quelle balneari nel caso in questione, che potrebbero anche risentire di un allargamento dell'offerta territoriale di prodotti e servizi.

L'altra faccia della medaglia è data però dall'affermazione reale di un circuito partecipativo a livello locale e di un coinvolgimento completo del territorio regionale, promuovendo una politica di sviluppo locale che travalica ampiamente il settore turistico, per perseguire obiettivi di crescita occupazionale e reddituale molto più ampi, grazie al coinvolgimento di settori come l'artigianato e l'enogastronomia che esaltano il valore aggiunto del territorio e che sono oggi fondamentali per la creazione di un prodotto turistico di qualità.

BIBLIOGRAFIA

ACI CENSIS, *I distretti turistici italiani: l'opportunità di innovare l'offerta*, Rapporto turismo 2001.

ASSOCIAZIONE MECENATE 90, Rapporto di ricerca, *La legislazione delle Regioni e i Sistemi Turistici Locali*, novembre 2003.

BROGNA M. e RUGGIERI C., *Modelli di organizzazione del turismo: elementi di identificazione e promozione dell'aggregazione territoriale*, in corso di pubblicazione.

CONFINDUSTRIA ABRUZZO, *Sistemi Turistici Locali*, 2000.

DALLARI F., *Turismo e sviluppo territoriale. I sistemi turistici locali tra scala locale e cooperazione interregionale* in RUGGIERO V. e SCROFANI L. (a cura di), «*Centri storici e identità locale nella progettazione dello sviluppo sostenibile di sistemi del turismo*». Atti del Convegno (Catania 27-29 ottobre 2003), Catania, Dip. di Economia e Territorio, in corso di pubblicazione.

LANDI S., *I sistemi turistici locali per lo sviluppo di turismo e ospitalità nel mezzogiorno*, in Confindustria - Politiche Territoriali e Mezzogiorno, Roma, aprile 2003.

MATTEI P., *Nelle Marche il primo Stl ufficiale*, in «La Rivista del Turismo», Milano, 1/2003.

MIO E., *Ricette regionali per i Sistemi Turistici Locali: gli Stl in Veneto: genesi e sviluppo*, in «La Rivista del Turismo», Milano, 1/2003.

MORANDI F., *I sistemi turistici locali. Il nuovo ordine turistico tra utopia e realtà*, in «Diritto del Turismo», Milano, 1/2003.

REGIONE MARCHE, Deliberazione della Giunta Regionale n. 578/2002, *Sistemi turistici locali previsti dalla L. n. 135/2001 - linee di indirizzo*.

REGIONE VENETO, Legge Regionale n. 33/2002, *Testo unico delle leggi regionali in materia di turismo*.

SISTEMA TURISTICO LOCALE «URBINO E IL MONTEFELTRO», *Linee guida di sviluppo turistico*.

STRANO R., *Ricette regionali per i Sistemi Turistici Locali: L'applicazione nella Regione Marche*, in «La Rivista del Turismo», Milano, 1/2003.

Gianluca Imparato [*]

# FONDI STRUTTURALI E SVILUPPO SOSTENIBILE NELLE REGIONI OBIETTIVO 1: UNA MISURA DEL CONTRIBUTO DELL'UE ALLO SVILUPPO GLO-CALE

*Introduzione*

I finanziamenti europei dei DOCUP (Regioni Obiettivo 2) e dei POR [1] (Regioni Obiettivo 1) per gli anni 2000-2006, a due anni dalla fine della programmazione, sono già stati in parte impegnate con modalità e tempi difformi tra le diverse regioni italiane.

Nel settore delle attività produttive che rappresentano il volano per lo sviluppo territoriale locale (industria, artigianato, commercio, turismo, innovazione tecnologica, ricerca industriale e servizi alle imprese) sono stati attivati investimenti e progetti per la qualificazione/riqualificazione dei territori: dalle infrastrutture per i beni culturali, il turismo e il commercio, alle iniziative per le aree produttive classiche; dalle infrastrutture per i trasporti, servizi sociali e servizi per l'impiego, alle infrastrutture per la società dell'informazione.

Il Quadro Comunitario di Sostegno (QCS) [2], definendo l'obiettivo di sviluppo economico da perseguire, fissa alcuni elementi importanti da tenere in conside-

---

[*] Dip. SEFeMeQ, Facoltà di Economia - Università di Roma «Tor Vergata» - Ministero dell'Ambiente e della Tutela del Territorio.

[1] L'erogazione dei Fondi strutturali, in Italia, per le zone Obiettivo 1 è subordinata all'approvazione del Quadro Comunitario di Sostegno (QCS), che sancisce il formale avvio dell'utilizzo delle risorse destinate allo sviluppo del Mezzogiorno. L'attuazione del QCS avviene mediante strategie e linee d'azione definite nei Programmi Operativi Nazionali (PON) e nei Programmi Operativi Regionali (POR), le cui misure di attuazione, con i rispettivi beneficiari e piani finanziari, sono esplicitati nei Complementi di Programmazione (CdP). Per le Regioni Obiettivo 2, i documenti strategici e operativi sono i Documenti Unici di Programmazione (DOCUP), e i relativi CdP.

[2] Punto 3.5 «Asse IV sistemi locali di sviluppo».

razione per «assicurare la sostenibilità ambientale dello sviluppo del sistema produttivo» locale:
- «l'adeguamento tecnologico degli impianti a fini della riduzione dell'inquinamento e di una maggiore sostenibilità ambientale dei cicli produttivi», la promozione della certificazione ambientale, il risanamento delle «aree a rischio di crisi ambientale»;
- «favorire la promozione delle migliori tecnologie disponibili dal punto di vista ambientale, degli schemi Emas ed Ecolabel, di innovazioni di processo/prodotto, prevenendo la formazione, riducendo la quantità e la pericolosità dei rifiuti generati dal ciclo produttivo nonché la possibilità di riutilizzo, riciclaggio e recupero dei prodotti...»;
- ricorrere: «all'utilizzo di meccanismi premiali atti a promuovere le iniziative che nel loro piano di investimento dimostrino una tangibile attenzione al miglioramento delle performance ambientali».

Il QCS specifica inoltre che «gli strumenti di aiuto alle attività economiche dovranno adeguatamente integrare gli aspetti ambientali in una prospettiva di promozione dello sviluppo sostenibile».

Preso atto di quanto disposto dal QCS, il presente documento intende avviare una riflessione sugli elementi che hanno caratterizzato l'attuale periodo di programmazione dei fondi strutturali relativamente agli investimenti attivati per la promozione dello sviluppo locale.

Le azioni attivate sono diverse nelle differenti Regioni italiani, anche a seconda dell'area obiettivo di riferimento, ma la sfida – oltre la dotazione di infrastrutture per le zone in ritardo di sviluppo – era ed è comune: vincere la sfida competitiva, creando le condizioni e l'ambiente favorevole alla nascita e allo sviluppo delle identità locali, delle imprese locali, puntando al contenimento dei fattori di rischio ambientale, alla qualità dei prodotti e dei processi, non dimenticando la sfida dello sviluppo sostenibile del territorio.

Questo lavoro, che è parte di un processo di ricerca più ampio, ha la finalità di indagare lo stato dell'arte delle Regioni italiane (in modo particolare quelle dell'Obiettivo 1) per comprendere come e se è possibile promuovere uno sviluppo locale dal basso che guarda a una competizione «globale» per il tramite degli strumenti finanziari comunitari per lo sviluppo regionale (FESR) non tralasciando l'integrazione della componente ambientale negli interventi promossi negli assi di attuazione dei fondi.

*Impostazione metodologica dello studio*

Lo studio è partito dall'analisi dei regimi di aiuto previsti e attivati all'interno dei Programmi Operativi Regionali (POR) delle Regioni dell'Obiettivo 1 e della

Regione Molise (in regime transitorio). In generale, l'analisi è stata effettuata sui regimi d'aiuto afferenti il Fondo Europeo di Sviluppo Regionale (FESR), e in particolare rispetto ai POR, ci si è concentrati sui regimi presenti negli Assi I e IV.

Per regime di aiuto si intende quelle misure previste nei POR o DOCUP (Documento Unico di Programmazione) all'interno degli assi di intervento che hanno come destinatari finali il sistema dell'economia locale, prevedendo contributi al sostegno dell'attività imprenditoriale, commerciali e dei servizi e del turismo. Quindi non sono stati oggetto di rilevazione gli interventi che pur prevedendo come beneficiari finali il sistema imprenditoriale hanno come destinatari altri soggetti (pubbliche amministrazioni).

La scelta di effettuare l'analisi esclusivamente sugli strumenti agevolativi già avviati è legata:

- alla necessità di disporre di una serie di informazioni relative agli aspetti operativi (es. criteri di selezione adottati e relativi pesi, modalità procedurali e gestionali, ecc..) definite solo nei documenti attuativi (es. bandi, circolari, ecc.);
- al aver constatato che quanto generalmente previsto nei documenti di programmazione alle diverse scale di dettaglio (dai POR ai Complementi di programmazione) non sempre trova concreta attuazione in sede di attivazione ed erogazione delle agevolazioni.

*Osservazioni*

Dallo studio dei regimi di aiuto è possibile fare una prima classificazione tra regimi che perseguono lo sviluppo locale sostenibile in maniera diretta e quelli che perseguono la tutela dell'ambiente in maniera indiretta. Per comprendere meglio possono essere definiti regimi di aiuto al sistema economico locale con specifiche finalità ambientali quei regimi che prevedono il finanziamento di interventi specifici per la tutela dell'ambiente e dei beni ambientali (interventi per l'uso di energia da fonti rinnovabili, per la riduzione dell'inquinamento in aria, acqua e suolo, per la riduzione dei rifiuti e la sostituzione di sostanze nocive nei processi produttivi).

L'analisi si è orientata sui regimi di aiuto promossi e attivati nell'ambito dell'Asse IV dei POR (a valere sul fondo FESR) focalizzando l'attenzione su alcune fasi della programmazione, quali:

1. l'attuazione della strategia definita nei documenti programmatici (QCS, POR e relativo Complemento di Programmazione CdP) rispetto all'integrazione della componente ambientale nelle iniziative volte allo sviluppo del sistema produttivo locale, con particolare riferimento:
   - alla modalità con la quale è stato perseguito l'obiettivo di integrazione ambientale (misure *ad hoc,* criteri di selezione ambientale, priorità di intervento, riserve dedicate, ecc.);

- alla coerenza dei temi ambientali prescelti dalle regioni con i documenti programmatici di riferimento (Valutazione ex ante ambientale, politica ambientale comunitaria e nazionale di riferimento, ecc.).
2. la gestione dello strumento agevolativo individuato, focalizzando l'attenzione su come sia stata garantita un'efficiente ed efficace gestione della modalità di integrazione ambientale prescelta (rispetto: al peso attribuito alla componente ambientale, alle informazioni/dati richiesti al proponente a conferma di quanto dichiarato, alle modalità di valutazione, al monitoraggio e al controllo).

Partendo dallo stato di attuazione dell'Asse IV nei rispettivi POR da un punto di vista quantitativo, si registra per l'intero Obiettivo 1 un totale di 101 regimi di aiuto dedicati al sistema delle imprese, di cui 47 non attivati (dati dicembre 2003). Tra i 54 regimi di aiuto a oggi attivati, oggetto di analisi, la componente ambientale (con diverse modalità) risulta contemplata in 36 regimi. Ai fini dell'analisi è utile evidenziare che vi sono alcune regioni che hanno riservato risorse dell'Asse I a investimenti ambientali destinati al sistema produttivo locale (Calabria, Sicilia, Puglia e Campania) (grafico 1).

Sulla base dei dati sopra rappresentati, da un punto di vista «formale», il mandato del QCS è stato sicuramente atteso, nella parte in cui recita il ricorso «all'utilizzo di meccanismi premiali atti a promuovere le iniziative che nel loro piano di investimento dimostrino una tangibile attenzione al miglioramento delle performance ambientali», tuttavia se si passa a una verifica di dettaglio, emerge che la modalità di integrazione della componente ambientale più utilizzata nei regimi è il criterio di selezione ambientale (attribuzione di un punteggio aggiuntivo ovvero incremento percentuale – «bonus» – a fronte di un impegno sul tema ambientale previsto dal bando), rappresentato circa nell'80% dei casi dall'impegno di adesione a un sistema di gestione ambientale normato (principalmente: Emas, Iso 14001, Ecolabel). Diversamente sono pochi i casi di adozione di criteri di selezione che intervengono su specifici temi ambientali, le cui pressioni sono riconducibili al settore produttivo (produzione di rifiuti speciali, emissioni, consumo energetico, consumo e inquinamento della risorsa idrica).

Pur riconoscendo nella promozione della certificazione ambientale volontaria un chiaro segnale di recepimento del mandato del QCS, si evidenzia la necessità di perseguire lo stesso mandato nelle parti in cui sollecita la promozione dell'utilizzo delle migliori tecnologie disponibili garantendo il rispetto, nel medio lungo periodo, delle capacità di carico dell'ambiente...» (Cfr. BAT). Tra le modalità atte a garantire la sostenibilità ambientale del tessuto produttivo si configura anche il ricorso a regimi di aiuto *ad hoc* per l'ambiente, alcune regioni hanno sperimentato regimi specifici a valere sull'Asse I, in particolare rispetto a interventi dedicati al risparmio energetico (Calabria, Campania, Puglia) ricorrendo spesso allo scorrimento della graduatoria 488/industria (Puglia e Campania).

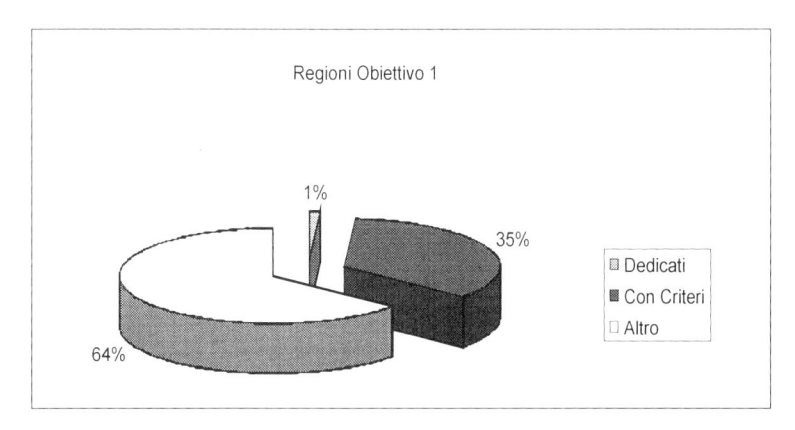

Grafico 1 - Suddivisione dei regimi nelle Regioni Obiettivo 1.

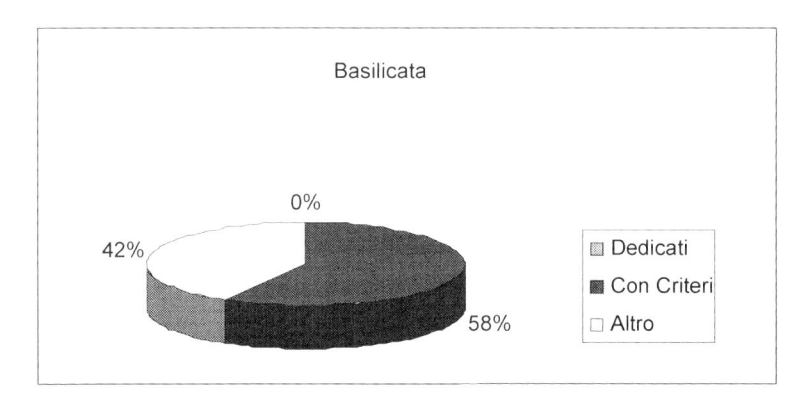

Grafico 2 - Suddivisione dei regimi nella Regione Basilicata.

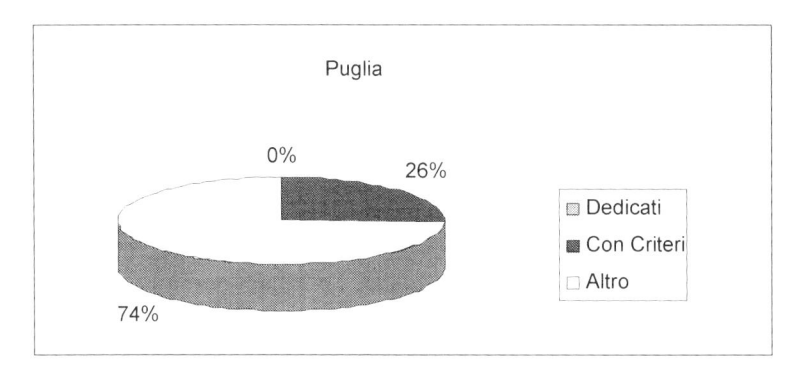

Grafico 3 - Suddivisione dei regimi nella Regione Puglia.

Passando alla gestione del criterio di selezione ambientale spesso viene trascurata tutta la fase gestionale che segue l'individuazione del criterio ambientale prescelto (come selezionare e quindi premiare, chi istruisce, come monitorare il dato dichiarato in sede di domanda, come controllare il risultato). Al di là della tipologia del criterio di selezione ambientale individuato o del peso a esso attribuito rispetto agli altri parametri di valutazione, la gestione del dato richiesto all'impresa (che nella maggior parte dei casi si configura come un semplice SI o NO), rappresenta sicuramente il principale problema legato all'attuazione dell'integrazione ambientale negli strumenti di sostegno allo sviluppo locale. Sono rari i casi in cui la dichiarazione richiesta all'impresa rispetto al criterio di selezione ambientale viene supportata da analisi di dettaglio successive, nell'ambito della modulistica – come avviene per i dati economici, finanziari e occupazionali – al fine di permettere una verifica del dato in sede di valutazione. Sono altresì pochi i casi in cui sia stato previsto un monitoraggio di quanto dichiarato dall'impresa rispetto al criterio ambientale in sede di domanda e tale da permettere non solo adeguati controlli ma anche la formazione di una banca dati di riferimento.

Ai fini della ricerca sono classificati come:
– Dedicati, i regimi d'aiuto attivi e specificatamente dedicati a investimenti ambientali.
– Con criteri, i regimi d'aiuto attivi, con finalità diverse da quelle ambientali, che prevedono, tra le modalità di selezione, criteri ambientali.
– Altro, i regimi non attivi e quelli attivi che non prevedono criteri ambientali di selezione.

*Analisi SWOT dell'insieme dei regimi d'aiuto*

Dall'analisi e dallo studio dei regimi di aiuto esaminati è stato possibile giungere a una mappatura della situazione attuale della modalità di intervento per la promozione dello sviluppo locale sostenibile per il tramite dei fondi strutturali (più precisamente per il tramite del fondo per lo sviluppo regionale FESR). Questa analisi ha condotto alla stesura di una matrice di analisi SWOT sui punti di forza e debolezza, nonché sulle opportunità e sulle minacce dei regimi di aiuti che possono essere prese a spunto per un'attivazione che sia più attenta allo sviluppo sostenibile e che non tenga conto (nella fase di selezione delle iniziative agevolabili) solo dei dati economico-finanziari.

*Conclusioni*

Seppur dalla lettura dei documenti di programmazione tra gli obiettivi prioritari, della programmazione dei fondi comunitari 2000/2006 (per le regioni del-

| Punti di Forza | Punti di Debolezza |
|---|---|
| • Compresenza dei tre criteri di selezione ambientale (ammissibilità, priorità, selezione *tout court*)<br>• Quantificazione degli obiettivi ambientali<br>• Scelta delle tematiche ambientali interessate in coerenza con gli obiettivi della misura/regime d'aiuto<br>• Completezza nella richiesta di informazioni ambientali (modulistica, dichiarazioni, ecc.)<br>• Istruttoria effettuata da soggetti in possesso anche di competenze ambientali<br>• Presenza di controllo e monitoraggio specifico ambientale<br>• Presenza di sanzioni specifiche in caso di non rispetto degli obiettivi ambientali indicati | • Mancata previsione di criteri di selezione ambientali adeguati e tarati sugli obiettivi del regime d'aiuto<br>• Scarsa incisività dei criteri di selezione in termini di peso percentuale sul totale attribuibile<br>• Scarsa coerenza tra obiettivi del regime d'aiuto e aspetti quali-quantitativi dei criteri di selezione ambientali scelti<br>• Divergenza tra caratteristiche ambientali dei criteri di selezione e professionalità incaricate della relativa istruttoria<br>• Assenza di un adeguato sistema di monitoraggio<br>• Assenza di un adeguato sistema sanzionatorio<br>• Scarsa coerenza tra l'iniziativa finanziata e gli strumenti della pianificazione territoriale |
| Opportunità | Minacce |
| • Cogliere gli orientamenti della normativa comunitaria al fine di integrare trasversalmente la tematica dello sviluppo sostenibile<br>• Instaurazione di buone pratiche ambientali<br>• Innescare un circolo virtuoso finalizzato a uno sviluppo economico sostenibile<br>• Premiare le imprese dotate di sensibilità ambientale e incentivare le altre al rispetto dell'ambiente<br>• Aumento dell'occupazione in campo ambientale<br>• Internalizzazione delle esternalità negative<br>• Integrare ambientalmente tutte le misure ancora da attivare<br>• Orientare la riprogrammazione verso i regimi più ecocompatibili | • Deterioramento della situazione ambientale con svantaggi alle generazioni presenti e future<br>• Eccessivo automatismo e frammentazione nella concessione dei finanziamenti<br>• Diminuzione della sensibilità ambientale delle imprese<br>• Diminuzione dell'occupazione in campo ambientale<br>• Diminuzione della qualità progettuale delle iniziative<br>• Non rispetto dei principi di «prevenzione», «precauzione» e «chi inquina paga»<br>• Concessione di finanziamenti per il rispetto della normativa vigente<br>• Perdita di competitività del sistema rispetto ad altri contesti nazionali ed europei |

l'Ob. 1), primi tra tutti emergono il miglioramento della competitività del sistema produttivo e l'ampliamento delle opportunità di lavoro in un ottica di sviluppo sostenibile, manca una reale trasposizione degli stessi nelle fasi di attuazione dei regimi di aiuto.

La conferma che l'obiettivo da perseguire riguarda la capacità di privilegiare uno sviluppo socio-economico in grado di rispettare le *vocazioni territoriali* ampiamente consolidate, ma anche di favorire processi di *crescita integrata* dei comparti e delle filiere produttive, nonché di promuovere la nascita e lo sviluppo di *nuove attività* a elevata intensità di conoscenza e d'innovazione che siano in grado di diversificare i prodotti e allargare i mercati creando, per questa via, nuova occupazione, non trova alla fine concreta e totale attuazione passando dalla fase di programmazione dei fondi strutturali alla fase di attuazione.

Competitività, innovazione e ampliamento del sistema produttivo, seppur previsti come elementi di una strategia integrata di intervento con l'obiettivo principale di moltiplicare le ricadute positive in termini di reddito e di occupazione in tutte le regioni dell'Ob. 1, non trovano ancora la strada per una efficace attuazione.

Affinché il locale non si trasformi in localismo, bisogna puntare sì, sui fattori endogeni e sulla competitività, anche tramite l'utilizzo dell'innovazione tecnologica e con le certificazioni ambientali, ma tutto ciò non è sufficiente se rimane semplicemente a livello di «indicazioni strategiche». Dalla studio condotto appare che nonostante gli sforzi condotti da parte delle Regioni nello sfruttare al meglio le opportunità di finanziamento dei fondi strutturali, l'obiettivo da tutti perseguito, *uno sviluppo economico sostenibile e dal basso,* non sia ancora stato raggiunto. L'articolazione e la densità dei luoghi e dei loro attori, la loro capacità di muoversi e di negoziare fra loro e con gli attori globali (sia nella prospettiva *local to local* da città a città, da regione a regione ecc., sia in quella *local to global*) e, nel contempo, l'integrazione «sostenibile» fra i diversi luoghi (Stati nazionali, attori sub-nazionali pubblici e privati ecc.) sono aspetti che si auspica che saranno maggiormente presi a riferimento per la futura programmazione e gestione dei finanziamenti comunitari anche in vista dell'avvenuto allargamento ai nuovi Paesi (che si ritroveranno a sostituire buona parte delle regioni Ob. 1) per evitare il rischio di uno sviluppo basato su politiche essenzialmente *top-down*.

*Documenti analizzati per lo studio*

Regione Campania, 2004, *POR Campania* e *Cdp, www.regione.campania.it*
Regione Calabria 2004, *POR Calabria* e *Cdp, www.regione.calabria.it*
Regione Puglia, 2004, *POR Puglia* e *Cdp, www.regione.puglia.it*
Regione Sicilia, 2004, *POR Sicilia* e *Cdp, www.regione.sicilia.it*
Regione Sicilia, 2004, *POR Sardegna* e *Cdp, www.regione.sardegna.it*
Regione 2004, *POR Basilica* e *Cdp, www.regione.sardegna.it*

Italo Iozzolino [*]

# DALL'ADRIATICO AL MAR NERO... E OLTRE: IL CORRIDOIO VIII FATTORE DI STABILIZZAZIONE, DI INTEGRAZIONE E DI SVILUPPO DELL'EUROPA SUD-ORIENTALE

*Premessa*

Il tema della creazione di reti efficienti di trasporto e di comunicazione è senza dubbio strettamente collegato alla progressiva integrazione tra la sezione occidentale e quella orientale del nostro Continente. All'indomani della caduta del Muro di Berlino e del dissolvimento più o meno indolore dei regimi comunisti che per oltre quarant'anni hanno dominato i Paesi dell'Est, l'Europa intera, dall'Atlantico fino agli Urali, è venuta, per la prima volta nella storia, a costituire uno spazio geopolitico e geoeconomico unico non più separato dalla Cortina di Ferro imposta dalle superpotenze. È stata perciò da subito avvertita l'esigenza di ridisegnare il sistema infrastrutturale e di trasporto su scala pancontinentale in modo da inserirvi tutti quei paesi che sono entrati a pieno titolo nell'Unione Europea nello scorso mese di maggio o che si apprestano a farlo in tempi brevi. Del resto, questi paesi sono stati a lungo orientati, economicamente e non solo strategicamente, verso est, verso quell'impero sovietico di cui costituivano dei meri satelliti, se non addirittura, come nel caso dell'Albania, chiusi e impermeabili verso l'esterno. L'idea di dar vita a dei corridoi paneuropei di collegamento, ovvero a degli assi multimodali – stradali, ferroviari, energetici, di telecomunicazione – ha, dunque, una genesi essenzialmente geopolitica: colmare la frattura provocata dal comunismo sovietico e favorire la piena integrazione all'UE di quella «metà d'Europa» rimasta finora ar-

---

[*] Dipartimento di Analisi delle Dinamiche Territoriali e Ambientali, Università di Napoli «Federico II».

tificiosamente e forzatamente separata. È stata la prima Conferenza paneuropea sui trasporti di Praga (1991) a gettare le basi del progetto nelle sue linee generali e soprattutto a inserire la questione del collegamento est-ovest tra le priorità strategiche dell'azione comunitaria. Nelle successive conferenze di Creta (1994) e di Helsinki (1997) sono stati individuati e definiti ben dieci corridoi, che vengono a disegnare, per il momento solo sulla carta, un reticolo denso e articolato, con intersezioni e punti di scambio tra le diverse direttrici, in grado di costituire, in un futuro si spera non troppo remoto, il tessuto connettivo del Continente.

Obiettivo del presente contributo è analizzare nel dettaglio uno dei corridoi che interessano il nostro Paese, l'VIII per esattezza, valutarne i punti di forza e quelli di debolezza, comprenderne l'importanza strategica, individuare gli attori geopolitici che hanno interesse alla sua realizzazione e quelli che al contrario sono concorrenti e competitori.

*Definizione e percorso*

Il Corridoio VIII si snoda lungo un percorso ovest-est che dall'Adriatico conduce al Mar Nero attraversando il territorio di Albania, F.Y.R. Macedonia e Bulgaria. Esso comprende un sistema di oltre 900 km di strade e di quasi 1.200 km di ferrovie, paralleli alle quali dovrebbero essere realizzati oleodotti e gasdotti per il trasporto degli idrocarburi del Caspio. Interessa inoltre direttamente tre porti (Durazzo, Burgas e Varna) e altri indirettamente (Bari, Valona, Costanza), nonché tre aeroporti internazionali (Sofia, Skopje e Tirana). Il tracciato convenzionale, individuato per grandi linee nel corso della seconda Conferenza sui trasporti paneuropei di Creta (1994), è stato precisato nel Protocollo d'Intesa sottoscritto nel settembre 2002 a Bari dai rappresentanti di tutti i paesi direttamente coinvolti.

Il punto di partenza è per convenzione il porto di Durazzo, sebbene i poli occidentali del tracciato debbano essere considerati Bari e Brindisi, dove il Corridoio VIII si interconnette con il cosiddetto «Corridoio adriatico». Da Durazzo, il tracciato principale giunge a Rrogozhine e da qui a Elbasan, mentre Tirana, che ufficialmente è tappa del Corridoio, vi è in realtà collegata per mezzo di una bretella di 36 km, così come, del pari, l'aeroporto internazionale «Madre Teresa» di Rinas. Dopo Elbasan e fino al confine la strada si fa impervia, con frequenti tornanti e con pendenze che raggiungono in taluni tratti il 7%, il valore massimo stabilito dallo standard di realizzazione dell'opera. Il Corridoio penetra in F.Y.R. Macedonia dalla sponda settentrionale del lago di Ohrid e, dopo aver attraversato il territorio a maggioranza albanese, giunge a Tetovo, per poi puntare dritto su Skopje, dove si incrocia con il Corridoio X, quello che dall'Austria arriva in Grecia e in Turchia. Lasciata la capitale macedone, la strada torna a farsi di difficile percorrenza, soprattutto una volta superata Kumanovo e almeno fino a Radomir in territorio bulgaro. Qui inizia una superstrada che conduce a Sofia. Nella capitale bulgara, il Corridoio VIII interseca il IV, proveniente dalla Romania, e il X, dalla Serbia-Montenegro. Le tre direttrici paneuropee proseguono sullo stesso tratto fino quasi a Stara Zagora. Poi, mentre il IV e il X volgono verso sud-est, il Corridoio VIII entra nella valle del fiume Maritsa puntando dritto verso il Mar Nero. I terminali convenzionali a est del Corridoio sono i porti bulgari di Burgas e di Varna, anche se da più parti è stata avanzata la proposta del suo prolungamento fino in Georgia e al Mar Caspio, in modo da dare vita a un sistema multimodale e integrato tra il nostro Paese e le repubbliche centrasiatiche ex sovietiche. È allo studio, inoltre, la possibilità di realizzare alcune diramazioni aventi lo scopo di interconnettere il Corridoio VIII con le altre direttrici continentali. Partendo da ovest, si pensa a un collegamento Qafe Thane-Kapshtice-Kristallopigi secondo un asse nord-sud che dal confine macedone-albanese giunge in Grecia a intercettare la cosiddetta Via Egnatia, e a due diramazioni in territorio bulgaro, entrambe volte a connettere il Corridoio VIII con i Corridoi IV e IX: la strada Byala-Gorna Oriahovica-Plevenn-Sofia e quella Ormenion-Svilengrad-Burgas.

Tutto, o quasi, il percorso appena descritto è però per il momento solo sulla carta. L'Albania resta il paese con il più grave deficit infrastrutturale: non vi sono autostrade, gran parte delle strade è in pessime condizioni, così come la rete ferroviaria che andrebbe quasi integralmente ricostruita per adeguarsi agli standard europei di qualità e di sicurezza. Eppure, il «paese delle aquile» occupa una posizione nodale per la realizzazione non solo del Corridoio VIII, ma anche della cosiddetta «autostrada adriatico-ionica», che da Trieste, lungo un percorso di circa 1500 km giungerà ad Igoumenitsa (Grecia) attraversando Slovenia, Croazia, Bosnia e Montenegro.

Decisamente migliore la situazione in F.Y.R. Macedonia, la cui rete stradale e ferroviaria risente però dei passati assetti geopolitici dell'area e si presenta perciò distribuita quasi esclusivamente lungo un asse nord-sud, ovvero in direzione Serbia. Mancano invece collegamenti efficienti su gomma e su ferro tanto verso l'Albania quanto verso la Bulgaria. Quest'ultima, complice anche un'orografia meno articolata e complessa, è il paese che presenta le più incoraggianti condizioni di partenza. Buona nel complesso la rete stradale. Gli interventi previsti in seno al Corridoio VIII riguardano il ripristino e il raddoppio di carreggiata della tratta Gjusevo-Radomir, la realizzazione della circumvallazione di Sofia che consentirà di by-passare la capitale riducendo considerevolmente i tempi di percorrenza della direttrice e la costruzione dell'autostrada del Mar Nero che agevolerà i collegamenti tra i due porti di Varna e di Burgas. Lavori di ammodernamento sono previsti anche per il tracciato ferroviario e segnatamente nelle sezioni Radomir-Sofia e Karnobat-Burgas.

Vi sono poi i porti, che rivestono un ruolo chiave nell'implementazione del Corridoio, costituendo essi, tanto a ovest (Durazzo, e in misura minore Valona) quanto a est (Burgas e Varna), i punti di accesso alla direttrice. Dalla loro capacità di intercettare flussi crescenti di merci e di persone dipenderà in buona sostanza la riuscita di tutto il progetto infrastrutturale con evidenti ricadute economiche sui paesi coinvolti. L'ammodernamento del porto di Durazzo è iniziato nel dicembre 1998 ma non è ancora concluso. Restano da realizzare alcune calate, altre devono essere ultimate o ampliate, mentre risultano decisamente carenti le infrastrutture e i servizi portuali (rete sanitaria e di pulizia, canalizzazioni, gru per il sollevamento container e così via). Nel luglio 2003 il PHARE ha proposto inoltre la costruzione di un terminal per traghetti con un costo di circa 20 milioni di euro, il cui finanziamento non è stato ancora definito (DEL RE, 2003, p. 246). Anche per il porto di Valona, considerato il secondo accesso al Corridoio, sono stati elaborati un Master Plan e uno studio di fattibilità per il suo potenziamento. Famoso fino a pochi anni fa come punto di imbarco delle migliaia di disperati che cercavano di approdare sulle coste pugliesi potrebbe diventare nel medio periodo la base per i *super-oil tankers* che trasporteranno il petrolio proveniente dalla regione del Caspio.

Un ulteriore impulso alla crescita dei porti albanesi potrebbe poi giungere dal progetto «Autostrade del Mare», fortemente voluto dall'Italia e che prevede la messa a punto di una rete integrata di strutture portuali, in primis nell'Adriatico, ma in prospettiva in tutto il bacino del Mediterraneo, volta a ridurre drasticamente e in tempi relativamente brevi (il progetto dovrebbe essere ultimato prima del 2020) il traffico merci su strada.

In Bulgaria gli interventi riguardano i porti di Burgas e Varna. Il primo costituisce il terminal per l'import-export delle due principali aree industriali del Paese (Sofia e Plovdiv), mentre il secondo risulta collegato al porto di Ruse sul Danubio e perciò con i paesi mitteleuropei.

In vista dell'inevitabile incremento dei flussi di traffico, di persone come di merci, che si manifesterà con la progressiva integrazione nell'UE dei paesi dell'Europa sud-orientale, sono stati inoltre previsti lavori di ampliamento delle principali aerostazioni presenti nell'area: l'aeroporto «Madre Teresa» di Rinas in Albania, quelli di Skopje e Ohrid in F.Y.R. Macedonia e quelli di Sofia (terminal non solo del Corridoio VIII, ma anche dei Corridoi IV e X), Varna e Burgas in Bulgaria.

*L'importanza del Corridoio VIII*

Se ci si ferma ad analizzare esclusivamente il quadro economico relativo ai paesi direttamente interessati al Corridoio VIII non si può non manifestare qualche perplessità circa l'utilità di tale direttrice. Quasi tutti gli indicatori macroeconomici sono di segno negativo: il PIL *pro capite* e i livelli di potere d'acquisto sono estremamente bassi, i tassi d'inflazione e di disoccupazione risultano elevati, gli investimenti diretti dall'estero non sembrano adeguati per vivacizzare le economie locali, la ripartizione della popolazione attiva per settori di attività denota ancora una marcata specializzazione nel primario. In altre parole, la transizione da economie centralizzate a economie di mercato, che fin dall'inizio si è presentata come una sfida ardua, risulta ben lungi dall'essere conclusa, anche a causa delle situazioni di conflitto e per l'instabilità politica che hanno caratterizzato negli ultimi lustri tutta la Penisola Balcanica.

Emblematico il caso dell'Albania, la quale, con un PIL di circa 4 miliardi di dollari e un reddito *pro capite* di poco superiore ai 1100 dollari (ICE, 2003), resta uno dei paesi più poveri non solo dell'area ma di tutto il continente. E ciò, nonostante il ritmo del cambiamento sia stato il più rapido di tutta l'Europa orientale. Pur essendo stata definita dall'IMF «allievo modello» per avere con estrema tempestività implementato le riforme che le venivano via via suggerite, l'Albania è sembrata infatti adottare una politica dell'emergenza, spesso disorganica e impulsiva, rinunciando così a elaborare un progetto complessivo di politica economica a medio e lungo termine in grado di trasformare le basi economiche del paese. Certo, c'era da fare i conti con un passato ingombrante, con una struttura produttiva obsoleta e inefficiente ereditata da un regime chiuso in una folle utopia autarchica che ne aveva impedito lo sviluppo, ma è un fatto che l'Albania di oggi continui a dipendere dall'assistenza finanziaria degli organismi internazionali.

La F.Y.R. Macedonia, dal canto suo, già negli anni in cui faceva parte della Yugoslavia di Tito era la più povera tra le repubbliche della federazione. Una situazione aggravata dalle difficili relazioni con i paesi vicini: a est con una Bulgaria, fedele delfino dell'URSS, con cui la non allineata Yugoslavia aveva tagliato ogni relazione, a est con l'Albania di Enver Hoxha, chiusa e impenetrabile. Il dissolvimento della Yugoslavia e i conflitti interetnici che l'hanno devastata hanno perciò privato il paese degli unici mercati di sbocco per la propria economia, nonché dei finanziamenti che giungevano da Belgrado. Nonostante ciò, la Macedonia ha scelto con coraggio e determinazione la strada dell'indipendenza e della democrazia riuscendo, tra l'altro, a tenersi fuori dai conflitti che nel frattempo insanguinavano i paesi vicini. Solo dopo la guerra in Kossovo e in seguito all'arrivo di un gran flusso di profughi, le relazioni tra maggioranza macedone e minoranza albanese, fino a quel momento fondate sulla reciproca tolleranza, hanno iniziato a incrinarsi paurosamente. Non si può parlare di vera e propria guerra civile, ma, nondimeno, alcune formazioni paramilitari albanesi raccolte attorno all'Esercito di Liberazione Nazionale (Uçk, lo stesso acronimo dell'Esercito di Liberazione del Kossovo) hanno iniziato ad agire con tattiche di guerriglia nella sezione settentrionale del paese, cioè immediatamente a nord del tracciato del Corridoio VIII. La situazione sembra ora normalizzata, anche se alcune aree del paese restano sotto il controllo dei miliziani albanesi.

La difficile situazione politico-militare ha portato la F.Y.R. Macedonia sull'orlo della crisi finanziaria. Nel 2001, infatti, il PIL reale è diminuito del 4,5% e anche nel 2002 si è registrata una flessione, seppur più contenuta (–2%). Poi una leggera ripresa lo scorso anno, dovuta a un incremento della produzione industriale, soprattutto nei settori tessile e dell'acciaio, e dunque delle esportazioni. Bene anche l'edilizia. In Macedonia hanno infatti sede alcune delle principali imprese dell'area. Tra queste, la Mavrovo ha ottenuto in appalto i lavori per la realizzazione di alcuni tratti del Corridoio VIII in Albania e in Macedonia. Permangono però un elevatissimo tasso di disoccupazione (tra il 30 e il 40% a seconda delle fonti) e un reddito *pro capite* tra i più bassi dell'area.

Discorso diverso va fatto con riguardo alla Bulgaria. Il più stretto alleato di Mosca di un tempo all'interno del Patto di Varsavia, è oggi uno dei paesi che con maggiore rapidità ed entusiasmo sta marciando verso la piena integrazione nell'UE, prevista per il 2007. La riforma del sistema fiscale e bancario, l'introduzione di norme anti-trust e contro la corruzione, le precoci politiche di privatizzazione hanno favorito l'arrivo di un considerevole flusso di investimenti stranieri che hanno in parte compensato le difficoltà legate alla transizione economica. Il PIL risulta perciò in costante crescita e, con esso, i redditi *pro capite*, e anche l'inflazione, pur se lontana dalle medie europee, appare sotto controllo. Resta il problema di un apparato industriale obsoleto e la presenza massiccia di investimenti russi, la qual cosa potrebbe in futuro finire col condizionare alcune scelte geoeconomiche e strategiche da parte del governo di Sofia e comprometterne il processo di occidentalizzazione e di «europeizzazione».

Le difficoltà sono dunque notevoli, ma liquidare il Corridoio VIII come inutile prendendo a pretesto la debolezza economica e l'instabilità politica dell'area non sembra una impostazione condivisibile. Al contrario, la realizzazione in tempi ragionevoli di tale direttrice apre interessanti scenari di crescita economica e di integrazione in seno all'UE dei paesi coinvolti. Esso migliorerà le comunicazioni, accorcerà enormemente i tempi degli spostamenti, aumenterà la dotazione di servizi, consentirà ai paesi coinvolti di sfruttare al meglio le proprie risorse naturali e le proprie potenzialità e di immettere sui mercati internazionali i propri prodotti, attirando nel contempo nuovi investimenti diretti dall'estero. A condizione, ovviamente, di coinvolgere nel processo le amministrazioni e le popolazioni locali e di affiancare al progetto politiche di marketing strategico capaci sia di «preparare» e di attrezzare il territorio con interventi, ad esempio, sulle reti urbane e sulla viabilità secondaria, sia di favorire la crescita economica e l'integrazione con l'UE.

L'importanza del Corridoio VIII per la stabilizzazione dell'area è, poi, ampiamente riconosciuta a livello internazionale. Del resto, nell'ambito del Patto di Stabilità per l'Europa Sudorientale[1], grande attenzione è rivolta alla realizzazione

---

[1] È l'iniziativa nata il 10 giugno 1999 a Colonia, ovvero il giorno stesso della conclusione della guerra in Kossovo, dall'intesa dei diversi attori internazionali interessati alla stabilizzazione dei Balcani: l'UE, i paesi del G8, gli Stati dell'Europa sud-orientale, osservatori di Banca Mondiale, Fondo Monetario Internazionale, Banca Europea per gli Investimenti, Banca Europea per la Ricostruzione e lo Sviluppo.

delle infrastrutture. Dei tre tavoli di lavoro in cui è stata suddivisa l'attività del Patto, quello che ha finora ricevuto i fondi più cospicui è stato proprio il Working Table II che ha tra i propri compiti l'eliminazione delle barriere create dai confini – che in questa parte d'Europa hanno sempre avuto una notevole rilevanza non solo politica, ma anche etnica, religiosa e culturale – e la creazione di uno spazio economico comune. Alcuni progetti che rientrano nel Corridoio VIII, come ad esempio la modernizzazione del porto di Durazzo o il raccordo di Skopje, sono stati già approvati e finanziati.

La debolezza economica e l'instabilità politica – di Albania e Macedonia e, in misura minore della Bulgaria – non rappresentano gli unici ostacoli alla realizzazione del Corridoio VIII. Tra i detrattori del progetto, infatti, è diffusa l'opinione che la direttrice costituisca una sorta di «corridoio delle mafie», dal momento che attraversa aree nelle quali forte è il peso delle organizzazioni criminali. Più che unire popoli, culture, economie, il Corridoio finirebbe così con il favorire i traffici illeciti di sostanze stupefacenti e di armi, nonché i flussi di clandestini provenienti dall'Asia. Per di più c'è il rischio concreto che molte delle opere progettate vengano subappaltate a imprese controllate dalle organizzazioni mafiose, quelle albanesi, presenti in Albania e in Macedonia, e quelle russe, che hanno importanti basi in Bulgaria. Sembra però più corretto capovolgere tale impostazione. Proprio la realizzazione del Corridoio, infatti, consentirà di rompere l'inaccessibilità di quelle aree «grigie» che oggi fungono da base a gruppi criminali e terroristici, agevolerà i controlli, permetterà di avviare collaborazioni concrete e fattive tra forze di polizia e di affermare i principi della legalità internazionale. Del resto, basta guardare quanto accaduto negli ultimi anni in Kossovo. Fino agli anni della guerra civile, Pristina costituiva il crocevia più importante della cosiddetta «Balkan Route» attraverso la quale l'eroina prodotta in Asia giungeva in Occidente. Poi l'intervento della NATO e la presenza della forza multinazionale di pace hanno indotto le organizzazioni criminali ad abbandonare l'area e a ripiegare più a sud proprio in Macedonia.

*La «competizione» tra corridoi*

L'ostacolo principale alla realizzazione del Corridoio VIII sembra però essere quello della «concorrenza» tra corridoi. Con la fine del regime di Milosevic, infatti, e la conseguente riammissione della Federazione serbo-montenegrina nella comunità internazionale, il Corridoio VIII, che aveva uno dei suoi punti di forza proprio nella possibilità di offrire una nuova e alternativa via di comunicazione interbalcanica in grado di by-passare la Serbia, sembra suscitare minore interesse rispetto al passato in favore di quel Corridoio X che collegherà l'Europa centrale a Grecia e Turchia, passando per Slovenia, Croazia, Serbia, Macedonia e Bulgaria.

La minaccia più seria arriva comunque da sud, da quella Via Egnatia [2] che rappresenta di fatto un percorso alternativo rispetto al Corridoio VIII. Si tratta, infatti, di una direttrice ovest-est che da Igoumenitsa sull'Adriatico giunge sulle sponde turche del Mar Nero attraversando tutta la sezione settentrionale della Grecia. In senso strettamente tecnico la Via Egnatia non è un Corridoio, in quanto non fa parte di quell'elenco di progetti di collegamento multimodale stilato in occasione delle Conferenze paneuropee sui trasporti di Creta e di Helsinki. Rientra però tra i progetti prioritari individuati dal Consiglio Europeo di Essen del 1996 e perciò usufruisce di un canale privilegiato per il finanziamento da parte degli organismi comunitari. È dunque pressoché certo, data anche la progressiva distensione dei rapporti tra Grecia e Turchia, che la Via Egnatia sarà completata prima del Corridoio VIII e che, a quel punto, quest'ultimo rischierà di apparire superfluo, soprattutto dietro le pressioni diplomatiche di Atene. Il governo ellenico ha infatti tutto l'interesse a far sì che la Via Egnatia resti l'unica direttrice di collegamento meridionale tra il Mediterraneo e il Mar Nero, contrastando nel contempo, per quanto possibile, il completamento del Corridoio VIII. L'Albania in particolare avrebbe subito in passato diverse pressioni. Sulla rivista «Limes», si racconta di come nel 1993 il ministro albanese delle costruzioni Ilir Manushi, durante una visita in Grecia, sia stato indotto «a tacere e a sabotare il Corridoio VIII», o degli accordi segreti tra l'ex primo ministro Fatos Nano e il Pasok (Partito socialista greco) per limitare «la penetrazione straniera nei Balcani», o ancora degli sforzi fatti da Atene per far ottenere diversi appalti di opere pubbliche al costruttore Sarandopoulos (DEL RE, 2001).

La Grecia è poi il principale investitore straniero in Macedonia. Qui però le pressioni, se pure ci sono state, sembra siano state indirizzate soltanto a far sì che Skopje privilegiasse il Corridoio X rispetto all'VIII. Si tratta, del resto, di una situazione in continua evoluzione: se durante il conflitto in Kossovo era logico che la Macedonia puntasse tutto sul Corridoio VIII, ora, con il nuovo corso democratico in Serbia e, soprattutto, con l'inasprirsi delle relazioni interne con la minoranza albanese, le scelte di Skopje potrebbero mutare.

Quanto, infine, alla Bulgaria, pur avendo quest'ultima ripetutamente manifestato l'interesse a portare avanti i progetti che riguardano le tratte sul proprio territorio del Corridoio VIII, potrebbe in realtà decidere, di fronte al manifestarsi di ritardi eccessivi nella sua realizzazione o di difficoltà nel reperimento dei fondi necessari, di fare un passo indietro. Del resto, nella futura architettura infrastrutturale pancontinentale la Bulgaria verrà a trovarsi in una posizione per così dire «epicentrale», essendo attraversata da ben cinque corridoi (IV, V, VIII, IX, X, senza contare il VII ovvero il corso del Danubio che fa da confine con la Romania). E

---

[2] Il suo nome deriva dalla strada realizzata dai Romani quale prosecuzione nei Balcani della Via Appia, anche se l'attuale tracciato risulta ben più a sud di quello «storico».

dunque, in una situazione di probabile «competizione» tra corridoi, potrebbe essere portata a preferirne alcuni a discapito di altri.

*Considerazioni conclusive*

Gli interessi alla realizzazione del Corridoio VIII travalicano l'ambito strettamente regionale. Si è detto in precedenza che il Corridoio costituisce un asse multimodale e che tra i progetti vi è quello di realizzare un oleodotto capace di trasportare il petrolio delle repubbliche ex sovietiche in Europa. Ebbene, proprio in ciò risiede l'importanza strategica del Corridoio VIII, a prescindere ovviamente dal contributo in termini di stabilizzazione e di integrazione che esso potrà offrire. La possibilità, cioè, da un lato, di far giungere il petrolio caucasico nei mercati occidentali senza passare dal Bosforo, riducendo così anche i rischi ambientali che ne conseguono e, dall'altro, di diversificare le fonti di approvvigionamento e ridurre così la «dipendenza» dai paesi del Golfo Persico e da quelli nord africani. È un'esigenza, quest'ultima, particolarmente sentita dagli Stati Uniti che, per di più, cercano di accedere alle risorse energetiche del Caucaso e dell'Asia centrale tagliando fuori la Russia dalle reti di approvvigionamento o, quanto meno, eliminando quel monopolio di cui finora Mosca ha goduto. La realizzazione nel 1998 con il sostegno finanziario di Washington dell'oleodotto Baku (Azerbaigian)-Supsa (Georgia), alternativo a quello già esistente Baku-Novorossijsk (Russia), va letta proprio alla luce di tale strategia. Resta però il problema di come trasportare il petrolio nel Mediterraneo evitando il Bosforo. Un primo progetto prevede la costruzione di un oleodotto interamente in territorio turco tra Samsung (sul Mar Nero) e Ceyhan (nel Mediterraneo), ove già arriva il petrolio iracheno. Complementare a questo più che concorrente un secondo progetto molto più ambizioso: realizzare un oleodotto da Burgas a Durazzo (e un gasdotto da Burgas a Valona) coincidente di fatto con il tracciato del Corridoio VIII. L'idea, manco a dirlo, è statunitense, ma gode del pieno sostegno di tutti i paesi interessati per le ricche *royalties* di cui potranno beneficiare e per la possibilità di rifornire direttamente le proprie raffinerie[3].

Chi trarrà maggiore giovamento dalla realizzazione del Corridoio VIII sarà comunque l'Italia, la quale già da diversi anni è impegnata nell'estrazione del greggio dal Kazakistan e ambirebbe a vederlo trasportare attraverso rotte più brevi, sicure ed economiche. D'altro canto, il nostro Paese è venuto ad assumere negli

---

[3] Il progetto è stato lanciato dall'Albania-F.Y.R. Macedonia-Bulgaria Oil Pipeline (AMBO), società con capitale statunitense registrata in Macedonia. I primi studi di fattibilità sono stati ultimati nel 1995 e sono ora all'esame della Trade and Development Agency, l'agenzia federale USA responsabile, tra le altre cose, della South Balkan Development Iniative (SBDI).

ultimi tempi un ruolo preminente nell'area, sia come partner commerciale nelle relazioni bilaterali, sia come donatore e finanziatore di numerosi progetti. Una penetrazione nell'area formalizzata con la l. 84 del 2001 recante «Disposizioni per la partecipazione italiana alla stabilizzazione, alla ricostruzione e allo sviluppo dei paesi dell'area balcanica», che prevede lo stanziamento di fondi per progetti definiti «di particolare interesse nazionale». Tra questi vi è certamente il Corridoio VIII. Non a caso, allora, il Memorandum d'Intesa, che crea i presupposti per avviare iniziative concertate tra i Paesi interessati al Corridoio, è stato sottoscritto a Bari il 9 settembre 2002, nella cornice della 66ª. Fiera del Levante. Così come, sempre presso la Fiera del Levante sarà istituita la Segreteria Tecnica, ovvero la «cabina di regia» dell'asse multimodale.

Il disegno geopolitico alla base di tali iniziative è evidente: fare dell'Italia una «cerniera» strategica tra Europa occidentale ed Europa orientale e balcanica, e, in prospettiva, tra Europa e Asia, vincendo la concorrenza di altri paesi, Grecia soprattutto, candidati ad assumere questa importante funzione.

## BIBLIOGRAFIA

ADRIATICUS, *Le conseguenze geopolitiche del Patto di stabilità*, in *Gli Stati mafia*, Roma, 2000, 1, pp. 87-99 («I Quaderni Speciali di Limes»).

ADRIATICUS, *Balcani adriatici: ultima chiamata per l'Italia*, in «Limes», Roma, 2002, 1, pp. 183-194.

BAKIS H. (a cura di), *Communications et territoires*, Parigi, La Documentation Française, 1990.

BIEHL D. (a cura di), *The Contribution of Infrastructure to Regional Development*, Bruxelles, Commission of the European Communities, Infrastructure Study Group, 1986.

BIRD J., *Seaports and Seaport Terminals*, Londra, Hutchinson, 1971.

BRUNET R., *L'enjeu du transport*, in «L'Espace géographique», Parigi, 1993, 3, pp. 219-232.

CAMPIONE G., *Il dominio territoriale delle funzioni*, Milano, Giuffrè, 1988.

CANNING D., *The Contribution of Infrastructure to Aggregate Output*, Washington, World Bank, 1999.

CARALP R. e MUSCARÀ C., *Ports and Transports*, Venezia, Istituto di Geografia dell'Università, 1975.

CIRIACI D., *Il Sud rischia di essere al margine delle principali infrastrutture di trasporto in Europa*, in «Informazioni Svimez», Roma, 2002, 1-2, pp. 19-23.

COMMISSIONE EUROPEA, *La politica europea dei trasporti fino al 2010: il momento delle scelte*, Bruxelles, COM (2001) 370 def.

COMMISSIONE EUROPEA, *Trans-European Transport Network. TEN-T Priority Projects*, Bruxelles, 2002.

COMMISSIONE EUROPEA, *Sviluppare la rete transeuropea di trasporto: finanziamenti innovativi, interoperabilità del telepedaggio*, Bruxelles, COM (2003) 132 def.

CONFINDUSTRIA-ECOTER, *La dotazione infrastrutturale nelle province italiane. Aggiornamento al 1997*, in «Politiche Territoriali e Mezzogiorno, Studi e documenti», Roma, 2000, 33.

CONFINDUSTRIA-ECOTER, *Analisi della dotazione di infrastrutture nei principali paesi europei*, «Politiche Territoriali e Mezzogiorno, Studi e documenti», Roma, 2000, 34.

CONTI S., *Geografia economica. Teorie e logica della rappresentazione spaziale dell'economia*, Torino, UTET, 1989.

DEL RE E.C., *La stabilità viaggia sul corridoio VIII*, in «Limes», Roma, 2001, 2, pp. 175-183.

DEL RE E.C., *Corridoio VIII. Realizzazione, finanziamenti, lavori, impatto*, Roma, Ministero delle Infrastrutture e dei Trasporti e ANAS, 2003.

DEL VISCOVO M., FACCI R. e ZANNIER M., *Il mercato potenziale del trasporto combinato*, Milano, F. Angeli, 1988.

DERYCKE P. et al., *Concentration urbaine et effets de congestion*, Rapport de recherche CEREVE, Parigi, Université de Paris X, DATAR, 1990.

FLICHY P., *Une histoire de la communication moderne*, Parigi, La Découverte, 1991.

HANSON S., *The Geography of Urban Transportation*, New York, The Guilford Press, 1986.

IOZZOLINO I., *La politica europea dei trasporti: dai TEN-T priority projects ai corridoi pancontinentali*, in «Bollettino della Società Geografica Italiana», 2004, 2, pp. 413-430.

LUCIA M.G., *I trasporti marittimi nelle teorie geografiche*, Milano, F. Angeli, 1990.

MERLIN P., *Géographie, économie et planification des transports*, Parigi, PUF, 1991.

MUSCARÀ C., *Mezzogiorno e Mediterraneo*, Napoli, Istituto di Geografia dell'Università, 1978.

NIJKAMP P., REICHMAN S. e WEGENER M., *Euromobile: Transport, Communications and Mobility in Europe*, Avebury, Aldershot, 1990.

NIJKAMP P. (a cura di), *Europe on the Move*, Avebury, Aldershot, 1993.

QUINET E., *Géographie et transports: la perspective européenne*, in «Annales de Géographie», Parigi, 1991, 557, pp. 53-63.

RIDOLFI G., *Nodi interni per i trasporti multimodali e combinati in Italia*, in «Rivista Geografica Italiana», Firenze, 1987, XCIV, 4, pp. 473-484.

RUGGIERO V., *L'innovazione tecnologica e l'evoluzione organizzativa nel trasporto aereo e le nuove funzioni nodali del Mediterraneo e del Medio Oriente*, in P. COPPOLA (a cura di), *Soggetti economici, soggetti politici, gerarchie territoriali. Atti del XXIV Congresso Geografico Italiano*, Bologna, Pàtron, 1988, pp. 445-449.

SENN L., *Sviluppo regionale e infrastrutture dei trasporti lungo il «South East-West Corridor»*, in «Acque e Terre», Venezia, 2000, 3, pp. 26-32.

SVIMEZ, *Le infrastrutture e lo sviluppo del Mezzogiorno*, «Informazioni SVIMEZ», Roma, 2002, 12.

TINACCI MOSSELLO M., *Geografia economica*, Bologna, Il Mulino, 1990.

VALLEGA A., *Per una geografia del mare: trasporti marittimi e rivoluzioni economiche*, Milano, Mursia, 1980.

VALLEGA A., *La geografia dei trasporti*, in G. CORNA PELLEGRINI (a cura di), *Aspetti e problemi della geografia*, Milano, Marzorati, 1987, pp. 375-406.

WORLD BANK, *Infrastructure and Growth: A Multicountry Panel Study*, Washington, 1996.

Igor Jelen *

# GLOBALIZZAZIONE, EUROPA, MEDITERRANEO: NUOVI SPAZI E NUOVE SCALE PER LA GEOGRAFIA POLITICA

*La scala del «moderno»*

La geografia politica moderna assume un'idea di Stato strutturato, luogo sociale e materiale che si realizza in uno schema di centri e periferie; è una figura che assume un ruolo definito e che nello stesso tempo configura un mezzo e un fine per qualsiasi azione, ovvero per qualsiasi politica.

Di fatto, lo Stato moderno deriva da una serie di tensioni ed è il prodotto delle esigenze che si sono manifestate in una certa fase della storia umana. Innanzi tutto ha realizzato una scala adeguata per le funzioni essenziali di individui e gruppi, e in particolare per: a) le funzioni della produzione e della distribuzione, quindi una scala adeguata per poter contenere i cicli industriali e fordisti; b) le funzioni della rappresentazione identitaria, con la realizzazione della cultura nazionale, e c), soprattutto, quella più importante ed urgente, la funzione della sicurezza, ovvero la funzione che determina le stesse possibilità del gruppo e della istituzione di sopravvivere e di riprodursi. E questo nel senso più ampio, di sicurezza interna – in un certo senso di sicurezza «da se stessi», contro i nemici interni – di difesa dall'esterno, di costruzione di un apparato bellico, di controllo di risorse e di presidio territoriale.

In questo senso vuole rappresentare una risposta a certe tensioni, sovrapponendosi a istituzioni arcaiche che nell'«antico regime», o comunque in un contesto premoderno, si proponevano di risolvere quelle stesse funzioni ma a un'altra scala, incompatibile con le dimensioni tipiche dei fenomeni della modernità –

---

* Dipartimento di Scienze Politiche, Università di Trieste.

quindi in modo meno efficace. Lo Stato moderno è il prodotto della transizione dall'universo dei feudi e dalla stessa idea di impero universale (che caratterizzavano la cultura medievale) a una organizzazione per Stati/nazione, mercati e strutture industrial/capitalistiche; da una visione a/territoriale – appunto medievale – a una razionalista e tecnologica. In questo senso rappresenta il prodotto di un'evoluzione, sia in senso materiale che ideologico, ovvero della formazione della civiltà moderna. Per questo, oggi, in un'epoca che vari autori definiscono di transizione e trasformazione verso una fase ulteriore, si pone la questione di quanto e in che misura lo Stato strutturato – territoriale e nazionale, organizzato su una precisa base amministrativa e culturale – potrà adattarsi a nuove condizioni di contesto.

*Verso il «globale»*

Infatti lo Stato moderno è stato sottoposto negli ultimi tempi – proprio in un'epoca che può essere definita di passaggio al post/moderno o di evoluzione globale – a un processo di erosione, a tratti rovinosa, a qualsiasi dimensione: sullo scenario interno e internazionale, economico, produttivo, delle infrastrutture e della comunicazione, e anche della sicurezza ovvero alla dimensione che più di qualsiasi altra restituisce l'immagine dello Stato inteso come istituzione civile. Si tratta delle funzioni che in altre epoche costituivano prerogative statali indiscutibili e che riguardavano per esempio la capacità di «battere moneta», la rappresentanza nel contesto internazionale e il diritto/dovere di garantire stabilità.

È un fenomeno che ha diverse conseguenze. La moltiplicazione di centri di potere concorrenti corrisponde alla proliferazione di centri di costo e di controllo, di istituzioni locali o internazionali, e corrisponde quindi alla necessità di regolamentare in certi termini il bilancio statale, il sistema delle competenze e delle responsabilità. Di fatto le politiche economiche e fiscali vengono condizionate, se non determinate, da parametri internazionali – o nel caso di Stati europei, dall'Unione – da enti e istituzioni sovra/nazionali, a carattere privatistico e comunque indipendenti dai governi, che svolgono una funzione di «monitoraggio» e rilasciano indici di *rating* e altre «pagelle». Si pensi alla dimensione finanziaria condizionata da un lato dalla diffusione di «monete universali», il dollaro e l'euro, sottratte al controllo del governo nazionale, e da un altro lato dalla diffusione di tecniche *corporate* e in genere di unità di conto non tradizionali. È il caso dei *bond* emessi dalle aziende, le quali assumono nello stesso momento in cui emettono dei «buoni» la capacità di creare e di certificare valore, quindi in un certo senso di «battere moneta», una delle tradizionali «leve» del potere centrale.

Lo stesso fenomeno caratterizza anche la politica interna: le istituzioni statali sono sottoposte alla pressione di istituzioni locali, le quali gestiscono direttamente varie funzioni sociali e territoriali e quindi una quota notevole della spesa corrente. Lo stesso fenomeno si sviluppa in parallelo per altre funzioni caratteristiche del potere statale: da alcuni decenni, in particolare, si assiste a un fenomeno di destrutturazione – definito a seconda dei casi come *deregulation*, federalismo, *devolution* o privatizzazione – e che riguarda vari settori dell'attività statale, dalla produzione alla erogazione di servizi fino all'organizzazione dell'ordine pubblico.

Così anche sullo scenario internazionale, dove quelle funzioni vengono svolte in misura sempre più rilevante da organizzazioni di carattere privatistico, con o senza fini di lucro, da organizzazioni internazionali, associazioni e sodalizi di varia natura, a volte vere e proprie multinazionali *non profit*. Persiste senz'altro l'azione di organizzazioni multi/statali o multi/governative, come NATO e agenzie ONU – e in un certo senso anche l'Unione Europea – le quali comunque sviluppano capacità autonome, a volte in contrasto con le direttive degli stessi governi che le avevano costituite sulla base di un trattato internazionale – e di una clausola di auto limitazione della sovranità, di regola di rango costituzionale. Ma questa azione è condizionata, a volte contrastata, a volte integrata, da un universo di organizzazioni non governative, di vario tipo e di varia dimensione, che nel complesso creano una dimensione parallela a quella della politica degli Stati tradizionali – ovvero «moderni». Si tratta di una politica estera parallela che si sovrappone alle funzioni una volta gestite dallo stato in via esclusiva e che assume una dimensione molto vasta.

È un fenomeno particolarmente evidente in certe circostanze, come in scenari di crisi, o per certi settori dell'industria o dell'energia – se si pensa alla funzione che le multinazionali svolgono per esempio nei settori dell'energia e degli idrocarburi. Questo in modo a volte coordinato o condizionato dal *national interest* di una *nation* in particolare – spesso una superpotenza o aspirante tale – a volte invece in modo del tutto scoordinato o anche contrapposto a quello degli Stati nei quali quelle stesse «compagnie» si erano originariamente formate, finendo per creare sistemi di potere fuori da qualsiasi controllo. Si pensi a certe *holding* con sedi o succursali presso «paradisi fiscali», strutturate come «scatole cinesi» o «bambole russe», di cui si ignorano numeri e organigramma reali e che di fatto rappresentano delle unità irresponsabili.

*La funzione della sicurezza*

Tutto ciò contribuisce a delineare un paesaggio di unità economico/politiche svincolate dagli apparati statali, e a volte anzi potenzialmente anti statali. Un paesaggio che coincide con le varie definizioni di globalizzazione, riproponendo il tema del significato delle strutture statali o almeno delle strutture centralistiche le quali, in un contesto di trasformazioni, subiscono uno stesso effetto di erosione e di perdita di senso (la cosiddetta de/funzionalizzazione). È una questione che riguarda i limiti strutturali di questo processo, nonché la stessa ideologia geografica di fine modernità. Alcuni scenari prefigurano una sorta di «magma» politico-culturale, che si diffonderebbe a scala planetaria, nel quale né funzioni né confini e neppure responsabilità e teleologie potranno essere immediatamente individuabili.

Soprattutto riguarda la capacità che le nuove strutture dimostreranno di saper gestire le funzioni che lo Stato, almeno durante certe fasi della «parabola» modernista (anche se forse è presto per recitare un *de profundis* per lo stato territoriale), era riuscito a controllare e a gestire in modo sufficientemente efficace. Si tratta delle funzioni che hanno portato allo sviluppo economico, alla formazione di società articolate e a una sostanziale stabilità – seppure con molte eccezioni – sviluppando sinergie tra tecnologia, società e politica. Proprio questa capacità – sebbene svolta in modo discontinuo e lacunoso nelle varie aree del Pianeta – ha rappresentato una base di legittimazioni efficace che ha permesso alla civiltà umana di crescere in modo straordinario.

Tra tutti gli scenari possibili – e che riguardano le funzioni indispensabili per garantire la convivenza civile – quello più incerto riguarda la funzione più importante e cioè quella della sicurezza. Secondo un certo modo di vedere, la funzione che coincide con la stessa base teleologica dello Stato – con la sua ragione d'essere: il suo ruolo sarebbe quello di garantire stabilità e capacità decisionale, la capacità, quindi, di utilizzare e di controllare la forza e qualsiasi strumento possa produrre «violenza» (e quindi di combattere l'antistato, ovvero la condizione nella quale l'arbitrio prevale sulla politica e sul diritto). Si tratterebbe di competenze e schemi di legittimazione con un senso tecnico, piuttosto che ideologico (per es. secondo Machiavelli e Schmitt), e questo per il fatto che nella realtà geo-storica la funzione della sicurezza è «una» ed è difficile da scomporre e da articolare e quindi deve essere esercitata da «uno» Stato, organismo indivisibile e sovrano.

E non potrebbe essere altrimenti, considerando il fatto che quella stessa funzione riguarda fenomeni che possono provocare danni gravi e irreversibili alla scala dell'immediatezza, nel brevissimo termine, quando è impossibile per qualsiasi organismo agire in base a procedure e codici e quando invece è possibile soltanto reagire e difendersi con gli stessi strumenti della «forza». Di fatto, chi gestisce la sicurezza deve saper difendere la comunità da eventi che possono assumere caratteristiche di gravità e di urgenza incomparabilmente maggiori rispetto a quelle proprie di altre funzioni, come per esempio produzione e sostentamento – l'economia – la rappresentazione identitaria, i servizi dell'assistenza e dell'istruzione, dell'organizzazione di infrastrutture o di altro tipo.

Proprio per questo la gestione della sicurezza resta una funzione difficile da razionalizzare e da «problematizzare», quindi da scomporre e articolare. Consiste nella capacità di garantire stabilità, di elaborare e di imporre un meccanismo di regolamentazione e di codificazione di conflitti e anche, e soprattutto, nella capacità di elaborare un apparato bellico o di polizia da opporre a potenziali minacce – o a rischi concreti; quindi ad eventi che possano provocare effetti irreversibili – di regola violenti – immediati e improvvisi a qualsiasi livello del *corpus* sociale. Certamente l'organismo che vuole svolgere questa funzione con efficienza deve poter disporre di mezzi adatti a rispondere a quelle stesse minacce, reali o potenziali. Deve poter affrontare il *first strike* o la semplice minaccia di un *first strike* che potrebbe avere conseguenze letali. Deve disporre in altri termini degli strumenti della forza fisica e anche delle fonti della conoscenza, di mezzi e di tecnologie adeguate e soprattutto della capacità politica, quindi delle risorse che legittimano l'uso della forza.

*Fenomeni di «erosione» per la funzione statale*

Nondimeno la cronaca e la realtà attuali registrano una serie di eventi che si scontrano con questo principio e che con il tempo potranno dare origine a tensioni, forse a una riconversione delle strutture della sovranità. È il caso innanzi tutto dell'affermazione e del consolidamento di un universo di organizzazioni internazionali, strutturate in modo da svolgere ruoli «simil/statali», sebbene agiscano al di fuori di una procedura di legittimazione e sebbene non dispongano di mezzi né di strutture adeguate. La comunità internazionale, nella sua complessità e ramificazione, sembra aver assunto un rilievo tale da delineare un'alternativa – piuttosto che uno strumento sussidiario o complementare – all'insieme degli Stati sovrani.

Un'evoluzione che viene accentuata da una serie di fenomeni che caratterizzano, ormai su vasta scala, la realtà interna alle nazioni strutturate e che derivano da quello stesso effetto di «erosione» provocato dalla proliferazione di organismi non statali. È il caso, in particolare, della privatizzazione di interi settori della vita sociale ed economica, un fenomeno che si sta diffondendo in varia misura e che era stato avviato in passato per ragioni funzionali piuttosto che ideologiche, quali la necessità di risparmiare sulla spesa pubblica, o anche per reazione a una certa iper/crescita dell'apparato amministrativo nazionale. Ma, in seguito, quella stessa manovra sembra aver prodotto conseguenze più gravi, innescando ulteriori cicli di disgregazione.

Questo fino al punto che gli autori parlano di privatizzazione di interi settori dello Stato, per esempio delle politiche sociali e di sostegno regionale, delle funzioni produttive e redistributive sia nella società che sul territorio, della conoscenza e della ricerca. È il caso di certe funzioni della sicurezza, della difesa e degli apparati bellici e questo fino a delineare una sorta di «privatizzazione della guerra». In un certo senso quelle funzioni vengono «mercificate» o «secolarizzate», diventando oggetto di scambio, speculazione – non per questo illegale o inopportuna per principio – ed entrando cioè nel normale gioco economico.

*Lo scenario della de/funzionalizzazione*

Ma spesso il fenomeno coincide con un indebolimento – e presumibilmente in futuro con una ulteriore de/funzionalizzazione – dell'apparato statale e con la crisi della stessa idea di Stato moderno. Si tratta di uno scenario pericoloso e che al momento si manifesta in forme non sempre evidenti: la debolezza delle strutture statali lascia spazio a organismi «di parte», che agiscono sia all'interno che all'esterno dello stesso apparato statale. È il caso di *lobbies* e consorterie varie, di strutture di potere e di concentrazione di potere che in seguito alle varie privatizzazioni – e al ritiro dello Stato da certi ambiti – riescono a guadagnare posizioni di privilegio e di monopolio. In un certo senso, la debolezza delle strutture statuali – basti pensare all'inefficienza del *welfare state* o alla difficoltà che le istituzioni incontrano a regolamentare nuovi mercati e nuove tecnologie – rende inevitabile la «privatizzazione» (di fatto o di diritto) di attività civili e politiche.

È uno scenario che sembra caratterizzare soprattutto Stati esterni allo spazio europeo/occidentale, dove la cultura liberaldemocratica ha radici meno profonde. Casi particolarmente rilevanti paiono essere quello della Russia – basti pensare al ruolo degli «oligarchi», delle varie compagnie semi/statali e semi/private attive nel settore dell'energia, dei «media» o delle *commodities* – e di altre «aree emergenti», dell'Est Europa e della Asia Centrale della transizione post/sovietica, del Sud-Est asiatico e dell'America Latina. È possibile che, qualora dovesse proseguire in questi termini, il processo di «erosione» possa riguardare anche sistemi occidentali e con consolidate tradizioni pluralistiche. Questo anche considerando il ruolo imprevedibile che può assumere lo sviluppo di nuove tecnologie – per esempio della telematica o dell'elettronica – provocando trasformazioni inattese nel «gioco» economico e politico.

Tuttavia il sistema di contrappesi costituzionali, di procedure e di controlli che caratterizzano le democrazie «mature» – a distanza di molti decenni o anche di secoli dalla loro formazione – dovrebbe continuare a svolgere un ruolo di mitigazione, tale da garantire alle istituzioni un ruolo di rappresentanza per interessi collettivi, ovvero per un certo *national interest*.

*Nuove forme della geografia politica*

Si pone allora la questione delle trasformazioni che caratterizzeranno la geografia politica del futuro ovvero della «scala» alla quale i nuovi Stati post-moderni dovranno adeguarsi – per poter sopravvivere o semplicemente per svolgere in modo più efficiente le varie funzioni. Difficilmente lo Stato, così come appare oggi, sarà in grado di continuare a rappresentare una scala adeguata e questo per tutta una serie di fenomeni che sembrano semplicemente essere fuori dalla portata e dalla possibilità del controllo da parte di compagini monoculturali, strutturate e tutto sommato di dimensioni ridotte. Non è soltanto il caso della mobilità e dei flussi intercontinentali, ma anche di questioni interne che sempre di più si collegano con fenomeni internazionali. È il caso archetipico della criminalità organizzata ma anche della gestione delle risorse energetiche e dell'ecologia, della regolamentazione di nuove tecnologie telematiche, dell'informazione, dei temi a più vasto respiro dello sviluppo e della redistribuzione.

Accantonata ma non esclusa l'opzione «zero» – che prevede che lo Stato «moderno» possa continuare a svolgere certe prerogative – appaiono varie alternative. Si tratta di uno scenario che, essenzialmente, riconduce al tema delle «grandi aree», intese sia come strutture politiche – quindi centralizzate e politicamente integrate – che come riferimenti più vaghi, cioè come «grandi spazi di omogeneizzazione». In questi spazi, i vari agenti della politica post-moderna – essenzialmente non statali – possono svolgere le proprie funzioni, per es. quelle della sicurezza e della regolamentazione, al di là di strutture e barriere moderne – per esempio di confini, apparati amministrativi e codici di vario tipo – ma senza indurre effetti disgreganti al livello della politica centrale.

Di fatto, la dinamica delle relazioni interne e internazionali – ovvero la combinazione delle stesse, fenomeno altrettanto tipico della cosiddetta globalizzazione – sta portando a nuove definizioni di istituzione politica. Da una parte sembra emergere un insieme di Stati unificati, una sorta di super/Stato – nel caso, l'Europa a «15» piuttosto che a «25»; in altre circostanze l'interazione sembra delineare semplici aree di convergenza, in senso culturale o anche materiale, non in senso politico – per esempio l'accordo NAFTA, gli accordi tra UE e Stati extraeuropei. In questo senso definisce degli «standard» geografici per sistemi culturali ed economici che tendono a convergere in un contesto non politico (ma questo soprattutto, e comprensibilmente, per paesi «piccoli e giovani», come molti paesi della transizione post-sovietica).

Si tratta di modalità diverse che si affermano in assenza di progetti di integrazione politica e che significano, nondimeno, la possibilità di perseguire manovre di integrazione – o meglio di dialogo – senza ulteriori formalizzazioni, ovvero senza interessare la sfera delle istituzioni. Gli attori di questa «standardizzazione» sono essenzialmente non statali – ma non per questo necessariamente non politici – configurando un modello che prevale in realtà in certi scenari, cioè quando l'integrazione politica non appare possibile – almeno alle attuali condizioni.

*Grandi aree, super/stati e standard di convergenza*

È il caso dell'Unione Europea – forse l'unico sopravvissuto tra tanti tentativi di integrazione inter/statale – che nella realtà attuale non appare tanto come un'«eccezione» della geografia politica, quanto la realizzazione di una nuova scala geografica. Di fatto, consente alle singole comunità nazionali e sociali di sopravvivere – seppure con altri ruoli – e di affrontare in modo più efficace le tensioni indotte dalla globalizzazione. Questo sebbene non sia ancora chiaro in che termini la compagine europea darà continuità al progetto di integrazione, se diventerà insomma un super Stato, con una sovranità e una struttura unificante, una confederazione o un semplice «club» di istituzioni autonome e auto/referenti. Oppure se continuerà a rappresentare uno spazio di interessi comuni, caratterizzato da convergenza di normative, stili di vita, politiche regionali e trans/confinarie, uno «standard» piuttosto che una istituzione condivisa.

Una evoluzione che dipenderà probabilmente dalla capacità di svolgere le funzioni tipiche dello Stato e in particolare dalla capacità di garantire quella stessa funzione della sicurezza e della stabilità che ontologicamente – o meglio geograficamente e storicamente – costituisce la «prima pietra» per qualsiasi fondazione statuale. Ma, evidentemente, è un livello di integrazione che si annuncia problematico, considerata la difficoltà che tanti Stati manifestano a mettere in comune le prerogative del potere, a scambiare sovranità in modo definitivo e irreversibile. Proprio a questo scenario sarebbe possibile sovrapporre i vari trattati, da Maastricht ad Amsterdam, che assumono come obiettivo una progressiva unificazione dello spazio politico europeo, ma in modo a volte eccessivamente burocratizzato (in realtà la stessa burocratizzazione significa probabilmente l'incapacità o la «non volontà» di affrontare il problema).

È un processo che avviene con molte contraddizioni e che difficilmente riesce a superare i limiti che segnano le singole sovranità, la definizione autentica del potere e il *national interest*. Difficilmente – come quasi mai nella storia si è verificato – lo Stato «vorrà» rinunciare «graziosamente» e in modo definitivo alle prerogative della sovranità. In realtà, le funzioni della forza e del controllo dimostrano di essere difficili – forse impossibili – da «problematizzare», da razionalizzare, in genere da gestire con procedure articolate e in comune con altri Stati (questo appunto perché richiamano rappresentazioni irrazionali, il senso della minaccia e della paura). Proprio la cessione irreversibile di sovranità – per esempio l'integrazione di apparati di sicurezza, degli eserciti nazionali che del tutto paradossalmente potrebbero in un altro momento essere usati contro lo stesso «interesse nazionale» – appare come l'ultimo «tabù», una barriera formidabile per qualsiasi processo di integrazione inter/statale.

Nondimeno, da un altro punto di vista, quegli stessi fenomeni di svuotamento progressivo del contenitore statale, ovvero la privatizzazione di settori strategici e vitali, dal *welfare* alla politica economica, dalla sicurezza interna alla difesa, rendono inevitabile e indifferibile un processo di ricodificazione delle strutture centralistiche – non solo a livello europeo. L'integrazione in qualche forma di super/Stato è l'inevitabile artificio perché lo stesso Stato possa difendersi dai fenomeni degenerativi della globalizzazione e anche da se stesso e dalle sue derive – per esempio dalla formazione di monopoli, da fenomeni di concentrazione di potere. E soprattutto da una tendenza all'isolamento – e alla negazione del confronto – che potrebbe causare e che in effetti ha spesso causato la rovina di interi settori della vita civile e produttiva (questa in realtà potrebbe essere definita come la prima causa della debolezza strutturale per Stati e istituzioni).

Ma a questo punto l'integrazione dei singoli Stati in una compagine più vasta – per esempio l'Unione Europea o altre istituzioni occidentali – darebbe origine a una sorta di «fortezza» con il rischio di escludere paesi limitrofi e di isolarsi dal resto del mondo, fatto di per sé non accettabile, sia per motivi etici che funzionali. Questo semplicemente perché l'assenza o l'interruzione del dialogo, a qualsiasi livello, non possono che «generare mostri» (per esempio migrazioni incontrollate, sottosviluppo, incomunicabilità e insorgenza di ideologie dell'esclusione e dell'isolamento). Allora, è necessario immaginare una nuova forma di integrazione che sia attuabile laddove non vi siano i presupposti per una integrazione politica e che possa rappresentare un modello da applicare per esempio in certe aree extra europee, che restano estranee ai circuiti della crescita.

*Il caso delle «due sponde» del Mediterraneo*

È il caso dello spazio mediterraneo, quasi trascurato negli ultimi decenni a favore di un'opzione strategica che sembra privilegiare l'integrazione est-ovest, con i paesi ex comunisti, a quella tra I e III «mondo», tra nord e sud del pianeta. Questo sia per questione di differenziali di sviluppo, sia per una questione ideologica: il fallimento complessivo delle politiche di «cooperazione e sviluppo» attuate per tutto il corso della modernità ha creato un clima sfavorevole per il prosieguo delle stesse politiche e complessivamente per il dialogo su quella direttrice. È come se non si riuscisse a trovare nuovi strumenti per risolvere un problema antico – quello del sottosviluppo – che l'armamentario ideologico e pratico della modernità non è riuscito a risolvere. Ma è anche una fuga, da parte dell'Occidente, da certe responsabilità, di fatto la dimostrazione dell'incapacità di adottare un metodo produttivo e redistributivo eticamente e funzionalmente adeguato.

Questo stesso differenziale, e ormai anche una crisi dell'ideologia della cooperazione rendono difficile o impossibile l'attuazione di una politica di integrazione strutturale, tanto che forse è meglio individuare obiettivi intermedi, politicamente meno impegnativi, più agevoli da realizzare. È il caso del dialogo tra le «due sponde» del Mediterraneo, e in genere del dialogo tra nord e sud del pianeta – un obiettivo nello stesso tempo irrinunciabile e strategico. È necessario individuare un modello che possa essere sovrapposto a questo contesto e in particolare al dialogo con il III Mondo «vicino», cioè ai paesi extraeuropei che si affacciano sul Mediterraneo.

Ma questa volta le relazioni internazionali – o meglio «globali» – per mantenere un carattere costruttivo, non devono riguardare esclusivamente la sfera governativa – in realtà queste stesse relazioni a volte possono avere un carattere addirittura dannoso se si pensa alla diplomazia da «caricatura» che alcuni governi occidentali perseguono in modo opportunistico con varie «dittature del petrolio» e con varie «repubbliche delle banane». Sarebbe allora necessario perseguire un modello alternativo, che vada oltre ai «palazzi» della politica e oltre il quadro delle relazioni strutturate e formali. Una politica, quindi, che possa coinvolgere e incentivare l'azione degli attori non politici e non istituzionali – per esempio associazioni non governative, organizzazioni *profit* o *no profit* – e possibilmente riorganizzare in modo strategico le relazioni culturali ed economiche (si pensi al turismo, ai traffici e ai trasporti internazionali, agli scambi culturali e scientifici, a livello universitario e scolastico ecc.).

L'azione concentrica e convergente di questi attori, e quindi l'azione indotta dall'applicazione di regole, codici e stili e anche di tecnologie e modelli culturali, tende a delineare, infatti, spazi comuni e «standard» per interi bacini culturali. Si tratta di fattori che svolgono una funzione unificante fino ad assumere una forza di legittimazione: la formazione di uno «standard» crea uno strumento di pressione per gli Stati, perché gli stessi assicurino ai cittadini uno «standard» di risorse, di servizi e infine di diritti. Il vantaggio di questa azione risiede proprio nel carattere non/politico e non/istituzionale di questi organismi, facendo in modo che questo stesso movimento non venga interpretato come una imposizione, ovvero come qualche cosa di politico o para/coloniale – migliorandone presumibilmente la capacità persuasiva.

Si tratta di fenomeni che riguardano le società, piuttosto che gli Stati e le istituzioni, e che si sviluppano in modo spontaneo o indotto sulla base di criteri essenzialmente culturali ed economici. Interessano in genere le «grandi aree» (per es. la «grande regione del Caspio», l'America Latina, l'Africa sub/sahariana) e anche e soprattutto i paesi delle «sponde» sud ed est del Mediterraneo, se non altro per una questione di prossimità al continente europeo. Non si tratta di forme geografico/politiche in senso proprio ma di aree di omogeneizzazione, nelle quali gli effetti delle politiche statali e non statali si realizzano in un quadro di convergenza. Restano realtà vaghe – dal punto di vista territoriale – che non possono e non devono sostituirsi alla Stato e ad altre istituzioni, ma che rappresentano nondimeno, in un periodo di fratture e tensioni – ancorché giustificate da ideologie dello «scontro culturale» – un modo di integrazione importante – e forse l'unico attuabile al momento. Configurando politiche di convergenza, potranno portare in futuro a certe evoluzioni, in ambito di sicurezza e stabilità e di collaborazione inter/governativa.

Si tratta, piuttosto che di una interpretazione delle relazioni internazionali, di una presa d'atto della difficoltà della cooperazione ma anche di una politica indotta dalla necessità di proseguire in qualche modo il dialogo, quasi di un «passo» necessario per preservare un livello minimo di integrazione e per evitare l'insorgenza di fratture ancor più gravi.

## BIBLIOGRAFIA

AA. VV., *La realtà della cooperazione 1997-1998*, Torino, Rosenberg & Sellier, 1998.

BELL J.E. e STAEHELI L.A., *Discourses of Diffusion and Democratization*, in «Political Geography», 2001, pp. 175-195.

CLAVAL P., *Ethnogeography*, Technical Program Abstracts, 27th International Geographical Congress, Washington, 9-14 agosto 1992, pp. 108-109.

ESCOBAR A., *Culture Sits in Places: Reflections on Globalism and Subaltern Strategies of Localization*, in «Political Geography», 2001, pp. 139-174.

EVA F., *L'approccio culturale in geopolitica: metodo o atteggiamento mentale?*, Gorizia, 18-19-20 settembre 2003, Convegno «La Svolta Culturale in Geografia», Università di Trieste (di prossima pubblicazione).

JELEN I., *Tra i kirghisi del Pamir Alai. Alle periferie dell'Eurasia e nelle derive della modernità*, Trieste, Edizioni Università, 2001 (nuova edizione Forum Udine 2002).

LE BILLON P., *The Political Ecology of War: Natural Resources and Armed Conflicts*, in «Political Geography», 2001, pp. 561-584.

PAGNINI M.P., JELEN I., SEGER M. e BUFON M. (a cura di), *Borders3 Working Papers*, 1. Edition, International Scientific Conference, Tarvisio - Villach - Kranjska Gora, May 3rd-5th, 2004, Edizioni Università Trieste, 2005.

RUMLEY D. e MINGHI J.V. (a cura di), *The Geography of Borders Landscapes*, Londra - New York, Routledge, 1991.

SIPRI - Stockholm International Peace Research Institute *Yearbook 2001, Armaments, Disarmament and International Security*, Oxford University Press, 2001.

WOODS N., *The Political Economy of Globalization*, Houndmills, McMillan, 2000.

ZARRILLI L. (a cura di), *La grande regione del Caspio*, Milano, Franco Angeli, 2004.

ANTOINE LE BLANC *

# UN MODELLO DI SVILUPPO GLO-CALE? IL DISTRETTO CULTURALE DI SUD-EST, NELLA VAL DI NOTO

*Introduzione*

All'inizio del 2004, 8 città della Sicilia sud-orientale hanno firmato il protocollo istitutivo del primo distretto culturale italiano. Questo distretto ha una vocazione turistica con riferimento al tardo-barocco della Val di Noto. L'obiettivo del distretto culturale è lo sviluppo economico e sociale locale, tramite uno strumento che pone questa regione nel contesto della concorrenza a scala globale. In effetti il distretto culturale di Sud-est ha l'ambizione di diventare un modello di sviluppo glocale.

Risulta poco significativo in questa sede dare un giudizio sulle possibilità di successo del distretto; è d'altra parte importante sottolineare la realtà di questo distretto e le difficoltà con le quali la nuova struttura si dovrà confrontare.

*Il distretto culturale: una realtà molto diversa dai distretti industriali*

Il concetto di distretto culturale è molto recente. La nozione non è molto precisa, ed è ispirata a quella dei distretti industriali[1]. La nascita del distretto culturale all'italiana pone però alcuni quesiti particolari.

---

\* UMR TELEMME, Maison Méditerranéenne des Sciences de l'Homme, Université de Aix-en-Provence-Marseille I.

[1] A questo riguardo, si veda P.L. SACCO, «Il distretto culturale: un nuovo modello di sviluppo locale», *Ottavo Rapporto sulle Fondazioni Bancarie*, supplemento al numero 3 de *Il Risparmio*, settembre-dicembre 2003, Associazione fra le Casse di Risparmio Italiane, Roma, pp. 167-199.

È necessario distinguere due tipologie nella forma d'organizzazione spaziale che viene chiamata distretto.

Un primo tipo, quello dei distretti industriali *tout court*, ha conosciuto uno sviluppo attentamente seguito e studiato sia dagli economisti che dai geografi economici[2]. Questi sono basati sul concetto di «industrial atmosphere», in quanto comprendono un insieme di interrelazioni efficaci, che portano a retroazioni positive e ad uno sviluppo progressivo dell'intero distretto. Questo tipo di distretto nasce spontaneamente, non è una costruzione volontaria.

Invece, il secondo tipo di distretto, ben diverso e dai successi meno consensuali ed evidenti, è costituito da una semplice istituzionalizzazione di una realtà territoriale caratterizzata da alcuni oggetti, funzioni, obiettivi, e cultura, comuni. In altri termini, uno spazio più o meno ampio con delle analogie nel potenziale di sviluppo, che vengono riconosciute e tutelate da un organismo istituzionale allo scopo di promuovere lo sviluppo della regione.

Questo secondo tipo di organizzazione distrettuale è di fatto meno diffusa nella realtà italiana; è stata invece una forma di pianificazione territoriale abbastanza frequente in Francia, sul cui successo vi sono opinioni molto contrastanti.

Il distretto culturale di Sud-est fa certamente parte della seconda categoria di distretti, anche se non vi è una totale mancanza di *industrial atmosphere*, o più esattamente di *cultural atmosphere*, e di conseguenza questo primo distretto culturale italiano risulta un'elaborazione mista, più che altro un progetto con delle basi solide ma anche con obiettivi molto ambiziosi. In effetti, il piano di gestione afferma che l'obiettivo principale «è quello di strutturare una rete di attività estremamente integrate ed altamente specializzate, attraverso una strategia di fusione delle risorse endogene»[3]. Queste attività si appoggiano su un *capitale di conoscenza*, e in questo il distretto culturale è più vicino alle forme spontanee di organizzazione distrettuale.

*I comuni della Val di Noto e la nascita del distretto culturale di Sud-est*

Le città comprese nel distretto sono Catania, Militello Val di Catania, Caltagirone, Ragusa, Modica, Scicli, Noto, e Palazzolo Acreide. Questo raggruppamento è nato dal prestigioso riconoscimento Unesco, approvato nel giugno 2002: queste otto città sono state classificate Patrimonio Mondiale dell'Umanità.

---

[2] Cfr. ad esempio G. BECATTINI (a cura di), *Modelli locali di sviluppo*, Bologna, Il Mulino, 1989.

[3] P.A. VALENTINO, *Le trame del territorio. Politiche di sviluppo dei sistemi territoriali e distretti culturali*, Milano, Sperling & Kupfer, 2003; M. MUTI (a cura di), *Le città tardo barocche della Val di Noto (Sicilia sud-orientale). Piano di gestione*, Alba Fioravanti - Consorzio Civita, 2002, p. 11.

TABELLA 1
*Popolazione comunale - 2001*

| Popolazione residente | |
|---|---|
| Noto | 23.065 |
| Palazzolo Acreide | 9.109 |
| Modica | 52.639 |
| Ragusa | 68.956 |
| Scicli | 25.614 |
| Caltagirone | 37.373 |
| Catania | 313.110 |
| Militello V.d.C. | 8.204 |
| Totale | 538.070 |

(Fonte: ISTAT)

Si è trattato di una classificazione particolare, in quanto sono stati identificati otto centri urbani, un totale di 538 mila abitanti per approssimativamente 2.000 km, equivalenti più o meno alla superficie di una provincia italiana. Alcuni di questi centri sono molto distanti tra di loro, e non spazialmente contigui, tanto da suggerire la creazione di una *rete* come migliore soluzione gestionale del territorio.

La Sicilia sud-orientale è in parte esclusa dai grandi flussi turistici della regione, che passano da Palermo ad Agrigento e poi eventualmente a Taormina, Catania e Siracusa. Ad eccezione di Catania, le altre città del distretto non si trovano lungo i percorsi principali e sono più difficilmente raggiungibili, soprattutto quelle localizzate in montagna come Ragusa, Modica, Palazzolo Acreide, Caltagirone. Inoltre, queste città sono in concorrenza tra di loro. Negli anni Novanta, nasce quindi l'idea di un raggruppamento di città, per trasformare questa concorrenza in complementarità e per meglio affrontare (tutte insieme) la concorrenza degli altri poli turistici siciliani.

Dopo diversi tentativi, alcune città si sono raggruppate e hanno chiesto all'Unesco un riconoscimento internazionale per il loro patrimonio artistico e architettonico caratterizzato dal Barocco. Dopo approssimativamente un decennio di tentativi e di successive modifiche nella composizione del gruppo di città candidate e nei programmi di gestione proposte all'Unesco, il progetto è stato finalmente adottato, nel giugno del 2002.

Il piano di gestione delle 8 città, approvato dal Comitato per il Patrimonio Mondiale, propone la creazione di una rete di città con obiettivi comuni e una gestione complementare del territorio e dei beni culturali in esso compresi. L'idea considerata più conveniente a questo proposito è la creazione del distretto culturale. Esso nasce quasi due anni dopo, nel gennaio del 2004; comprende le 8 città classificate. L'idea del distretto s'ispira al piano di gestione delle città Unesco, però va oltre la sola preservazione del patrimonio architettonico barocco: in effetti, la creazione del distretto culturale ambisce allo sviluppo glocale della regione, in termini socio-economici ben più ampi rispetto a quelli suggeriti dal piano di gestione Unesco.

*L'unità per far fronte alla globalizzazione*

Il distretto ambisce a essere uno strumento di sviluppo per la valorizzazione delle città che lo costituiscono in una ottica di concorrenza regionale e globale nei confronti di un turismo internazionale (del resto, finora, molto italiano). Allo scopo di far fronte alla globalizzazione non solo della concorrenza ma anche della domanda, il distretto culturale di sud-est intende rappresentare un modello di sviluppo glocale, concentrandosi sull'alleanza di competenze e di offerte alla scala locale, valorizzando ciò che il piano di gestione chiama il «prodotto territorio»[4]. Secondo Walter Santagata, i distretti culturali cercano di costituire un oggetto territoriale a una scala ottimale in uno scopo di efficienza rispetto a un contesto concorrenziale[5].

L'idea di una rete di città è basata su almeno due logiche diverse. La prima intende creare una dinamica propria della Sicilia sud-orientale e far nascere un circuito turistico unicamente incentrato sul sud-est, a partire dall'aeroporto di Catania, con una tappa in diverse città tardo-barocche. L'offerta è sufficiente, però subisce l'attrazione delle offerte vicine di Siracusa, Agrigento, Palermo. La seconda logica, meno ambiziosa, intende razionalizzare il flusso turistico esistente e quello potenziale. Una parte del flusso turistico passa dalla Sicilia sud-orientale: l'obiettivo è l'aumento di tale flusso e la sua diramazione tra le diverse destinazioni possibili nel Sud-est, giocando sulla complementarità delle offerte e delle strutture di accoglienza, nonché dei mezzi finanziari e di promozione dell'immagine della regione Val di Noto. Così concepita, la rete delle diverse città dovrebbe permettere alla Sicilia sud-orientale di guadagnare molto in termini di immagine turistica, di stabilità del turismo e di investimenti comuni. Si tratta di incentivare un vero e proprio marketing turistico a partire dalla trama territoriale nuova costituita dalla rete di città, una trama locale-regionale con ambizioni globali.

---

[4] M. MUTI, *op. cit.*, p. 11.

[5] W. SANTAGATA, «Cultural Districts, Property Rights and Sustainable Economic Growth», *International Journal of Urban and Regional Research*, 26-1, marzo 2002, pp. 9-23.

Quest'ultima mira al miglioramento delle condizioni socio-economiche della popolazione locale. In effetti, a questo obiettivo contribuirebbero la razionalizzazione dell'utilizzazione degli investimenti, nonché la creazione di infrastrutture di diverso tipo diffuse sul territorio del distretto, in sostituzione di concentrazioni locali di alberghi e strutture ricettive, per lo più vuote o sotto-utilizzate e in concorrenza poiché l'offerta di due comuni vicini risulterebbe la stessa.

L'orientamento turistico dello sviluppo locale ha un vantaggio decisivo per questi comuni. Si tratta di una risorsa considerata miracolosa dopo le illusioni industriali e nel contesto della crisi occupazionale, le politiche turistiche permettono ai comuni di gestire il loro patrimonio, e ciò significa non solo conservare il vettore principale delle identità locali, ma anche, in una zona ad alto rischio sismico, aumentare la sicurezza e il benessere degli abitanti grazie alla messa in conformità alle norme antisismiche recenti.

Il distretto culturale, tuttavia, non mira soltanto ad una valorizzazione del patrimonio urbano. Anzi, si propone di incentivare progetti di sviluppo dell'artigianato locale, del *savoir-faire* locale, parte integrante del patrimonio culturale in senso lato. Si tratta di valorizzare le differenze e le specializzazioni locali, e allo stesso tempo di permettere che si conservi questo tipo di cultura locale.

Per alcune città queste tendenze sono già in atto, particolarmente nei comuni che hanno saputo tener conto di questi potenziali; il distretto tuttavia ambisce a sistematizzare questa tendenza e sfruttarla economicamente e per la conservazione dell'identità locale.

In breve, il distretto si fonda su un'unità fragile che valorizza le differenze all'interno di questa unità. Tale logica è perfettamente adatta alla globalizzazione, nel binomio uniformizzazione e alleanza a scala piccola / differenziazione a scala locale.

Se questa rete di città diventerà funzionale, il distretto dovrà dimostrare la sua capacità di integrarsi agli altri settori di attività locali, stimolando con ciò delle sinergie che costituiranno la specificità del distretto e ne aumenteranno la competitività.

Per ora, il distretto deve far fronte a una realtà locale, geografica, sociale, e politica, che pone molti problemi strutturali rispetto alla realizzazione degli obiettivi del distretto. Tra tutti, il problema più evidente è quello legato all'eterogeneità geografica del distretto e alla mancanza di infrastrutture di communicazione.

*Una regione geograficamente ed economicamente eterogenea*

Le 8 città classificate Unesco, appartenenti al distretto culturale di sud-est, costituiscono un insieme geografico spazialmente discontinuo ed economicamente molto eterogeneo. Una delle radici di questi contrasti è da ricercare nel fatto che l'inserimento di un bene nella Lista del Patrimonio Mondiale si basa su criteri specifici, mentre il distretto, benché costituito dalla stessa base geografica, ha altre ambizioni ed obiettivi. In altri termini, il distretto cerca di creare uno sviluppo comune che vada oltre la valorizzazione patrimoniale per otto città che sono state associate unicamente per le analogie presenti nel loro patrimonio architettonico.

Ad ogni modo, le procedure di inserimento dei siti nella Lista Unesco erano già state oggetto di polemica, come ad esempio lo è stata l'assenza della città di Siracusa, oggi candidata a una altra classificazione Unesco per il suo patrimonio archeologico. D'altronde, uno sguardo veloce alle 8 città del distretto permette di sottolineare subito un contrasto molto forte tra Catania e le altre 7 città. Catania è una grande città, in concorrenza diretta con Palermo, meta turistica dotata di altre funzioni importanti, una vera capitale regionale, con un'industria potente e una offerta completa di servizi. Le altre sette città hanno tra ottomila e settantamila abitanti, e specializzazioni funzionali diverse oppure concorrenti.

L'appartenenza a tre province distinte sottolinea l'ampiezza geografica del distretto, e anche la complessità amministrativa della gestione del territorio distrettuale.

Il distretto aggiunge un'altra struttura e un altro livello di gestione territoriale in un quadro già complesso, tre province, otto comuni, una serie di organi intercomunali destinati alla gestione particolare delle risorse agricole e delle infrastrutture; si sovrappongono a queste strutture gli interventi e i poteri decisionali e finanziari della Regione siciliana, dello Stato italiano, dell'Unione Europea, dell'Unesco e delle sue Conferenze specializzate (come quella delle città Patrimonio dell'Umanità).

Questa complessità amministrativa pone delle difficoltà non indifferenti, sugli accordi per la gestione del distretto, sui finanziamenti e sui controlli.

Risolvere i contrasti tra le amministrazioni e i diversi livelli di gestione sarà compito del distretto. In effetti, il primo passo consiste nella creazione di una agenzia degli 8 comuni del distretto, quindi un interlocutore unico per la gestione territoriale. Questa agenzia dovrà affrontare le diverse pressioni esterne e interne, soprattutto qualora certi obiettivi del distretto vengono realizzati e se le risorse finanziarie aumentano insieme al numero degli investitori. Una certa cautela nelle ambizioni è necessaria anche a causa di alcuni atteggiamenti clientelari più o meno diffusi nella regione, che renderanno più difficile l'affermazione della complementarità e della solidarietà tra i comuni del distretto.

*L'insufficienza delle infrastrutture*

Le infrastrutture di comunicazione sono piuttosto insufficienti, e, anche da questo punto di vista, i contrasti tra le città sono importanti. In realtà, esistono soprattutto difficoltà di accesso tra le città del distretto, benché un dato essenziale di un qualsiasi distretto, industriale o culturale, sia la frequenza e l'intensità dei flussi di diversi tipi di collegamento tra i diversi componenti del distretto.

Le distanze geografiche sono un ostacolo allo sviluppo del distretto poiché mancano le infrastrutture di communicazione. Per esempio, ci vogliono più di due ore per andare da Catania a Scicli. Il piano di gestione sottolinea l'urgenza di operare in questa direzione, con il miglioramento delle strade già esistenti, il completamento dell'autostrada Catania-Siracusa-Gela (in cantiere da decenni!), e progetti più originali, come quello di un treno barocco che riutilizzi le attrezzature ferroviarie già esistenti per creare un collegamento turistico tra le città del distretto. Si tratta di un modo caratteristico e funzionale per conservare e valorizzare non solo il patrimonio barocco ma anche quello successivo, dell'Ottocento e Novecento.

Tuttavia, sul problema delle infrastrutture, benché il distretto sembri avviare una dinamica diversa rispetto agli anni precedenti, è opportuno procedere cautamente vista la realtà siciliana e i problemi sempre incontrati nelle realizzazioni di infrastrutture, almeno per quelle di livello regionale.

Per quanto riguarda la situazione geografica, evidentemente esistono contesti diversi di fronte alle necessità e ai mezzi da impiegare per risolvere il problema delle infrastrutture, come accade ad esempio tra una città di pianura o vicina a una pianura, come Catania o Noto, e una città montana come Palazzolo Acreide. La situazione geografica concerne anche il rischio sismico, che, secondo i dati dell'Istituto Nazionale di Geofisica e di Vulcanologia, risulta meno forte nelle città di Caltagirone o Scicli, rispetto alle città più vicine all'Etna; l'attenzione portata alla conservazione dei beni culturali dovrebbe essere quindi di natura diversa.

La situazione geografica è varia anche per la possibilità di un facile accesso al mare, che permette a un comune di valorizzare il turismo balneare e adottare una politica turistica differenziata. Ciò costituisce un vantaggio non indifferente e una garanzia supplementare alla stabilizzazione del flusso turistico, in questo caso non dipendente soltanto dell'attrazione dei monumenti barocchi.

*Degli obiettivi ragionevoli per lo sviluppo turistico*

Il discorso sottolinea obiettivi socio-economici notevoli, e insiste sul sistema di competenze locali, artigiani, imprenditori e servizi ai turisti. Secondo il piano di gestione, il processo di valorizzazione potrebbe generare nel distretto, all'esclusione di Catania, 3.000 nuovi posti di lavoro[6]. Per poter generare una tale dinamica,

---

[6] M. MUTI (a cura di), *op. cit.*, p. 15.

ci vorrebbe un aumento notevole del flusso turistico e delle spese culturali dei visitatori, e quindi della domanda.

Questo aumento però non è scontato. Nel 2002 i turisti nella provincia di Ragusa erano 184 mila, e tra questi soltanto 45 mila erano stranieri, cioè meno del 3% dei turisti stranieri dell'intera regione. Tuttavia i turisti stranieri sono stati, lo stesso anno, 125 mila nella provincia di Siracusa e 175 mila nella provincia di Catania. Il distretto è basato su uno scenario di sviluppo mediamente ottimistico: «i Comuni Unesco sono dotati di risorse in grado di innescare una dinamica di crescita delle filiere produttive legate all'industria culturale e al turismo [...]. Tuttavia, molte risorse restano ancora sotto utilizzate e in molti casi completamente trascurate». In particolare, i flussi turistici «si sono incrementati in questi anni meno della media regionale»[7].

TABELLA 2
*Turismo per provincia - 2002*

|  | Totale arrivi | Arrivi stranieri | Presenze |
|---|---|---|---|
| Prov. Catania | 598.216 | 175.147 | 1.601.413 |
| Prov. Ragusa | 184.335 | 45.555 | 792.633 |
| Prov. Siracusa | 328.601 | 125.120 | 1.100.605 |
| Regione Sicilia | 4.068.623 | 1.573.364 | 13.730.368 |

(Fonte: ISTAT)

Inoltre, la valorizzazione del patrimonio culturale non va da sé e non è un processo semplice. Le situazioni sono molto diverse, dovute a fatti storici ed eredità molto diverse.

Ragusa e Modica sono città policentriche, con almeno due centri funzionali e monumentali, in generale in conflitto. Caltagirone è la città più lontana, non è localizzata nei Monti Iblei, ed è peculiare per la sua cultura artigianale della ceramica; il suo patrimonio ne risulta molto particolare. Noto e Militello non solo hanno monumenti barocchi eccezionali: sono state ricostruite secondo una schema urbanistico particolare, che le distingue da altre città come Scicli, Palazzolo Acreide o Catania.

Forse il vero punto in comune di tutte queste città è lo stato di degrado avanzato del loro patrimonio... E agire contro questo degrado non è nemmeno og-

---

[7] M. MUTI (a cura di), *op. cit.*, pp. 13-14.

getto di consenso, anzi. Le fasi di lavoro e di assenza di manutenzione si succedono; di conseguenza la situazione di degrado spesso peggiora, come lo dimostra il crollo della cattedrale di Noto, più di cinque anni dopo il terremoto di Santa Lucia. Oppure ci si ritrova in centri storici costantemente deturpati da impalcature quasi permanenti, a causa di lavori non portati a completamento per il taglio dei finanziamenti o il cambiamento dell'amministrazione...

*Conclusione*

Il territorio del distretto culturale di Sud-est risulta molto eterogeneo. È precisamente suo obiettivo affrontare questi contrasti, e rendere complementari alcune differenze, senza cancellarle. Le possibilità di successo del distretto, con l'ambizione di diventare un modello di sviluppo glocale, sono indubbiamente legate alla sua facoltà di risolvere i problemi dovuti a questa eterogeneità del territorio distrettuale.

Sarà questa la sfida maggiore per poter realizzare davvero una rete di città in una ottica di complementarità e di sviluppo glocale tramite la valorizzazione del patrimonio e delle risorse turistiche.

Enrica Lemmi e Mirco De Leo *

# L'AFFLUSSO STUDENTESCO ALLE UNIVERSITÀ DELL'ITALIA ADRIATICA

*Finalità e metodi della ricerca*

Il concetto di area di attrazione urbana, di lunga e consolidata tradizione in Geografia, riveste ancora oggi un'importanza centrale nello studio di regioni funzionali tracciate dall'insieme delle relazioni che una città intrattiene con il proprio territorio. Caratteri e dinamiche socio-economiche che determinano l'estensione dell'area di influenza delle singole città e il profilo regionale dell'armatura urbana nel complesso; configurazioni entrambe incentrate tutt'oggi, almeno per alcune funzioni e al di là di modelli di organizzazione dello spazio più diffusi di tipo reticolare, su tipiche strutture per ranghi gerarchici: è questo il caso della funzione «istruzione universitaria» qui analizzata come un fattore geografico di sviluppo locale. In effetti, la presenza di servizi di livello universitario attiva una serie di flussi territoriali – in particolare esaminiamo quelli studenteschi – che dovrebbero aiutarci a definire la reale capacità di attrazione dei poli adriatici di «vecchia» e di più recente istituzione.

Più in dettaglio, in un'indagine sincronica (non è stato possibile fare una comparazione storica per mancanza o incompletezza dei dati), vengono considerati i dati relativi alle immatricolazioni nel 2002-2003 per sede didattica d'ateneo (fonte dei dati: MIUR-URST, Ufficio di Statistica - Indagine sull'Istruzione Universitaria 2003 [1]); scelta quest'ultima determinata dal fatto che le immatricolazioni

---

\* Dipartimento di Scienze dell'Uomo e dell'Ambiente, Università di Pisa.
Per quanto la ricerca sia stata condotta congiuntamente dai due Autori, i paragrafi 3 e 4 sono da attribuirsi ad E. Lemmi, i paragrafi 1 e 2 a M. De Leo.

[1] I dati relativi alle Università di Macerata, Napoli «L'Orientale» e Urbino non sono per ora disponibili: per questi atenei i dati si riferiscono all'anno accademico 2001-02.

appaiono maggiormente significative del numero degli iscritti nel descrivere il rapporto fra residenza e scelta universitaria. I flussi in entrata, riferiti alle strutture universitarie presenti nelle province adriatiche, mostrano la provenienza geografica degli studenti (compresi quelli stranieri) e, quindi, la forza di attrazione della fascia adriatica per la funzione specifica, mentre i flussi in uscita – dati dal rapporto fra immatricolati nel «sistema adriatico»[2] e in province esterne – ne definiscono i punti di debolezza. Dai flussi in uscita, peraltro, si possono dedurre gli atenei che perturbano la gravitazione interna: pochi, in effetti, visto che esiste almeno una struttura universitaria in ogni provincia adriatica, considerando sia le sedi di ateneo che le sedi distaccate di atenei con sede principale anche in una provincia non adriatica.

*Flussi in uscita e in entrata*

Dobbiamo subito rilevare che, per i *flussi in uscita*[3], il rapporto fra il numero degli immatricolati nella provincia di residenza e quello degli immatricolati in una provincia diversa è molto elevato (0.95). Questo rapporto è ancora più significativo se si considera il sistema delle province adriatiche nel complesso, tanto che il rapporto fra gli immatricolati nell'area adriatica e gli immatricolati in province non adriatiche è 3.37. In realtà, il dato include anche gli immatricolati nella provincia di residenza, mentre il dato degli spostamenti reali («epurato» cioè dei flussi interni alla provincia) è pari a 1.21.

Provincia di residenza / altra provincia

Le province che ottengono i punteggi più elevati – com'è ovvio – sono quelle che ospitano un ateneo e non una sede distaccata: Trieste, Bari, Padova, Ferrara, Lecce, Pesaro e Urbino, Udine presentano più del 50% di immatricolati in provincia; mentre Rimini (Ateneo di Bologna), Gorizia (Ateneo di Trieste e Ateneo di Udine), Rovigo (Ateneo di Ferrara e Ateneo di Padova), Ravenna (Ateneo di Bologna e Ateneo di Ferrara), Ascoli Piceno (Ateneo di Camerino e Ateneo delle Marche), Brindisi (Ateneo di Bari) rimangono al di sotto del 20%.

Immatricolati non in Adriatico / immatricolati in Adriatico

Le province del Nord-Est (Trieste, Gorizia, Udine, Venezia, Padova) presentano valori decisamente bassi nel rapporto, per una quota di studenti immatricola-

---

[2] Con l'espressione vogliamo riferirci all'insieme delle strutture universitarie presenti nelle province costiere adriatiche a partire dalla provincia di Trieste fino a quella di Brindisi.

[3] Come anticipato i flussi in uscita si riferiscono agli studenti residenti nelle province adriatiche e mostrano la sede di destinazione di questi.

ti nell'area superiore al 90%; emerge così in maniera evidente come ci troviamo di fronte a un vero e proprio sistema universitario fortemente integrato (fig. 1). Con un valore sempre molto basso, la provincia di Bari che, come vedremo, è caratterizzata da una forte polarità interna. Le province soggette a mobilità più elevata sono quelle dell'Emilia-Romagna (Ravenna, Forlì, Rimini); valore, tuttavia, ampiamente riferibile all'attrazione esercitata dall'Ateneo di Bologna, vicino e molto accessibile per la grande facilità degli spostamenti in tutta la regione.

Immatricolati in una provincia adriatica eccetto quella di residenza / immatricolati non in Adriatico

Questo dato si riferisce agli spostamenti reali, vale a dire al flusso di studenti che scelgono di immatricolarsi in una provincia diversa da quella di residenza. Come detto, in questo caso il rapporto fra gli immatricolati nell'area adriatica (esclusa la provincia di residenza) e gli immatricolati in una provincia non adriatica risulta essere piuttosto alto (1.21). Sono elevati i valori del Nord-Est, con Gorizia, Rovigo, Udine e Venezia in vetta alla classifica per studenti che rimangono in un intorno territoriale immediato.

Gli studenti che decidono di immatricolarsi in una provincia diversa da quella di residenza, ma che non scelgono una sede adriatica, appartengono principalmente alle province di Lecce, Ferrara, Forlì, Bari, Campobasso, Foggia, Teramo e Ravenna. Si tratta di province dell'Italia meridionale o di quelle realtà in parte già richiamate – come Ferrara, Forlì e Ravenna – in cui è forte l'attrazione esercitata dall'importante Ateneo di Bologna. Lecce e Bari, peraltro, hanno molti immatricolati nella provincia di residenza e poca concorrenza da parte di atenei limitrofi (parzialmente si «disturbano» a vicenda) e, quindi, la scelta ricade su sedi diverse e lontane in grado di esercitare una gravitazione a scala nazionale.

Teramo risente dell'attrazione di Roma e dell'Aquila (qui passa l'autostrada A24); Campobasso di Roma (5 sono i treni diretti che collegano la stazione di Campobasso a quella di Roma Termini in poco più di 3 ore) e di Bologna. Foggia rientra nelle sfere d'influenza di Roma, Bari e Chieti, ed ha, comunque, il 44% degli studenti immatricolati in provincia.

In merito ai *flussi in entrata*[4], fondamentali per valutare l'attrazione esercitata dalle strutture universitarie presenti nelle province adriatiche, bisogna premettere che il recente processo di decentramento di alcune Facoltà verso le province adriatiche da parte di atenei non adriatici esprime chiaramente la carenza di capacità attrattiva di queste province, a fronte di una domanda in continuo aumento di servizi universitari maggiormente diffusi sul territorio. In definitiva, uno sposta-

---

[4] Come già detto, questi sono flussi in ingresso nelle strutture universitarie presenti nelle province adriatiche, che dimostrano la provenienza geografica degli studenti immatricolati in queste sedi (inclusi gli stranieri).

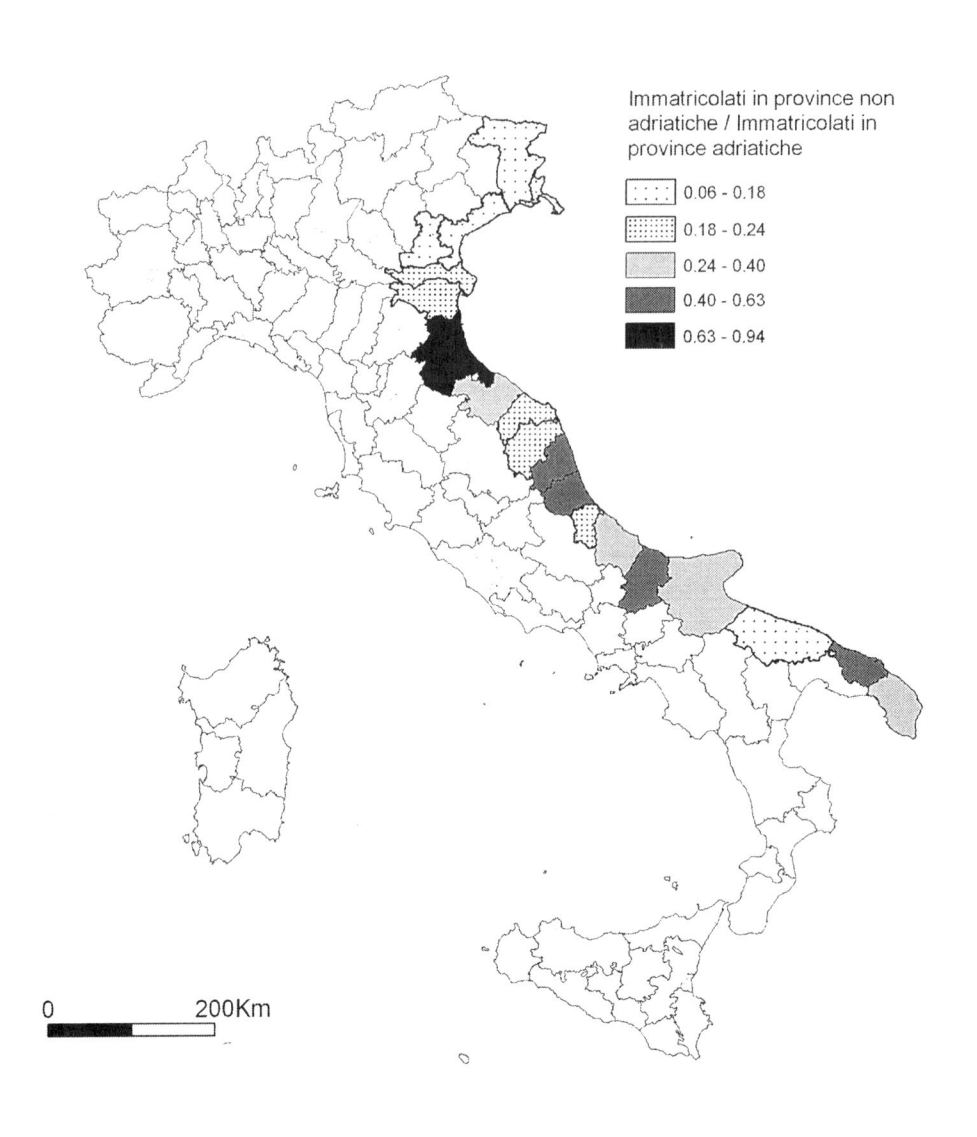

Fig. 1 - *Mobilità degli studenti residenti nell'area adriatica.*

mento dell'offerta universitaria in sedi più vicine alla domanda, che giustifica almeno parzialmente i flussi in uscita tutto sommato contenuti.

Per quanto riguarda i flussi in entrata si nota una situazione che in parte ricalca il dato dei flussi in uscita, vista la relativa chiusura del «sistema adriatico» verso l'Italia interna e tirrenica, a causa del prevalere dei collegamenti nord-sud a discapito di assi trasversali all'interno della Penisola. Interessante, però, rilevare come la quota di stranieri presenti sia qui leggermente più alta della media registrata a scala nazionale (2,6% a fronte di un 2,2%); in alcuni atenei tale percentuale raggiunge valori elevati (Rimini 9% –44 immatricolati dalla sola Albania; Trieste 7%; Gorizia e Ravenna 5%; Forlì, Macerata, Pesaro e Urbino, Padova 4%; Ferrara e Venezia 3%). La maggioranza degli stranieri proviene da Stati che si affacciano sull'Adriatico (in particolare Albania, Iugoslavia e, anche se in proporzione minore, Grecia): a Bari su 107 studenti stranieri 64 provengono dall'Albania e 11 dalla Iugoslavia; a Forlì su 101 stranieri 33 provengono dall'Albania.

Più in generale, sui flussi in entrata dobbiamo sottolineare come la localizzazione di sedi decentrate dovrebbe favorire, in processi di più lungo periodo, una maggiore integrazione all'interno del «sistema universitario adriatico», oggi piuttosto caratterizzato da frammentazione e competitività secondo le tipiche logiche del ciclo del prodotto, per cui anche una sede universitaria ricerca il massimo del profitto nel breve termine. L'integrazione è, invece, già sicuramente sostenuta dalla ricordata facilità dei collegamenti nord-sud in contrapposizione agli scarsi collegamenti est-ovest: esemplificativo il caso di Brindisi e Lecce, dove non arriva l'autostrada, che fanno registrare elevati flussi verso l'esterno non adriatico. Per quanto riguarda la rete ferroviaria esiste un collegamento diretto Trieste-Lecce, ma generalmente Bologna è sosta obbligata per tali spostamenti; da Bologna, sempre procedendo verso sud, i collegamenti sono buoni: la linea Bologna-Lecce è percorsa da treni diretti, sebbene esista anche qui «un punto di rottura» a Bari (stazione di cambio).

Le Facoltà a elevata capacità attrattiva – con un'offerta didattica diversificata e/o innovativa – presentano una dispersione elevata di provenienze[5]; questo è evidente anche analizzando gli stessi dati in entrata e in uscita (ricordiamo, tuttavia, che quest'ultima analisi è stata condotta per sedi). Da questa prima indagine emerge una distribuzione delle provenienze che varia da un massimo di 157 diverse provenienze per Padova a un minimo di 5 per Brindisi (74 provenienze è il valore medio per provincia). Dato, tuttavia, poco significativo, in quanto non considera il numero di studenti immatricolati in ciascuna sede, che varia da 9.801 studenti per Padova a 89 studenti per Brindisi; atenei che rappresentano di nuovo i

---

[5] Per provenienza deve intendersi la provincia di residenza per i cittadini italiani e lo Stato estero di cittadinanza per gli stranieri. I dati relativi agli studenti stranieri non distinguono i residenti dai non residenti in Italia; pertanto, il numero degli studenti stranieri potrebbe risultare sovrastimato.

due casi estremi. È stato, dunque, calcolato il rapporto, in per mille, fra il numero di diverse provenienze degli studenti e il numero di immatricolati nel centro (prov./immat.*1000). I valori limite di tale rapporto sono 123.7 per Gorizia e 6.95 per Bari. Un rapporto maggiore corrisponde a una maggiore diversificazione degli immatricolati in termini di provenienze, lasciando realmente prefigurare una capacità d'attrazione più elevata.

Evidente come il numero di provenienze non cresca in maniera analoga rispetto al numero di studenti immatricolati; ci si può infatti attendere un valore soglia delle provenienze espresso da una funzione che tende ad assumere un andamento asintotico in corrispondenza del limite superiore e, pertanto, poco adatto a tracciare delle generalizzazioni. È opportuno, quindi, calcolare quanto ciascun valore si discosta dal valore medio (44.68) e indicare una soglia, superiore e inferiore, al di là della quale compiere un'indagine più approfondita (fig. 2). Notiamo che alcune province si attestano intorno ai valori medi, mentre altre se ne discostano considerevolmente: le province di Udine, Padova, Foggia, Lecce e Bari con valori inferiori alla media; mentre le province di Rovigo, Ascoli Piceno, Rimini, Ravenna e Gorizia con valori superiori alla media.

*Dispersione delle provenienze e polarità urbane*

Tuttavia, rimane da valutare il peso demografico delle singole realtà universitarie adriatiche che ci dà una misura della forza di ciascun polo all'interno del sistema urbano complessivo. Viene, dunque, introdotta la taglia demografica provinciale e, in un ulteriore tentativo d'indagine, vengono considerate tre variabili: immatricolati (numero di studenti immatricolati nelle sedi didattiche delle province adriatiche); popolazione delle province adriatiche; provenienze, indicate dal numero delle diverse province (per gli studenti italiani) e Stati (per gli studenti stranieri) da cui arrivano gli studenti immatricolati. È stato calcolato il coefficiente di variazione (Σ/media*100) per ciascuna delle tre variabili, al fine di studiare la diversa variabilità delle stesse attraverso l'individuazione di soglie significative[6]. È stato poi costruito un grafico (fig. 3), dove sono stati riportati sull'asse delle ascisse i valori relativi alla somma fra il punteggio ottenuto nella categoria Popolazione e in quella Immatricolati – che fornisce la «misura» della capacità attrattiva della provincia sia nel «sistema urbano» sia nel «sistema universitario» – mentre sulle

---

[6] Per l'individuazione delle soglie, la popolazione è stata ripartita in 7 gruppi (fino a 250.000 ab., fino a 500.000 ab., fino a 750.000 ab., fino a 1.000.000 ab., fino a 1.250.000 ab., fino a 1.500.000 ab., fino a 1.750.000 ab.): al primo gruppo è stato assegnato un punteggio pari a 1; 2 punti sono stati assegnati al secondo e così via. Gli immatricolati sono stati suddivisi in 8 gruppi con un «passo» pari a 1.250 immatricolati, e punteggio da 1 a 8; infine, le provenienze sono state raggruppate in 5 gruppi con un «passo» pari a 32 località differenti e punteggio da 1 a 5.

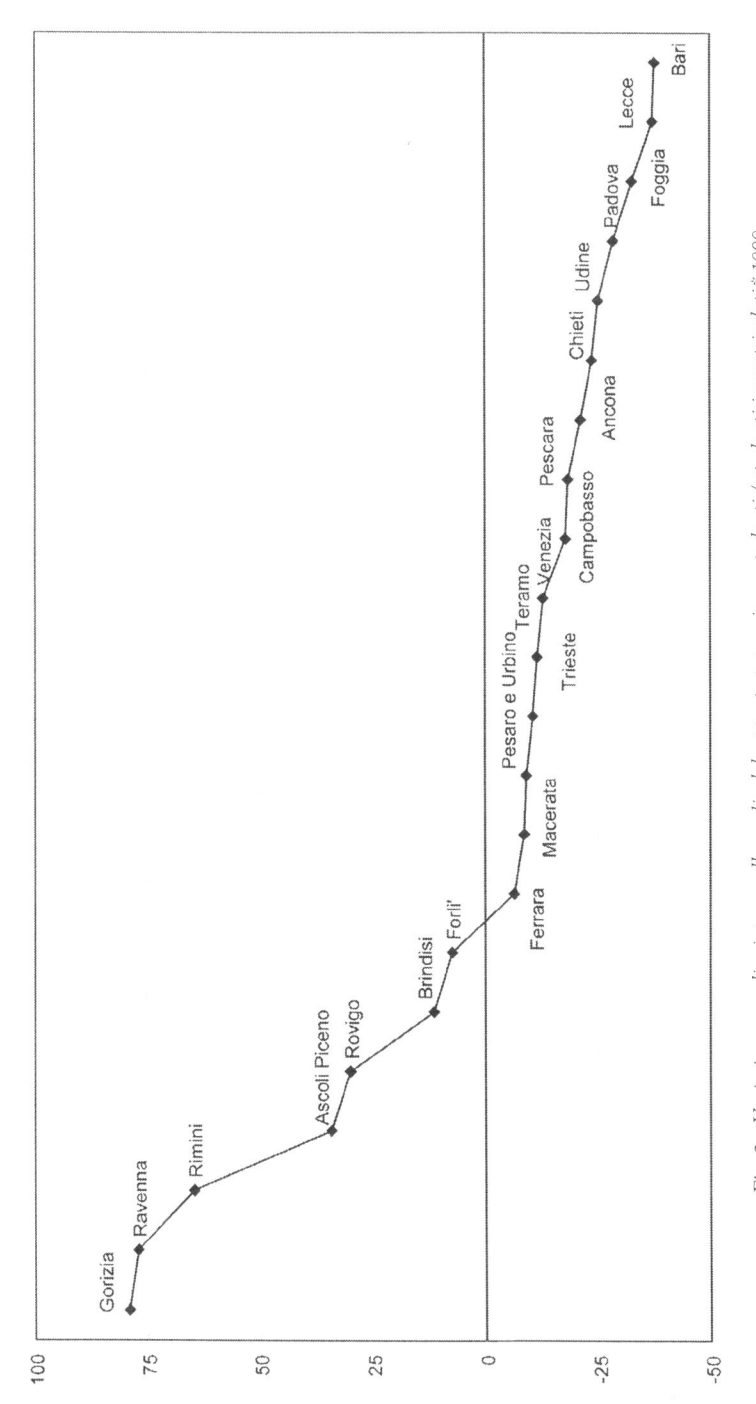

Fig. 2 - *Variazione semplice intorno alla media del rapporto provenienza studenti / studenti immatricolati * 1000.*

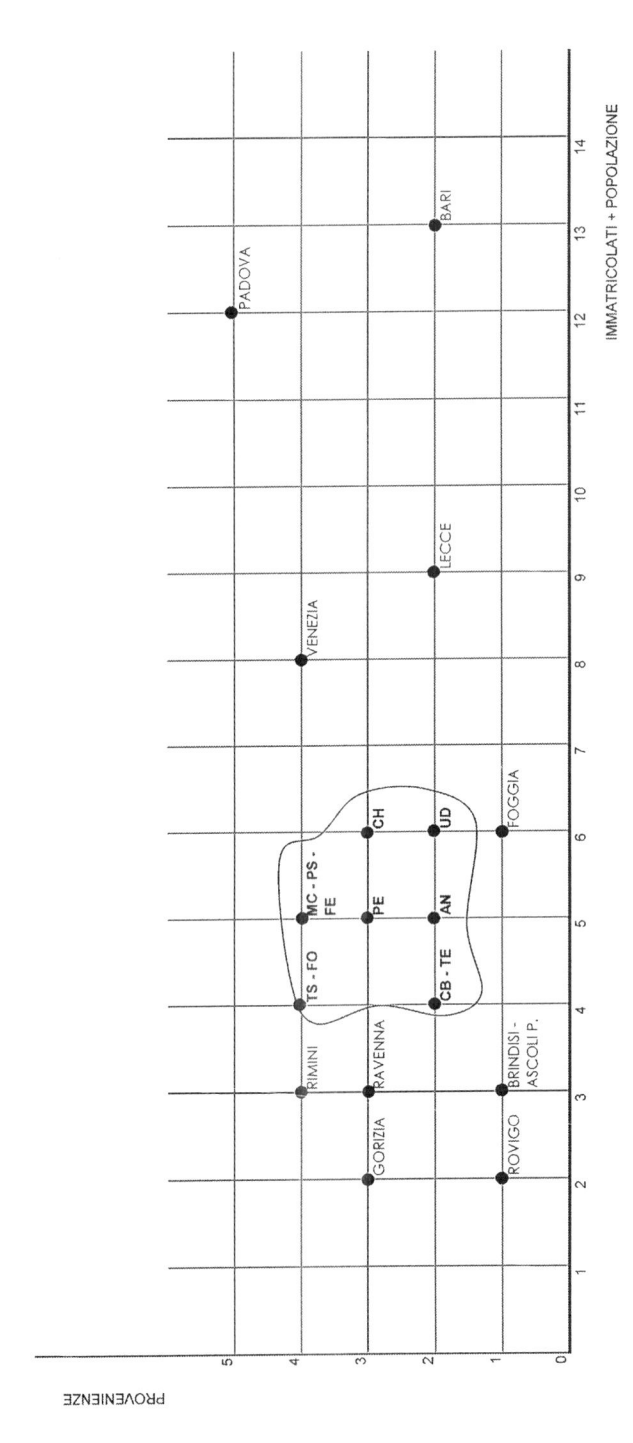

Fig. 3 - *Dispersione delle provenienze e polarità urbane.*

ordinate è stato riportato il punteggio ottenuto nella categoria Provenienze; punteggio che delimita l'estensione del campo gravitazionale generato dalla provincia.

Fra le situazioni medie – attestate su un punteggio pari a 3 (Provenienze) e 5 (Immatricolati + Popolazione) – troviamo le province di Trieste, Forlì-Cesena, Macerata, Pesaro-Urbino, Ferrara, Pescara, Chieti, Campobasso, Teramo, Ancona, Udine[7]. I casi «anomali» sono costituiti da province che possono essere ricondotte a un modello di polarità urbana a diversa tipologia.

CASO 1: atenei principali

PADOVA: la provincia ha il maggior numero di studenti immatricolati di tutta l'area adriatica e il più alto numero di provenienze. Di fatto si tratta di un caso limite, vicino alla soglia massima di provenienze: la capacità di attrazione, con 157 provenienze differenti, può essere considerata nazionale, e il peso degli immatricolati (9.801) descrive in maniera appropriata la forza attrattiva del centro, con Ingegneria, Lettere e Filosofia, Scienze Politiche, Psicologia e Medicina e Chirurgia che contano ciascuna più di 1.000 immatricolati. Gli studenti immatricolati provenienti da Padova stessa sono all'incirca il 31% del totale.

VENEZIA: presenta una situazione analoga a quella di Padova (121 provenienze 3.821 immatricolati), a conferma del fatto che Venezia è tutt'oggi uno degli atenei adriatici a maggiore polarità. Gli immatricolati provenienti da Venezia sono il 37% ed i principali flussi sono di tipo locale; tuttavia il numero elevato di provenienze diverse e la qualità dell'offerta premiano il centro.

CASO 2: attrazione forte, ma circoscritta

BARI: le strutture universitarie della provincia contano complessivamente 8.247 immatricolati e 58 diverse provenienze, con il 92% dei flussi limitato alle province pugliesi, tutte distanti – considerando gli spostamenti in treno – non più di un'ora e mezzo dal capoluogo[8]. La polarità sembra, dunque, essere molto forte, ma il bacino d'utenza (l'estensione del campo gravitazionale) appare molto circoscritto, come peraltro già chiaramente indicato nella figura 1 in relazione ai flussi in uscita.

LECCE: i principali flussi in entrata su Lecce provengono dalle province di Lecce stessa (66%), Brindisi (19%) e Taranto (10%). Solo quest'ultima città è al di fuori dell'isocrona dell'ora e mezzo già precedentemente analizzata (il tempo medio di percorrenza in treno è superiore alle due ore). Lecce presenta 5.502 immatricolati e 41 diverse provenienze. La Facoltà di Scienze della formazione è

---

[7] Da considerare che, in base all'analisi precedente (prov./immat.*1000), Udine si trovava nella categoria degli atenei inferiori alla media.

[8] Il limite di un'ora e mezzo è stato qui considerato pendolarismo giornaliero. Nella fig. 4 vengono, pertanto, considerati flussi locali quelli inferiori a tale tempo di percorrenza.

quella che presenta il maggior numero di immatricolati, seguita da Giurisprudenza. Alcuni corsi di laurea attivati sono relativamente rari (Pedagogia dell'infanzia e Scienze umane e morali), ma la gravitazione risulta ugualmente circoscritta. Dal grafico 3 risulta chiaramente il basso numero di provenienze diverse in contrapposizione a una situazione «forte» in relazione agli immatricolati e alla popolazione.

CASO 3: attrazione relativamente forte, ma circoscritta

FOGGIA: Foggia con 2.512 studenti immatricolati e solo 30 differenti provenienze lascia prefigurare una situazione di gravitazione locale (Forlì su 2.458 immatricolati ne conta 128; Ascoli Piceno su 381 studenti conta 30 provenienze diverse). Inoltre, l'87% degli immatricolati risiede in provincia, e la seconda area di provenienza è rappresentata da Bari (quasi il 6%), distante da Foggia mediamente meno di un'ora e mezzo di treno. Pur presentando corsi relativamente rari sul territorio nazionale, come Scienze della formazione continua o Scienze e tecnologie degli agroecosistemi sostenibili, Foggia non sembra essere in grado di generare una polarità effettivamente forte, anzi esaurisce la sua capacità attrattiva sulle province del Mezzogiorno.

CASO 4: strutture universitarie modeste, con ottima estensione dell'area di attrazione

RIMINI: la provincia, le cui strutture universitarie fanno parte dell'Ateneo di Bologna, conta ben 99 provenienze su 907 immatricolati totali, fra cui spicca (fig. 4) il dato relativo all'Albania (circa il 5% degli immatricolati) e, in ambito nazionale, quello di Bari (poco al di sotto del 4%); anche Bologna e Lecce si attestano intorno al 3%. Un numero consistente di flussi proviene da altre province, tuttavia i flussi principali sono caratterizzati da residenti a Rimini (il 26%), a Forlì (11%) e a Pesaro-Urbino (4%). Considerando l'88% degli immatricolati si contano ben 40 diverse provenienze di cui solo 6 distano meno di un'ora e mezzo da Rimini. Anche in questo caso si assiste a una rarità dell'offerta con il corso di Culture e tecniche del costume e della moda, quello di Tecnologie chimiche per l'ambiente e per la gestione dei rifiuti e il corso in Finanza e assicurazioni; corsi che rappresentano casi unici sul territorio nazionale. Per quanto riguarda i corsi relativi al turismo, attivati presso la Facoltà di Economia, se ne registrano solo alcuni presenti in altri atenei. Nel caso di Rimini potrebbe risultare esemplare anche il particolare legame fra un'offerta didattica a spinta specializzazione e un territorio con un'alta vocazione turistica.

GORIZIA: la consistenza demografica della provincia è la più bassa fra quelle considerate. Le strutture universitarie fanno parte degli atenei di Udine e Trieste. Il numero di immatricolati è intorno alle 500 unità, le provenienze sono 72. Il numero più elevato di immatricolati proviene dalla provincia di Udine (35%), segui-

## Flussi in entrata (%)

| | |
|---|---|
| RIMINI | 26,13 |
| FORLI' | 10,80 |
| *ALBANIA* | 4,85 |
| PESARO-URBINO | 4,08 |
| BARI | 3,86 |
| RAVENNA | 3,63 |
| BOLOGNA | 2,87 |
| LECCE | 2,87 |
| ANCONA | 2,43 |
| BRINDISI | 2,43 |
| altro | 36,05 |

FLUSSO LOCALE (cfr. testo)

| | |
|---|---|
| ITALIANI | 91% |
| STRANIERI | 9% |

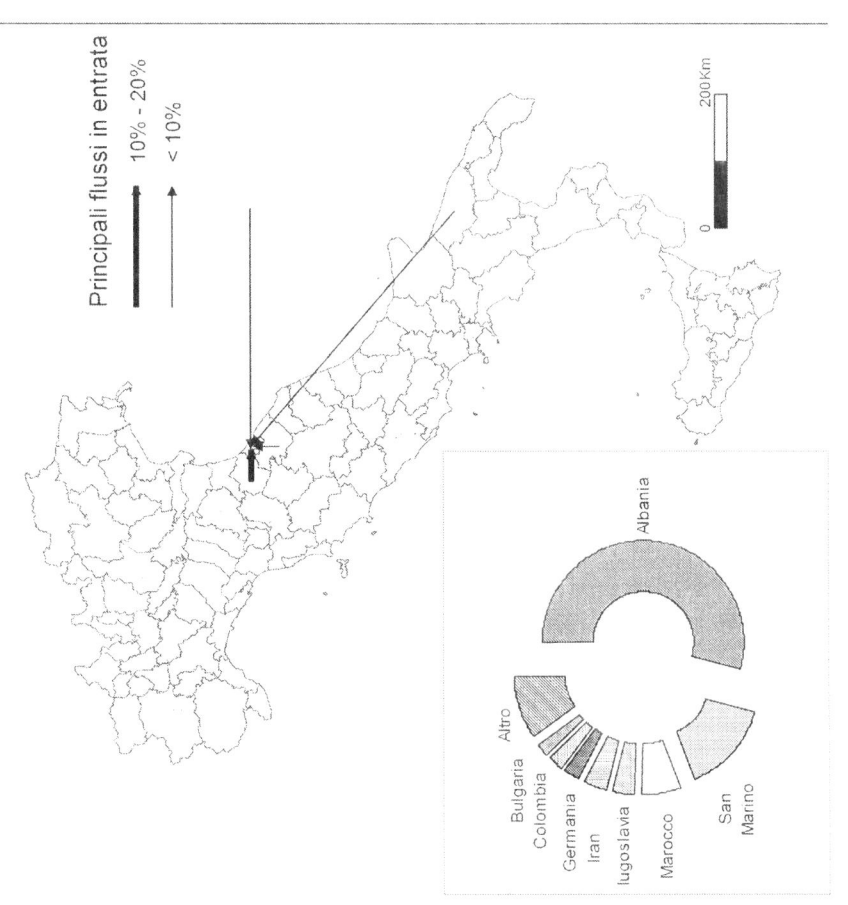

Fig. 4 - *Rimini, flussi in entrata.*

to dagli abitanti di Gorizia (17%). Il 90% dei flussi principali provengono da 16 diverse località, e solo da 5 si raggiunge Gorizia in meno di un'ora e mezzo. Fra le 16 località principali troviamo anche la Croazia e l'Albania. L'offerta didattica presenta corsi rari sul territorio nazionale, e questo fatto, unito alla localizzazione strategica della provincia al confine di Stato, potrebbe aver determinato il numero piuttosto elevato di provenienze.

RAVENNA: le strutture universitarie della provincia fanno parte degli atenei di Bologna e Ferrara. Le provenienze diverse sono 65 su 534 studenti immatricolati, con il 38% di essi provenienti da Ravenna stessa. Fra i flussi principali spicca il dato relativo a Trapani (con quasi il 10% di immatricolati, tutti su Conservazione Beni Culturali - Beni Archeologici) e all'Albania (quasi il 4%). L'offerta formativa appare relativamente rara e questo può aver favorito il successo della provincia in termini di estensione del suo campo gravitazionale. Come già anticipato (fig. 1), la provincia presenta una situazione di elevata mobilità, visto che quasi la metà dei residenti a Ravenna si sono immatricolati in province non adriatiche (questo dato, relativo ai flussi in uscita, è il più alto fra le province studiate).

CASO 5: strutture universitarie modeste, «casi limite»

ROVIGO: le strutture universitarie della provincia, che fanno parte degli atenei di Ferrara e Padova, contano 255 immatricolati e 19 provenienze. In questo caso si assiste a una predominanza di flussi locali. Più del 90% dei flussi in entrata si riferisce a province distanti da Rovigo meno di un'ora e mezzo, in particolare i flussi provengono da Rovigo stessa (57%), Padova (oltre 24%), Venezia (quasi 8%) e Vicenza (3% circa). Il restante 9% rappresenta le altre provenienze, che non sono però in questo caso particolarmente numerose (15) e non presentano un numero rilevante di immatricolati. La situazione anomala può essere ricercata nell'offerta didattica della provincia, che tutto sommato appare banale (Scienze Giuridiche, Infermieristica) o ripetitiva rispetto a quella offerta da atenei limitrofi (Diritto dell'economia, presente anche a Padova); il caso del corso in Educatore professionale socio-sanitario, benché raro come titolatura, è presente altrove con denominazione simile (Educatore sociale, culturale e territoriale, per fare un esempio, lo troviamo – oltre che nella stessa Rovigo – anche a Padova).

ASCOLI PICENO: le strutture universitarie fanno capo agli atenei di Camerino e delle Marche e presentano 30 provenienze diverse su 381 immatricolati, di cui solo gli immatricolati residenti nella provincia (59%) raggiungono la sede in meno di un'ora e mezzo. Le altre provenienze principali si attestano intorno alle due ore o le superano abbondantemente (Terni, circa 5 ore, con il 3% di immatricolati). Altre provenienze di un certo rilievo sono Macerata (14%), Teramo (9%), Ancona (5%). In questo caso l'offerta si presenta piuttosto rara con due corsi, Biologia della nutrizione e Disegno industriale e ambientale, non attivati in nessuna altra sede; rarità che sembra premiare questa provincia rispetto alla precedente caratterizzata da meno immatricolati, sebbene con più provenienze (la popolazione di Rovigo è, altresì, di numero sensibilmente inferiore a quella di Ascoli Piceno).

BRINDISI: il caso di Brindisi è in realtà poco significativo, contando solamente – come già ricordato – 89 immatricolati e 5 diverse provenienze. Le strutture universitarie fanno capo all'Università di Bari e i flussi si dimostrano scarsamente distribuiti: il 92% degli immatricolati risiede a Brindisi e, comunque, ha poco significato parlare di quote percentuali per una struttura così piccola.

*Alcune riflessioni conclusive*

L'analisi appena condotta ci ha permesso di valutare la diversa capacità attrattiva delle singole polarità adriatiche sulla base di criteri di prossimità o di qualità-rarità dell'offerta formativa, fino ad arrivare a individuare una gravitazione circoscritta di tipo locale o, al contrario, una gravitazione «dispersa» a base territoriale più ampia. Più in generale, quello che emerge nel complesso del cosiddetto «sistema adriatico» – come già indicato dall'andamento dei flussi (ingressi limitati ma anche poche «fughe») – è una situazione di relativa chiusura verso l'esterno, dettata, da un lato, dal carattere stesso dell'offerta universitaria che non prevede corsi particolarmente innovativi o rari (con l'importante eccezione del settore Turismo) e, dall'altro, da un fattore storico di lontananza/isolamento dell'area adriatica dal resto del paese.

Di sicuro, le profonde trasformazioni dei sistemi delle comunicazioni territoriali a cui assistiamo ormai da diversi decenni, per l'effetto combinato dei processi d'innovazione tecnologica e dell'affermarsi di nuovi modelli economici e sociali, hanno determinato anche in quest'area una diversa relazione fra accessibilità e mobilità negli scambi alle diverse scale geografiche. In tal senso sono risultate determinanti le recenti modalità di strutturazione dello spazio organizzato nel definire l'attuale livello di interazione territoriale: in effetti, il grado d'intensità nello sviluppo della rete dei trasporti raggiunto anche nel sistema adriatico è particolarmente significativo tanto sotto il profilo del miglioramento che dell'incremento infrastrutturale; notevoli, altresì, le variazioni della mobilità individuale e collettiva in termini di aumento dei flussi.

Differente, certamente, è il livello di interazione fra i diversi spazi, e ancora più evidente nel passaggio di scala dal locale al globale; differente la forza delle barriere geografiche in una crescente frammentazione fra luoghi di residenza e di studio; differente la forza dei singoli «nodi» capaci di guidare il cambiamento stesso nel sistema delle relazioni. Ne deriva una nuova geografia delle sedi universitarie adriatiche, in cui, a fronte di strutture storiche a forte polarità territoriale (Padova, Venezia, Bari) emergono realtà urbane minori capaci di esercitare una gravitazione significativa e non solo di carattere locale (Rimini, Ravenna, Gorizia); gravitazione da valutare certamente meglio attraverso un'analisi a scala nazionale. Appare evidente come nella rete urbana universitaria dell'Adriatico esistano ancora pesanti divari regionali, dominati dalle città a più elevato rango funzionale: sarebbe quanto mai stimolante ipotizzare, così, percorsi di riequilibrio territoriale nel tentativo di sanare squilibri più generali di natura ambientale, economica, politica.

BIBLIOGRAFIA

CORI B., *La rilevanza territoriale del polo scientifico-tecnologico di Pisa*, in VARALDO R. (a cura di), *I poli scientifico-tecnologici delle città universitarie. Il caso di Pisa*, Pisa, Centro Studi Economico Finanziari, 1991, pp. 131-175.

COSTA M., *L'Università di Pisa come fatto geografico*, Istituto di Scienze Geografiche, Università di Pisa, 1972.

Daniela Lombardi * e Marco Botteon *

# «VIVERE» LA MOBILITÀ E IL TRAFFICO: IL CASO DI CONEGLIANO VENETO

*Uno sguardo alla città*

Adagiata sulla pianura della «Sinistra Piave» e ai margini estremi di quella fascia pedemontana che delimita il versante nord-occidentale della provincia di Treviso, Conegliano beneficia di una posizione geografica favorevole, che le consente agevoli connessioni tanto con le aree montane quanto con quelle rivierasche. Facilmente raggiungibili sono le principali aree urbane contermini e ottima è l'accessibilità a centri come Sacile, avamposto della provincia di Pordenone, e Oderzo, crocevia indispensabile nei collegamenti con San Donà e Portogruaro, località che identificano il cosiddetto «Veneto Orientale».

Dal secondo dopoguerra, la città – e più in generale l'area della Sinistra Piave, di cui è divenuta il capoluogo indiscusso – ha saputo rendersi uno degli interpreti più emblematici di quell'intenso e rapido sviluppo socio-economico, basato sulla diffusione di un sistema di piccole e medie imprese a elevata specializzazione produttiva, noto come «miracolo Nord-Est».

La parabola ascendente di Conegliano ricalca quella di molti altri centri veneti, sviluppatisi intorno alle fortunate vicende di alcuni importanti poli industriali, capaci di assorbire quote crescenti di forza lavoro proveniente da un settore agricolo in evidente crisi. Qui la tendenza evolutiva di tale fenomeno è ben rappresentata dalla Zoppas che, parallelamente all'affermato mobilificio Dal Vera, getta le basi dello sviluppo socio-economico della città e dell'intera pianura della Sinistra Piave. L'azienda diventa negli anni Cinquanta, sulla scia dei significativi successi economici conseguiti a livello nazionale dal comparto degli elettrodomestici, una sorta di cantiere di formazione per quegli operai che tenteranno la strada

---

* Dipartimento di Economia Società e Territorio, Università di Udine.

del lavoro in proprio[1], divenendo i veri fattori propulsivi di un modello di piccole-medie imprese, oggi contraddistinto da un elevato grado di diffusione sul territorio[2].

Al contempo, ripercorrendo una linea di sviluppo funzionale già nota a centri urbani veneti di rango superiore, il prestigio industriale raggiunto in maniera tanto repentina ha innescato la graduale comparsa di tutta una serie di servizi di supporto alle imprese, mentre l'accresciuto peso demografico ha favorito lo sviluppo di una vasta gamma di servizi alle famiglie. Negli anni, alla potenziata permeabilità terziaria dell'area centrale è corrisposta una evidente diminuzione della ricettività residenziale a vantaggio della corona periferica, contraddistinta da un'edilizia con buoni standard abitativi. A questo periodo sono dunque ascrivibili gli inizi di quell'espansione a macchia d'olio della città che in circa vent'anni ridisegnerà l'assetto urbano di Conegliano.

Nell'ultimo decennio il processo di terziarizzazione del centro di Conegliano, palesemente modellato attorno a una massiccia offerta nel settore dell'abbigliamento[3], è andato intrecciandosi con il graduale decentramento di importanti realtà produttive verso la cintura periferica e, in molti casi, in spazi idonei in territorio extracomunale, se non addirittura all'estero.

Nonostante la strada della delocalizzazione e l'importanza crescente delle attività terziarie, Conegliano rimane comunque il baricentro indiscusso della cosiddetta «Inox Valley», vasta area produttiva trainata da un settore meccanico cresciuto attorno alle vicende del polo industriale Zoppas, a suo tempo, come già ricordato, matrice di quell'imprenditorialità diffusa che ha prodotto una delle concentrazioni più forti a livello europeo per la lavorazione dell'acciaio.

Oggi le attività produttive sono territorialmente ben identificabili, da un lato, nell'area di prima industrializzazione posta a sud della città, la cui compattezza è chiaramente percepibile da chi viaggia lungo la trafficata Strada Pontebbana che collega la città con Treviso e Pordenone, e, dall'altro, nell'area di recente realizzazione posta a nord-ovest, al confine con il territorio comunale di Vittorio Veneto e a ridosso della S.S. 51[4].

---

[1] Spesso fu la stessa famiglia Zoppas, di fronte alla necessità di affidare all'esterno determinate lavorazioni, a spingere alcuni suoi dipendenti a intraprendere la strada dell'attività in proprio.

[2] L'ampia nebulizzazione sul territorio delle attività produttive, con pesanti riflessi sotto il profilo del traffico, costituisce sicuramente una delle note più rilevanti della realtà veneta. Sono state le stesse amministrazioni comunali, in risposta a precisi impulsi di un contesto produttivo in fermento, a dotare il proprio territorio di gigantesche aree industriali, fondendole, in molti casi, con quelle esistenti nei comuni confinanti.

[3] Nell'ultimo decennio la città ha registrato il maggior incremento a livello provinciale sia in termini di negozi che di occupazione nel settore.

[4] La mancanza di spazi adeguati ha spinto l'amministrazione comunale a individuare questa nuova area industriale al confine con quella di Vittorio Veneto. Insieme, esse stanno diventando una delle zone produttive più estese della regione.

Nuove prospettive sono invece racchiuse nell'immenso spazio del fatiscente ex stabilimento Zoppas, ubicato appena al di sotto della massicciata della ferrovia, ai margini del nucleo centrale della città. L'area, secondo il progetto di riqualificazione urbanistica, sarà riconvertita ad uso amministrativo, direzionale, commerciale e residenziale (con un'offerta abitativa, certamente ragguardevole, rivolta a 2.000 nuovi cittadini).

*Centro storico e traffico urbano nell'ottica del city user «coneglianese»*

L'indagine sul traffico, chiaramente ispirata nella forma e nei contenuti a lavori analoghi svolti in alcune città italiane ed europee (come Firenze, Udine, Norimberga e Alicante)[5], è stata condotta attraverso la somministrazione di un breve questionario ai frequentatori del centro storico di Conegliano.

La scelta di intervistare i passanti nasce dall'esigenza di costituire un campione il più possibile rappresentativo della varietà che caratterizza il visitatore del centro, così da trarre indicazioni di carattere generale riguardo alla natura degli spostamenti, al suo grado di attrazione e alla percezione del traffico.

Le interviste, condotte purtroppo in un clima di evidente diffidenza, nonostante un contrassegno recante le generalità del rilevatore e il logo dell'Università, sono state somministrate nel febbraio 2004 lungo le vie del centro interessate dai flussi pedonali più consistenti (Viale Carducci, Corso Mazzini, Corso Vittorio Emanuele II e Via Cavour). Il campione è costituito da 100 individui, suddivisi equamente per genere e stratificati per classi d'età[6].

A questa prima indagine ne è stata affiancata una seconda, nata dalla necessità di somministrare un questionario più elaborato, che richiedeva tempi di compilazione più lunghi e una maggiore riflessione. Se da un lato, infatti, le risposte raccolte lungo le vie del centro hanno un sicuro valore rappresentativo, dall'altro bisogna riconoscere che i passanti si contraddistinguono spesso per una certa diffidenza e frettolosità, che rende difficile ottenere la dovuta attenzione. Il rischio, ovviamente, è quello di incorrere in risposte poco ponderate e intelligibili o addirittura incomplete, qualora l'eccessiva lunghezza del questionario spinga il passante a desistere dal proseguire l'intervista.

Proprio alla luce di queste considerazioni si è pensato di impostare un secondo set di domande di tipo qualitativo, che consentisse all'intervistato di riflettere in tutta tranquillità sul senso dei quesiti formulati. Si tratta, beninteso, di un'ipotesi di ricerca, sulla quale sarà necessario continuare a lavorare, sia sul fron-

---

[5] Cfr. MEINI (1997), MONHEIM e MEINI (1997), LOMBARDI (1999), GATTOLINI (2002-2003).

[6] Il 29% ha tra 18 e 30 anni, il 43% tra 31 e 45, il 21% tra 46 e 59, il 7% tra 60 e 75 anni.

te della costruzione del questionario (affinando le domande in vista degli obiettivi), sia su quello dell'individuazione del bacino di rilevazione, questione anch'essa particolarmente delicata e importante.

Nel caso specifico, abbiamo ritenuto opportuno identificare un'area che corrispondesse alla periferia di Conegliano e ai comuni «corona» della città, da cui giungono quotidianamente flussi significativi di *city users*. L'ipotesi di lavoro era quella di intervistare un congruo numero di residenti, non appartenenti allo stesso nucleo familiare, rappresentativi per sesso ed età della popolazione che si muove verso l'area urbana oggetto di studio. Sotto questo profilo, il campione individuato in questa prima ricerca è ovviamente sottodimensionato, essendo stato limitato – per questioni di *budget* – a 100 individui (57 uomini e 43 donne, di età compresa tra i 19 e i 70 anni). Ciò nonostante, riteniamo che l'analisi delle risposte raccolte nelle due inchieste ci consenta comunque di formulare alcune considerazioni sulla mobilità e il traffico a Conegliano nell'ottica di chi le vive in prima persona.

*Conegliano: una mobilità sostenibile?*

I piccoli e medi centri del Veneto costituiscono, come è noto, un modello di sviluppo economico e insediativo di tipo policentrico, contraddistinto dalla presenza di un tappeto urbano diffuso su tutto il territorio regionale (ZANETTO e LANDO, 1991).

Una situazione, questa, che ha inevitabilmente condotto allo sviluppo generalizzato di un flusso straordinario di merci e uomini, intensificatosi con l'aumento del tenore di vita e l'affermazione dell'auto quale mezzo di locomozione di massa[7]. Nel volgere di qualche decennio, la popolazione ha infatti potuto beneficiare degli innumerevoli pregi offerti da un mezzo di trasporto rapido e utilizzabile senza vincoli di orario come l'automobile, il tutto agevolato, in effetti, da una politica del traffico improntata allo sviluppo di infrastrutture utili a garantire un'agevole accessibilità dei luoghi con gli autoveicoli privati.

Nei fatti, i centri più grandi sono andati assorbendo una popolazione diurna crescente, essenzialmente filo-motorizzata e responsabile, con le proprie abitudini e atteggiamenti in fatto di mobilità, di un inasprimento dei problemi legati al traffico, quali il congestionamento, l'inquinamento acustico e atmosferico.

Il caso di Conegliano rispecchia in tutto e per tutto questa situazione generalizzata, come conferma anche l'indagine sul campo: è indicativo, a questo proposi-

---

[7] Si ricordi, a questo proposito, che i più alti redditi della popolazione, unitamente alla ricerca di una migliore qualità della vita, hanno comportato un incremento esponenziale della mobilità per scopi di natura ricreativa.

to, che il campione da noi avvicinato abbia una fruizione del centro soprattutto legata agli acquisti o alla frequentazione di uffici pubblici e privati, anche se non sono pochi coloro che vi si recano per lavoro o affari; per contro, la cifra relativa a un motivo quale l'abitazione è attribuibile solamente al 3% degli intervistati in centro. D'altra parte, a conferma di questo progressivo smembramento della funzione abitativa a favore delle periferie avvenuto negli ultimi decenni, basti tener presente che i residenti nel centro storico non raggiungono neppure il 10% dell'intera popolazione coneglianese (COMUNE DI CONEGLIANO, 2001).

Le considerazioni di carattere generale circa l'uso preponderante dell'auto nel raggiungimento del centro, indipendentemente dal motivo che ne determina la visita, trovano anch'esse valide conferme nell'indagine sul terreno realizzata a Conegliano. Infatti, ben il 68% degli utenti si sposta al suo interno soprattutto in auto e il 43% la utilizza in via esclusiva, lasciando ben pochi spiragli a forme di trasporto alternative.

D'altronde, le parole dei nostri intervistati palesano chiaramente i motivi della scelta: la praticità e soprattutto la velocità, attributi che inquadrano bene le innumerevoli e indiscutibili doti di un mezzo – l'automobile – capace di rivoluzionare con gli anni il nostro rapporto dinamico con il territorio; un mezzo, peraltro, il cui possesso rappresenta ancora, per alcuni, il raggiungimento di uno status sociale di rilievo.

L'elevata affezione nei confronti dell'auto da parte dei fruitori del centro, seppur riconducibile in larga parte a un clima culturale diffuso, matura comunque in uno specifico territorio, dove il trasporto privato su gomma continua a essere alquanto vantaggioso. Basta semplicemente circolare lungo le strade che dai più importanti centri urbani dell'immediato entroterra conducono a Conegliano, per rendersi conto di come la percorrenza in auto non subisca, se non in pochi momenti «caldi» della giornata, rallentamenti di particolare rilievo. In aggiunta a ciò, si consideri che l'attuale politica della sosta non ostacola in benché minima misura l'afflusso degli automobilisti in città, sia per l'elevata concentrazione dei parcheggi in centro e nelle immediate vicinanze, sia per la sporadicità nell'arco della giornata di situazioni di esubero della domanda rispetto all'offerta. Valutazione, quest'ultima, confermata indirettamente dalla nostra indagine, dato che ben il 73% del campione ha dichiarato di parcheggiare abitualmente in stalli non a pagamento.

Non bisogna poi dimenticare che Conegliano, nonostante il forte sviluppo urbanistico degli ultimi cinquant'anni, rimane pur sempre una città di piccola taglia (con una popolazione che a tutt'oggi consta di circa 35.600 abitanti), che può ancora considerarsi relativamente al sicuro dai problemi di congestionamento tipici di realtà urbane di maggiori dimensioni. Inoltre, come già ricordato, essa si inserisce in un particolare contesto territoriale dove è andato sviluppandosi negli anni un modello economico e insediativo diffuso. Questo fatto, se ha significato un incremento generalizzato della domanda di trasporto automobilistico, ha altresì determinato una significativa integrazione funzionale tra località piccole e medie, talvolta molto vicine tra loro. Tale linea di sviluppo è verificabile facilmente nell'ambito della Sinistra Piave, all'interno della quale la città di Conegliano rappresenta sì un polo rilevante, ma sempre e comunque rispetto a centri urbani che hanno saputo dotarsi negli anni di un'adeguata offerta sia sotto il profilo commerciale che dei servizi, contribuendo così ad assorbire un'utenza e un traffico altrimenti gravitanti in misura insostenibile su Conegliano.

Ma se una simile situazione spiega il mantenimento di una circolazione in auto più che discreta all'interno e/o verso la città dai centri urbani più vicini, bisogna altresì sottolineare che, ormai da diverso tempo, gli spostamenti di media-lunga distanza subiscono quotidianamente pesanti dilatazioni nei tempi di percorrenza. Infatti, oltre alla pressione automobilistica locale, lungo le più importanti vie di comunicazione si riversano flussi consistenti di veicoli pesanti, impegnati nel trasferimento di merci provenienti da un contesto produttivo diffuso capillarmente su gran parte del Veneto, che, com'è ben noto, fa uso del trasporto su gomma come fattore strategico di competitività nella produzione (MACALUSO, 1991). Un problema, questo, che interessa anche il Coneglianese, specie lungo la trafficata Statale 13 (la «Pontebbana»)[8], che attraversa da sud a nord la provincia trevigiana sino a Conegliano, lambendone il margine urbano meridionale, ed addentrandosi poi nel Friuli-Venezia Giulia.

Riferendoci al contesto della città di Conegliano potremmo quindi affermare che ci troviamo di fronte a due distinti gradi di lettura del traffico: l'uno identificabile nella rete viaria intra-urbana e di collegamento con i centri dell'immediato *Hinterland*, l'altro nelle vie di comunicazione con i poli urbani di rango superiore (ad esempio Treviso e Pordenone). Laddove il primo si mantiene entro livelli di ragionevole sostenibilità, il secondo li oltrepassa di molto, creando notevoli problemi di vivibilità nelle aree attraversate da un traffico in gran misura pesante, imbrigliato tra l'altro in un tessuto insediativo diffuso che non consente aggiunte radicali all'attuale rete viaria.

Per quanto concerne il primo grado di lettura, oggetto specifico di questo studio, si possono individuare tre ambiti d'intervento entro i quali l'attuale sistema di mobilità potrebbe assumere una fisionomia più sostenibile: l'incentivazione all'uso di forme di trasporto alternative all'auto, una diversa politica della sosta nelle aree centrali e la limitazione del traffico in talune vie.

Il pensiero va anzitutto alla mobilità in bicicletta, che, contrariamente all'elevata considerazione di cui gode tuttora in talune parti dell'Europa settentrionale, rappresenta nel nostro Paese una pratica caduta alquanto in disuso. Emblematici a questo riguardo sono i risultati della nostra indagine tra i fruitori del centro: solo l'1% utilizza abitualmente la bici per recarvisi, un ulteriore 10% la usa sporadica-

---

[8] La Statale 13 presenta un traffico medio giornaliero quantificabile attorno ai 30.000 veicoli (COMUNE DI CONEGLIANO, 2001).

mente. Lo stesso Comune, tramite un'indagine telefonica, alcuni anni fa aveva appurato che nelle ore di punta del mattino si muoveva in bici solo il 7% dei cittadini. Un risultato, questo, che acquista ancor più significato in una realtà come Conegliano, dove la maggior parte degli spostamenti intra-urbani impone itinerari che superano a fatica i tre km di lunghezza (COMUNE DI CONEGLIANO, 2001).

La bicicletta, pur essendo una forma di trasporto «porta a porta», esce pertanto sconfitta anche nei percorsi di breve gittata, per i quali un suo uso rappresenterebbe una valida alternativa all'auto privata, sia sotto il profilo della velocità (se si tiene conto dei tempi per il parcheggio e possibili code) che della convenienza economica. D'altronde, se prima dell'esplosione dell'auto quale mezzo di trasporto di massa i ciclisti potevano circolare senza dover temere per la propria incolumità fisica, oggi i livelli sostenuti di traffico delle nostre strade fungono da deterrente all'uso della bicicletta. Va da sé, quindi, che l'incentivazione di questa forma di mobilità passa attraverso la predisposizione di una rete ciclabile capillare, capace di ridurre al massimo i punti di conflittualità con i veicoli a motore (attraverso interventi volti sia a separare fisicamente le due componenti del traffico, sia a moderare la velocità delle autovetture). A questo proposito, si consideri che la richiesta di un potenziamento della rete ciclabile da parte degli intervistati precede di molto quella di un incremento delle corsie per le auto. Sugli indecisi o gli scettici, riteniamo influirebbe positivamente una sapiente campagna d'informazione, in grado di rendere palese sia la funzionalità di questo mezzo in una realtà urbana a «misura d'uomo» come Conegliano, sia le sue virtù ecologiche nel prevenire fenomeni di degrado ambientale legati a un uso spesso irrazionale dell'auto.

Appare inoltre consono per una città come Conegliano definire una politica della sosta volta a intercettare il traffico di penetrazione prima che giunga in centro, evitando così che ne congestioni il delicato tessuto viario. In tal senso, sarebbe auspicabile la localizzazione al di fuori delle aree centrali di alcuni parcheggi scambiatori, in risposta per giunta a precisi impulsi formulati nell'ambito della nostra indagine, dove ben l'85% del campione si è espresso favorevolmente in merito all'introduzione di simili strutture. Un responso positivo, questo, che matura ovviamente nel contesto di una città le cui dimensioni lasciano ben intuire ai suoi fruitori come il decentramento dell'offerta di sosta non significherebbe nient'altro che coprire a piedi distanze pur sempre sostenibili, senza dilatare di molto i tempi di percorrenza.

Considerate le dimensioni contenute di Conegliano, l'identificazione di simili parcheggi potrebbe avvenire anche in piccole aree dislocate in punti diversi della città (collegandole direttamente al centro tramite mezzi pubblici e percorsi pedonali), in modo da ottenere una copertura del territorio che faciliti l'assorbimento dei veicoli provenienti dalle più importanti direttrici di accesso. Così facendo, la politica dei parcheggi in centro potrebbe organizzarsi in maniera più razionale, e comunque secondo un piano di inasprimenti tariffari tali da incoraggiare l'automobilista a rivolgere la propria domanda di sosta verso le strutture gratuite di interscambio poste al di fuori delle aree centrali.

In questi ultimi tempi, invece, l'amministrazione comunale ha promosso l'elaborazione di studi per la progettazione di un ampio *park* interrato sotto il centralissimo Viale Carducci, il quale dovrebbe accogliere i veicoli sia dei residenti che degli utenti del centro. Una scelta che certamente consentirebbe di contenere lo scempio visivo offerto dalle auto in sosta all'aperto, rendendo così gli spazi pubblici fruibili per la vita socio-culturale della città, ma che potrebbe costituire, data la specifica posizione geografica della struttura, un fattore di peggioramento del traffico nelle aree centrali.

Tuttavia, non va neppure taciuta l'importanza che un simile parcheggio potrebbe rivestire in funzione di un uso più agevole dell'adiacente stazione ferroviaria, soprattutto in prospettiva dell'inaugurazione, entro il 2006, della «metropolitana di superficie». Progettata dalla Regione Veneto in collaborazione con le Province, prevede la connessione di Conegliano con le aree urbane di Treviso, Padova e Venezia e dovrebbe mitigare i problemi di mobilità per le distanze medio-lunghe in un'area dove, come già evidenziato, l'attuale rete viaria presenta condizioni di particolare congestionamento.

In ogni caso, è senz'altro auspicabile un maggior (e miglior) contributo del trasporto pubblico su gomma nel soddisfacimento delle esigenze di una popolazione sempre più «assetata» di mobilità e sempre meno disposta a tollerare servizi qualitativamente mediocri. Naturalmente, non vanno dimenticate e sotto-stimate le difficoltà oggettive, sia in termini logistici che finanziari, legate a un potenziamento dell'offerta in un territorio diffuso come quello dell'area coneglianese. Ma, se non altro, si potrebbe migliorare l'attuale rete di trasporto pubblico urbano, dotandola ove possibile (data l'angustia di numerose sedi stradali) di corsie preferenziali, così da ridurre il *gap* con l'automobile almeno sotto il profilo della velocità e da indurre un maggior numero di persone a operare questa scelta. A oggi, infatti, è molto bassa la quota di utenti che utilizzano questi mezzi pubblici, come conferma anche la nostra indagine.

Intanto, sul futuro del centro di Conegliano aleggia la prospettiva di una, seppur timida, interdizione al traffico automobilistico. Questa prospettiva sta provocando un acceso dibattito tra una parte dei cittadini disposta a riconoscerne la validità in funzione di una migliore qualità ambientale, e un partito di strenui detrattori, con in testa i commercianti, pronto a opporsi a quello che reputa essere il preludio a una sorta di «morte sociale» del centro.

Proprio in questi ultimi tempi, ad esempio, i commercianti della storica Via XX Settembre hanno incontrato gli esponenti dell'attuale amministrazione comunale, per esprimere la loro preoccupazione in merito all'interdizione temporanea al passaggio delle autovetture: tale provvedimento, indispensabile all'esecuzione di alcuni interventi di restauro, secondo i commercianti potrebbe costituire il pretesto per una politica restrittiva di carattere permanente. Al di là di questa posizione corporativistica, sembra comunque emergere tra la gente una sempre maggiore consapevolezza della necessità di introdurre alcuni accorgimenti atti a tutelare la vivibilità delle aree centrali. Emblematico a questo proposito è che ben il 56% degli utenti del centro si sia schierato a favore di misure di interdizione al traffico quali le zone a traffico limitato e le aree pedonali (rispettivamente il 33% e il 23% delle preferenze). Questo fatto costituisce la prova più evidente della volontà dei cittadini di tornare ad assaporare il significato sociale di strade e piazze, divenute purtroppo sempre più luoghi di mero transito e di sosta dei veicoli. Peraltro, questo importante aspetto qualitativo della vita urbana ha trovato un qualche riscontro anche nella redazione del vigente PRG, che ha previsto la conversione del centralissimo Viale Carducci in Piazza Carducci tramite la creazione di un'isola pedonale e, contestualmente, la realizzazione nelle altre vie del centro di una zona a traffico limitato.

BIBLIOGRAFIA

BERNARDI R., ZANETTO G. e ZUNICA M. (a cura di), *Il Veneto. Diversità e omogeneità di una regione. Emergenze territoriali e socio-economiche*, Bologna, Pàtron, 1991.

BRUNETTA E., *Storia di Conegliano*, Padova, Il Poligrafo, 1989.

CANIATO L. e BALDISSINI MOLLI G., *Conegliano, storia e itinerari*, Treviso, Canova, 1987.

CARDINALE B., *Barriere geografiche e mobilità in Italia*, Milano, Franco Angeli, 2000.

CARDINALE B. (a cura di), *Mobilità, traffico urbano e qualità della vita. Politiche e dinamiche territoriali*, Franco Angeli, Milano, 2004.

COMUNE DI CONEGLIANO, *Piano Generale del Traffico Urbano*, Conegliano, 2001.

CORI B. (a cura di), *Traffico urbano e qualità della vita in Italia*, Bologna, Pàtron, 1988.

CORI B. (a cura di), *La città invivibile. Nuove ricerche sul traffico urbano*, Bologna, Pàtron, 1997.

GATTOLINI F., *Mobilità, traffico urbano e qualità della vita: il caso di Alicante*, tesi di laurea, Università degli Studi di Udine, a.a. 2002-2003.

LOMBARDI D., *La mobilità urbana e le politiche del traffico nell'ottica del cittadino. Il caso di Udine*, in «L'Universo», 1999, LXXIX, 1, pp. 39-56.

MACALUSO F., *Vie di comunicazione: il caso dell'area padano-veneta*, in BERNARDI R., ZANETTO G. e ZUNICA M. (a cura di), *op. cit.*, 1991, pp. 281-297.

MEINI M., *Traffico urbano e qualità della vita nei centri storici. Il ruolo del centro storico fiorentino nell'immagine dei suoi visitatori*, in CORI B. (a cura di), *op. cit.*, 1997, pp. 205-225.

MONHEIM R. e MEINI M., *Le aree centrali urbane di Firenze e Norimberga tra potenzialità di sviluppo e rischio di decadenza. Il ruolo delle politiche del traffico e il comportamento dei city users*, in CORI B. (a cura di), *op. cit.*, 1997, pp. 227-256.

OREFICE M.A., *Viale della Zoppas. Breve racconto di una grande azienda*, Vittorio Veneto, De Bastiani, 1999.

ZANETTO G. e LANDO F., *La dinamica territoriale dell'industria veneta*, in BERNARDI R., ZANETTO G. e ZUNICA M. (a cura di), *op. cit.*, 1991, pp. 11-56.

Damir Magas e Anica Cuka [*]

# L'IMPATTO DELLA DERURALIZZAZIONE SULLO SVILUPPO TERRITORIALE DELL'ARCIPELAGO DI ZARA

*Premessa*

Sino alla seconda metà del secolo XX, sulle Isole di Zara, situate nel nord della Dalmazia sulla costa medio-adriatica della Croazia, la popolazione attiva risultava essere prevalentemente occupata in agricoltura, pesca e attività di piccola navigazione connessa con il settore primario. In seguito, lo sviluppo industriale nell'entroterra *iugoslavo-croato* ha rappresentato per tali isole l'avvio del processo di deruralizzazione e di quello migratorio, influenzando direttamente gli aspetti demografici e socio-economici.

In particolare, il fenomeno migratorio ha interessato in maniera generalizzata tutte le isole dell'arcipelago, con punte di maggiore intensità su quelle più lontane dalla costa, perché meno collegate e, di conseguenza, più disagiate nei collegamenti con la terraferma; questo stato di cose ha influito profondamente sul territorio dell'arcipelago, producendo una trasformazione considerevole nel tessuto economico-produttivo, a causa del progressivo abbandono dei terreni coltivabili. Tuttavia, il processo di spopolamento nelle isole interne dell'arcipelago di Zara, più vicine al litorale, pur se costante, è stato meno intenso e si è tradotto nella trasformazione dei precedenti villaggi agricoli in piccoli centri a forte vocazione turistica.

---

[*] Dipartimento di Geografia, Università di Zara.

Il presente studio analizza i mutamenti intervenuti sulla popolazione, sulle strutture e sul numero delle abitazioni; infatti, a causa dell'esodo rurale, anche i dati catastali mostrano i sensibili cambiamenti intervenuti nell'uso del suolo isolano, segnando profondamente il paesaggio dell'arcipelago stesso e una diminuzione costante della popolazione, alla quale è corrisposto, per contro, un aumento delle «seconde case».

D'altro canto, l'intensificarsi delle attività turistiche sul litorale croato, particolarmente ricco di bellezze naturali e storico-culturali, ha prodotto un considerevole sviluppo economico sull'intero territorio costiero; tale sviluppo, avvenuto in assenza di un'attenta pianificazione territoriale, ha interessato soltanto alcuni gruppi di isole, non rendendo possibile nelle altre quell'auspicata inversione di tendenza allo spopolamento in atto: nell'arcipelago, per un totale di 1.185 isole e scogli, che costituiscono il 96% del numero totale delle isole adriatiche, solo 67 risultano essere permanentemente abitate e solo 15 periodicamente abitate (NATIONAL PROGRAMME OF ISLANDS' DEVELOPMENT, 1997).

Lo sviluppo demografico di alcune isole è testimoniato, con continuità, dalla preistoria fino ad oggi, ma è particolarmente interessante analizzare il processo di deruralizzazione, che recentemente risulta essere la causa dei principali cambiamenti sociali e territoriali nella maggior parte delle isole. Da sempre le Isole di Zara hanno sofferto la distanza geografica dalla costa continentale, e pertanto, sino alla seconda metà del secolo XX, lo sviluppo demografico e socio-economico era il risultato di un attento sfruttamento delle risorse naturali, offerte dal territorio, da parte di una popolazione locale che dipendeva prevalentemente dall'agricoltura e dalla pesca.

All'inizio del secolo XIX, con il raggiungimento del cosiddetto *massimo agrario*, ebbe inizio un lento processo migratorio, in seguito intensificatosi a causa di una grave crisi registratasi nel comparto vitivinicolo, il quale, in quegli anni, risultava essere tra le principali attività delle suddette isole. Tuttavia, la popolazione delle Isole di Zara registrò un costante aumento fino al 1948, quando con la fine della Seconda Guerra Mondiale e il conseguente rapido sviluppo di attività nel settore secondario e terziario, nella parte continentale del Paese, si registrò un cambiamento radicale: l'esodo rurale e l'emigrazione giovanile indussero all'abbandono dei terreni fertili e dei pascoli, nei quali ricomparve spontaneamente la vegetazione autoctona, e alla progressiva sostituzione degli antichi insediamenti abitativi in pietra, a vantaggio di più moderne soluzioni architettoniche. L'ampia documentazione statistica a supporto di questi cambiamenti, oltre all'analisi dell'attività economica degli abitanti e del relativo uso che questi facevano del terreno isolano, permette di confrontare la relazione intercorrente tra il numero di abitanti e il numero delle abitazioni nei differenti censimenti (con particolare riguardo all'aumento delle seconde case al decrescere della popolazione).

*L'analisi del territorio*

L'obiettivo di questo studio è quello di analizzare l'attuale sviluppo regionale delle Isole di Zara. A tal fine, appare utile classificare queste isole in gruppi omogenei, a causa della loro differenza nelle caratteristiche geomorfologiche e socio-economiche.

Le isole di Pago e di Puntadura sono situate a nord-ovest di Zara e sono separate dalle altre isole dell'arcipelago. La loro peculiarità risiede nel fatto che, a metà del secolo scorso, entrambe sono state collegate alla terraferma da un ponte che ha significativamente ridotto il fenomeno dell'emigrazione, favorendone lo sviluppo del turismo e dell'edilizia ricettiva. Inoltre, la particolare posizione geografica di prossimità alla costa dalmata e al Quarnero dell'isola di Pago, che di recente è stata condotta sotto l'amministrazione della provincia di Lika-Segna, ne rende difficile la classificazione tra le Isole di Zara.

Con particolare riguardo alle sue caratteristiche geografiche, l'arcipelago di Zara può essere suddiviso in cinque gruppi di isole: il gruppo remoto a settentrione (Premuda, Selve, Ulbo, Isto, Melàda, Tun); il gruppo delle Ugliano (Ugliano, Pasman, Sestrugno minore e maggiore, Rivani, Sant'Andrea, Incoronata); il gruppo dell'Isola Lunga (Isola Lunga o Isola Grossa, Sfèrinaz, Eso piccola e grande, Rava, Laudara); il gruppo minore e separato delle isole di Pago con Maon, e Scherda e infine l'isola di Puntadura (MAGAS 1998, MAGAS e FARICIC, 1999).

Un altro tipo di classificazione può essere operato sulla base della vicinanza alla terraferma (SKRACIC, 1996). Infatti, le Isole di Zara si estendono parallelamente alla costa dalmata in direzione NO-SE, raggruppabili idealmente in tre parti: le isole di Premuda, Scherda, Isto, Melàda, e l'Isola Lunga, appartenenti alla parte più esterna alla costa; le isole di Ulbo, Selve, Sfèrinaz, Rava, Isto e Sestrugno, che con la loro posizione centrale precedono quelle di Rivani, Ugliano, Pasman, Vergada e Puntadura, le più interne e prossime alla costa; le altre, che sono isole molto piccole, poco più che gruppi di scogli privi di permanenti insediamenti abitativi, dove le uniche abitazioni sono poste a servizio dell'attività agricola, della pesca e della piccola attività turistica nei mesi estivi.

I dati statistici del presente studio sono inclusivi di tutti gli insediamenti delle Isole di Zara, compresa la parte nord-orientale dell'isola di Pago, mentre non viene considerato il numero degli abitanti degli isolotti delle Tre Sorelle, così come i dati relativi alle piccole abitazioni sulle isole minori, anche in considerazione del fatto che recentemente sono state costruite abitazioni abusive che ovviamente non risultano inserite nei registri catastali. Invece, i dati statistici relativi alla popolazione delle isole dell'arcipelago di Zara mostrano come dal 1948 si sia innescato un lento processo di emigrazione che ha sensibilmente ridotto il numero degli abitanti e, allo stesso tempo, mostrano un dato in forte controtendenza, relativamente alla costruzione di nuove abitazioni e di nuovi insediamenti; fenomeno questo, particolarmente intenso sull'isola di Pago, dove dal 1953 al 1971 vi erano solo 52 insediamenti, aumentati nel 1991 a 62 e nel 2001 a 67.

*I mutamenti economici e strutturali*

Il primo censimento ufficiale sulle Isole di Zara fu fatto nel 1527 (FILIPI, 1960) e fu ripetuto in modo più completo nel 1608 (JELIC, 1974), ma, ai fini del presente studio, i dati demografici riguardano solo il periodo successivo alla Seconda Guerra Mondiale.

Nel passato la popolazione dell'arcipelago di Zara traeva la gran parte della propria ricchezza dal settore primario, che per secoli aveva influenzato lo sviluppo socio-economico e condizionato il ruolo geopolitico (MILKOVIC, 1998). Inoltre, la particolare posizione *medioadriatica*, il clima mediterraneo, l'esigua superficie territoriale, molto carsica, e la mancanza di sorgenti e corsi d'acqua hanno profondamente limitato lo sviluppo agricolo, costringendo le popolazioni isolane ad affidare la propria sussistenza economica, oltre alla pesca, all'aleatorietà delle precipitazioni stagionali; fattori, quest'ultimi, che ne hanno alimentato la spinta migratoria (STRAZICIC, 1987). Proprio quest'ultimo fenomeno, innescatosi agli inizi del secolo XIX, ha visto un congruo flusso di migranti, prevalentemente attratto dal continente americano; tale flusso, per quanto intenso, non ha prodotto sensibili cambiamenti sul totale della popolazione dell'arcipelago di Zara, dove la composizione familiare, in quegli anni, raramente ha fatto registrare meno di dieci figli per famiglia.

Dopo il 1857 e fino alla Seconda Guerra Mondiale, la popolazione delle Isole di Zara crebbe costantemente (con un solo periodo di flessione nel decennio 1921-1931, imputabile agli effetti economici generati dal primo conflitto mondiale); dal 1948 la popolazione di queste isole ha sperimentato un rapido e profondo cambiamento demografico, tanto che in quell'anno il dato più elevato registrava un totale di 36.839 persone. In seguito è iniziato un rapido quanto rilevante declino; nel 1971 il numero totale degli isolani era diminuito a 30.906, con una flessione del 16% rispetto al dato del 1948. Tale consistente calo, causato in massima parte dalle difficili condizioni di vita sull'arcipelago, ha orientato i migranti verso gli Stati Uniti d'America, l'Australia, il Canada e solo marginalmente verso gli altri Paesi europei; infatti, è in quegli anni che si registrano gli effetti più drammatici del cambiamento socio-economico, con il crollo del tasso di natalità e la relativa sensibile diminuzione del numero di bambini per famiglia, ciò in quanto la gran parte della popolazione attiva emigrava alla ricerca di migliori condizioni lavorative.

Il punto di massima diminuzione si è registrato nel periodo 1971-1981, con un calo del 25% rispetto ai dati del 1948, quale effetto della *litoralizzazione* (lo sviluppo di attività secondarie e terziarie sulla terraferma), che ha spinto un congruo numero di isolani a trasferirvisi, contribuendo insieme alle popolazioni del vicino entroterra dalmata al rapido sviluppo di Zara come principale centro economico dell'area costiera sino a tutti gli anni Novanta; tale fenomeno ha finito col pesare ulteriormente sullo spopolamento e sulla deruralizzazione delle isole dell'omonimo arcipelago che, nel 2001, registra una popolazione di sole 22.508 persone residenti (il dato più basso negli ultimi 100 anni); di questi, circa il 44,5% vive sulle isole di Pago e Puntadura, che sono legate alla terraferma da un efficiente sistema di ponti; mentre, un altro 39,5% vive sulle isole di Ugliano e Pasman, che sono tra quelle più prossime alla costa e, allo stesso tempo, quelle meglio collegate. Solo un residuale 16% risiede sulle altre isole dell'arcipelago di Zara.

Considerando i dati riguardanti lo spopolamento, si può dedurre che esso abbia prodotto effetti negativi sul tessuto socio-economico in maniera direttamente proporzionale alla distanza delle isole dai centri principali della costa Zara e Zaravecchia (BABIC, LAJIC e PODGORELEC, 2004). Questo fenomeno è testimoniato anche dal decremento del 45% della popolazione attiva sulle isole nel periodo 1971-2001, dove negli anni Settanta il settore primario occupava ancora la maggior parte della popolazione attiva. Attualmente il terziario, legato in massima parte allo sviluppo turistico, garantisce la più importante fonte di reddito.

TABELLA 1
*Percentuale della popolazione dell'arcipelago di Zara attiva nel settore industriale*

| Anni | I | II | III | IV | altri |
|------|------|------|------|------|------|
| 1953 | 68,5 | 5,2 | 15,6 | 3,4 | 7,3 |
| 1961 | 59,6 | 7,4 | 21,7 | 4,3 | 7,0 |
| 1971 | 43,9 | 13,1 | 32,2 | 7,5 | 3,3 |
| 1991 | 14,0 | 23,2 | 46,0 | 16,8 | 0,0 |

(Fonte: Ufficio Statistico della Croazia, Zagabria, 2004)

Nell'analisi dei dati occorre analizzare separatamente le isole di Pago e Puntadura, in quanto sono quelle che hanno subito per ultime il processo di deruralizzazione e sono le sole che hanno vissuto un incremento della popolazione; ciò è dovuto in massima parte alla vicinanza con la costa e agli importanti legami infrastrutturali, che hanno favorito un progressivo trasferimento di ricchezza dal settore primario al terziario (NEJASMIC, 1998). D'altronde, sulle altre isole, il fenomeno demografico negativo è stato più forte della transizione economica. Infatti, all'aumentare della distanza dalla costa, il numero degli anziani cresce proporzionalmente al tasso di spopolamento; fenomeni, questi, particolarmente visibili sulle isole più remote e disperse come anche in quelle più settentrionali: Melàda, Ulbo, Eso e Premuda (MAGAS, 1981; MAGAS, FARICIC e SURIC, 1999; MAGAS e FARIRIC, 2002; CUKA e MAGAS, 2003).

*L'impatto della deruralizzazione sullo sviluppo degli insediamenti abitativi*

Il processo di deruralizzazione sulle Isole di Zara ha avuto due effetti principali sugli insediamenti abitativi, i quali sono significativamente cresciuti in prevalenza sulle isole più vicine alla costa, per effetto di nuove costruzioni ad uso abitativo turistico; mentre, sulle isole più lontane dalla costa il paesaggio ha ancora una marcata caratterizzazione rurale. A tutto ciò va aggiunto che l'abbandono di una parte delle terre in precedenza coltivata ha visto la vigorosa ripresa della tipica vegetazione spontanea delle coste mediterranee.

Le isole di Pago e di Puntadura, anche in questo caso, vanno escluse dall'analisi, perché, come si è visto in precedenza per gli effetti socio-economici generati dallo sviluppo del turismo, la presenza di un serio sistema infrastrutturale, che lega le predette isole alla costa, riduce fortemente le esternalità negative comuni a tutte le alte isole dell'arcipelago di Zara; infatti, negli ultimi venti anni, dieci nuovi insediamenti abitativi sono sorti sull'isola di Pago: Bosana, Kolanski, Gajac, Kosljum, Potocnica, Mandre, Smokvica, e Vidalici. In particolare, con riferimento agli insediamenti presenti sulle isole di Pago e di Puntadura, essi possono essere ricondotti a due tipologie: quella che si riferisce agli storici borghi in pietra tipici dell'architettura dalmata; quella maggiormente influenzata dall'espansione del turismo.

Nel paesaggio delle isole croate assume particolare importanza l'intatta bellezza dei piccoli borghi interamente costruiti in pietra e con i caratteristici tetti dai coppi rossi, comune denominatore dell'antica architettura dalmata. Questi piccoli borghi, costruiti in prossimità dei campi coltivati sui rilevi e sui costoni rocciosi, sono caratterizzati da una serie di reticoli viari che, pur separando gli edifici, determina lo storico *unicum* urbanistico quale risposta degli autoctoni alla perentoria presenza di intensi fenomeni ventosi. La peculiare bellezza di questi villaggi, che testimonia la storia delle costruzioni mediterranee, è sempre più spesso il punto di forza della promozione turistica dell'intera costa dalmata; tutto questo, però, non ha evitato che tali villaggi perdessero la loro integrità, quale effetto del costante e inesorabile processo di deruralizzazione.

Nel periodo 1971-2001, l'arcipelago di Zara ha registrato un incremento considerevole del numero totale di abitazioni, passando da 9.117 a 31.955 unità; ma, allo stesso tempo, il dato totale relativo alla popolazione è diminuito del 27,2%. Questo è accaduto perché in molti hanno preferito, per questioni lavorative, trasferirsi sul litorale croato, mentre la gran parte delle nuove costruzioni risulta essere costituita da appartamenti adibiti in prevalenza ad uso turistico; infatti, anche gli isolani rimasti hanno ristrutturato e costruito in prossimità della costa per cogliere le opportunità di reddito provenienti dal continuo e intenso sviluppo del settore turistico: fenomeno questo che ha influito pesantemente sullo sviluppo territoriale delle aree interne delle singole isole. Oltretutto, i vec-

TABELLA 2
*La popolazione e gli insediamenti abitativi a scopo turistico nel periodo 1971-2001*

| Insediamenti | Numero di abitanti | | Seconde case | |
|---|---|---|---|---|
| | 1971 | 2001 | 1971 | 2001 |
| Pago | 7896 | 8398 | 1535 | 5572 |
| Puntadura | 959 | 1608 | 9 | 5960 |
| Ulbo | 569 | 147 | 18 | 88 |
| Selve | 339 | 265 | 156 | 443 |
| Premuda | 152 | 58 | 0 | 49 |
| Isto | 412 | 202 | 27 | 128 |
| Melàda | 547 | 207 | 57 | 269 |
| Rivani | 55 | 22 | 4 | 33 |
| Sestrugno | 354 | 48 | 1 | 56 |
| Sferinaz | 146 | 48 | 2 | 8 |
| Ugliano | 9881 | 6182 | 177 | 1430 |
| Eso | 1301 | 557 | 113 | 456 |
| Rava | 234 | 98 | 11 | 36 |
| Isola Lunga | 3919 | 1715 | 51 | 364 |
| Pasman | 3730 | 2711 | 76 | 1221 |
| Vergada | 408 | 242 | 34 | 84 |
| *Totale* | *30902* | *22508* | *2271* | *16197* |

(Fonte: Ufficio Statistico della Croazia, Zagabria, 2004)

chi insediamenti abitativi, in gran parte abbandonati e in disuso, sono saccheggiate del materiale da riutilizzare nell'attività edilizia, mettendo in grave pericolo la tradizionale tipica architettura dalmata, che in tal modo rischia di andare irrimediabilmente persa.

*La recente trasformazione del paesaggio rurale*

L'abbandono dei centri agricoli sulle isole dell'arcipelago di Zara ha inevitabilmente condotto a una progressiva deruralizzazione di quei territori interni che in passato erano interessati da un'intensa utilizzazione agricola. Quanto appena descritto può essere osservato in diverse località come Calle sull'isola di Ugliano e Sale sull'Isola Lunga: ciò in quanto le Isole di Zara, dal punto di vista geomorfologico, sono interessate dal fenomeno carsico che, solo sulle isole più grandi ha permesso la coltivazione di fertili appezzamenti; mentre sulle isole più piccole, a causa della scarsa disponibilità di superficie coltivabile, il sostentamento delle popolazioni autoctone è stato da sempre legato all'allevamento del bestiame, in prevalenza ovini e caprini. Tanto che, con l'aumentare della popolazione, sono state intensificate le coltivazioni di olivo e di vite, proprio per evitare che l'erosione svilisse il già scarso terreno coltivabile.

Con il progressivo intensificarsi della deruralizzazione, in particolare dopo i primi anni Settanta del secolo scorso, nelle zone in precedenza interessate da attività agricola, è riapparsa la vegetazione spontanea tipica della macchia mediterranea, coprendo considerevoli porzioni di terreno agricolo.

Ovviamente l'abbandono dei terreni agricoli è stato più intenso su isole più distanti dalla costa; pertanto, restano solo poche tracce delle precedenti coltivazioni, dove solo l'ulivo che non richiede particolari cure risulta ancora presente, ma il cui raccolto è destinato ai soli fini domestici, mentre coltivazioni come vite e cereali, che richiedevano una cura costante, sono quasi completamente scomparse.

L'analisi comparata del grado di deruralizzazione delle isole dell'arcipelago di Zara mostra un'evidente e progressiva riduzione dei terreni coltivati, dei frutteti e vigneti. Al riguardo, si rileva che l'abbandono dei terreni coltivabili non è stato uniforme su tutte le isole dell'arcipelago; infatti, tale abbandono appare direttamente proporzionale alla distanza delle isole della costa croata e condizionato dai collegamenti navali. Inoltre, tale fatto è testimoniato dai cambiamenti intervenuti nell'utilizzo del terreno, sintetizzati nell'analisi comparata delle tre isole di Ugliano, Isola Lunga e Isto (tabella 3).

L'isola di Ugliano, non molto distante dal litorale croato, presenta un grado di spopolamento minore rispetto alle restanti Isole di Zara, in quanto l'introduzio-

TABELLA 3
*Utilizzazione del suolo agricolo sulle isole di Ugliano, Isto, Isola Lunga*

| Tipi di uso del terreno | UGLIANO | | | | | |
|---|---|---|---|---|---|---|
| | 1900 | | 1930 | | 2000 | |
| | area (ha) | (%) | area (ha) | (%) | area (ha) | (%) |
| Piantagioni, orticoltura | 1920,7 | 36,9 | 1920,7 | 36,9 | 440,2 | 8,5 |
| Vigneti, frutteti | 725,0 | 13,9 | 752,0 | 14,5 | 1220,3 | 23,5 |
| Pascoli | 1644,0 | 31,6 | 1644,0 | 31,5 | 2012,0 | 38,7 |
| Silvicoltura | 735,7 | 14,1 | 735,7 | 14,1 | 1132,0 | 21,8 |
| *Totale terreno fertile* | *5025,4* | *96,5* | *5052,4* | *97,0* | *4804,7* | *92,5* |
| *Terreno non fertile* | *180,6* | *3,5* | *153,6* | *3,0* | *387,0* | *7,5* |
| Totale | 5206,0 | 100,0 | 5206,0 | 100,0 | 5191,8 | 100,0 |

| Tipi di uso del terreno | ISOLA LUNGA * | | | | | |
|---|---|---|---|---|---|---|
| | 1900 | | 1948 | | 2000 | |
| | area (ha) | (%) | area (ha) | (%) | area (ha) | (%) |
| Piantagioni, orticoltura | 918,6 | 4,6 | 408,8 | 2,2 | 319,1 | 2,7 |
| Vigneti, frutteti | 780,0 | 3,9 | 1507,6 | 8,1 | 906,1 | 7,8 |
| Pascoli | 13325,0 | 66,0 | 11916,7 | 64,2 | 6369,7 | 54,5 |
| Silvicoltura | 4249,0 | 21,1 | 3612,5 | 19,5 | 3783,3 | 32,4 |
| *Totale terreno fertile* | *19272,6* | *95,6* | *17445,6* | *94,0* | *11378,2* | *97,4* |
| *Terreno non fertile* | *888,4* | *4,4* | *559,4* | *3,0* | *306,4* | *2,6* |
| *Altri usi* | - | - | *559,9* | *3,0* | - | - |
| Totale | 20161,0 | 100,0 | 18564,9 | 100,0 | 11684,6 | 100,0 |

| Tipi di uso del terreno | ISTO | | | | | |
|---|---|---|---|---|---|---|
| | 1900 | | 1951 | | 2000 | |
| | area (ha) | (%) | area (ha) | (%) | area (ha) | (%) |
| Piantagioni, orticoltura | 49,7 | 4,6 | 22,6 | 2,1 | 21,7 | 2,0 |
| Vigneti, frutteti | 93,0 | 8,6 | 28,8 | 2,7 | 3,9 | 0,4 |
| Pascoli | 43,0 | 4,0 | 174,8 | 16,2 | 935,8 | 86,7 |
| Silvicoltura | 883,0 | 81,9 | 771,0 | 71,6 | 31,1 | 2,9 |
| *Totale terreno fertile* | *1068,7* | *99,2* | *997,2* | *92,6* | *992,5* | *92,0* |
| *Terreno non fertile* | *8,9* | *0,8* | *80,4* | *7,4* | *85,1* | *8,0* |
| Totale | 1077,6 | 100,0 | 1077,6 | 100,0 | 1077,6 | 100,0 |

(Fonte: FORETIC, 1974; MAGAS e FARICIC, 2000; CUKA e MAGAS, 2003)

* Dal 1900 a 1948 la gran parte dei dati catastali relativi al territorio dell'isola di Incoronata era conservata presso il registro catastale di Sale, sull'Isola Lunga, questo per spiegare perché il totale del terreno era stato maggiore che nel 2000.

ne di collegamenti navali costanti e permanenti con la costa ha permesso di ridurre l'effetto dell'emigrazione, tanto che l'isola di Ugliano (escludendo Pago e Puntadura, che beneficiano di un collegamento artificiale) risulta essere quella più collegata con la costa; infatti, i cambiamenti intervenuti in ambito socio-economico mostrano come nel settore agricolo siano diminuiti gli appezzamenti destinati alla coltivazione, a vantaggio di frutteti e degli oliveti in particolare. Oltretutto, gli ottimi collegamenti con l'entroterra croato, l'importanza del settore turistico di Cuclizza, la presenza di industrie legate alla produzione e alla trasformazione dell'olio a Calle e Oltre, e la presenza dell'ospedale a Ugliano hanno garantito un serio sviluppo della coltivazione dell'ulivo.

L'Isola Lunga costituisce una prova delle ottime connessioni con la costa, attraverso la quantità di popolazione attiva nella trasformazione delle sardine e l'importante realtà del turismo (alimentato dalla presenza del Parco Naturale di Porto Taier), giocando anche un ruolo fondamentale nella conservazione di un'efficiente ed efficace coltivazione dell'olivo. Questa isola, in particolare, si presenta come una perfetta sintesi delle problematiche dell'intero arcipelago; infatti, osservandone la parte nord-occidentale, si nota come a causa delle minori possibilità di collegamento, della mancanza abitativa e dell'assenza di insediamenti industriali, mostri maggiore abbandono dei terreni, rispetto alla parte sud-orientale della stessa, dove la situazione è radicalmente opposta.

L'isola di Isto situata all'estremo nord-ovest dell'arcipelago di Zara, presenta invece una forte riduzione dei terreni destinati alla semina, dei vigneti e degli stessi oliveti, date le pessime condizioni di collegamento con la costa croata; infatti, essa è quella che maggiormente ha subito gli effetti dello spopolamento e il conseguente abbandono delle coltivazioni favorendone la successiva ripresa della macchia mediterranea che, in breve tempo, ha quasi completamente ricoperto la superficie dell'isola. Altresì, come si evince dalla tabella 3, si nota come la superficie dell'isola destinata al pascolo sia aumentata nel periodo 1953-2000, mentre nello stesso periodo diminuiva la copertura boschiva. Le stesse condizioni si trovano sulle isole più piccole e distanti dalla costa.

*Conclusioni*

Dopo la Seconda Guerra Mondiale si registra un costante declino del numero totale della popolazione sulle Isole di Zara, prevalentemente quale effetto dell'emigrazione giovanile.

I cambiamenti demografici negativi hanno generato forti ripercussioni sull'intera situazione economica dell'arcipelago. L'invecchiamento degli occupati in agricoltura, che fino agli anni Settanta garantiva la maggiore ricchezza e occupava gran parte della popolazione, insieme con la crescente importanza del turismo, che ha attratto parte della popolazione attiva nel settore agricolo, ha condotto a un sensibile quanto inesorabile processo di declino del comparto.

Il processo di deruralizzazione ha avuto effetti differenti sulle isole, che in base alla distanza dal litorale croato e dai relativi collegamenti navali hanno determinato il grado di isolamento delle stesse. In ogni caso, nonostante l'inesorabile processo di spopolamento delle isole, è importante rilevare come il numero degli insediamenti abitativi è costantemente aumentato, in particolare sulle isole situate a ridosso della costa croata: ciò è dovuto alla costruzione di strutture turistiche, di seconde case e alla ristrutturazione di abitazioni, per usi stagionali e speculativi, soprattutto su quelle isole maggiormente collegate con l'entroterra. Oltretutto, queste isole sono anche quelle sulle quali gli antichi insediamenti abitativi, simbolo del patrimonio culturale e della tipica architettura dalmata, sono ancora ben conservati; a differenza, invece, di quanto accade sulle isole dell'arcipelago di Zara, posizionate più lontano dalla costa, dove il progressivo abbandono delle popolazioni autoctone ha determinato la fine di storici insediamenti e la ricomparsa, al posto delle coltivazioni, della macchia mediterranea.

# BIBLIOGRAFIA

BABIC D., LAJIC I. e PODGORELEC S., *Otoci dviju generacija*, Institut za migracije i narodnosti, Zagreb, 2004, pp. 233.

CUKA A. e MAGAS D., *Socio-geographic Transformation of Ist Island, Croatia*, Geoadria, 8/2, Zadar, 2003, pp. 67-86.

DRAGIC A., *Stanovnistvo na zadarskim otocima*, Otocni sabor, Zadar, 2002, pp. 360.

FILIPI A.R., *Kretanje broja stanovnistva zadarskih otoka, II. dio*, in Radovi Instituta JAZU u Zadru 6, Zagreb, 1960, pp. 137-178.

FORETIC D., *Otoci zadarskog arhipelaga u vremenu od 1860. do 1940*, in Zadarsko otocje, Zbornik, Zadar, 1974, pp. 209-229.

KORENCIC M., *Naselja i stanovnistvo SR Hrvatske*, JAZU, RZSRH, Zagreb, 1979.

JELIC R., *Stanovnistvo zadarskih otoka 1608. godine*, in Zadarsko otocje, Zbornik, Zadar, Narodni muzej, 1974, pp. 147-205.

MAGAS D., *Vir - prilog geografskim istrazivanjima u zadarskoj regiji*, in Radovi Centra JAZU u Zadru, 24, Zadar, 1977, pp. 5-51.

MAGAS D., *Molat - prilog geografskim istrazivanjima u zadarskoj regiji*, in Radovi Zavoda JAZU u Zadru, 27-28, Zadar, 1981, pp. 355-420.

MAGAS D., *Geografski polozaj i osnovna prirodno-geografska obiljezja otoka Pasmana*, Geografski glasnik, br. 46, Zagreb, 1984, pp. 53-71.

MAGAS D., *Hrvatski otoci - glavne geografske i geopliticke znacajke*, in Radovi Filozofskog fakulteta RPZ, sv. 35, 1997, pp. 349-359.

MAGAS D., *Zemljopisno-povijesna obiljezja Dugog otoka*, in Dugi otok - Zbornik radova, Matica hrvatska Zadar, Zadar, 1997, pp. 11-44.

MAGAS D., *Osnove geografije Hrvatske*, sveucilisna skripta, Filozofski fakultet u Zadru, Zadar, 1998, pp. 284.

MAGAS D., *Contribution to the Knowledge of the Geographical Characteristics of the Pag Island*, Geoadria, 5, Zadar, 2000, pp. 5-48.

MAGAS D. e FARICIC J., *Osnovna prirodno-geografska obiljezja otoka Rave u zadarskom arhipelagu*, Geoadria, 4, Zadar, 1999, pp. 33-60.

MAGAS D., FARICIC J. e SURIC M., *Osnovna prirodno-geografska obiljezja otoka Premude u zadarskom arhipelagu*, Geoadria, 4, Zadar, 1999, pp. 61-88.

MAGAS D. e FARICIC J., *Geografske osnove razvitka otoka Ugljana*, Geoadria, 5, Zadar, 2000, pp. 49-92.

MAGAS D. e FARICIC J., *Problemi suvremene socio-geografske preobrazbe otoka Oliba*, Geoadria, 7/2, Zadar, 2002, pp. 35-62.

MAGAS D., FARICIC J. e SURIC M., *Geographical Bases of Evaluating the Coastline of Zadar Islands (Croatia)*, Littoral 2002, 6th International Symposium: The Changing Coast, Volume 3 - Zbornik radova, Porto, 2002, pp. 139-143.

MAGAS D. e FILIPI A.R., *Otok Sestrunj u zadarskom arhipelagu*, Zadar, 1983, pp. 94.

MILKOVIC J., *Oborina na otocima i obali*, in Voda na hrvatskim otocima, Hrvatsko hidrolosko drustvo, Hvar, 1998, pp. 83-98.

*Nacionalni program razvitka otoka*, Ministarstvo razvitka i obnove RH, 1997, pp. 228.

NEJASMIC I., *Croatian Islands: The Role of Demographic Features in Tourism Development*, Hrvatski geografski glasnik, Vol. 60, Zagreb, 1998, pp. 17-30.

RIDJANOVIC J., *Hidrogeografija*, Skolska knjiga - Zagreb, Zagreb, 1993, pp. 215.

SKRACIC V., *Toponimija vanjskog i srednjeg niza zadarskih otoka*, Knjizevni krug; Matica hrvatska - ogranak Zadar, Split, 1996, pp. 513.

SMOLJANOVIC M., SMOLJANOVIC A. e NEJASMIC I., *Stanovnistvo hrvatskih otoka*, Zavod za javno zdravstvo Zupanije splitsko-dalmatinske, Split, 1999, pp. 482.

STRAZICIC N., *Prirodno-geografske znacajke kao poticajni i ogranicavajuci faktori razvoja jadranskih otoka*, Pomorski zbornik, 25, Rijeka, 1987, pp. 39-55.

Altre fonti

Croatian Bureau of Statistic, *http://www.dzs.hr/Popis%202001/popis20001.htm* (15.11.2003).

Popis stanovnistva i stanova 1953, *Stanovnistvo, Delatnost, rezultati po naseljima i opstinama*, Savezni zavod za statistiku, Beograd, 1954.

Popis stanovnistva i stanova 1961, *Stanovnistvo, Delatnost, rezultati po naseljima i opstinama*, Savezni zavod za statistiku, Beograd, 1962.

Popis stanovnistva i stanova 1971, *Stanovnistvo, Delatnost, rezultati po naseljima i opstinama*, knjiga X, Savezni zavod za statistiku, Beograd, 1974.

Popis stanovnistva, domacinstava, stanova i poljoprivrednih gospodarstava 31. ozujak 1991, *Aktivno stanovnistvo u zemlji koje obavlja zanimanje, prema podrucju djelatnosti po naseljima*, dokumentacija 885, godina 1992, Drzavni zavod za statistiku, Zagreb, 1994.

Popis stanovnistva, kucanstava i stanova 2001, *Stanovnistvo prema aktivnosti i spolu, po naseljima (posebno izdanje)*, Drzavni zavod za statistiku, Zagreb, 2003.

Popis stanovnistva i stanova 1971, *Stanovi, Koriscenje i nastanjena lica, rezultati po naseljima i opstinama*, knjiga I, Savezni zavod za statistiku, Beograd, 1972.

Popis stanovnistva, kucanstava i stanova 2001, *Stanovi prema nacinu koristenja, po gradovima-opcinama (posebno izdanje)*, Drzavni zavod za statistiku, Zagreb, 2003.

Raspored po katastarskim kulturama i klasama zemljista 1948 i 2003, *Katastarske opcine Bozava, Brbinj, Dragove, Luka, Sali, Savar, Soline, Veli Rat, Zman*, Drzavna geodetska uprava, Podrucni ured za katastar Zadar, 2003.

Gerardo Massimi *

# RISTORAZIONE E RICEZIONE (1991-2001). APPUNTI PER UN ATLANTE

*Premessa*

La recentissima diffusione (marzo 2004) da parte dell'ISTAT dei risultati del CIS 2001 messi direttamente a confronto con quelli del precedente censimento del 1991, certamente produrrà in breve tempo tutto un fiorire d'indagini – sullo stato e sulle recenti tendenze delle attività economiche non agricole, nella duplice modalità della diffusione territoriale e della consistenza degli addetti nelle unità locali – cui in questa sede s'intende contribuire con i risultati delle nostre elaborazioni su un insieme particolare di attività di servizio, quelle che si rivolgono alla ristorazione e alla ricezione.

Nelle indagini, svolte a tutte le scale territoriali, dal comune alle regioni amministrative, un ruolo particolare è stato assegnato a quelle sugli ambiti locali dei comuni, più volte utilizzate anche in passato dallo scrivente, con il duplice intento di meglio precisare le peculiarità di tutti i singoli comuni nei loro contesti immediati di vicinato, e procedere, nel contempo, a una perequazione dei dati, tale da far emergere le tendenze territoriali di fondo, difficilmente riconoscibili nel mosaico amministrativo per l'eterogeneità delle sue tessere costitutive [1].

---

\* Dipartimento Studi Filosofici, Storici e Sociali, Università «G. d'Annunzio» di Chieti-Pescara.

[1] In termini più espliciti, sono stati considerati gli ambiti locali costituiti mediante l'aggregazione, intorno a ciascun comune, di tutti i vicini entro la soglia di 20 km. Più precisamente i comuni generici I e J sono considerati vicini se la distanza in linea retta tra i corrispondenti capoluoghi comunali è inferiore o uguale a 20 km. Si precisa che in questa sede, non essendo stata considerata la frizione della distanza, agli ambiti sono stati attribuiti le sommatorie di tutti i parametri (superficie, popolazione e addetti nelle attività considerate e ai censimenti di riferimento) propri di tutti i comuni ricadenti in tali ambiti.

Le informazioni elementari utilizzate sono rappresentate dai dati comunali concernenti un ricco paniere di Ateco a cinque cifre, ben 24[2], successivamente ricondotto a sei Ateco a tre cifre, le une e la altre elencate in tabella 1 dalla quale si evince, come dato generale, la più che notevole crescita quanto ad addetti, tra il 1991 e il 2001, dell'insieme di queste attività nel nostro Paese: il 18%. Un incremento di tutto rilievo specie in relazione al sostanziale immobilismo del carico demografico la cui espansione non raggiunge il mezzo punto percentuale.

Tuttavia, la crescita è molto diseguale tra le varie attività, anche alla scala delle Ateco a tre cifre, nelle quali è compresa tra il minimo della 552 *Campeggi ed altri alloggi per brevi soggiorni* (2,24%) e il massimo della 555 *Mense e fornitura di pasti preparati* (73,02%), e ben contrastata se si scende nel dettaglio delle Ateco a cinque cifre, nelle quali spiccano le riduzioni degli addetti in quasi tutte le attività connesse alla ricezione non alberghiera.

Molto differenziato è anche il quadro territoriale[3], in cui si segnalano, per l'insieme di tutte le attività qui considerate, le variazioni percentuali negative (in ordine decrescente dei valori assoluti) di Belluno (–11%), Crotone, Reggio di Calabria, Bolzano, Savona, Imperia, Messina, Enna e Pistoia) ma anche quelle, invece, oltremodo positive, superiori al 30%, di Caltanissetta, Trapani, Pesaro e Urbino, Venezia, Firenze, Bari, Arezzo, Perugia, Brindisi, Varese, Matera (massimo assoluto: 46,4%).

Alquanto simile è la fisionomia dal punto di vista delle attività presenti con addetti nei comuni (si veda la tabella 2), sia come consistenza sia come tendenza intercensuale, se si considerano le singole Ateco a cinque cifre; molto differenti tra loro, peraltro quanto a diffusione territoriale: ora quasi ubiquitarie (ristoranti e bar: oltre 7.000 comuni), ora rarissime (gestione dei vagoni letto: appena tre comuni nel 2001).

*Situazioni e dinamiche nell'Italia delle province*

Laddove si esaminassero i valori analitici o si commentassero le rappresentazioni cartografiche dei risultati provinciali (si veda la documentazione cartografica fuori testo allegata a questo contributo) per la popolazione residente, le Ateco a

---

[2] Delle 24 Ateco a cinque cifre due sono estranee alla ricezione e alla ristorazione, ma sono state inserite per la loro rilevanza sul turismo che, a sua volta, è uno dei fattori cardinali nella localizzazione delle attività qui considerate nel loro complesso.

[3] Tra le province abruzzesi soltanto quella di Pescara ha incrementi degli addetti (25,4%) superiore alla media nazionale.

TABELLA 1
*Riepilogo per le attività di ricezione e ristorazione, codici a tre e a cinque cifre,
ai censimenti 1991 e 2001*

Legenda delle colonne
A: valori assoluti di popolazione e addetti al 1991; B: idem, al 2001; C: differenze intercensuali; D: variazioni intercensuali; E: addetti per 1.000 residenti al 2001; F: numero di comuni in cui sono presenti unità locali con addetti al 1991; G: idem, al 2001; H: differenze intercensuali.

| Popolazione e attività | A | B | C | D | E | F | G | H |
|---|---|---|---|---|---|---|---|---|
| Popolazione | 56778031 | 56995744 | 217713 | 0,38 | | | | |
| Attività | | | | | | | | |
| 55110 | 125217 | 140733 | 15516 | 12,39 | 2,5 | 3246 | 3524 | 278 |
| 55120 | 25192 | 28694 | 3502 | 13,9 | 0,5 | 1121 | 1333 | 212 |
| *551* | *150409* | *169427* | *19018* | *12,64* | *3* | *3452* | *3756* | *304* |
| 55211 | 318 | 622 | 304 | 95,6 | 0 | 84 | 132 | 48 |
| 55212 | 1096 | 1399 | 303 | 27,65 | 0 | 249 | 413 | 164 |
| 5522 | 5985 | 5980 | -5 | -0,08 | 0,1 | 937 | 834 | -103 |
| 55231 | 2462 | 4709 | 2247 | 91,27 | 0,1 | 201 | 320 | 119 |
| 55232 | 6276 | 8497 | 2221 | 35,39 | 0,1 | 398 | 606 | 208 |
| 55233 | 827 | 504 | -323 | -39,06 | 0 | 9 | 3 | -6 |
| 55234 | 11002 | 8812 | -2190 | -19,91 | 0,2 | 733 | 1158 | 425 |
| 55235 | 4439 | 3296 | -1143 | -25,75 | 0,1 | 970 | 1162 | 192 |
| 55236 | 5315 | 4745 | -570 | -10,72 | 0,1 | 594 | 664 | 70 |
| *552* | *37720* | *38564* | *844* | *2,24* | *0,7* | *2424* | *2890* | *466* |
| 55301 | 213875 | 252184 | 38309 | 17,91 | 4,4 | 6889 | 7174 | 285 |
| 55302 | 20445 | 28904 | 8459 | 41,37 | 0,5 | 2261 | 3044 | 783 |
| 55303 | 31 | 469 | 438 | 1412,9 | 0 | 14 | 9 | -5 |
| 55304 | 4803 | 11272 | 6469 | 134,69 | 0,2 | 258 | 480 | 222 |
| 55305 | 1481 | 3596 | 2115 | 142,81 | 0,1 | 227 | 480 | 253 |
| *553* | *240635* | *296425* | *55790* | *23,18* | *5,2* | *7025* | *7270* | *245* |
| 55401 | 242367 | 250384 | 8017 | 3,31 | 4,4 | 7513 | 7436 | -77 |
| 55402 | 10138 | 12421 | 2283 | 22,52 | 0,2 | 1567 | 2042 | 475 |
| 55403 | 1488 | 1940 | 452 | 30,38 | 0 | 375 | 468 | 93 |
| 55404 | 2169 | 4343 | 2174 | 100,23 | 0,1 | 483 | 988 | 505 |
| *554* | *256162* | *269088* | *12926* | *5,05* | *4,7* | *7526* | *7449* | *-77* |
| 55510 | 40891 | 61176 | 20285 | 49,61 | 1,1 | 2139 | 1852 | -287 |
| 55520 | 8555 | 24373 | 15818 | 184,9 | 0,4 | 383 | 758 | 375 |
| *555* | *49446* | *85549* | *36103* | *73,02* | *1,5* | *2259* | *2207* | *-52* |
| 63301 | 29440 | 42743 | 13303 | 45,19 | 0,7 | 1502 | 2137 | 635 |
| 63302 | 678 | 1953 | 1275 | 188,05 | 0 | 167 | 405 | 238 |
| *633* | *30118* | *44696* | *14578* | *48,4* | *0,8* | *1559* | *2232* | *673* |
| Totale | 1528980 | 1807498 | 278518 | 18,22 | 32 | 7986 | 7986 | 0 |

Codici e denominazioni
55110 Alberghi e motel, con ristorante; 55120 Alberghi e motel, senza ristorante; *551 Alberghi*; 55211 Ostelli della gioventù; 55212 Rifugi di montagna; 5522 Campeggi e aree attrezzate per roulottes; 55231 Villaggi turistici; 55232 Colonie, case per ferie e case di riposo (senza cure mediche); 55233 Gestione di vagoni letto; 55234 Affittacamere per brevi soggiorni, case per vacanze; 55235 Agriturismo; 55236 Altri esercizi alberghieri complementari (compresi i residence); *552 Campeggi ed altri alloggi per brevi soggiorni*; 55301 Ristoranti, trattorie, pizzerie, osterie e birrerie con cucina; 55302 Rosticcerie, friggitorie, pizzerie a taglio con somministrazione; 55303 Gestione di vagoni ristorante; 55304 Servizi di ristorazione in self-service; 55305 Ristoranti con annesso intrattenimento e spettacolo; *553 Ristoranti*; 55401 Bar e caffè; 55402 Gelaterie; 55403 Bottiglierie ed enoteche con somministrazione; 55404 Bar, caffè con intrattenimento e spettacolo; *554 Bar*; 55510 Mense; 55520 Fornitura di pasti preparati; *555 Mense e fornitura di pasti preparati*; 63301 Attività delle agenzie di viaggi e turismo (compresi i tour operator); 63302 Attività delle guide e degli accompagnatori turistici; *633 Attività delle agenzie di viaggio e degli operatori turistici; attività di assistenza turistica n.c.a.*

tre cifre e il complesso dei servizi considerati in questo contributo, spiccherebbero sempre situazioni geospaziali piuttosto ordinate per lo stato al 2001 e, al contrario, disordinate per le variazioni intercensuali 1991-2001. Un riscontro, non puntuale, ma soltanto dimostrativo di queste valutazioni, si può cogliere nelle posizioni di rango in ordinamenti decrescenti, raccolte con finalità di sintesi in tabella 2, dalla quale, a titolo d'esempio sono state estratte le posizioni per la provincia di Venezia. Dall'elenco che segue si evince la differente ampiezza del campo di oscillazione delle posizioni di rango, comprese tra 6 e 84 per le variazioni percentuali e tra 3 e 20 per il rapporto al 2001 tra addetti e residenti in termini relativi (Italia pari a 100), o grado relativo:

a) Variazione intercensuale in %:
   Popolazione residente: rango 63; 551 Alberghi: rango 12; 552 Campeggi ed altri alloggi per brevi soggiorni: rango 84; 553 Ristoranti: rango 6; 554 Bar: rango 30; 555 Mense e fornitura di pasti preparati: rango 62; 633 Attività delle agenzie di viaggio e degli operatori turistici; attività di assistenza turistica n.c.a.: rango 53; Totale addetti: rango 8.

b) Grado relativo al 2001:
   551 Alberghi: rango 6; 552 Campeggi ed altri alloggi per brevi soggiorni: rango 20; 553 Ristoranti: rango 3; 554 Bar: rango 18; 555 Mense e fornitura di pasti preparati: rango 11; 633 Attività delle agenzie di viaggio e degli operatori turistici; attività di assistenza turistica n.c.a.: rango 5; Ateco in complesso: rango 4.

L'interpretazione, non agevole, delle differenze tra situazioni e variazioni probabilmente va ricondotta alla ben nota contrapposizione tra sincronia e diacronia di breve periodo. La prima, si risolve in un assetto consolidato del dualismo tra nord e sud che, variamente accentuato e con limitatissime eccezioni, si presenta anche per le attività qui considerate, specie in quelle che coinvolgono numerosi addetti e che riflettono i livelli provinciali di reddito (esempio: 553 *Ristoranti*); la seconda, essendo limitata a un decennio, è caratterizzata da fattori probabilmente occasionali, contingenti, che ostacolano l'insorgere di chiare correlazioni nella dinamica delle varie attività.

Un corollario importante di quanto esposto finora è che le situazioni convergono nell'indicare la mancanza di una netta connotazione comune per le province adriatiche, nel senso che esse rispecchiano, in generale, le caratteristiche delle regioni amministrative o delle grandi circoscrizioni statistiche cui appartengono. Le variazioni complessive degli addetti, invece, pur con qualche contraddizione, assegnano a tali province una maggiore tendenza alla crescita rispetto a quelle del versante tirrenico e, ancor più, di quello ligure in cui si manifestano i decrementi di Imperia e Savona.

TABELLA 2
*Posizioni di rango delle province in ordinamenti decrescenti
di un gruppo di indicatori dello stato al 2001 e della dinamica 1991-2001*

Legenda delle colonne
C1: Variazione % Popolazione residente; C2: Variazione % 551 Alberghi; C3: Variazione % 552 Campeggi ed altri alloggi per brevi soggiorni; C4: Variazione % 553 Ristoranti; C5: Variazione % 554 Bar; C6: Variazione % 555 Mense e fornitura di pasti preparati; C7: Variazione % 633 Attività delle agenzie di viaggio e degli operatori turistici; attività di assistenza turistica n.c.a.; C8: Variazione % Totale addetti 01; C9: Grado relativo 2001 551 Alberghi; C10: Grado relativo 2001 552 Campeggi ed altri alloggi per brevi soggiorni; C11: Grado relativo 2001 553 Ristoranti; C12: Grado relativo 2001 554 Bar; C13: Grado relativo 2001 555 Mense e fornitura di pasti preparati; C14: Grado relativo 2001 633 Attività delle agenzie di viaggio e degli operatori turistici; attività di assistenza turistica n.c.a.; C15: Grado relativo 2001 Ateco in complesso.

| Nome | C1 | C2 | C3 | C4 | C5 | C6 | C7 | C8 | C9 | C10 | C11 | C12 | C13 | C14 | C15 |
|---|---|---|---|---|---|---|---|---|---|---|---|---|---|---|---|
| Torino | 88 | 50 | 86 | 45 | 21 | 58 | 57 | 16 | 79 | 73 | 63 | 63 | 3 | 13 | 47 |
| Vercelli | 92 | 64 | 31 | 101 | 19 | 12 | 34 | 48 | 76 | 68 | 69 | 25 | 12 | 47 | 50 |
| Novara | 27 | 77 | 98 | 16 | 72 | 67 | 13 | 60 | 55 | 79 | 48 | 65 | 21 | 45 | 52 |
| Cuneo | 39 | 70 | 50 | 33 | 8 | 43 | 49 | 13 | 59 | 45 | 43 | 62 | 54 | 3 | 45 |
| Asti | 51 | 4 | 74 | 65 | 20 | 83 | 84 | 45 | 77 | 56 | 57 | 69 | 96 | 78 | 72 |
| Alessandria | 97 | 95 | 62 | 58 | 50 | 79 | 48 | 77 | 83 | 65 | 67 | 52 | 60 | 67 | 68 |
| Biella | 76 | 35 | 17 | 54 | 10 | 75 | 17 | 25 | 81 | 85 | 70 | 50 | 62 | 46 | 69 |
| Verbano-Cusio-Ossola | 72 | 87 | 69 | 93 | 13 | 93 | 19 | 88 | 10 | 18 | 17 | 10 | 69 | 30 | 13 |
| Aosta | 20 | 66 | 39 | 41 | 94 | 85 | 40 | 78 | 3 | 2 | 1 | 2 | 7 | 6 | 3 |
| Varese | 34 | 85 | 45 | 35 | 1 | 37 | 12 | 2 | 86 | 72 | 61 | 35 | 5 | 11 | 44 |
| Como | 21 | 18 | 13 | 69 | 31 | 81 | 31 | 42 | 32 | 23 | 41 | 44 | 37 | 55 | 37 |
| Sondrio | 45 | 73 | 67 | 62 | 26 | 54 | 102 | 79 | 8 | 14 | 27 | 6 | 59 | 74 | 11 |
| Milano | 60 | 22 | 63 | 37 | 54 | 66 | 80 | 32 | 42 | 76 | 55 | 39 | 2 | 2 | 29 |
| Bergamo | 3 | 83 | 48 | 51 | 46 | 25 | 29 | 30 | 84 | 92 | 60 | 46 | 13 | 40 | 58 |
| Brescia | 6 | 81 | 91 | 42 | 35 | 72 | 21 | 66 | 30 | 50 | 37 | 36 | 38 | 27 | 36 |
| Pavia | 48 | 82 | 81 | 68 | 29 | 13 | 10 | 41 | 89 | 99 | 65 | 31 | 47 | 57 | 60 |
| Cremona | 29 | 71 | 65 | 10 | 55 | 86 | 32 | 43 | 102 | 101 | 44 | 37 | 78 | 80 | 64 |
| Mantova | 31 | 47 | 102 | 95 | 39 | 96 | 33 | 91 | 92 | 100 | 59 | 59 | 72 | 58 | 71 |
| Lecco | 9 | 101 | 90 | 77 | 49 | 76 | 26 | 84 | 88 | 81 | 64 | 70 | 26 | 31 | 66 |
| Lodi | 2 | 16 | 6 | 1 | 84 | 63 | 20 | 27 | 98 | 102 | 66 | 54 | 55 | 86 | 74 |
| Bolzano | 10 | 72 | 95 | 99 | 9 | 32 | 75 | 100 | 1 | 1 | 5 | 7 | 45 | 49 | 1 |
| Trento | 7 | 78 | 56 | 53 | 77 | 40 | 72 | 73 | 4 | 8 | 25 | 21 | 6 | 21 | 7 |
| Verona | 12 | 46 | 52 | 26 | 18 | 18 | 39 | 14 | 22 | 26 | 13 | 33 | 39 | 12 | 23 |
| Vicenza | 5 | 67 | 58 | 48 | 62 | 22 | 18 | 34 | 60 | 82 | 51 | 68 | 24 | 36 | 56 |
| Belluno | 62 | 91 | 99 | 84 | 98 | 39 | 51 | 103 | 12 | 11 | 21 | 5 | 46 | 69 | 12 |
| Treviso | 4 | 28 | 76 | 43 | 24 | 95 | 24 | 62 | 74 | 71 | 34 | 55 | 34 | 37 | 51 |
| Venezia | 63 | 12 | 84 | 6 | 30 | 62 | 53 | 8 | 6 | 20 | 3 | 18 | 11 | 5 | 4 |
| Padova | 18 | 80 | 100 | 15 | 22 | 28 | 54 | 55 | 9 | 97 | 30 | 58 | 22 | 39 | 21 |
| Rovigo | 80 | 25 | 73 | 46 | 73 | 3 | 1 | 36 | 95 | 74 | 54 | 61 | 49 | 68 | 61 |
| Udine | 57 | 84 | 93 | 55 | 67 | 16 | 95 | 74 | 39 | 31 | 12 | 8 | 19 | 61 | 20 |
| Gorizia | 61 | 48 | 103 | 47 | 87 | 49 | 58 | 87 | 29 | 44 | 7 | 11 | 23 | 25 | 18 |
| Trieste | 102 | 98 | 4 | 98 | 65 | 80 | 101 | 90 | 53 | 9 | 15 | 27 | 43 | 20 | 25 |
| Pordenone | 16 | 34 | 37 | 25 | 81 | 21 | 25 | 26 | 58 | 90 | 36 | 41 | 16 | 53 | 41 |
| Imperia | 93 | 102 | 53 | 96 | 37 | 101 | 83 | 98 | 11 | 12 | 10 | 4 | 71 | 16 | 8 |
| Savona | 95 | 103 | 75 | 91 | 61 | 61 | 93 | 99 | 7 | 6 | 8 | 3 | 31 | 32 | 6 |
| Genova | 103 | 76 | 34 | 72 | 41 | 24 | 89 | 53 | 35 | 46 | 32 | 28 | 8 | 7 | 27 |
| La Spezia | 100 | 33 | 23 | 85 | 14 | 35 | 43 | 38 | 25 | 21 | 16 | 14 | 25 | 35 | 19 |
| Piacenza | 66 | 17 | 88 | 24 | 36 | 84 | 66 | 46 | 69 | 86 | 22 | 16 | 85 | 65 | 38 |
| Parma | 49 | 97 | 89 | 64 | 57 | 71 | 23 | 86 | 23 | 64 | 28 | 23 | 14 | 17 | 26 |
| Reggio nell'Emilia | 1 | 43 | 97 | 17 | 53 | 56 | 73 | 39 | 80 | 93 | 49 | 40 | 20 | 63 | 54 |
| Modena | 13 | 92 | 49 | 61 | 38 | 42 | 35 | 49 | 63 | 43 | 23 | 38 | 15 | 34 | 34 |
| Bologna | 43 | 44 | 40 | 49 | 34 | 69 | 82 | 40 | 36 | 22 | 14 | 15 | 1 | 19 | 16 |
| Ferrara | 96 | 69 | 11 | 28 | 51 | 41 | 36 | 33 | 68 | 49 | 26 | 22 | 28 | 60 | 35 |
| Ravenna | 58 | 55 | 60 | 32 | 25 | 19 | 91 | 28 | 16 | 51 | 18 | 24 | 10 | 42 | 17 |
| Forlì - Cesena | 23 | 74 | 78 | 23 | 11 | 4 | 85 | 37 | 19 | 36 | 24 | 19 | 57 | 62 | 24 |

| Nome | C1 | C2 | C3 | C4 | C5 | C6 | C7 | C8 | C9 | C10 | C11 | C12 | C13 | C14 | C15 |
|---|---|---|---|---|---|---|---|---|---|---|---|---|---|---|---|
| Rimini | 8 | 38 | 94 | 5 | 2 | 73 | 55 | 15 | 2 | 19 | 2 | 1 | 92 | 1 | 2 |
| Massa - Carrara | 65 | 49 | 18 | 79 | 23 | 97 | 86 | 72 | 37 | 17 | 39 | 17 | 58 | 82 | 33 |
| Lucca | 64 | 54 | 24 | 57 | 52 | 33 | 88 | 59 | 15 | 30 | 11 | 9 | 32 | 41 | 14 |
| Pistoia | 40 | 99 | 83 | 70 | 47 | 44 | 37 | 95 | 14 | 61 | 46 | 34 | 63 | 26 | 30 |
| Firenze | 91 | 32 | 16 | 44 | 5 | 27 | 74 | 7 | 13 | 15 | 19 | 13 | 9 | 8 | 10 |
| Livorno | 87 | 88 | 22 | 39 | 71 | 87 | 59 | 61 | 24 | 4 | 9 | 29 | 36 | 9 | 15 |
| Pisa | 53 | 9 | 43 | 63 | 42 | 64 | 65 | 19 | 34 | 29 | 50 | 57 | 30 | 29 | 39 |
| Arezzo | 24 | 13 | 77 | 8 | 15 | 29 | 16 | 5 | 50 | 48 | 35 | 45 | 40 | 56 | 42 |
| Siena | 47 | 68 | 61 | 29 | 7 | 48 | 38 | 44 | 5 | 5 | 6 | 12 | 27 | 15 | 5 |
| Grosseto | 84 | 93 | 47 | 30 | 85 | 38 | 46 | 76 | 17 | 7 | 4 | 20 | 70 | 28 | 9 |
| Prato | 11 | 6 | 12 | 21 | 27 | 82 | 70 | 21 | 75 | 87 | 84 | 56 | 87 | 59 | 80 |
| Perugia | 22 | 26 | 33 | 9 | 4 | 20 | 68 | 4 | 20 | 16 | 29 | 51 | 56 | 48 | 31 |
| Terni | 67 | 61 | 36 | 71 | 12 | 15 | 63 | 24 | 56 | 39 | 40 | 47 | 17 | 51 | 40 |
| Pesaro e Urbino | 15 | 40 | 68 | 22 | 3 | 47 | 44 | 9 | 26 | 42 | 20 | 30 | 68 | 44 | 32 |
| Ancona | 26 | 45 | 55 | 18 | 6 | 55 | 52 | 12 | 43 | 60 | 38 | 66 | 52 | 43 | 48 |
| Macerata | 33 | 56 | 80 | 7 | 45 | 78 | 15 | 31 | 54 | 52 | 33 | 64 | 83 | 54 | 57 |
| Ascoli Piceno | 28 | 96 | 44 | 34 | 60 | 98 | 62 | 81 | 46 | 32 | 42 | 53 | 95 | 90 | 55 |
| Viterbo | 17 | 65 | 42 | 50 | 33 | 60 | 22 | 51 | 64 | 47 | 45 | 60 | 77 | 79 | 59 |
| Rieti | 38 | 89 | 15 | 87 | 75 | 92 | 26 | 93 | 71 | 70 | 53 | 71 | 41 | 88 | 62 |
| Roma | 70 | 29 | 10 | 38 | 48 | 52 | 94 | 22 | 21 | 38 | 31 | 43 | 4 | 4 | 22 |
| Latina | 19 | 94 | 30 | 81 | 56 | 74 | 76 | 85 | 62 | 40 | 62 | 67 | 64 | 66 | 65 |
| Frosinone | 42 | 86 | 96 | 83 | 95 | 53 | 61 | 94 | 41 | 98 | 78 | 75 | 50 | 84 | 76 |
| L'Aquila | 52 | 37 | 41 | 94 | 66 | 90 | 3 | 83 | 38 | 41 | 56 | 49 | 74 | 23 | 49 |
| Teramo | 25 | 20 | 28 | 80 | 17 | 94 | 81 | 58 | 31 | 27 | 52 | 48 | 102 | 70 | 46 |
| Pescara | 32 | 21 | 66 | 56 | 82 | 2 | 42 | 20 | 48 | 80 | 47 | 73 | 29 | 14 | 53 |
| Chieti | 50 | 59 | 64 | 89 | 80 | 34 | 4 | 69 | 61 | 66 | 68 | 74 | 35 | 33 | 70 |
| Campobasso | 90 | 51 | 9 | 60 | 96 | 23 | 67 | 56 | 73 | 57 | 73 | 76 | 18 | 94 | 75 |
| Isernia | 82 | 52 | 1 | 59 | 100 | 17 | 103 | 75 | 51 | 77 | 79 | 77 | 42 | 102 | 77 |
| Caserta | 14 | 30 | 7 | 74 | 86 | 57 | 9 | 70 | 100 | 96 | 102 | 102 | 82 | 93 | 102 |
| Benevento | 75 | 57 | 46 | 11 | 79 | 31 | 90 | 50 | 97 | 88 | 86 | 89 | 67 | 97 | 96 |
| Napoli | 41 | 39 | 32 | 75 | 88 | 45 | 56 | 63 | 33 | 84 | 92 | 101 | 61 | 38 | 81 |
| Avellino | 79 | 7 | 87 | 19 | 97 | 51 | 41 | 54 | 82 | 95 | 76 | 91 | 65 | 96 | 91 |
| Salerno | 46 | 24 | 14 | 66 | 32 | 14 | 30 | 29 | 40 | 34 | 80 | 78 | 89 | 87 | 78 |
| Foggia | 59 | 5 | 27 | 67 | 70 | 68 | 87 | 23 | 47 | 25 | 91 | 94 | 93 | 103 | 86 |
| Bari | 35 | 42 | 19 | 4 | 40 | 6 | 47 | 6 | 87 | 58 | 75 | 95 | 75 | 72 | 89 |
| Taranto | 71 | 58 | 5 | 52 | 91 | 59 | 6 | 52 | 99 | 59 | 94 | 103 | 73 | 89 | 99 |
| Brindisi | 77 | 3 | 29 | 27 | 44 | 5 | 97 | 3 | 70 | 63 | 87 | 88 | 33 | 73 | 84 |
| Lecce | 74 | 41 | 38 | 14 | 28 | 77 | 8 | 17 | 90 | 55 | 88 | 87 | 90 | 83 | 95 |
| Potenza | 73 | 63 | 20 | 73 | 93 | 46 | 26 | 80 | 57 | 69 | 90 | 83 | 44 | 98 | 83 |
| Matera | 81 | 15 | 3 | 2 | 78 | 9 | 2 | 1 | 94 | 24 | 85 | 82 | 79 | 18 | 82 |
| Cosenza | 83 | 62 | 70 | 86 | 99 | 30 | 45 | 92 | 66 | 67 | 83 | 86 | 76 | 91 | 88 |
| Catanzaro | 89 | 75 | 92 | 100 | 76 | 7 | 96 | 89 | 72 | 62 | 89 | 80 | 48 | 95 | 85 |
| Reggio di Calabria | 78 | 90 | 71 | 78 | 102 | 88 | 98 | 101 | 91 | 91 | 100 | 97 | 99 | 100 | 100 |
| Crotone | 94 | 2 | 79 | 103 | 103 | 91 | 7 | 102 | 65 | 13 | 99 | 100 | 88 | 99 | 94 |
| Vibo Valentia | 99 | 31 | 35 | 97 | 92 | 88 | 11 | 68 | 45 | 3 | 93 | 93 | 101 | 75 | 73 |
| Trapani | 55 | 10 | 54 | 13 | 16 | 50 | 79 | 10 | 78 | 78 | 81 | 79 | 98 | 71 | 87 |
| Palermo | 44 | 11 | 26 | 92 | 90 | 36 | 50 | 64 | 52 | 53 | 95 | 96 | 91 | 22 | 90 |
| Messina | 30 | 60 | 8 | 82 | 101 | 102 | 100 | 97 | 27 | 33 | 74 | 81 | 66 | 50 | 67 |
| Agrigento | 101 | 27 | 57 | 90 | 63 | 1 | 5 | 57 | 67 | 94 | 96 | 90 | 94 | 24 | 97 |
| Caltanissetta | 69 | 19 | 101 | 3 | 58 | 8 | 60 | 11 | 103 | 103 | 98 | 98 | 80 | 92 | 101 |
| Enna | 98 | 100 | 2 | 102 | 64 | 103 | 69 | 96 | 101 | 89 | 103 | 92 | 103 | 85 | 103 |
| Catania | 37 | 23 | 85 | 20 | 89 | 11 | 92 | 67 | 85 | 75 | 97 | 99 | 86 | 64 | 98 |
| Ragusa | 36 | 8 | 82 | 36 | 69 | 100 | 77 | 71 | 96 | 37 | 82 | 84 | 100 | 76 | 93 |
| Siracusa | 68 | 1 | 72 | 88 | 74 | 26 | 99 | 35 | 49 | 83 | 101 | 85 | 84 | 81 | 92 |
| Sassari | 54 | 14 | 51 | 76 | 68 | 10 | 14 | 47 | 18 | 28 | 58 | 26 | 53 | 10 | 28 |
| Nuoro | 86 | 53 | 21 | 31 | 83 | 70 | 64 | 65 | 28 | 10 | 72 | 32 | 81 | 77 | 43 |
| Cagliari | 56 | 36 | 25 | 12 | 43 | 65 | 71 | 18 | 44 | 35 | 71 | 72 | 51 | 52 | 63 |
| Oristano | 85 | 79 | 59 | 40 | 59 | 99 | 78 | 82 | 93 | 54 | 77 | 42 | 97 | 101 | 79 |

*Principali risultati per i comuni e gli ambiti della fascia costiera adriatica*

Si entra, ora, nel merito dei risultati riguardanti gli ambiti locali di 20 km [4], con particolare riguardo a quelli litoranei o sublitoranei del litorale Adriatico, per rilevare alcune caratteristiche generali: essi presentano nel 50% dei casi e oltre valori superiori al dato medio nazionale per densità di popolazione (75%) e addetti (56%), nonché per variazione percentuale della popolazione (65%) e degli addetti (60%), ma non per il rapporto tra addetti e popolazione residente (44%). Pertanto, il litorale Adriatico nel suo insieme tende ad accostarsi nella consistenza degli addetti nella ristorazione e nella ricezione allo standard nazionale, non ancora completamente raggiunto però, pur in presenza di segmenti con valori del tutto eccezionali.

Inoltre, dal confronto tra i comuni e gli ambiti corrispondenti si evince il prevalere, seppur lieve, degli ambiti rispetto ai comuni. In termini più espliciti si può affermare che per un comune la posizione litoranea o sublitoranea non costituisce garanzia di particolare vitalità demografica o di eccellenza (ovviamente in termini di addetti nelle attività in questione) rispetto ai contesti locali per una profondità di 20 km verso l'interno.

Il confronto del grado relativo al 2001 e della variazione intercensuale degli addetti nella totalità degli ambiti e dei comuni italiani, ma in questa sede si insisterà soltanto su quelli litoranei e sublitoranei della costa adriatica [5], è alla base di una semplice e immediata classificazione in quattro tipi che permette di esplicitare le caratteristiche proprie dei segmenti costieri per regione amministrativa:

a) Tipo 11. Grado relativo (o variazione intercensuale) superiore nell'ambito alla media nazionale e inferiore al valore proprio del comune centrale: il comune centrale rappresenta un polo di rilevanza nazionale;

b) Tipo 10. Grado relativo (o variazione intercensuale) superiore nell'ambito alla media nazionale e superiore al valore proprio del comune centrale: il comune centrale è un elemento subordinato nel contesto locale, per contro rilevante nel più ampio contesto nazionale;

c) Tipo 01. Grado relativo (o variazione intercensuale) inferiore nell'ambito alla media nazionale e inferiore al valore proprio del comune centrale: il comune centrale rappresenta un polo di rilevanza locale in un contesto sottodimensionato rispetto allo standard nazionale;

---

[4] Si vedano le considerazioni esposte in nota 1. Gli strumenti e le procedure d'indagine impiegati in questo contributo sono discussi dettagliatamente in Landini e Massimi, in corso di stampa.

[5] Sono riportate negli elenchi dei prospetti 1 e 2 anche le unità ricadenti in provincia di Taranto (che dovrebbero essere escluse, in quanto estranee alla fascia costiera adriatica), segnalate dal carattere corsivo, al fine di delineare un quadro completo per la regione Puglia in cui l'impronta adriatica sembra prevalente rispetto a quella ionica.

d) tipo 00. Grado relativo (o variazione intercensuale) inferiore nell'ambito alla media nazionale e superiore al valore proprio del comune centrale: il comune centrale rappresenta un elemento secondario in un contesto locale a sua volta modesto; pertanto, il tipo segnala i comuni in condizione del tutto subordinata.

Successivamente i due gruppi di tipi sono stati concatenati per giungere a una tipologia conclusiva.

Riassumendo le indicazioni della tabella sinottica che segue nel testo e degli elenchi analitici riportati nel prospetto 1, si evince il primato del litorale romagnolo, qualificato da ambiti locali tutti con grado relativo maggiore di 100, salvo l'unico caso di quello centrato sul comune sublitoraneo di Mesola, a sua volta meno dotato dell'ambito suddetto; il litorale romagnolo, inoltre, con il 50% dei comuni con grado superiore a quello dei corrispondenti ambiti, si propone quale caso esemplare di multipolarizzazione in linea per l'alternanza di comuni emergenti e non a fronte mare.

Simile per la completa rilevanza nazionale degli ambiti, ma con più rada numerosità dei comuni emergenti (29%), è la fisionomia litoranea del Friuli-Venezia Giulia, in cui però la procedura adottata, per gli effetti di margine imposti dall'esiguità della fascia litoranea della provincia di Trieste, ha prodotto ambiti anomali quanto a profondità verso l'interno.

Contrastata, ma con prevalenza degli ambiti con grado relativo inferiore alla media nazionale, è la situazione del litorale veneto alle cui spalle si sviluppa un areale compatto di piena eccellenza che si sviluppa dall'alta pianura a gran parte della sezione alpina. Più in dettaglio prevale nella fascia costiera del Veneto l'alternanza di segmenti forti e deboli. Tra questi ultimi spicca l'area compresa tra le foci dell'Adige e del Po.

Del tutto simile a quanto rilevato per il Veneto sulla costa, ma non nell'interno, è l'assetto nelle Marche e nell'Abruzzo in cui i segmenti litoranei di eccellenza tendono ad accorciarsi procedendo verso sud. Da rilevare, però, che salvo limitatissime eccezioni i valori del grado relativo tendono a decrescere muovendo dalla colline litoranee verso quelle interne, per poi risalire su valori elevati in isolati areali (esempio: Altipiani Maggiori) della montagna abruzzese.

Assolutamente sottodimensionato è, invece, il litorale molisano, del tutto privo di ambiti emergenti, peraltro molto rari anche in Puglia dove rappresentano il 10% del totale (in cui sono incluse anche le unità rivierasche dello Ionio).

Riassumendo, il litorale adriatico e quello italiano nel suo insieme mostrano riparti percentuali dei tipi quasi del tutto identici, caratterizzati da un 40% circa di ambiti emergenti nel panorama nazionale. Valore decisamente superiore a quello dell'Italia nel suo insieme (34%).

L'esame puntuale del primo conduce a ritenere valido il tradizionale dualismo tra nord e sud, appena disturbato da fattori occasionali, ora particolarmente repulsivi ora attrattivi (beninteso, nel contesto sociale, economico, politico e tecnologico attuale) come la foce del Po e il promontorio del Gargano.

In parte diverse sono le conclusioni se si privilegiano le variazioni del rapporto tra addetti e residenti sia se si considera tutto il nostro Paese, sia se ci si limita ai litorali.

Infatti, dai sommari per regione (non riportati nel testo per brevità) si evince nel primo caso la tendenza marcatamente ipometrica negli ambiti delle regioni Val d'Aosta, Trentino Alto Adige, Liguria e Lazio, da interpretarsi quale effetto di riflusso o di saturazione; nel secondo, si sottolineano gli ottimi risultati delle sezioni adriatiche con due eccezioni: Friuli-Venezia Giulia con il 25% degli ambiti qualificati da crescita ipermetrica e il Molise in cui ambiti siffatti sono del tutto assenti.

L'itinerario tassonomico si conclude con la rassegna dei tipi di comuni e di ambiti che si ottengono combinando le tipologie, già passate in rassegna, riferite al grado relativo rilevato con il CIS 2001 e la dinamica intercensuale degli addetti. Non è sembrato opportuno, invece, considerare anche i tipi conseguenti all'analisi della densità degli addetti in quanto non sono emerse situazioni da approfondire ulteriormente.

La procedura combinatoria utilizzata per definire la tipologia conclusiva comporta un insieme di ben 16 tipi cui si aggiunge quello dei casi anomali per la non rilevabilità degli indicatori espressivi delle variazioni percentuali (causa l'assenza di addetti al 1991); pertanto, sembra fuor di luogo prospettare, come in precedenza, l'elenco dei singoli comuni litoranei e sublitoranei ricadenti nei vari tipi, mentre sembra opportuno esplicitarne le caratteristiche principali:

1) Tipo 1111: il comune centrale rappresenta un polo di rilevanza nazionale per il grado relativo, in quanto tale indicatore risulta più elevato nel comune rispetto all'ambito e nell'ambito nei riguardi della media italiana; la rilevanza nazionale è pienamente confermata dalla dinamica degli addetti, ipermetrica nel comune rispetto all'ambito e nell'ambito rispetto all'Italia.

2) Tipo 1110: il comune centrale rappresenta un polo di rilevanza nazionale per il grado relativo in quanto tale indicatore risulta più elevato nel comune rispetto all'ambito e nell'ambito nei riguardi della media italiana, ma, nello stesso tempo è un elemento subordinato nel contesto locale, qualificato da crescita accelerata degli addetti nel più ampio contesto nazionale.

3) Tipo 1101: il comune centrale rappresenta un polo di rilevanza nazionale per il grado relativo in quanto tale indicatore risulta più elevato nel comune rispetto all'ambito e nell'ambito nei riguardi della media italiana; invece, per la dinamica degli addetti la rilevanza è limitata al contesto locale. In altri termini ci si trova di fronte a elementi di spicco che si sono irrobustiti ulteriormente nel decennio intercensuale, ma in contesti locali, pur ragguardevoli alla data dell'ultimo censimento, che non sono riusciti a tenere il passo del Paese.

4) Tipo 1100: il comune centrale rappresenta un polo di rilevanza nazionale per il grado relativo in quanto tale indicatore risulta più elevato nel comune rispetto all'ambito e nell'ambito nei riguardi della media italiana; tuttavia la dinamica è totalmente recessiva.

5) Tipo 1010: il comune centrale è un elemento sempre subordinato nel contesto locale, per contro quest'ultimo è sempre emergente in positivo nel confronto con l'intero Paese.

6) Tipo 1011: il comune centrale per il grado relativo è un elemento subordinato nel contesto locale, per contro rilevante nel più ampio contesto nazionale; nel contempo il comune centrale rappresenta un polo di rilevanza nazionale nella crescita degli addetti e si colloca in un contesto locale ipermetrico nei riguardi dell'Italia.

7) Tipo 1001: il comune centrale per il grado relativo è un elemento subordinato nel contesto locale, per contro rilevante nel più ampio contesto nazionale; migliore, invece, è la dinamica degli addetti che assicura rilevanza, seppure limitata al contesto locale. Risultano inclusi in questo tipo comuni situati ai bordi delle più importanti aree turistiche che, con una crescita accelerata, tendono a sfuggire dalla posizione funzionale di secondo piano.

8) Tipo 1000: il comune centrale per il grado relativo è un elemento subordinato nel contesto locale, per contro rilevante nel più ampio contesto nazionale; quanto alla dinamica essa è totalmente recessiva. In termini più espliciti, ci si trova al cospetto di comuni ai margini di aree forti, ma dalla crescita rallentata.

9) Tipo 0111: il comune centrale rappresenta un polo di rilevanza locale in un contesto sottodimensionato per il grado relativo rispetto allo standard nazionale; inoltre, il comune centrale rappresenta un polo di rilevanza nazionale nella crescita degli addetti e si colloca in un contesto locale ipermetrico nei riguardi dell'Italia.

10) Tipo 0110: il comune centrale rappresenta un polo di rilevanza locale in un contesto sottodimensionato per il grado relativo rispetto allo standard nazionale; nello stesso tempo, il suddetto comune è un elemento subordinato nel contesto locale, qualificato da crescita accelerata degli addetti nel più ampio contesto nazionale.

11) Tipo 0101: il comune centrale rappresenta un polo di rilevanza locale in un contesto sottodimensionato rispetto allo standard nazionale sia per il grado relativo sia per la dinamica degli addetti.

12) Tipo 0100: il comune centrale rappresenta un polo di rilevanza locale in un contesto sottodimensionato per il grado relativo rispetto allo standard nazionale, mentre, per la dinamica degli addetti è in ritardo nell'ambito, a sua volta incapace di adeguarsi al ritmo di crescita dell'intero Paese.

13) Tipo 0011: il comune centrale rappresenta per il grado relativo un elemento secondario in un contesto locale a sua volta modesto rispetto alla media nazionale; per contro, il comune centrale si configura come un polo di rilevanza nazionale nella crescita degli addetti e si colloca in un contesto locale ipermetrico nei riguardi dell'Italia.

14) Tipo 0010: il comune centrale rappresenta per il grado relativo un elemento secondario in un contesto locale, a sua volta modesto rispetto alla media nazionale, inoltre, è un elemento subordinato nel contesto locale, qualificato da crescita accelerata degli addetti nel più ampio contesto nazionale.

15) Tipo 0001: il comune centrale rappresenta per il grado relativo un elemento secondario in un contesto locale a sua volta modesto rispetto alla media nazionale; invece, per la dinamica degli addetti costituisce un polo locale di crescita, poco rilevante, tuttavia, in quanto è tale soltanto per la debolezza del suo intorno, in regresso o sottodimensionato nell'incremento rispetto alla media nazionale.

16) Tipo 0000: il comune centrale rappresenta per il grado relativo un elemento secondario in un contesto locale a sua volta modesto rispetto alla media nazionale. I comuni di questo tipo rappresentano nel loro insieme la periferia funzionale come assetto e come dinamica per le attività in esame.

17) Tipo n. r.: la non rilevabilità, conseguente a valori nulli al censimento 1991, riguarda un modestissimo numero di casi (0,15% dei casi per l'Italia in complesso).

Circa i tipi, i dati raccolti in tabella 4 indicano per l'intero Paese una distribuzione delle frequenze relative che, allorquando sono disposte in ordinamento decrescente, risultano, all'incirca, inversamente proporzionali alla rilevanza dei comuni rispetto agli ambiti e degli ambiti rispetto al contesto nazionale: infatti, al primo posto si colloca il tipo 0000 (14,59%), affiancato dal tipo 0010 (14,32%), mentre l'ultimo compete al tipo 1110 (1,46%), cui si accosta il tipo 1111 (1,95%).

Dunque, un assetto gerarchico che non meraviglia nel suo insieme – essendo la struttura gerarchica una qualità intrinseca e ben nota nelle distribuzioni spaziali dei parametri territoriali, che la procedura d'indagine qui adottata tende a sottolineare nel binomio comune-ambito – che, però, si ripropone con notevoli differenze in tutte le regioni amministrative. Al riguardo si precisa che gli scostamenti tra le regioni e l'Italia, quantificati dalle sommatorie degli scostamenti in valore assoluto per tipo, sono compresi tra il minimo di 184,92 punti percentuali del Trentino Alto Adige e il massimo di 219,75 del Molise, donde una ridotta ampiezza del campo di variazione degli scostamenti assoluti.

Lasciando alla lettura della tabella il riscontro delle situazioni particolari rilevate nelle venti regioni amministrative, si segnalano tra esse quelle che presentano rispetto alle altre la percentuale più elevata per tipo. L'interesse nasce dal fatto che sono poche le regioni coinvolte secondo una logica apparente altamente selettiva che pone ai vertici per i tipi d'eccellenza l'Umbria, la Valle d'Aosta e il Trentino, mentre Calabria, Lazio e Puglia detengono i valori massimi per i tipi di retroguardia:

a) Calabria: tipo 0001 (29,27; max/Italia: 2,81) e tipo 0100 (15,22; max/Italia: 2,57);

b) Lazio: tipi 0000 (31,44; max/Italia: 2,15) e 0110 (14,43; max/Italia: 2,4);

c) Marche: tipo 0110 (4,28; max/Italia: 1,73);

d) Puglia: tipo 0010 (30,77; max/Italia: 2,15), tipo 0011 (15,38; max/Italia: 2,14) e tipo 0111 (10,62; max/Italia: 2,27);

e) Sardegna: tipo n. r. (0,76; max/Italia: 5,07);

f) Trentino Alto Adige: tipo 1001 (29,15; max/Italia: 4,58);

g) Umbria: tipo 1010 (19,61; max/Italia: 3,62), tipo 1011 (15,69; max/Italia: 4,63), tipo 1110 (8,82; max/Italia: 6,04) e tipo 1111 (10,78; max/Italia: 5,53);

h) Valle d'Aosta: tipo 1000 (38,16; max/Italia: 5,09), tipo 1100 (23,68; max/Italia: 5,44) e tipo 1101 (17,11; max/Italia: 4,49).

Il confronto visuale (si veda il grafico che segue nel testo) tipo per tipo tra litorale adriatico, complesso dei litorali italiani e Italia nel suo insieme, conduce a rilevare la lieve prevalenza del primo su entrambi i termini di paragone e, molto meno evidente, dei secondi nel quadro nazionale[6].

Inoltre, in seno al primo, appare scontata, dopo quanto osservato in precedenza, la bipartizione in due grandi sezioni: quella centro-settentrionale (dal Friuli-Venezia Giulia all'Abruzzo incluso), che ha nel litorale romagnolo il culmine della consistenza e delle tendenze a crescita ulteriore, e quella meridionale, che ha nel litorale molisano la massima depressione nello stato di fatto e nelle tendenze.

Circa la concentrazione degli addetti nei comuni rispetto ai corrispondenti ambiti locali, si precisa che è stata quantificata dallo scostamento percentuale tra la distanza media ponderata con gli addetti al 2001 e quella corrispondente ponderata con i residenti: valori negativi denotano concentrazione nel comune, mentre valori positivi indicano rarefazione, nel contesto locale (l'aggregato di comuni entro 20 km).

Dalla rappresentazione cartografica dei risultati (si veda la sezione cartografica) appare molto evidente la concentrazione degli addetti nei comuni del litorale adriatico osservati nei corrispondenti contesti locali. In termini di frequenza si tratta del 58% dei casi, da ritenersi notevole se si tiene conto che per l'Italia in complesso si scende al 46,04%. Da rilevare però, la contrapposizione tra i litorali

---

[6] I comuni e gli ambiti litoranei e sublitoranei di assoluta rilevanza (tipo 1111) sono qui elencati per regione amministrativa.
*Veneto*: Quarto d'Altino, Porto Tolle. *Liguria*: Arenzano, Genova, Mele, Sori, Ameglia, Levanto, Portovenere, Riomaggiore, Sarzana, Vernazza. *Emilia-Romagna*: Cervia, Ravenna, Rimini. *Toscana*: Campo nell'Elba, Castagneto Carducci, Rio Marina, Rio nell'Elba, Montescudaio, Pisa, Orbetello. *Marche*: Fano, Mondolfo, Numana, Stirolo. *Lazio*: Roma. *Abruzzo*: Pineto, Roseto degli Abruzzi, Città Sant'Angelo, Montesilvano. *Puglia*: Vieste. *Sicilia*: Pollina. *Sardegna*: Arzachena, Olbia, Badesi, Stintino, Orosei, San Teodoro, Tortolì, Cardedu, Castiadas.

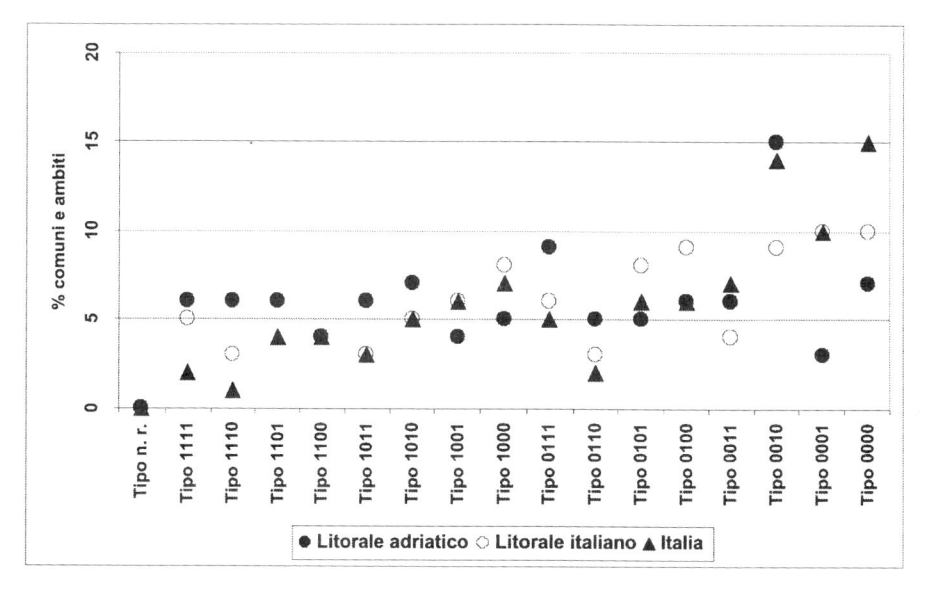

GRAFICO 1 - *Composizione percentuale dei tipi di comuni e ambiti a confronto tra litorale adriatico, litorale italiano in complesso e intero Paese.*

a nord e a sud della foce del Po, essendo i primi caratterizzati da frequenze alquanto modeste dei casi di concentrazione, del tutto dominanti nei secondi per la netta caduta del numero degli addetti nella fascia retrolitoranea (specie dalle Marche al Molise).

Nell'avviarci verso le conclusioni, un cenno sulla pressione della ricezione dall'angolazione dell'offerta. Al riguardo, lo spinoso tema della sostenibilità dello sviluppo economico, in generale, e delle attività turistiche, in particolare, intorno al quale da anni si snoda un vivace dibattito (CAPACCI, 2002; CITARELLA, 1997; ZERBI, 1998), si richiama soltanto per introdurre due indicatori il cui vario combinarsi può risultare utile per discriminare gli ambiti comunali in cui maggiori sono i rischi di una eccessiva pressione delle attività ricettive, quantificate dal numero dei posti letto disponibili negli alberghi o in complesso, sul tessuto sociale (rapporto posti letto per abitante) e/o sul territorio (rapporto posti letto per km$^2$).

Entrambi gli indicatori, espressi in termini relativi (Italia pari a 100), sono stati calcolati a partire da dati ISTAT riferiti all'anno 2000[7] e sia per gli alberghi sia per l'insieme degli esercizi ricettivi sono stati filtrati congiuntamente al fine di

---

[7] Per l'Italia risultano 5,37 posti letto in complesso per abitante e 10,31 posti letto per km$^2$.

far emergere le combinazioni espressive di bassa pressione (entrambi gli indicatori minori di 100: tipo A), alta pressione (entrambi gli indicatori maggiori o uguali a 100: tipi da C ad F), discordanza nella pressione (un indicatore minore di 100 e l'altro maggiore o uguale). Le situazioni di elevata pressione sono state ulteriormente discriminate imponendo ad entrambi gli indicatori la condizione di risultare maggiori di 800 (tipo F), di 400 (tipo E) o di 200 (tipo D).

Limitandoci alle regioni adriatiche e ai posti letto in complesso (per quelli alberghieri si veda la sezione cartografica), situazioni di elevatissimo rischio (tipo F) in aree vaste (si ricordi che si discorre sugli ambiti di 20 km) sono presenti sui litorali adriatici del Veneto, dell'Emilia-Romagna e della Puglia (limitatamente al promontorio del Gargano); su un gradino di rischio di poco inferiore (tipo E) apprezzabili frequenze si riscontrano in Emilia-Romagna e Marche; le situazioni intermedie (ma pur sempre di alta pressione: tipi B, C e D) caratterizzano invece l'Abruzzo, mentre il Molise si distingue per una generalizzata bassa pressione sia nell'interno sia sulla costa[8].

In conclusione, la recente crescita ipermetrica delle attività connesse al turismo nella fascia costiera adriatica, specie quella centro-settentrionale (a nord di Ortona, volendo porre un limite) si è innestata su un assetto territoriale già fortemente squilibrato, sancito dal proliferare di parchi e riserve nelle aree interne e di spiagge sottili (sempre più sottili) fronteggiate per lunghissime successioni da scogliere frangiflutti a protezione di strutture (residenziali, relazionali, ricettive e per la fruizione della balneabilità), via via più rigide, dall'erosione meteomarina di anno in anno più aggressiva.

Pertanto, il perdurare di una fase espansiva del turismo è un dato di fatto che si scontra con condizioni di esercizio difficili, sia in termini di costi rispetto alla concorrenza internazionale, sia di adeguamento a normative ambientali, già in atto o in progetto, molto meno permissive rispetto al passato: gli scenari probabili nel medio termine si connotano, dunque, con i rischi della stasi, o anche della recessione, laddove non si concretizzassero nel frattempo i progetti d'integrazione del tipo mare-monti (rassegne per l'Abruzzo in FERRARI e GRUGNALE, 2003; CRESA, 2004) e, in generale, tra aree interne e costiere.

PROSPETTO 1 - *Comuni e ambiti per tipo in relazione al grado relativo al censimento 2001*

TIPO 11 - Comuni litoranei

FRIULI-VENEZIA GIULIA: Duino-Aurisina, Grado, Lignano Sabbiadoro, Monfalcone; VENETO: Caorle, Chioggia, Iesolo, San Michele al Tagliamento, Venezia, Porto Tolle, Rosolina; EMILIA-ROMAGNA: Comacchio, Cervia, Ravenna, Cesenatico, Bellaria-Igea Marina, Cattolica, Misano Adriatico, Riccione, Rimini; MARCHE: Fano, Gabicce Mare, Mondolfo, Numana, Senigallia, Sirolo, Porto

---

[8] Soltanto negli ambiti di Petacciato e di Termoli entrambi gli indicatori risultano superiori a 100.

Recanati, Campofilone, Cupra Marittima, Grottammare, Pedaso, San Benedetto del Tronto; ABRUZZO: Alba Adriatica, Giulianova, Pineto, Roseto degli Abruzzi, Silvi, Tortoreto, Martinsicuro, Città Sant'Angelo, Montesilvano; MOLISE: -; PUGLIA: Peschici, Rodi Garganico, Vieste.

TIPO 11 - Comuni sublitoranei

FRIULI-VENEZIA GIULIA: Aquileia, San Dorligo della Valle; VENETO: Quarto d'Altino; EMILIA-ROMAGNA: -; MARCHE: Loreto; ABRUZZO: Colonnella; MOLISE: -; PUGLIA: -.

TIPO 10 - Comuni litoranei

VENETO: Eraclea; FRIULI-VENEZIA GIULIA: Latisana, Marano Lagunare, Staranzano, Muggia, Trieste; EMILIA-ROMAGNA: Codigoro, Goro, Gatteo, San Mauro Pascoli, Savignano sul Rubicone; MARCHE: Pesaro, Massignano; ABRUZZO: -; MOLISE: -; PUGLIA: Cagnano Varano, Ischitella, Isole Tremiti, Manfredonia, Monte Sant'Angelo, Vico del Gargano.

TIPO 10 - Comuni sublitoranei

VENETO: Roncade, Campagna Lupia, Campolongo Maggiore, Concordia Sagittaria, Marcon, Meolo, Mira, Musile di Piave, Portogruaro, San Donà di Piave, Piove di Sacco; FRIULI-VENEZIA GIULIA: Carlino, Fiumicello, Muzzana del Turgnano, Palazzolo dello Stella, Precenicco, San Giorgio di Nogaro, Terzo d'Aquileia, Torviscosa, Doberdò del Lago, Ronchi dei Legionari, San Canzian d'Isonzo, Sgonico; EMILIA-ROMAGNA: Coriano, San Giovanni in Marignano, Santarcangelo di Romagna, Gradara; MARCHE: San Costanzo, Acquaviva Picena, Monteprandone; ABRUZZO: Atri, Corropoli, Spoltore; MOLISE: -; PUGLIA: -.

TIPO 01 - Comuni litoranei

VENETO: Ariano nel Polesine; FRIULI-VENEZIA GIULIA: -; EMILIA-ROMAGNA: -; MARCHE: Ancona, Civitanova Marche, Altidona, Porto San Giorgio, Porto Sant'Elpidio; ABRUZZO: Pescara, Fossacesia, Francavilla al Mare, Ortona, Rocca San Giovanni, San Vito Chietino, Torino di Sangro, Vasto; MOLISE: Campomarino, Petacciato, Termoli; PUGLIA: Chieuti, Lesina, Margherita di Savoia, Mattinata, Zapponeta, Bari, Bisceglie, Giovinazzo, Polignano a Mare, Trani, *Castellaneta*, *Leporano*, *Manduria*, *Maruggio*, *Pulsano*, *Taranto*, *Torricella*, Brindisi, Carovigno, Fasano, Ostuni, Castrignano del Capo, Gallipoli, Lecce, Melendugno, Morciano di Leuca, Otranto, Patù, Salve, Santa Cesarea Terme, Tricase, Ugento, Castro, Porto Cesareo.

TIPO 01 - Comuni sublitoranei

FRIULI-VENEZIA GIULIA: -; VENETO: Dolo, Codevigo; EMILIA-ROMAGNA: -; MARCHE: Camerata Picena; ABRUZZO: Miglianico, San Giovanni Teatino; MOLISE: -; PUGLIA: Cerignola, Sannicola.

TIPO 00 - Comuni litoranei

FRIULI-VENEZIA GIULIA: -; VENETO: -; EMILIA-ROMAGNA: -; MARCHE: Falconara Marittima, Montemarciano, Potenza Picena, Fermo; ABRUZZO: Casalbordino, San Salvo; MOLISE: Montenero di Bisaccia; PUGLIA: San Nicandro Garganico, Serracapriola, Barletta, Mola di Bari, Molfetta, Monopoli, *Ginosa*, *Lizzano*, *Massafra*, *Palagiano*, San Pietro Vernotico, Torchiarolo, Alessano, Alliste, Andrano, Corsano, Diso, Gagliano del Capo, Galatone, Nardò, Racale, Taviano, Tiggiano, Vernole.

TIPO 00 - Comuni sublitoranei

FRIULI-VENEZIA GIULIA: -; VENETO: Camponogara, Cavarzere, Cona, Santo Stino di Livenza, Correzzola, Taglio di Po; EMILIA-ROMAGNA: Mesola; MARCHE: Camerano, Castelfidardo, Chiaravalle, Recanati, Lapedona, Sant'Elpidio a Mare; ABRUZZO: Mosciano Sant'Angelo, Sant'Omero, Chieti, Monteodorisio, Paglieta, Tollo, Torrevecchia Teatina, Treglio, Villalfonsina; MOLISE: San Giacomo degli Schiavoni; PUGLIA: Trinitapoli, Capurso, Conversano, Modugno, Noicattaro, Triggiano, *Avetrana*, *Faggiano*, *Monteiasi*, *San Giorgio Ionico*, Alezio, Giurdignano, Minervino di Lecce, Ortelle, Poggiardo, Presicce, Spongano, Squinzano, Uggiano la Chiesa.

PROSPETTO 2 - *Comuni e ambiti per tipo in relazione alle variazioni intercensuali degli addetti*

Tipo 11 - Comuni litoranei

FRIULI-VENEZIA GIULIA: Latisana; VENETO: Porto Tolle; EMILIA-ROMAGNA: Cervia, Ravenna, Savignano sul Rubiconde, Rimini; MARCHE: Fano, Mondolfo, Pesaro, Montemarciano, Numana, Sirolo, Civitanova Marche, Altidona, Porto Sant'Elpidio; ABRUZZO: Pineto, Roseto degli Abruzzi, Città Sant'Angelo, Montesilvano, Pescara, Francavilla al Mare; MOLISE: -; PUGLIA: Vieste, Bisceglie, Giovinazzo, Polignano a Mare, Trani, Castellaneta, Brindisi, Carovigno, Fasano, Ostuni, Corsano, Galatone, Gallipoli, Salve, Tricase, Ugento.

TIPO 11 - Comuni sublitoranei

FRIULI-VENEZIA GIULIA: -; VENETO: Marcon, Meolo, Musile di Piave, Quarto d'Altino, San Donà di Piave, Codevigo, Piove di Sacco; EMILIA-ROMAGNA: Coriano, Santarcangelo di Romagna; MARCHE: Gradara, San Costanzo, Camerano, Chiaravalle, Recanati, Lapedona; ABRUZZO: Mosciano Sant'Angelo, Spoltore, San Giovanni Teatino, Torrevecchia Teatina; MOLISE: -; PUGLIA: Capurso, Modugno, Noicattaro, Triggiano, Sannicola.

TIPO 10 - Comuni litoranei

FRIULI-VENEZIA GIULIA: Marano Lagunare; VENETO: Carole, Venezia; EMILIA-ROMAGNA: Marano Lagunare, Cesenatico, Gatteo, San Mauro Pascoli, Bellaria-Igea Marina, Cattolica, Misano Adriatico, Riccione; MARCHE: Gabicce Mare, Ancona, Falconara Marittima, Senigallia, Porto Recanati, Potenza Picena, Fermo, Porto San Giorgio; ABRUZZO: Giulianova, Silvi, San Vito Chietino; MOLISE: -; PUGLIA: Cagnano Varano, Manfredonia, Monte Sant'Angelo, Peschici, Bari, Barletta, Mola di Bari, Molfetta, Monopoli, Ginosa, Massafra, Palagiano, San Pietro Vernotico, Torchiarolo, Alessano, Alliste, Lecce, Melendugno, Morciano di Leuca, Nardò, Patù, Racale, Taviano, Tiggiano, Vernole, Porto Cesareo.

TIPO 10 - Comuni sublitoranei

FRIULI-VENEZIA GIULIA: Carlino, Muzzana del Turgnano, Palazzolo dello Stella, Precenicco; VENETO: Roncade, Campagna Lupia, Campolongo Maggiore, Camponogara, Cavarzere, Cona, Concordia Sagittaria, Dolo, Mira, Portogruaro, Santo Stino di Livenza, Correzzola, Taglio di Po; EMILIA-ROMAGNA: Mesola, San Giovanni in Marignano; MARCHE: Camerata Picena, Castelfidardo, Loreto, Sant'Elpidio a Mare; Abruzzo: Chieti, Miglianico, Tollo, Treglio; MOLISE: -; PUGLIA: Conversano, Alezio, Poggiardo, Spongano, Squinzano.

TIPO 01 - Comuni litoranei

FRIULI-VENEZIA GIULIA: Monfalcone, Muggia; VENETO: Eraclea, Iesolo, San Michele al Tagliamento, Rosolina; EMILIA-ROMAGNA: Goro; MARCHE: Campofilone, Cupra Marittima, Grottammare, Massignano, Pedaso; ABRUZZO: Alba Adriatica, Tortoreto, Ortona, Rocca San Giovanni, Vasto; Molise: Petacciato; PUGLIA: Margherita di Savoia, Mattinata, San Nicandro Garganico, Zapponeta, Maruggio, Taranto, Santa Cesarea Terme.

TIPO 01 - Comuni sublitoranei

FRIULI-VENEZIA GIULIA: Aquileia, Fiumicello, San Giorgio di Nogaro, Terzo d'Aquileia, Ronchi dei Legionari, San Canzian d'Isonzo, Monrupino; VENETO: -; EMILIA-ROMAGNA: -; MARCHE: -; ABRUZZO: Colonnella, Corropoli, Sant'Omero, Monteodorisio; MOLISE: San Giacomo degli Schiavoni; PUGLIA: Cerignola, San Giorgio Ionico, Giurdignano, Minervino di Lecce, Ortelle.

TIPO 00 - Comuni litoranei

FRIULI-VENEZIA GIULIA: Lignano Sabbiadoro, Grado, Staranzano, Duino-Aurisina, Trieste; VENETO: Chioggia, Ariano nel Polesine; EMILIA-ROMAGNA: Codigoro, Comacchio; MARCHE: San Benedetto del Tronto; ABRUZZO: Martinsicuro, Casalbordino, Fossacesia, San Salvo, Torino di Sangro; MOLISE: Campomarino, Montenero di Bisaccia, Termoli; PUGLIA: Chieuti, Ischitella, Isole Tremiti,

Lesina, Rodi Garganico, Serracapriola, Vico del Gargano, Leporano, Lizzano, Manduria, Pulsano, Torricella, Andrano, Castrignano del Capo, Diso, Gagliano del Capo, Otranto, Castro.

TIPO 00 - Comuni sublitoranei

FRIULI-VENEZIA GIULIA: Torviscosa, Doberdò del Lago, San Dorligo della Valle, Sgonico; VENETO: -; EMILIA-ROMAGNA: -; MARCHE: Acquaviva Picena, Monteprandone; ABRUZZO: Atri, Paglieta, Villalfonsina; MOLISE: -; PUGLIA: Trinitapoli, Avetrana, Faggiano, Monteiasi, Presicce, Uggiano la Chiesa.

TABELLA 3
*Quote percentuali di ambiti e comuni emergenti - Italia in complesso*
Valori relativi >100

| Rapporti in % tra ambiti e media nazionale | % ambiti | Rapporti in % tra comuni e ambiti | % comuni |
|---|---|---|---|
| Abitanti per km² negli ambiti al 2001 | 75 | Abitanti per km² al 2001 | 46 |
| Addettii per km² negli ambiti al 2001 | 56 | Addettii per km² al 2001 | 47 |
| Variazione in % della popolazione negli ambiti | 65 | Variazione in % della popolazione | 48 |
| Variazione in % degli addetti negli ambiti | 60 | Variazione in % degli addetti | 44 |
| Rapporto tra addetti in complesso e abitanti negli ambiti al 2001 | 44 | Rapporto tra addetti in complesso e abitanti al 2001 | 46 |

TABELLA 4
*Tipi conclusivi di comuni e ambiti per grado relativo e variazione degli addetti nelle regioni*
Parte prima

| Regione | n. r. | 1111 | 1110 | 1101 | 1100 | 1011 | 1010 | 1001 | 1000 |
|---|---|---|---|---|---|---|---|---|---|
| Piemonte | 0,08 | 1 | 1,74 | 3,24 | 3,57 | 3,73 | 5,89 | 3,65 | 3,4 |
| Valle d'Aosta | 0 | 0 | 0 | 17,11 | 23,68 | 0 | 0 | 17,11 | 38,16 |
| Lombardia | 0 | 1,03 | 1,03 | 3,55 | 4,84 | 4,45 | 6,65 | 4,97 | 7,55 |
| Trentino-Alto Adige | 0,29 | 1,46 | 1,17 | 16,33 | 16,91 | 0,58 | 0,87 | 29,15 | 32,07 |
| Veneto | 0 | 2,39 | 1,88 | 2,91 | 5,13 | 5,64 | 8,55 | 9,23 | 8,21 |
| Friuli-Venezia Giulia | 0 | 4 | 0,89 | 9,33 | 10,67 | 6,67 | 13,78 | 16 | 25,78 |
| Liguria | 0,41 | 4,55 | 1,24 | 10,74 | 12,4 | 2,48 | 7,85 | 23,14 | 26,86 |
| Emilia-Romagna | 0 | 7,16 | 4,3 | 7,45 | 5,44 | 11,17 | 16,62 | 11,17 | 10,32 |
| Toscana | 0,34 | 9,8 | 6,76 | 6,08 | 6,08 | 9,12 | 11,15 | 12,5 | 12,84 |
| Umbria | 0 | 10,78 | 8,82 | 2,94 | 0 | 15,69 | 19,61 | 1,96 | 2,94 |
| Marche | 0 | 3,89 | 2,33 | 1,95 | 2,72 | 5,06 | 4,28 | 5,84 | 4,67 |
| Lazio | 0,26 | 0,26 | 0,26 | 1,29 | 1,8 | 0,26 | 1,8 | 1,55 | 1,29 |
| Abruzzo | 0,31 | 1,26 | 0,63 | 1,57 | 2,83 | 0,31 | 0 | 3,14 | 3,14 |
| Molise | 0 | 0 | 0 | 0 | 0,67 | 0 | 0 | 0 | 2 |
| Campania | 0 | 0 | 0 | 1,41 | 1,06 | 0 | 0,18 | 0,88 | 0,35 |
| Puglia | 0 | 0,37 | 0,37 | 0 | 0,37 | 0 | 1,83 | 0 | 1,1 |
| Basilicata | 0 | 0 | 0,68 | 0,68 | 0 | 0 | 1,35 | 0,68 | 0,68 |
| Calabria | 0 | 0 | 0 | 0,23 | 0,23 | 0 | 0 | 0 | 0,47 |
| Sicilia | 0,73 | 0,24 | 0,49 | 0,98 | 0,49 | 0,24 | 0,73 | 3,18 | 4,4 |
| Sardegna | 0,76 | 2,28 | 1,01 | 1,27 | 0,76 | 1,52 | 5,57 | 1,77 | 1,27 |
| Italia | 0,15 | 1,95 | 1,46 | 3,81 | 4,35 | 3,39 | 5,42 | 6,36 | 7,49 |
| max | 0,76 | 10,78 | 8,82 | 17,11 | 23,68 | 15,69 | 19,61 | 29,15 | 38,16 |

Parte seconda

| Regione | 0111 | 0110 | 0101 | 0100 | Tipo 0011 | 0010 | 0001 | 0000 | Max | Tipo con max |
|---|---|---|---|---|---|---|---|---|---|---|
| Piemonte | 5,39 | 2,57 | 7,47 | 6,56 | 8,3 | 15,77 | 11,29 | 16,27 | 16,27 | T 0000 |
| Valle d'Aosta | 0 | 0 | 0 | 1,32 | 0 | 0 | 0 | 0 | 38,16 | T 1000 |
| Lombardia | 6,97 | 4,26 | 2,32 | 2,84 | 12,52 | 25,82 | 3,62 | 7,36 | 25,82 | T 0010 |
| Trentino-Alto Adige | 0 | 0 | 0 | 0 | 0 | 0 | 0 | 0 | 32,07 | T 1000 |
| Veneto | 4,62 | 2,91 | 5,98 | 2,74 | 6,5 | 15,56 | 3,93 | 12,99 | 15,56 | T 0010 |
| Friuli-Venezia Giulia | 1,78 | 1,78 | 0,44 | 0,44 | 1,33 | 1,78 | 2,22 | 0,44 | 25,78 | T 1000 |
| Liguria | 0 | 0 | 0,41 | 1,24 | 0 | 0 | 2,89 | 2,89 | 26,86 | T 1000 |
| Emilia-Romagna | 2,29 | 2,01 | 3,15 | 1,15 | 3,15 | 4,58 | 3,44 | 4,3 | 16,62 | T 1010 |
| Toscana | 2,03 | 3,04 | 0,68 | 0,34 | 3,72 | 7,09 | 3,04 | 2,36 | 12,84 | T 1000 |
| Umbria | 4,9 | 0,98 | 0 | 1,96 | 5,88 | 9,8 | 0,98 | 2,94 | 19,61 | T 1010 |
| Marche | 7,78 | 4,28 | 6,23 | 3,89 | 10,12 | 15,56 | 5,06 | 12,06 | 15,56 | T 0010 |
| Lazio | 1,03 | 1,03 | 14,43 | 10,82 | 1,55 | 3,61 | 24,23 | 31,44 | 31,44 | T 0000 |
| Abruzzo | 2,2 | 0,63 | 11,95 | 14,15 | 2,2 | 5,03 | 19,5 | 27,04 | 27,04 | T 0000 |
| Molise | 5,33 | 0,67 | 7,33 | 10 | 6,67 | 15,33 | 16 | 26,67 | 26,67 | T 0000 |
| Campania | 8,13 | 3,18 | 9,01 | 4,95 | 12,01 | 21,2 | 13,07 | 21,91 | 21,91 | T 0000 |
| Puglia | 10,62 | 3,66 | 4,76 | 6,59 | 15,38 | 30,77 | 7,33 | 10,99 | 30,77 | T 0010 |
| Basilicata | 4,05 | 2,03 | 9,46 | 12,16 | 2,7 | 11,49 | 23,65 | 18,92 | 23,65 | T 0001 |
| Calabria | 1,87 | 1,17 | 8,9 | 15,22 | 4,22 | 9,84 | 29,27 | 24,36 | 29,27 | T 0001 |
| Sicilia | 4,65 | 2,44 | 7,82 | 11 | 4,89 | 9,29 | 20,05 | 23,72 | 23,72 | T 0000 |
| Sardegna | 2,03 | 0,51 | 10,38 | 10,89 | 4,81 | 8,35 | 16,46 | 25,32 | 25,32 | T 0000 |
| Italia | 4,67 | 2,48 | 6,01 | 5,93 | 7,2 | 14,32 | 10,42 | 14,59 | 14,59 | T 0000 |
| max | 10,62 | 4,28 | 14,43 | 15,22 | 15,38 | 30,77 | 29,27 | 31,44 | 38,16 | |

TABELLA 5
*Indicatore di concentrazione degli addetti al 2001 nei corrispondenti ambiti dei comuni del litorale Adriatico e in Italia - valori percentuali*

Classe 1: fino a –20; Classe 2: da –20 a –10; Classe 3: da –10 a –5; Classe 4: da –5 a 0; Classe 5: da 0 a 5; Classe 6: da 5 a 10; Classe 7: da 10 a 20; Classe 8: oltre 20.

| Litorale | Classi 1 | 2 | 3 | 4 | 5 | 6 | 7 | 8 | prime quattro |
|---|---|---|---|---|---|---|---|---|---|
| Friuli-Venezia Giulia | 8,33 | 0,00 | 12,50 | 16,67 | 41,67 | 12,50 | 8,33 | 0,00 | 37,50 |
| Veneto | 6,90 | 6,90 | 6,90 | 10,34 | 34,48 | 31,03 | 3,45 | 0,00 | 31,03 |
| Emilia-Romagna | 22,22 | 11,11 | 11,11 | 22,22 | 5,56 | 22,22 | 5,56 | 0,00 | 66,67 |
| Marche | 2,86 | 11,43 | 25,71 | 40,00 | 11,43 | 5,71 | 2,86 | 0,00 | 80,00 |
| Abruzzo | 0,00 | 2,94 | 41,18 | 26,47 | 29,41 | 0,00 | 0,00 | 0,00 | 70,59 |
| Molise | 20,00 | 20,00 | 20,00 | 20,00 | 20,00 | 0,00 | 0,00 | 0,00 | 80,00 |
| Puglia | 7,95 | 13,64 | 13,64 | 19,32 | 21,59 | 12,50 | 6,82 | 4,55 | 54,55 |
| Complesso litorale adriatico | 7,30 | 9,44 | 18,45 | 22,32 | 23,61 | 12,45 | 4,72 | 1,72 | 57,51 |
| Italia | 1,84 | 4,51 | 10,77 | 28,91 | 35,83 | 12,86 | 4,53 | 0,73 | 46,04 |

TABELLA 6
*Pressione sociale e territoriale della ricezione (posti letto in complesso)
negli ambiti di 20 km per l'anno 2000*

Legenda delle colonne
A: entrambi gli indicatori < 100; B: indicatore del rapporto con la popolazione > 100 e: indicatore del rapporto con la superficie < 100; C: entrambi gli indicatori > 100; D: entrambi gli indicatori > 200; E: entrambi gli indicatori > 400; F: entrambi gli indicatori > 800.
Percentuali degli ambiti

| Regione | A | B | C | D | E | F | Regione | A | B | C | D | E | F |
|---|---|---|---|---|---|---|---|---|---|---|---|---|---|
| Piemonte | 89,62 | 3,24 | 5,23 | 1,91 | 0,00 | 0,00 | Lazio | 84,04 | 2,13 | 11,44 | 2,39 | 0,00 | 0,00 |
| Valle d'Aosta | 22,97 | 0,00 | 77,03 | 0,00 | 0,00 | 0,00 | Abruzzi | 79,67 | 5,90 | 8,20 | 5,57 | 0,66 | 0,00 |
| Lombardia | 70,50 | 16,75 | 9,77 | 1,75 | 1,23 | 0,00 | Molise | 98,53 | 0,00 | 1,47 | 0,00 | 0,00 | 0,00 |
| Trentino-A. A. | 7,37 | 0,00 | 42,77 | 46,61 | 3,24 | 0,00 | Campania | 68,42 | 18,33 | 5,81 | 6,53 | 0,91 | 0,00 |
| Veneto | 71,38 | 11,55 | 8,28 | 4,66 | 2,59 | 1,55 | Puglia | 75,88 | 7,78 | 13,62 | 0,39 | 0,78 | 1,56 |
| Friuli-V. G. | 82,65 | 3,20 | 4,11 | 7,76 | 2,28 | 0,00 | Basilicata | 94,70 | 0,00 | 4,55 | 0,76 | 0,00 | 0,00 |
| Liguria | 23,40 | 7,23 | 30,21 | 23,83 | 14,89 | 0,43 | Calabria | 70,10 | 1,72 | 18,87 | 4,66 | 4,41 | 0,25 |
| Emilia-Romagna | 82,70 | 2,93 | 3,23 | 2,05 | 6,16 | 2,93 | Sicilia | 99,49 | 0,00 | 0,26 | 0,00 | 0,26 | 0,00 |
| Toscana | 56,79 | 16,38 | 10,45 | 10,10 | 3,48 | 2,79 | Sardegna | 90,93 | 0,27 | 6,93 | 0,80 | 1,07 | 0,00 |
| Umbria | 95,65 | 1,09 | 3,26 | 0,00 | 0,00 | 0,00 | Italia | 73,37 | 7,55 | 10,98 | 5,77 | 1,90 | 0,42 |
| Marche | 56,50 | 3,66 | 21,95 | 15,04 | 2,44 | 0,41 | | | | | | | |

# BIBLIOGRAFIA

CAPACCI A. (a cura di), *Turismo e sostenibilità. Un approccio multidisciplinare all'analisi del movimento e delle strategie di pianificazione territoriale*, Genova, Brigati, 2002.

CITARELLA F. (a cura di), *Turismo e diffusione territoriale dello sviluppo sostenibile*, Napoli, Loffredo, 1997.

FERRARI F. e GRUGNALE B., *La sostenibilità del turismo nella regione Abruzzo*, WP 2003 - 1 del Laboratorio di Geografia, UdA, Pescara, 2003.

ISTAT, *Banca dati on line* dei risultati dei censimenti 1991, 1996 e 2001, accessibile sul sito www.istat.it.

MASSIMI G. (a cura di), *Altopiano delle Rocche, media valle dell'Aterno e conca subequana: luoghi e paesaggi in uno scenario di espansione turistica e di sviluppo compatibile*, L'Aquila, Ufficio stampa del Consiglio Regionale d'Abruzzo, 2000.

MASSIMI G. e CARDINALE B., *La pressione turistico-residenziale sulla montagna appenninica*, in ZERBI M.C. (a cura di), *Turismo sostenibile in ambienti fragili*, Milano, Cisalpino, 1998, pp. 253-268.

LANDINI P. e MASSIMI G., *I sistemi geo-economici abruzzesi. Una lettura integrata areale/reticolare*, L'Aquila, CRESA, 2005.

ZERBI M.C. (a cura di), *Turismo sostenibile in ambienti fragili*, Milano, Cisalpino, 1998.

Antologia cartografica

*Avvertenza*: l'antologia è costituita da due insiemi di cartogrammi. Il primo è costituito da una selezione delle carte su base provinciale tra quelle prodotte e illustrate nel corso dei lavori in aula; il secondo da una serie di spezzoni, illustrativi dei comuni e degli ambiti ricadenti nelle regioni che si affacciano sull'Adriatico, «ritagliati» dai cartogrammi originali aventi per oggetto l'Italia tutta. Non sono stati inseriti, per brevità, gli spezzoni dei cartogrammi sulle Ateco a tre cifre delle attività connesse con la ricezione e la ristorazione.

*Elenco dei cartogrammi del primo gruppo*:

1. Ateco 551 Alberghi. Grado relativo al 2001 (Italia pari a 100) e variazione intercensuale in per cento;
2. Ateco 552 Campeggi ed altri alloggi per brevi soggiorni. Grado relativo al 2001 (Italia pari a 100) e variazione intercensuale in per cento;
3. Ateco 553 Ristoranti. Grado relativo al 2001 (Italia pari a 100) e variazione intercensuale in per cento;
4. Ateco 554 Bar. Grado relativo al 2001 (Italia pari a 100) e variazione intercensuale in per cento;
5. Ateco 555 Mense e fornitura di pasti preparati. Grado relativo al 2001 (Italia pari a 100) e variazione intercensuale in per cento;
6. Ateco 633 Attività delle agenzie di viaggio e degli operatori turistici; attività di assistenza turistica n.c.a. Grado relativo al 2001 (Italia pari a 100) e variazione intercensuale in per cento;
7. Ateco in complesso. Grado relativo al 2001 (Italia pari a 100) e variazione intercensuale in per cento;
8. Popolazione residente. Variazione intercensuale in per cento.

*Elenco dei cartogrammi del secondo gruppo*:

9. Concentrazione al 2001 degli addetti nei comuni rispetto agli ambiti corrispondenti;
10. Densità relativa degli addetti negli ambiti di 20 km al 2001;
11. Tipi di comune per grado relativo al 2001 e grado relativo negli ambiti al 2001;
12. Tipi combinati per grado relativo e dinamica degli addetti;
13. Comuni e ambiti. Tipi per grado relativo;
14. Comuni e ambiti. Tipi per variazione addetti;
15. Tipi di comuni e ambiti per variazione degli addetti e variazione relativa degli addetti negli ambiti di 20 km;
16. Densità territoriale dei posti letto alberghieri nell'anno 2000;
17. Densità territoriale dei posti letto in complesso nell'anno 2000;
18. Intensità sociale dei posti letto in complesso nell'anno 2000;
19. Intensità sociale dei posti letto alberghieri nell'anno 2000;
20. Pressione dei posti letto in complesso nell'anno 2000 per densità territoriale e intensità sociale.

Per l'interpretazione dei cartogrammi del secondo gruppo si tenga conto delle tipologie descritte nel testo.

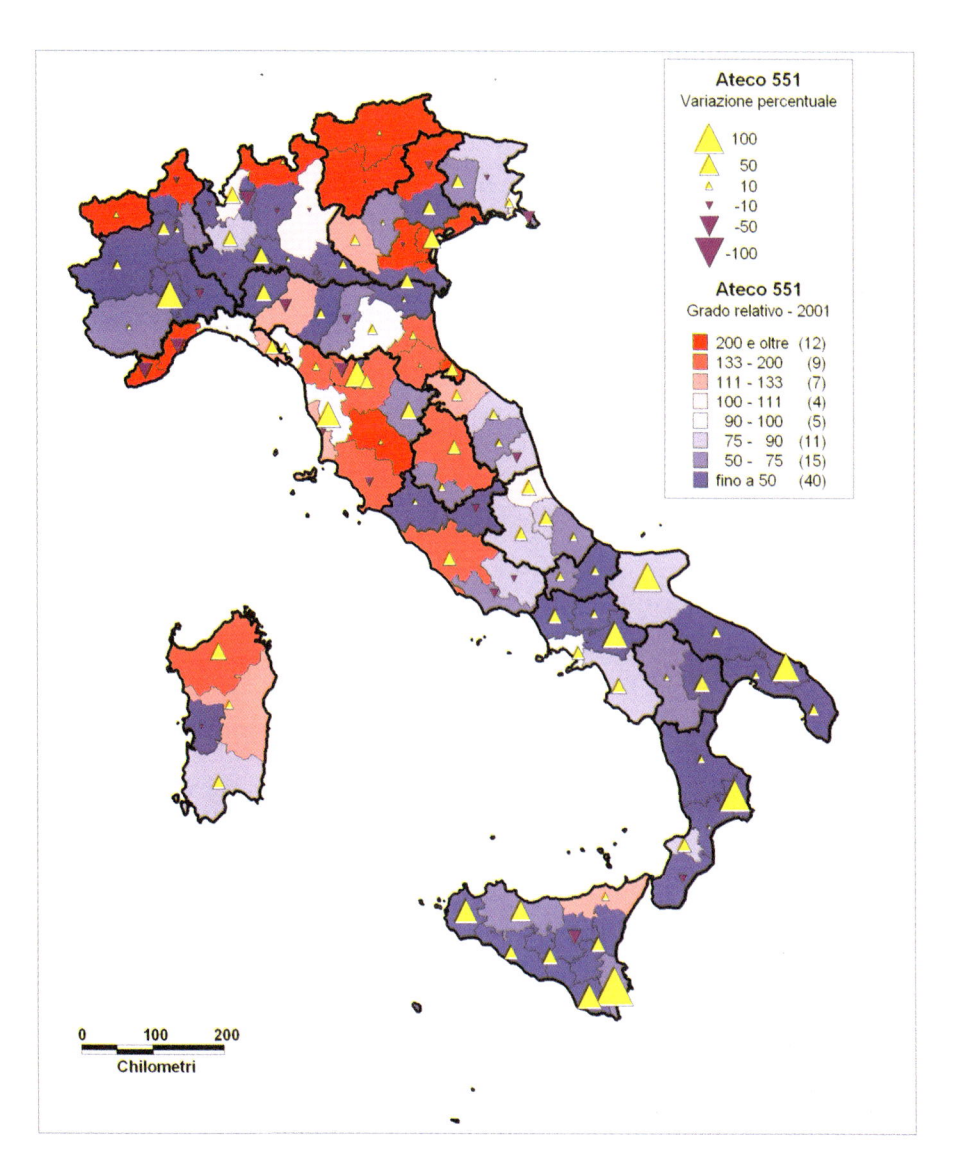

Cartogramma 1 - *Ateco 551 Alberghi. Grado relativo al 2001 (Italia pari a 100) e variazione intercensuale in per cento.*

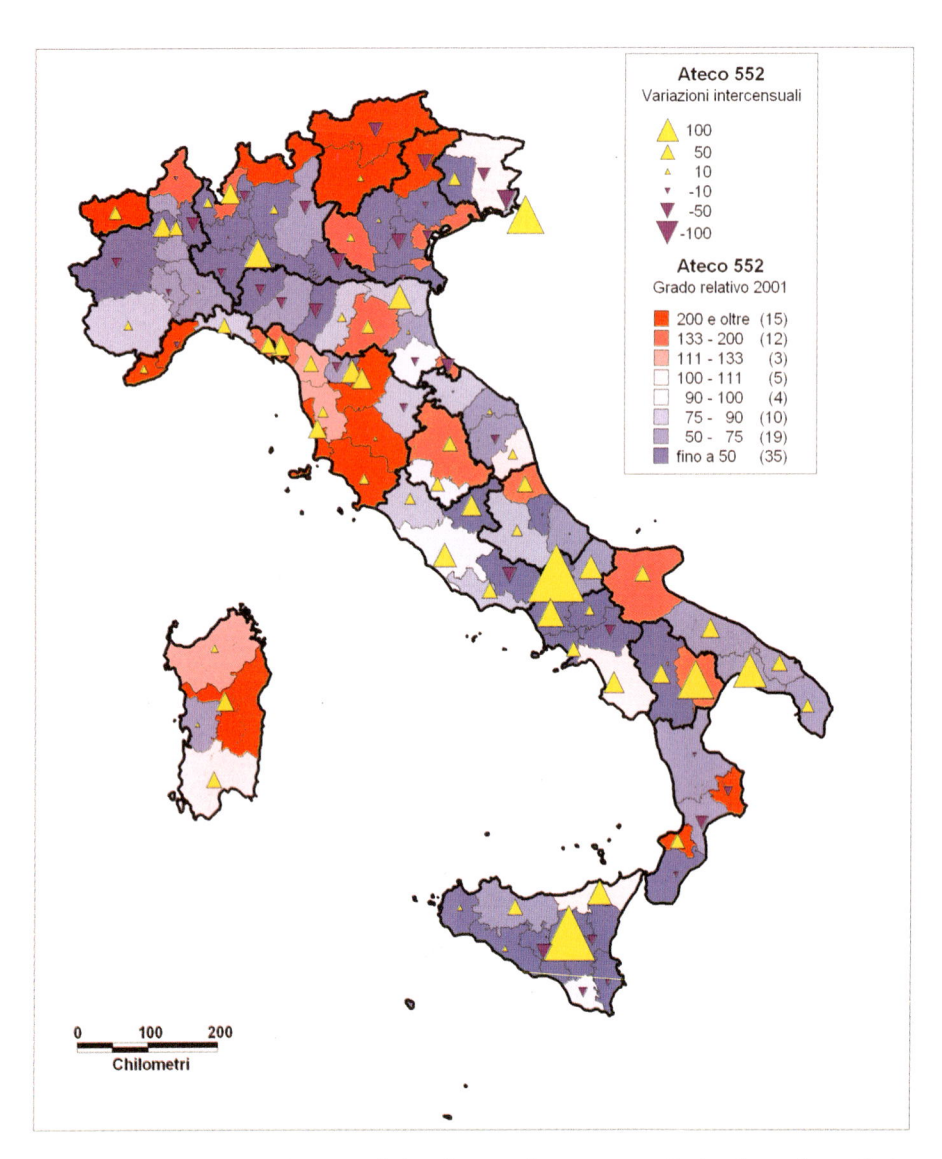

Cartogramma 2 - *Ateco 552 Campeggi ed altri alloggi per brevi soggiorni. Grado relativo al 2001 (Italia pari a 100) e variazione intercensuale in per cento.*

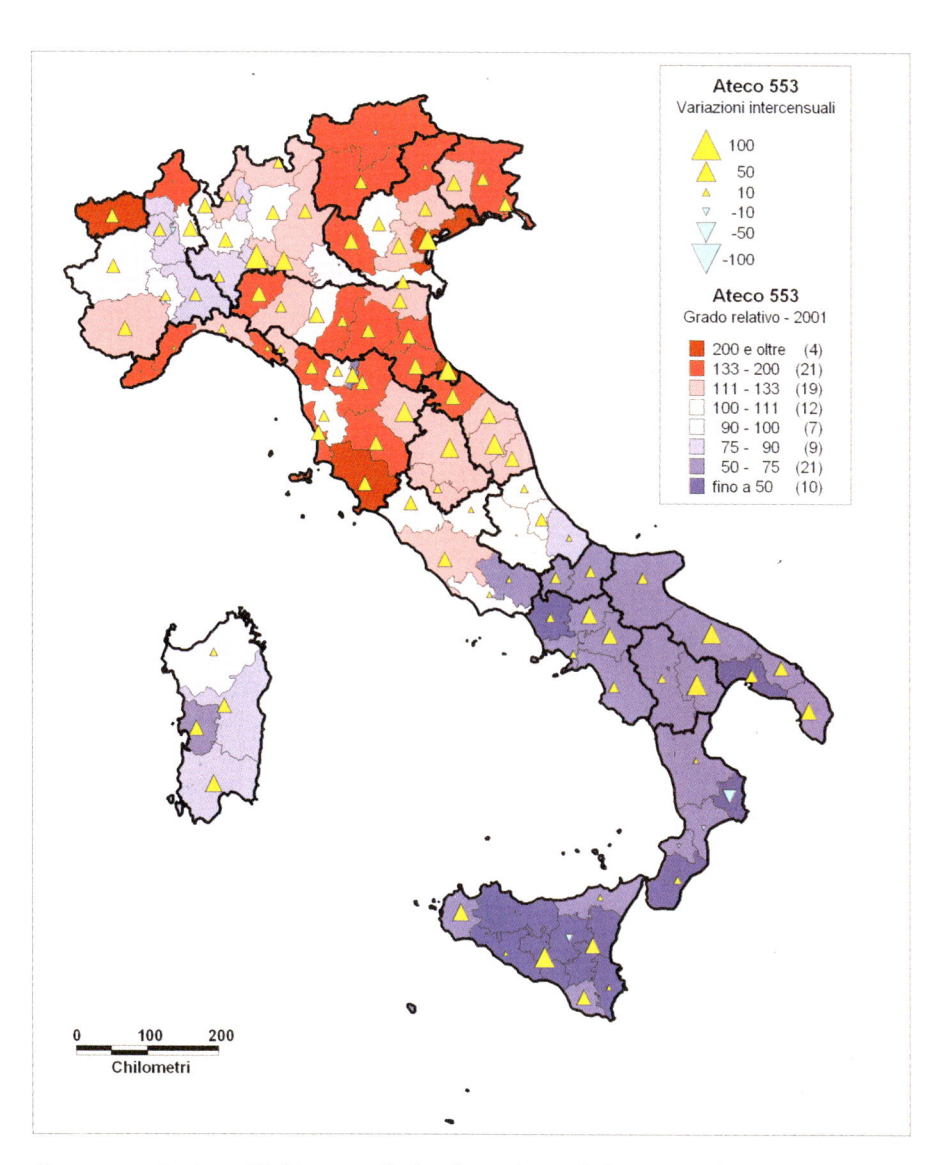

Cartogramma 3 - *Ateco 553 Ristoranti. Grado relativo al 2001 (Italia pari a 100) e variazione intercensuale in per cento.*

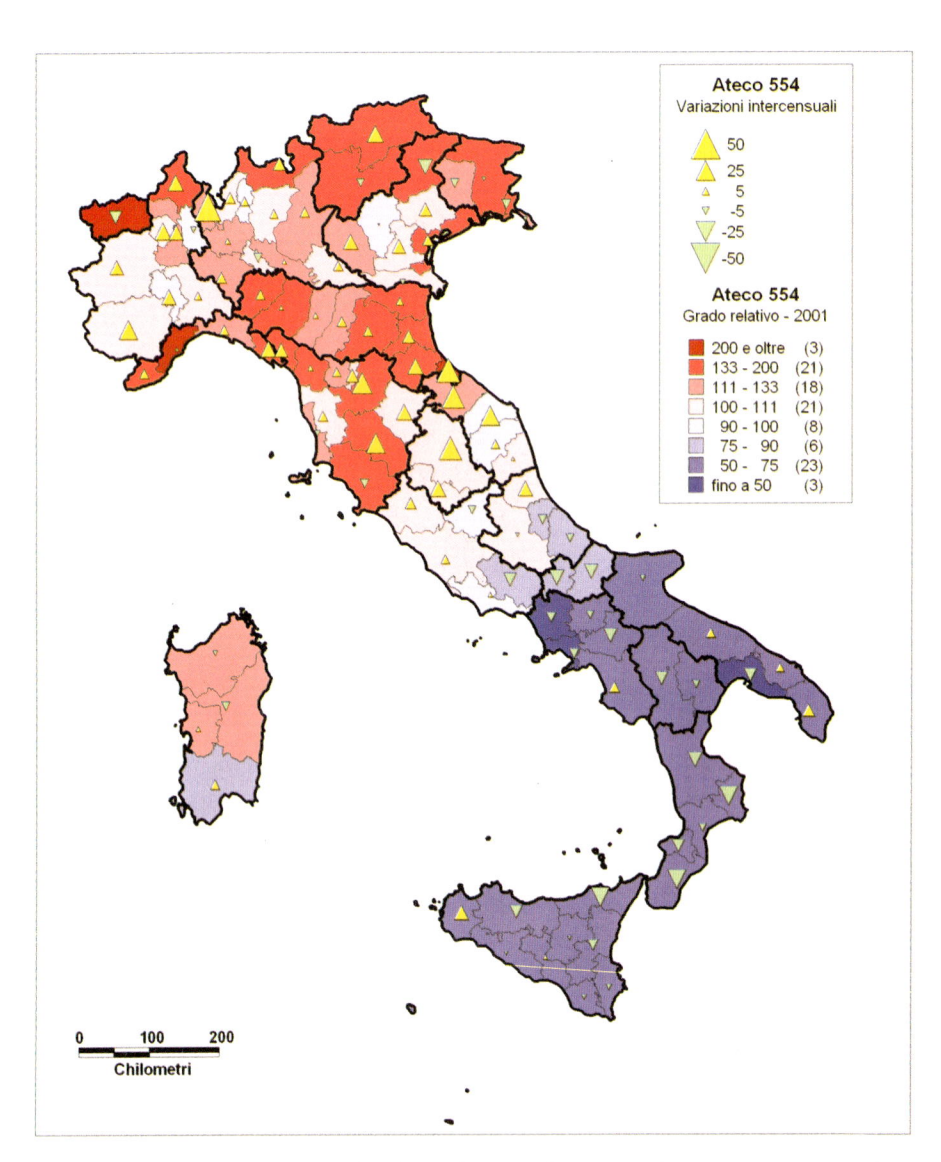

Cartogramma 4 - *Ateco 554 Bar. Grado relativo al 2001 (Italia pari a 100) e variazione intercensuale in per cento.*

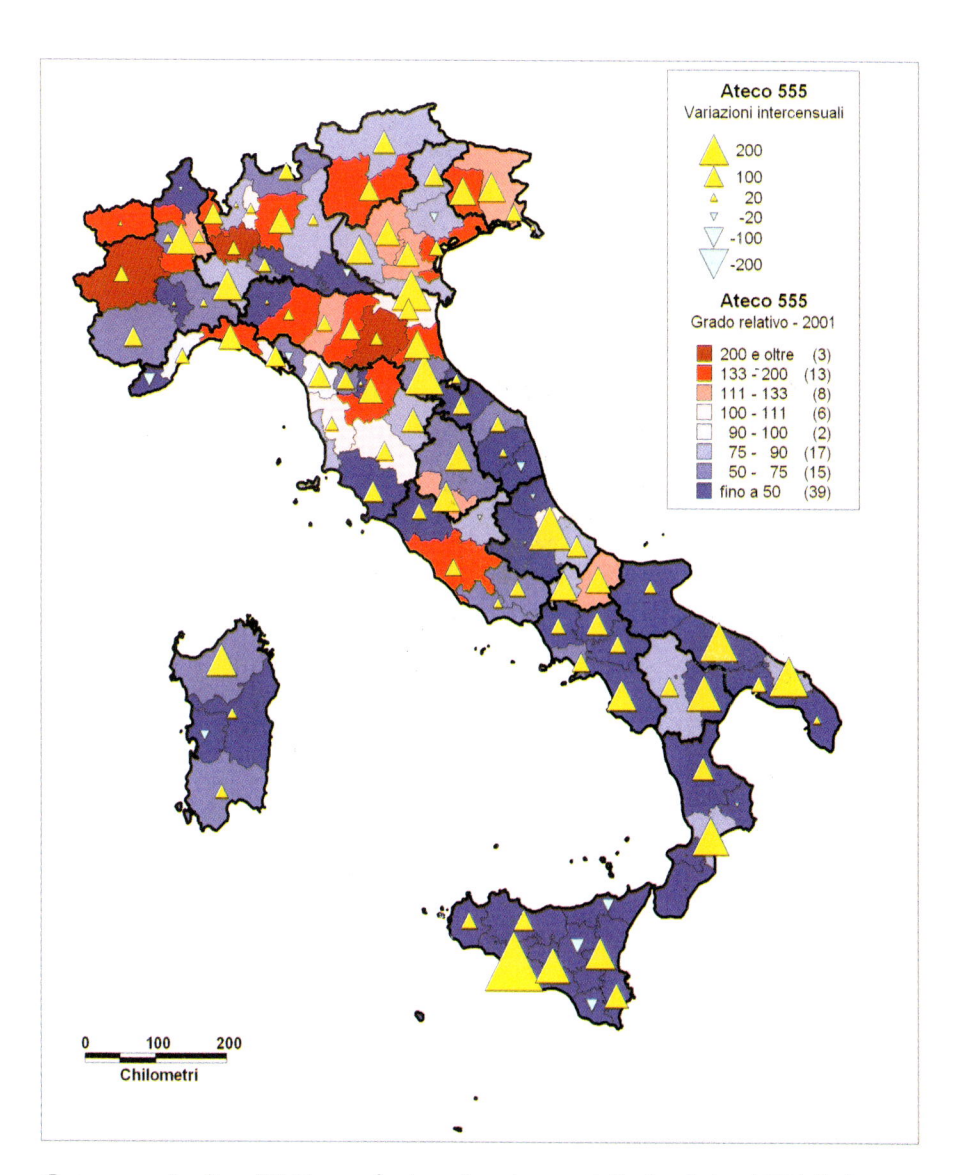

Cartogramma 5 - *Ateco 555 Mense e fornitura di pasti preparati. Grado relativo al 2001 (Italia pari a 100) e variazione intercensuale in per cento.*

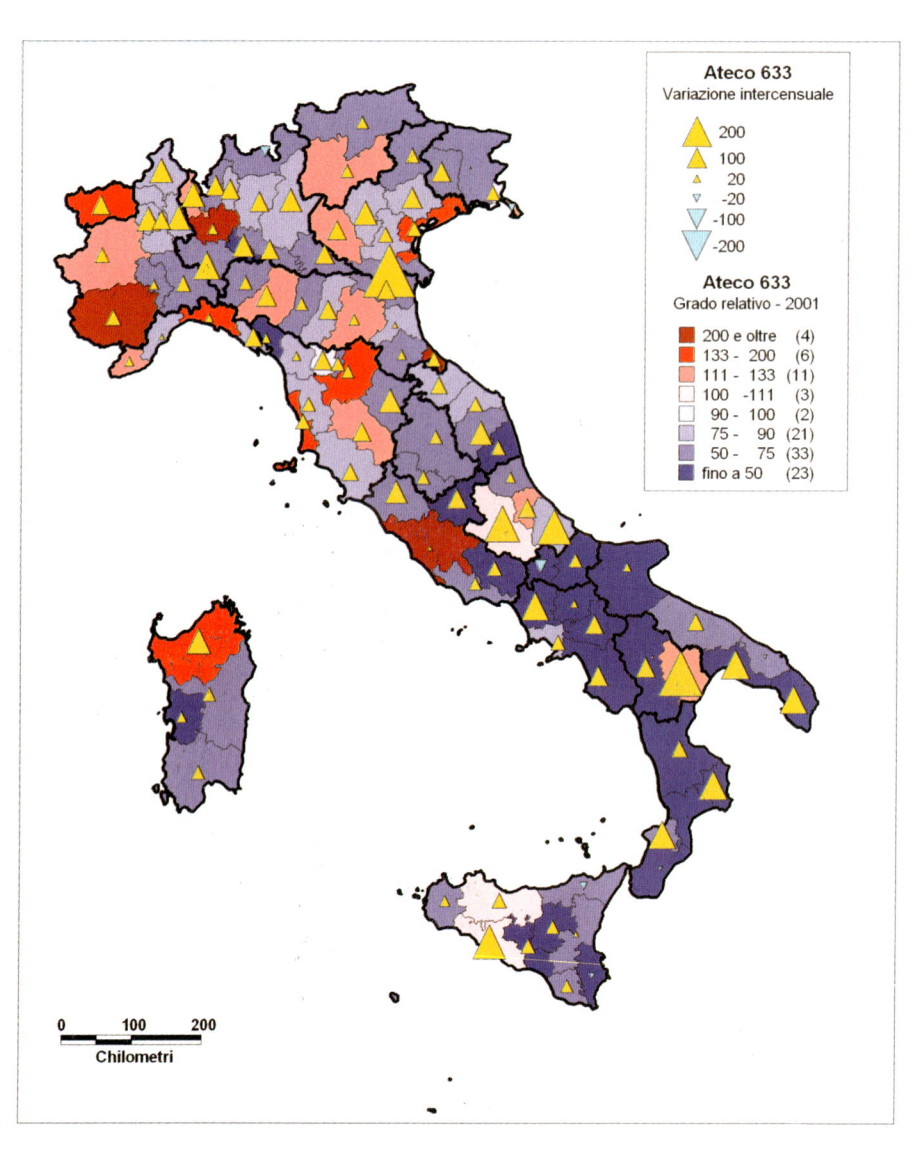

Cartogramma 6 - *Ateco 633 Attività delle agenzie di viaggio e degli operatori turistici; attività di assistenza turistica n.c.a. Grado relativo al 2001 (Italia pari a 100) e variazione intercensuale in per cento.*

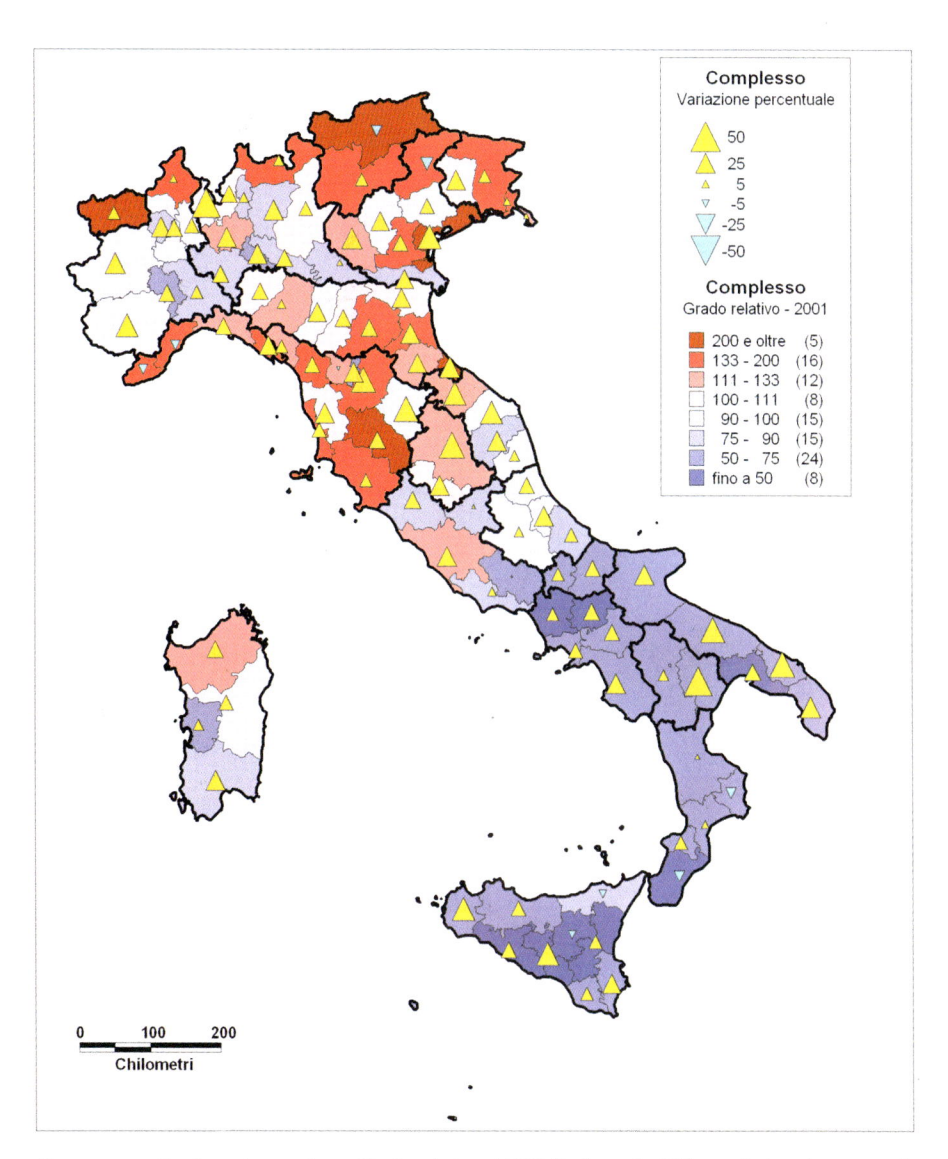

Cartogramma 7 - *Ateco in complesso. Grado relativo al 2001 (Italia pari a 100) e variazione intercensuale in per cento.*

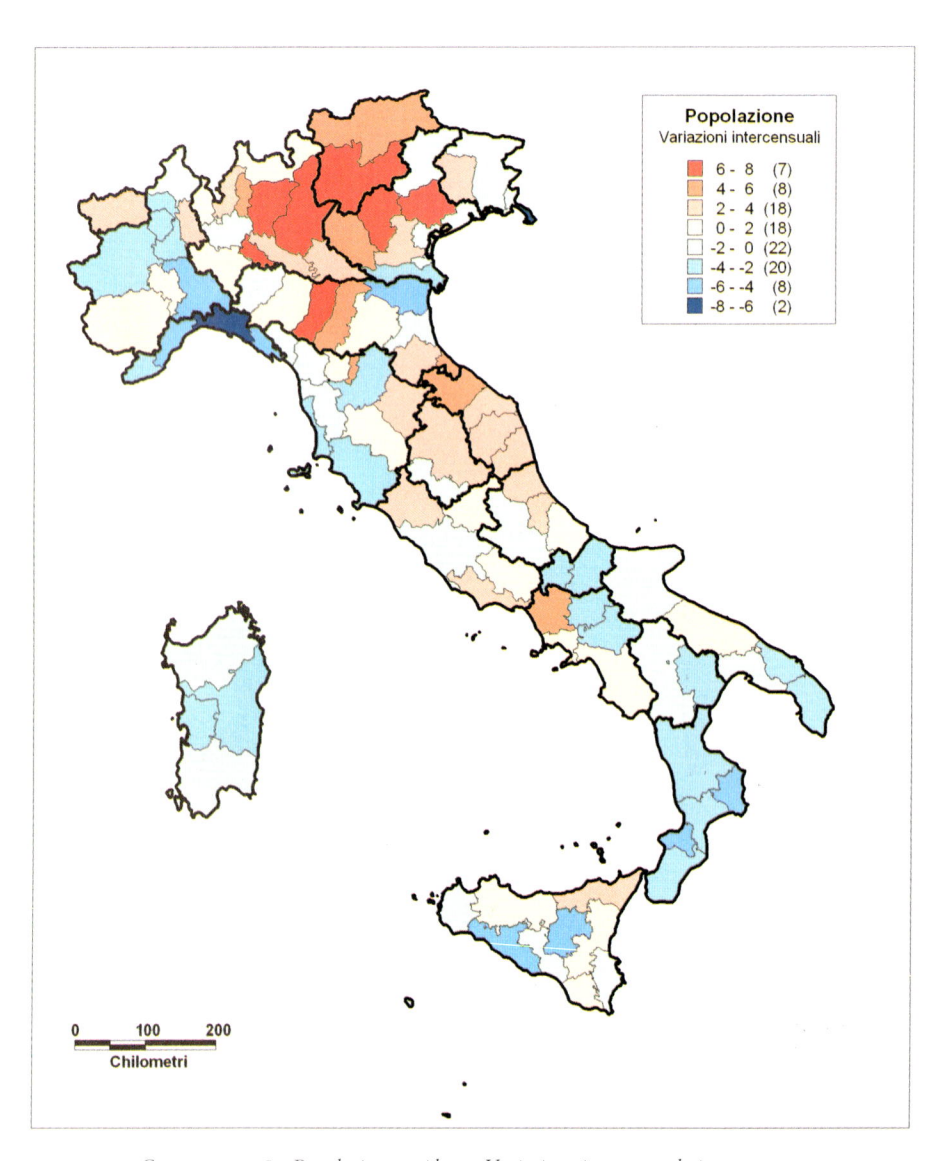

Cartogramma 8 - *Popolazione residente. Variazione intercensuale in per cento.*

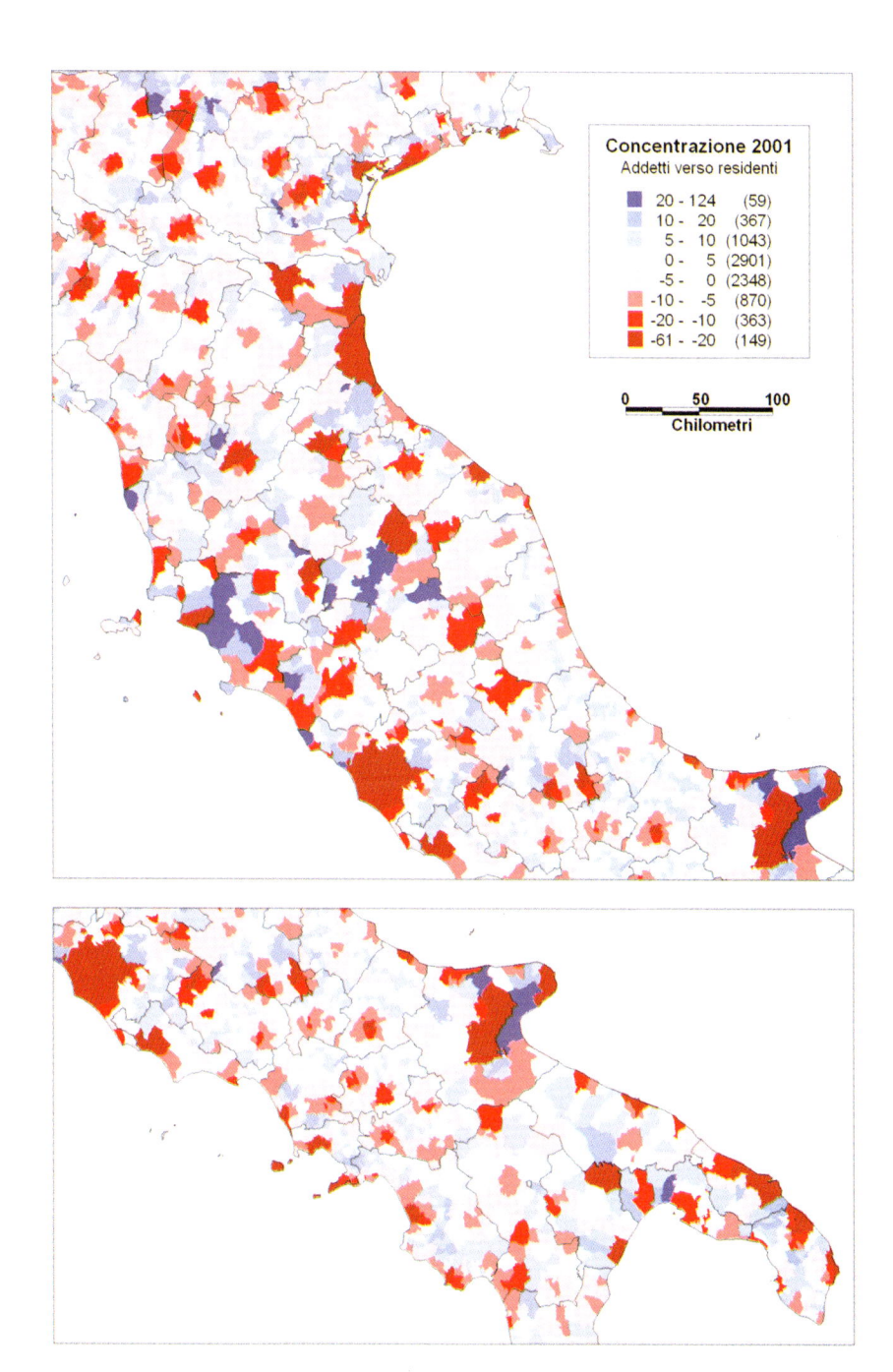

Cartogramma 9 - *Concentrazione al 2001 degli addetti nei comuni rispetto agli ambiti corrispondenti.*

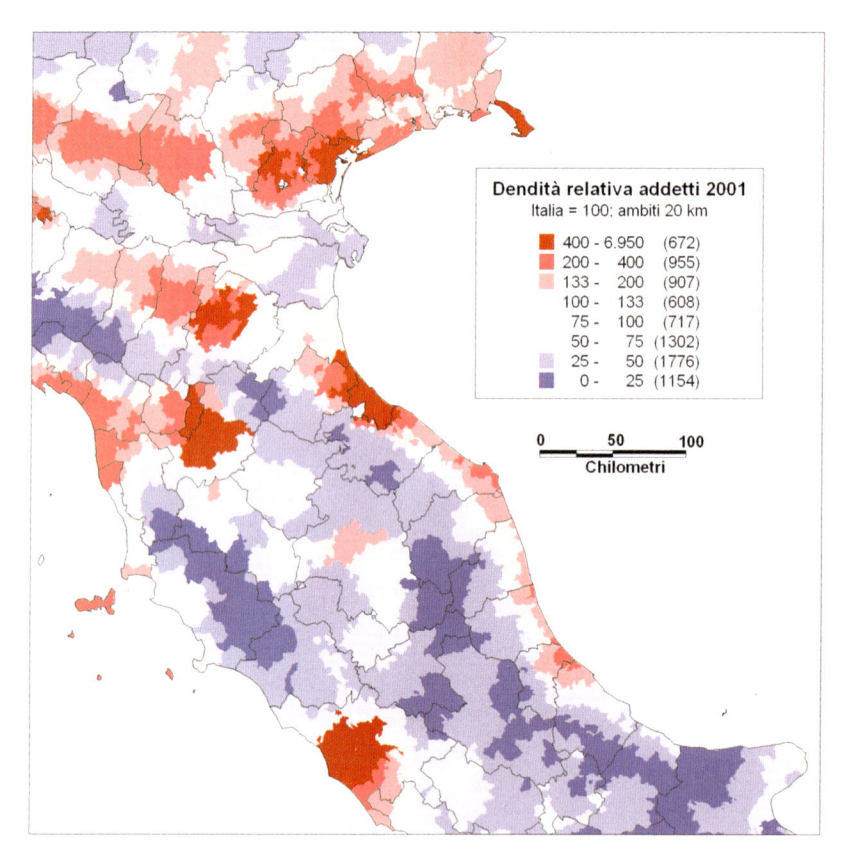

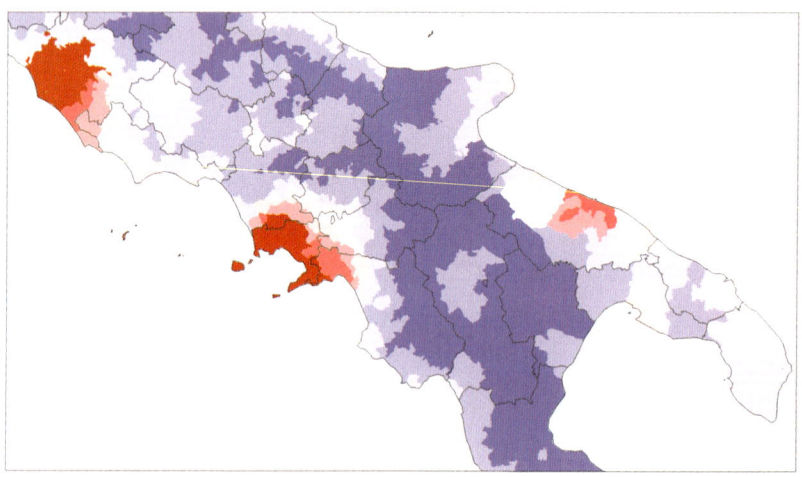

Cartogramma 10 - *Densità relativa degli addetti negli ambiti di 20 km al 2001.*

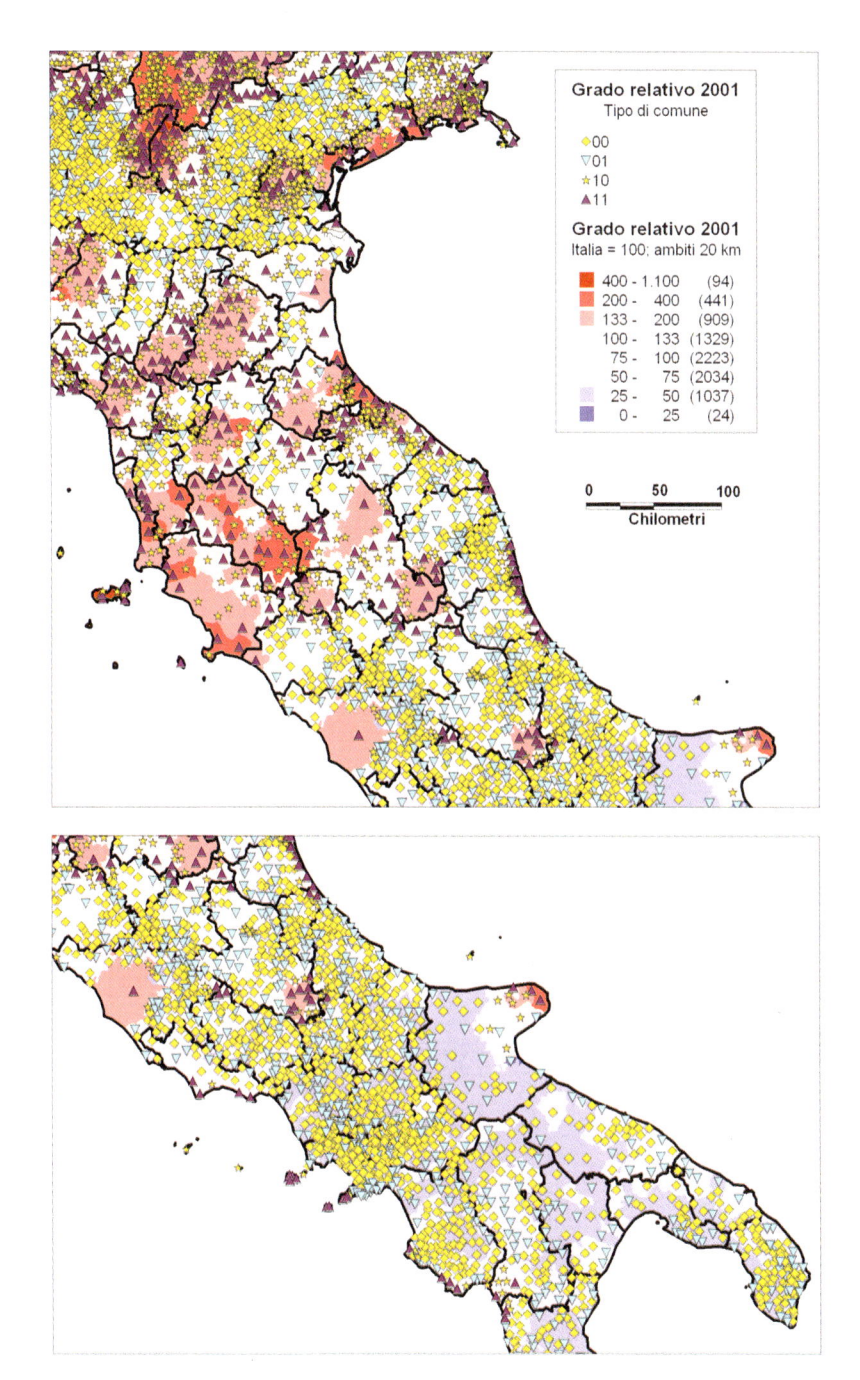

Cartogramma 11 - *Tipi di comune per grado relativo al 2001 e grado relativo negli ambiti al 2001.*

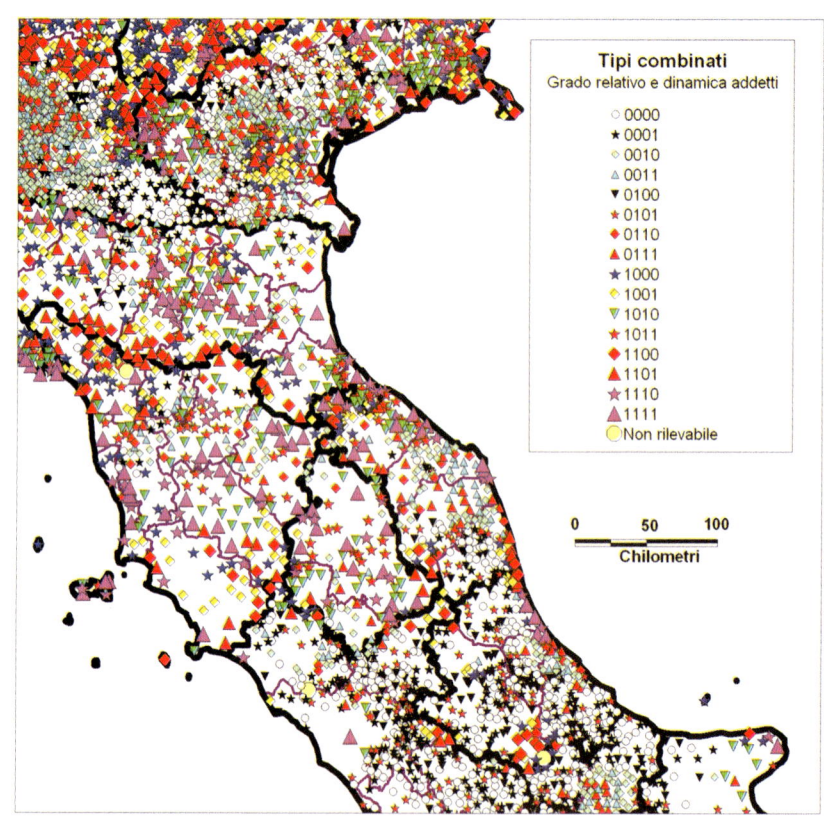

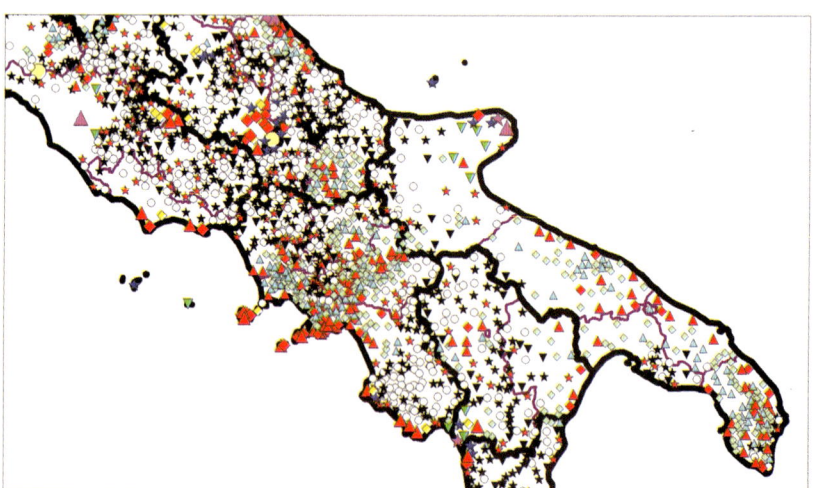

Cartogramma 12 - *Tipi combinati per grado relativo e dinamica degli addetti.*

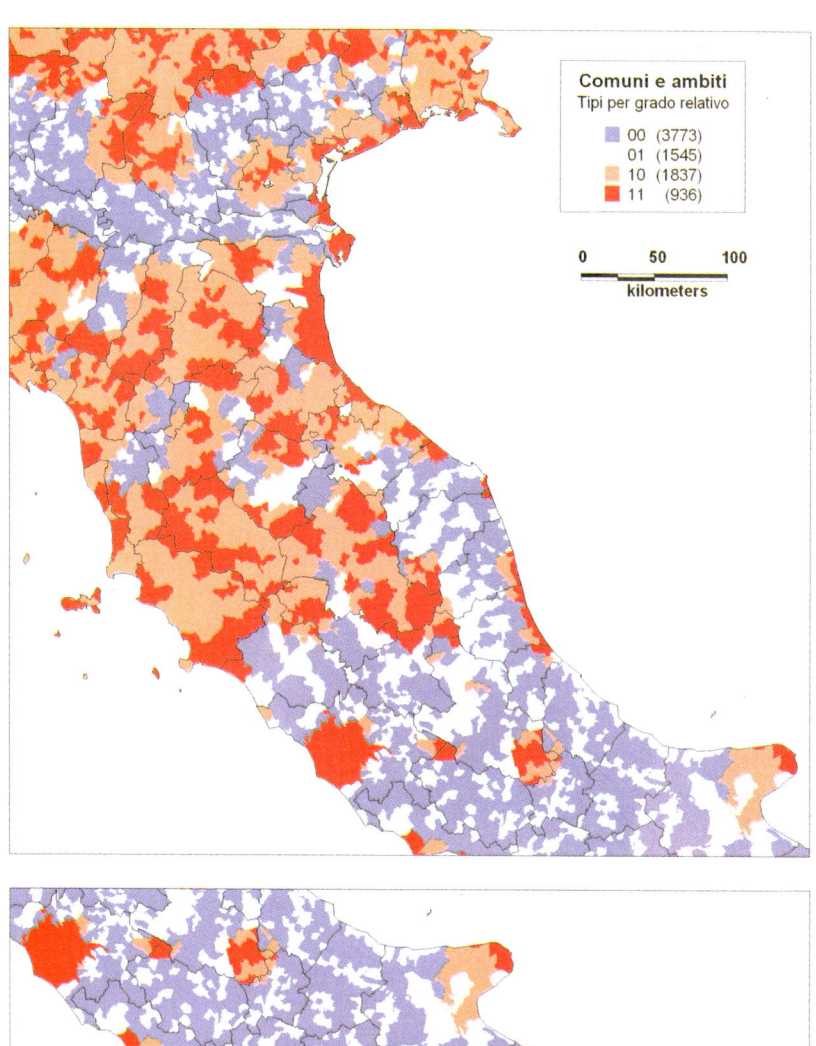

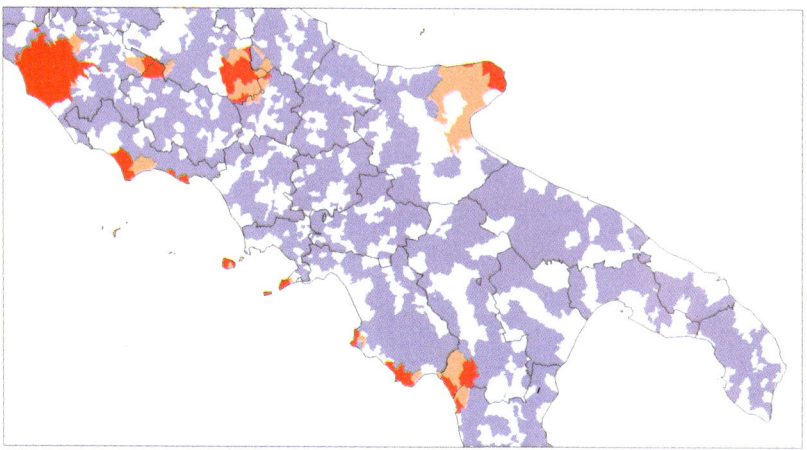

Cartogramma 13 - *Comuni e ambiti. Tipi per grado relativo.*

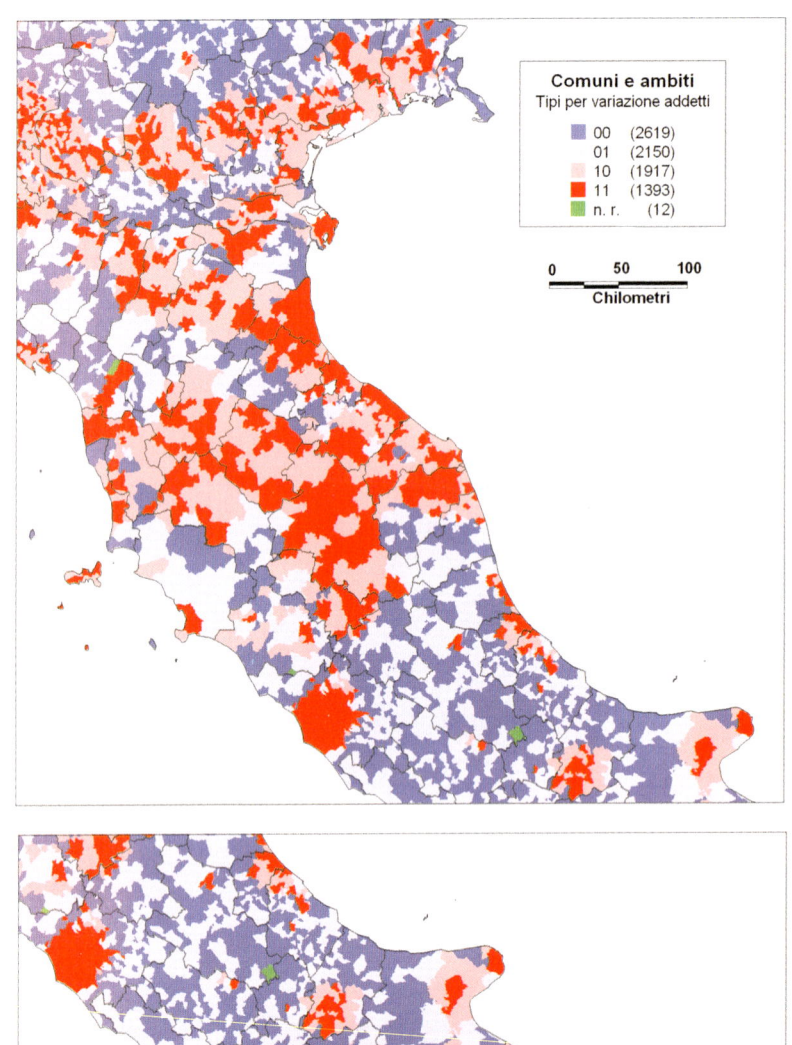

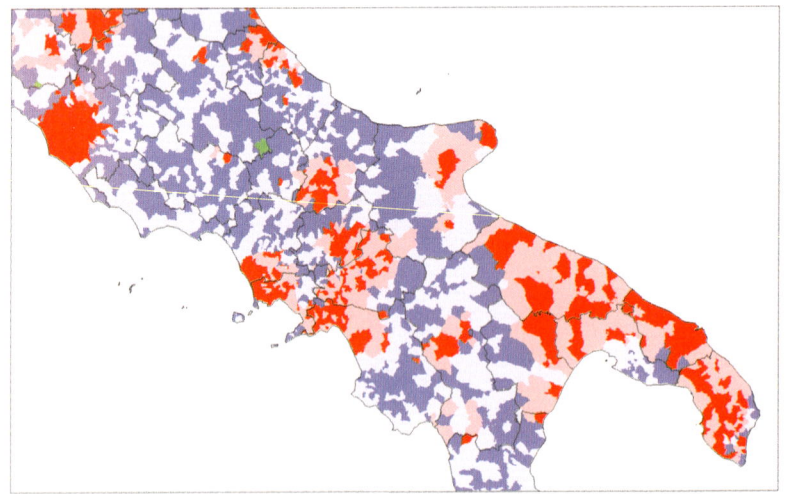

Cartogramma 14 - *Comuni e ambiti. Tipi per variazione addetti.*

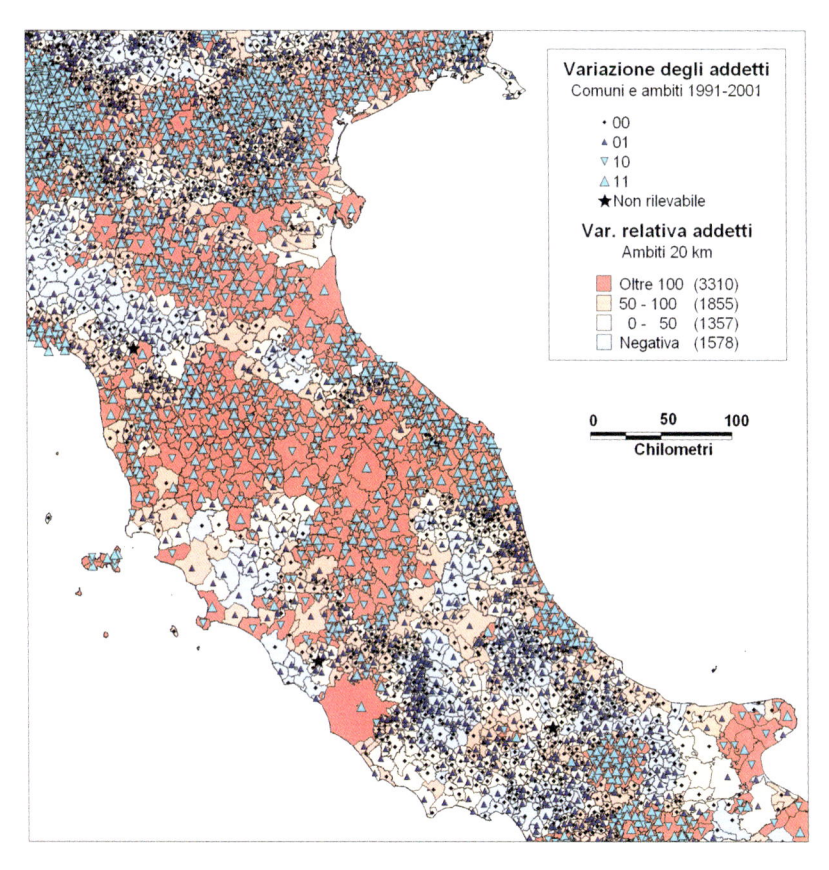

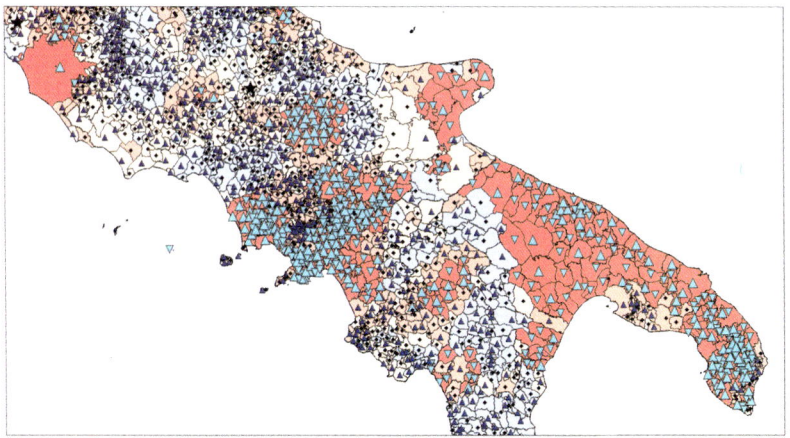

Cartogramma 15 - *Tipi di comuni e ambiti per variazione degli addetti e variazione relativa degli addetti negli ambiti di 20 km.*

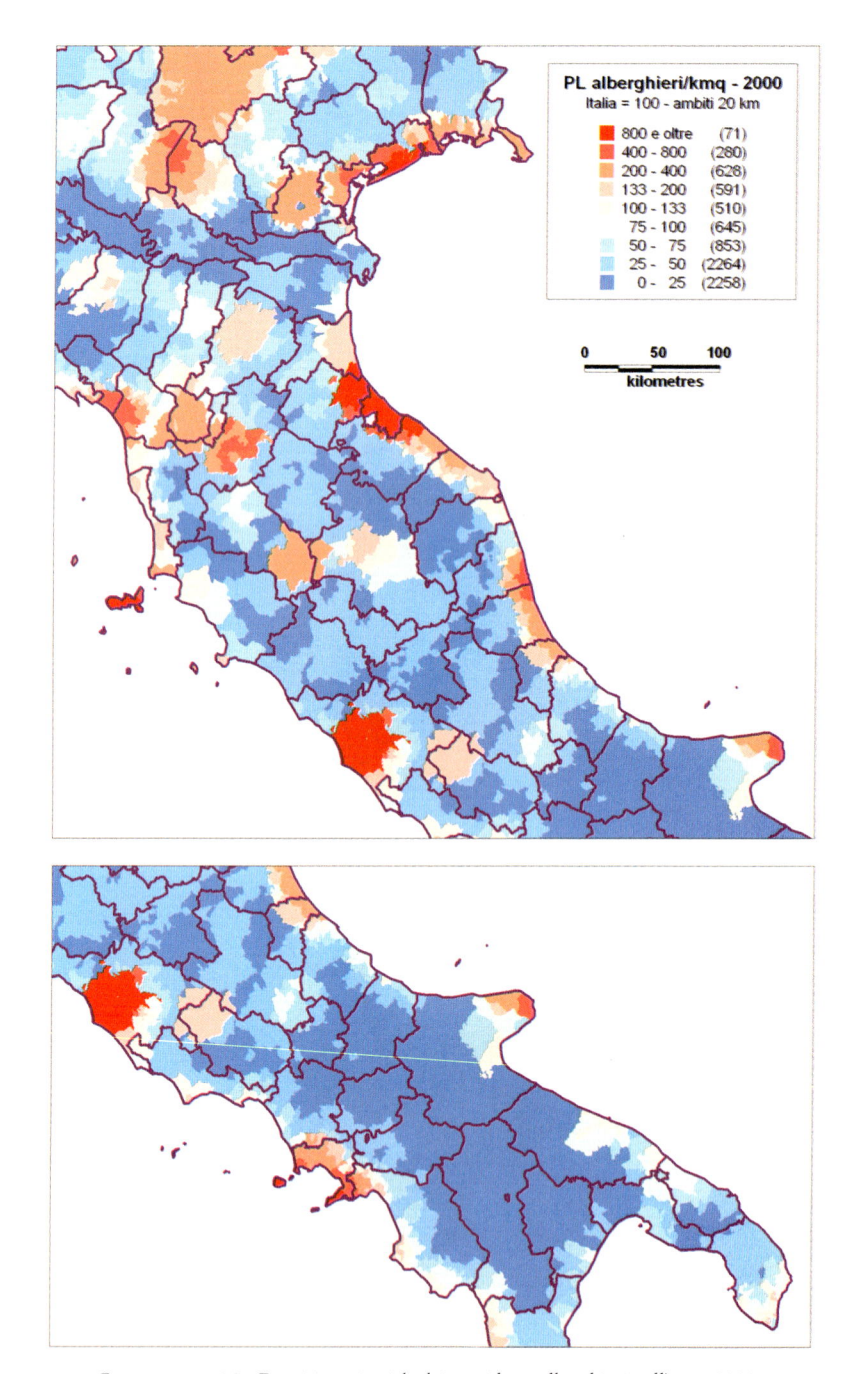

Cartogramma 16 - *Densità territoriale dei posti letto alberghieri nell'anno 2000.*

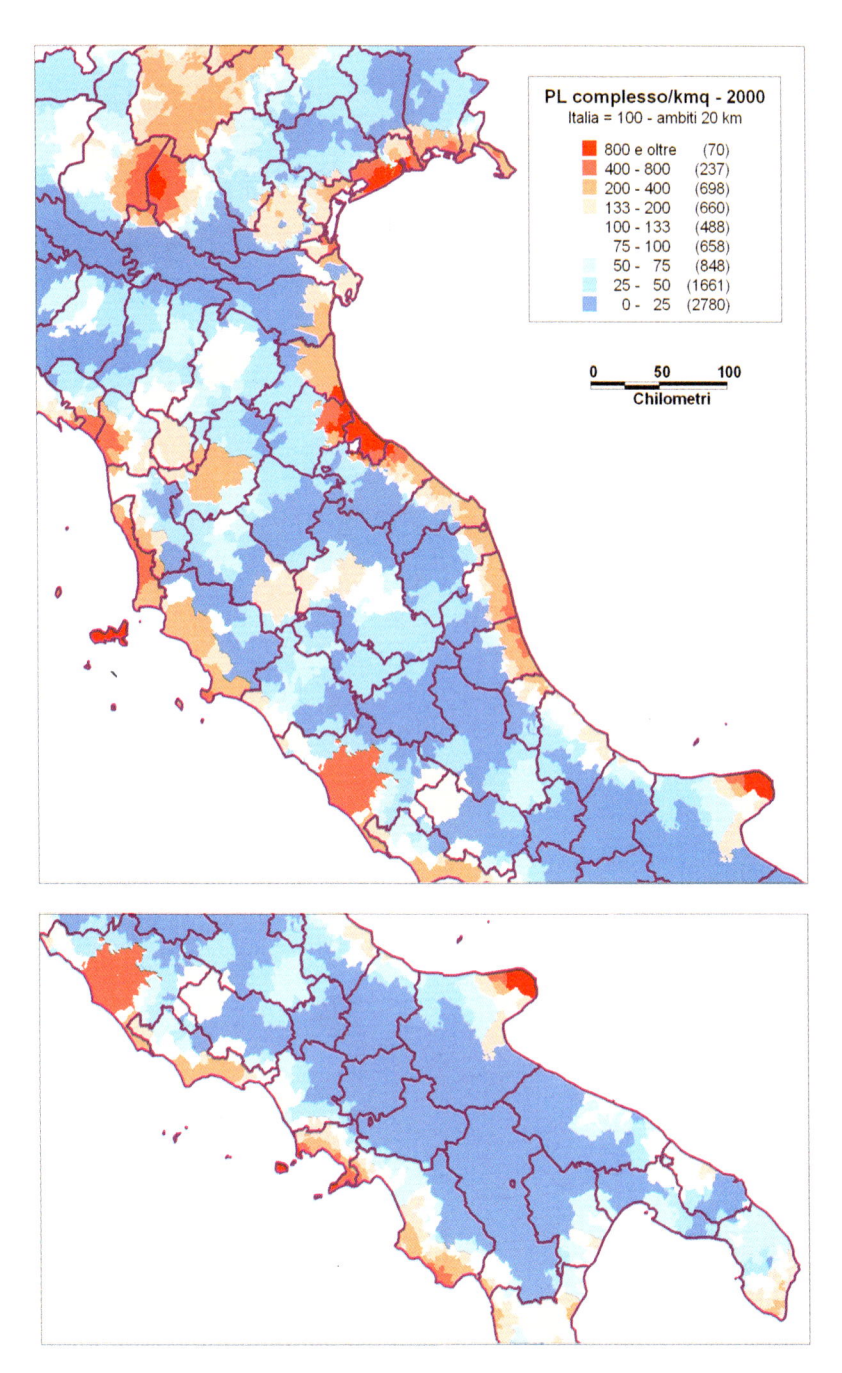

Cartogramma 17 - *Densità territoriale dei posti letto in complesso nell'anno 2000.*

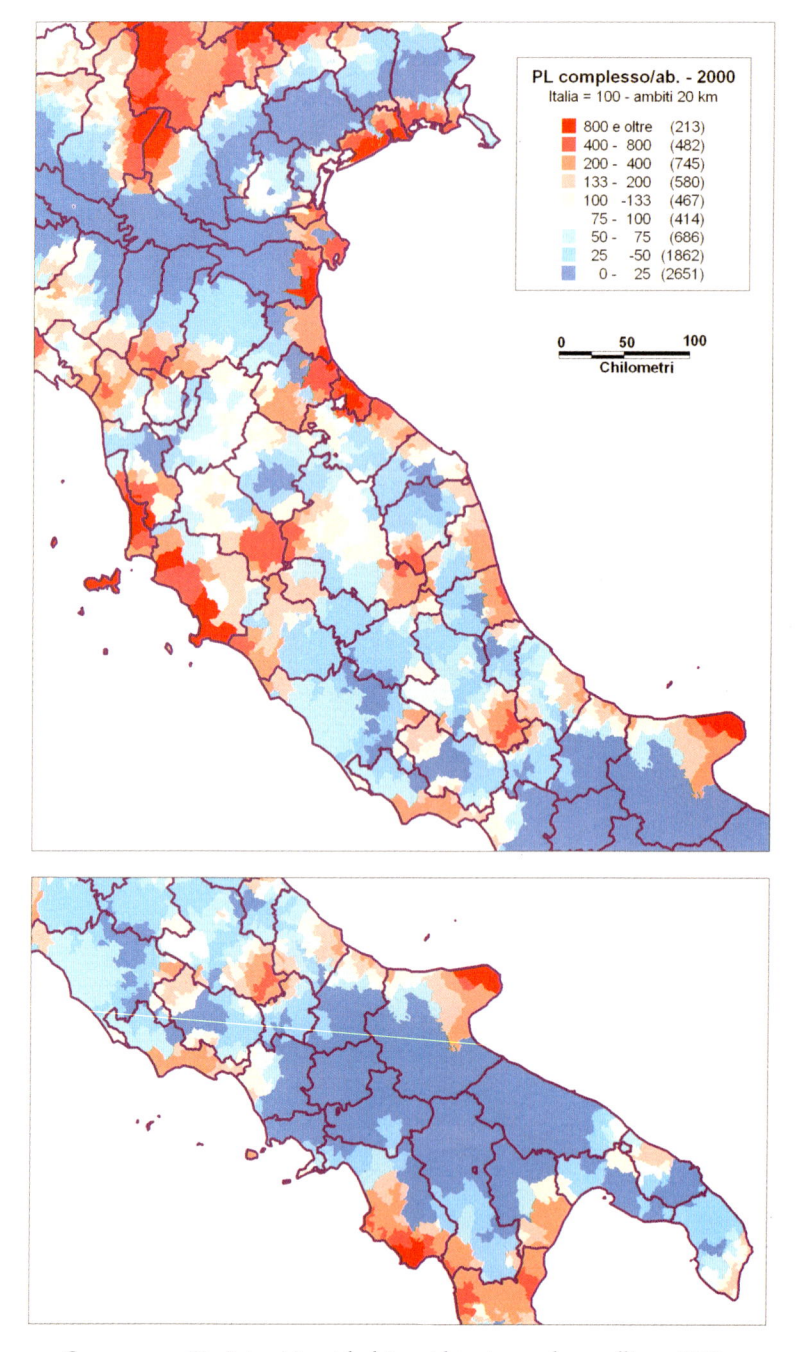

Cartogramma 18 - *Intensità sociale dei posti letto in complesso nell'anno 2000.*

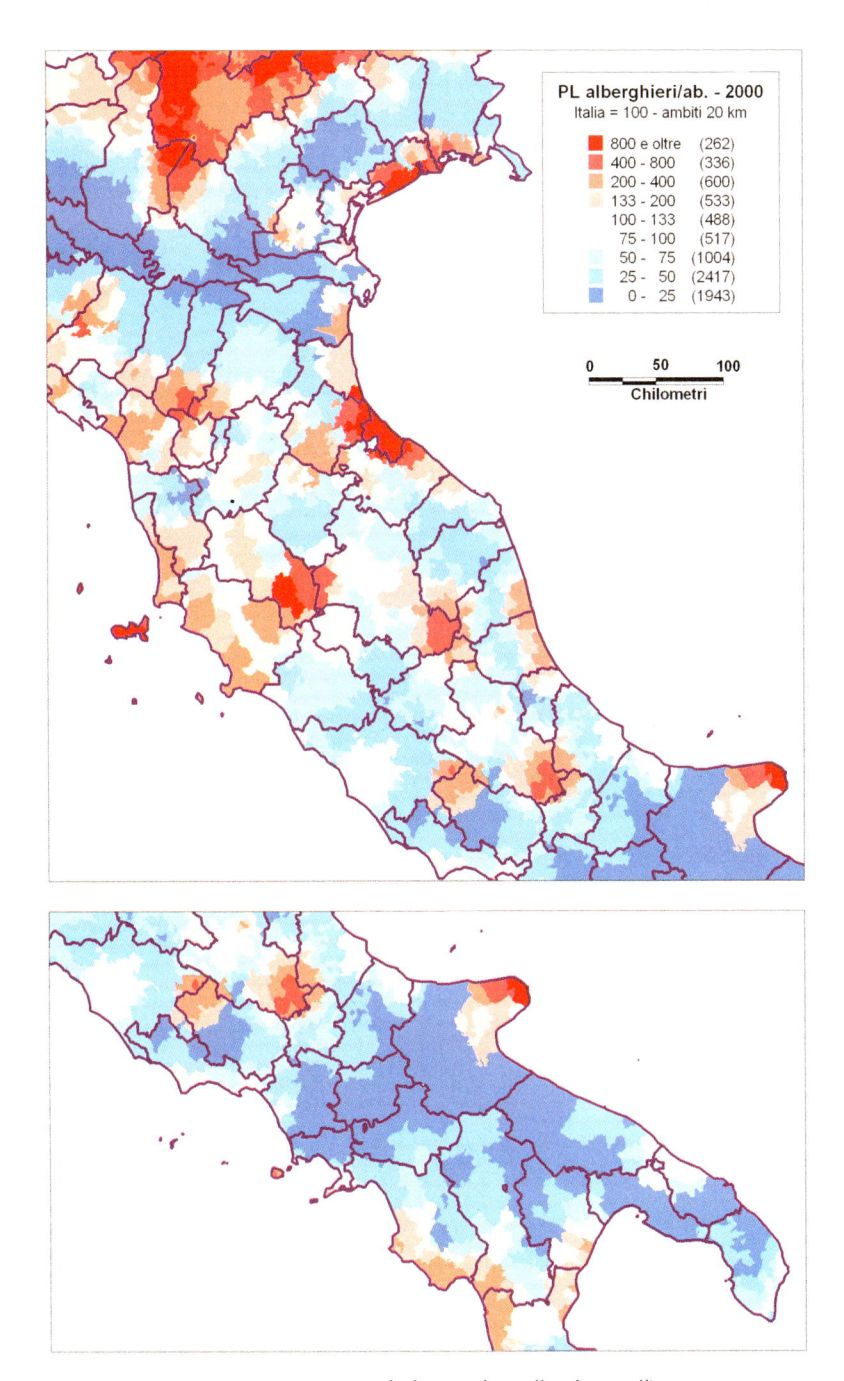

Cartogramma 19 - *Intensità sociale dei posti letto alberghieri nell'anno 2000.*

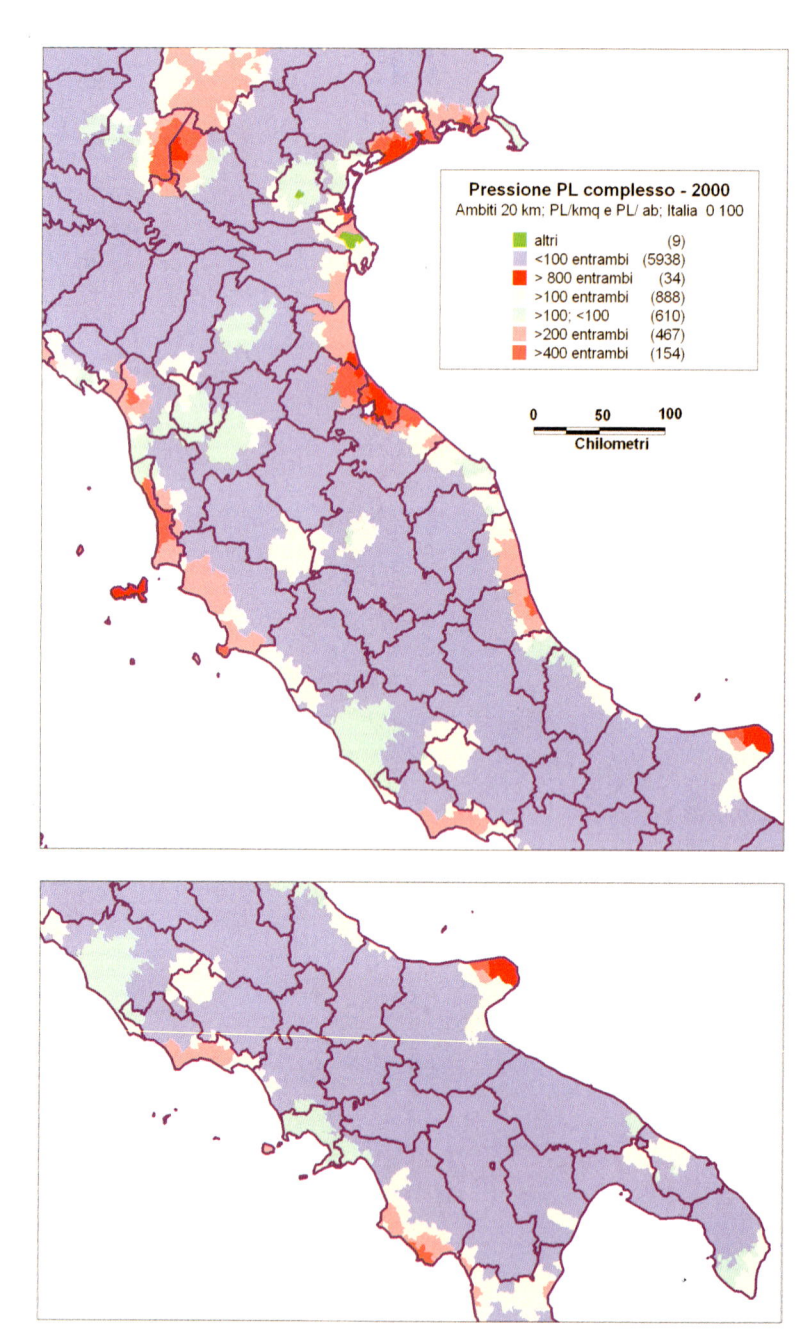

Cartogramma 20 - *Pressione dei posti letto in complesso nell'anno 2000 per densità territoriale e intensità sociale.*

Antonella Mimmo *

# NEL PASSATO L'ORIGINE DELL'ATTUALE SISTEMA ADRIATICO

*La geografia non esiste senza la storia,
ma la storia non si spiega senza la geografia*
(Le Goff, 2001, p. 7).

Nell'intrecciarsi di queste due grandi verità si dipana la storia di questa «distesa liquida» comunemente chiamata «Mar Adriatico». La sua storia è quella di un mare, di coste, di città marittime, di paesaggi che vanno dalle Alpi al cuore del Mediterraneo, di navigatori e di commerci, un «mondo adriatico omogeneo» secondo Braudel, teatro dell'opposizione tra la costa italiana e la costa dinarica.

L'Adriatico, quasi una via di comunicazione nord-sud, un corridoio marittimo, aveva alle due estremità Venezia e il Canale d'Otranto.

Venezia, situata al confine tra due mondi, l'Oriente bizantino-musulmano e l'Occidente latino-germanico, era accessibile dalla Pianura Padana e dai popoli che la abitavano grazie alla navigazione fluviale attraverso il Po, il Brenta, il Sile, l'Adige, dall'Europa centrale e settentrionale attraverso i valichi alpini, dal Mediterraneo grazie alla navigazione in Adriatico e al Canale d'Otranto. La strettoia meridionale tra Otranto e Capo Linguetta, fu l'apertura verso il Levante ed il Mediterraneo occidentale.

Venezia si trovò al centro di un triangolo i cui vertici furono l'Europa continentale, l'Africa settentrionale e il Levante. Svolgendo il ruolo di crocevia tra le vie marittime e le vie continentali, la Serenissima riuscì a rendere l'Adriatico l'estrema estensione del Mediterraneo verso il cuore dell'Europa.

Venezia esercitò la «Signoria» sull'Adriatico, e davanti a un mare «senza padrone» ne rivendicò il duraturo possesso, suscitando le critiche di chi veneziano non era, dall'ammirazione per l'astuzia e la capacità di consolidare la propria po-

---

* Dipartimento di Economia e Storia del Territorio, Università «G. d'Annunzio» di Chieti-Pescara.

tenza, all'invidia di quanti evidenziavano l'avidità e la brama di dominio sugli altri. I veneziani erano convinti di esercitare legittimamente il dominio sull'Adriatico, guadagnato liberando il mare dai pirati, ma soprattutto rendendo sicura la navigazione. Questo dominio si esplicò con una peculiare attività di polizia esercitata, la cui base operativa era il possesso, sin dal 1386, dell'isola di Corfù, vera porta d'ingresso al *Mare Veneto*, con il dominio diretto attraverso lo *Stato da Mar*, con accordi commerciali, trattati e privilegi riconosciuti e goduti nell'ambito dei paesi che si affacciavano sul *Golfo*. In un modo o nell'altro Venezia riuscì a centralizzare il diritto di controllo sui traffici adriatici, grazie anche all'operare del *Capitano del Golfo*, organo istituito per la protezione dei convogli commerciali in transito in Adriatico.

Il dominio, la signoria sul *Golfo*, non restò immutata nei secoli, cambiò fisionomia e si adattò alle circostanze. Nell'Adriatico settentrionale, dopo la caduta di Ravenna e l'indebolimento della flotta bizantina i veneziani, contro cui nessuno osò ergersi, si affermarono come mercanti e trasportatori. Nel medio Adriatico la costa orientale risultava essere molto attiva sia dal punto di vista mercantile sia per la presenza di pirati alla foce del fiume Narenta; Venezia vi svolse funzioni di polizia. Nel basso Adriatico, a sud del promontorio del Gargano, il commercio era garantito dall'ampia libertà, di approdo e di commercio, concessa dalle province del Regno di Napoli alla Dominante.

Considerando i due litorali, la flessibilità della politica estera, economica e commerciale di Venezia è ancora più evidente. Il «sopravento» comprendeva il litorale austriaco, la Repubblica di Ragusa, l'Albania turca, passando attraverso i territori veneziani, in cui il dominio era diretto. Il controllo aveva anche il fine di impedire che i porti della regione istriana e dalmata, ubicati allo sbocco delle comunicazioni provenienti dall'entroterra balcanico, potessero diventare competitivi.

Dopo aver ottenuto nel 1082 da Alessio I la libertà di commercio in tutto l'Oriente sotto forma di apertura di *fondachi*, botteghe e approdi, tra cui risaltava Costantinopoli, i porti dell'Adriatico orientale divennero basi di partenza delle navi veneziane dirette in Levante. Dopo la conquista di Costantinopoli e con la possibilità di incanalare i flussi di seta e di spezie verso la Repubblica, Venezia sentì ancor più forte la necessità e la responsabilità di combattere la pirateria adriatica. Ciò equivaleva a proteggere le due principali correnti di traffico mercantile, una proveniente dalla Romania e l'altra d'Oltremare, che dovevano comunque passare per il Canale d'Otranto e risalire l'Adriatico. E i veneziani trovarono un alleato fondamentale, la conformazione fisica della costa consentiva alle imbarcazioni sicuro rifugio nei lembi di mare tra le tante isole e la terraferma dagli assalti dei pirati.

Venezia, nel pieno rispetto della tradizione medievale e dell'età moderna che voleva ogni città come un emporio, un centro mercantile, rimase sempre il punto d'arrivo delle direttrici provenienti dal litorale orientale dell'Adriatico, anche quando la composizione dei commerci mutò e quando i rapporti divennero conflittuali. Mercanti e navi straniere erano ben accolti a Venezia, i *fondachi* erano attrezzati per accogliere non solo le merci ma anche i mercanti. Accoglienza anche «tecnica» nel senso che alcuni capitani veneziani o piloti soggiornavano in Dalmazia o alle bocche di porto per accompagnare poi, evitando le secche o i banchi di sabbia, i battelli nella laguna fino al bacino di S. Marco.

Non sempre la Serenissima riuscì a impedire la presenza di «altri» nel suo *Golfo*: i Turchi erano a Valona nel 1559, gli Spagnoli arrivarono a Napoli, quindi dall'Abruzzo in giù, il papa ad Ancona e poi a Ferrara (1598), la casa d'Austria a Trieste. Lo stesso commercio veneziano non fu monopolio nel senso di esclusione dei forestieri, i veneziani riuscirono a relegare l'attività marittima degli «altri» a un commercio diretto e a corto raggio, riservando a sé l'intermediazione e il lungo raggio, quindi il commercio internazionale.

Trieste, tra la riva orientale, mossa e frastagliata, e quella occidentale, sabbiosa e paludosa, dava fondamentalmente fastidio alla Serenissima. Nonostante i cospicui guadagni generati dall'importazione di cuoio, pelli, carni, Venezia non tentennò nel demolire le saline di Trieste nel 1578, e tra rapporti altalenanti si arrivò al periodo del porto franco (1719). Carlo VI nel decretare il *porto franco* (esenzione imposte, libertà di commercio, protezione per gli operatori) per Fiume e Trieste, diede nuovo slancio all'economia di Trieste, sbocco per il suo entroterra e centro di redistribuzione di prodotti mediterranei.

Si apriva a sud di Triste una costa articolata in insenature, baie, canali, terre frammentate da isole e penisole, porti naturali e lagune interne. Vi si succedevano Pola, veneziana dal 1344 al 1797, esempio della coincidenza tra insediamento urbano e porto; Fiume fu dal 1466 al 1797 l'emblema della presenza asburgica in Adriatico, svolse il ruolo di porto marittimo dei paesi danubiani e di sbocco commerciale dell'Europa centrale; Zara; Sebenico.

Ragusa, soggetta a Venezia fino al 1358, divenne autonoma, e trovò la base del suo sviluppo economico nel passaggio nell'orbita dell'Impero di Costantinopoli. Nel XII secolo un'accorta politica veneziana aveva permesso, a Ragusa come a Zara entrambe dotate di efficienti marine mercantili, di recarsi sia dentro che al di fuori del *mare veneto* in cerca di merci da caricare, come grano e olio. La convenienza per l'economia e il commercio veneziano stava nel decretare che in qualunque direzione veleggiassero i mercantili, essi avrebbero dovuto caricare e scaricare a Venezia.

L'attività navale di Ragusa si svolgeva a brevissimo raggio, per i rifornimenti urbani; a medio raggio o interregionale, con i traffici fra le due sponde dell'Adriatico, toccando i porti dell'Italia centrale e dell'Italia meridionale; a lungo raggio, o intercontinentale, andando dal Mar Nero all'Egeo, all'Africa settentrionale al Mediterraneo occidentale.

Ragusa raggiunse il massimo splendore nei secoli XV e XVI, diventando un polo di scambio fra Levante e Ponente di prodotti altrui, grazie al fatto che le regioni balcaniche la vedevano come il loro sbocco sul mare. Oltre allo sviluppo dell'industria e della flotta navale, Ragusa riuscì a organizzare sia le sue rappresentanze diplomatiche che la presenza all'interno delle sue mura di fondachi per i mercanti stranieri. Venezia tentò diverse volte di contrastare l'affermarsi della Repubblica di San Biagio, requisendo le navi cariche di grano nelle acque di Ragusa Vecchia, aizzandole contro la Lega Santa nel 1572, appoggiando la rivolta dell'isola di Lagosta nel 1629.

La fortuna di Ragusa nell'Adriatico è da ricollegare alla capacità della piccola città di non crearsi nemici (nel Mediterraneo le navi ragusane passavano indenni), di instaurare rapporti commerciali, di evitare possibili conflitti (anche perché priva di territori), di essere allo stesso tempo protetta dal papa e vassalla del sultano.

Atteggiamenti e comportamenti diversi Venezia li riservò al «sottovento», la costa occidentali dell'Adriatico, dallo Stato Pontificio fino al Regno di Napoli. La sponda occidentale molto regolare presentava due sporgenze, il monte Conero e il promontorio del Gargano, e una serie di litorali: quello romagnolo-marchigiano, dalle foci del Po al Conero, con i porti di Ravenna, Cervia, Cesenatico, Rimini, Cattolica, Pesaro, Fano, Senigallia, e Falconara; il marchigiano, dal Conero al Tronto, con Porto Recanati, Porto Civitanova, Porto Sant'Elpidio; l'abruzzese-molisano, dal Tronto al Fortore, con San Flaviano, Pescara, Francavilla, Ortona, San Vito, Vasto e Termoli; il pugliese, dal Gargano a Capo d'Otranto, con Vieste, Manfredonia, Barletta, Trani, Bisceglie, Molfetta, Giovinazzo, Bari, Mola, Monopoli, Brindisi, San Cataldo e Otranto.

Questi porti o semplici «caricatoi» esercitavano attività di cabotaggio tra loro e verso il litorale tirrenico del Regno di Napoli, supplendo in tal modo alle carenti vie di comunicazione dell'entroterra centrale e meridionale, contemporaneamente non disdegnavano gli scambi commerciale con la sponda opposta. Non essendo sotto controllo diretto da parte della Dominante (ad eccezione di alcuni sporadici episodi di reale occupazione di zone dell'Italia meridionale, come Monopoli e Gallipoli), erano controparte di accordi commerciali bilaterali, in cui la Serenissima offriva le sue uniche risorse, sale e pesce o le merci provenienti dai traffici *extra Golfo* e la sua capacità mercantile-marittima, ottenendo in cambio i prodotti di prima necessità (grano, olio, carne, lana) di cui tali zone erano ricche.

Ancona era un caso a parte, non era un piccolo scalo, poteva essere definito un porto. Un antico trattato commerciale, stipulato con Venezia, ne aveva limitato le quantità di olio e di vino esportabile verso Ferrara e Bologna, ma in contropartita le aveva lasciato ampia libertà di commercio con la Dalmazia e la Puglia. Fin dal XII secolo, Ancona insieme con Fano, Pesaro, Senigallia, Porto San Giorgio, San Benedetto rappresentarono il centro d'interesse e di scambi per Ragusa, Traù, Zara, Sebenico.

Ancona fu il porto di riferimento dei pellegrini che s'imbarcavano alla volta della Terrasanta e per i mercanti dell'Italia centrale diretti verso il Levante ciò gli valse numerosi contatti commerciali con l'Egitto e il regno di Gerusalemme. Per non far concorrenza a Venezia, Ancona s'impegnò a portare nel porto realtino i pellegrini, ma subì il divieto di trasportare in Adriatico uno dei principali prodotti levantini, il cotone.

Porti o caricatoi che fossero, la costa marchigiana rivestì il ruolo di mediatrice nei confronti dei mercati dell'Italia centrale, attraverso le strade che scendevano dall'Appennino. Ancona non fu mai inclusa nell'area gravitazionale in cui il centro commerciale era Venezia, le numerose rappresaglie portate avanti dalla Repubblica non fecero altro che rafforzare i commerci anconetani con la Dalmazia, la Puglia, l'Abruzzo e la Romagna.

Il litorale abruzzese risentiva di una serie di congiunture: l'inserimento nel raggio d'azione della Serenissima, la dipendenza amministrativa dal Regno di Napoli, le privilegiate vie di comunicazione interne con gli Stati limitrofi.

L'Abruzzo per i suoi commerci sfruttò le vie terrestri e quelle marittime, nonostante la sua scarsa portualità, a causa delle condizioni naturali (poche insenature, fondali bassi e sabbiosi), della politica del governo napoletano, che considerava l'Appennino una difesa-barriera naturale, della credenza popolare secondo cui si era maggiormente difesi da invasioni e attacchi di pirati nelle zone interne, con un conseguente arretramento delle popolazioni dalle zone costiere in direzione di versanti e crinali.

La «via degli Abruzzi» collegava Napoli con Milano passando attraverso Capua, Venafro, Isernia, L'Aquila, Perugia, Firenze; all'altezza di Popoli la via dirigeva verso ovest e, seguendo e costeggiando l'Aterno prima e il Pescara poi, arrivava in Adriatico. All'altezza di Firenze sulla via degli Abruzzi s'innestava la via che scendeva, passando per i valichi alpini, da Londra e dalle Fiandre. Scontato affermare che lungo queste due direttrici si muovevano verso sud i tessuti, e verso nord lo zafferano. A queste grandi vie di comunicazione si affiancava tutta una serie di tratturi, di sentieri disagevoli ma in grado di penetrare un territorio accidentato come quello appenninico-abruzzese, come l'innesto sulla *via degli Abruzzi* di un collegamento trasversale Castel Frentano, Casoli, Lama, Taranta, Palena, Pescocostanzo, Roccaraso. Altro collegamento era assicurato dalla «via Frentana» che univa Pescara, Ortona, Lanciano, Vasto, Larino, Foggia, Bari e Brindisi (utilizzando il trattturo Aquila-Foggia).

L'Abruzzo era meta di «vie marittime» in cui quasi sempre svolse un ruolo fondamentale Venezia. Le merci e i mercanti scendevano attraverso la via commerciale tedesca giungendo nel porto realtino, da qui raggiungevano la costa abruzzese. Anche i traffici provenienti dal Mediterraneo centro-orientale, nel momento in cui entravano in Adriatico, anche se diretti verso il litorale abruzzese, finivano sotto il rigido controllo della Serenissima.

Probabilmente gli unici traffici in cui non vi fu l'ingerenza diretta di Venezia erano quelli che si svolsero lungo la via proveniente dall'est; l'Abruzzo era in rapporto diretto con Ragusa (quest'ultima punto d'arrivo di traffici che partivano dalla Bulgaria e dalla Macedonia), e tale collegamento rappresentò per le popolazioni dei due litorali un canale privilegiato di trasporto lungo cui si muovevano prodotti come vino, grano, olio, seta, legno verso est; pesce salato, cera, spezie, cavalli, schiavi, pelli dalla costa orientale verso ovest. Insieme con porti abruzzesi in questi traffici interadriatici si distinsero Barletta per il sale, Manfredonia e Trani per il grano.

Una direttrice nord-sud congiungeva i mercati del Settentrione con il Mezzogiorno, esplicazione di una complementarietà tra aree produttrici di derrate alimentari e materie prime ed aree che offrivano manufatti, metalli e prodotti ad alto valore aggiunto. Non solo l'Abruzzo ma tutto il Regno di Napoli si configurava come il mercato per i prodotti finiti e fonte di approvvigionamento di prodotti naturali (agricoli e non).

I porti della costa pugliese rientrarono in questa complementarità, coinvolgendo anche le zone interne. In una sorta di divisione del lavoro, regioni interne con determinate vocazioni ambientali e particolare dotazione di risorse naturali erano collegate con i porti, trovando così mercato di sbocco alle proprie produzioni.

La strada di collegamento interno pugliese, la *via delle Puglie*, seguiva i monti irpini fino al passo di Monteforte, poi scendeva verso il mare all'altezza dell'Ofanto per toccare i porti del litorale barese, dirigersi infine verso Brindisi e Lecce. Ma gli insediamenti portuali erano concentrati nel tratto di mare compreso tra Barletta e Otranto, per diversi motivi: la vicinanza di Corfù, predisposizione della costa, collegamenti con il Regno. Inoltre Barletta, uno dei porti più importanti della Puglia, era il caricatoio del grano della Terra di Bari.

Anche nei confronti dei porti pugliesi si nota un certo disinteresse da parte del governo napoletano, probabilmente per il calo dei traffici marittimi, per il timore di favorire incursioni di pirati e per la presenza di Venezia, pronta a tutto pur di controllare l'Adriatico. Nel 1494 i porti pugliesi di Trani, Barletta, Monopoli, Brindisi e Otranto furono ceduti alla Serenissima in cambio di aiuti contro Carlo VIII di Francia che stava discendendo la Penisola vantando diritti di successione sul Regno di Napoli. Gli stessi porti passati sotto controllo veneziano furono oggetto da parte della Serenissima di interventi di miglioramento, Monopoli nel 1496 e Trani nel 1528.

Il commercio marittimo pugliese, escludendo la zona del Gargano ricca di foreste, per cui fornitrice di legname, si concentrava intorno ai poli del grano e dell'olio. Per quanto riguarda il grano era nel frattempo sopraggiunta la politica annonaria di Napoli, per cui il grano si dirigeva verso Napoli e quando non vi giungeva per via terrestre, lo faceva arrivando nel porto di Taranto, dove veniva imbarcato e portato a Napoli. Nel commercio dell'olio la parte del leone la facevano i veneziani, con i loro mercanti, le loro navi e i loro privilegi. Le peculiarità del commercio oleario era lo sfruttamento di quasi tutti gli approdi forniti dalla costa pugliese, compresa quella ionica. Nonostante ciò l'olio pugliese raggiungeva in minime quantità i porti di Trieste, Ragusa e Ferrara.

Venezia era consapevole della sua dipendenza dai mercantili che partivano dalle coste pugliesi. Per questo motivo il Senato predispose il sistema delle *mude*, inizialmente adottato per i carichi preziosi provenienti dal Levante, anche nei confronti della Puglia. Il termine *mude* identificava sia i viaggi di galere in convoglio, sia il periodo di carico, sia il giro d'affari di una stagione, probabilmente perché andata e ritorno di un viaggio costituivano un unico affare. Con tale sistema di convoglio si proteggevano le navi, i carichi e i mercanti da forme di violenza, da attacchi di pirati, da speculazioni. Minori rischi di navigazione si traducevano in prezzi dei prodotti più stabili, minori costi di equipaggiamento in termini di navi da armare. Nei confronti della Puglia furono decise quattro *mude* ma solo per le navi in partenza da Venezia. I veneziani residenti in Puglia potevano spedire «liberamente» le loro merci purché fossero dirette a Venezia.

La supremazia di Venezia sull'Adriatico era conseguenza delle sue navi e dalla sua abilità nelle costruzioni navali: *galere* o *navi tonde*. Era frutto della politica veneziana, lo stesso Senato si preoccupò di regolarizzare i trasporti e renderli più sicuri; la scelta dei porti di scalo e dei periodi variava al modificarsi della congiuntura internazionale.

Le *galere* erano le navi a cui era assegnata la custodia del Golfo, l'esercizio di compiti di polizia, di pattugliamento delle acque adriatiche e ioniche, per cui il loro ruolo nell'ambito dei trasporti mercantili fu quasi marginale. Lunghe, strette, dotate di remi, erano veloci, per cui adatte al combattimento; il poco pescaggio le rendeva ideali per i bassi fondali dell'Adriatico e della laguna; venivano costruite nell'*Arsenale*, il cantiere statale della Repubblica di Venezia. Quando non erano impegnate in azioni di guerra o non costituivano le *mude*, venivano messe all'incanto o concesse in affitto ad armatori e mercanti, per trasportare merci preziose e poco ingombranti. Ciò che differenziava una galera da guerra e una adibita al trasporto mercantile, era l'equipaggio e il suo armamento. Dalla tipica galea veneziana derivarono poi navi minori come la *galeotta*, la *fusta*, il *brigantino*, la *fregata* e la *feluca*, usate per il trasporto di persone, per il recapito messaggi e per le esplorazioni.

I bastimenti mercantili erano le *navi tonde*. Costruite nei cantieri privati disseminati nella città lagunare, i cosiddetti *squeri*, erano alte e larghe, studiate e costruite con un'attenzione particolare verso la stabilità; la loro navigazione dipendeva dalle vele. Proprio per la loro struttura e le loro caratteristiche erano capaci di trasportare grossi carichi, quindi a loro era riservato il trasporto di merci ingombranti e pesanti. In Adriatico trasportavano grano, olio, legname, sale; quando si recavano al di là del Canale d'Otranto nei loro viaggi di ritorno portavano: cotone, allume dalla Siria; vino da Creta; schiavi, generi alimentari dal Mar Nero; grano, olio, sale da tutti i porti mediterranei.

Dalla metà del XV secolo, e per circa un secolo, divennero frequenti e regolari i viaggi delle galere, mentre diminuì il numero delle navi tonde, nel tipo della caracca; questo andamento si invertì dalla metà del XVI secolo con le navi tonde, sotto forma di *marciliana, trabaccolo, brazzera, pielego, peota*, protagoniste dei trasporti marittimi in Adriatico ed *extra Golfo*. A cavallo del 1500 si registrò una crisi nella cantieristica veneziana. Quest'ultima durante i secoli aveva sfruttato le foreste disseminate intorno alla Serenissima, e la crisi era da ricondurre alle maggiori materie prime di cui erano dotati i concorrenti di Venezia, a cominciare dall'Istria, per giungere in Dalmazia e nel Gargano e all'affermazione dei cantieri olandesi (dove la stessa Repubblica acquistava navi).

L'economia del tardo medioevo e dell'età moderna non era basata sullo sfruttamento delle risorse marine. Il mare era un deserto che si animava in corrispondenza delle coste, l'attività e il fervore erano tanto maggiori quanto più stretto o piccolo era il mare, d'altra parte gli italiani non furono mai considerati marinai d'altomare. Il navigare era un'attività pericolosa e poco sicura, sia per le limitazioni tecniche sia per la presenza di pirati (barbareschi, uscocchi e narentani). La stessa invenzione della bussola non modificò quella che era una pratica consolidata nel «Golfo», veleggiare mantenendo a vista la costa. A tal fine i naviganti potevano usufruire dell'aiuto fornito dai *portolani*, elenchi dettagliati dei porti presenti in una regione, compilati per scopi nautici, che fornivano anche particolari non riportati nelle carte nautiche o che si presentavano alla vista di chi guardava la costa dal mare. Il più antico portolano *Compasso da navigare* riporta anche i *pileggi*, i percorsi da effettuare in mare aperto tra punti di costa lontani tra loro.

Ma i trasporti marittimi godevano di un vantaggio su quelli terrestri: i piccolissimi tonnellaggi, caratteristica del Mediterraneo e dell'Adriatico, facevano diminuire i costi, rendevano più veloci le operazioni di carico-scarico e più conveniente il viaggio. Anche il cabotaggio aveva i suoi vantaggi, permetteva l'approdo in tanti porti, era l'affermazione della libertà economica intesa come possibilità di acquistare e vendere in molti mercati.

Quello che importa nell'Adriatico dell'età moderna è il mare e il lungo dominio da parte di Venezia, l'elasticità con cui sia la Repubblica che tutte le città affacciate sull'Adriatico seppero reagire al mutare della congiuntura. La Serenissima ha apportato ai paesi rivieraschi dell'Adriatico tesori e disgrazie: le ricchezze del commercio, gli attacchi dei pirati allettati dai preziosi carichi dei mercantili veneziani, le devastazioni della peste. Ma cosa sarebbe stato l'Adriatico senza le navi veneziane, senza i suoi mercanti, senza la capacità dei *regnicoli* di sottostare a una dominazione economica e commerciale, che allo stesso tempo e indirettamente gli tornava utile? O cosa sarebbe successo se nel febbraio 1509 la richiesta di libertà di navigazione per i sudditi della Chiesa contro l'assoluzione per i veneziani non fosse rimasta lettera morta?

Si possono fare mille ipotesi, il dato di fatto è che l'Adriatico dell'età moderna, al contrario di quanto avveniva in molte zone interne della Penisola, come dei continenti lambiti da questo piccolo mare, pullulava di vita, di movimento, di traffici, di interessi che si sovrapposero e si incastrarono in un perfetto sistema.

# BIBLIOGRAFIA

BRAUDEL F., *Civiltà e Imperi del Mediterraneo nell'età di Filippo II*, Torino, Einaudi, 1986.

BULGARELLI LUKACS A., *Mercati e mercanti in Abruzzo (secoli XV-XVIII)*, in COSTANTINI M. e FELICE C., *Abruzzo. Economia e territorio in una prospettiva storica*, Vasto, Cannarsa, 1998.

CABANES P. (a cura di), *Histoire de l'Adriatique*, Parigi, Editions du Seuil, 2001.

COSTANTINI M., *«Sottovento». L'Abruzzo e i traffici veneziani*, in COSTANTINI M. e FELICE C., *Abruzzo. Economia e territorio in una prospettiva storica*, Vasto, Cannarsa, 1998.

COSTANTINI M. e NIKIFOROU A., *Levante Venezianio. Aspetti di storia delle Isole Ionie al tempo della Serenissima*, Roma, 1998.

LANE F.C., *I mercanti di Venezia*, Torino, Einaudi, 1996.

LANE F.C., *Le navi di Venezia*, Torino, Einaudi, 1973.

LANE F.C., *Storia di Venezia*, Torino, Einaudi, 1973.

LE GOFF J., *Preface*, in CABANES P. (a cura di), *Histoire de l'Adriatique*, Parigi, Editions du Seuil, 2001, p. 7.

LUZZATTO G., *Storia economica di Venezia*, Venezia, Marsilio, 1995.

OSTUNI N., *Strade liquide e terrestri nel Mezzogiorno in età moderna e contemporanea*, in AA. VV., *Sopra i porti di mare*, vol. II, *Il Regno di Napoli*, Firenze, Olschki, 1993.

PALAGANO C., ASOLE A. e ARENA G., *Cartografia e territori nei secoli*, Roma, Nis, 1986.

SALVEMINI B., *Prima della Puglia*, in *Storia d'Italia. Le regioni dall'Unità ad oggi. La Puglia*, Torino, Einaudi, 1989.

TURRI E. e ZUMIANI D. (a cura di), *Adriatico mare d'Europa. L'economia e la storia*, Milano, Pizzi, 2001.

Maria Carolina Mimmo e Francesca Rinella *

## DAL «MARE ALLA RETE»:
## IL TURISMO DEI COMUNI ADRIATICI ITALIANI **

*Introduzione*

La straordinaria concentrazione di risorse ambientali e di beni storico-artistici [1] rende il turismo uno dei settori più interessanti dell'economia italiana con 143,2 miliardi di euro di fatturato, pari a una quota dell'11,8% del PIL nazionale, ossia quasi due volte e mezza l'apporto del settore primario (*www.censis.it*).

Se a una tale ricchezza corrisponde una dotazione ricettiva di consistenza ragguardevole [2], qualche problema si ravvisa nell'organizzazione dell'offerta turi-

---

\* Dipartimento di Scienze Geografiche e Merceologiche, Università di Bari.

\*\* La ricerca è stata condotta congiuntamente dalle due autrici. Tuttavia, la stesura finale del lavoro è da attribuire a M.C. Mimmo per i primi due paragrafi (*Introduzione*; «*Navigando» nell'Adriatico...*) e a F. Rinella per quelli successivi (*... destinazione Puglia*; *Qualche approfondimento*; *Considerazioni conclusive*).

[1] In Italia, al 2002 si contano risorse naturalistiche pari a 7.375 km di litorale, 5.017 km di costa balneabile, 68.475 km$^2$ di foreste, 31.742 km$^2$ di aree protette, 21 parchi nazionali, 146 riserve naturali, 730 aree naturali e riserve e beni culturali consistenti in 4.150 musei e gallerie, 2.100 siti e monumenti archeologici, 85.000 chiese e cappelle, 1.500 conventi, 20.000 rocche e castelli, 40.000 dimore storiche, 4.000 giardini storici, 6.000 biblioteche, 30.000 archivi, 128 parchi tematici, 185 località termali (valutazioni ed elaborazioni CENSIS su fonti varie, 2004 - *www.censis.it*).

[2] Le strutture ricettive italiane al 2002 constano di 33.411 alberghi, 2.374 campeggi e villaggi turistici, 11.525 aziende agrituristiche, 4.338 bed&breakfast, 2.832 ostelli, case per ferie e rifugi montani (valutazioni ed elaborazioni CENSIS su fonti varie, 2004 - *www.censis.it*).

stica che diventa più percettibile, più valida e, quindi, più desiderabile e venduta a patto che venga accompagnata da un'informazione chiara, esauriente e sincera (RADZICK, 1987). In particolare, oltre che al contenuto dell'informazione, occorre prestare un'estrema attenzione alle sue modalità di accesso e di consultazione non solo nelle località o lungo gli itinerari turistici, ma anche nei luoghi in cui si forma la domanda. Ciò avvalla, come sottolinea Pollice (2002), l'importanza di Internet come sistema di veicolazione internazionale delle informazioni turistiche che, facilitando i processi di confronto, selezione e prenotazione, agevola il contatto tra domanda e offerta e può contribuire a diffondere modelli di fruizione meno invasivi coerenti con i principi del turismo sostenibile. Non a caso il suo utilizzo fa registrare una continua crescita: in Italia, per esempio, gli internauti corrispondono al 42,1% della popolazione adulta (RUR-MIT-FORMEZ, 2004); si tratta di soggetti che vanno in vacanza più frequentemente dei loro coetanei e che cercano sulla rete non solo le informazioni di base, ma soprattutto quelle non reperibili in agenzia (MONGELLI, 2002).

Nel presente contributo si è provato, dapprima, a valutare la «presenza turistica» dei 132 comuni italiani che si affacciano sul Mar Adriatico e il tipo di informazione che essi diffondono attraverso la rete delle reti e, successivamente, ad approfondire l'analisi dell'immagine turistica della Puglia ricercando i siti istituzionali dei suoi 42 comuni adriatici.

In definitiva, posto che l'*ICT* sembri spingere verso la «fusione dei luoghi» e la scomparsa del ceppo delle identità locali (DEMATTEIS in GUARRASI, 2002), si è cercato di verificare se Internet segua tale tendenza o, quasi paradossalmente, faccia leva sul recupero delle componenti del sistema locale. Al contempo, si è tentato di comprendere se tale strumento sia in grado di contribuire a creare un modello di consumo turistico integrato che, superando la semplice fruizione dell'idroma, sia riconducile al passaggio dalle «4 S» (sole, sabbia, sesso e sale dell'acqua) alle «4 A» (ambiente, avvenimenti, attrezzature e amore) (ADAMO, 2001).


*«Navigando» nell'Adriatico...*

Mutuando e adattando una metodologia già elaborata e testata in altri lavori (cfr. GATTULLO 2001 e 2003; MIMMO e PALMA, 2001), si è data al motore di ricerca Google la *query* «turismo» seguita di volta in volta dal nome di ciascuno dei comuni adriatici individuati sulla carta amministrativa delle regioni italiane (scala 1:750.000) procedendo da Nord verso Sud (per es. cerca «turismo + muggia», «turismo + san dorligo della valle», ecc. nei siti in italiano) ottenendo un totale di 4.578.653 pagine (tab. 1).

TABELLA 1
*Distribuzione del numero di pagine web al 30/09/2004* (fonte: www.google.it), *della popolazione residente, del numero di alberghi e ristoranti (imprese e addetti) al 2001, per comune* (fonte: www.istat.it)

| Regioni | Province | Comuni | n. Pagine | Popolazione | Alberghi e ristoranti | |
|---|---|---|---|---|---|---|
| | | | | | n. imprese | n. addetti |
| Friuli-Venezia Giulia | Trieste | Muggia | 5.000 | 13.306 | 81 | 235 |
| | | San Dorligo della Valle | 1.730 | 5.927 | 28 | 106 |
| | | Trieste | 219.000 | 211.184 | 1.130 | 3.929 |
| | | Duino Aurisina | 8.640 | 8.765 | 66 | 213 |
| | Gorizia | Monfalcone | 64.800 | 26.393 | 155 | 488 |
| | | Staranzano | 1.980 | 6.642 | 20 | 51 |
| | | Grado | 224.000 | 8.728 | 221 | 677 |
| | Udine | Aquileia | 8.600 | 3.329 | 27 | 101 |
| | | Terzo d'Aquileia | 971 | 2.661 | 9 | 25 |
| | | Torviscosa | 1.280 | 3.230 | 13 | 35 |
| | | Carlino | 16.500 | 2.822 | 9 | 24 |
| | | Marano Lagunare | 1.970 | 2.048 | 23 | 55 |
| | | Muzzana del Turgnano | 1.920 | 2.660 | 5 | 11 |
| | | Precenicco | 1.050 | 1.508 | 9 | 23 |
| | | Latisana | 5.000 | 11.896 | 79 | 256 |
| | | Lignano Sabbiadoro | 9.470 | 5.983 | 369 | 916 |
| Veneto | Venezia | S. Michele al Tagliamento | 3.790 | 11.441 | 290 | 769 |
| | | Caorle | 29.600 | 11.348 | 349 | 907 |
| | | Eraclea | 8.270 | 12.460 | 98 | 241 |
| | | Iesolo | 38.600 | 22.698 | 763 | 2.027 |
| | | Venezia | 812.000 | 271.073 | 1.855 | 11.225 |
| | | Mira | 37.800 | 35.355 | 104 | 444 |
| | | Campagna Lupia | 1.380 | 6.288 | 17 | 59 |
| | | Chioggia | 21.300 | 51.779 | 398 | 1.052 |
| | Rovigo | Rosolina | 13.000 | 6.144 | 112 | 279 |
| | | Porto Viro | 6.700 | 14.399 | 85 | 203 |
| | | Porto Tolle | 3.150 | 10.666 | 54 | 1.222 |
| | | Ariano nel Polesine | 3.400 | 4.882 | 29 | 83 |
| Emilia-Romagna | Ferrara | Goro | 3.200 | 4.092 | 24 | 58 |
| | | Codigoro | 4.830 | 13.057 | 55 | 140 |
| | | Comacchio | 12.500 | 20.320 | 317 | 930 |
| | Ravenna | Ravenna | 184.000 | 134.631 | 688 | 2.529 |
| | | Cervia | 47.800 | 25.892 | 616 | 2.150 |
| | Forlì-Cesena | Cesenatico | 48.500 | 21.716 | 530 | 1.505 |
| | | Gatteo | 22.600 | 6.799 | 112 | 238 |
| | | Savignano sul Rubicone | 2.740 | 14.786 | 54 | 224 |
| | | S. Mauro Pascoli | 5.930 | 9.435 | 68 | 157 |
| | Rimini | Bellaria Igea Marina | 9.550 | 15.409 | 518 | 1.198 |
| | | Rimini | 358.000 | 128.656 | 2.085 | 6.307 |
| | | Riccione | 76.100 | 33.887 | 778 | 2.296 |
| | | Misano Adriatico | 29.300 | 10.179 | 236 | 591 |
| | | Cattolica | 88.900 | 15.743 | 429 | 1.006 |

| Regioni | Province | Comuni | n. Pagine | Popolazione | Alberghi e ristoranti n. imprese | n. addetti |
|---|---|---|---|---|---|---|
| Marche | Pesaro e Urbino | Gabicce Mare | 27.700 | 5.356 | 168 | 470 |
| | | Pesaro | 141.000 | 91.086 | 459 | 1.545 |
| | | Fano | 27.700 | 57.529 | 343 | 1.120 |
| | | Mondolfo | 2.070 | 11.090 | 77 | 237 |
| | Ancona | Senigallia | 39.300 | 41.550 | 338 | 1.093 |
| | | Montemarciano | 3.170 | 9.173 | 33 | 98 |
| | | Falconara Marittima | 5.290 | 28.349 | 98 | 319 |
| | | Ancona | 174.000 | 100.507 | 389 | 1.394 |
| | | Sirolo | 6.520 | 3.313 | 52 | 166 |
| | | Numana | 20.700 | 3.293 | 112 | 306 |
| | Macerata | Porto Recanati | 8.460 | 9.414 | 78 | 217 |
| | | Potenza Picena | 2.750 | 14.524 | 61 | 188 |
| | | Civitanova Marche | 11 | 38.299 | 211 | 717 |
| | Ascoli Piceno | Porto S. Elpidio | 9.390 | 22.756 | 111 | 313 |
| | | Fermo | 70.600 | 35.502 | 161 | 427 |
| | | Porto S. Giorgio | 43.300 | 15.869 | 129 | 466 |
| | | Altidona | 2.270 | 2.292 | 21 | 74 |
| | | Pedaso | 8.170 | 1.968 | 30 | 101 |
| | | Campofilone | 1.970 | 1.803 | 9 | 14 |
| | | Massignano | 2.610 | 1.589 | 6 | 27 |
| | | Cupra Marittima | 2.420 | 5.017 | 42 | 121 |
| | | Grottammare | 9.700 | 14.278 | 107 | 293 |
| | | S. Benedetto del Tronto | 16.900 | 45.054 | 375 | 1.043 |
| Abruzzo | Teramo | Martinsicuro | 4.730 | 13.428 | 131 | 272 |
| | | Alba adriatica | 8.850 | 10.389 | 141 | 342 |
| | | Tortoreto | 6.770 | 7.836 | 87 | 209 |
| | | Giulianova | 19.700 | 21.400 | 158 | 484 |
| | | Roseto degli Abruzzi | 5.090 | 22.978 | 161 | 436 |
| | | Pineto | 5.280 | 13.095 | 103 | 250 |
| | | Silvi | 7.320 | 14.478 | 129 | 356 |
| | Pescara | Città S. Angelo | 14.300 | 11.952 | 72 | 252 |
| | | Montesilvano | 60.700 | 40.700 | 183 | 850 |
| | | Pescara | 155.000 | 116.286 | 448 | 1.796 |
| | Chieti | Francavilla al Mare | 20.600 | 22.883 | 124 | 459 |
| | | Villamagna | 5.330 | 2.448 | 10 | 30 |
| | | S. Vito Chietino | 1.960 | 4.901 | 32 | 92 |
| | | Rocca S. Giovanni | 66.600 | 2.352 | 16 | 96 |
| | | Fossacesia | 2.550 | 5.349 | 27 | 84 |
| | | Torino di Sangro | 2.730 | 3.079 | 18 | 37 |
| | | Casalbordino | 7.000 | 6.478 | 26 | 77 |
| | | Vasto | 70.600 | 35.362 | 217 | 592 |
| | | San Salvo | 37.100 | 17.254 | 74 | 167 |

| Regioni | Province | Comuni | n. Pagine | Popolazione | Alberghi e ristoranti n. imprese | n. addetti |
|---|---|---|---|---|---|---|
| Molise | Campobasso | Montenero di Bisaccia | 1.750 | 6.698 | 36 | 59 |
| | | Petacciato | 492 | 3.406 | 13 | 290 |
| | | Termoli | 22.400 | 30.255 | 151 | 456 |
| | | Campo Marino | 5.540 | 6.310 | 47 | 111 |
| Puglia | Foggia | Chieuti | 3.610 | 1.788 | 6 | 13 |
| | | Serra Capriola | 129 | 4.356 | 14 | 25 |
| | | Lesina | 7.310 | 6.286 | 41 | 89 |
| | | Sannicandro Garganico | 4.180 | 18.079 | 37 | 56 |
| | | Cagnano Varano | 2.490 | 8.617 | 32 | 41 |
| | | Ischitella | 5.060 | 4.562 | 38 | 65 |
| | | Rodi Garganico | 7.800 | 3.778 | 79 | 170 |
| | | Vico del Gargano | 6.010 | 8.107 | 46 | 89 |
| | | Peschici | 12.100 | 4.339 | 117 | 227 |
| | | Vieste | 32.400 | 13.430 | 291 | 658 |
| | | Mattinata | 34.300 | 6.333 | 67 | 243 |
| | | Monte S. Angelo | 13.800 | 13.917 | 46 | 102 |
| | | Manfredonia | 19.300 | 57.704 | 141 | 361 |
| | | Margherita di Savoia | 5.100 | 12.585 | 53 | 135 |
| | Bari | Barletta | 21.700 | 92.094 | 236 | 530 |
| | | Trani | 29.300 | 53.139 | 254 | 577 |
| | | Bisceglie | 17.400 | 51.718 | 177 | 586 |
| | | Molfetta | 6.710 | 62.546 | 165 | 348 |
| | | Giovinazzo | 3.470 | 20.300 | 81 | 281 |
| | | Bari | 293.000 | 316.532 | 992 | 4 |
| | | Mola di Bari | 2.460 | 25.919 | 77 | 183 |
| | | Polignano a Mare | 2.710 | 16.367 | 100 | 340 |
| | | Monopoli | 28.200 | 46.708 | 160 | 578 |
| | Brindisi | Fasano | 8.820 | 38.667 | 165 | 506 |
| | | Ostuni | 18.800 | 32.901 | 166 | 398 |
| | | Carovigno | 3.140 | 14.960 | 82 | 165 |
| | | Brindisi | 145.000 | 89.081 | 224 | 638 |
| | | S. Pietro Vernotico | 1.810 | 15.004 | 35 | 64 |
| | | Torchiarolo | 2.080 | 5.127 | 19 | 23 |
| | Lecce | Lecce | 160.000 | 83.303 | 380 | 1.317 |
| | | Vernole | 7.720 | 7.592 | 23 | 32 |
| | | Melendugno | 3.770 | 9.307 | 73 | 152 |
| | | Otranto | 30.900 | 5.282 | 91 | 207 |
| | | S. Cesarea Terme | 5.090 | 3.095 | 35 | 123 |
| | | Diso | 3.720 | 3.298 | 9 | 16 |
| | | Andrano | 3.050 | 5.160 | 20 | 34 |
| | | Tricase | 9.250 | 17.386 | 64 | 143 |
| | | Tiggiano | 2.980 | 2.871 | 3 | 3 |
| | | Corsano | 2.980 | 5.735 | 16 | 24 |
| | | Alessano | 3.950 | 6.556 | 17 | 36 |
| | | Gagliano del Capo | 4.570 | 5.660 | 16 | 31 |
| | | Castrignano del Capo | 3.680 | 5.474 | 34 | 76 |
| | | *Totali* | 4.578.653 | 3.414.808 | 23.359 | 79.042 |

Ordinando i comuni in senso decrescente in funzione del numero di pagine, si evince che a quelli con un numero superiore a 100.000 (Venezia, Rimini, Bari, Grado, Trieste, Ravenna, Ancona, Lecce, Pescara, Brindisi e Pesaro), pari a poco più dell'8% dei 132 comuni, è dedicato il 62,5% del totale delle pagine. Esiste, quindi, un enorme divario rispetto alle città che si pongono agli ultimi posti – Petacciato (CB) con 492 pagine, Serra Capriola (FG) con 129 e Civitanova Marche (MC) con 11, divario che rende poco significativa la media aritmetica delle pagine (pari a 34.720) al di sotto della quale, infatti, si attesta ben l'84% dei comuni analizzati.

Effettuando una comparazione fra il monte pagine presente nella rete e la popolazione residente in ciascun comune, si è ravvisata una sostanziale correlazione positiva tra le due variabili ad eccezione di Civitanova Marche al cui turismo Internet, nonostante i 38.299 abitanti, riserva appena 11 pagine. In particolare, tutti i nostri 11 comuni «forti» ospitano almeno 100.000 abitanti (anche Pesaro, Brindisi e Lecce raggiungono valori molto prossimi a questa cifra) tranne Grado (solo 8.728 abitanti): tale anomalia è imputabile al duplice significato di grado (non solo nome di città, ma anche sostantivo usato abitualmente nella lingua italiana) che falsa la risposta alla nostra *query*.

La *leadership* virtuale di Venezia trova conferma nella ottima dotazione di alberghi e ristoranti della città (1.855, seconda solo a Rimini con 2.085) e nella presenza di addetti nelle medesime strutture (11.225), anche se non sempre a una spiccata vocazione turistica reale corrisponde una consistente visibilità su Internet: infatti, Riccione e Iesolo pur collocandosi, rispettivamente, al quinto e sesto posto quanto ad alberghi e ristoranti e al sesto e settimo per gli addetti, non superano insieme le 114.700 pagine in rete.

Al fine di superare l'analisi meramente quantitativa, per ciascun comune si è diviso il numero di pagine indicato da Google come risposta alla nostra *query* per 1.000 (es: Muggia: 5.000/1.000=5)[3]; attraverso l'esame del contenuto dei siti elencati nelle pagine risultanti dalla suddetta divisione si è provato a valutare la loro offerta turistica.

Scorrendo tali risultati, è evidente la presenza massiccia (peraltro con un elevato grado di aderenza alla *query*) di portali, ossia di porte di accesso a una molteplice serie di servizi e attività in rete che si caratterizzano per il fatto di offrire una sorta di copertina quotidiana alla sterminata raccolta di pagine *web* (*www.officinaweb.com*). Si tratta per lo più di portali verticali la cui offerta è dedicata a un particolare *target* d'utenza definito da vari criteri quali l'argomento o l'ambito geografico (DI BARI, 2002). L'*home page* di questi portali turistici mostra una serie di sottosezioni corrispondenti alle diverse regioni italiane e a un cospicuo numero di notizie più o meno interessanti e curiose relative, per esempio, alla cucina regionale, agli itinerari culturali, agli spettacoli. Il portale più ricorrente è *paesionline.it*

---

[3] Si precisa che per i quattro comuni (Terzo d'Aquileia, Civitanova Marche, Petacciato e Serra Capriola) con un numero di pagine inferiore a 1.000 si è consultata la prima pagina di risultati.

che nasce dal progetto «Paesionline tutti i Paesi d'Italia in rete» realizzato nel febbraio 2001 da un gruppo di privati con lo scopo di valorizzare più di 1.600 paesi italiani. Il portale si suddivide in quattro macro-aree (guida al turismo, guida enogastronomica, compra *on line* viaggi e vacanze e compra *on line* enogastronomia) e si pone, con una gradevole veste grafica, per una certa completezza d'informazione, non solo come «vetrina turistica», ma anche come sito di *e-commerce*. Non mancano, tuttavia, i portali orizzontali; il più presente è *artemotore.com* che non fornisce notizie su una specifica area d'interesse, ma ha un contenuto generale: infatti, oltre alle pagine dedicate al turismo in Italia, trovano posto le notizie più diverse, da quelle sulla storia dell'arte a quelle sull'attualità e lo sport.

Se è vero che i portali non sono espressione di quella rete locale che direttamente o indirettamente presidia il territorio, e non sostengono, di conseguenza, la creazione del senso di appartenenza e di identificazione con lo stesso, pure vero è che essi spesso costituiscono un punto di riferimento per molti navigatori (alcuni tra i portali più visitati corrispondono ad altrettanti motori di ricerca) favorendo comunque la diffusione e la conoscenza di contenuti «regionali».

Gli attori locali più visibili in rete non sono le attività economiche legate al turismo, bensì le istituzioni (comune, provincia, regione) che sin dal 1998 hanno mostrato il loro interesse per questa specifica tecnologia. Nell'ottica più ampia del marketing territoriale, sistema integrato di attività con un triplice *target* (residenti, turisti e imprese) (VALDANI e ANCARANI, 2000), Internet può rivelarsi, infatti, un valido mezzo di promozione della città atto a mettere in valore le risorse urbane attraverso un'offerta sistemica di strutture e servizi che puntano alla soddisfazione e alla fidelizzazione dei turisti.

*... destinazione Puglia*

Una capacità di attrazione della domanda turistica nazionale e internazionale nettamente inferiore alle proprie potenzialità (cfr. *Introduzione*) rappresenta una peculiare caratteristica della Puglia. I dati forniti dall'ISTAT relativamente agli arrivi e alle presenze nella nostra regione per l'anno 2001 confermano il ruolo marginale che essa riveste nel panorama turistico nazionale: con 2.029.584 clienti ospitati negli esercizi ricettivi (pari al 2,5% del totale in Italia) e 9.304.332 notti trascorse da tali clienti in tali strutture (2,6%), la Puglia si colloca nella graduatoria regionale al tredicesimo posto. Se consideriamo solo le sette regioni che si affacciano sul Mar Adriatico, con un totale di 26.975.183 arrivi e 134.629.102 presenze, la Puglia occupa rispettivamente il quarto (7,5%) e il quinto (6,9%) posto.

Il problema più grave che interessa la nostra regione è quello relativo all'alta stagionalità in quanto la maggior parte degli arrivi (33,9%) e delle presenze (55,8%) si concentra in un lasso di tempo piuttosto limitato (mesi di luglio e agosto). A esprimere questa maggiore concentrazione temporale sono soprattutto i comuni costieri con spiccate caratteristiche balneari, i quali soffrono dell'assenza di un'offerta turistica destagionalizzata. Appare evidente, dunque, la necessità di passare al più presto da un'offerta focalizzata su un unico fattore attrattivo (l'idroma), a una basata su un ampio ventaglio di risorse e attività, distribuite in maniera più uniforme sul territorio e nei diversi periodi dell'anno. Tale destagionalizzazione si può realizzare attraverso un'azione programmatica tendente a promuovere l'immagine turistica locale. Infatti, poiché l'attività turistica è motivata solo ed esclusivamente da un'aspettativa o da un bisogno del turista, «si comprende l'importanza che assumono per essa tutti quegli elementi che, creando la "mitologia" di una regione, spingono il turista a sentire il bisogno più o meno giustificato di recarvisi» (BRUSA, 1979, pp. 14-15).

Partendo dalla consapevolezza del fatto che «lo spazio turistico è prima di tutto un'immagine» (MIOSSEC, 1977, p. 55), un'immagine soggettiva, influenzata dall'età, dalle informazioni, dall'esperienza culturale, ecc., basata non solo su dati di fatto, ma anche su intuizioni, emozioni, nostalgie e sensazioni, si è cercato di cogliere l'immagine turistica che dei quarantadue comuni adriatici della regione Puglia viene offerta dalle Amministrazioni comunali attraverso i siti ufficiali realizzati o autorizzati dalle stesse. Tali siti, in virtù del sempre maggior incremento del numero di utenti Internet che si avvicinano al turismo elettronico (MANDELLI, 1999), possono rappresentare una importante vetrina delle specificità storiche, culturali ed economiche dei singoli comuni e, quindi, una fonte di informazione utile nel processo di «percezione collettiva» della realtà locale (GATTULLO, 2001).

Scegliendo, anche in questo caso, Google come motore di ricerca, si è formulata la *query* corrispondente alla parola «comune» seguita dal nome dei quarantadue comuni adriatici della regione Puglia, procedendo da Nord verso Sud. La navigazione ha consentito di evidenziare come di tali comuni, solo ventinove (69%) siano dotati di un sito istituzionale. A questo punto si è proceduto con l'apertura di questi siti con l'obiettivo di individuare la presenza all'interno di ciascuno, di tutti quei contenuti ritenuti utili per la promozione dell'immagine turistica dei singoli comuni; in particolare, nella *home page* si è ricercata la presenza di canali tematici o sezioni capaci di favorire questo tipo di promozione (turismo, ricettività, cultura, territorio).

La connessione, però, non sempre ha dato buoni risultati: in due casi (Brindisi e Manfredonia) i canali tematici relativi al turismo non erano presenti, in altri due (Lecce e Torchiarolo), invece, gli stessi risultavano in allestimento.

La classificazione dei contenuti relativi all'attività turistica, utile per capire quali dei venticinque enti[4] considerati offrano un'immagine più o meno completa, è stata realizzata attraverso la costruzione di una griglia di valutazione suddivisa in quattro macroclassi (accessibilità, relazioni, offerta turistica, rappresentazione del *milieu*) a loro volta ripartite in 35 sottosezioni (tab. 2).

---

[4] I venticinque comuni sono: Serracapriola, Lesina, Vieste, Mattinata, Monte Sant'Angelo (FG); Barletta, Trani, Bisceglie, Molfetta, Giovinazzo, Bari, Polignano a Mare, Monopoli (BA); Fasano, Ostuni, San Pietro Vernotico, Torchiarolo (BR); Vernole, Otranto, Diso, Andrano, Tricase, Tiggiano, Alessano, Castrignano del Capo (LE).

TABELLA 2
*Griglia di valutazione*

| Macroclassi | | Sottosezioni |
|---|---|---|
| 1. Accessibilità | «virtuale» «geografica» «mentale» | 1.1 Menù<br>1.2 Motori di ricerca<br>1.3 Carte e mappe<br>1.4 Indirizzi strutture<br>1.5 «Dove siamo»<br>1.6 «Come arrivare»<br>1.7 Parcheggi<br>1.8 Trasporti pubblici<br>1.9 Centri informazione<br>1.10 Altri servizi (farmacie, banche, ecc.) |
| 2. Relazioni | | 2.1 *Links* esterni<br>2.2 Altri enti<br>2.3 Altre lingue<br>2.4 Contatti (*e-mail*)<br>2.5 Banner |
| 3. Offerta turistica | | 3.1 Alberghi<br>3.2 Agriturismi<br>3.3 Bed & Breakfast<br>3.4 Campeggi<br>3.5 Case vacanza<br>3.6 Villaggi<br>3.7 Ristoranti-pizzerie<br>3.8 Bar-*pubs*<br>3.9 Trattorie<br>3.10 Stabilimenti balneari<br>3.11 Sport<br>3.12 Shopping |
| 4. Rappresentazione del *milieu* | | 4.1 Fotografie<br>4.2 Storia<br>4.3 Beni storico-artistici<br>4.4 Beni culturali atipici<br>4.5 Itinerari<br>4.6 Tradizioni<br>4.7 Prodotti tipici<br>4.8 Gastronomia |

## Qualche approfondimento

Nell'analisi effettuata si è attribuita particolare importanza agli aspetti di facilità di accesso alle informazioni relative all'attività turistica. Innanzitutto si è valutato se le sezioni da noi considerate fossero dotate di menù: la navigazione ha consentito di evidenziare che tale sottoclasse è presente nell'83 % dei casi. Ovviamente l'accessibilità virtuale può essere potenziata dalla presenza di motori di ricerca che permettono ai fruitori, digitando una parola chiave, di ottenere più rapidamente notizie e informazioni: purtroppo tale servizio è risultato presente solo in un caso (Mattinata).

Accanto all'accessibilità virtuale, dal momento che la «città in rete, come spazio virtuale, si integra con la città materiale» (LANZA DEMATTEIS, 2001, p. 11), si è pensato fosse indispensabile valutare sia l'«accessibilità geografica» o di tipo fisico (relativa all'ubicazione dei servizi, alle vie di comunicazione, ai mezzi di trasporto disponibili, ecc.), sia l'«accessibilità mentale» (legata al grado di informazione offerta agli utenti relativamente all'esistenza di un servizio, al suo funzionamento, ai suoi orari, ecc.).

Per quanto riguarda la prima, la consultazione delle pagine dedicate da ciascuno dei venticinque siti istituzionali all'attività turistica ha evidenziato l'esistenza di una certa attenzione nei confronti di tale caratteristica: infatti, sono sedici (64%) i comuni che inseriscono nei canali tematici da noi considerati una mappa o una carta che guida l'utente alla scoperta del territorio comunale e, in particolare, ben sei di tali carte risultano interattive, offrendo la possibilità, a chi le consulta, di individuare con grande facilità l'ubicazione di molti beni culturali, nonché delle strutture ricettive e ricreative. Nella metà dei casi si tenta di massimizzare l'accessibilità reale fornendo direttamente gli indirizzi e i numeri di telefono e di fax relativi a queste ultime. Inoltre, nove comuni danno indicazioni precise riguardo alle coordinate geografiche («dove siamo») e alle modalità di raggiungimento («come arrivare»). Minore importanza, invece, viene attribuita alle informazioni relative all'ubicazione dei parcheggi (13%), ai trasporti pubblici (8%) o alla presenza di Centri di informazione cui rivolgersi in caso di necessità (4%).

Decisamente scarsa l'attenzione nei confronti di quella che abbiamo definito come accessibilità mentale: sono rari, infatti, i siti che forniscono ad esempio i «numeri utili» o informazioni specifiche non solo relativamente alla presenza di servizi particolari (banche, farmacie, ospedali), ma anche al loro funzionamento o agli orari in cui è possibile accedervi.

Passando all'analisi della seconda macroclasse (Relazioni), la lettura dei dati relativi al primo indicatore (*links*) potrebbe far pensare a una buona propensione alla creazione di uno spazio di relazione virtuale: infatti nel 67% delle sezioni analizzate si stringono legami con l'altrove (soprattutto con l'insieme delle strutture ricettive e ricreative) attraverso tali *links*; purtroppo, però, tutti gli altri indicatori relativi a quella che potremmo definire come «propensione verso l'esterno» risultano scarsamente presenti. Il dato forse più preoccupante è quello dell'assenza di relazioni con gli altri enti locali: infatti, solo quattro dei venticinque siti consultati consentono un collegamento diretto con l'URP (Ufficio Relazioni con il Pubblico) e con l'APT (Azienda Promozione Turistica). Sembra chiaro che i siti istituzionali, relativamente alla sezione turismo da noi analizzata, rimangono dei canali spesso a un'unica via di comunicazione, incapaci di creare reti e di fare comunità soprattutto con gli altri enti locali: in questo modo, purtroppo, si corre il rischio di trasformare un importante strumento (qual è il marketing turistico elettronico) da espressione di un «sistema», cui dovrebbero partecipare tutti gli organi pubblici e gli imprenditori privati, in un «coacervo di azioni e di iniziative tanto costose quanto poco produttive» (PERONI, 1989, p. 132) dimenticando che una delle più interessanti potenzialità delle reti telematiche è costituita proprio dalle nuove possibilità di collaborazione tra persone che esse dischiudono, laddove «collaborare significa condividere e coordinare risorse e azioni, dunque significa agire in un contesto organizzato» (PICCI, 1999, p. 58).

Un altro aspetto non trascurabile è rappresentato dalla scarsa capacità dei siti istituzionali di rispondere alle esigenze di tutte le categorie di possibili utenti e in particolare di quelli stranieri: solo due, infatti, sono i Comuni che offrono la possibilità di consultare le pagine dedicate all'attività turistica selezionando una lingua diversa da quella italiana (Vieste: tedesco e inglese; Ostuni: inglese, tedesco e francese). Chiaramente si tratta di un tema importante nella prospettiva di una maggiore apertura all'esterno: l'informatica, infatti, dovrebbe creare, incentivare, integrare i collegamenti tra le varie componenti dell'apparato e, in virtù della necessità di attrarre investimenti (RUR-MIT-FORMEZ, 2004), tra queste e i consumatori finali anche perché, in assenza di *relazioni* «si rischia di compromettere gli imprenscindibili collegamenti che debbono invece istituirsi tra immagine, promozione, commercializzazione e vendita» (PERONI, 1989, p. 49).

Per quanto attiene alla terza macroclasse, partendo dal presupposto che l'offerta turistica nasce con la proposta di beni e servizi ai turisti, bisogna specificare che all'interno di tale categoria avremmo dovuto far rientrare una gamma di servizi piuttosto ampia e differenziata (servizi di trasporto, di ricettività, di accoglienza e di accesso, culturali, accessori, ecc.). In realtà, alcuni di questi servizi sono stati inseriti all'interno di quelle che abbiamo precedentemente definito «accessibilità geografica» e «accessibilità mentale» («come arrivare», trasporti pubblici, servizi bancari, ecc.), mentre altri, e in particolare quelli culturali (manifestazioni, fiere, musei, ecc.) sono entrati a far parte di una quarta macroclasse (rappresentazione del *milieu*) sulla quale ci soffermeremo successivamente. Dunque, in questo lavoro, all'interno dell'offerta turistica si è puntata la lente di ingrandimento sull'insieme delle strutture ricettive e ricreative. La navigazione ha consentito di evidenziare come diciotto (72%) dei venticinque siti forniscano informazioni relative alle varie tipologie di strutture alberghiere ed extralberghiere (alberghi: 17; agriturismi: 6; Bed & Breakfast, campeggi e case di vacanza: 5; villaggi turistici: 3). È interessante sottolineare che nel 42% dei casi, oltre al nome della struttura e alle indicazioni relative agli indirizzi e ai numeri di telefono e fax, i siti istituzionali consentono, tramite *link*, un collegamento diretto con molte di queste categorie di alloggi. Per quanto riguarda, invece, le strutture ricreative, le maggiori informazioni sono quelle relative ai ristoranti.

Con l'analisi della quarta e ultima macroclasse (Rappresentazione del *milieu*) si cerca di verificare se gli amministratori comunali, servendosi della tecnologia di Internet, riescano a fornire un'immagine «vigorosa» (LYNCH, 1960) della *dotazione*, ossia dei sedimenti materiali e culturali che compongono il *milieu* comunale e delle interazioni che si instaurano tra gli stessi. L'analisi dei contenuti relativi a questa macroclasse ha rivelato che nei siti istituzionali si attribuisce grande rilievo alla presenza di fotografie (88%) (in undici siti *web* sono presenti delle vere e proprie «Gallerie fotografiche»), alla descrizione della storia dei luoghi (88%), dei beni archeologici ed architettonici (67%), nonché dei cosiddetti «beni culturali atipici» (BELLEZZA, 1999) quali manifestazioni culturali e folkloristiche, sagre e mercati (75%). Interessante risulta anche il fatto che dieci siti si soffermino sulla proposta di itinerari che, in taluni casi (Mattinata e Trani), cercano di tenere conto dei diversi tipi di interesse di un turista, nonché del tempo che egli ha a propria disposizione. Nella maggior parte dei siti, invece, si trascurano altri elementi importanti nella rappresentazione del *milieu* come i prodotti tipici, la gastronomia, le tradizioni; inoltre va sottolineato che solo il sito di Trani permette di effettuare una visita guidata *on line*.

*Considerazioni conclusive*

È indubbio che oggi la pubblicazione su un sito istituzionale di notizie relative agli elementi che caratterizzano una specifica area geografica rappresenta una valida opportunità per le amministrazioni pubbliche che, in questo modo, possono potenziare la propria capacità di valorizzazione del territorio, rivolgendosi a una platea il più vasta possibile. In particolare, le amministrazioni comunali, essendo, tra i soggetti istituzionali, quelle maggiormente interessate alla valorizzazione delle specificità storico-culturali presenti sul territorio, possono realmente ricorrere alla «rete delle reti» come valido strumento strategico per conquistare la scala globale e per procurare al territorio un «valore aggiunto», da offrire nel mercato globale (LANZA DEMATTEIS, 2001). Dunque, in virtù del fatto che l'espansione della società dell'informazione incentiva notevolmente la competitività territoriale, le Amministrazioni comunali possono avvalersi delle potenzialità comunicative della rete con l'obiettivo di creare dei veri e propri vantaggi competitivi per le società locali e per l'insieme degli attori che le compongono.

Chiaramente, affinché sia possibile dar vita a dei veri e propri processi di *patrimonializzazione*, ossia di valorizzazione piena di tutte le risorse presenti in un territorio, è necessario offrire un'immagine «vigorosa» della *dotazione* e, contemporaneamente, migliorare l'*organizzazione* dei soggetti locali.

Purtroppo, dall'analisi effettuata emerge che, a fronte di una buona capacità da parte delle amministrazioni dei comuni adriatici pugliesi di servirsi di Internet per la promozione e la divulgazione della *dotazione*, vi è, invece, una sostanziale incapacità a utilizzare questo potente strumento di comunicazione per creare delle reti (redazionali, di soggetti, istituzionali e non, attivi sul territorio, di cittadini, ecc.). La navigazione ha evidenziato come gli spazi dedicati alla presentazione non solo delle strutture per l'accoglienza turistica, ma anche a quella dei beni storico-artistici e atipici presenti nelle diverse realtà locali, seppure completi e degni di interesse, sono però costruiti come semplice spazio informativo chiuso, non interattivo. Le informazioni fornite «assimilano i siti dei comuni ad una sorta di *brochure* cartacea piuttosto che ad un servizio *on line*, in quanto l'interattività è praticamente nulla» (MIMMO e PALMA, 2001, pp. 42-43): infatti, in nessun caso analizzato è possibile effettuare transazioni *on line* (prenotazione strutture ricettive), mentre un esempio di piena valorizzazione dell'interattività potrebbe essere rappresentato proprio dalla possibilità «di consultare ed effettuare transazioni a partire da *database* concernenti la ricettività turistica, realizzati in collaborazione con le strutture che operano nell'ambito territoriale di competenza» (RUR-CENSIS-FORMEZ, 2004, p. 30).

Sembra chiaro che la maggior parte delle Amministrazioni comunali considerate non sia ancora in grado di svolgere quella funzione di indirizzo e di mediazione che risulta indispensabile per consentire e favorire l'aggregazione dei diversi attori locali in unico sistema interconnesso (CENSIS, 1999), presupposto indispensabile per dar vita a una efficace azione di marketing territoriale. Appare evidente che nelle esperienze telematiche locali analizzate, a una logica relazionale, volta a considerare Internet come uno strumento per la comunicazione bidirezionale, si è preferita una logica istituzionale, che, considerando la «rete delle reti» solo come uno strumento per informare [5], ha determinato una «unidirezionalità» della comunicazione.

Ciò che ancora manca è la messa a punto di un progetto strutturato, di una strategia che miri alla costituzione di una vera e propria *community*, ovvero un insieme di attori (cittadini, pubbliche amministrazioni, imprese, centri di ricerca, ecc.) che, mossi da interessi comuni, interagiscano in rete con l'obiettivo di favorire lo sviluppo e la promozione del territorio.

---

[5] È utile, a questo proposito, distinguere tra attività di informazione e di comunicazione. «Con il primo termine intendiamo un semplice trasferimento di dati da un soggetto a un altro e con il secondo, invece, un'attività sociale, per sua natura interattiva, in cui il trasferimento di informazioni solitamente si accompagna a una trasmissione in senso opposto, o feedback» (PICCI, 1999, p. 128).

# BIBLIOGRAFIA

ADAMO F.O., *Regioni-programma di sviluppo turistico e valorizzazione dei centri storici minori nel Mezzogiorno*, in RUGGIERO V. e SCROFANI L. (a cura di), *Centri storici minori e risorse culturali per lo sviluppo sostenibile del Mezzogiorno*, Catania, CUECM, 2001, pp. 11-14.

ASSINFORM-RUR-CENSIS, *Le città digitali in Italia. Rapporto 2001*, Milano, Franco Angeli, 2001.

BELLEZZA G., *Geografia e beni culturali*, Milano, Franco Angeli, 1999.

BRUSA C., *Evoluzione di un'immagine geografica. Il Varesotto turistico*, Torino, Giappichelli, 1979.

CENSIS, *XXXIII Rapporto sulla situazione sociale del paese* (*www.censis.it*), dicembre 1999.

DI BARI V., *Le parole della net economy*, supplemento a «Il Sole 24 Ore», Milano, 2002.

GATTULLO M., *Dalla regione «naturale» alla regione «virtuale»: una valutazione comparativa di vecchie e nuove «discriminanti»*, in «Atti della XXII Conferenza Italiana di Scienze Regionali», Cd-rom realizzato da IPiGeT-CNR, Napoli, 2001, pp. 1-24.

GATTULLO M., *Identità locale e immagine virtuale. Le denominazioni d'origine del vino attraverso la rete: nuove opportunità di sviluppo locale?*, in «Atti della XXIII Conferenza Italiana di Scienze Regionali», Cd-rom realizzato da IPiGeT-CNR, Napoli, 2003, pp. 1-21.

GUARRASI V. (a cura di), *Paesaggi virtuali*, Università degli Studi di Palermo, Dipartimento di Beni culturali, Laboratorio Geografico, 2002.

ISTAT, *Statistiche del turismo*, 2001.

LANZA DEMATTEIS C., *Le città digitali tra locale e globale. Il caso dell'Italia*, in «Ambiente, Società e Territorio», 1, 2001, pp. 11-16.

LYNCH K., *The image of the city*, Cambridge, Mass., MIT Press, 1960 (trad. it. *L'immagine della città*, Venezia, Marsilio, 1964).

MANDELLI A., *Dati di mercato*, in CARIGNANI A. e MANDELLI A. (a cura di), *Fare business in rete*, Milano, Mc Graw-Hill, 1999, pp. 3-29.

MIMMO M.C. e PALMA E., *Funzioni pubbliche e città «digitali». Una valutazione comparativa dei venti capoluoghi regionali*, in RINELLA A. (a cura di), *Funzioni pubbliche e città «digitali»: esperienze a confronto*, Bari, WIP Edizioni Scientifiche, 2001, pp. 23-48.

MIOSSEC J.M., *L'image touristique comme introduction à la gèographie du tourisme*, in «Annales de Gèographique», Parigi, 1977, pp. 55-70.

MONGELLI T.L., *Internet e telematica nell'intermediazione turistica*, in «XXI Rapporto sul turismo italiano», 2002, pp. 325-352.

PERONI G., *Marketing turistico*, Milano, Franco Angeli, 1989.

PICCI L., *La sfera telematica. Come le reti trasformano la società*, Bologna, Baskerville, 1999.

POLLICE F., *Territori del turismo. Una lettura geografica delle politiche del turismo*, Milano, Franco Angeli, 2002.

RADZICK S.G., *Turismo e agenzia di viaggi*, Milano, Franco Angeli, 1987.

RUR-CENSIS-FORMEZ, *Le città digitali in Italia. 6° Rapporto*, Roma, 2001.

RUR-MIT-FORMEZ, *Le città digitali in Italia, 8° Rapporto*, Roma, 2004.

VALDANI E. e ANCARANI F. (a cura di), *Strategie di marketing del territorio*, Milano, EGEA, 2000.

VITERBO D.D., *Il turismo e la Puglia*, in VITERBO D. D. (a cura di), *Turismo e territorio*, Lecce, Argo, 1995, pp. 15-66.

Siti Internet consultati: *www.censis.it; www.istat.it; www.officinaweb.com*

Stefania Montebelli *

# ADRIATICO IN DIVENIRE: LA METAMORFOSI DEL PORTO

*Premessa*

Il porto occupa, nell'immaginario comune, lo spazio metaforico della partenza e dell'arrivo, del certo e dell'ignoto, della terra e del mare: dicotomie del limite nelle quali si celano le storie di passate e attuali odissee. Il porto finisce, così, per essere più di un'indicazione topografica: le barche, le navi, gli ormeggi, i suoi moli sono realtà generatrici di un'eco che rimanda ad antiche e contemporanee voci. Linea di demarcazione, il porto segna l'ultimo prolungamento della fisicità umana verso il mare, essenza indomabile dove ogni luogo termina e comincia. Parlare di porto è, quindi, richiamare attorno all'immagine del mare la presenza dell'uomo, che questi porti li crea per muoversi alla conquista e tornare al riabbraccio. Niente di più vero per i porti dell'Adriatico, luoghi dell'incontro-scontro tra culture diverse dov'è approdata, assieme al dolore di persone in fuga e alla fortuna di commerci con l'Oriente, l'immagine turistica, evocativa della sola strategia economica che le ha reso vita.

Proprio l'immagine turistica, con la sua facoltà di richiamare gente invogliandola a esperire i desideri che essa stessa crea, ha cesellato il volto del porto in una delle sue metamorfosi contemporanee. Legato sin dall'antichità al commercio, nel Novecento, con l'invenzione del tempo libero e del consequenziale turismo di massa, il porto è rivisto nelle sue funzioni, esattamente com'è avvenuto per l'uso del mare e della costa. Assieme al litorale, luogo fisico dominato dagli stabilimenti, dalle catene alberghiere e dagli spazi di ritrovo, nasce, così, il porto turistico o da diporto. La specificità della navigazione da diporto, e la sua finalità qualificata da scopi sportivi o ricreativi, richiede infrastrutture portuali con caratteristiche pecu-

* Dipartimento di Storia, Università di Roma «Tor Vergata».

liari che dipendono in gran misura dalla morfologia naturale o artificiale del porto. Caratteristiche tipologiche che devono, in ogni caso, consentire la sicurezza dell'approdo e la ricettività del naviglio, attraverso un complesso d'attrezzature di carattere ricreativo che privilegiano la stretta connessione con il fenomeno e le esigenze turistiche.

È, quello della navigazione e della sosta da diporto, un turismo elitario per i costi non sempre accessibili dei macchinari e delle attrezzature, che spesso sono affittati in vantaggiosi pacchetti turistici, comprensivi di barca e skipper, da specializzate agenzie charter. Per questo tipo di turismo esiste un'editoria a parte, riviste, libri, guide con relative carte nautiche, ma anche una preparazione tecnica e teorica acquisibile con la pratica riconosciuta istituzionalmente da una patente che consente la navigazione, in tipi diversi di natante o imbarcazione, entro e oltre le 12 miglia dalla costa.

Tra i moltissimi porti turistici che si affacciano sul Mar Adriatico, ne ho selezionati, e sinteticamente trattati, solo alcuni, scelti in base alla loro capacità di esemplificare la tipologia, come l'organizzazione portuale e ricreativa dell'approdo turistico: per l'alto Adriatico, i porti turistici di Venezia; per il medio Adriatico, i porti di Rimini, Riccione, Portoverde e Cattolica; per il basso Adriatico, quello di Trani.

*Sinus Adriaticum*

Il Mar Adriatico, essenza territoriale di luoghi in limine, le città di costa, è tubo acquatico conduttore di suoni che si muovono lungo le rotte di navi da commercio, barche signorili e traghetti della speranza. Le due diverse sponde sono testimoni della nenia millenaria di queste acque che s'insinua, mischia le atmosfere, i colori, la vita di persone separate. Cassa di risonanza per rumori di guerra, antagonismi storici, richieste d'aiuto ma anche di comunione, d'aspettativa per un futuro d'unione e sviluppo, l'Adriatico è uno spazio marittimo[1] che, come afferma Fernand Braudel, «geografia, politica, economia, civiltà, religione concorrono a rendere omogeneo» (BRAUDEL, 1986).

Questo senso di compenetrazione e d'appartenenza trova ragione nella storia millenaria di tutte quelle terre bagnate dal Mediterraneo, antico insieme d'acque che cullano da sempre la cultura occidentale. «Mare in mezzo alle terre», il Mediterraneo viene definito, nella tarda latinità, come *nostrum mare*, accezione che si è andata trasformando prima in *mare nostrum*, poi in *nostra maria* o *nostra aequora*,

---

[1] «Nel Mare Adriatico, come in ogni altro elemento fluido (ad esempio il Reno, l'Elba o il Danubio) che si interponga tra territori ben diversamente caratterizzati dal punto di vista umano e ambientale, le funzioni di frontiera e di collegamento si sono storicamente intrecciate, con una prevalenza ora dell'una ora dell'altra, ma sempre in reciproca, stretta connessione» (COSTANTINI, 2001, p. 18).

forma al plurale che sottolinea il suo essere somma di porzioni di mare. La denominazione dei mari che concorrono a formare il Mediterraneo nasce in relazione ai popoli che anticamente abitavano queste terre: dagli etruschi, ad esempio, la porzione del «Mar Tuscum», dalla città di Adria quella del «Mar Adriaticum», per l'appunto (AMIOTTI, 1998). Ma al di là di questa diversificazione nella denominazione, che pure sta a indicare una reale differenza territoriale impressa dalle molte e diverse culture, esiste un sentimento di comunione, comprensione geoculturale[2] richiamata ed evocata dall'unità concettuale di «nostrum mare»[3]. Così, il Mar Adriatico, porzione di uno spazio marittimo più ampio, è elemento conduttore di un secolare messaggio d'intelligibilità che racconta di un'identità che varca i confini nazionali delle tante, contaminate realtà territoriali. Il rapporto tra le città costiere e il Mar Adriatico è, quindi, da sempre fortissimo e reso necessario dai bisogni commerciali e di comunicazione dei quali è da sempre immensa risorsa.

Fin dall'Ottocento i trasporti marittimi furono più vantaggiosi economicamente di quelli terrestri, tanto che ai tempi dell'antico impero romano si privilegiava la via marittima per l'approvvigionamento delle maggiori città. Ma, pur essendo l'Adriatico un mare chiuso, la navigazione in alto mare risultava, allora, talmente difficile e piena d'insidie che i grandi imperi dell'antichità basavano la loro economia sull'agricoltura e l'allevamento. Tra l'altro, ricordiamo che la costa adriatica rimase per lungo tempo quasi disabitata, perché paludosa e caratterizzata da acque stagnanti che rendevano la pesca un'attività secondaria, anche se questo mare è sempre stato ricco di pesce e immensa risorsa salina.

In seguito, la rivoluzione nautica del XIII-XIV secolo recò giovamento non solo all'attività ittica, chiaro sentore la nascita di corporazioni di pescatori, ma anche al commercio. L'Adriatico divenne, così, crocevia strategico dei commerci tra Europa occidentale, l'Africa settentrionale e l'Impero bizantino sotto lo stretto controllo della Repubblica di Venezia. La supremazia di Venezia poggiava sul commercio del sale e sulla sua ingegneria nautica che ne assicurava il dominio sui mari. Venezia fu la prima, grande città-porto capace di innescare, attraverso i commerci con l'Oriente, una vera e propria rete comunicativa con altri centri por-

---

[2] Questo termine è stato usato in stretta correlazione al concetto di «geografia culturale» spiegato da Adalberto Vallega: «[...] la geografia culturale consiste nello studio delle manifestazioni geografiche della cultura, cioè nello studio dei simboli, e dei relativi significati, attribuiti a luoghi e spazi. [...] in cui la cultura è *ri-condotta* soprattutto a fatti intellettuali e spirituali, e il territorio è rappresentato come una tessitura di luoghi connotati da simboli e da valori» (VALLEGA, 2003, pp. 12-13).

[3] «L'area mediterranea se per un verso presenta una molteplicità di storie regionali ed etniche, dall'altra si pone come "luogo" coeso in cui etnie, culture e sistemi sociali ed economici diversi – attraverso percorsi pure complessi e differenziati – hanno tuttavia elaborato codici comuni; la loro riscoperta e valorizzazione diviene oggi elemento essenziale per qualsiasi ipotesi di cooperazione e di sviluppo» (BIAGINI, 1998, p. 41).

tuali come Rimini, Ancona, Pesaro, Bitonto, Zara, Ragusa che fecero dell'Adriatico risorsa di sviluppo economico e culturale. Tale rimase per tutto il Settecento, anche se il predominio veneziano era entrato in crisi ormai da due secoli e soccombette alla superiorità della marina nordica asburgica che albergava il porto di Trieste. L'Adriatico divenne e restò «mare austriaco» fino al 1918, quando cioè, dopo la caduta dell'impero austriaco e dell'impero ottomano, iniziò a prendere le sembianze di corridoio di Stati la cui frammentarietà andò a aumentare dopo i due conflitti mondiali e le drammatiche vicissitudini post-jugoslave.

Da allora, le città portuali situate tra le due sponde adriatiche hanno subito grandi cambiamenti non sempre omogenei. Questo ha reso difficile l'antica coesione e un'adeguata progettualità per il riequilibrio delle modalità del traffico marino, tanto utile a ridare all'Adriatico il suo carattere transfrontaliero di ponte tra Occidente e Oriente. Ripensare il Mar Adriatico, oggi, significa quindi, saper leggere tra le tante potenzialità che la contemporaneità offre e capire quali siano le nuove aspettative di sviluppo, anche tra quelle che vestono a nuovo le antiche funzionalità. Secondo quest'ottica, accanto al porto veneziano di Marghera, moderna evoluzione dell'antico porto cantieristico, trova una sua opportuna collocazione, in un piano di sviluppo sinergico per l'intero *sinus* adriatico, anche il porto turistico, contemporaneo luogo in limine, terra di mezzo tra funzionalità e immaginario turistico.

*Metamorfosi del mare: lo yachting moderno*

Il Novecento, con le sue innumerevoli rivoluzioni intellettualistiche e tecnologiche, rende manifesto un diverso modo di immaginare il mare e, quindi, l'attività portuale in linea con le esigenze turistiche di una collettività guidata al consumo dall'imperiosa attività industriale mondiale. Tre sono gli avvenimenti storici che segnano l'avvio del fenomeno turistico correlato allo sviluppo dei porti turistici: l'evoluzione della barca, che passa da un impianto a vela a quello a motore, rendendo abituali spostamenti in alto mare fino a quel momento difficili da effettuare; l'avvento della vetroresina, con cui le imbarcazioni diventano prodotto industriale da commercializzare assieme a un'idea della navigazione in mare assolutamente leggera e vacanziera; la trasformazione della costa in litorale, grazie al recupero delle coste basse e paludose, con la consequenziale nascita degli stabilimenti balneari. L'età moderna, insomma, inventa, in conformità alle esigenze del nascente mercato di massa, un inaspettato modo di pensare il mare e questo anche alla luce del tempo libero concesso al lavoratore da una nuova contrattualistica e da un rinnovato stato di diritto. Così, dalla fine dell'Ottocento in poi, iniziano a spuntare come funghi gli stabilimenti balneari (il primo a Rimini, nel 1843), che videro lo spendersi, e non solo, di quel tempo da occupare e il crearsi di un'invenzione che magicamente rivalutò il mare donandogli un'inaspettata, ludica funzione che coinvolse anche la realtà, fino ad allora durissima, dello *yachting*.

Le condizioni di vita in mare sono state, per lungo tempo, non certo facili. Fino agli inizi dell'Ottocento, infatti, la navigazione avveniva in coperta, vale a dire all'aperto, e al massimo si usavano amache appese ai bagli del ponte per riposarsi quel poco che l'attività di conduzione dell'imbarcazione concedeva. Questo perché l'uomo era l'unico motore della nave che, costruita ancora in legno[4], aveva costante bisogno di manutenzione. Chi sceglieva la vita di mare, insomma, combatteva con la durezza di una quotidianità passata tra disciplina ferrea, rancio cattivo e poco sonno. È con l'avvento della navigazione da diporto, nel Novecento, che lo *yachting* acquista un rinnovato senso perché, oltre ad adattarsi al mare, le imbarcazioni dovettero soddisfare le esigenze dei passeggeri, consentendo una comodità che evocasse quello di una casa terrestre. La barca, così, non è più solo un mezzo funzionale di congiunzione di punti resi distanti dal mare, ma materializzazione di un desiderio che, correndo lungo rotte libere, deve palesare il suo movimento verso l'orizzonte e velocemente, confortevolmente andare.

Il connubio velocità/comodità dovrebbe essere uno degli aspetti principali della progettazione di una barca pensata appositamente per il divertimento e per una navigazione dinamica in mare e confortevole in porto. Dovrebbe perché in realtà sempre più spesso si vedono, e vendono, marina costruiti per rendere sempre più corta la navigazione a vantaggio di una più salottiera sosta. Così, può anche accadere di assistere a scene di disaggio da parte di vacanzieri che, noleggiato il suddetto tipo d'imbarcazione, non sanno come cavarsela di fronte a un mare burrascoso e assistono impotenti allo scorrere delle loro tre settimane di ferie in un porto turistico qualsiasi. Esaltare il lusso della sosta piuttosto che minimizzare la scomodità della navigazione è, oggi, l'indirizzo principale dello *yachting* che si consuma nel porto, o meglio, in una completa infrastruttura vacanziera dove molto spesso, al calar della sera, si ritrovano imbarcazioni scintillanti, marinai in divisa e personaggi da *gossip*.

Tutto questo, in Italia, ha inizio intorno agli anni Settanta del Novecento, quando, cioè, con l'avvento della vetroresina, le modalità di costruzione dell'unità da diporto, che nasce dalla perfetta relazione tra marinità-velocità-comodità, si complica. Fino ad allora, infatti, non esisteva alcun tipo d'investimento su quest'attività e le barche erano realizzate nei cantieri grazie al lavoro di manodopera

---

[4] «Per millenni gli scafi delle barche sono stati dei mosaici di legni curvati, intagliati e seccati, ognuno adatto alla specifica funzione, le gondole, si sa, sono composte da più di venti essenze diverse. Nella costruzione classica moderna, quella, cioè, degli yacht costruiti da Sangermani e da Nevin, le costole sono d'acacia, il fasciame di teak, le serrette di pino di Riga, la tuga in mogano. Per parlare di motoscafi è interessante guardare un Riva per ricordare quanto fosse bella la costruzione in legno e come i suoi canoni complicati producessero un grande impatto visivo. Torniamo all'età dell'oro. All'apice della navigazione a vela i tre alberi di Bordeaux erano perfetti e soddisfacevano le esigenze del mare: stagni, potenti e manovrieri erano l'orgoglio di armatori e capitani, ma a quel tempo era più facile, l'uomo veniva dopo», ANSALONI M., *Scafi*, in *http://www.nautiweb.it/Portale/Redazione/guide/default.asp*.

che, nella maggior parte dei casi, lavorava all'aperto. Una realtà artigianale destinata a rarefarsi proprio a causa dell'utilizzazione della vetroresina che necessita, invece, di una vera industria alle spalle com'anche di investimenti per gli stampi dei marina. Spuntano i cantieri/azienda che, allontanandosi dal mare, vanno a localizzarsi nelle zone industriali. S'innesca, così, un vero e proprio sistema industriale che offusca inesorabilmente la tradizionale modalità con cui si realizzavano le costruzioni navali in legno. Da quel momento, l'industria legata alla nautica da diporto divulga l'illusione di una navigazione alla portata di tutti, da realizzare con barche almeno buone per le vacanze. Nasce, così, il «dinghy approach», o meglio, l'affermarsi dell'archetipo della barca moderna come fenomeno di costume.

*Il porto turistico e la navigazione da diporto*

La navigazione da diporto è stata regolata per la prima volta con la legge n. 50 del 1971 e successivamente molte sono state le modifiche legislative che l'hanno adattata all'evoluzione del mondo della nautica, alle direttive europee e alle attività economiche legate al settore turistico. La particolarità della navigazione da diporto, e la sua finalità caratterizzata da scopi sportivi o ricreativi (art. 1, capo I della legge n. 50/11.2.71), richiede infrastrutture portuali con determinate caratteristiche. Queste devono soddisfare le varie esigenze connesse all'approdo, inteso anche solo come transito, garantendo, inoltre, altre prestazioni: dal parcheggio alla custodia delle imbarcazioni, dall'approntamento di servizi ai rifornimenti. L'infrastruttura da diporto è, quindi, formata dall'approdo turistico, inteso come complesso d'opere realizzate al di fuori del porto destinate all'ormeggio come al ricovero dell'unità da diporto, e il porto, costituito da uno o più specchi d'acqua protetti da banchine e da piazzali attrezzati per l'attracco delle unità da diporto. Un'infrastruttura che, caratterizzata dalla duplice funzione di rifugio e dalla finalità diportistica vera e propria, può essere considerato un complesso portuale specializzato[5]. L'approdo turistico, infatti, non è un porto nel senso corrente del termine, ma un insieme costituito da stazioni di servizio, parcheggi, piazzali di sosta, officine, motel che, nato dalla necessità di relazionare il fenomeno da diporto con le esigenze del turismo, ha una sua autonomia dagli altri impianti portuali. La prolungata sosta dell'imbarcazione, gli impianti tecnologici, la connotazione ricreativa e turistica dell'intera infrastruttura ne fanno un'entità con peculiarità distaccata dalle finalità proprie di un normale porto commerciale.

---

[5] «Specialità che è data: a) dalla specifica destinazione alla nautica da diporto, con una precisa attitudine a consentire il godimento di strutture e servizi di varia natura; b) dall'utilizzazione prioritaria, da parte di una ristretta categoria di utenti, proprietari o possessori delle imbarcazioni da diporto; c) dalla fondamentale funzione di offrire stabile ormeggio e rimessaggio alle suddette imbarcazioni» (TRANQUILLI LEALI, 1996, p. 2).

La specificità dell'impianto è giustificata proprio dalla caratteristica dell'unità da diporto d'essere utilizzata per brevi periodi tanto d'aver bisogno, non solo di un posto d'ormeggio, ma anche di un idoneo rimessaggio. Le unità da diporto possono essere di varia natura: natanti, imbarcazioni, velieri e navi, a remi, a motore, a vela con o senza motore ausiliario [6]. Tutte queste marina sono abilitate alla navigazione mediante il rilascio di un'apposita licenza che può essere di due tipi: per acque interne senza alcun limite e in quelle marittime fino a sei miglia dalla costa o senza alcun limite sia in acque interne, sia in quelle marittime [7]. Sempre di due tipi la patente nautica che consente il comando dell'unità da diporto: la patente A, per la navigazione entro le 12 miglia dalla costa e la patente B per quella senza alcun limite. Se, poi, si vuole conseguire il titolo professionale marittimo di conduttore per le imbarcazioni da diporto adibite a noleggio oltre le 6 miglia bisogna essere iscritto alla terza categoria della gente di mare. Quest'ultimo è senz'altro un titolo ambito perché molto fruttuoso dal punto di vista economico.

Numerosi sono, infatti, gli appassionati che, non possedendo alcuna autorizzazione per la condotta d'imbarcazioni da diporto, noleggiano, dalle agenzie charter, il pacchetto *all inclusive* di marina e skipper. Così accade che, rispetto alla capienza dell'imbarcazione, viene composto un gruppo di persone, nella maggior parte dei casi sconosciute tra loro, che diventeranno i passeggeri pronti a seguire le direttive dello skipper di bordo e a svolgere i vari servizi di coperta e di macchina. I turisti di mare non devono far altro che scegliere tra i moltissimi e battuti percorsi costieri e munirsi dei portolani moderni su cui è possibile trovare informazioni dettagliate sulla tipologia del porto turistico scelto per l'approdo. A ben leggerli, questi portolani turistici ti fanno sentire un vecchio lupo di mare anche se a malapena sai distinguere un'ancora vera da quella tatuata sul braccio di Popaye. Oltre a una dettagliata mappatura del porto, infatti, è possibile trovare indicazioni minuziosissime sui posti barca, sulla profondità in banchina, sul tipo di fondale, sull'ormeggio, sui servizi in banchina e sui pericoli nei quali si può incorrere attuando le manovre d'attracco, questo sempre che la barca non chieda «rada» dando ancora fuori porto. Ma non solo, assieme alle informazioni inerenti al porto, vengono fornite anche quelle più strettamente legate al soggiorno vero e proprio

---

[6] «Ai fini della presente legge, le costruzioni destinate alla navigazione da diporto sono denominate: a) unità da diporto: ogni costruzione destinata alla navigazione da diporto; b) nave da diporto: ogni costruzione a motore o a vela, anche se con motore ausiliario, destinata alla navigazione da diporto avente lunghezza fuori tutto superiore a 24 metri; c) imbarcazioni da diporto: ogni unità destinata alla navigazione da diporto avente lunghezza fuori tutto superiore a metri 7,50 se a motore o a metri 10 se a vela, anche se con motore ausiliario; d) natante da diporto: ogni unità avente lunghezza fuori tutto non superiore a metri 7,50 se a motore o a metri 10 se a vela, anche se con motore ausiliario», dalla legge n. 50 dell'11 febbraio 1971, capo I, *Disposizioni generali*, art. 1, punto 4.

[7] Come da legge n. 50 dell'11 febbraio 1971, capo III, *Iscrizione ed abilitazione alla navigazione delle imbarcazioni e delle navi da diporto*, art. 8, punto 1.

con consigli di dove e cosa mangiare, dei motel più o meno economici nei quali appoggiarsi e dei monumenti da visitare della città di costa scelta dal tour. Non serve dire che moltissimi sono i portolani, cartacei e interattivi, dedicati ai porti da diporto del Mar Adriatico scelti da questo studio: Venezia, Rimini, Riccione, Cattolica, Portoverde e Trani, tutte mete di un turismo costante ma capace d'intensificarsi fuor misura nei mesi estivi, proprio in concomitanza con le vacanze lavorative dei molti che dal traffico sulle strade terrestri decidono di passare, in nome del riposo, a quello in banchina.

*Venezia dal mare*

Tre sono le bocche d'accesso via mare alla Laguna di Venezia: Lido, Malamocco e Chioggia. Mentre Malamocco, caratterizzata da un traffico industriale che la rende di minor interesse all'indagine, è la via preferenziale per giungere al Porto di San Leonardo e alle zone portuali di terraferma a Marghera, Lido è la principale via d'accesso alla zona portuale del centro storico ed è interessata da un traffico passeggeri e, in qualche modo, turistico. Situata a Nord della Laguna, la bocca di Lido conduce ai porticcioli privati di Venezia S. Giorgio, Venezia S. Elena, o Diporto Velico Veneziano, e Venezia Tronchetto. Quest'ultimo è un ormeggio senza alcuna vocazione verso la nautica da diporto a dispetto della sua denominazione di Porto Turistico Veneziano, ma può rappresentare una praticabile alternativa per una sosta senza pretese. L'isola di S. Giorgio, invece, è resa unica dalla sua ubicazione posta di fronte a San Marco, il suo porticciolo, con fondale di fango, può ospitare fino a 70 posti barca e pur essendo un approdo privato, il transito è teoricamente garantito dalla disponibilità degli ormeggi offerti nella zona Sud-Est dell'isola. Dotato di pontili in legno sistemati su pali infissi nel fondo, S. Elena, 250 posti barca con fondale di fango e sabbia, è senza dubbio il porto migliore nel cuore di Venezia anche se, essendo privato, solo in estate è possibile trovare qualche posto all'ormeggio lasciato libero dai soci partiti in crociera.

È bene ricordare che, come in molti altri centri storici italiani, il traffico turistico a Venezia, in questo caso non stradale ma nautico, è assai limitato e molto regolamentato[8], vista la sua eccezionale ubicazione lagunare e la sua rete viaria fatta di stretti canali. La natura privata dei porticcioli veneziani, come anche la loro singolare posizione, che rende improbabile la realizzazione di una completa struttura turistica da diporto, fa sì che non possano essere considerati pienamente degli ap-

---

[8] A questo proposito si rimanda al regolamento alla navigazione interna alla Laguna Veneta «Scopri Briccolino le nuove regole per navigare bene» divulgato dalla Provincia di Venezia presso quelle istituzioni pubbliche, organizzazioni e imprese che svolgono attività connesse alla pratica nautica in Laguna.

prodi turistici. Infatti, se è vero che l'approdo, o porto turistico[9], deve garantire alle unità da diporto sia un ormeggio limitato, sia un ricovero stabile, più tutta una serie di servizi complementari, è pur vero che questo complesso d'attrezzature a carattere ricreativo devono creare una connessione tra il fenomeno e le esigenze del turismo da diporto che nella laguna veneziana è comunque ostacolato da divieti e limitazioni.

Diversa è la situazione dei porti turistici situati a bocca di Chioggia: Darsena Mosella e lo Sporting Club. Chioggia, città marinara con un'imponente flotta peschereccia, è il primo ingresso alla Laguna per chi giunge da Sud e conduce a un canale di calme acque che, scorrendo parallelamente alla lingua di terra che divide la laguna dal mare, arriva dritto al centro storico di Venezia. Costruita su un'isola, Chioggia è unita al Lido di Brondolo da un ponte ad archi e a Sottomarina da un ponte girevole. Proprio a Sottomarina è situata la Darsena Mosella, porto turistico dai fondali bassi che privilegia, quindi, il transito delle imbarcazioni a vela. I suoi pontili sono gestiti dall'omonimo hotel che, oltre a offrire la possibilità di soggiorno ai velisti, può elargire una serie di servizi in banchina come acqua, energia elettrica, docce, ritiro rifiuti e gru. Ha, inoltre, la possibilità d'ormeggio e parcheggio per 150 posti barca, per imbarcazioni fino a 16 metri, e non pone le difficoltà, a differenza dei porticcioli veneziani, dell'esclusiva di stazionamento data ai soli soci. Lo Sporting Club rappresenta un modernissimo marina posto al centro di Chioggia con tutti i servizi (acqua, carburante, energia elettrica, scalo, gru) e ormeggi fino a 300 posti barca. Com'anche la Darsena Mosella, lo Sporting Club possiede sia l'approdo, inteso come insieme d'opere localizzate fuori porto destinate all'ormeggio e allo stazionamento della barca, sia il porto, organizzato per l'attracco in banchina. È proprio la duplice funzione di rifugio e finalità diportistica, a far di entrambi i porti esemplificazione di quella che si definisce un'infrastruttura da diporto o complesso portuale specializzato, in questo caso specifico, ad uso ricreativo e turistico.

*Capitali vacanziere della riviera romagnola*

Rimini, Riccione, Portoverde e Cattolica sono tra le località di mare più famose dell'Adriatico e vantano la più antica tradizione d'ospitalità turistica, basti

---

[9] «La specificità dei requisiti essenziali non consentono una netta distinzione giuridica tra approdi turistici e porti turistici, in quanto entrambi presentano elementi essenziali comuni, sia nelle finalità di approdo e di sosta del naviglio, sia nella connessione con il fenomeno del turismo nautico e con le relative esigenze; per entrambi sono irrilevanti la destinazione al mero trasporto e le finalità di carattere commerciale, presenti, invece, nel porto tradizionale. È altresì, significativo che lo stesso codice della navigazione non sembra sancire una netta distinzione tra le nozioni di porto e di approdo» (TRANQUILLI LEALI, 1996, p. 11).

pensare che, proprio a Rimini, il 30 luglio del 1843 fu inaugurato il primo «Stabilimento Privilegiato dei Bagni» che segnò l'inizio del turismo balneare. A questo tipo di turismo si affianca, con ugual successo di ricezione, quello da diporto tanto che ognuna delle quattro località ha il suo approdo turistico. La fortuna del turismo da diporto è, in questi luoghi, permessa da una complessa e completa infrastruttura portuale connessa all'intero impianto turistico del territorio della costa.

Quando si giunge a Marina di Rimini, la costa riminese appare omogenea e senza particolari caratteristiche se non quella di un grattacielo che nel tempo è divenuto un punto di riconoscimento territoriale. Marina di Rimini è una tra le più innovative darsene dell'Adriatico: può, infatti, contare su 108.000 m$^2$ di specchio d'acqua, 55 metri d'imboccatura di porto e su 4 metri di profondità che la rende particolarmente adatta a imbarcazioni ad alta metratura. Con i moli foranei, costruiti per le barche da diporto, e resi agibili solo da poco, i posti barca della darsena sono 680, 68 dei quali mantenuti liberi per gli arrivi giornalieri. Ognuno dei posti barca è fornito di una colonnina a controllo magnetico con trasponder per la fornitura d'acqua ed elettricità, mentre la pompa carburante è posta all'ingresso del porto. Attualmente sono stati costruiti anche dei moli foranei dedicati proprio alle imbarcazioni da diporto. L'area di rimessaggio e riparazione ha un'ampiezza di 6000 m$^2$ di superficie e offre innumerevoli servizi di manutenzione, sia per scafi in legno, vetroresina e acciaio, sia per vele tappezzerie, motori marini, equipaggiamento elettronico e idraulico di bordo. Vi è, inoltre, la possibilità di posti auto, più tutta quella serie di servizi, come bagni e docce, utili agli ormeggiatori.

I porti di Riccione, Marina Porto Verde e Cattolica non sono egualmente attrezzati al turismo da diporto causa non ultima la loro particolare tipologia. Il porto di Riccione, la cui costa, giungendo dal mare, appare come una serie ininterrotta di moderni caseggiati, è a canale, costituito da due darsene, poste una sulla sponda Est e l'altra su quella Ovest, e nascoste dai ristoranti sul molo, ricavati dai capannoni da pesca. Pur avendo una capienza di 500 posti barca, l'ormeggio in estate non è sempre garantito a causa del caotico traffico che si crea in quel periodo lungo il canale. Marina di Ponte Verde è un approdo privato (gestito dalla società Portoverde) meno capiente dei due sopra analizzati, circa 150 posti barca, composto da una darsena ellittica con pontili interni ed un'altra di recente costruzione posta a Sud della prima. L'entrata del porto è protetta da due moli distanti tra loro 50 m che rendono necessario l'uso dell'ecoscandaglio. L'area dedicata alla nautica da diporto è quella della darsena Sud che è servita da acqua, luce e guardianaggio. Il porto di Cattolica, invece, protetto da due moli banchinati, su uno dei quali si trova una darsena, è situato alla foce del torrente Tavollo e pur avendo aree riservate ai diportisti, il suo traffico è per lo più peschereggio.

*Il porto di Trani: la suggestione di uno sviluppo equilibrato*

La naturale predisposizione all'attività portuale fa di Trani una pittoresca e sviluppata realtà territoriale legata da sempre all'attività nautica, una tradizione che trova radice nei tempi degli Statuti Marittimi del 1603 che proprio in questo porto furono promulgati. Il porto ha contribuito sin da allora allo sviluppo sociale ed economico locale che, in tempi più recenti, è stato aiutato dal redditizio mercato turistico. Pur essendo attrezzato per ogni comfort da diporto, il porto è oggi luogo di ritrovo cittadino la cui fruibilità è allargata al di là della sua specifica funzione.

La zona portuale, dominata dal cospicuo complesso del Duomo, è, infatti, ricca di strutture ricreative quali pizzerie, pub, ristoranti capaci di rispondere alla domanda di mercato delle zone limitrofe. Proprio il campanile del Duomo è il miglior punto di riconoscimento per l'atterraggio che avviene tra rive completamente banchinate e protette a levante dal molo S. Antonio e a ponente dal molo S. Nicola. C'è anche la possibilità di pontili galleggianti facili da raggiungere anche la sera grazie ai fari e fanali posti alle estremità dei moli. Il fondo marino è sabbioso e in banchina tocca una profondità di 1,50 a 4 m. Il porto possiede una capienza di 600 posti barca che consentono l'ormeggio a natanti fino a 20 m e può contare su un cantiere per le riparazioni delle unità da diporto, un deposito carburante con pompa di rifornimento e alcuni esercizi adibiti alla vendita d'attrezzature nautiche. Il cantiere al molo S. Antonio è adibito alla riparazione, all'alaggio e al varo d'imbarcazioni fino a 80 tonnellate.

Inoltre, il Comune di Trani ha attrezzato una propria darsena portuale per favorire lo sviluppo economico del porto divenendo, così, richiamo turistico per l'intera città. Numerose le imbarcazioni in transito che vanno ad ormeggiare per l'estate com'anche quelle che vi sostano tutto l'anno. La Darsena Comunale, capace di fornire diversi servizi di banchina, offre 350 posti per barche dai 4 ai 25 m e possiede 5 pontili di cui uno stagionale estivo situato presso il molo di Sant'Antonio.

*Conclusioni*

Oltre a trasformare il profilo paesaggistico della riviera, che spesso divenne ed è deturpazione, la metamorfosi del mare, legata alla rivoluzione del tempo libero, condusse a un ripensamento che coinvolse l'immaginario collettivo alimentato da nascenti realtà ricreative, maschere suadenti che nascondono abilissime strategie di mercato, divulgate per alimentare il turismo di massa. Tra queste realtà ricreative va annoverato il porto turistico, prodotto del connubio tra l'eco di una reale esigenza di trasporto, comunicabilità per via marittima e il crescente dilatarsi della moda della nautica da diporto che, trasmessa da immagini che creano il bisogno avventuriero dell'andare oltre i limiti terrestri, ha creato un diverso modo di concepire lo *yachting*.

La nautica da diporto, che punta su una fruizione turistica com'anche su quella, ancora elitaria, hobbistica, è divenuto, negli ultimi decenni, un settore in crescita capace di creare mercato e di contribuire, lì dove è stata accolta la domanda, a uno sviluppo locale. Uno sviluppo che, proprio per la specificità del settore, potrebbe accomunare le molte, diverse realtà portuali che abitano l'area adriatica. Una promessa di sviluppo per l'intero *sinus* adriatico, quindi, che sarà resa possibile e certamente più concreta nel tempo se aiutata da un rinnovato senso territoriale che accomuni, e non divida, le sue diverse culture.

Ripensare l'Adriatico, come materializzazione in fieri di un'idea nuova che nasce da un processo d'interazione tra la complessità di territorialità eterogenee e la volontà di un obiettivo comune [10]. Adriatico come un'unità resa unica e coesa da realtà diverse nella significazione che, dal tempo e dalla vicinanza fisica, sono state rese complici, l'una testimone della storia dell'altra. Magari ci si accorgerà che l'Adriatico è un crocevia dal quale son dipartiti, simultaneamente, l'incontro e la divisione tra ciò che la storia ha reso visibile nella sua realizzazione e ciò che quella realizzazione cela, pur raccontando: il senso di un andare collettivo, umano, comune. Se questa coscienza fosse al principio d'ogni pianificazione territoriale, lo sviluppo sinergico, rispettoso dei molteplici riflessi culturali di questo lungo specchio d'acqua, sarebbe più facile da intravedere.

---

[10] «Pertanto, i progetti e le proiezioni che vengono elaborate per un determinato sistema territoriale non si basano tanto sulle caratteristiche reali del contesto quanto sulle rappresentazioni che di questo contesto si producono. Il territorio, insomma, viene compreso e pianificato a seconda delle caratteristiche di tali rappresentazioni» (MINCA, 1997, p. 513).

# BIBLIOGRAFIA

AMIOTTI G., *Mare nostrum: da espressione geografica a concetto geopolitico*, in «Geotema», 12, 1998, pp. 38-40.

BELARDINELLI E., *Problemi attuali degli approdi turistici*, Milano, Giuffrè, 1970.

BIAGINI A., *L'area mediterranea tra molteplicità e coesione*, in «Geotema», 12, 1998, pp. 41-47.

BRAUDEL F., *Civiltà e imperi del Mediterraneo nell'età di Filippo II*, Torino, Einaudi, 1986.

COSTANTINI M., *Adriatico: frontiera e ponte tra Occidente e Oriente*, in «Adriatico politiche territori culture», 1, 2001.

DENTONE M. e BORRI G. (a cura di), *Atti della tavola rotonda su Il mare nella letteratura "Il porto: metafora e realtà"*, Savona, Marco Sabatelli Editore, 1986.

GESSNER G., *156 porti d'Italia*, Novara, De Agostini, 1982.

GILLES D. e ANGLES J., *Porti turistici del Mediterraneo*, Milano, Mursia, 1990.

KLEINOTH P., *Le coste della Jugoslavia viste dall'alto: i porti, le baie, gli ancoraggi*, Milano, Mursia, 1990.

LAMARCHE V., *Viaggio nell'immagine e dintorni*, Milano, Garzanti, 1996.

MINCA C., *(De)costruire lo spazio turistico*, in «Bollettino della Società Geografica Italiana», 1997, 4, pp. 511-521.

MOSCONI T. e TURCI M., *Fratelli della costa: l'uomo in mare nell'Adriatico del centro nord*, Faenza, Edit Faenza, 1994.

PAVIA R., *I porti del Corridoio adriatico*, in «Adriatico: politiche, territori, culture», 2001, 1, pp. 43-47.

PIERRE G., *Guida al mare Adriatico: coste italiane e jugoslave da S. Maria di Leuca al confine albanese*, Bologna, Zanichelli, 1982.

TRANQUILLI LEALI R., *Porti turistici: struttura e funzioni*, Milano, Giuffrè, 1996.

VALLEGA A., *Geografia Culturale. Luoghi, spazi, simboli*, Torino, UTET, 2003.

ZANETTO G., *Globalizzazione, nuova spazialità, città portuali e Mediterraneo*, in «Geotema», 1998, 12, pp. 81-85.

Luigi Mundula *

# GLOBALIZZARE DAL BASSO: LA SFIDA DELLA PIANIFICAZIONE TERRITORIALE SOSTENIBILE

Negli ultimi anni la globalizzazione è entrata a far parte del linguaggio quotidiano della nostra società grazie alla sempre maggiore spinta fornita dalle *Information and Communication Technologies* (ICTs). Ma non solo, la globalizzazione è parte integrante del nostro vivere. Ogni nostro atto, anche il più piccolo, il più semplice e quotidiano ha delle relazioni che travalicano l'ambito locale poiché ormai facciamo parte del villaggio globale:

«[...] ti svegli al suono di una sveglia comprata in un negozio della tua città ma prodotta a Taiwan. Fai colazione con succo d'arancio dalla Florida, tè o caffè dallo Sri Lanka o dal Brasile, pane fatto con grano cresciuto nelle praterie del Nord America, prosciutto della Bulgaria, burro dalla Nuova Zelanda, bacon dalla Danimarca ed una varietà di uova proveniente da una fattoria biologica locale. A seconda del tuo lavoro e della tua provenienza, la tua scelta di vestiario per il giorno può essere stata disegnata e fatta da una casa di moda di Milano o prodotta dallo sfruttamento del lavoro minorile o di altre classi disagiate (*sweatshops*) nei paesi dell'Est. Come esci per andare al lavoro saluti la tua vicina che da casa sta telelavorando ed al suo partner che sta sbrigando le faccende di casa. Vai in città su una macchina costruita in Corea del Sud. Nel tuo ufficio la penna a sfera sulla tua scrivania è stata costruita in Germania. Il tuo taccuino è fatto di carta ricavata da legname tagliato da una foresta rinnovabile in Svezia. Lavori su un *personal computer* costruito e venduto localmente ma disegnato in California, Silicon Valley, e caricato con software prodotto a Seattle. Puoi passare gran parte della tua giornata lavorativa nel *Cyberspace*, usando l'*e-mail* o la teleconferenza per stabilire in tempo reale contatti lavorativi in ogni parte del globo. Tutte le tue conversazioni avvengono in inglese, il linguaggio globale emergente» (traduzione da: Pacione, 2001, p. 12).

---

* Centro di Eccellenza RcoST, Università del Sannio, Benevento.

Le nostre azioni, le nostre scelte sono sempre più dettate dai vari aspetti di questa nuova tendenza. Ma cosa significa esattamente *globalizzazione*? Nel vocabolario della lingua italiana troviamo la seguente definizione:

> «Tendenza di mercati o imprese ad assumere una dimensione globale, superando i confini nazionali o regionali» (Lo Zingarelli, 1996).

Sostanzialmente, si tratta di una maggiore integrazione tra i paesi e i popoli del mondo, determinata dall'enorme riduzione dei costi dei trasporti e delle comunicazioni e dall'abbattimento delle barriere artificiali alla circolazione internazionale di beni, servizi, capitali, conoscenza e (in misura minore) delle persone. La globalizzazione è stata accompagnata dalla creazione di nuove istituzioni che si sono affiancate a quelle esistenti per operare a livello trans-nazionale. Le più note e discusse operano in relazione agli aspetti più prettamente economici e sono la World Bank (WB), l'International Monetary Found (IMF), la World Trade Organization (WTO), ma non mancano organizzazioni con finalità differenti come le United Nations (UN), che cercano di mantenere la pace, l'International Labour Organization (ILO), fondata nel 1919, che promuove la propria attività nel mondo attraverso il motto «lavoro decente», la World Health Organization (WHO), il cui impegno è volto a migliorare le condizioni sanitarie nei paesi in via di sviluppo, la Food and Agricolture Organization (FAO), che ha come obiettivo la lotta contro la fame, l'International Criminal Court (ICC), competente per i reati di genocidio, per i crimini di guerra e contro l'umanità.

Accanto a queste si muovono nuovi gruppi (Organizzazioni Non Governative - ONG) che si stanno affermando come importanti attori della scena internazionale. In particolare esse sono espressione della cosiddetta società civile internazionale poiché rendono possibile, in linea di principio a tutti, la partecipazione alla funzione pubblica internazionale. Oggi se ne possono contare più di 30.000 (tra le più note, Giubileo 2000, Amnesty International, Emergency, Greepeace e il WWF), molte delle quali in grado di svolgere importanti pressioni nei confronti dei governi e della stessa opinione pubblica.

Esistono poi altre istituzioni che svolgono un ruolo nel sistema economico internazionale, tra cui le banche regionali, sorelle minori e più giovani della Banca Mondiale, e numerose organizzazioni delle Nazioni Unite come il Programma di Sviluppo (UNDP), la Conferenza per il Commercio e lo Sviluppo (UNCTAD) o l'Organizzazione per lo Sviluppo Industriale (UNIDO).

Tutte queste organizzazioni sono espressione delle varie nature della globalizzazione. Quest'ultima, fenomeno non certo recente, è stata infatti da sempre caratterizzata da aspetti contrastanti. Tra gli evidenti vantaggi che la globalizzazione ha portato, l'apertura al commercio internazionale, che ha aiutato tanti paesi a crescere in modo molto più rapido di quanto avrebbero potuto altrimenti, favorendo la crescita economica (la crescita basata sulle esportazioni è stata l'orgoglio della politica industriale che ha arricchito gran parte dell'Asia, migliorando sensibilmente le condizioni economiche di milioni di individui). Per gli effetti della globalizzazione molte persone vivono oggi più a lungo e con un tenore di vita nettamente superiore al passato. La globalizzazione ha ridotto il senso di isolamento percepito in gran parte del mondo in via di sviluppo, consentendo a molti di accedere a conoscenze di gran lunga superiori a quelle di cui cent'anni fa erano in possesso i ricchi di qualsiasi altro paese.

Questi ed altri aspetti, celebrati dal liberismo e dal neo-liberismo, sono stati messi in discussione con sempre maggior vigore a partire dalla fine del XX secolo con la nascita di movimenti e organizzazioni di protesta.

Non viene contestata la globalizzazione in sé, che sarebbe come voler contrastare la modernità, viene denunciato invece ciò che avviene a causa della sproporzione di mezzi e forza nell'incontro tra locale e globale. I meccanismi globalizzati dell'economia capitalistica travolgono le persone, come lavoratori, come cittadini, come consumatori. L'intrecciarsi della dimensione globale con quella locale non significa solamente un dominio pervasivo, sui mercati locali di tutto il pianeta, di merci e servizi delle grandi multinazionali, dal globale al locale appunto, ma anche, e soprattutto, una transazione in senso opposto, funzionando come aspiratore e consumatore di risorse locali su scala globale.

Sostenitrice di questa linea, l'economista indiana Vandana Shiva sostiene:

> «[...] la globalizzazione non è solo l'interazione culturale tra le diverse società, ma l'imposizione di una specifica cultura su tutte le altre. La globalizzazione non ricerca affatto l'equilibrio ecologico su scala planetaria. È la rapina messa in atto da una classe, da una razza, e spesso da un solo genere, nonché da una singola specie su tutte le altre. Nella filosofia dominante il "globale" è lo spazio politico entro il quale il potere locale cerca un controllo globale, liberandosi delle responsabilità di operare a favore della sostenibilità ecologica e della giustizia sociale. In questo senso quindi, il termine "globale" non sta affatto ad indicare gli interessi umani universali, ma semmai quelli di una cultura locale, di campanile, che è stata globalizzata attraverso dominio e controllo, irresponsabilità e mancanza di reciprocità» (SHIVA, 2002, p. 76).

La spiegazione a questo cambio di rotta rispetto alla globalizzazione va cercata nei suoi fallimenti e nella sua stessa natura. Se da una parte infatti non ha risolto il problema della povertà, rendendolo anzi più drammatico con l'aumento progressivo della forbice tra ricchi e poveri, dall'altra lo ha reso sempre più conosciuto tramite i canali dell'informazione globale e ha evidenziato la necessità di un nuovo principio etico su cui basare le politiche dello sviluppo: la sostenibilità.

Dalla Conferenza di Rio del 1992 si è sviluppato un acceso dibattito su quale fosse la corretta interpretazione del concetto di *sviluppo sostenibile*. Da queste discussioni è emerso comunque un sempre più ampio consenso sul fatto che la Sostenibilità è un'idea generale, un'«idea regolativa» in senso kantiano, come per esempio la bellezza, la libertà o la salute (HOMANN, 1996). Essa non può essere valutata o raggiunta attraverso semplici regole, ma richiede un'interpretazione che

varia a seconda del contesto. La *sostenibilità* presenta due fondamentali sfide che si discostano nettamente dai tradizionali approcci allo sviluppo:
- laddove lo straordinario sviluppo della tecnologia, dell'industria e delle grandi organizzazioni dell'era moderna era basato su una sempre più sofisticata differenziazione e specializzazione, il concetto di sviluppo sostenibile sottolinea le necessità di una visione integrata delle diverse dimensioni dello sviluppo. Questo comporta un compito particolarmente difficile per le amministrazioni, ormai strutturate a compartimenti stagni, tanto più se si richiede loro di guardare a sinergie o strategie *leapfrog*[1] attraverso una collaborazione molto più stretta con i differenti attori territoriali.

---

[1] *Leapfrog* è un termine inglese che viene impiegato per indicare un passaggio rapido, un «salto», da una situazione data a una nuova. *Leapfrog*, insomma, è una forma di discontinuità nell'evoluzione di un processo. È con questo significato che il termine viene spesso usato per parlare della transizione verso la sostenibilità, per dimostrare che essa non potrà essere raggiunta con trasformazioni incrementali dell'attuale sistema produttivo e di consumo o con degli aggiustamenti minori nel nostro attuale quadro di riferimenti valoriali e culturali. L'arrivarvi richiederà, appunto, dei salti, delle discontinuità sistemiche: le società industriali mature dovranno «saltare fuori» dal sistema di produzione e consumo fin qui praticato e che si tenta di imporre come modello anche in quelle in via di sviluppo. E queste ultime dovranno «saltare oltre» una fase dello sviluppo sociale e produttivo (quella in cui la salute dell'economia e il benessere sociale si misurano in quantità di beni fisici prodotti e consumati) e arrivare direttamente a sistemi sociali e produttivi più avanzati e sostenibili. In questo quadro e in questo spirito, il *leapfrog* che si dovrà verificare a livello dell'intero sistema si articola in tanti «salti» a livello locale, in tante proposte innovative che, in qualche modo, portino a soluzioni parziali ma coerenti con la prospettiva della sostenibilità.

Il tema della transizione verso la sostenibilità può essere affrontato seguendo queste «strategie leapfrog» che consistono nello spostamento repentino da un mix di prodotti e servizi dato a un altro. Le strategie *leapfrog* sono dunque strategie leggere (in termini di investimenti e di tempi necessari alla loro implementazione) e immediatamente praticabili (perché utilizzano tecnologie esistenti e si riferiscono all'attuale contesto socio-culturale). La loro rilevanza è data non tanto dalla quantità dei risultati immediatamente ottenibili, quanto dalla loro capacità di innescare, su scala locale e parziale, dei processi di discontinuità perfettamente coerenti con la prospettiva della sostenibilità.

Le strategie *leapfrog* nascono da una notevole capacità imprenditoriale (sia nel senso tradizionale dei termine sia in quello più nuovo di imprenditorialità sociale) e da una particolare propensione a rompere schemi di pensiero consolidati, al di fuori del «business as usual», e contemporaneamente genera un nuovo sistema di relazioni (delle originali forme di partnership) e lascia emergere un nuovo prodotto-servizio (rendendo evidente una domanda sociale latente e rispondendovi con un'inedita combinazione di tecnologie – *hard* e *soft* – esistenti). In definitiva, dunque, sono il frutto di un'attività di progettazione strategica, peraltro attuata il più delle volte in modo inconsapevole, in cui l'oggetto non è più un prodotto o una famiglia di prodotti, ma un sistema di relazioni, un mix di prodotti e servizi strettamente legato a un luogo e a una comunità.

L'obiettivo che si prefiggono non è un'innovazione radicale sul terreno delle tecniche (di processo o di prodotto), ma un'innovazione la cui straordinarietà sta nel costituire una relazione «a sistema» tra le tecnologie già esistenti sul mercato e, ancor più nell'appartenenza del sistema tecnico al contesto sociale e spaziale; l'innovazione nasce nella società più che nei laboratori, è un'attività di progetto più che di ricerca tecnico-scientifica, i suoi protagonisti sono gli attori sociali non solo gli «addetti ai lavori».

- lo sviluppo sostenibile richiede apertura verso il futuro; per «soddisfare le necessità del presente senza comprometter la possibilità delle generazioni future di soddisfare i propri bisogni» (WCED, 1987), non dobbiamo solo conservare potenzialità e risorse ma anche indirizzare l'innovazione nella giusta direzione e accrescere le nostre conoscenze e3 le nostre possibilità di apprendimento.

Imparare significa anche saper modificare prospettive e priorità, mettersi in discussione. Quindi il concetto di sviluppo sostenibile e le corrispondenti valutazioni devono comprendere la possibilità di modifica degli obiettivi e delle priorità nel corso del tempo secondo un processo aperto che non viene mai archiviato definitivamente. I riferimenti e gli standard cambiano seguendo l'evoluzione della conoscenza.

Il percorso fatto dall'Unione Europea in questa direzione, relativamente giovane, parte dal Trattato di Amsterdam del 1997 che prevede che tutte le politiche e i programmi finanziati dall'UE fossero concepiti e portati avanti secondo i principi dello sviluppo sostenibile. Sia il regolamento per l'attuale generazione dei Fondi Strutturali (2000-2006) sia la strategia per lo sviluppo sostenibile decisa nel Consiglio di Gothenburg (2001) hanno confermato successivamente questo impegno. Fino ad ora non è comunque rilevabile l'esistenza di strumenti operativi che permettano di valutarne l'effettiva realizzazione.

Le ragioni di questa carenza sono da ricercare nell'essenza stessa del concetto di sviluppo sostenibile che risente non del solo fatto di essere particolarmente giovane ma anche di porsi come un nuovo paradigma che, ovviamente, richiede di considerare le dinamiche economico-territoriali da una nuova prospettiva.

Nella formulazione delle politiche a livello europeo possono essere evidenziati fondamentalmente due differenti obiettivi per lo sviluppo sostenibile:
- la definizione di uno schema concettuale condiviso, capace di gestire la diversità dei contesti culturali, politici, economici e ambientali dello sviluppo che variano considerevolmente a seconda dello specifico contesto, e la conseguente creazione di un sistema di valutazione, che dovranno prendere in considerazione e comprendere le differenze tra i diversi contesti e allo stesso tempo permetterne una comparazione al fine di generare e trasmettere conoscenza;

---

Un crescente interesse per la transizione della società verso la sostenibilità può dunque stimolare nuove e prima impensabili opportunità che non si fermano al risparmio economico talvolta ottenibile usando un po' meglio le risorse ambientali, né agli affari che si possono fare entrando con dei prodotti tradizionali «rinverditi» in alcune nicchie di mercato (il *green marketing*). Le opportunità e le strategie *leapfrog* sono innovative: aprono nuovi mercati, richiedono nuovi mix di prodotti e servizi. Se ottengono successo è perché sono riconosciute come soluzioni migliori di quelle esistenti o perché rispondono a una domanda che fino ad allora era senza risposte. Ecco perché sono definite soluzioni *win-win-win*: esse sono iniziative imprenditoriali e/o sociali in cui «vincono tutti», il produttore, l'utilizzatore e l'ambiente.

– la definizione di una *multi-level governance* necessaria per gestire la proliferazione dei livelli amministrativi che vanno dal livello europeo a quello locale nel rispetto dei principi della trasparenza e della partecipazione essenziali per assicurare un coordinamento e una visione integrata delle responsabilità, dei compiti e delle attività presenti nei vari livelli (HEY e SCHLEICHER-TAPPESER, 1998).

Queste sfide che derivano dal concetto di sviluppo sostenibile conducono a considerevoli difficoltà nella valutazione della «sostenibilità» quando si usano approcci tradizionali:
– come è possibile guardare simultaneamente alle differenti dimensioni dello sviluppo?
– come possono essere integrate differenti discipline?
– come può essere misurato uno sviluppo bilanciato?
– come possono essere considerate continue variazioni?
– come può essere accompagnata e incoraggiata l'innovazione?
– come possono essere considerati differenti contesti e priorità in differenti regioni e culture?
– come può essere assicurata la trasparenza e condivisa la responsabilità attraverso una gerarchia di livelli politici?
– come può essere gestita una così ampia varietà di obiettivi e la complessità delle loro interrelazioni nello spazio e nel tempo in un dialogo continuo tra esperti, politici e cittadini?

Sono stati fatti molti tentativi per ridurre la complessità dello sviluppo sostenibile a un numero di indicatori facilmente comprensibili misurabili e monitorabili attraverso mezzi convenzionali. Questi approcci, per quanto utili nel fornire una panoramica immediata, non risultano comunque soddisfacenti rispetto ai summenzionati quesiti, dal momento che si limitano a misurare un set di indicatori standardizzato riproducendo piuttosto una visione settoriale incapace di gestire elementi e priorità che cambiano nel tempo e spesso inadeguata alla specifica situazione locale. In pratica l'ampia varietà delle iniziative che hanno tentato di progredire nella direzione dello sviluppo sostenibile (come le Agende Locali, ecc.) hanno spesso dedicato considerevoli sforzi per sviluppare sistemi di valutazione assai specifici e dettagliati, con vari gradi di successo.

Questa ampia varietà di approcci ha alimentato per lungo tempo una polemica sull'effettivo significato e quindi utilizzo del concetto di sviluppo sostenibile.

A discapito delle difficoltà nel fornire una precisa definizione e regole di valutazione, il concetto non ha perso la sua attrattività ed efficacia politica.

Un'analisi dei principali progetti di ricerca europei riguardo lo sviluppo sostenibile ha dimostrato che solo in alcuni anni è cresciuto un considerevole consenso riguardo ai principali obiettivi posti dallo sviluppo sostenibile (SCHLEICHER-TAPPESER e STRATI, 1999). È oggi ampiamente condiviso che lo sviluppo sostenibile è un concetto fondamentale che implica un processo continuo di apprendimento e che non ha senso parlare di una universale regola di misura della «sostenibilità».

È quindi evidente che servono nuovi approcci di valutazione dello sviluppo sostenibile in particolare nel campo delle politiche pubbliche dove – soprattutto grazie al continuo sforzo della Commissione Europea – il concetto di valutazione ha fatto notevoli progressi negli ultimi anni anche se è ancora lontano dall'essere universalmente condiviso (SCHUBERT *et al.*, 2001; MEYER e MARTINUZZI, 2000; TOULEMONDE, 2000).

Nel mondo aziendale la necessità di gestire la complessità e il continuo cambiamento ha portato a sviluppare numerosi concetti che possono essere utili in questo contesto: *change management*, *quality management*, *learning organisations*, *marketing*, *corporate social responsability*, *best available technologies* sono tutti concetti che discostandosi dal vecchio approccio *command and control* si orientano a processi sistemici di auto apprendimento.

Per quanto il nostro sistema democratico si basi più o meno sistematicamente su questo tipo di meccanismi di feed-back, comunque molte amministrazioni operano ancora piuttosto sulla base di logiche convenzionali di tipo *top-down* e trovano difficoltà nel concepire il momento della valutazione come occasione di apprendimento.

Concepire lo sviluppo sostenibile come un processo collettivo di apprendimento è la chiave per sviluppare adeguati sistemi di valutazione. L'apprendimento cambia continuamente le prospettive su cosa possa e debba essere fatto (gli obiettivi) e come si possa o si debba fare (metodi). Un sistema di valutazione può aiutare su entrambi i livelli aiutando a comprendere cosa debba essere fatto attraverso:

– un'analisi della situazione;
– l'identificazione delle alternative di sviluppo e di azione;
– la specificazione e la revisione degli obiettivi.

E anche a imparare come migliorare le *performances* attraverso:
– il monitoraggio continuo dei progressi effettuati verso gli obiettivi prefissati;
– l'attenzione alle differenti dimensioni e scale dello sviluppo;
– la comparazione dei differenti approcci;
– lo scambio di esperienze tra contesti differenti.

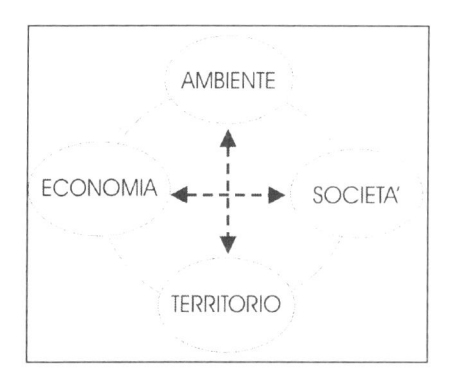

Fig. 1 - *Il circolo virtuoso dello STeMA.*

È proprio in questo quadro che prende corpo un approccio sistemico e integrato alla pianificazione e gestione del territorio (PREZIOSO 2003; MUNDULA 2004): Sustainable Territorial Management Approach (STeMA). Tale approccio si propone, quindi, integrando qualità, ambiente e innovazione, di considerare lo sviluppo di un territorio secondo una logica «bottom-up» non trascurando però, ma anzi traendo vantaggio dalla sempre maggiore apertura dei mercati e dalla sempre maggiore competizione cui i territori e le economie sono sottoposti: in una parola dalla globalizzazione.

Le attività economiche evolveranno solo se evolve e si sviluppa anche l'ambiente e il territorio. Il conseguimento e la sostenibilità di posizioni di vantaggio per l'economia e per il territorio è dunque sempre più il risultato dell'interazione tra più soggetti complessi: l'efficienza del sistema socio-economico, ossia l'efficienza delle sue principali componenti (le istituzioni, le infrastrutture, il sistema imprenditoriale, le reti di attori locali, le relazioni di fiducia e/o cooperazione, ecc.), e la tutela e la valorizzazione dell'ambiente e del territorio (le risorse naturali, la cultura e i valori locali). Ne consegue che l'appartenenza territoriale diviene un valore fondante per tutte le attività economiche alla ricerca di vantaggi competitivi e la *valorizzazione di risorse del contesto socio-economico* un percorso obbligato per rafforzare i suoi caratteri distintivi. Ecco quindi che alla base dello STeMA si pone un circolo virtuoso tra ambiente, territorio, società ed economia.

Il territorio, quale sistema produttivo complesso, non si limita a produrre un unico bene ma, attraverso un'offerta complessa di risorse, servizi e valori soddisfa una domanda variegata, variabile e sofisticata. Sono molteplici e differenti dunque sia i soggetti che partecipano alla definizione dell'offerta territoriale sia i soggetti destinatari del sistema di offerta territoriale. In tale prospettiva, un approccio legato al marketing territoriale spinge verso una logica che non può essere in alcun modo quella di un approccio indifferenziato (soddisfare cioè tutti gli interessi e tutti i bisogni attraverso un'unica strategia); appare pertanto indispensabile adottare processi di interpretazione del mercato attuale e potenziale che consentano, attraverso la segmentazione, di definire per le singole categorie di «acquirenti del territorio» le alternative di offerta possibili in relazione ai diversi vantaggi ricercati. In tale direzione, il successo di un territorio nella competizione globale è il risultato di un'efficace *strategia di differenziazione* legata alla capacità di creare sistemi di offerta unici e di elevato valore percepito attraverso *coerenti scelte di posizio-*

*namento*. Questo consente di identificare le caratteristiche tangibili e intangibili del sistema di domanda/offerta che stimolano maggiormente il sistema di percezione e valutazione dei segmenti di clientela e orienta l'impresa a stabilire la distanza ottimale rispetto alla concorrenza.

È necessario, dunque, porsi nella prospettiva che lo sviluppo è un processo consistente nella combinazione di una molteplicità di risorse e di capacità, ma occorre anche la determinazione di organizzarsi, combinata con una prospettiva che renda più chiara «la natura dell'agente di collegamento che quasi misteriosamente dovrebbe organizzare e ottenere la cooperazione tra i diversi fattori, risorse e abilità necessarie per aversi lo sviluppo» (HIRSCHMAN, 1963). Il possesso di risorse dotate di unicità rappresenta per il territorio la fonte primaria del valore percepito dai clienti e, di conseguenza, il presupposto per il conseguimento di una posizione di vantaggio competitivo. La capacità del territorio di soddisfare una molteplicità di segmenti di domanda e, dunque, di differenziarsi opportunamente, diventa il fattore essenziale per il suo successo e qualunque specificità potrà essere valorizzata individuando quei segmenti di mercato che sono particolarmente sensibili a tale specificità.

La qualità e il tasso innovativo sono divenuti, poi, un ingrediente chiave del successo competitivo e della sua consistenza spazio-temporale. In scenari economici di tipo globale, infatti, la sfida competitiva finisce necessariamente con l'investire l'«azienda rete» nella sua integralità e, di conseguenza, i sistemi territoriali (locali, regionali, nazionali) in cui essa opera e che costituiscono poli di riferimento essenziali nel quadro delle diverse interazioni materiali e/o immateriali.

Le relazioni socioeconomiche endogene dei sistemi territoriali risultano avere valore strategico, e quindi essere innovative, se in grado di aumentare le potenzialità dell'economia locale. Tali relazioni si manifestano spesso attraverso accordi di cooperazione/integrazione; promosse anche da governi regionali per la creazione e lo sviluppo di imprese; o attraverso accordi all'interno di specifici progetti integrati che prevedono la partecipazione congiunta sia di soggetti privati che di istituzioni.

Anche la *partecipazione* e il *consenso* assumono il ruolo di infrastrutture essenziali nella costruzione dell'identità territoriale. La *partecipazione* rappresenta il fondamento per la costruzione del *consenso*. L'autorità che presiede allo sviluppo territoriale, nelle differenti forme istituzionali, per avere successo nel suo intervento, è obbligata a conquistarsi il più ampio consenso istituzionale possibile. Il consenso è raggiunto soprattutto coinvolgendo le principali forze presenti sul territorio – istituzioni, imprese private, cittadini e associazioni, assessorati e agenzie governative, ecc. – nel progetto territoriale. Quello che dovrà attuarsi sarà dunque una *Multilevel Territorial Governance* tesa al superamento delle logiche competitive che spesse volte caratterizzano le relazioni tra gli attori che partecipano direttamente o indirettamente alla definizione del sistema di offerta, per attivare una cooperazione costruttiva, avviare cioè giochi a somma positiva per tutti gli *stakeholder* territoriali. L'ente e/o organizzazione che presiede alla gestione del territorio dovrà in questo senso, dunque, promuovere relazioni di fiducia, durature con tutti i soggetti e le istituzioni presenti sul territorio; deve svolgere il ruolo di *catalizzatore* delle amministrazioni locali, delle forze economiche e sociali.

A partire da queste prime conclusioni è possibile delineare la griglia progettuale entro cui sperimentare un modello di pianificazione dello sviluppo del sistema locale in linea con quello delineato dal processo di integrazione europea, basandone l'organizzazione sull'origine/destinazione di flussi tra luoghi fisici e non, sulla scelta e definizione del percorso di localizzazione e sviluppo sostenibile delle attività.

Il modello che si propone, integrando i concetti di *governance territoriale, marketing territoriale, Sistemi di gestione ambientale* e *Valutazione Ambientale Strategica*, tratta la ICT non come una nuova onda tecnologica con cui confrontarsi o strumento di analisi statica ma come una vera e propria filosofia progettuale che informa e costituisce la base relazionale e dialettica del sistema. Si rendono così palesi le possibilità di superare i vincoli rappresentati dalla scarsità di risorse individuali sfruttando i peculiari vantaggi di una *agglomerazione virtuale*, identificabile in legami di cooperazione interaziendale, a livello di scambio di esperienze e condivisione di risorse, e soprattutto nella formazione di *economie di scala esterne*, rappresentate dal notevole abbassamento dei costi di gestione delle attività, grazie all'utilizzo congiunto di una serie di servizi e infrastrutture volti alla mitigazione o eliminazione degli impatti della produzione sull'ambiente.

La logica della prevenzione degli impatti dovuti a un progetto sull'ecosistema di riferimento è trattata in considerazione dell'esigenza di creare forme di crescita competitiva sostenibile. Lo STeMA consente infatti un generale miglioramento delle prestazioni territoriali in funzione di una serie di vincoli e opportunità rappresentati dagli elementi del contesto di riferimento, al contrario della situazione attuale che è ferma alla considerazione dei soli aspetti dell'ambiente che entrano in diretto contatto con l'insieme delle procedure gestionali e operative dell'economia. È questo l'indirizzo delle norme e degli strumenti (volontari) operanti nel contesto dell'Unione Europea e internazionale, che propongono modelli di ristrutturazione dei processi focalizzati sulla minimizzazione degli sprechi e degli svantaggi produttivi per il miglioramento continuo delle *performance* territoriali.

Nell'ottica della sostenibilità, un tale *approccio multidisciplinare*, tipico delle procedure di analisi della Valutazione Ambientale Strategica (VAS), permette, invece, di comporre in totale *integrazione* i diversi aspetti e le diverse esigenze di un'adeguata programmazione per la qualità ambientale di una specifica area territoriale, capace di trasformarsi in modello endogeno di sviluppo socioeconomico, attraverso l'applicazione di un metodo (o di una serie di metodi) e di strumenti adatti a fronteggiare le logiche dell'*approccio qualitativo* della complessità ambientale locale e globale.

Il piano/progetto [2] risultante sarà dunque il piano delle regole e dei principi che mettono in risalto l'identità dei luoghi e i relativi potenziali di risorse, il piano «dal basso» quello che rende sostenibile le relazioni di equilibrio (economico) tra le diverse identità territoriali, che ha come tema di sfondo la coesione a partire dal concetto di sostenibilità, cioè da un obiettivo di misura preventiva dei progetti ammissibili per realizzare crescita sociale ed economica senza esaurire i potenziali (le riserve) capaci di garantire uguale crescita alle generazioni future.

Il piano/progetto dovrà quindi agire sulla base delle proposte degli attori locali, permettendo il raccordo e il collegamento funzionale con le scelte contenute a diversi livelli di programmazione e decisione, in un quadro di funzionalità, coerenza e interdipendenza tra i vari livelli programmatici. Dovrà inoltre accompagnare flessibilmente l'evoluzione dell'area di riferimento e del contesto esterno (nelle diverse componenti sociali, economiche, istituzionali ed amministrative), introducendo progressive ricalibrazioni degli interventi e degli stessi obiettivi. Affinché la pianificazione s'identifichi in un processo dinamico, in grado di far convergere attraverso un iter dialettico questi processi, è necessario:

- un procedimento atto a ottimizzare il rapporto tra gli obiettivi possibili e probabili e gli obiettivi desiderati e ottimali, realizzando quell'equilibrio necessario tra ottimizzazione dell'offerta e soddisfazione della domanda;
- pensare a una progettazione come a un procedimento dialettico di successivi affinamenti e verifiche, confermandola come una dinamica ripetizione di momenti di analisi e di sintesi dove ogni componente, articolata internamente a se stessa negli elementi che la compongono, si correlano in una struttura più complessa, nella ricerca del livello di sintesi adeguato al momento decisionale di cui è parte.

Questo processo si particolarizza in quello che si potrebbe definire il ciclo di vita del piano/progetto, che a partire dalla condivisione di principi etici di riferimento (sostenibilità, susudiarietà, perequazione, coesione, flessibilità) e dalla defi-

---

[2] Con il termine piano/progetto si intende quel particolare esito dello STeMA caratterizzato dall'essere un piano che in se ha già contenuti i potenziali progetti o viceversa un progetto che nasce «necessariamente» dal processo di pianificazione.

nizione di prinicipi metaprogettuali, integra e interpreta in maniera nuova da una parte la più nota *life cycle analysis* e dall'altra la sequenza di passi delineati dall'attuale normativa, che delineano un processo tradizionale di progettazione – prefattibilità, preliminare, definitivo, esecutivo – aggiungendone un quinto, gestionale, per tenere conto della visione di lungo periodo.

Tutto questo descrive l'emergere di un progetto alternativo di *globalizzazione dal basso* della società civile globale. Secondo Richard Falk, che ha coniato questa definizione (FALK, 1993; 1997), la *globalizzazione dal basso* ha il potenziale di

«[...] concettualizzare valori ampiamente condivisi sull'ordine mondiale: minimizzare la violenza, massimizzare il benessere economico, realizzare una giustizia sociale e politica e sostenere la qualità ambientale» (FALK, 1999, p. 130).

BIBLIOGRAFIA

ANDERSON K. e BLACKHURST R. (a cura di), *Regional Integration and the Global Trading System*, New York, Harvester Wheatsheaf, 1993.

FALK R., *Predatory Globalization*, Cambridge, UK: Polity Press, 1999.

FALK R., *State of Siege: Will Globalization Win Out?*, in «International Affairs», 1997, 73 (1), pp. 123-136.

FALK R., *The Making of Global Citizenship*, in BRECHER J., CHILDS J. e CUTLER J. (a cura di), *Global Visions: beyond the New World Order*, Montreal, Black Rose Books, 1993.

FRANKEL J.A. (a cura di), *The Regionalization of the World Economy*, Chicago, University of Chicago Press, 1998.

GILPIN R., *Economia Politica Globale. Le relazioni economiche internazionali nel XXI secolo*, Milano, UBE, 2003.

GROSSMANN G.M. e HELPMANN E., *Innovation and Growth in the Global Economy*, Cambridge, MIT Press, 1991.

HEY C. e SCHLEICHER-TAPPESER R., *Nachhaltigkeit trotz Globalisierung. Handlungsspielräume auf regionaler, nationaler und europäischer Ebene* (= Konzept Nachhaltigkeit Studienprogramm), Heidelberg / Berlin / New York, Springer Verlag, 1998.

HIRSCHMAN A.O., *Journeys Toward Progress*, New York, Twentieth Century Fund, 1963.

HOMANN K., *Sustainability: Politikvorgabe oder regulative Idee?*, in L. GERKEN, *Ordnungspolitische Grundfragen einer Politik der Nachhaltigkeit*, Baden-Baden, Nomos, 1996, pp. 33-47.

MEYER W. e MARTINUZZI A., *Evaluation im Umweltbereich*, in «Vierteljahreshefte zur Wirtschaftsforschung» 2000, 3, pp. 453-467.

MUNDULA L., *ICT e Governance Territoriale: Approcci e Strumenti per le Politiche di Sviluppo Sostenibile*, in BELLINI E. e BENCARDINO F. (a cura di), *Conoscenza, ICT, Territorio: un approccio interdisciplinare*, Milano, F. Angeli, 2004, pp. 213-231.

MUNDULA L., *ICT@Territorio. Ruoli e strategie dell'economia globale per lo sviluppo sostenibile locale*, Milano, F. Angeli, 2004.

PACIONE M., *Urban Geography. A global perspective*, London, Routledge, 2001.

PIANTA M., *Globalizzare dal basso*, Roma, Manifestolibri, 2001.

PREZIOSO M., *Pianificare in sostenibilità*, Roma, AdnKronos, 2003.

SCHLEICHER-TAPPESER R. e STRATI F., *Progress towards Sustainable Regional Development. A review of Results from the EU Research Programme on Human Dimensions of Environmental Change*. Luxembourg, Office for Official Publications of the European Communities, 1999.

SCHUBERT U., MARTINUZZI A., HUCHLER E., LANGER M.E. e OBERMAYR B., *Evaluation Nachhaltiger Entwicklung. Herausforderung für Methodenentwicklung und Evaluationspraxis*, Vienna, 2001.

SEN A., *Lo sviluppo è libertà*, Milano, Mondadori, 2000.

SHIVA V., *Il mondo sotto brevetto*, Milano, Feltrinelli, 2002.

SINGER P., *One World. L'etica della globalizzazione*, Torino Einaudi, 2003.

STIGLITZ J.E., *La globalizzazione e i suoi oppositori*, Torino, Einaudi, 2002.

TOULEMONDE J., *Evaluation Culture(s) in Europe*, in Vierteljahreshefte zur Wirtschaftsforschung, 2000, 3, pp. 350-357.

WCED, World Commission on Environment and Development, *Our Common Future*, Oxford, Oxford University Press, 1987.

ZINGARELLI N., *Vocabolario della lingua italiana*, Bologna, Zanichelli, 1996.

Elena Palma ** e Antonella Rinella *

## IL RUOLO DEI PARCHI SCIENTIFICI E TECNOLOGICI NELLA FILIERA DELLA CONOSCENZA: IL CASO DEL PARCO SCIENTIFICO E TECNOLOGICO «TECNOPOLIS» DI VALENZANO (BARI)

1. *Il processo innovativo: dalla «semplice» innovazione alla filiera della conoscenza (tecnica)*

Il rapporto innovazione-imprese-territorio è oggi quanto mai attuale alla luce delle recenti evoluzioni dell'economia globale nei Paesi sviluppati.

Già negli anni Trenta Schumpeter, sulla scia degli insegnamenti hegeliani sull'«uomo nuovo», riconosceva nell'imprenditore la figura più importante dell'intero processo innovativo che si sostanzia nelle fasi di invenzione, innovazione e imitazione[1]. Assente dalle riflessioni degli economisti neoclassici rimaneva, però, la conoscenza tecnica, considerata ubiquitaria tra i fattori produttivi (Lloyd e Dicken, 1998).

---

\* Dipartimento di Scienze Economiche e Matematico-Statistiche, Università di Lecce. I paragrafi 1 e 2 sono da attribuirsi ad A. Rinella, i restanti ad E. Palma.

\*\* Dipartimento di Scienze Geografiche e Merceologiche, Università di Bari.

[1] In particolare, la seconda fase si esplica o nell'introduzione di un nuovo prodotto (innovazione di prodotto) o di metodi di produzione mai applicati in precedenza (innovazione di processo), oppure ancora nell'apertura di un nuovo mercato o la scoperta di nuove materie prime (ma anche nuovi modelli organizzativi e gestionali all'interno dell'impresa o dell'industria). L'innovazione ha in questo schema natura casuale e di «distruzione creatrice» nel senso che origina nuove attività economiche in nuovi settori, ma allo stesso tempo elimina dal mercato «vecchi concorrenti».

La teoria schumpeteriana si sposava a pieno con le onde di Kondratiev che facevano coincidere un nuovo ciclo economico con l'introduzione di una nuova tecnologia, e con la teoria del ciclo di vita del prodotto di Vernon cui l'accomunava il determinismo e la causalità (Conti, 1996).

La principale critica mossa alla teoria schumpeteriana ha riguardato, infatti, negli ani successivi, proprio la considerazione dell'ubiquitarietà delle fonti di conoscenza, che si esplica nella casualità del processo innovativo e che ha dato vita alla distinzione fra innovazioni radicali (possono essere casuali) da quelle incrementali (riguardano il «normale» processo di innovazione interno all'impresa grazie al reparto di Ricerca & Sviluppo) e dalla vera e propria rivoluzione tecnologica (che genera un nuovo ciclo economico e causa cambiamenti non solo nel prodotto, ma anche nelle istituzioni, favorendo la nuova traiettoria tecnologica), attribuendo grande importanza al processo di accumulazione e trasmissione dell'innovazione attraverso il moltiplicatore innovativo (CONTI, 1996).

I comportamenti spaziali dell'impresa saranno pertanto caratterizzati da un ampio ventaglio di possibilità: importanza crescente sta assumendo il dibattito attorno al *milieu innovateur* e alle variabili «d'area» che sostituiscono le tradizionali variabili «frizionali» nelle scelte localizzative e garantiscono una felice integrazione fra territorio, capitale umano e ricerca scientifica.

Il principale obiettivo dei ricercatori del GREMI (*Groupe de recherche europeen sur le milieux innovateurs*, 1991) è appunto quello di studiare le interazioni fra l'impresa innovatrice e il suo ambiente. L'ormai assunta importanza del processo collettivo di apprendimento che deve necessariamente precedere la reale innovazione affinché questa sia efficace, porta alla definizione di una rete di innovazione che, benché operativamente chiusa, in quanto depositaria di propria autonomia e identità, risulta operativamente aperta all'ambiente esterno. Il *milieu innovateur* si caratterizza, pertanto, per la forte enfasi sottesa ai processi storico-culturali localizzati per cui la dinamica innovativa trascende i singoli soggetti coinvolti ed è determinata dal comportamento del sistema territoriale nel suo insieme.

«In quest'ottica, l'attuale ciclo economico appare basato sulla rivoluzione informatica che, a differenza delle innovazioni radicali precedenti, si caratterizzerebbe innanzitutto per il fatto che oggetto dell'innovazione tecnologica... è l'informazione» (CONTI, 1988, p. 58).

Queste considerazioni portano all'accettazione di un altro fenomeno: lo sviluppo tecnologico, almeno nei Paesi sviluppati, è maggiormente legato all'innovazione di processo piuttosto che all'innovazione di prodotto, il che si traduce in un nuovo modello di processo innovativo inteso ora come una proficua rete di flussi e comunicazioni che legano l'impresa alla comunità scientifica da un lato e al mercato dall'altra (ROTHWELL e ZEGVELD, 1985).

In questa traiettoria si può inserire la costituzione di una vera e propria filiera della conoscenza tecnica che vede a monte del processo produttivo (di conoscenza) le organizzazioni «produttrici» di invenzione (ossia conoscenza tecnica e scientifica) quali Università, Politecnico, Centri di Ricerca, e coinvolge le strutture in grado di facilitare la diffusione e il trasferimento della stessa (Parchi Scientifici e Tecnologici, imprese con laboratori di Ricerca & Sviluppo...) e a valle si conclude con le imprese/organizzazioni che utilizzano tale conoscenza (Imprese/Pubbliche Amministrazioni locali) in un processo che non si conclude ma si alimenta dalle sue stesse fondamenta.

2. *Parchi Scientifici e Tecnologici (PST): l'anello «centrale» della filiera*

Ruolo strategico è quindi assegnato ai PST intesi come fonte di «esternalità tecnologiche», strumenti di sviluppo locale, e, in definitiva, come «facilitatori» nei processi diffusivi della conoscenza. Diverse sono le accezioni di Parco Scientifico e Tecnologico utilizzate; innanzitutto per *polo tecnologico* deve intendersi uno spazio dotato di tre caratteristiche fondamentali:
– un significativo potenziale di formazione tecnico-scientifica;
– compresenza di centri di ricerca pluridisciplinare;
– rapporti sinergici fra ricerca e industria.

Secondo la *International Association of Science Parks* (IASP), un Parco Scientifico è un'organizzazione avente lo scopo di aumentare il livello di benessere della propria comunità promuovendo la cultura dell'innovazione e la competitività delle imprese in esso presenti e delle istituzioni fondate sulla conoscenza.

A tal fine un Parco Scientifico:
– stimola e gestisce il flusso di conoscenza e tecnologia fra le Università, i Centri di Ricerca e Sviluppo, le imprese e i mercati;
– facilita la nascita e lo sviluppo di imprese innovative attraverso processi incubatori e di spinta;
– fornisce servizi ad alto valore aggiunto e spazi e strutture di alto livello.

I Parchi di «prima generazione» nascevano negli Stai Uniti d'America nel secondo dopoguerra, in spazi attigui ai più noti Campus universitari, dotati di notevoli proprietà terriere e di ottime strutture di ricerca, in armonia con le esigenze di incremento della competitività del territorio. L'idea era quella di costruire edifici industriali da offrire alle imprese che intendevano utilizzare in ottica commerciale le conoscenze sviluppate dalle Università (BACCANTI, 2004). L'esempio «classico» della Silicon Valley si caratterizza, infatti, per la vicinanza a centri di ricerca militare (fortemente sovvenzionati dal governo a partire dal secondo dopoguerra) e a strutture universitarie, per l'efficiente sistema di comunicazioni (in grado di supportare la divisione spaziale dei diversi anelli della catena del valore) e per la presenza di una solida base imprenditoriale (sostenuta anche da un «clima» favorevole).

«Tali esperienze hanno avuto un notevole successo, in un contesto in cui, la vicinanza fisica tra ricercatori, imprenditori e manager, nonché la condivisione di spazi, infrastrutture e laboratori era di per sé condizione sufficiente per accelerare meccanismi di trasferimento di tecnologie sviluppate in università e per conferire un forte vantaggio competitivo alle imprese insediate e, di conseguenza, all'intero territorio di riferimento» (BACCANTI, 2004).

Successivamente, negli anni Settanta-Ottanta, i Parchi sbarcarono in Europa e Giappone dove, sulla scia delle riflessioni innescate dalle considerazioni sulle sinergie «indotte», l'iniziativa si concentrava nelle mani pubbliche e forte appariva la componente urbanistica e immobiliare dei progetti unita alla capacità dei Parchi stessi di essere «incubatori» di imprese innovative. È la tipologia di intervento «pianificato» di concentrazione spaziale dell'attività di innovazione (cfr. tab. 1.1) cui si ispirano, ad esempio, gli iniziatori dei PST italiani nel Mezzogiorno. All'inizio degli anni Novanta, infatti, su proposta del Ministro della Ricerca, i Ministri dell'Intervento Straordinario nel Mezzogiorno e del Bilancio decidevano di promuovere e finanziare lo sviluppo dei PST nel Mezzogiorno attraverso un'Intesa di Programma da circa 1.100 miliardi di Lire (successivamente ridotti a 400). Grazie a questo primo investimento statale, furono creati 13 PST nel Sud Italia cui ben presto si aggiunsero, indipendentemente dall'iniziativa ministeriale, altre organizzazioni del Centro e Nord della Penisola che si autonominarono PST [2].

TABELLA 1.1
*Modelli di concentrazione spaziale dell'attività d'innovazione*

| Modello | Caratteristiche | Esempi |
|---|---|---|
| Pianificato | Concentrazione spaziale di istituti di ricerca e imprese *high-tech* localizzate in infrastrutture tipo PST determinate da interventi di politica industriale | Sophia Antipolis |
| Spontaneo | Concentrazione spontanea di attività con elevato contenuto tecnologico, seguita da un intervento *soft* di enti di ricerca e centri per l'innovazione | Silicon Valley |
| *Network* | Sistema innovatore locale o regionale basato sulla presenza di una rete di istituti di ricerca e di imprese | Baden-Württemberg |

(Fonte: ONDATEGUI e BERNACCA, 2003, p. 70, con modifiche).

---

[2] Infine, nel 1991, si è costituita l'APSTI (Associazione Parchi Scientifici e Tecnologici Italiani) che oggi riunisce 29 dei 35 PST italiani. Tra i soci fondatori l'Area Science Park di Trieste e Tecnopolis di Bari. All'art. 1 del suo Statuto sono stabiliti gli obiettivi condivisi da tutti i soci e in particolare lo sviluppo della competitività del territorio attraverso progetti in grado di favorire il trasferimento di tecnologie e di sostenere l'innovazione nelle imprese e nelle Pubbliche Amministrazioni locali, in collaborazione con le Università e i Centri di Ricerca.

Oggi, infine, esistono, particolarmente in Cina, esperienze di *governance* totalmente privata e di sostituzione di reti connettive fisiche con *networks* immateriali globali (cfr. tab. 1.1) all'interno dei quali perde importanza la prossimità fisica tra laboratori e imprese sostituita dalla crescente importanza dell'appartenenza a reti transnazionali o globali.

Quindi, «anche la stessa disponibilità di *facilities* di ricerca non è più condizione necessaria per la competitività, sostituita piuttosto dalla capacità di accesso alla conoscenza, di accesso alla competenza, ai capitali, ai mercati, nonché dalla rapida valorizzazione dell'innovazione sui mercati internazionali» (BACCANTI, 2004).

## 2.1 *PST lungo l'arco adriatico*

Dei 29 PST associati all'Associazione Parchi Scientifici e Tecnologici Italiani (cfr. §2), sette sono ubicati lungo l'arco adriatico: Area Science Park (Trieste), PST Galileo (Padova), VEGA PST e Veneto Innovazione (Venezia Mestre), Centuria-Rit (Cesena e Faenza) TecnoMarche (Ascoli Piceno) e Tecnopolis (Valenzano, BA) (cfr. tab. 1.2). La quasi totalità dei Parchi ha scelto la forma consortile per

TABELLA 1.2
*PST lungo l'arco adriatico*

| Regione | Denominazione | Ubicazione | Principali attività |
|---|---|---|---|
| Friuli-Venezia Giulia | Area Science Park | Basovizza (Trieste) | Chimica, Tecnologie biomediche, Elettronica e automazione industriale |
| Veneto | PST Galileo | Padova | Qualità e certificazione; innovazione e ricerca; design e nuovi materiali; nuova impresa |
| | Vega PST | Venezia Mestre | Biotecnologie; formazione; nuovi materiali, restauro e conservazione dei beni culturali; servizi avanzati; tecnologie per l'ambiente; tecnologie per l'informazione e la multimedialità |
| | Veneto Innovazione c/o Vega PST | Venezia Mestre | Coordinamento delle iniziative nel campo della ricerca, innovazione e servizi alle imprese, incubatore di PMI innovative |
| Emilia-Romagna | Centuria - Rit | Cesena e Faenza (Ravenna) | Agro-industriale e manifatturiero |
| Marche | TecnoMarche | Ascoli Piceno | Filiera del mobile, della calzatura, del tessile-abbigliamento, della meccanica e agro-alimentare |
| Puglia | Tecnopolis CSATA | Valenzano (Bari) | Biodiagnostica; elettronica; impiantistica meccanica; telerilevamento; formazione manageriale; multimedialità e tecnologie audiovisive; tecnologie laser |

garantire la partecipazione alle attività societarie del maggior numero di attori rilevanti nella filiera della conoscenza: Università, Imprese, Autorità locali, ma anche Camere di Commercio, Associazioni Industriali e Istituti di credito. Solo Veneto Innovazione ha optato per la costituzione di una Società per azioni che cura da un lato il coordinamento delle iniziative nel campo della ricerca, innovazione e servizi alle imprese e dall'altro l'aggregazione di piccole e medie imprese su progetti specifici di trasferimento di tecnologie, *know-how* e competenze.

La tipologia di imprese ivi insediate varia a seconda del contesto territoriale di riferimento: così, se nelle Marche e in Emilia-Romagna si sono privilegiate imprese operanti nei settori trainanti, sebbene «maturi», dell'economia che all'interno del Parco godono di particolari «esternalità tecnologiche» in grado di favorire il trasferimento di conoscenza praticamente a «costo zero», negli altri Parchi si è preferito puntare su imprese altamente innovative impegnate per lo più nei settori della biomedicina, biotecnologia, chimica ed elettronica. Accanto a queste attività, i Parchi di Venezia Mestre e Valenzano (Bari) (di cui tratteremo più diffusamente nel prossimo paragrafo) offrono anche formazione, inserendosi e completando così la filiera della conoscenza.

Questa distinzione richiama quella operata da CAMAGNI (1996) circa gli obiettivi di una politica di creazione dei PST che possono essere o parchi di eccellenza, orientati alla produzione di innovazioni – o invenzioni radicali (cfr. § 1) ovvero Parchi di diffusione/trasferimento tecnologico, orientati, invece, alla diffusione di tecnologie in produzioni tradizionali (come accade ad esempio nelle Marche e in Emilia-Romagna).

Naturalmente, in quest'ultimo caso, il ruolo del Parco non è esclusivamente di intermediazione e informazione tecnologica, quanto piuttosto di sostegno ai processi innovativi, sebbene di carattere «incrementale» (cfr. § 1).

### 3. *Gli «anelli» della filiera*

Secondo i dati contenuti nel Piano regionale per la Società dell'informazione (2001) all'interno della filiera della conoscenza barese emergono tre target/attori rilevanti: 1. i Centri di ricerca quali l'Università, il Politecnico e il Parco Scientifico e Tecnologico «Tecnopolis» di Valenzano (Bari); 2. i sistemi locali di imprese (utilizzatrici o produttrici di *Information and Communication Technologies, ICT*) e 3. la Pubblica Amministrazione.

### 3.1 *I Centri di ricerca*

L'Università degli Studi e il Politecnico barese offrono servizi a circa 70.000 studenti, con 12 facoltà per l'Ateneo e le Facoltà di Ingegneria e Architettura per il Politecnico, che garantiscono corsi di laurea breve e specialistica in ossequio alla nuova normativa. In particolare, maggiormente legate all'utilizzo delle nuove tecnologie, presso il Politecnico sono stati attivati i Corsi di Ingegneria dell'Informazione e i Corsi di Biotecnologie per l'innovazione di processi e di prodotti presso l'Università degli Studi. Allo stesso tempo, l'esistenza nel capoluogo della sede principale del Consiglio Nazionale delle Ricerche (CNR) e del Consorzio Uni.Versus che riunisce le maggiori Università pugliesi contribuisce a rafforzare la leadership della città di Bari all'interno della regione.

Ruolo strategico assume, inoltre, il Parco Scientifico e Tecnologico di Valenzano (Bari), Tecnopolis. Nato nel 1969 all'interno dell'Università degli Studi di Bari (ricalcando in tal modo il «modello Silicon Valley») intorno al nucleo CSATA (Centro Studi e Applicazioni in Tecnologie Avanzate[3]), per favorire il processo di modernizzazione della regione Puglia attraverso la diffusione dell'innovazione nel settore privato, l'aiuto nella fase di avviamento di imprese nel settore *ICT*, attività di formazione, consulenza e ricerca di alto livello, nei primi anni di attività non riuscì a incontrare le esigenze del mercato «interno». L'attività di «incubatore», infatti, risultò modesta (con sole 15 nuove imprese avviate), lo sviluppo di nuove tecnologie inadeguato rispetto ai fabbisogni delle aziende operanti (molti prototipi rimanevano inutilizzati perché non si sapeva come utilizzarli) e la capacità di attrarre imprese «esterne» limitata a causa della inapplicabilità degli studi di fattibilità proposti.

Così, nel 1984, Tecnopolis si costituisce società pubblico-privata (Tecnopolis CSATA Novus Ortus) con l'obiettivo di offrire servizi più vicini alle esigenze del territorio. In questo senso devono leggersi la nascita di un laboratorio di microelettronica al servizio delle imprese e le collaborazioni avviate con le Pubbliche Amministrazioni e con *networks* tecnologici e scientifici internazionali.

In questo contesto, sul finire degli anni Novanta, il Parco entra nella fase «istituzionale» del proprio «ciclo di vita», perché, su incarico della Regione si occupa del processo di *reengineering* dei sistemi organizzativi e tecnologici degli Enti locali attraverso il programma RUPAR (Rete Urbana delle Pubbliche Amministrazioni Regionali). Allo stesso tempo continua a svolgere i compiti di formazione e ricerca rivolgendosi al mercato locale e nazionale.

Oggi, il «tacito» ruolo assegnato a Tecnopolis (sulla base di fattori idiosincratici piuttosto che per un reale disegno strategico) dal Piano Operativo Regionale (POR) sembra quello di una vera e propria Agenzia in grado di coordinare la politica tecnologica regionale che, utilizzando i nuovi strumenti informatici (Internet in particolare) sia nelle pratiche gestionali sia in quelle diffusive della conoscenza, riesca a rilanciare la produttività del territorio, catalizzando il pro-

---

[3] Tale Consorzio riuniva Università meridionali, Camera di Commercio di Bari, Cassa di Risparmio di Puglia e alcune società di consulenza.

cesso di modernizzazione e favorendo l'adozione dell'*e-governement* per la migliore circolazione dell'informazione all'«interno» ed all'«esterno» delle pubbliche amministrazioni.

È questa, dunque, la principale ambiguità di cui oggi il Parco è testimonianza, essere al contempo regolatore e *competitor* all'interno dello stesso mercato (quello appunto dell'*ICT*): risolvere questo conflitto d'interessi sarà il primo doveroso passo da compiere da parte dell'ente.

Oggi il Parco, in via di espansione, si estende su una superficie di circa 23.000 m$^2$, di cui 20.000 adibiti a uffici in cui sono impiegati 197 lavoratori, di cui il 60% laureati. Al suo interno sono presenti laboratori specializzati in elettronica e sistemi, tecnologie industriali, sistemi informativi territoriali, architetture e tecnologie di reti (cfr. fig. 1.1).

Allo stesso tempo nel Parco si sono insediate, all'interno dell'Incubatore (cfr. fig. 1.1), 27 imprese e organizzazioni, operanti in differenti settori, la maggior parte dei quali ad alto contenuto tecnologico: biodiagnostica, elettronica, impiantistica meccanica, telerilevamento, formazione manageriale, multimedialità e tecnologie audiovisive, tecnologie laser, per un totale di 150 dipendenti.

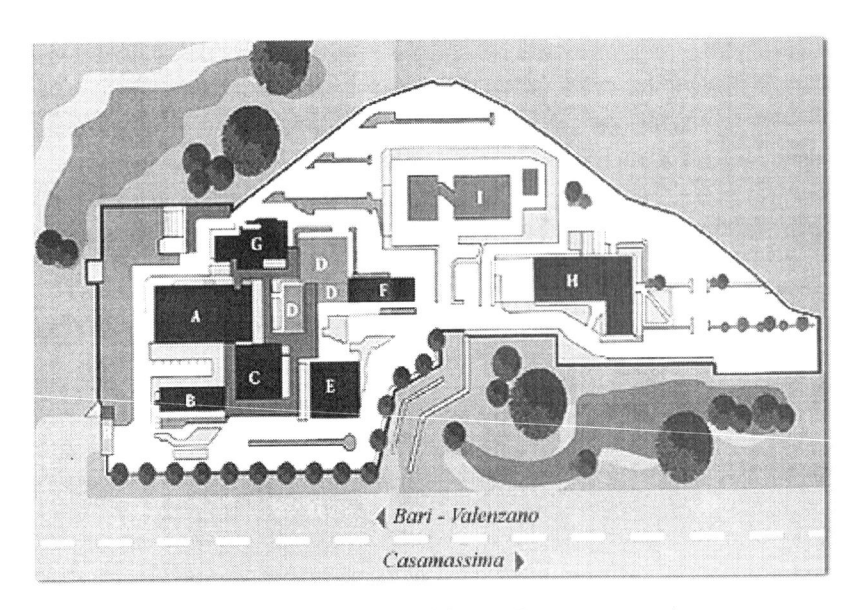

Fig. 1.1 - *Tecnopolis: Mappa del Parco* (Fonte: *www.tno.it*).

A: Laboratori tecnologici - Centro Elaborazione Dati; B: Palazzina uffici; C: Centro documentazione - Biblioteca - Sala seminari; D: Centro Congressi - Bar - Mensa; E: Aule; F: Palazzina uffici; G: Palazzina Ricerca Cooperativa; H: Incubatore; I: Centro Laser; R: Ingresso - Portineria.

*3.2 Il mondo dell'impresa*

Secondo i risultati della ricerca condotta nel 2003 in seno al programma MUTEIS (*Macro-economic Urban Trends in Europe's Information Society*[4]), le imprese produttrici di *ICT*[5] presentano interessanti indici di concentrazione nel capoluogo pugliese in termini di addetti e unità locali rispetto al totale provinciale (unità locali: 39,6%; addetti: 42,1%). In particolare, il vero *driver* del settore è il comparto delle telecomunicazioni sostenuto dalla rapida e costante diffusione della telefonia mobile anche se la piccolissima dimensione delle imprese impegnate nel sub-settore non ne garantisce lo sviluppo futuro (PALMA, RUSSO e SCANDALE, 2003). Allo stesso tempo, proprio il sistema locale di imprese appare ancora poco propenso all'innovazione e, quindi, debole sostenitore della domanda di *ICT* in Puglia.

Innanzitutto la piccola o piccolissima dimensione delle imprese provinciali (il 78,4% delle imprese conta 1-2 addetti) non favorisce l'utilizzo delle nuove tecnologie e in generale gli investimenti in Ricerca & Sviluppo: tuttavia, secondo una recente indagine (2001) della sede locale della BANCA D'ITALIA condotta su un campione di 227 imprese pugliesi, l'80,9% aveva attivato l'accesso a Internet, a fronte del 53,7% alla fine del 1999. Inoltre, l'indagine ha evidenziato che la percentuale di imprese pugliesi con meno di 50 dipendenti collegate a Internet è aumentata in modo considerevole. Anche l'utilizzo della rete si dimostrava più intenso ed efficiente rispetto al mero utilizzo destinato alla posta elettronica. All'inizio del 2001, infatti, la metà delle imprese del campione aveva attivato un sito Web sebbene, nel 78,1% dei casi, con contenuti aggiornati solo saltuariamente. Infine, come sottolinea il Piano Regionale per la Società dell'Informazione (2001), «le limitate dimensioni aziendali non facilitano collegamenti organici con il sistema di ricerca» (p. 63) rischiando di «interrompere», qualora non si intervenga in tempo, il circolo dell'innovazione.

*3.3 La Pubblica Amministrazione*

La Pubblica Amministrazione è dal 2000 impegnata nel tentativo di far «dialogare» i diversi anelli della filiera della conoscenza regionale e del capoluogo in particolare. Strumento fondamentale a tal fine risulta essere il Piano regionale per

---

[4] Il Progetto è nato in seno alla Commissione Europea, V Programma Quadro, per indagare le *performance* e l'impatto del *cluster ICT* sulle città d'Europa e prevede, accanto a uno studio macroeconomico sulle variabili in grado di influenzare il settore, l'identificazione delle caratteristiche qualitative dello stesso, ossia l'esistenza di «reti locali», il loro grado di funzionamento e il ruolo dei *policy makers* nel processo di *governance*.

[5] Il settore *ICT*, secondo la classificazione operata dall'OECD, comprende al suo interno quattro principali sub-settori: 1. *Hardware* (imprese impegnate nella produzione e manutenzione di apparecchiature da ufficio, cavi, componenti elettronici…); 2. *Software* (imprese impegnate nella produzione di *software*, database, consulenza…); 3. Telecomunicazioni e 4. *Content* (agenzie pubblicitarie, di comunicazione, case di produzione cinematografica…).

la Società dell'informazione (2001) nato dal recepimento del Piano di Azione comunitario «e-Europe: una società dell'informazione per tutti» e dal successivo Piano nazionale.

Esso, infatti, rivolgendosi in via prioritaria a cittadini, ai sistemi locali di impresa, alla stessa Pubblica Amministrazione e al sistema della formazione e ricerca, interessa tutti gli «anelli» della filiera nel tentativo di istituire legami virtuosi e sinergici tra questi all'interno del territorio, proprio attraverso il sapiente uso delle nuove tecnologie.

In particolare, l'intervento della Pubblica Amministrazione risulta fondamentale non solo «all'esterno», per l'erogazione di servizi pubblici agli *stakeholders* (in particolar modo cittadini e imprese), nell'ottica della trasparenza dell'azione amministrativa e del miglioramento della sua efficacia, ma anche all'interno della macchina amministrativa nella prospettiva della modernizzazione del sistema di governo (*reengineering* dei processi organizzativi, valorizzazione delle professionalità e delle capacità gestionali dei dipendenti pubblici...) e nella funzione di stimolo alla domanda per la fornitura di infrastrutture e di servizi a livello locale.

## 4. *Conclusioni*

Queste riflessioni costituiscono il primo gradino di una più ampia ricerca sullo stato delle filiere delle altre regioni dell'Adriatico, volto a misurare il (buon) funzionamento dei Parchi quali catalizzatori ed enzimi di «connettività» tra imprese, centri di ricerca e formazione e Pubblica amministrazione nell'ottica di uno sviluppo sinergico e virtuoso del territorio.

Appare infatti evidente che oggi più che in passato le imprese nelle loro scelte localizzative danno sempre maggior «peso» alle variabili *di area* piuttosto che alle variabili frizionali (legate ai costi di trasporto) e che per ciò stesso l'efficacia delle politiche di attrazione di imprese innovative sul territorio appare strettamente connessa alla capacità di creare istituzioni in grado di intervenire nella fase intermedia della filiera.

Come ricorda Castells (1985) la categoria concettuale spazio non perde importanza dinanzi alle logiche della società dell'informazione perché se è vero che da un lato si riduce il peso dei fattori localizzativi tradizionali (distanza e, quindi, costi di trasporto, in primo luogo), dall'altro si riconosce rilevanza strategica ai fattori discreti in grado di innescare processi sinergici cosiddetti «indotti», emergenti «allorché vengono realizzati specifici "ambienti" favorevoli alla creazione di tecnologia» (CONTI, 1988, p. 75).

La territorialità diviene, quindi, un attributo fondamentale della Società dell'Informazione quando la si intenda come sistema di persone, di abitudini, di valori e di tecnologie che interagiscono in un determinato contesto sociale. In questo contesto le nuove tecnologie, fungendo da trampolino di lancio delle vocazioni dei singoli territori a scala globale, costituiscono, o dovrebbero costituire, una speciale garanzia.

BIBLIOGRAFIA

BACCANTI M., *I Parchi Scientifici e Tecnologici nel mondo: l'evoluzione e le tendenze*, 2004, in *www.apsti.it*.

BANCA D'ITALIA, *Note sull'andamento dell'economia della Puglia nel 2000*, 2001.

CAMAGNI R., *Lo sviluppo urbano sostenibile: le ragioni e i fondamenti di un programma di ricerca*, in R. CAMAGNI (a cura), «Economia e pianificazione della città sostenibile», Bologna, Il Mulino, 1996.

CASTELLS M., *High Technology, Economic Restructuring and the Urban-Regional Process in the United States*, in M. CASTELLS, *High Technology, Space and Society*, Sage Publication, Beverly Hills, 1985.

CONTI S., *Innovazione tecnologica e nuove logiche localizzative*, in S. CONTI (a cura), *Prospettive geografiche del mondo attuale*, Torino, Cooperativa di Cultura Lorenzo Milani, 1988.

CONTI S., *Geografia economica*, Torino, UTET, 1996.

CORTI E., *L'Associazione dei Parchi Scientifici e Tecnologici Italiani (APSTI)*, in *www.apsti.it*.

LLOYD P.E. e DICKEN P., *Spazio e localizzazione. Un'interpretazione geografica dell'economia*, Milano, Franco Angeli, 1998.

ONDATEGUI J.C. e BERNACCA G., *L'esperienza dei Parchi Scientifici e Tecnologici in Spagna*, in «Bollettino della Società Geografica italiana», 2003, pp. 69-95.

PALMA E., RUSSO A.P. e SCANDALE L., *Il ruolo della cultura nella creazione di un* milieu *innovativo: il caso di Bari*, in «Atti della XXIV Conferenza Italiana di Scienze Regionali», Perugia, 8-10 ottobre 2003, pp. 21.

REGIONE PUGLIA, *Piano regionale per la Società dell'informazione*, 2001.

ROTHWELL R. e ZEGVELD W., *Reindustrialization and Technology*, Londra, Longman, 1985.

Siti internet consultati
*www.apsti.it*
*www.centruria-rit.com*
*www.pstmarche.it*
*www.tno.it*
*www.vegapark.ve.it*
*www.venetoinnovazione.it*

Astrid Pellicano *

# CIPRO E MALTA: L'INTEGRAZIONE VERSO L'INSULARITÀ

Con l'allargamento a sud, alle due isole-Stato Cipro e Malta[1], l'Unione Europea ha rinnovato la volontà di estendere la dimensione mediterranea verso il Vicino e Medio Oriente, attraverso il ben noto, anche se quasi fermo, partenariato euromediterraneo e l'unione doganale; ovvero la volontà di realizzare l'integrazione, principalmente economica, con i 12 PTM[2] (fortemente eterogenei, ma portatori di una traccia unitaria risalente all'epoca fenicia-romana), con i quali le due isole hanno all'attivo diverse relazioni, favorite anche dalla breve distanza geografica.

Cipro, geograficamente turca ma etnicamente a maggioranza greca, con i suoi 9.250 km$^2$ e una popolazione di circa 814.000 ab. al 2002[3] (e una densità di 93,4 ab/km$^2$), di cui l'87,7% greco-ciprioti[4], si trova tra la Grecia a ovest (380 km la separano da Rodi) e il Medio Oriente sugli altri tre lati (dista 75 km dalla Turchia a nord, 135 dalla Siria a ovest e 380 dall'Egitto a sud); Malta, estesa su un territorio di appena 316 km$^2$, e con solo 397.844 abitanti[5] per una densità di 1.259

---

\* Dipartimento Analisi delle Dinamiche Territoriali e Ambientali, Università di Napoli «Federico II».

[1] Si ricorda che di Cipro è entrata solo la parte meridionale, l'unica internazionalmente riconosciuta. Per la storia di Cipro e Malta si vedano LOMBARDI, 2000, pp. 11-20, RIZZO, 1994, e siti Internet *www.doi.gov.mt* e *www.pio.gov.cy*.

[2] Paesi «mediterranei non comunitari» (fino al 1997 «paesi terzi mediterranei» - PTM).

[3] Dati EUROSTAT 2002. Non è una stima totalmente reale perché non esiste un censimento unico per tutta l'isola o dati sulla popolazione accettati da entrambe le parti (Cfr. LOMBARDI, *cit.*, 2000, pp. 21ss.).

[4] Da questi sono esclusi gli oltre 115.000 turchi illegalmente trasferitisi nella parte settentrionale turco-cipriota che occupa il 37% dell'isola.

[5] Negli ultimi anni ha registrato una lieve crescita passando dai 376.000 ab. del 1997, ai 385.077 del 2001.

ab/km² sempre al 2002, è esattamente all'imbocco del Mediterraneo orientale tra l'Italia a nord (è a 93 km a sud della Sicilia) e l'Africa a sud (316 e 360 km rispettivamente la distanziano da Tunisi e Tripoli)[6]. La sua posizione all'imbocco del Canale di Sicilia, che collega il Mediterraneo occidentale con quello orientale ne ha a lungo definito il significato geopolitico; già in passato avamposto geopolitico per il transito sulla Via delle Indie[7], fungendo da ponte tra il nord e il sud del Mediterraneo (e coinvolgendo nella partecipazione anche l'Algeria e la Libia), è diventata nel tempo un giocatore chiave nel partenariato euromediterraneo, per favorire la completa integrazione in ambito politico, economico e sociale con l'Europa e il resto dei paesi mediterranei non comunitari. Ed è l'unica in grado di accogliere in tutta serenità i ministri provenienti dagli altri PTM, soprattutto da Siria, Israele, Cipro, Turchia (MEDINA, 1997).

Queste isole presentano caratteri demografici ed economici molto vicini a quelli medi europei (anche se per Cipro vale solo per la parte sud): la speranza di vita alla nascita è uguale alla media UE (75,3 Cipro, 76,1 Malta, 75,3 UE), con una mortalità infantile pari a 4,6 ogni 1.000 nascite. Così anche la percentuale di uomini laureati fra i 25 e i 64 anni maggiore di quella delle donne laureate della stessa fascia d'età. A questo si aggiungano anche la lingua (greco e maltese, e inglese) e la religione (maggioranza cristiana ortodossa e cattolica). Economicamente parlando in queste isole gli indici sono tra i migliori del mondo: un'inflazione intorno al 2,5% e un debito pubblico di poco al di sopra del 50% per entrambe, un tasso di disoccupazione del 3,8 (Cipro) e 7,4%[8] (Malta); inoltre, hanno monete tra le più stabili[9], e un tenore di vita superiore a quello di alcuni fra gli altri membri dell'Unione. Secondo il calcolo di EUROSTAT a parità di potere d'acquisto, Cipro e Malta hanno un PIL *pro capite* elevatissimo: la prima il 72% (17.400 $ - della media nel 2002, superiore a quello di Grecia e Portogallo ed equivalente a quello della Spagna), Malta il 55% (11.700 $ della media europea nel 2000, superato soltanto da Cipro, Slove-

---

[6] Inoltre, dista da Alessandria a sud-est 1.519 km e da Gibilterra a ovest 1.836 km (*www.doi.gov.mt* e *www.pio.gov.cy*).

[7] Si ricorda che nel 1869, in seguito all'apertura del Canale di Suez, gli inglesi la trasformarono in avamposto geopolitico nel cuore del Mediterraneo, in un porto di transito attraverso il suindicato canale e lo Stretto di Gibilterra, sulla Via delle Indie, e la giudicarono indispensabile per la difesa delle rotte del Mediterraneo, dell'Egitto e del Canale di Suez poi; Napoleone la considerò perno necessario e indispensabile sul quale costruire una strategia nel Mediterraneo; durante la seconda guerra mondiale rappresentò la chiave nelle battaglie per le vie di comunicazione con il Nordafrica (Cfr. RIZZO, 1994).

[8] Questo dato negativo si riferisce al solo secondo semestre del 2002. Fonti: Ambasciata d'Italia a Malta ed EUROSTAT.

[9] Il tasso di cambio è orientativamente stabile, attestandosi al 2 gennaio 2003 a 0,5730 £c per 1Euro (da 0,54 del 1999 e 0,64 del 2001), circa 0,576 £c per 1$; e a 0,4143 £m per 1Euro (da 0,4 del 1999 e 0,45 del 2001), circa 0,413 £m per 1$.

nia e Repubblica Ceca)[10]. Sia i dati di EUROSTAT sia quelli degli Uffici Nazionali di Statistica delle due isole rivelano un'economia molto dinamica e spesso al di sopra della media UE. Il settore economico principale di Cipro (solo per la parte meridionale dell'isola) al 2001 è il terziario con il 75% grazie a un'intensa presenza di società di servizi nel settore *off-shore*, l'«International Business Company»[11]: più di 40.000 tra marketing, commercio e distribuzione (61,2%), consulenza tecnica e d'affari (14,2%), direzione navale e servizi marittimi (9,2%)[12]. Il numero complessivo dei permessi rilasciati dall'inizio del 1976 ha raggiunto 41.751 nel 1999 e l'84,7% delle nuove registrazioni proviene da Paesi europei (Europa orientale in particolare). Il 2002 si è chiuso registrando una crescita del PIL stimata intorno al 2,2%, e per la fine del 2004 è atteso un ulteriore incremento fino al 5,1%. Questa previsione ottimistica richiede tuttavia misure per il consolidamento fiscale rimasto lontano dagli obiettivi e per il disavanzo delle partite correnti, aumentato.

Anche l'economia maltese, dall'analisi della composizione del Prodotto Interno Lordo (che nel 2002 ha avuto una crescita nominale del 5%)[13], emerge che si va sempre più configurando come un'economia orientata ai servizi, con una forte tendenza a rafforzare in particolare il comparto dei servizi finanziari con la creazione di aziende e fiduciarie *off-shore* (al 2002 sono 1.442)[14], facilitata dallo status del porto di Marsaxlokk, porto franco per il trasbordo delle navi container, che hanno trasformato l'isola in un importante partner commerciale privilegiato nel Mediterraneo. Ciò non deve far distogliere dal fatto che Malta ancora conduce un'economia modesta, pari allo 0,04% di quella della UE e richiede misure di più ampio respiro, per una maggiore efficienza produttiva e quale sostegno al consolidamento fiscale, e anche un abbassamento del livello dei prestiti inesigibili nel settore bancario che rimane elevato[15]. A questo si aggiunga l'applicazione di riforme nel settore del turismo, entrato in crisi, che contribuisce per circa il 25% all'economia del paese.

---

[10] Il tasso di crescita ha raggiunto dal 1993, per entrambe le isole, in media il 3,4%.

[11] La tragedia del conflitto civile nel vicino Libano, scoppiato nel '75, ha determinato lo spostamento a Cipro delle compagnie in cambio di un regime fiscale particolarmente favorevole.

[12] «Le "off-shore" cipriote divengono il mezzo ideale per ottenere dividendi, interessi e *royalties* completamente esenti o con minime imposizioni fiscali, senza dover essere soggette ad alcuna imposizione aggiuntiva nel paese di origine. Un'altra agevolazione in termini fiscali concessa a questo tipo di società è la possibilità di importare o ordinare in loco veicoli, attrezzature per ufficio ed altri beni necessari al funzionamento della società, in esenzione dai dazi doganali e dall'imposta sul valore aggiunto (VAT). Per il personale straniero impiegato in tali società è consentita, inoltre, l'importazione in esenzione dai dazi doganali delle proprie masserizie» (Fonte: Banca Centrale di Cipro).

[13] Fonte: Ambasciata d'Italia a Malta.

[14] Fonte: Malta Financial Services Centre, unica autorità di regolamentazione dei servizi finanziari.

[15] COMMISSIONE DELLE COMUNITÀ EUROPEE, 2003.

Emerge chiaramente che con l'ingresso delle due isole l'UE ha puntato a rafforzare la caratteristica mediterranea dell'Unione: la prospettiva che si venga a creare il più grande mercato unico del mondo e l'adozione delle leggi comunitarie da parte di tutti gli Stati membri sta creando condizioni più favorevoli, capaci di attrarre maggiori investimenti esteri, di far crescere ulteriormente l'economia europea, di garantire nuove opportunità di lavoro e una maggiore competitività imprenditoriale. Per esempio l'Italia potrà puntare a Cipro sul settore delle comunicazioni per la cessazione del monopolio detenuto dall'ente governativo Cyta e a Malta sul settore energetico, principalmente i gasdotti. Le piccole e medie imprese italiane potranno beneficiare dell'apertura dei nuovi mercati, ma per farlo dovranno puntare sull'organizzazione distrettuale, un fattore di competitività cruciale per il nostro sistema produttivo. Tuttavia, al fine di rendere stabile e omogenea la presenza italiana «è necessario realizzare presto le infrastrutture della Nuova Europa che ancora mancano»: da quelle «fisiche» dei corridoi paneuropei e marittimi mediterranei, a quelle finanziarie e creditizie.

Questi aspetti positivi per una vera integrazione non devono fuorviarci, sottovalutando il quadro geografico di tali paesi a livello politico, con le molte incognite e le tante sfide. E ciò principalmente perché non dobbiamo vedere questo neoallargamento solo come geografico-fisico, ma anche e soprattutto come un fatto politico, economico, sociale, culturale; un fatto «europeo» per una prospettiva di sicurezza, di stabilità a tutti i paesi che vi aderiscono e ai paesi vicini.

In primo luogo non va sottovalutata la questione cipriota, quella della riunione (l'isola è separata dal 1974 da un muro di 180 chilometri chiamato linea verde o Attila) alla Repubblica di Cipro della «Repubblica turca di Cipro del nord» popolata dalla comunità turco-cipriota e riconosciuta soltanto dalla Turchia che vi mantiene un'ampia presenza militare e le fornisce consistenti aiuti finanziari, in virtù dell'arretratezza economica (un PIL *pro capite* stimato in meno di un terzo di quello della Repubblica di Cipro, causa anche delle sanzioni UE alle esportazioni dal 1994). Innumerevoli tentativi di mediazione non hanno finora dato esito: dai *proximity talks* sospesi a fine 2000, al cambio di governo del maggio 2001 nella «Repubblica turca di Cipro del nord» che aveva rafforzato le posizioni più intransigenti, con i turco-ciprioti richiedenti una confederazione per la parità giuridica tra le due comunità e i greco-ciprioti una federazione; fino ai risultati del referendum del 24 aprile 2004, che hanno visto oltre il 75% dei greco-ciprioti rispondere negativamente al piano di unione federale dell'isola proposto da Kofi Annan. Questo fallimento nel tempo potrebbe portare in seno all'Europa l'onere di un contenzioso di improbabile soluzione in direzione del dialogo e della collaborazione con comunità di religione islamica di decisiva importanza simbolica e pratica; e a un decremento della crescita economica dell'isola già gravato dalle conseguenze della tensione mediorientale. Tanto che la Commissione europea è pronta ad abrogare le sanzioni per evitare l'isolamento della parte settentrionale dell'isola e ha proposto un nuovo pacchetto di misure economiche, pari a 259 ml/€.

Inoltre, avendo Cipro adottato una vantaggiosa legislazione fiscale e finanziaria con la presenza delle oltre 40mila attività finanziarie *off-shore*, tra cui anche russe e serbe, è stato a lungo accusato dalla comunità internazionale di essere diventato un crocevia determinante per i flussi di danaro tra Europa e Medio Oriente, soprattutto quelli legati ai traffici di armi, droga e clandestini (SARDELLONE, 2001 e MIRKOS); non solo, anche punto di passaggio delle sfide per la sicurezza europea del nuovo millennio, ovvero dei guerriglieri curdi, armeni e filo-iraniani della milizia Hezbollah, e forse anche degli emissari di Bin Laden, oltre a una miriade di spie da mezzo mondo che sembrerebbe abbiano eletto l'isola a loro centrale di attacco contro l'Europa. Lo dimostrano i buoni rapporti politici e diplomatici che legano ancora oggi la capitale Nicosia, sponsor della causa palestinese, con alcuni *rogue-states* passati e presenti, quali Iran, Libano, Libia ed Algeria (SARDELLONE, 2001).

Malta dal canto suo non presenta notevoli problemi in tal senso, ma divenuta ormai parte integrante dell'Unione, si deve impegnare da un lato a rafforzare i controlli, poiché potrebbe diventare meta di transito dell'immigrazione clandestina proveniente, in particolare, dall'Africa settentrionale o dal Medio/Vicino Oriente, dall'altro ad attuare pienamente, secondo gli accordi associativi del 1971, l'unione doganale per una economia più aperta e nuove opportunità di scambio capaci di realizzare una vera identità europea (MALTA, 2001, pp. 120-121).

L'elemento principe su cui oggi devono puntare le due isole-Stato, per una vera integrazione, è la rivitalizzazione del partenariato euromediterraneo[16], per se-

---

[16] È nato alla Conferenza di Barcellona del 27-28 novembre 1995. Una sua peculiarità risiede nella circostanza che deve essere realizzato su due livelli complementari: uno a carattere regionale e l'altro a carattere bilaterale, attraverso la stipula di Accordi di associazione e di cooperazione tra i paesi dell'UE e quelli dell'area mediterranea. Attraverso lo stanziamento di 4,7 miliardi di ecu (95-99), uno strumento tecnico-finanziario, il programma MEDA (3,424 mld €), e prestiti BEI, incrementati nel 2000, per il periodo 2000-2007, fino a 6,4 mld € (Cfr. RIZZI, 1997 e CAPARRINI, 2004).

Circa il 90% delle risorse del programma MEDA sono destinate a finanziare progetti di cooperazione bilaterali (fra UE e paesi mediterranei) per i settori ambiente; sviluppo delle imprese mediterranee; trasporti, energia e telecomunicazioni; mentre il restante 10% finanzia progetti regionali. Gli strumenti principali della cooperazione decentrata nell'ambito del terzo pilastro sono i quattro programmi MED attivi in ambito socioculturale e cioè MED-Campus (tra università), MED-Media (nel settore dei Mass Media), MED-Urbs (tra enti territoriali) e MED-Migrazione; nell'ambito del secondo pilastro sono invece i due programmi potenziati MED-Invest e MED-Interprise per le PMI.

Due importanti esempi di progetti, ma in questo caso nell'ambito di altri programmi, sono, per l'*Interreg II C,* ARCHIMED, un'Azione Pilota *ex* art. 10 FESR per il periodo 1997-1999, per l'Area del Mediterraneo centrale e orientale, che individua uno spazio di cooperazione tra Italia, Grecia, Malta, Cipro ed eventualmente Tunisia ed Egitto – con possibilità anche di finanziamento MEDA. Per il *Programma Euromed Heritage II* - Linea di Bilancio Comunitario B7 - 4100, il PROGETTO MEDFORT - Fortezze e fortificazioni: Valorizzazione, conservazione e sviluppo integrato del patrimonio culturale comune. Le aree subregionali individuate sono quelle dell'alto Tirreno (Italia e Francia), del Golfo del Leone e delle Baleari (Francia, Spagna e Marocco), dello Stretto di Gibilterra e della Costa dei Mauri (Spagna, Marocco), del Mar Egeo (Grecia) e del Mediterraneo orientale (Malta, Tunisia, Israele, Palestina, Libano, Giordania, Siria e Cipro) (Cfr. STOCCHIERO, 2001).

guire un approccio globale che si articola attorno ai tre grandi obiettivi tra loro interrelati, della Politica e sicurezza (per una stabilità regionale attraverso un dialogo politico potenziato), dell'Economia e finanza (per istituire progressivamente lo spazio economico Euromediterraneo di libero scambio entro il 2010, nel rispetto delle regole della WTO) e della Cultura e società (per sviluppare una cooperazione decentrata a favore dell'istruzione, della formazione, della cultura, ecc.). A cui si aggiungerebbe una cooperazione nel settore della giustizia e degli affari interni per combattere il traffico di stupefacenti, il terrorismo, l'immigrazione clandestina e la criminalità internazionale. Settori da svilupparsi sia attraverso la cooperazione intergovernativa, sia attraverso la «cooperazione decentrata», ossia uno scambio trasversale fra le società civili: una sorta di «cosviluppo» mediante accordi di cooperazione con i paesi del Maghreb centrale (Algeria, Libia, Marocco, Tunisia), quelli del Mascreck (Egitto, Giordania, Libano, Siria e i Territori palestinesi), Israele e la Turchia. Paesi questi che contano attualmente 220 milioni di abitanti e si stima raggiungeranno i 300 nel 2010.

«L'Unione Europea, con gli accordi di Barcellona del 1995, intende promuovere un nuovo, enorme spazio economico-commerciale da lei influenzato e orientato che si dovrebbe materializzare, nel 2010, con la creazione della zona di libero-scambio euro-mediterranea, ovvero un nuovo mercato di 600-700 milioni di consumatori che fungerà da testa di ponte verso l'Africa, oggi in gravissima crisi, e verso il vicino e il medio Oriente e l'Asia» (SPATARO, 2001). Ma l'attuazione del partenariato (che di fatto costituisce ancora la base di integrazione Nord-Sud) è un fatto lungo e molto complesso e allo stato vi è ancora molto da definire in sede europea, considerando che l'attuazione del programma MEDA1 è stata insoddisfacente e ad incidere anche gli avvenimenti dell'11 settembre, l'andamento del processo in Medio Oriente e le tensioni in Irak (che hanno indebolito la fiducia degli investitori nella zona sud considerata rischiosa per gli investimenti a lungo termine), che coinvolgono indirettamente anche le due isole.

L'arrivo di Cipro e Malta finisce quindi per ridare urgenza a una politica mediterranea dell'Europa, ad accordi più stretti, se non addirittura di adesione con i paesi del Maghreb, con Egitto e Israele in primis, e con Spagna, Italia e Francia come partner più direttamente interessati.

Col primo accordo di cooperazione siglato nel 1995 fu avviato un impegnativo processo di partenariato globale fra gli allora paesi UE e i 12 PTM (escludendo temporaneamente la Libia), per la creazione della suindicata Zona di Libero Scambio (ZLS). Tuttavia, per evitare tensioni paralizzanti fra le due parti contraenti, in questa prima fase furono «accantonate» alcune questioni piuttosto spinose, quali la libera circolazione delle persone e dei prodotti agricoli. Questioni che oggi, ormai allargata l'Unione, ancor più devono essere affrontate, considerando da un lato che per la gran parte dei PTM (soprattutto quelli non produttori d'idrocarburi) l'esportazione delle loro produzioni agricole sui mercati europei è di vitale importanza, in quanto principale risorsa esportabile, capace di controbilanciare le massicce e variegate importazioni di beni e servizi provenienti dai paesi dell'Unione; dall'altro lato, che con i nuovi membri PECO (pur previste delle barriere iniziali) si apriranno presto le porte del mercato alimentare europeo a nuovi, consistenti volumi di produzioni agricole, anche qualificate, realizzate in questi paesi a costi abbastanza competitivi. Queste due realtà (PTM e 10 Peco), così diverse per esperienza storica e politica, per il loro profilo sociale e culturale, hanno in comune alcuni aspetti socio-economici basilari: un PIL fortemente caratterizzato dalla componente agricola, un reddito *pro capite* generalmente basso e salari di molto inferiori agli standard europei e meridionali. Caratteristiche che confermano la previsione di una consistente crescita dell'offerta di prodotti agroalimentari, a basso costo di produzione, sul mercato alimentare europeo che potrà squilibrare il sistema generale dei prezzi e attivare meccanismi di concorrenza oltremodo spinta.

Come non ha mancato di rilevare Spataro nel mese di gennaio del 2003 al Convegno Orizzonti Mediterranei..., «L'ingresso di questi due Paesi [Cipro e Malta] se da un lato andrà a rafforzare la caratteristica mediterranea dell'Unione, dall'altro lato potrebbe indebolire l'impianto politico e multiculturale dell'ambizioso progetto del partenariato euro-med, poiché il passaggio di Malta e Cipro da membri di Euromed a membri dell'Unione, oltre a ridurre il numero dei partners mediterranei (da 12 a 10), impoverirà il contesto politico e culturale di riferimento che sarà polarizzato intorno a due sole componenti fra loro contrastanti: l'arabo-islamica e l'ebraica. Perdurando lo stato di tensione fra palestinesi ed israeliani, sarà sempre più problematico continuare a vedere i rappresentanti del governo israeliano (isolato) a fianco di quelli dei nove Paesi arabo-islamici, nel ruolo di parte contraente dell'Unione nel partenariato euro-mediterraneo. Verrebbe a crollare il senso e l'utilità di una zona di libero scambio fra circa 30 Paesi della futura Unione Europea, di gran lunga la prima potenza economica del pianeta, e un gruppo di Paesi poveri del Mediterraneo. Lo scambio potrà essere "libero", ma sarà ineguale provocando l'accentuarsi delle contraddizioni esistenti e il prodursi di nuovi, consistenti divari di reddito e di servizi fra l'UE e i residui paesi mediterranei, che oggi già vanno avvertendo uno spostamento del baricentro dell'interesse economico e dell'impegno finanziario europei verso i nuovi Paesi membri, a scapito loro. Dobbiamo avere piena coscienza che il fallimento della prospettiva d'integrazione euro-mediterranea getterebbe questi Paesi (quasi tutti retti da regimi politici illiberali) in una condizione di grave instabilità politica e di estrema precarietà sociale ed economica, e li spingerebbe nel vortice dell'integralismo politico-religioso, divenendo facile preda dei movimenti dell'islamismo politico più radicale».

A ciò si aggiunga il problema della crescita demografica da qui al 2025, secondo le proiezioni delle Nazioni Unite, a oltre 100 milioni di unità, in gran parte giovani sotto i 25 anni; non trovando un inserimento nel mercato del lavoro locale, questi saranno spinti a emigrare, a qualsiasi costo, verso i paesi europei. Ed è un'incidenza davvero «destabilizzante» in rapporto alla crescita prevista nei paesi dell'Europa del Sud nei quali, nello stesso periodo, la popolazione si accrescerà di soli 4 milioni di unità.

Quello delle migrazioni è infatti un problema di non semplice soluzione, e la parola-chiave sembrerebbe soltanto il suindicato «co-développement», che designa uno sviluppo parallelo e sinergico del paese di origine e di quello di destinazione, in cui il migrante funge da scintilla iniziale e da fatto retrainante. Dunque, una politica che favorirebbe l'«integrazione circolare» valorizzando le potenzialità degli attori immigrati e trasformando le disparità economiche e demografiche dell'area in un'opportunità di crescita. Tracce in questo senso si trovano nella Strategia comune dell'Unione Europea per la regione mediterranea, adottata dal Consiglio europeo di Feira, nel giugno 2000 (PASTORE, 2001).

Non ultima si presenta la questione, affrontata recentemente a Lisbona alla IV Conferenza dei Ministri dell'Interno dei Paesi del Mediterraneo Occidentale del terrorismo e della criminalità, per i quali si è convenuto sull'opportunità di effettuare sforzi congiunti (SANTORO, 2001).

Per concludere, anche dopo l'ampliamento, comunque di modesta entità, continua a incombere la debolezza del fronte meridionale, e questo almeno finché non si pervenga all'ammissione della Turchia e a più stabili relazioni con i paesi Magreb-Mascreck, pur senza nascondersi sfide e insidie insite in quest'area tra le più instabili e preoccupanti (D'APONTE, 2004); relazioni che richiedono un intervento più accurato da parte della stessa UE per rilanciare il sistema del partenariato euro-mediterraneo verificando l'efficacia delle procedure per spendere bene i 13 miliardi di euro, messi a disposizione col programma «MEDA 2» per il periodo 2000-2006. L'esperienza degli Stati membri fondatori e di quelli entrati successivamente dimostra che l'intesa politica e la prosperità economica e sociale dipendono da una stretta collaborazione tra i paesi membri e con i paesi vicini nella più ampia gamma possibile di attività (PAOLUCCI, 2002).

# BIBLIOGRAFIA

AA. VV, *Prove di grande Europa: il caso Cipro (parte III)*, in «Limes», 2002, pp. 210-239.

AA. VV, *Stato del Mondo 2002: Annuario economico e geopolitico mondiale*, Hoepli, novembre 2001.

*Abrogazione delle sanzioni economiche dell'Unione nei confronti della zona nord di Cipro controllata dalla Turchia*, in http://www.emmagroup.net, Sezione Tax haven, 04 giugno 2003.

ATLANTE GEOPOLITICO MONDIALE, *Regioni, società, economie, conflitti*, ISPI, Milano, TCI, 2002.

CAPARRINI R., *Integrazione Euro Mediterranea: dalla dichiarazione di Barcellona alla sessione parlamentare di Atene*, Equilibri.net, 17 aprile 2004.

*Cipro. Riunificazione. Exit Poll confermano: il Nord vota no, per il sì il Sud*, RaiNews24, 24 Aprile 2004, 18.47.

COMMISSIONE DELLE COMUNITÀ EUROPEE, *Relazione di valutazione globale della Commissione europea in merito al livello di preparazione all'adesione all'UE*, Bruxelles, 5.11.2003, COM (2003) 675 definitiva.

DANESE G. e STOCCHIERO A., *Una politica di «integrazione circolare» degli immigrati*, in «CeSPI», Roma, giugno 2000, 9.

D'APONTE T., *Scenari geopolitici e conseguenze geoeconomiche dell'allargamento dell'Unione Europea*, in CAGLIOZZI R. (a cura di), «Economia e politica dell'allargamento dell'Unione Europea», Univ. Napoli «Federico II», Dip. Scienze dello Stato, Collana diretta da F. Riccobono, Torino, Giappichelli, 2004, 1, pp. 21-58.

*Il Mediterraneo attende l'Europa*, in «Iniziativa Meridionale», 2002.

LOMBARDI D., *Cipro. Dinamiche spaziali recenti di un'isola mediterranea*, Lucca, Verasas, 2000.

MALTA, *Guida Mediterranea*, 2001.

MEDINA M., *Malta, un mare di storia*, in «Rive», 1997, 2, pp. 32-35.

MIRKOS M., *Kasoulides: «Tutte le nostre speranze passano dall'Europa»*, Ambasciata di Grecia in Italia, Rassegna Stampa Italiana, www.ambitaliamalta.vol.net.mt.

PALMAS M., *Malta: verso l'Unione Europea*, Equilibri.net, 17 aprile 2003.

PAOLUCCI P.M., *Allargamento ad est dell'Unione Europea: gli impegni dell'Italia*, in «FOROEUROPA», 2002, 1.

PASTORE F., *La rotta di Enea. Relazioni euromediterranee e migrazioni*, abstract, 2001, in http://www.cespi.it/PASTORE/enea.PDF.

PRODI R., *The growth of Euro-Mediterranean Cooperation*, in «Euromed Report», 29 agosto 2000, 14.

RIZZI F., *Unione europea e Mediterraneo. Dal Trattato di Roma al dopo Barcellona (1957-1997)*, Roma, NIS, 1997.

RIZZO B., *Perché Malta è restata in Occidente*, in «Limes», 1994, 2.

SANTORO M., *Giovani, partecipazione e Istituzioni Europee*, Roma, 24 aprile 2001.

SARDELLONE G., *La questione di Cipro*, in «analisi difesa», aprile 2001, 13, p. 2. www.analisidifesa.it/numero13/esc-quest-ciprorival-grec-turc-htm.

SPATARO A., *La Sicilia al centro di un sistema agroalimentare Mediterraneo*, intervento al Convegno Nazionale «Orizzonti Mediterranei: lavoro, alimentazione, ambiente», Palermo, 21 gennaio 2003.

SPATARO A., *Il G8 e il Mediterraneo*, in «INFOMEDI», 2001, 13, in *http://www. infomedi.it/precedenti/ luglio2001/editoriale.htm.*

STOCCHIERO A. (a cura di), *DOSSIER Politiche Migratorie e di Cooperazione nel Mediterraneo*, CeSPI - Club Analisi Strategica Cooperazione Decentrata - ASCOD e MIGRACTION con il contributo della Compagnia di San Paolo, Ministero Affari Esteri, Roma, 26 Ottobre 2001.

ZITO U., *Come il Mediterraneo può essere una ricchezza per il Sud*, in «La Gazzetta del Mezzogiorno», Napoli, 26 febbraio 2001.

Siti internet di interesse:

*www.italianembassy.org.cy (Ambasciata It. a Cipro);*
*www.ambitaliamalta.vol.net.mt (Ambasciata It. a Malta);*
*www.pio.gov.cy (Governo Cipro);*
*www.doi.gov.mt (Governo Malta);*
*www.globus.camcom.it/italmed; www.ice.it/italmed;*
*www.mic.org.mt e nso.gov.mt/newsreleases/news.it. (Istituto Nazionale di Statistica e Camera di Commercio di Malta);*
*www.assafrica.it/inglese/meda.html;*
*http://europa.eu.int/comm/dgs/enlargement/index_it.htm;*
*Cipro-EU Information Centre.htm e Malta-EU Information Centre.htm.*
*www.centralbank.gov.cy (Banca Centrale Cipro)*

Fabio Pollice * e Caterina Rinaldi **

## NUOVE PROSPETTIVE PER UN'INTEGRAZIONE TURISTICA DELL'ADRIATICO

*L'Adriatico come regione turistica*

Riflettere sull'integrazione turistica di una regione così ampia e complessa come il bacino dell'Adriatico, quando in Italia si registrano notevoli difficoltà nello sviluppo di processi integrativi su base locale [1], sembra un puro esercizio speculativo, privo di reali prospettive applicative. Pur tuttavia, la dilatazione dello spazio turistico internazionale con lo sviluppo di nuovi bacini d'offerta e la globalizzazione del mercato hanno determinato profonde modificazioni negli assetti competitivi, delineando un modello concorrenziale di tipo transcalare in cui il confronto competitivo, prima di interessare le singole località turistiche o i sistemi locali a cui queste afferiscono, investe le regioni di riferimento fino a una scala macro che può avere una dimensione transnazionale. E così la regione mediterranea, prima destinazione turistica planetaria, si trova in competizione diretta con altre regioni del pianeta, come l'area caraibica o il Sud-est asiatico, nell'attrazione dei flussi turistici internazionali. Un esempio, quanto mai emblematico, della competizione regionale nel turismo è rappresentato dall'offerta crocieristica che, in ragione delle proprie caratteristiche distintive (viaggi transnazionali), enfatizza le relazioni concorrenziali che intercorrono tra le regioni turistiche precedentemente richiamate [2].

---

\* Dipartimento di Analisi delle Dinamiche Territoriali e Ambientali, Università di Napoli «Federico II».

\*\* Quantunque il contributo sia frutto di una riflessione comune sia teorica che applicativa, Fabio Pollice ha elaborato il paragrafo 1 e le conclusioni, mentre il paragrafo 2 è stato curato da Caterina Rinaldi.

[1] Si veda a riguardo lo studio condotto da Dall'Ara sui sistemi turistici locali: DALL'ARA G. e MORANDI F. (a cura di), *I Sistemi Turistici Locali, normative, progetti, opportunità*, Halley Informatica, 2002.

[2] DI CESARE F., *Il turismo crocieristico: molte opportunità, alcuni problemi*, in MERCURY s.r.l., *X Rapporto sul turismo*, Touring University Press, 2001.

Va inoltre evidenziato come all'interno di queste regioni, anche in conseguenza delle dinamiche evolutive del mercato turistico (incremento e diversificazione dei flussi *outgoing*, complessificazione dello scenario geopolitico, problematiche ambientali), tendano a instaurarsi delle relazioni di interdipendenza nelle condizioni di attrattività delle singole nazioni che richiedono l'adozione di strategie sovranazionali o, quantomeno, che si instaurino delle relazioni di collaborazione tra le nazioni interessate.

Il fenomeno dell'interdipendenza turistica si presenta con maggiore intensità nelle aree di confine in ragione della continuità spaziale e, più raramente, dell'omogeneità delle rispettive configurazioni d'offerta (presenza di analoghi fattori attrattivi). La domanda, e non solo quella itinerante, arriva a considerare queste aree come spazi turistici unitari, prescindendo dalla presenza dei confini nazionali o, addirittura, considerando quest'ultima come un elemento di arricchimento dell'offerta e delle condizioni di attrattività in genere. Raramente questo fenomeno determina lo sviluppo di strategie congiunte da parte delle autorità governative, nonostante i benefici che tale approccio potrebbe avere sulle condizioni di attrattività delle aree in questione. Più spesso, l'attenzione dei governi nazionali e locali si è concentrata sulla gestione del «turismo» transfrontaliero e sull'organizzazione dei servizi turistici nelle aree prospicienti le zone di confine. Un indirizzo sostanzialmente analogo ha mostrato la riflessione scientifica, più attenta ai fenomeni connessi alla mobilità turistica transfrontaliera che alle potenzialità d'integrazione delle aree di confine.

Ma se è vero che in queste aree, come nei più ampi contesti regionali a cui si faceva precedentemente riferimento, la possibilità di sviluppare forme di coordinamento strategico in campo turistico discende da fenomeni di interdipendenza attrattiva – interdipendenza che tende talvolta a rafforzarsi per la presenza di un'immagine unitaria nella domanda turistica internazionale – e dagli effetti economici derivanti dall'attivazione di legami sinergici sul piano dell'offerta, le motivazioni di una strategia d'integrazione turistica in queste aree possono essere anche profondamente diverse, come suggerisce la determinante geopolitica. Il turismo, infatti, può divenire un eccellente agente d'integrazione in quelle aree in cui si intendono promuovere processi di convergenza politica ed economica.

Alla luce delle considerazioni sin qui sviluppate, un progetto di integrazione turistica dell'Adriatico non appare solo come un'iniziativa possibile e auspicabile, ma anche come necessaria al perseguimento di obiettivi di carattere geoeconomico e geopolitico. Per comprendere appieno queste finalità è opportuno soffermarsi, sia pur brevemente, sulle caratteristiche distintive di questa regione geografica e sulla dinamica evolutiva del quadro geopolitico e geoeconomico a essa relativo.

Nella riflessione scientifica, così come nell'immaginario collettivo, l'Adriatico è stato sovente rappresentato nel corso della seconda metà del XX secolo attraverso due immagini iconografiche tra loro profondamente diverse: da un lato, l'Adriatico come «spazio divisorio», *limes* tra capitalismo e socialismo, tra cristianità e mondo islamico; dall'altro, l'Adriatico come regione di scambio, ponte tra Oriente e Occidente, luogo d'integrazione culturale. Eppure a dispetto di entrambe le visioni iconografiche e, non di meno, delle differenze che investono anche la morfologia delle due opposte sponde, l'Adriatico, proprio per aver rappresentato per secoli una regione transfrontaliera, ha sviluppato elementi di omogeneità culturale che, se debitamente valorizzati, potrebbero oggi contribuire allo sviluppo e al consolidamento del processo d'integrazione regionale. Gli elementi di omogeneità non sono affatto prevalenti (LODOVISI e RALLO, 1995), eppure quest'area ha visto coesistere e integrarsi, non senza difficoltà e contrasti – come testimoniato dalla disgregazione della federazione iugoslava – una molteplicità di identità economiche e culturali; esperienza che si è sedimentata nella cultura dei popoli rivieraschi fino a divenirne un fattore distintivo e caratterizzante. Nel corso della seconda metà del XX secolo la contrapposizione ideologica tra i governi delle due sponde, pur in presenza di una fitta rete di relazioni commerciali, ha congelato le opportunità di un'integrazione regionale e disgregato quel complesso sistema relazionale che legava le città adriatiche, contribuendo ad accrescere quei fattori di differenziazione economica e culturale che solo negli ultimi anni hanno incominciato progressivamente a ridursi. Va tuttavia ricordato che l'integrazione del bacino adriatico, se in passato è stata frutto di un'egemonia economica e militare (Roma, Bisanzio, Venezia), oggi richiede, oltre a un modello di coordinamento sovranazionale, una leadership politica; ruolo che l'Italia può e deve acquisire in ragione del proprio peso economico e commerciale in questa regione, e degli effetti che questa integrazione potrebbe avere sul piano degli equilibri geopolitici nel contesto euro-mediterraneo. Infatti, tra le conseguenze dell'ampliamento dell'UE vi è senza dubbio la possibilità che si costituiscano e si rafforzino coalizioni di tipo regionale dettate dalla contiguità geografica, ma anche da affinità storico-culturali; un'ipotesi che contribuisce ad accrescere, sia pure in chiave prospettica, l'importanza di una strategia volta allo sviluppo di una coalizione regionale tra i paesi che si affacciano sull'Adriatico. Presupposto di questa strategia è naturalmente la pacificazione dell'area e la stabilizzazione dei rapporti tra le nazioni contermini. Ma, come questi obiettivi costituiscono il presupposto di un'integrazione economica e culturale della regione adriatica, così la prospettiva stessa di quest'integrazione può rappresentare un efficace stimolo al dialogo e alla collaborazione. Del resto, non può negarsi che sia stata proprio la prospettiva di entrare nell'UE ad avere accelerato i processi di trasformazione che si sono avuti in alcuni paesi europei tra i quali la Slovenia e la Croazia. L'UE, da parte sua, ha promosso e continua a promuovere l'integrazione della regione adriatica per la valenza strategica che questa riveste nella prospettiva, ormai largamente concretizzatasi, di un allargamento dell'Unione a tutta l'area balcanica. E che il turismo possa costituire un fattore di sviluppo e d'integrazione per la regione adriatica e i singoli paesi che ne fanno parte, lo si evince proprio dall'importanza che questo settore occupa nelle strategie d'intervento dell'UE. È convinzione diffusa all'interno degli organismi comunitari che in quest'area, più che altrove, il turismo possa contribuire ad accelerare i processi di convergenza non solo economica ma, anche, sociale e culturale, divenendo un elemento di coesione tra i popoli (COMMISSIONE EUROPEA, 1995).

L'importanza del turismo in quest'area trascende dunque dalle potenzialità attrattive delle regioni costiere e, non di meno, dall'infrastrutturazione di supporto che, sia pure con forti differenziazioni quantitative e qualitative, coinvolge quasi tutte queste regioni – l'unica eccezione è rappresentata invero della sola Albania dove il turismo riveste un ruolo del tutto marginale – per assumere una valenza strategica di livello meta-economico.

Per poter analizzare più in dettaglio quali prospettive si aprono come conseguenza di un'integrazione turistica della regione adriatica, è necessario riflettere sul ruolo attuale e prospettico che il turismo occupa nell'ambito delle economie dei paesi rivieraschi.

*Il turismo sulla sponda orientale*

Lo sviluppo turistico della sponda orientale risale ai primi decenni del XX secolo, ma è solo negli anni Sessanta, con l'espansione della domanda internazionale, che il livello di infrastrutturazione turistica della fascia costiera incomincia ad assumere una certa pervasività e l'incidenza del settore sul piano economico e occupazionale sale rapidamente. Questa espansione, invero, riguarda solo la Iugoslavia e, più a Sud – ma siamo già nello Ionio – la Grecia. Nella sola Iugoslavia la capacità ricettiva nel corso di appena un ventennio (1960-1980) si quadruplica, passando da 250mila a 1 milione di posti letto ai quali vanno aggiunti quelli nelle strutture private, cresciuti rapidamente anche grazie alle risorse finanziarie provenienti dai residenti all'estero. Analoga espansione si registra sul piano occupazionale, facendo del turismo uno dei principali settori dell'economia iugoslava. Lo sviluppo della ricettività alberghiera e complementare non si accompagna tuttavia a un miglioramento quantitativo e qualitativo dei servizi, e, non di rado, determina profonde alterazioni negli equilibri ambientali con notevoli danni paesaggistici lungo ampi tratti della fascia costiera. Verso la fine degli anni Ottanta si impone un ripensamento delle politiche di sviluppo turistico che conduce all'elaborazione di un progetto integrato per tutta la costa adriatica con l'obiettivo di elevare il livello di accessibilità della regione turistica e la qualità dei servizi, e promuovere una migliore integrazione con le altre attività economiche e con l'ambiente. La disgregazione della federazione iugoslava e i conflitti che l'accompagnano determinano tra il 1990 e il 1994 il crollo delle presenze turistiche, vanificando così qualsiasi processo di riqualificazione del sistema d'offerta. La ripresa avviene solo nella seconda metà degli anni Novanta e si accompagna a un progressivo miglioramento del livello di infrastrutturazione turistica con un'espansione della ricettività alberghiera ed extra-alberghiera e una riqualificazione di tutte le tipologie ricettive. Le mutate condizioni dello scenario competitivo e, soprattutto, l'importanza assunta dalle qualità ambientali come elemento di discriminazione dell'offerta, hanno indotto le autorità di governo a promuovere forme di sviluppo turistico caratterizzate da un più alto livello di compatibilità ambientale. Al di là delle iniziative formali intraprese a livello governativo, l'espansione delle attività turistiche che si è avuta in questi ultimi anni lungo tutto l'arco costiero della sponda orientale dell'Alto e Medio Adriatico, non sembra invero discostarsi molto dal modello insediativo che aveva caratterizzato i decenni precedenti; le ricadute negative sull'ambiente si sono forse ridotte, ma si è ben lontani dall'adozione di un modello di sviluppo sostenibile. Ciò non di meno, talune località turistiche sono riuscite a preservare le proprie qualità ambientali sviluppando una più efficace forma d'integrazione tra turismo, ambiente e territorio. Tale processo di differenziazione dell'offerta che pure è il risultato di un processo di sensibilizzazione ambientale degli attori locali, riflette quanto accaduto in altre regioni turistiche entrate in una fase di maturità del proprio ciclo evolutivo (MINCA, 1993). Come è stato evidenziato dalla riflessione geografica, all'interno delle regioni turistiche mature tendono a manifestarsi, come conseguenza dell'interazione competitiva intra-regionale, dei processi di specializzazione delle località che vi afferiscono (MIOSSEC, 1976). Anche grazie agli investimenti realizzati tra la fine degli anni Novanta e gli inizi dell'attuale decennio, l'importanza economica del settore turistico è andata rapidamente aumentando. In Croazia, ad esempio, il turismo da solo copre più dell'11% del PIL e, se si considera anche l'indotto, l'incidenza complessiva di questo settore viene addirittura a raddoppiarsi, attestandosi poco al di sotto del 25% del PIL. Non altrettanto può dirsi per la Slovenia anche per via dell'incidenza, complessivamente marginale, che vi assume il turismo balneare, impossibilitato ad espandersi per la limitata estensione della fascia costiera. In questa nazione il turismo partecipa alla formazione del PIL per una percentuale complessivamente limitata, compresa tra il 3 e il 4%; tuttavia, considerando l'insieme delle attività economiche legate a questo settore, l'incidenza del turismo supera addirittura il 14%. Risultati di gran lunga inferiori si osservano per gli altri stati della ex Iugoslavia: l'incidenza sul PIL si mantiene mediamente al di sotto del 2% e anche l'indotto ha dimensioni complessivamente modeste (6-7%). Si tratta in realtà di un'area che non presenta ancora condizioni di sicurezza accettabili e l'infrastrutturazione turistica, già carente nel periodo pre-bellico, ha una dimensione quantitativa e qualitativa ancora ampiamente inadatta a soddisfare le esigenze di un flusso turistico internazionale. Valutazioni sostanzialmente analoghe possono svolgersi con riferimento alla rilevanza occupazionale del settore turistico. Anche in questo caso l'incidenza maggiore la si registra in Croazia dove gli addetti al turismo rappresentano circa il 14% degli occupati e, considerando anche l'indotto, quasi un terzo dell'occupazione complessiva. Di gran lunga inferiore, è l'incidenza occupazionale del turismo in Slovenia (poco meno del 5%) e negli altri paesi della sponda orientale, anche se in taluni di essi – come si evince dai dati riportati in tabella – si registra un notevole apporto occupazionale dell'indotto. Più a sud, nello Ionio, il ruolo economico e occupazionale del turismo torna a crescere per raggiungere livelli d'incidenza non molto dissimili da quelli che si registrano per la costa croata; un'importanza che con riferimento alla Grecia non può di certo evincersi dal dato nazionale (vedi tabella) che fa riferimento al ruolo del turismo nell'economia ellenica (poco più del 5% del PIL e dell'occupazione) caratterizzata da un più alto livello di diversificazione produttiva. L'importanza del turismo nella regione adriatica la si evince anche da altri indicatori come la percentuale delle risorse finanziarie che viene investita nel settore turistico; indicatore che consente anche di soffermarsi sulle determinanti dello sviluppo turistico. Per quel che attiene la Slovenia e la Croazia, il turismo assorbe oltre il 10% degli investimenti privati ma, mentre per la Slovenia l'incidenza di questo settore nella spesa pubblica si colloca al di sopra della soglia del 5%, in Croazia questa stessa percentuale non supera l'1,5%. Più simile alla Slovenia è la situazione della Grecia dove il turismo attrae oltre il 13% degli investimenti privati e una percentuale della spesa pubblica di poco inferiore al 4%. Per quel che attiene, infine, all'Albania, la quota degli investimenti privati che affluisce al settore turistico si attesta a livelli più bassi, poco al di sopra dell'8%, mentre per le risorse pubbliche l'incidenza di questo settore supera appena il 3%.

TABELLA 1
*Il ruolo del turismo nei paesi dell'Adriatico e dello Ionio*
(valori espressi in mld US$)

| Area geografica | PIL turistico | | % sul totale del PIL | Occupazione turistica | | % su totale occupazione |
|---|---|---|---|---|---|---|
| | Complessivo | Diretto | | Complessiva | Diretta | |
| Albania | 747,20 | 236,90 | 12,30 | 141.000 | 45.000 | 10,00 |
| Bosnia Herz. | 468,02 | 93,17 | 7,10 | 69.000 | 13.000 | 5,80 |
| Croazia | 6.250,70 | 2.970,94 | 24,20 | 317.000 | 151.000 | 28,90 |
| Slovenia | 2.948,70 | 733,50 | 14,10 | 157.000 | 46.000 | 16,70 |
| Forme Iugoslavia | 1.057,54 | 274,19 | 6,40 | 214.000 | 57.000 | 5,70 |
| Grecia | 21.500,00 | 6.600,00 | 14,30 | 660.000 | 258.000 | 16,50 |
| Italia | 147.040,00 | 60.970,00 | 11,40 | 2.724.000 | 1.137.000 | 12,30 |
| *Adriatico* | 180.012,16 | 71.878,70 | — | 4.282.000 | 1.707.000 | — |

Fonte: nostra elaborazione su dati WTTC

*Il turismo sulla sponda occidentale*

Al di qua dell'Adriatico il turismo incomincia a svilupparsi già alla fine del XIX secolo, prima in maniera puntuale con l'affermazione delle prime stazioni climatico-balneari sulla costa veneto-romagnola, e poi in maniera sempre più diffusa e pervasiva secondo una traiettoria espansiva che procede lungo l'asse costiero da Nord verso Sud. È tuttavia verso la fine degli anni Cinquanta che il turismo diviene un elemento di trasformazione del paesaggio costiero e acquisisce un ruolo centrale nell'economia dei comuni che si affacciano sul mare. Tra gli anni Cinquanta e gli anni Settanta l'espansione turistica determina la progressiva urbanizzazione dello spazio costiero con la sistematica compromissione degli equilibri ambientali e delle qualità paesaggistiche di questo territorio. Ciò accade sia per la mancanza di efficaci strumenti urbanistici in grado di controllare l'espansione edilizia, sia perché le autorità di governo ai diversi livelli istituzionali antepongono le ragioni dello sviluppo economico a quelle della salvaguardia ambientale e paesaggistica. Eppure, già sul finire degli anni Settanta incominciano a manifestarsi i primi segni di crisi nella capacità attrattiva delle località costiere dell'Adriatico; una crisi molto spesso addebitabile proprio alla dequalificazione ambientale di queste località e all'obsolescenza delle componenti ricettive e pararicettive del sistema d'offerta turistica. Se l'obsolescenza attrattiva viene risolta con grandi investimenti nel campo delle attività ricreative e, più innanzi, con lo sfruttamento degli immensi bacini culturali dell'entroterra, non altrettanto può dirsi per le problematiche ambientali che, al di là di iniziative meritorie a carattere prevalentemente locale, entreranno nell'agenda politica solo sul finire degli anni Novanta, quando la domanda tornerà a flettere. Infatti, dopo la crisi delle stagioni 1989 e 1990 – riconducibile tanto al fenomeno della mucillagine quanto alla già richiamata obsolescenza dell'offerta – la crisi iugoslava, l'espansione di nuove aree di irradiazione turistica e, non ultima, la svalutazione della lira, avevano risollevato il settore turistico lungo tutto la costa adriatica. Naturalmente non tutte le località costiere hanno vissuto lo stesso trend evolutivo; e ciò sia perché sviluppatesi in tempi successivi, sia perché caratterizzate da configurazioni turistico-attrattive profondamente diverse e non sempre convergenti. Processi omologanti, è vero, si sono manifestati in maniera diffusa lungo tutto l'arco costiero, ma proprio la competizione intraregionale ha spesso determinato fenomeni di differenziazione territoriale dell'offerta, dando luogo a modelli turistici diversi.

E, tuttavia, al di là di talune eccellenze di natura puntuale, l'attrattività turistica delle località balneari dell'Adriatico è in forte calo tanto sulla domanda interna quanto sui flussi turisti internazionali. Diviene dunque sempre più urgente la ricerca di un riposizionamento competitivo che si fondi, da un lato, sulla riqualificazione ambientale delle località costiere e, dall'altro, sullo sviluppo di sistemi modulari d'offerta in grado di rispondere in maniera efficace e flessibile alle diverse componenti della domanda turistica, proponendo configurazioni d'offerta ampie e diversificate. Ma la recente evoluzione dello scenario competitivo impone un ripensamento complessivo delle opzioni strategiche sin qui perseguite e suggerisce lo sviluppo di un'alleanza transnazionale che investa l'intera regione adriatica coinvolgendo tutti i paesi rivieraschi e, più in particolare, tutte le località di cui si compongono i relativi sistemi turistici costieri. La competitività delle singole località, a fronte dei processi di globalizzazione che hanno investito il mercato turistico, è sempre più intimamente collegata alla competitività della regione adriatica nel suo insieme e da essa non può in alcun modo prescindere.

1. Verso un modello di integrazione turistica

*Integrazione turistica: modelli, obiettivi e ostacoli*

Da quando le politiche dell'UE e dei singoli paesi membri sono state indirizzate verso il potenziamento dell'intervento di solidarietà e aiuto ai paesi dei Balcani, l'ipotesi di sviluppo turistico del sistema Adriatico-Jonio è un tema sempre più ricorrente nel dibattito politico e scientifico: un'attenzione puntuale per il turismo è caratteristica riscontrabile sia nei programmi di cooperazione dell'Unione sia negli accordi bilaterali di assistenza sia, ancora, nell'ambito della cooperazione decentrata degli enti locali. Lo scopo principale di tutti i programmi avviati nell'area alle diverse scale territoriali, infatti, è l'integrazione delle regioni transfrontaliere e il superamento delle barriere e delle condizioni di perifericità attraverso il rafforzamento dell'imprenditorialità e il miglioramento della competitività complessiva del sistema produttivo. Il turismo, considerato come uno dei settori chiave della crescita economica delle regioni coinvolte, è collocato in una posizione prioritaria nell'insieme degli interventi e degli investimenti previsti. Tanto il Programma Operativo per l'Area Transadriatica quanto il Patto di Stabilità, sottoscritto da tutti i paesi dell'area adriatico-ionica, hanno riconosciuto al comparto turistico questo ruolo cruciale, accentuato dal peso che esso esercita anche nelle strategie di sviluppo sostenibile, in particolare per quel che riguarda la tutela dell'ambiente e la fruizione responsabile delle risorse (D'ALESSIO, 2004). Per questi motivi, la cooperazione e la partecipazione transnazionale sono state ritenute fondamentali per realizzare una forma di integrazione che si discosti dal classico modello basato sull'aggregazione di aree costiere e interne a vocazione turistica, per indirizzarsi verso la creazione di un sistema turistico unitario che abbia come centro il Mare e che sia in grado di produrre strumenti propri per autogovernarsi come regione turistica integrata e come unico bacino ambientale e culturale. In quest'ottica, lo spazio adriatico viene riarticolato e trasformato da frontiera fisica e politica in un «mare regionale europeo» o, secondo una terminologia ricorrente ma non altrettanto condivisibile, in una *Euroregione*, in cui alla ritrovata continuità delle coste si unisce il potenziamento degli spazi marittimi (PAOLINI, 2001). Le linee guida di questo processo di integrazione sono sintetizzabili in due punti:
– promuovere, valorizzare e riqualificare il turismo nell'intera regione e diversificare le risorse turistiche, anche attraverso la valorizzazione del patrimonio storico, culturale e naturalistico;

– favorire la fruizione ecocompatibile del territorio e accrescere e qualificare i sistemi turistici locali in un'ottica di sostenibilità ambientale.

Un processo di questo tipo non solo presuppone il rafforzamento dell'ambiente favorevole allo sviluppo delle componenti produttive, ma richiede, contemporaneamente, il coinvolgimento degli operatori sociali e istituzionali delle due sponde, in rappresentanza dei diversi gruppi di interesse, in un'ottica di effettiva cooperazione e coesione, fondata su un'avanzata cultura comune del territorio. L'obiettivo è di convogliare nel modo più efficace possibile il potenziale turistico dell'area verso le richieste del mercato internazionale attuali e future, con lo scopo di promuovere un turismo medio-alto e di qualità, rifuggendo esplicitamente da qualsiasi tentativo di massificazione. A tal fine deve essere incentivata l'offerta in rete di una gamma di servizi più ampia e qualificata, capace di valorizzare il patrimonio naturale, storico e culturale e, nel contempo, in grado di favorire il decentramento dei flussi turistici, rivitalizzare le aree marginali e fornire un contributo positivo alle azioni di tutela ambientale. In questo modo i territori interessati saranno protetti dai danni causati dal turismo di massa, già sperimentati in altri paesi del Mediterraneo. L'elemento di forte novità di questo «modello adriatico di sviluppo» (SALVATORI, 1993) e di integrazione risiede nei suoi aspetti organizzativi e strategici: esso non comporta, infatti, una mobilitazione di risorse finanziarie aggiuntive, bensì richiede di indirizzare i finanziamenti comunitari o unilaterali, già stanziati, verso un programma operativo *ad hoc* concordato tra le due sponde, strutturato per aree e filiere tematiche omogenee.

Il processo di integrazione, però, incontra numerose difficoltà dovute tanto a fattori geopolitici e geoeconomici, quanto a caratteristiche strutturali propriamente riconducibili al settore turistico. Nella regione, infatti, permangono delle problematiche preoccupanti, quali la fragilità delle frontiere, la debolezza delle istituzioni, la criminalità transfrontaliera, i profughi di guerra, la migrazione clandestina; elementi, questi, che minano la stabilità e rallentano le iniziative di cooperazione. Basti pensare che, se da un lato si tenta la strada della creazione di un sistema Adriatico, dall'altro rimane ancora paradossalmente aperta la questione relativa alla delimitazione delle acque territoriali nazionali di Croazia e Slovenia, alimentando l'attaccamento al concetto di confine, piuttosto che contribuire ad abbatterlo. Le dispute sul confine marittimo tra le due nuove democrazie sono tuttora il maggiore ostacolo al buon esito di ogni strategia di collaborazione nell'Alto Adriatico[3].

Ad attenuare le visioni ottimistiche contribuisce, poi, il persistere di profonde differenze economico-sociali tra le regioni delle due sponde e tra gli stessi paesi della costa orientale. La disparità tra la riva occidentale e quella orientale del ba-

---

[3] Si veda a riguardo: BLAKE e TOPALOVIC, 1996; KLEMENČIČ, 1998; KLEMENČIČ e GOSAR, 2000; BUFON e MINGHI, 2000.

cino si fa particolarmente evidente nella struttura dell'offerta turistica, sia sotto il profilo dello stato di conservazione delle risorse naturali sia sotto quello dei servizi e del *know-how* sia, infine, relativamente alla distribuzione sul territorio del fenomeno turistico stesso[4]. Questa disomogeneità affonda le proprie radici non solo nei diversi modelli sociali seguiti da ciascun paese, ma anche negli avvenimenti ascrivibili alla fase di transizione verso la democrazia dopo la caduta del socialismo e nella diversità delle politiche turistiche perseguite (COCCO, 2002). D'altra parte, anche nei paesi di più antica tradizione turistica le dinamiche del settore sembrano orientarsi più verso un modello organizzativo indipendente che in direzione di un sistema regionale: il modello greco è legato allo sviluppo del turismo di mare rivolto soprattutto al mercato internazionale; il turismo italiano è prevalentemente rivolto al mercato interno nella sua componente balneare, riservando, invece, alla clientela internazionale le mete rappresentate dalle città d'arte, i territori rurali e tutto il comparto dell'enogastronomia e delle tipicità. Come ha rilevato Menegatti, «le diverse subaree della costa non hanno una teleologia comune in grado di assegnare all'intera regione una fisionomia sistemica, ad esempio attraverso una reale integrazione portuale, una maggiore diversificazione dell'offerta turistica, una connessione infrastrutturale continua ed efficiente» (MENEGATTI, 1999, p. 467). Le località costiere appaiono, infatti, polarizzate verso centri gerarchici superiori dell'entroterra, piuttosto che collegate tra loro. Al contrario, occorrerebbe puntare su strategie organiche di più ampio raggio, avvalendosi delle radici culturali comuni come strumento attraverso cui le comunità locali possano riscoprire la propria identità di «cittadini adriatici» (ŠIMUNKOVIČ, 2004). La creazione di un sistema turistico adriatico-ionico richiede, pertanto, che sia posta l'attenzione sulla cultura dell'ospitalità, sul marketing urbano e territoriale, sulla gestione integrata dei servizi e sul connubio tra le iniziative istituzionali e imprenditoriali. Sono questi gli interventi necessari affinché la complementarità turistica tra le due sponde del bacino sia rafforzata, le destination già mature siano riqualificate e riconvertite e tutta la regione possa acquisire la leadership turistica all'interno del Mediterraneo.

*Reti nazionali e reti regionali: attori e relazioni*

Le innumerevoli esperienze di gemellaggio culturale e di solidarietà umanitaria hanno creato un contesto favorevole ai contatti tra istituzioni locali delle due sponde. Tuttavia, il rapporto tra le due rive rimane fortemente squilibrato. Fatta eccezione per il legame tra Italia e Grecia, che trova la sua principale giustificazio-

---

[4] Nell'area interessata, infatti, a casi di raggiungimento della soglia massima di carico si contrappongono realtà non ancora sufficientemente valorizzate e caratterizzate da debolezze strutturali.

ne nella comune appartenenza all'UE, le relazioni tra i paesi dell'Adriatico si configurano prevalentemente come bilaterali con la presenza costante dell'Italia come partner; inoltre, i flussi (monetari, turistici, di *know-how*, ecc.) seguono nella maggior parte dei casi la direzione univoca ovest-est. Le ragioni che hanno portato a questa posizione privilegiata di cui l'Italia gode all'interno del bacino non sono difficili da comprendere: in primo luogo, dal punto di vista geoeconomico l'intero sviluppo italiano negli ultimi cinquanta anni è stato fortemente condizionato dalle relazioni di prossimità con il sistema politico-istituzionale della Ex Repubblica Federale Iugoslava. Inoltre, i recenti conflitti balcanici sono costati molto all'Italia, sia in termini di ricadute economiche (soprattutto nelle Regioni adriatiche), sia in termini di sostegno finanziario ai processi di democratizzazione e di stabilizzazione dell'area (attraverso il supporto ai programmi di cooperazione bilaterale), sia, ancora, in termini di costi per le operazioni di *peacekeeping* in Bosnia-Erzegovina, Kosovo, Albania e Montenegro. Non va poi trascurato, da ultimo, un fattore ideologico che ha sempre spinto l'Italia a indirizzare le proprie attenzioni verso il mondo balcanico e che affonda le proprie radici nella storia nazionale: si tratta dell'aspirazione italiana di dominio sull'Adriatico, visto come «il mare perduto» di cui riappropriarsi per aprirsi una porta verso l'Oriente (SURDICH, 1994; SOMMELLA, 1996).

Uno dei principali obiettivi del nuovo approccio transadriatico deve essere, pertanto, quello di invertire tale tendenza. L'Italia può mettere a disposizione la propria esperienza di gestione del territorio mediante un coordinamento strategico, sostenendo il consolidamento di istituzioni capaci di creare le condizioni per uno sviluppo sostenibile e omogeneo, nonché mobilitando le risorse necessarie a dare corpo ai progetti transfrontalieri, sempre che ciò avvenga attraverso un sistema relazionale più equilibrato, diffuso e allargato, che sostituisca i flussi unilaterali con scambi reciproci e circolari. L'esigenza, espressa spesso da operatori e amministratori pubblici, di sviluppare una cooperazione nel settore turistico fra le due sponde dell'Adriatico, ha già trovato una risposta nel progetto «*Adria-Tur: azioni per preparare un'offerta turistica integrata delle due coste dell'Adriatico*», progetto avviato nel settembre del 2004 nell'ambito dell'iniziativa dell'Unione Europea Interreg IIIA, diretta, appunto, alla cooperazione fra i paesi adriatici[5].

---

[5] Il progetto, che ha durata triennale e ha ottenuto un finanziamento complessivo di 1.610.000 euro, prevede quattro azioni principali che dovranno essere realizzate entro il 31 dicembre 2006: 1) lo studio e la definizione di progetti turistici che coinvolgano le due coste dell'Adriatico, nonché l'avvio e la promozione di alcune esperienze pilota; 2) la messa in rete dei porti turistici della costa emiliano-romagnola con quelli dell'Adriatico orientale; 3) la progettazione e realizzazione di un portale web innovativo dell'Adriatico organizzato sia per prodotti che per destinazioni; 4) lo sviluppo di nuovi prototipi di uffici di informazione e di accoglienza turistica in un'ottica interadriatica. Il progetto, oltre alla Provincia di Rimini che è capofila, coinvolge anche le province di Ferrara, Forlì-Cesena e Ravenna, nonché otto partner della costa orientale: Tourist Board Rijeka (Croazia), Tourist Board Dubrovnik (Croazia), G-TourMedjugorje (Bosnia-Erzegovina), Tourist Board Medjugorje (Bosnia-Erzegovina), Comune di Pula (Croazia), Promo-Tuzla (Bosnia-Erzegovina), Contea di Zadar (Croazia), Croatian Institute for Tourism-Zagabria (Croazia).

L'esempio da prendere a modello è quello già in atto nella zona di confine nord-orientale dell'Italia, dove, anche in virtù di condizioni favorevoli come la vicinanza geografica, la possibilità di spostamenti terrestri, e la sedimentazione delle tradizioni commerciali, si verifica un fitto interscambio culturale che si ripercuote anche nel settore turistico, con flussi in entrata e in uscita pressoché equivalenti. Tuttavia, anche in quest'area si rileva il persistere di carenze strutturali: i traffici marittimi, ad esempio, non sono consistenti e non esistono collegamenti regolari attraverso navi-passeggeri [6]. Si ripropone, quindi, la questione dei collegamenti transadriatici, intesi, però, come rete di percorsi sul mare piuttosto che come mero transito da una riva all'altra.

L'Adriatico è sempre stato una frontiera e una via di passaggio. Per sviluppare una politica coerente ed efficace di protezione degli ambienti naturali e di prevenzione dei rischi ambientali, per preservare la fragile identità delle società costiere, sarebbe opportuno che l'Adriatico smettesse di costituire una frontiera e diventasse definitivamente un mare interno europeo (DÈRENS, 2004). La formulazione da parte dell'Unione Europea del Programma Transfrontaliero Adriatico nasce proprio dalla volontà di impostare una nuova politica di cooperazione adriatica, superando gli ostacoli posti a uno sviluppo equilibrato e integrato dalla presenza dei confini nazionali [7]. A parte la Slovenia, già membro dell'Unione Europea, anche gli altri paesi hanno mostrato un marcato interesse per una cooperazione di livello regionale – evidentemente stimolati dall'importante contributo della comunità internazionale – in un contesto peraltro caratterizzato da importanti iniziative, come il processo di pre-adesione all'Unione Europea, il

---

[6] Per sopperire a questa mancanza, durante la stagione turistica (maggio-settembre) molte agenzie predispongono navi charter (aliscafi e catamarani) per collegare le località turistiche della costa istriana con Venezia. Le imbarcazioni private, invece, raramente decidono di attraversare l'Adriatico, preferendo costeggiare il litorale istriano, attraverso il confine tra Croazia e Slovenia.

[7] Il Programma Operativo per l'Area Transadriatica ha indicato le seguenti categorie di interventi nel settore del turismo:
– studi di fattibilità e progetti pilota inerenti alle infrastrutture turistiche e culturali e attività di informazione per la formazione, gestione, armonizzazione e organizzazione dei sistemi di gestione comune;
– infrastrutture di rilievo turistico e culturale, di collegamento e di servizio turistico con particolare riferimento alle sinergie tra turismo-natura e turismo-cultura;
– interventi mirati alla tutela e valorizzazione del patrimonio storico, culturale, architettonico e linguistico;
– interventi volti a favorire gli scambi di esperienza nei campi culturale e turistico;
– marketing e attività di cooperazione a livello transfrontaliero per la valorizzazione di prodotti turistici e tipici e predisposizione di materiale informativo;
– interventi per lo sviluppo e il potenziamento di attività turistiche che valorizzino il bacino nautico, il patrimonio naturale e culturale e qualifichino la ricettività;
– progetti di riqualificazione, anche multimediale, delle strutture, infrastrutture e dei servizi riguardanti il patrimonio turistico e sostegno allo sviluppo dell'imprenditoria a essi legata.

Patto di Stabilità e Sicurezza o l'Iniziativa Adriatica e Ionica (GAUDIO, 2001; ROSSI, 2003; ROTTA, 2004).

*Il progetto «Adriatico e Ionio Mari d'Europa»*

Con l'Iniziativa Adriatica e Ionica (IAI), inserita nel quadro di attuazione del Patto di Stabilità, l'Italia si è fatta promotrice di un progetto per la sicurezza e la cooperazione nell'Adriatico e nello Ionio, puntando sul catalizzatore costituito per i paesi della regione dalla comune appartenenza allo stesso mare. I partner aderenti hanno manifestato l'intento di favorire il superamento delle tensioni e delle numerose problematiche aperte – problematiche moltiplicatesi nell'area nel corso degli ultimi anni in conseguenza delle ricorrenti e drammatiche crisi balcaniche – perseguendo la stabilizzazione e lo sviluppo dell'intera regione attraverso la valorizzazione delle opportunità offerte da un'azione concertata. Nello specifico, l'obiettivo primario dell'Iniziativa, avviata nel 2000 con la Conferenza di Ancona, è quello di varare – a livello regionale e comunitario – un impegno a favore della pace e della sicurezza nell'Adriatico e nello Ionio, che passi attraverso l'attuazione di cooperazioni rafforzate tanto nel settore produttivo e dei trasporti, quanto nei settori dello sviluppo sostenibile e della protezione dell'ambiente, della cultura, della scienza, dell'istruzione, del turismo e, non ultimo, nella lotta contro la criminalità e l'illegalità (BECHERI, 2001; STREMMENOS, 2001). A differenza delle altre forme di cooperazione regionale, l'Iniziativa Adriatico-Ionica non dispone di organi permanenti: il massimo organo decisionale dell'Iniziativa è il Consiglio dei Ministri degli Esteri, che si riunisce periodicamente supportato da Coordinatori Nazionali. L'impostazione data all'Iniziativa è di tipo settoriale: in particolare, sono state costituite sei tavole rotonde sui temi cruciali per lo sviluppo e la sicurezza del bacino, fra cui quella su «Economia, Turismo e PMI». Finora, i lavori di questa tavola hanno consentito di individuare alcuni progetti strategici di rilevanza regionale nei comparti del turismo, dell'energia, delle *public utilities* e delle PMI.

Il progetto «Adriatico e Ionio Mari d'Europa» si inserisce all'interno dell'IAI come lo strumento specifico di cooperazione nel settore turistico. Esso parte dal presupposto che nella regione può esistere un «network di turismi» (PRADERIO, 2003), dal momento che le risorse presenti sono in grado di soddisfare un ampio *range* di visitatori spinti da motivazioni diverse. Questo insieme variegato di risorse genera un valore aggiunto per il territorio, derivante dalla possibilità di realizzare combinazioni di offerta differenti a seconda delle caratteristiche della domanda. Tuttavia, ciascun «pacchetto», così creato, ha la caratteristica di promuovere un'immagine unitaria della regione adriatico-ionica, andando al di là delle divisioni nazionali e ricercando i tratti comuni della tradizione culturale dei due bacini. L'intento del progetto, e di tutti quelli che da esso prenderanno avvio, è infatti la salvaguardia del comune patrimonio naturalistico e culturale, da perseguirsi attraverso la conoscenza e la valorizzazione delle radici storiche della regione, in modo tale da rafforzare la posizione competitiva dell'intera area – e non di porzioni tra loro slegate e indipendenti – sui mercati turistici internazionali e da incrementarne la visibilità. A tal fine, è stata individuata una serie di interventi prioritari da mettere in atto attraverso meccanismi di cooperazione intorno a tavole rotonde specifiche e tematiche e attraverso il coordinamento con le altre iniziative già in opera, come la «Cooperazione Interuniversitaria UNIADRION» o il programma di implementazione dei collegamenti marittimi denominato «Short Sea Shipping». Tali priorità sono riassumibili in quattro punti:

- protezione e valutazione economica delle risorse naturali e ambientali;
- censimento, catalogazione e valutazione economica del patrimonio culturale;
- ampliamento delle infrastrutture turistiche e di supporto;
- pubblicità e marketing dei prodotti turistici, strutturati come pacchetti integrati.

Affinché le strategie approntate risultino ottimali in termini di efficacia, è stato ritenuto fondamentale il coordinamento istituzionale volto ad armonizzare le legislazioni nazionali in materia di turismo, essendo, questo, il primo passo verso il risanamento degli squilibri tra i partner. È stato, poi, preferito l'approccio *bottom-up* per la definizione di idee e progettualità, a partire dalle linee strategiche diffuse dalle diverse autorità nazionali e regionali e sulla base di un processo di concertazione che coinvolga le comunità locali delle regioni adriatiche interessate dal programma, cercando peraltro di favorire la cooperazione decentrata.

È probabile, dunque, che negli anni a venire il turismo si configuri come fonte indispensabile di nuovi posti di lavoro e volano di sviluppo nelle aree più periferiche, contribuendo al processo di stabilizzazione in corso nella regione adriatica, anche e soprattutto in considerazione del fatto che solo uno sviluppo economico equilibrato può garantire sicurezza e stabilità sociale.

*Conclusioni*

Per le considerazioni sin qui sviluppate, un processo di convergenza strategica in materia turistica tra le regioni che si affacciano sull'Adriatico e sullo Ionio non appare solo auspicabile ma necessario; necessario all'integrazione economica dell'area nella prospettiva di un allargamento dei confini comunitari che accresca l'importanza di eventuali accordi regionali; necessario per promuovere un processo di convergenza economica e sociale capace di garantire sviluppo e stabilità ai paesi della sponda orientale; necessario, infine, per rilanciare l'intera regione nel sistema turistico internazionale, creando un meccanismo di collaborazione competitiva tra le località e i sistemi territoriali che ne fanno parte, e, non di meno, integrandone le risorse e i potenziali attrattivi.

Tanti e per molti aspetti inesplorati i possibili campi di collaborazione, tanto a livello istituzionale, quanto a livello imprenditoriale. Una prima opportunità è rappresentata dalla possibilità di implementare un progetto regionale per lo sviluppo del turismo sostenibile, elaborando iniziative congiunte e coordinate sul piano delle strategie e delle politiche attuative. Un progetto qualificante sia per il rafforzamento competitivo dell'offerta turistica regionale, costantemente minacciato dalla dequalificazione ambientale e territoriale degli spazi costieri, sia per la preservazione dei delicati ecosistemi dell'Adriatico e dello Ionio. Altrettanto importanti sono le opportunità, questa volta di natura prettamente economica, che potrebbero derivare dallo sviluppo di una strategia di co-marketing sul piano della promozione turistica della regione adriatica. Le nazioni rivierasche potrebbero infatti realizzare delle iniziative pubblicitarie congiunte con l'obiettivo di promuovere l'attrattività della regione turistica sui principali mercati internazionali. Sempre sul fronte delle iniziative di co-marketing e con l'obiettivo di favorire una reale integrazione turistica tra le regioni costiere, potrebbe immaginarsi la creazione di pacchetti turistici transnazionali e di una card che dia la possibilità di spostarsi lungo tutte le tratte marittime dell'Adriatico e dello Ionio; un'ipotesi, quella appena delineata, che favorirebbe la mobilità turistica innescando, di riflesso, processi d'integrazione dell'offerta. Di matrice diversa l'integrazione che potrebbe aversi come conseguenza dello sviluppo di prodotti crocieristici regionali; in questo caso, infatti, la spinta all'integrazione verrebbe, non dalla domanda, ma dall'offerta. L'ipotesi dovrebbe essere quella di creare dei prodotti flessibili e modulari che offrano al turista la possibilità di modificare le soste (estensione temporale) degli itinerari crocieristici in base alle proprie motivazioni o alle esigenze contingenti.

Da queste brevi considerazioni di carattere esemplificativo si evince con assoluta chiarezza che l'integrazione turistica dell'Adriatico è un processo che può essere promosso a livello nazionale, come accordo strategico tra gli stati rivieraschi, ma deve essere realizzato a livello locale con il coinvolgimento attivo di tutti i soggetti che a diverso titolo concorrono alla definizione dell'offerta turistica locale. Le strategie di sviluppo, come vuole il modello della concertazione decentrata, devono coinvolgere le economie locali, prima ancora che gli stati nazionali, e devono vedere la partecipazione attiva di soggetti pubblici e privati, ricercando meccanismi di *governance* che siano in grado di garantire la persistenza del partenariato e la tutela degli interessi diffusi.

Bisogna favorire lo sviluppo di relazioni reticolari tra i sistemi turistici costieri attraverso interventi di sostegno (finanziario e progettuale) e iniziative di sensibilizzazione, volte, queste ultime, a evidenziare i benefici che potrebbero aversi a livello locale come conseguenza di una strategia di collaborazione competitiva con le altre località turistiche. Solo così il turismo potrà divenire un effettivo fattore d'integrazione della regione adriatica e favorire i processi di convergenza economica e sociale, presupposto ineludibile per la stabilizzazione dell'area.

BIBLIOGRAFIA

*Aspetti del turismo lungo l'arco costiero dell'alto Adriatico da Lignano a Chioggia*, Istituto di Geografia, Università di Padova, Padova, 1975.

BECHERI E. (a cura di), *XII Rapporto sul turismo italiano*, Mercury, 2001.

BLAKE G.H. e TOPALOVIC D., *The Maritime Boundaries of the Adriatic Sea*, Maritime Briefing 1 (8), International Boundaries Research Unit, Durham, 1996.

BUFON M. e MINGHI J., *The upper Adriatic Borderland: From Conflict to Harmony*, in «GeoJournal», 52, 2000, pp. 119-127.

CENCINI C., *Ambiente e storia nei paesaggi delle pianure costiere adriatiche*, in CASTIGLIONE G.B. e FEDERICI P.R. (a cura di), *Assetto fisico e problemi ambientali delle pianure italiane: Atti delle giornate di studio della Società Geografica Italiana*, Roma, 3-4 giugno 1993, in «Bollettino della Società Geografica Italiana», 1995, pp. 135-164.

COCCO E., *Metamorfosi dell'Adriatico Orientale*, Homeless Book, Faenza, 2002.

COMMISSIONE EUROPEA, *Tourism and the European Union*, Bruxelles, 1995.

*Culture as a bridge. Inter-University Co-operation in the Adriatic and Ionian basin*, Atti del Convegno, Università di Ancona, Università di Bologna, Ravenna, dicembre 2000.

D'ALESSIO E., *Adriatico e Agenda 21*, in «Il Ponte Adriatico», 40, 2002.

D'ALESSIO E., *Turismo adriatico sostenibile*, Relazione presentata al Forum delle Città dell'Adriatico e dello Ionio, Chioggia, 2004.

DE FANIS M., *Geografie letterarie: il senso del luogo nell'alto Adriatico*, Roma, Meltemi, 2001.

DÈRENS J.A., *L'Adriatico, frontiera di ogni pericolo*, in «Le Monde Diplomatique», luglio 2004.

EUROPEAN COMMISSION, *The Stabilisation and Association Process for South East Europe. Third Annual Report*, COM (2004) 202/2.

FABBRI P., *L'attrazione della costa: cause ed effetti. Il caso del Medio Adriatico*, Bologna, Pàtron, 1997.

FONDI M., *Organizzazione dell'interfaccia costiera del Medio e Basso Adriatico*, Firenze, Società di Studi Geografici, 1995.

FREMONT A., *La regione, uno spazio per vivere*, Milano, 1984.

GAUDIO L., *I programmi di cooperazione dell'Unione Europea nei Balcani e nell'Europa Centrale ed Orientale*, Istituto Nazionale per il Commercio Estero, Bruxelles, 2001.

KLEMENČIČ M. e GOSAR A., *The problems of the Italo-Croato-Slovene Border Delimitation in the Northern Adriatic*, in «GeoJournal», 52, 2000, pp. 129-137.

KLEMENČIČ M., *Maritime Boundaries in the Adriatic*, in BURDACK J., GRIMM F.D. e PAUL L. (a cura di), *The Political Geography of Current East-West Relations: Papers Presented at the 28° International Geographical Congress*, The Hague, 1996, Leipzig, Institut fur Landerkunde, 1998, pp. 178-182.

LICINI P., *Perceptive Divergences in Europe: The Adriatic Sea as Interface between the Slav World and the West*, in BIANCHI E. (a cura di), *Global Change Perception: Proceedings of the International Seminar "Global Environmental Change"*, Milano, Guerini, 1994, pp. 217-224.

LODOVISI A. e RALLO D., *L'Alto Adriatico e la ex Jugoslavia. Il mare «incoerente» della catastrofe e dell'economia diffusa*, in BELLICINI L. (a cura di), *Mediterraneo. Città, territorio, economie alle soglie del XXI secolo*, Roma, CRESME, 1995, vol. II.

MENEGATTI B., *Processi geoeconomici nella pianura costiera dell'Adriatico nord-occidentale*, in DAGRADI P. (a cura di), *Scritti geografici in ricordo di Mario Ortolani*, Roma, Società Geografica Italiana, 1999, pp. 461-470.

MINCA C., *Banff: un'applicazione del modello del ciclo di vita di una destinazione turistica*, in «Rassegna di Studi Turistici», Roma, XXVIII, 1-2, 1993, pp. 33-58.

MIOSSEC J.M., *Eléments pour une théorie de l'espace touristique*, Aix-en-Provence, CHET, 1976.

MUSCARÀ C., *Structures et relations fonctionnelles entre les ports de l'Adriatique du Nord*, in CARALP R. e MUSCARÀ C. (a cura di), *Ports et trasports*, Venezia, Istituto di Geografia, 1975, pp. 99-119.

PAOLINI M., *La nostra nuova frontiera è il progetto Euroadriatico*, in «Limes», 2, 2001.

PAOLINI M., *Balcani adriatici: ultima chiamata per l'Italia*, in «Limes», 1, 2002.

PAVIA P. e PALAZZO A.L., *Il medio e il basso Adriatico*, in BELLICINI L. (a cura di), *Mediterraneo: città, territorio, economie alle soglie del XXI secolo*, Roma, CRESME, 1995, 2, pp. 643-716.

PAVIA R., *Città e territori del Medio Adriatico*, Milano, Franco Angeli, 1990.

PETTENATI P. e SIMONELLA I., *Il nuovo scenario adriatico: problemi e prospettive per il porto di Ancona*, in «Economia Marche», 2001, pp. 95-117.

PRADERIO G., *Progettare i turismi nella città adriatico-ionica*, Relazione presentata al Forum delle Città dell'Adriatico e dello Ionio, Chioggia, 2004.

PRADERIO G., *The Adriatic city: Of Tourisms, for Hospitality, in Mobility*, Documento presentato al workshop internazionale «TUR ADRION: a Networked Multipurpose Tourist Region. Sustainable and Quality Tourisms in the Adriatic and Ionian Basin», Bologna, novembre 2003.

PRADERIO G., *The Adriatic Ionian Multi-city of Hospitality and Mobility. An Urbanity Patchwork, a Kaleidoscope of Images, a Multiplicity of Events*, Report finale del workshop internazionale «TUR ADRION: a Networked Multipurpose Tourist Region. Sustainable and Quality Tourisms in the Adriatic and Ionian basin», Bologna, novembre 2003.

ROSSI A., *Cooperazione adriatica: progetti, esperienze, prospettive*, Studi e Ricerche di Economia e di Politica Agraria, 10, agosto 2003.

ROTTA A., *La politica di prossimità e i partenariati territoriali per il decentramento nei Balcani*, Draft del CeSPI, 2004.

SALVATORI F., *"Modello Adriatico" e regionalizzazione economica in Abruzzo*, in SALVATORI F. e LANDINI P. (a cura di), *Abruzzo: economia e territorio nel Nord del Mezzogiorno*, Pescara, Università di Chieti-Pescara, 1993, pp. 39-60.

SILVESTRINI M., *Archeologia adriatica: un'eredità culturale*, Relazione tenuta durante la quarta Assemblea del Forum delle Città dell'Adriatico e dello Ionio, Igoumenitsa, settembre 2002.

ŠIMUNKOVIČ L., *Le radici di una cultura comune. Strumento per lo sviluppo del turismo sostenibile*, Relazione presentata al Forum delle Città dell'Adriatico e dello Ionio, Chioggia, 2004.

SOMMELLA R., *Cento anni di Congressi Geografici: l'Italia e l'altra sponda dell'Adriatico*, in CERRUTI C. (a cura di), *Genova, Colombo, il mare e l'emigrazione italiana nelle Americhe: atti del 26° Congresso geografico italiano*, Genova, 4-9 maggio 1992, Roma, Istituto della Enciclopedia Italiana Treccani, 1996, 1, pp. 174-184.

STREMMENOS C., *L'Iniziativa Adriatico-Ionica*, Università di Bologna, CITAM, 2001.

SURDICH F., *L'Adriatico: geografia, ideologia, riappropriazione*, in CITARELLA F. (a cura di), *Studi geografici in onore di Domenico Ruocco*, Napoli, Loffredo, 1994, 2, pp. 779-786.

THOMPSON T. e THOMPSON D., *Adriatico*, Edizioni Il Frangente, 2000.

TURRI E., *Adriatico mare d'Europa. La geografia e la storia*, Milano, Silvana editoriale, 1999.

VALUSSI G., *L'economia costiera del versante italiano del Mare Adriatico*, in «Convegno Internazionale su I problemi del Mare Adriatico», Trieste, settembre 1983, Udine, Università di Udine, 1985.

ZUNICA M., *Adriatico: ambiente e costa*, Padova, Università di Padova, 1992.

Maria Prezioso *

# COMPETIZIONE, COESIONE, SOSTENIBILITÀ NELLE POLITICHE TERRITORIALI PER L'INTEGRAZIONE EUROPEA

*Premessa*

La competizione economico-territoriale per l'attrazione di risorse esterne si è molto intensificata negli ultimi decenni e ha dato luogo in Europa a un acceso dibattito circa le modalità attraverso cui i territori competono per attrarre investimenti al di fuori dei confini nazionali.

Con sempre maggiore intensità, i sistemi-paese, le loro regioni e le città competono nel proporsi quali sedi di attività produttive, logistiche e di servizio. A tal fine, favoriscono processi di acquisizione e trasferimento di risorse per essere in grado di assicurare agli investitori condizioni di vantaggio, offrendo la disponibilità di «set territoriali» in grado di determinarne il successo nel mercato globale.

Un territorio, per competere con successo in questa «gara», deve assicurare agli investitori condizioni favorevoli per il conseguimento di *vantaggi competitivi sostenibili nel tempo*; è quindi indispensabile conoscere le logiche che sottendono alle scelte di localizzazione delle imprese impegnate nella crescita globale.

L'attenzione dell'UE si è incentrata sull'impresa che attiva processi di *multinazionalizzazione*, ossia rende internazionali i processi di creazione del valore attraverso il trasferimento del patrimonio di risorse e competenze, controllando direttamente le proprie attività sui e nei mercati internazionali.

Come mostra l'evidenza empirica, gli investimenti diretti all'estero (IDE) possono essere spiegati da una molteplicità di circostanze di stretta pertinenza ter-

---

\* Dipartimento di Studi Economico-Finanziari e Metodi Quantitativi, Università di Roma «Tor Vergata».

ritoriale: la ricerca di economie di scala a livello globale e il loro ottenimento a scala locale, la volontà di conseguire il controllo su una fonte estera di materie prime o su un mercato estero di sbocco, la disponibilità di capitali a interesse agevolato o di strumenti finanziari dedicati, la ricerca di costi favorevoli dei fattori produttivi, il conseguimento di vantaggi logistici, l'esigenza di adeguare i sistemi di offerta alle specificità dei singoli mercati, la volontà di trasferire conoscenze produttive e capacità manageriali, la necessità di accrescere il patrimonio di competenze e relazioni.

Tali fattori consentono all'impresa l'acquisizione di vantaggi competitivi spesso anche in presenza di svantaggi comparativi nazionali o locali, e rappresentano un'opportunità per il territorio che riesce a conquistarli in termini di posti di lavoro, sviluppo del prodotto lordo locale, diffusione e trasferimento di conoscenze, *know-how* tecnologico e manageriale.

La dotazione di fattori innovativi, la consistenza e la composizione della domanda interna, la natura della competizione locale e l'esistenza di filiere produttive di successo rappresentano indicatori di competitività che il territorio mette a disposizione degli investitori. Anche la cultura (intesa in termini di *cultural heritage*) occupa un ruolo di primo piano nella ricerca di territorio e riveste un'importanza determinante nelle scelte localizzative delle imprese.

Le «determinanti» che orientano gli investitori nella scelta della sede sono stati spiegati dalla cosiddetta «catena del valore» (PORTER, 1990) e assumono un ruolo di primo piano nelle scelte localizzative da almeno un decennio orientando al successo l'impresa nazionale nella competizione globale.

Una loro recente rivisitazione e integrazione (PREZIOSO *et al.*, 2004) aiuta a spiegare come la combinazione di condizioni nazionali e di condizioni profondamente locali generi il vantaggio competitivo dell'impresa europea, per cui le condizioni alla base del vantaggio competitivo sono spesso localizzate all'interno dello Stato, in sistemi territoriali (città o regioni, soprattutto transfrontaliere) diversi per i diversi settori industriali. In questi casi, città e/o regioni diventano ambienti unici nel dare sostegno concorrenziale ai diversi settori industriali.

*Competizione economico-territoriale e risorse esterne*

Le ragioni del successo di un territorio in un determinato settore produttivo sono spiegate dai fattori che formano «il diamante di Porter». Esempi sono offerti dalla presenza di acquirenti «informati», dal possesso di meccanismi unici per la creazione di fattori produttivi, da una base ben sviluppata di fornitori locali. Questi e altri elementi contribuiscono a generare un effetto di attrattività nei confronti degli investitori esteri, come emerge in numerosi studi empirici che confermano la funzione svolta dai sistemi economici territoriali quali centri nevralgici dei processi di sviluppo.

La ricerca delle motivazioni alla base del successo di particolari territori nella competizione globale (tema centrale degli studi di marketing territoriale) spiega come questi siano strettamente correlati alla *concentrazione* di numerosi fattori localizzativi, offerti alle imprese impegnate nei processi di crescita e, dunque, a *set di risorse* in grado di determinarne il successo. Un contributo significativo in questa ottica è offerto ancora una volta da Porter (1998), che, nell'analizzare il vantaggio competitivo territoriale, arricchisce la gamma di risorse o fattori localizzativi che rappresentano vantaggi di competitività per le imprese.

Tuttavia il modello può includere, oltre alle tradizionali determinanti del diamante nazionale, l'accesso a competenze e conoscenze, e la presenza di risorse umane qualificate, quali risorse in grado di orientare i territori verso il conseguimento di posizioni competitive di successo nell'attrarre imprese e attività. Più in particolare, alle quattro principali fonti del vantaggio competitivo del territorio: la localizzazione strategica, la domanda locale, il grado di integrazione con i *cluster* regionali, le risorse umane; se ne aggiungono altre e più attuali, derivate dalle recenti indicazioni di politica europea (fig. 1).

Le determinanti aggiuntivi interagiscono a loro volta con un complesso sistema di variabili che determinano il tasso di sviluppo della domanda e la scelta di

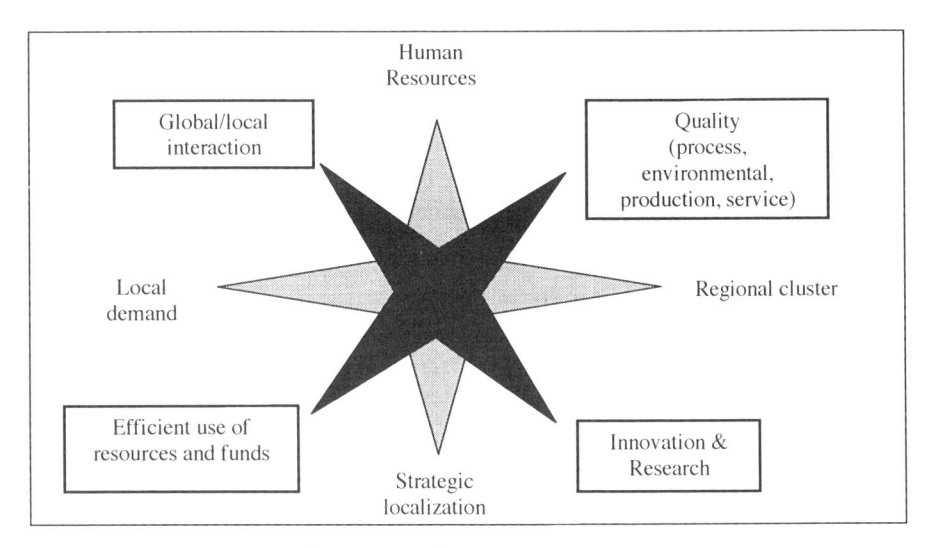

Fig. 1 - *I vantaggi competitive dell'Inner City nel Diamante di Porter integrato.*
Fonte: nostra elaborazione [1] da Porter, 1998

---

[1] Cfr. PREZIOSO M., MUNDULA L. e IMPARTO G., 2004, nell'ambito della ricerca europea ESPON *Territorial dimension of Lisbona-Gothenburg process.*

prossimità dei mercati di sbocco secondo una visione «integrata» e «a sistema», anche in presenza di «grappoli» di imprese collegate tra loro e già competitive nei mercati nazionali e internazionali.

Le nuove determinanti delineano differenti sistemi collegati di imprese, diversi anche rispetto alle modalità di diffusione sul territorio, e rappresentano un fattore importante per lo sviluppo nel lungo periodo, poiché assicurano due potenziali vantaggi competitivi: promuovono la nascita di nuove imprese; creano vantaggi per i settori industriali e i servizi di supporto, facilitando la creazione di fattori avanzati (competenze tecnologiche e organizzative), rafforzando la qualità e la quantità delle risorse umane.

*Competizione economico-territoriale e risorse interne*

Nell'ottica europea dell'allargamento, la vera finalità dello sviluppo territoriale va, tuttavia, ben oltre la conquista di imprese esterne. La prospettiva dell'attrazione di risorse esterne deve essere necessariamente integrata dal principio della valorizzazione del patrimonio di risorse e competenze interne e impone la diffusione di un nuovo orientamento da parte degli *stakeholder* territoriali, a partire naturalmente dalle istituzioni pubbliche che presiedono alla gestione del territorio.

Il processo strategico di sviluppo di un territorio non può, infatti, realizzarsi attraverso interventi parziali di sostegno economico allo sviluppo o incentivi alla localizzazione di nuove attività economiche; deve al contrario attivare processi autorganizzativi e aggregativi del tessuto territoriale esistente di cui le imprese già operanti costituiscono l'intelligenza regolatrice capace di organizzare intenzionalmente l'offerta del proprio territorio e di produrre valore definendo la componente immateriale dell'offerta dei propri prodotti, ovvero gli scenari di fruizione degli stessi che condizionano il grado di soddisfazione dei consumatori.

Il concetto di *risorse locali* si arricchisce di nuove «quantità» – le imprese, le amministrazioni locali o le autorità che presiedono allo sviluppo del territorio – perché a esse spetta il compito di assicurare la *continuità dell'insediamento dell'impresa esterna* e soprattutto il *radicamento dell'impresa locale*, di promuoverne l'*ancoraggio territoriale* che consente di realizzare processi di accumulazione territoriale di risorse e competenze.

Nella *vision* europea, un territorio può perseguire la continuità d'insediamento e promuovere l'ancoraggio territoriale delle imprese per accrescere il suo patrimonio di risorse e competenze attraverso le cosiddette *risorse territorializzate*, ossia quelle risorse indissolubili o comunque strettamente interrelate con il contesto organizzativo e istituzionale della loro creazione. Queste risorse, difficilmente disponibili altrove nelle stesse connotazioni – perché difficilmente riproducibili altrove nello stesso modo – sono molto spesso il risultato di meccanismi di *coordinamento* locale di attori e attività.

Come è stato di recente sostenuto, l'«impresa radicata» (non solo localizzata) evolverà solo se evolve e si sviluppa anche l'ambiente. Il conseguimento e la sostenibilità di posizioni di vantaggio per l'impresa e per il territorio è dunque sempre più il risultato dell'interazione tra i due soggetti complessi; l'efficienza del sistema socioeconomico, ossia l'efficienza delle sue principali componenti (le risorse naturali, le istituzioni, le infrastrutture, la cultura e i valori, le reti di attori locali, le relazioni di fiducia e/o cooperazione, ecc.) e la capacità di attrarre imprese esterne. Ne consegue che l'appartenenza territoriale diviene un valore fondante per l'impresa alla ricerca di vantaggi competitivi e la *valorizzazione di risorse del contesto socioeconomico* un percorso obbligato per rafforzare i suoi caratteri distintivi.

Il territorio, quale sistema produttivo complesso, non si limita a produrre un unico bene ma attraverso un'offerta complessa di risorse, servizi e valori soddisfa una domanda variegata, variabile e sofisticata. Sono molteplici e differenti dunque sia i soggetti che partecipano alla definizione dell'offerta territoriale sia i soggetti destinatari del sistema di offerta territoriale.

In tale prospettiva, l'*orientamento al mercato globale* impone l'adozione di un approccio differenziato (soddisfare cioè tutti gli interessi e tutti i bisogni attraverso strategie diversificate). Appare pertanto indispensabile adottare processi di interpretazione del mercato attuale e potenziale che consentano, attraverso la segmentazione, di definire per le singole categorie di «acquirenti/clienti del territorio» le alternative di offerta possibili in relazione ai diversi vantaggi ricercati (la domanda). In tale direzione, il successo di un territorio nella competizione globale è il risultato di un'efficace *strategia di differenziazione* legata alla capacità di creare sistemi di offerta unici e di elevato valore percepito attraverso *coerenti scelte di posizionamento*[2].

Nella prospettiva che lo sviluppo sia un processo di accrescimento progressivo consistente nella combinazione di una molteplicità di risorse e di capacità, il posizionamento competitivo del territorio è espressione del possesso di risorse e competenze che determinano l'unicità del sistema di offerta territoriale e la capacità di attrarre nuove imprese «adatte» alla qualità del territorio, investendo nell'*autogoverno* dello stesso.

*Fattori di competitività su base regionale coesa*

Negli studi sulla coesione e sulla competizione territoriale i concetti di infrastruttura e accessibilità sono risorse cruciali per il successo competitivo del terri-

---

[2] Il posizionamento, come è noto, si configura come strumento di differenziazione che consente di identificare le caratteristiche tangibili e intangibili del sistema di offerta che stimolano maggiormente il sistema di percezione e valutazione dei segmenti di clientela e orienta l'impresa a stabilire la distanza ottimale rispetto alla concorrenza.

torio. Essi sono stati estesi fino a ricomprendere tutti gli attributi e le risorse che rendono un territorio più attrattivo in quanto destinatario di attività economiche (convergenza).

Il grado di complessità raggiunto dalla coesione (da intendere in termini di veicolo all'integrazione) di un sistema regionale deriva dalla sua capacità di aprirsi verso l'esterno e di attivare relazioni esogene, ma anche di dichiarare i legami che lo stesso sviluppa al proprio interno combinando fattori diversi, tra cui le reti di comunicazione, le istituzioni formative e i centri per la ricerca scientifica e tecnologica, le specializzazioni professionali e le capacità manageriali, i sistemi informativi specializzati, i sistemi di logistica e i servizi qualificati, i sistemi manageriali e i principi di gestione strategica.

Un ruolo centrale è assunto anche dalle *risorse della conoscenza*, in genere incorporate nelle istituzioni di ricerca, nelle imprese e in altri tipi di organizzazioni.

Le relazioni socioeconomiche endogene dei sistemi territoriali risultano avere valore strategico, e quindi essere coese per la competizione, se in grado di aumentare le potenzialità dell'economia locale. Tali relazioni non sono sempre materialmente percettibili, anche se si tratta spesso di flussi intangibili, rappresentativi di «un effetto rete» a livello locale, di portata territoriale oltre che spaziale più ampia di quanto sia possibile dimostrare statisticamente. Esse si manifestano attraverso accordi di cooperazione/integrazione; promossi anche da governi regionali per la creazione e lo sviluppo di imprese; o attraverso accordi all'interno di specifici progetti integrati che prevedono la partecipazione congiunta sia di soggetti privati che di istituzioni.

Anche la *partecipazione* e il *consenso* assumono il ruolo di infrastruttura essenziale nella costruzione della coesione (identità territoriale). Per questo l'istituzione che presiede allo sviluppo territoriale, per avere successo nel suo intervento, è obbligata a conquistarsi il più ampio consenso possibile, coinvolgendo le principali forze presenti sul territorio – pubbliche e private – nel progetto territoriale. Si impone, in tale direzione, il superamento delle logiche competitive che spesse volte caratterizzano le relazioni sussidiarie verticali tra istituzioni che partecipano direttamente o indirettamente alla definizione del sistema di offerta.

Attivare una cooperazione costruttiva, avviare cioè «giochi a somma positiva» per tutti gli *stakeholder* territoriali, significa promuovere relazioni di fiducia, durature con tutti i soggetti e le istituzioni presenti sul territorio.

Va infine considerato il *ruolo propulsivo delle capacità imprenditoriali* per lo sviluppo territoriale. Numerose evidenze empiriche dimostrano come lo sviluppo territoriale sia legato molto spesso all'attivismo di soggetti imprenditoriali e che le possibilità di sviluppo di un paese dipendono in misura consistente dalla presenza di capacità imprenditoriale oltre che dalla disponibilità di risorse naturali o di capitale. L'attivismo può essere considerato una risorsa che si accresce per autoalimentazione. Scesa all'inizio del processo di sviluppo, si sviluppa rapidamente a causa della forza e della azione diretta dell'effetto di ritorno, e la sua espansione è limitata soltanto dalla capacità di apprendimento, di essere innovativi, di mobilitare nuove risorse.

Come dimostrano numerose ricerche condotte nel campo dell'economia d'impresa, nell'ambito dei sistemi distrettuali e di altre forme di network, può accadere che un'*impresa guida*, anche definita *centro strategico*, assuma il coordinamento di una moltitudine di soggetti (imprenditoriali e non) per la formulazione e l'implementazione di un progetto territoriale, aumentando il valore del sistema nel suo complesso anche in assenza delle istituzioni pubbliche.

Le relazioni tra imprese indipendenti per la produzione o gestione del mercato assumono, di volta in volta, la forma di semplici accordi di cooperazione, di consorzi, di alleanze strategiche o di *joint ventures*, necessari per fronteggiare la crescente competizione internazionale, sostenere gli ingenti costi della ricerca, accedere a nuove risorse e servizi, producendo in tempi brevi secondo esigenze sempre meno standardizzate. A un'estrema varietà di organizzazioni aziendali, fa quindi riscontro una altrettanto molteplicità di comportamenti localizzativi delle imprese favorito anche dalla forte segmentazione dei cicli produttivi dei singoli settori.

La plurilocalizzazione delle imprese si configura come indicatore di centralità economica per l'UE, in quanto consente di leggere l'area di riferimento come luogo di decisione e, allo stesso tempo, di attive relazioni con l'esterno.

Un dato univoco è rappresentato dal fatto che le imprese per affrontare positivamente le problematiche legate alla necessità di flessibilità strutturale, alla segmentazione dei mercati, alla presenza di alcune diseconomie di agglomerazione, alla carenza di spazi e all'elevato costo dei suoli urbani nei centri maggiori hanno reso se stesse sempre più *footlose* rispetto al passato, mutando il rapporto con la città.

Il mutamento è frutto di una profonda innovazione comportamentale dell'impresa tesa non più alla gerarchia ma alla multipolarità, che ha interessato, oltre i grandi centri produttivi, anche i sistemi territoriali della produzione, dando luogo al cosiddetto *policentrismo produttivo*.

*La «coesione socioeconomica», fattore di competitività delle regioni transfrontaliere dell'internazionalizzazione*

Un'ultima riflessione utile a completare l'individuazione di territori che presentano un grado di apertura verso l'esterno anche a scala sovranazionale è rappresentato dal comportamento dei centri decisionali delle imprese in grado di conferire, nelle aree di localizzazione, una centralità economica espressa dalla quali-quantità delle relazioni a scala europea e/o internazionale.

Indicatori indiretti di *coesione economica sovranazionale* possono essere considerate le sei tipologie di imprese codificate dall'ISTAT: imprese esportatrici operanti nel settore industriale; imprese importatrici operanti nel settore industriale; imprese di trasporto, credito ed assicurazione distinte da quelle operanti nel settore del commercio e pubblici esercizi, che servono utenti esteri; imprese industriali e dei servizi con unità locali all'estero.

Esse tendono a definire altrettante regioni, ormai considerate nelle indagini correnti sul sistema produttivo europeo delle piccole e medie imprese (PMI) come esempi *di competitori in fieri* [3].

Riferendosi a un sistema regionale, la loro organizzazione interessa più produzioni, non sempre connotate da un buon livello di coesione interistituzionale (ad esempio con la ricerca e la formazione), e quindi da capacità competitiva nei confronti dell'arena europea e internazionale.

I caratteri sostanziali della competitività regionale europea dipendono dunque:
- da un processo di *industrializzazione geografica* che risente di schemi tipologici interpretativi ancora convenzionali, da cui si è tardato a trarre una visione coerente trasnazionale rispetto al mercato interno;
- da un *mercato interno* dominato dalla presenza della PMI, che ha assunto aspetti rilevanti solo nei confronti della *job creation*, mentre sono state ridotte a generiche categorie analitiche la capacità che le imprese hanno dimostrato di possedere nel produrre e trasferire tecnologia, indurre occupazione, spingere alla crescita economica locale;
- dalle diverse forme di organizzazione della produzione regionale che mancano, in alcuni casi, di una struttura integrata con il contesto sociale e ambientale, essendo l'esistente da un lato l'evoluzione storica di attività artigiane da sempre connotanti l'economia regionale; dall'altro strettamente legato alla cultura di un luogo urbano (la città), che deriva i propri caratteri forti dall'essere centralità politico-isitituzionale.

Gli studi sulla dinamica del sistema produttivo adriatico dimostrano come sia spiccata la tendenza al radicarsi di localismi, i quali, perseguendo sul medio-lungo periodo la strategia dell'innovazione, sono riusciti a occupare e stabilizzare gli spazi della produzione della PMI in settori tradizionali permettendo di mantenere posizioni mediamente alte nella competizione interregionale ma non in quella transnazionale.

A livello regionale, infatti, il sistema incentrato sui triangoli transfrontalieri presenta in genere posizioni alte, con tassi di incremento negativi molto contenuti nell'industria.

È in questa direzione che l'Unione Europea suggerisce di sostenere la produzione di *forme cooperative transregionali* per ogni settore produttivo, da pro-

---

[3] Data l'accezione con cui il termine viene usato in Italia nell'attuale momento degli studi economico-territoriali, questo attributo allude ad un potenziale inespresso a causa della mancata individuazione di un modello organizzativo integrato.

muovere anche a livello istituzionale con il concorso del sistema dell'offerta regionale.

Spetta infatti alla regione il compito di favorire la creazione/implementazione di piani per sostenere lo «sviluppo del territorio/prodotto», promuovere l'attività internazionale del sistema imprenditoriale e attrarre investimenti, nel solco di una offerta sussidiaria capace di rispondere alla domanda esplicita che da più parti viene posta. In questo senso il territorio viene visto come una condizione imprescindibile di sviluppo, di cui va preventivamente valutato il livello di coesione[4] endogena (filiera).

Il tema è di particolare attualità e strettamente connesso al concetto di competitività sostenibile, dopo l'uscita della *terza Relazione sulla coesione economica e sociale* da parte dell'UE (feb. 2004), ma più ancora del Rapporto Kok alla Commissione UE *Facing the challange. The Lisbon strategy for growth and employment* (nov. 2004), prospettando forme di partenariato transfrontaliero per riportare coesione nell'Unione ampliata, attraverso un uso equilibrato delle risorse al fine di ridurre il divario economico tra gli Stati membri e le regioni e ottenere una crescita più rapida e uno sviluppo più sostenibile per il periodo 2007-2013, condividendo politiche, strumenti e riforme istituzionali.

Questo vuol dire che l'adeguamento non avverrà secondo un'unica direzione e non sarà immediato; ma vuol dire anche che esso avrà un impatto sulla competitività regionale.

Il territorio, soprattutto quello delle regioni, diviene il principale luogo di sperimentazione nella revisione del progetto politico europeo di cooperazione territoriale in sostenibilità per favorire il dialogo interregionale tra cui rientrano i temi dell'europeizzazione e della delocalizzazione della produzione.

Gli intendimenti della nuova politica europea (quella che diventerà operativa dal 2007) puntano a valorizzare (*competitività*) le differenze di contesto valutandone la *coesione* entro regole ben precise (*sostenibilità*).

In questo scenario, la regione transfrontaliera è chiamata ad assumere il ruolo di *promotore di accordi di settore/prodotto-territorio*, finalizzati alla crescita della cultura regionale, incentivando la relazione tra ricerca applicata, nuovi prodotti e nuovi strumenti finanziari a sostegno della diversità dell'offerta imprenditoriale e delle sue capacità di integrarsi in altri contesti, a partire dalle *performance* rilevate nel territorio di appartenenza.

---

[4] Il termine sta in questo caso a indicare la capacità di tenuta, di cooperazione, di pacifica e produttiva coesistenza tra tutte le componenti di un sistema produttivo; ma anche l'idoneità e l'efficienza delle istituzioni nel mettere in pratica regole di *governance* partecipativa inducendo la comunità d'imprese a perseguire, nei comportamenti individuali, obiettivi quali:
1) l'inserimento positivo e produttivo nel circuito sociale ed economico,
2) lo sviluppo di atteggiamenti «proattivi» di inclusione nelle scelte collettive (giungendo a «farsi carico» di responsabilità individuali e sociali),
3) il concorrere con le istituzioni (formali e informali) al governo stesso della comunità condividendone le «buone pratiche».

# BIBLIOGRAFIA

BAGNASCO A. e LE GALES P., *Cities in Contemporary Europe*, Cambridge University Press, 2000.

BARKER T. e KOHLER J. (a cura di), *International Competitiveness and Environmental Policies*, Cheltenham, Edward Elgar, 1998.

BUDD L., *Territorial Competition and Globalisation: Scylla and Charybdis of European Cities*, in «Urban Studies», 1998, 35 (4), pp. 663-685.

EUROPEAN COMMISSION, *Competitiveness and Cohesion: Trends In The Regions* Brussels, EC, 1995.

EUROPEAN COMMISSION, *Benchmarking The Competitiveness of European Industry*, Luxembourg, EC, 1997.

EUROPEAN COMMISSION, *Competitiveness of European Industry*, Luxembourg, EC, 1997a.

EUROPEAN COMMISSION, *European Competitiveness Report 2003*, Commission staff working document, 2003.

EUROPEAN COMMISSION, *Third Cohesion Report*, feb. 2004.

EUROPEAN COUNCIL, *Lisbon European Council: Presidency Conclusions*, 2000.

EUROPEAN COUNCIL, *Göteborg European Council: Presidency Conclusions*, 2001.

HALL S. et al., *Leading The Change: Sustainability As Competitive Advantage*, Londra, New Society Publishers, 1998.

KRUGMAN P., *A Country is not A Company*, in «Harvard Business Review», 1996, 74 (1), pp. 40-44.

OECD, *Industrial Competitiveness: Benchmarking Business Environments*, Parigi, OECD, 1997.

OECD, *Regional Competitiveness And Skills*, Parigi, OECD, 1997a.

OECD, *Governance in $21^{st}$ Century*, Parigi, OECD, 2001.

OECD, *Cities for Citizens: The Role of Metropolitan Governance*, Parigi, OECD, 2001a.

PAGANETTO L. (ed.), *Knowledge Economy, Information Technologies and Growth*, Ashgate, Hampshire England, 2004.

PAGANETTO L. e GALLI G. (a cura di), *La competitività dell'Italia: le imprese. Ricerca del centro studi Confindustria*, Milano, Il Sole24 Ore, 2000.

PORTER M., *The Competitive Advantage of Nations*, New York, Free Press, 1990.

PORTER M., *New Strategies for Inner-City Economic Development*, in «Economic Development Quarterly», 1997, 11 (1), pp. 11-27.

PORTER M., *Competitive Advantage: Creating And Sustaining Superior Performance*, New York, The Free Press, 1998.

PORTER M., *Competitive Strategy: Techniques For Analyzing Industries And Competitors*, New York, Free Press, 1998.

PREZIOSO M., *STEM Approach - towards a Common and Cohesive European Policy*, in «Atti International Conference Present and Future of the European Spatial Development Perspective, Turin, $5^{th}$ March 2004a», *http://www.infrastrutturetrasporti.it/NuovoSito/dicoter/interreg/home.htm*.

PREZIOSO M. (a cura di), *Territorial Dimension of Lisbon-Gothenburg Strategy*, FIR, Espon 3.3 Project, Luxembourg, 2004, *http://www.espon.lu/online/documentation/projects/cross_thematic/2209*.

Filippo Randelli *

# I PATTI TERRITORIALI: UNO STRUMENTO INNOVATIVO NELLE POLITICHE PER LO SVILUPPO LOCALE?

*Premessa*

Con la «programmazione negoziata» e in particolare con i *patti territoriali*, l'Italia si è fatta portavoce di un nuovo modo di programmare lo sviluppo. Questa capacità di produrre *innovazioni istituzionali* è stata anche riconosciuta dall'Unione Europea che ha deciso di riprendere il modello «patto territoriale», finanziando 80 patti dei quali 10 in Italia [1].

Forse ciò non è stato casuale in quanto nel nostro paese le attività economiche sono spesso fortemente radicate nel territorio. Non a caso in Italia da tempo siamo stati indotti a studiare le economie locali, non solo in termini di rapporti di mercato ma anche in relazione a meccanismi di cooperazione formale e informale tra gli attori privati e pubblici delle diverse aree. I risultati di queste analisi hanno sicuramente orientato l'esperimento dei patti territoriali, unitamente a una serie di condizioni particolari: la crisi economica e politica dei primi anni Novanta, la dismissione del sistema delle imprese pubbliche, il fallimento dell'intervento straordinario per il Mezzogiorno, la crisi della finanza pubblica e non ultima il vuoto istituzionale derivante dalle indagini di «mani pulite».

La fase di rinnovamento è stata però costellata anche da diversi insuccessi, che hanno messo in evidenza la difficoltà di numerosi contesti locali a metabolizzare le nuove logiche *bottom-up* delle politiche per lo sviluppo. A oltre sei anni dall'avvio pratico dell'esperienza dei patti territoriali, è quindi giunto il

---

* Dipartimento di Scienze Economiche, Università di Firenze.
[1] Per una completa e approfondita analisi dei patti territoriali europei si veda STANISCIA (2003).

momento di valutarne attentamente i punti di forza e di debolezza, in modo severo ma neutrale, senza considerarli un punto di arrivo ma neanche una totale «disfatta».

*Gli anni Novanta e la nuova programmazione dello sviluppo*

Entrando nel merito dei numerosi patti territoriali finanziati (oltre 200) ci si accorge con facilità che il panorama dei risultati ottenuti è estremamente variegato. La programmazione negoziata ha preso avvio in un periodo storico particolare per il nostro paese, crocevia di numerosi processi di cambiamento[2], sia nel campo economico che politico. Al fine di comprendere le finalità e le aspettative legate ai patti territoriali è quindi utile ricordare il clima in cui sono nati.

La costituzione delle Regioni è avvenuta in Italia nel 1970 e il processo di decentramento è stato lento e graduale. Soltanto alla fine degli anni Ottanta il processo ha subito un'accelerazione, prima nelle regioni del Nord e poi anche in quelle del Mezzogiorno, con maggiori autonomie locali, che si sono tradotte in nuove competenze, sia di spesa sia di prelievo. Ciò che distingue le prime esperienze è soprattutto l'esigenza pratica di superare, attraverso la concertazione, situazioni contorte e rigide. Mettere tutte le parti coinvolte intorno a un tavolo è «il mezzo per sbloccare processi decisionali altrimenti difficilmente districabili» (BOBBIO, 2000, p. 118).

I patti territoriali sono figli di questo clima, per di più contrassegnato da una forte spinta federalista, e hanno rappresentato lo strumento con cui misurare le accresciute competenze degli attori locali, legittimarle, operando su problematiche complesse come lo sviluppo e l'infrastrutturazione del territorio.

Tra i cambiamenti istituzionali dell'ultimo decennio è d'obbligo considerare anche il fenomeno comunemente conosciuto come «Tangentopoli» e la profonda epurazione che ne è conseguita in ambito politico, dalla quale i grandi partiti nazionali sono usciti ridimensionati e alcuni di essi sono persino scomparsi. Per le classi dirigenti locali sono venuti meno il punto di riferimento politico e l'intermediario dei flussi finanziari e il vuoto istituzionale che si è creato ha determinato condizioni favorevoli alla tessitura di relazioni orizzontali fra attori politici, sociali ed economici (CERSONIMO e WOLLEB, 2001).

Un altro cambiamento importante è avvenuto nell'ambito delle politiche di sviluppo territoriale in Italia. Nei primi anni Novanta, anche a seguito della crisi finanziaria degli Stati nazionali (non solo dell'Italia), che ha comportato un ridimensionamento dell'impegno finanziario dei governi in economia, o quanto meno

---

[2] Per una rassegna più dettagliata e approfondita delle prime esperienze negoziali in Italia si confronti BOBBIO (2000).

un maggior controllo sull'efficacia degli interventi, si sono tirate le somme sugli effetti reali delle politiche per lo sviluppo messe in atto in Italia a partire dal secondo dopoguerra. Di pari passo con la massiccia dismissione delle partecipazioni statali, si è dovuto riconoscere la scarsa efficacia dell'intervento pubblico nel Mezzogiorno e la conseguente crisi di un modello centralista di politiche e decisioni calate dall'alto (*top-down*) (cfr. TRIGILIA, 1994).

In concomitanza con le riflessioni sul ruolo dei governi centrali nell'ambito delle politiche per lo sviluppo, anche la realtà economica è cambiata e con essa anche il modo di guardare allo sviluppo locale. Con il diffondersi di un approccio territoriale allo sviluppo economico, proliferano gli studi e le ricerche sul tema dello sviluppo locale. Il successo economico dei distretti industriali e la risonanza degli studi su di essi spingono l'attenzione (non solo in Italia) sugli elementi immateriali dello sviluppo, da quelli sociali a quelli istituzionali (AMIN, 1994; SCOTT e STORPER, 1986; SFORZI, 1995; TRIGILIA, 2001).

Il territorio diviene il soggetto principale dello sviluppo e quindi il destinatario delle politiche pubbliche. Contro ogni logica deterministica dello sviluppo, si fa largo la convinzione che la *performance* economica dei territori possa essere modificata grazie all'intervento pubblico. In questa fase il distretto industriale perde la sua funzione di «apripista» per una rinnovata attenzione degli elementi territoriali dello sviluppo e torna a configurarsi come una delle possibili tipologie di sistema economico locale.

I patti territoriali nascono in questo clima di transizione tra le vecchie logiche centraliste e le nuove politiche regionali e quindi rappresentano un punto di partenza e non d'arrivo. Solo se si considera l'esperienza dei patti territoriali come un primo passo verso le nuove politiche regionali siamo in grado di coglierne la portata innovativa, in quanto molti sono i punti deboli e le lacune. In questa sede non entreremo nel merito della normativa sulla programmazione negoziata ma almeno due innovazioni importanti devono essere rilevate.

La prima è la genesi del progetto locale che nasce per il territorio dal territorio stesso. La rottura con il recente passato è netta e abbandonate le procedure impositive delle politiche calate dall'alto (*top-down*) con i patti territoriali s'inaugura la nuova modalità «dal basso» (*bottom-up*) di generare il progetto. Il pieno coinvolgimento degli attori locali nella fase decisionale lascerebbe presupporre una maggiore attenzione per le reali esigenze economiche e ambientali dell'area del patto, oltre a una loro maggiore responsabilizzazione sugli esiti del progetto (MAGNAGHI, 1998 e 2000; RANDELLI, 2001).

Si può intuire la serie di possibili vantaggi che la programmazione guidata dal basso permette di conseguire. Primo, il superamento dei difetti storici degli interventi guidati dal centro; in particolare dovrebbe diminuire il pericolo di corruzione, spesso alimentato dai mille rivoli amministrativi che i finanziamenti devono seguire e aumentare invece l'efficacia degli interventi programmatici. Secondo, una maggiore responsabilizzazione degli attori locali che, se da un lato vedono la possibilità di ottenere finanziamenti a sostegno dei propri progetti e delle risorse rischiate in prima persona, dall'altro sono chiamati a un maggiore e più responsabile coinvolgimento nel processo di sviluppo, rendendosi disponibili a negoziare gli interventi unitamente agli altri attori dello sviluppo locale, secondo i meccanismi tipici della concertazione.

È evidente la volontà del legislatore di promuovere specifiche procedure con l'intento di condizionare i comportamenti dei soggetti coinvolti nella costruzione del patto. Ciò sta a significare che l'obiettivo primario dei patti territoriali non è solo generare iniziative imprenditoriali di matrice locale, come avviene per esempio con la legge 488 del 1992, altrimenti non si spiegherebbe una procedura istituzionale così lunga, che coinvolge un largo numero di soggetti locali. L'intento implicito è di intervenire su quegli elementi del contesto socio-istituzionale che sono in grado di agevolare oppure ostacolare lo sviluppo economico locale. Così facendo, si è voluto incidere sulla *performance* economica di un'area attraverso uno strumento (il patto territoriale) ritenuto capace di creare un valore aggiunto per il territorio in termini di intensità e stabilità delle relazioni fra istituzioni, sulla propensione alla cooperazione, sul grado di fiducia reciproca fra gli attori dello sviluppo. In altre parole, imponendo precise modalità di comportamento, si è tentato di attivare e/o consolidare una rete stabile di soggetti locali, capace di garantire l'autoreferenziabilità presente e futura dell'area di patto.

Si può concludere che il patto territoriale si propone di generare quello che potremmo definire un contesto sperimentale in grado di indurre un cambiamento nel modo di comportarsi dei suoi protagonisti, nel senso di superare la tendenza a comportamenti da *free rider*, riconoscendo una matrice di interessi comuni e alimentando una maggiore propensione all'azione collettiva e alla produzione di beni pubblici locali (CERSOSIMO e WOLLEB, 2001).

Un secondo carattere innovativo deriva dal grado di integrazione che lo strumento patto territoriale si pone di raggiungere. L'obiettivo è quello di produrre programmi di sviluppo integrato, fondati sulle opportunità offerte dal territorio di riferimento e/o, se esistono, sulle agglomerazioni e vocazioni produttive preesistenti. Il patto non dovrebbe essere quindi un banale censimento di idee o di necessità dell'area, ma un insieme di progetti che si rafforzano reciprocamente tendendo a una dimensione di sviluppo integrato. Naturalmente perché ciò si realizzi diviene nuovamente basilare quel comportamento sinergico degli attori locali che, come detto in precedenza, il patto stesso si prefigge di stimolare.

I firmatari del patto, siano essi attori pubblici o privati, si impegnano ad agire per il buon fine del progetto, ognuno nell'ambito del proprio campo d'azione: i sindacati a garantire buone relazioni industriali, le banche a favorire l'accesso al credito, i comuni e le province a semplificare e accelerare le procedure burocratiche oltre che su progetti infrastrutturali, gli imprenditori a investire nell'area.

In definitiva, la natura di «progetto integrato» dovrebbe produrre un volume di investimenti pubblici e privati concentrati territorialmente, capace di produrre esternalità, ossia vantaggi anche per altre imprese e nuovi investimenti.

La capacità di comunicazione tra la sfera pubblica e quella privata diviene quindi l'elemento strategico per il buon fine dell'intervento. Le difficoltà di comunicazione tra i due ambiti sono spesso motivo di fallimento delle politiche per lo sviluppo locale. Per facilitare questa comunicazione lo strumento del patto territoriale ha introdotto un'importante innovazione istituzionale, riconoscendo un ruolo di prim'ordine alle *società miste*, che nei patti per esempio assumono il ruolo di «soggetto responsabile». Le società miste sono state introdotte già da tempo in Italia (legge n. 498 del 23.12.1992) e, laddove sono investite di poteri, garantiscono una migliore comunicazione tra settore pubblico e privato: le procedure burocratiche sono più snelle, i ruoli delle varie istituzioni più chiari. I privati hanno così a disposizione uno sportello attivo che riesce a risolvere molte delle loro richieste, direttamente laddove è possibile e indirizzandolo verso il canale «giusto» negli altri casi.

In altre parole il settore pubblico, spesso «latitante», perché nascosto dietro i mille procedimenti burocratici da seguire, con le società miste si dovrebbe avvicinare notevolmente all'utente, in particolar modo a quello economico (imprenditore), con ruoli più chiari e procedure burocratiche più veloci (le società miste possono perfino accordare anticipatamente, laddove ci siano i presupposti, le concessioni edilizie, che naturalmente poi sono assegnate definitivamente dai comuni).

In definitiva le parole chiave per definire i patti territoriali possono essere: negoziazione, integrazione, valore aggiunto territoriale, sviluppo locale[3].

*Dalla teoria alla pratica: una valutazione dei patti territoriali in Italia*

Non sarà sfuggito al lettore l'uso del condizionale ogniqualvolta si è rilevato una possibile innovazione derivante dai patti territoriali. Nella realtà, al di là degli aspetti formali che hanno messo in evidenza la portata innovativa dei patti territoriali, l'esperienza sul campo ha mostrato alcune difficoltà. La normativa lasciava ampi spazi all'interpretazione e così è stato: le tipologie di risposte sono risultate molto eterogenee e gli insuccessi si sono accompagnati a esperienze felici e proficue. In altre parole, dunque, si sono avuti comportamenti «collusivi» (CERSOSIMO e WOLLEB, 2001; BARBERA, 2001), poche volte si è generato comportamenti autoreferenziati nella comunità locale e spesso i patti sono serviti a finanziare

---

[3] Non si deve dimenticare che il fine dei patti territoriali è sempre stato, fin dall'inizio, quello di colmare il *deficit* di sviluppo delle aree depresse attraverso un procedimento di concertazione dal basso, capace di attivare e rendere proficue le opportunità offerte da quel territorio al fine principale di creare occupazione.

progetti da tempo nel cassetto che in alcuni casi non sono stati neanche portati a termine.

Come si è detto in precedenza l'obiettivo dei patti territoriali non era semplicemente quello di favorire con un sistema di incentivi gli investimenti privati nelle aree depresse del paese, altrimenti non avrebbe avuto senso obbligare gli imprenditori a seguire procedure così complesse: sarebbe stato più semplice sostenere gli investimenti con incentivi. L'obiettivo più o meno esplicito era quello di favorire gli investimenti privati, ma non soltanto quelli presenti nel patto, sostenuti con un contributo del 30% a fondo perduto, quanto piuttosto produrre esternalità, ossia vantaggi anche per altre imprese e per nuovi investimenti futuri. Si è pensato che obbligando i soggetti privati e pubblici a partecipare a un progetto comune di sviluppo locale si potesse generare e/o consolidare una rete di relazione durevole, basata sulla fiducia, idonea a favorire la reciprocità e la cooperazione e perciò, in estrema sintesi, adatta a produrre nell'area del patto un'atmosfera favorevole agli investimenti privati.

È evidente il circolo virtuoso che si è tentato di innescare fra il sistema locale e il patto territoriale: il secondo non può realizzarsi senza il primo, e realizzandosi lo rafforza, operando nel senso di un'intensificazione della comunicazione sociale all'interno del sistema (TINACCI MOSSELLO, 2002).

Un'attenta valutazione dell'esperienza dei patti territoriali deve quindi porsi l'obiettivo di comprendere se, dove e perché ciò è avvenuto. Cominciamo col rispondere al primo interrogativo: se alcuni patti territoriali sono riusciti a generare quelle economie esterne che derivano da un rinnovato spirito cooperativo e dalla consapevolezza dei vantaggi della rete. Numerose ricerche sul campo (ITER-SVILUPPO ITALIA, 2000; DINI e RANDELLI, 2002; REGIONE TOSCANA, 2002; MINISTERO DELL'ECONOMIA E DELLE FINANZE, 2003) hanno evidenziato come le tipologie di risultati ottenuti siano essenzialmente tre:

1. *Fallimento totale*; il patto territoriale è stato sottoscritto dai soggetti ma non ha sortito alcun effetto reale per la difficoltà dei soggetti a tradurre in pratica i progetti approvati e finanziati.

2. *Effetti positivi nel breve periodo*; gli attori locali, rispettando formalmente l'*iter* procedurale, sono riusciti ad intercettare le risorse pubbliche e le hanno distribuite sul territorio, peraltro senza influire in modo significativo sulla qualità – né tanto meno sulla stabilità – delle loro relazioni.

3. *Effetti duraturi sul sistema locale*; il patto territoriale ha generato o consolidato la rete degli attori locali, migliorando la capacità di comunicazione e la fiducia reciproca. Gli effetti positivi per lo sviluppo locale sono emersi anche dopo il patto, nell'ambito, per esempio, di singoli progetti alla scala intercomunale (aree industriali, servizi integrati, consorzi) o di altri strumenti per lo sviluppo locale.

In conclusione, lo strumento del patto territoriale in alcuni casi è riuscito nell'intento di produrre esternalità, quindi effetti positivi per il territorio e non solo per i soggetti che hanno partecipato al patto. Il sistema locale si è dimostrato capace di un comportamento autoreferenziale, indispensabile per rispondere in modo creativo alle sollecitazioni esterne (crisi settoriali, nuove opportunità di mercato, possibilità di accesso ad altre risorse pubbliche) e mantenere il fragile equilibrio tra società e ambiente e fra società e individuo.

Non è detto che il sistema locale riesca permanentemente a mantenere autonomia e identità, e questo è tanto più vero oggi, nell'era della globalizzazione; ciò tuttavia «è tanto più probabile quanto più forte sarà la sua capacità di ricevere, elaborare, fornire risposte ed informazioni dall'esterno e verso l'esterno senza perdere i propri caratteri» (TINACCI MOSSELLO, 2002, p. 40). In quest'ottica, uno strumento che riesca a migliorare la comunicazione nella rete di soggetti locali, consolidarne la struttura e rafforzare la fiducia tra gli attori, è una risposta moderna ed efficace al rischio di omologazione e/o marginalizzazione dei territori.

Negli altri due casi la prassi concertativa o non ha funzionato (fallimento totale) oppure è stata espletata solo formalmente con il fine di distribuire risorse localmente (effetti positivi solo nel breve periodo). In questi casi il patto territoriale ha fallito e si può affermare che la prassi concertativa, sia nella fase preliminare che in quella *in itinere*, è risultata scarsamente efficace. Alcuni esempi sono emblematici dell'incapacità del patto a generare una rete stabile di soggetti locali. Per esempio, nel caso del patto territoriale di Piombino-Val di Cornia[4], grazie a una ricerca svolta per conto della Regione Toscana (DINI e RANDELLI, 2002) si è rilevato che durante la fase *in itinere* (2001) si è presentata l'occasione dei Patti verdi, con i quali sarebbe stato possibile finanziare una serie di progetti nel settore agricolo, per altro già raccolti nella fase *ex ante* ma non finanziati perché l'agricoltura non era settore ammissibile. In quella occasione gli attori locali non sono riusciti a rispettare i tempi per la presentazione del progetto perché la rete in realtà si era dissolta con l'approvazione del patto e le procedure per riattivarla hanno richiesto troppo tempo (RANDELLI, 2002).

Oppure, nel caso del Patto territoriale di Frosinone (GROSSI, 2003) in cui la scarsa promozione è stata sentita come il principale fattore critico dell'iniziativa: alcuni imprenditori intervistati aderenti al patto, pur comprendendo la potenzialità di uno strumento con caratteristiche *bottom-up*, hanno dichiarato di non conoscerne pienamente le modalità procedurali (hanno eseguito i precetti provenienti dal soggetto responsabile) e la maggior parte degli imprenditori intervistati, tra quelli che non hanno partecipato al patto, ha ammesso di non conoscerne l'esistenza, nonostante alcuni di loro siano membri negli organi direttivi delle organizzazioni di categoria locali.

---

[4] Approvato con gli altri patti di seconda generazione nel 1998.

In altre parole, alcuni territori hanno visto nel patto un'occasione per distribuire fondi tra i soggetti locali e si sono quindi limitati a rispettare formalmente la procedura, mentre altri hanno interpretato il patto come uno strumento su cui misurare la propria capacità a cooperare e consolidare la rete relazionale locale. Nel primo caso si può parlare di occasione perduta, mentre nel secondo è necessario valutare se i soggetti locali siano riusciti nell'intento, non essendo la volontà di dar vita a un patto di per sé sufficiente a promuoverlo, in quanto possono essere numerose le difficoltà da superare. Alla base della nascita di un patto c'è sempre un qualche attore istituzionale o individuale, o una loro combinazione, che si fa carico di dirigere e coordinare lo «spontaneismo» con cui le società locali si approssimano a un patto (DE VIVO, 2003). Si può quindi rilevare un elemento cruciale per la buona riuscita del patto in termini di economie esterne: presenza di una o più istituzioni che svolgono una funzione di stimolo e coordinamento. Nella maggior parte dei casi ciò deriva dalla presenza di una *leadership* personale, cioè di *leader* forti che hanno svolto, indipendentemente dalle istituzioni di appartenenza, un ruolo di guida nella coalizione che sostiene il patto (Ministero dell'Economia e delle Finanze, 2003). La fiducia della società locale si è così spostata dal soggetto promotore al patto (CERSOSIMO e WOLLEB, 2001).

Se in alcuni casi il patto ha realmente prodotto effetti sia di breve (sostegno a investimenti e occupazione) che di lungo periodo (economie esterne), può essere utile indagare sui luoghi in cui ciò è avvenuto[5]. Dalle ricerche svolte in ambito nazionale non emergono correlazioni significative e sistematiche tra i diversi tipi di *performance* dei patti e il grado di sviluppo delle aree di riferimento, né differenze sostanziali tra i patti del Sud e quelli del Centro-Nord. In generale il rendimento complessivo di un patto territoriale[6] non sembra essere correlato con il grado di sviluppo di partenza, tanto che nelle aree meno industrializzate i patti sembrano addirittura registrare *performance* lievemente migliori (Ministero dell'Economia e delle Finanze, 2003). Ciò emerge anche da ricerche svolte in ambito regionale, come ad esempio in Toscana (DINI e RANDELLI, 2002; REGIONE TOSCANA, 2002) dove i patti che hanno dato risultati migliori sono quelli della Maremma grossetana e dell'Appennino Centrale (VATO), aree ben più marginali dal punto di vista dell'industrializzazione rispetto agli altri territori di patto toscani (Livorno, Piombino, Massa-Carrara).

---

[5] A scopo puramente didascalico, alcuni dei patti territoriali che risultano maggiormente apprezzati nelle già citate ricerche sono: Lecce, Benevento, Vibo Valentia e Caltanissetta tra i patti di prima generazione; Ferrara, Canavese, Maremma grossetana, Teramo, Locride Cosentino, tra quelli di seconda generazione; Appennino Centrale, Sangro Aventino, Napoli Nord-Est, Alto Belice Corleonese tra quelli europei.

[6] Può essere misurato sulla base, per esempio, del grado di realizzazione degli interventi programmati, dell'aderenza con l'idea progetto risultato della concertazione, con il successivo cambiamento culturale delle istituzioni e dei soggetti coinvolti, dal consolidamento delle relazioni orizzontali locali, e così via.

Sempre rimanendo nell'ambito di fattori di contesto, possiamo affermare che neanche fattori politici come l'omogeneità politica dei governi locali[7] aiutano molto a spiegare le diversità nelle *performance*.

Ben più evidente è l'effetto sull'andamento dei patti del differente grado di integrazione sociale esistente che, se dal lato degli attori istituzionali può essersi rafforzato con precedenti esperienze di partenariato (GAL del programma LEADER, consorzi, società miste, gestione intercomunale dei servizi, ecc.), in generale deriva in modo determinante dalla dimensione dei patti (sia in termini di amministrazioni coinvolte che di popolazione su cui insistono).

Il territorio del patto deve essere di dimensioni ragionevoli e presentare caratteristiche di contesto sufficientemente uniformi. Non a caso i patti territoriali che hanno avuto un maggiore successo si concentrano in aree territoriali di dimensione mesoprovinciale, con un numero di abitanti non eccessivamente alto. Molto probabilmente non è casuale il fatto che tra esse non figurino aree urbane di rilevante dimensione nelle quali è necessaria, per ottenere gli stessi risultati in termini di valore aggiunto economico, una strumentazione di sviluppo locale diversa e più articolata rispetto ai patti territoriali, come ad esempio i piani strategici. La scelta della scala di intervento e la delimitazione dei confini dell'area di patto non sono dunque neutrali ed è preferibile una dimensione media in cui più facile è riscontrare:
– una discreta omogeneità socio-culturale ed economica;
– intense relazioni orizzontali;
– convergenza di interessi;
– un numero di soggetti coinvolti non eccessivamente numeroso.

Un altro elemento determinante per il buon esito del patto è stata la qualità dell'idea progetto espressa con il patto. Un buon progetto complesso di sviluppo locale è spesso il risultato di una lunga ed elaborata fase preventiva in cui gli attori si misurano e discutono delle minacce e opportunità associate al loro territorio. La normativa non indicava modalità precise né tempi minimi per la fase progettuale e anche in questo caso le risposte sono state eterogenee. I patti territoriali in questo senso si distinguono enormemente dai *Pays* francesi, strumento in cui la fase concertativa dura fino a tre anni, con un intenso lavoro di commissioni speciali, all'interno delle quali i soggetti locali pubblici e privati si confrontano su problematiche specifiche. Una procedura con tali caratteristiche più facilmente genera una rete stabile di soggetti locali capace di conferire autoreferenziabilità al sistema locale.

---

[7] I patti in cui maggiore è stata la mobilitazione sociale sono caratterizzati da una composizione politica mista, in termini di colore politico delle amministrazioni locali coinvolte nel patto. In altre parole il patto per lo sviluppo locale è stato un'occasione per superare le divergenze politiche e convogliare tutte le forze sul successo del progetto.

Ciò nonostante, in alcuni patti e in special modo laddove era diffusa la consapevolezza che il patto poteva essere l'occasione per rafforzare la rete locale, la fase concertativa è stata piuttosto lunga e intensa, fino a generare un progetto territoriale con una qualità, sia formale che sostanziale, piuttosto elevata.

In alcuni casi la qualità non è opera esclusiva dei soggetti locali ma deriva anche dall'intervento di professionalità esterne al gruppo dei soggetti firmatari. In questo caso il concetto di «assistenza tecnica» non fa riferimento solo ai servizi accessori offerti dal Ministero e dall'Unione Europea, tramite un gruppo di società preselezionate con concorso pubblico dagli stessi, ma comprende anche l'acquisizione di prestazioni e servizi scelti in autonomia e pagati con risorse proprie, che hanno interessato sia le attività generali (fase progettuale e di realizzazione del patto) sia quelle più specifiche (es. supporto alle imprese nella redazione delle domande, preistruttoria dei progetti, progettazione di singole opere infrastrutturali, ecc.).

L'utilizzazione di funzioni d'assistenza tecnica è la soluzione migliore al problema della mancanza tra i soggetti promotori (spesso comuni e province) di professionalità e strutture adeguate per rispondere alle esigenze tecniche imposte dalle procedure normative. È anche vero che la procedura è risultata eccessivamente contorta e ha comportato lo spreco d'ingenti risorse, sia umane che di tempo, ma si deve anche ammettere che spesso nelle amministrazioni locali è difficile trovare figure professionali in grado di sostenere la progettazione e la gestione di un programma complesso.

In molti casi l'assistenza tecnica è stata in grado di svolgere una reale funzione di supporto, soprattutto laddove c'era una *leadership* forte in grado di fornire *input* preziosi ai professionisti coinvolti e allo stesso tempo diffondere tra gli altri soggetti i consigli forniti dagli esperti. Come già accennato in precedenza, la presenza di un *leader* forte tra i promotori del patto migliora la comunicazione interna tra i soggetti del patto e tra questi e il territorio. In un'ottica propositiva per le future politiche, è doveroso rilevare che gli effetti derivanti dalla presenza di un *leader*, sia in termini di fiducia che di comunicazione tra gli attori locali, sono difficilmente riproducibili. Detto ciò si deve anche aggiungere che la normativa sui patti non prevedeva l'«elezione» di una figura *leader* e anche il soggetto responsabile, a cui la normativa affidava compiti amministrativi nella fase di realizzazione degli interventi, solo in alcuni casi ha funzionato da *pivot*.

Per concludere, è necessario ammettere che a danneggiare seriamente l'esito dei patti, sono intervenuti anche l'incertezza della normativa[8] e le mancanze del governo centrale. Entrambi gli elementi sono stati forse il frutto di una nor-

---

[8] Sono state necessarie numerose interpellanze ministeriali per riuscire ad interpretare chiaramente la procedura da seguire, che alla fine è risultata complessa e farraginosa.

mativa fin troppo innovativa, che ha segnato un punto di rottura radicale rispetto al passato. Il risultato pratico è stato quello di allungare i tempi, con il risultato di vedere persi progetti imprenditoriali e minata la fiducia nello strumento. Se ne deduce che il contesto nazionale è determinante anche per l'esito di uno strumento d'azione locale. In quest'ottica potrà risultare efficace l'accordo Stato-Regioni dell'aprile 2003, con cui sono stati definiti i criteri e le modalità del trasferimento, oltre alle condizioni minime d'efficienza dei patti. In particolare, secondo tale accordo, le regioni possono assumere «la responsabilità, il coordinamento, la programmazione e la gestione dei patti territoriali» oppure optare per il mantenimento della gestione come è oggi, cioè affidata al Ministero delle Attività Produttive. Naturalmente la regionalizzazione dei patti potrà dare luogo ad una proliferazione di procedure diverse tra loro, secondo gli schemi adottati da ciascuna regione.

*Conclusioni*

È evidente che «educare» un sistema locale a funzionare come tale, sia un obiettivo molto difficile da perseguire, perché si deve fare leva su aspetti sociali ed economici frutto dell'interazione spontanea tra gli attori locali. Malgrado ciò l'esperienza dei patti ci ha insegnato che talvolta è possibile stimolare la rete locale a funzionare in modo sinergico e agire per il benessere economico e sociale della comunità.

È dunque utile riflettere sul tipo di strumentazione più adatta a perseguire l'obiettivo di attivare e/o consolidare la rete degli attori locali. I patti territoriali possono rappresentare un'esperienza utile al fine di delineare le caratteristiche degli strumenti per lo sviluppo locale più idonei. È evidente però che questi si devono discostare in modo chiaro, senza ambiguità, dai normali strumenti di incentivazione per le imprese, i quali, pur incidendo sullo sviluppo locale, perseguono fini (attivare investimenti, creare occupazione) che non hanno effetti sulla *governance* locale.

Una volta tanto sarebbe utile abbandonare le logiche deterministiche delle politiche per lo sviluppo e prevedere fin dall'inizio l'eventualità di non centrare l'obiettivo. In questo modo lo strumento risulterebbe molto più flessibile, fino a prevedere la possibilità di spostare fondi destinati a un territorio che non è riuscito a centrare l'obiettivo minimo di efficienza verso altri territori che invece hanno attivato risorse fino a quel momento rimaste latenti. Ciò potrebbe innescare una sana competizione fra i territori, riflettendo, di fatto, quello che avviene nella realtà moderna, segnata dal processo di globalizzazione: alcuni territori perdono autonomia, identità e complessità a favore dei «centri globali» mentre altri riescono a interporre un filtro, grazie alla propria capacità di autosostenersi restando aperti. Da un'apertura non selettiva del sistema può dipendere non solo l'autonomia, l'identità e la complessità di un luogo ma anche il destino del suo ambiente fisico.

In altre parole non può esserci uno sviluppo sostenibile senza il coinvolgimento attivo della rete degli attori locali. Le future politiche di sviluppo territoriale si dovrebbero porre, quindi, non solo l'obiettivo del benessere economico ma anche quello della sua riproducibilità nel tempo, grazie alla capacità del sistema locale di frapporsi tra le esigenze del mondo globale e quelle dell'ambiente locale. L'obiettivo è di quelli difficili da perseguire ma, anche se le probabilità di successo non dovessero risultare elevate, è indispensabile continuare su questo percorso.


BIBLIOGRAFIA

AMIN A. (a cura di), *Postfordism. A Reader*, Oxford, Basil Blackwell, 1994.

BARBERA F., *Le politiche della fiducia. Incentivi e risorse sociali nei patti territoriali*, in «Stato e Mercato», 2001, 3, pp. 413-449.

BOBBIO L., *Produzione di politiche a mezzo di contratti nella pubblica amministrazione italiana*, in «Stato e Mercato», 2000, 1, pp. 111-141.

CERSOSIMO D. e WOLLEB G., *Politiche pubbliche e contesti istituzionali. Una ricerca sui patti territoriali*, in «Stato e Mercato», 2001, 3, pp. 369-412.

DEMATTEIS G., *Il modello SLoT come strumento di analisi dello sviluppo locale*, in ROSSIGNOLO C. e IMARISIO C.S. (a cura di), *Una geografia dei luoghi per lo sviluppo locale. Approcci metodologici e studi di caso*, SLoT Quaderno 3, Bologna, Baskerville, 2003.

DE VIVO P., *La costruzione, la formazione e lo sviluppo della fiducia locale. I patti campani: osservazioni dal campo*, in RIZZA R. e SCIDÀ G. (a cura di), *Capitale sociale, lavoro e sviluppo*, Milano, Franco Angeli, 2003.

DINI F. e RANDELLI F., *Le iniziative locali per l'occupazione in Regione Toscana, Rapporto 2000*. Collana Lavoro - Studi e Ricerche / 19, Prato, Giunti, 2002.

GROSSI G. (2003), *PMI e Programmazione Negoziata: il Patto Territoriale per lo Sviluppo di Frosinone*, Quaderni di Ricerca, Università degli Studi di Cassino. Dipartimento Economia e Territorio, 16, dicembre.

ITER-SVILUPPO ITALIA, *Caratteristiche e potenzialità dei Patti territoriali*, rapporto policopiato, 2000.

KRUGMAN P., *Geography and Trade*, Cambridge (England), MIT Press, 1991.

MAGNAGHI A (a cura di), *Il territorio degli abitanti: società locali e autosostenibilità*, Milano, Masson, 1998.

MAGNAGHI A., *Il progetto locale*, Torino, Bollati Boringhieri, 2000.

MATURANA A. e VARELA F., *Autopoiesi e cognizione*, Venezia, Marsilio, 1985.

MINISTERO DELL'ECONOMIA E DELLE FINANZE, *La lezione dei patti territoriali, rapporto policopiato*, 2003.

PIORE M. e SABEL C., *Le due vie della produzione industriale. Produzione di massa e produzione flessibile*, Torino, Isedi, 1987 (ed. or. 1984).

PORTER M.E., *La strategia competitiva: analisi per le decisioni*, Bologna, Ed. della Tipografia dei Compositori, 1982.

RANDELLI F., *Le scelte di sostenibilità fra top-down e bottom-up*, in TINACCI MOSSELLO M. (a cura di), *La sostenibilità dello sviluppo locale. Politiche e strategie*, Bologna, Pàtron, 2001, pp. 85-103.

RANDELLI F., *I patti territoriali della Toscana*, in REGIONE TOSCANA, *Politiche del lavoro e sviluppo locale. I patti territoriali*, Collana Lavoro - Studi e Ricerche / 15, Prato, Giunti, 2002, pp. 211-278.

REGIONE TOSCANA, *Politiche del lavoro e sviluppo locale. I patti territoriali*, Collana Lavoro - Studi e Ricerche / 15, Prato, Giunti, 2002.

SCOTT A.J. e STORPER M., *Production, work, territory: the geographic anatomy of industrial capitalism*, Wincester, Allen&Unwin, 1986.

SFORZI F., *Sistemi locali di impresa e cambiamento industriale in Italia*, in CONTI S. (a cura di), *Territori industriali: imprese e sistemi locali*, Bologna, Geotema, 1995.

STANISCIA B., *L'Europa dello sviluppo locale*, Roma, Donzelli, 2003.

TINACCI MOSSELLO M., *Rischi di crisi e nuove opportunità di sviluppo per i sistemi locali*, in DE ROSA M. e DE VINVENZO D. (a cura di), *Tra globalizzazione e localismo*, Napoli, Liguori Editore, 2002.

TRIGILIA C., *Sviluppo senza autonomia. Effetti perversi delle politiche nel Mezzogiorno*, Bologna, Il Mulino, 1994.

TRIGILIA C., *Patti per lo sviluppo locale: un esperimento da valutare con cura*, in «Stato e Mercato», 2001, 3, pp. 359-367.

TURCO A., *Verso una teoria geografica della complessità*, Milano, Unicopli, 1991.

Patrizia Romei *

# TERRITORIO, INNOVAZIONI TECNOLOGICHE E IMPRESE

*Reti e organizzazione del territorio*

Nuove morfologie di organizzazione territoriale stanno delineandosi in questi ultimi decenni anche in Italia, forme originatesi sotto la pressione esercitata dalla pervasività delle reti di trasporto e delle nuove tecnologie applicate all'informazione e alla comunicazione. Il progressivo e continuo ridursi dei costi e dei tempi di percorrenza unitamente all'intensa e rapida diffusione delle reti e delle interconnessioni tra i principali nodi (sistemi locali, città, imprese, distretti, aree turistiche) organizza e ri-organizza il territorio secondo criteri di tipo reticolare, sovrapponendo e intrecciando spazialmente una pluralità di reti (da quelle di trasporto e distribuzione fino alle reti socio-culturali). Nelle aree centrali del globo, attraversate incessantemente da flussi continui di persone, di informazioni e di merci, si è compiuto il passaggio dalle società racchiuse entro i propri confini alle società aperte, senza confini, basate sull'accessibilità di rete, nelle quali la variabile strategica non è più soltanto la distanza quanto l'accessibilità alle diverse e distinte tipologie di rete. L'emergere di una società-rete, non ubiquitaria ma selettiva spazialmente secondo la logica della convergenza spazio-tempo non cancella, ma si sovrappone alla precedente organizzazione territoriale complessificando la realtà e ri-orientando le forme spaziali verso la costruzione di strutture interconnesse, dove dominano i flussi e le reti: una società espressione di un mondo sempre più interdipendente (MCLUHAN, 1989; CASTELLS, 1996).

Dal punto di vista strettamente geo-economico, la vera novità può essere individuata nella maggiore dipendenza delle economie regionali dal loro nucleo centrale; infatti, sono soltanto alcune aree privilegiate della terra a gestire e controllare le reti lunghe dell'economia globale (della finanza *in primis*, delle multinazionali, della Ricerca e Sviluppo). In un mondo globalizzato dai consumi di massa, dal decentramento produttivo, dalle multinazionali e dai flussi finanziari aumentano

---

* Dipartimento di Scienze Economiche, Università di Firenze.

le forze centripete dell'omogeneizzazione dirette dall'economia globale che imprimono tensioni e squilibri aumentando la concorrenza e allargando le fratture tra i singoli sistemi locali.

Proprio in ragione di ciò il sapere del geografo riesce a cogliere la rilevanza centrale del territorio in quanto spazio trasformato dall'agire degli uomini, dalla storia, dalla cultura, dalla tecnologia, dalle risorse naturali e sociali; Soja ha scritto che «Man is a territorial animal and territoriality affects human behaviour at all scales of social activities» (1994). All'analisi geo-economica spetta dunque il compito di cercare e ri-cercare l'ordine sotteso a ogni struttura territoriale, le gerarchie e le funzioni, così come i livelli di centralità e/o di marginalità, la velocità e la direzione delle innovazioni.

## PMI e diffusione delle innovazioni

In uno scenario caratterizzato dal decentramento produttivo e territoriale e dall'azione globale delle multinazionali, può essere interessante soffermarsi ad analizzare lo «stato dell'arte» delle relazioni tra piccole e medie imprese (PMI) e innovazione tecnologica sia perché, oggi, il *focus* dello sviluppo si sposta sempre più sulle interazioni tra innovazioni tecnologiche e risorse locali, sia perché le PMI rappresentano la spina dorsale del sistema produttivo italiano (ma anche europeo), poiché offrono occupazione a più di 2/3 dei lavoratori (fig. 1). Nel 2001 in Italia, secondo i dati ISTAT del Censimento dell'Industria e del Commercio, su 6.687.327 addetti alle imprese nel settore industriale, oltre 4.805.425 lavorano in

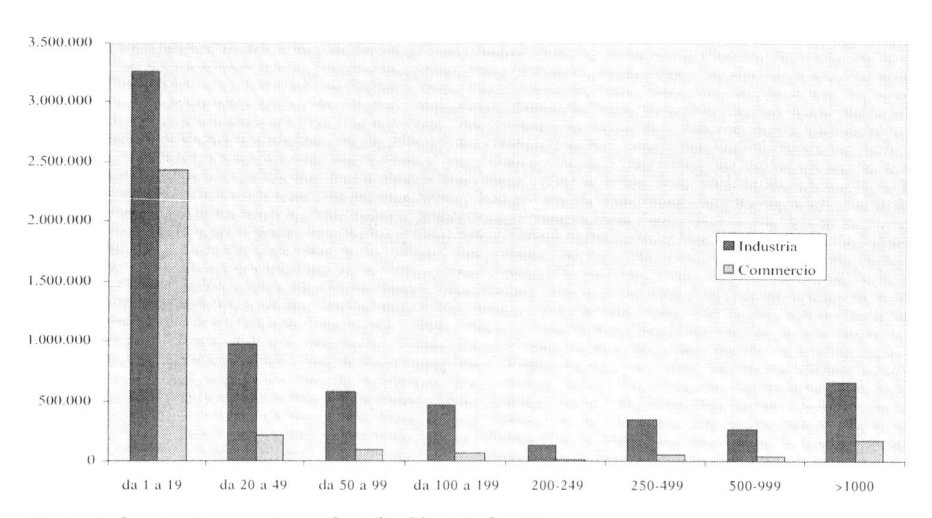

Fig. 1 - *Industria e Commercio per classi di addetti, Italia, 2001.*
(Fonte: ISTAT, Censimento dell'Industria e del Commercio, 2001 (*www.istat.it*).

piccole e medie imprese (da 1 a 100 addetti), con una notevole concentrazione nella classe dimensionale compresa tra 1 e 19 addetti (in valore assoluto, in questa classe rientrano oltre 3.000.000 d'addetti).

In linea teorica, la propensione all'innovazione delle imprese dipende da una molteplicità di fattori quali ad esempio: la frontiera tecnologica raggiunta in ogni settore produttivo, le dimensioni delle imprese, la congiuntura economica, la localizzazione territoriale e la presenza di reti imprenditoriali interne ed esterne all'area. In particolare, rispetto alla posizione geografica, si possono notare alcune localizzazioni che favoriscono l'introduzione delle innovazioni, fra questi luoghi rientrano *in primis* le grandi aree urbane e i sistemi di città; l'urbanizzazione gioca un ruolo rilevante per le imprese in quanto crea sinergie[1] ed esternalità che scattano soltanto in presenza di funzioni superiori altamente specializzate che, di norma, sono presenti nelle grandi metropoli, poiché seguono logiche spaziali legate all'elevata densità e centralità. La seconda localizzazione riguarda le imprese spazialmente concentrate nei distretti industriali e/o nei sistemi locali d'impresa, dove la diffusione delle innovazioni avviene grazie all'intenso e stabile sistema di relazioni economiche e sociali di tipo orizzontale, che si è venuto a creare nel tempo tra imprese, famiglie e istituzioni. I sistemi locali più orientati a introdurre le innovazioni tecnologiche sono quelli che hanno saputo instaurare un sistema di relazioni esterne appoggiandosi alle istituzioni che promuovono le innovazioni e, al tempo stesso, una densa rete di relazioni interne al sistema produttivo locale. In breve, la combinazione migliore per la diffusione delle innovazioni nasce dalla compresenza sinergica di due elementi: a) una localizzazione urbana favorevole in termini di centralità-accessibilità e di funzioni terziarie superiori; b) una fitta trama di reti di relazione (locali ed esterne) alle imprese.

Dunque, in un contesto di crescente globalizzazione, il processo innovativo può diventare la principale fonte di incremento della produttività, e in senso più ampio anche un fattore strategico per lo sviluppo locale.

Proprio in relazione al processo di diffusione spaziale delle innovazioni può risultare molto interessante riprendere l'articolazione stadiale proposta da Hagerstränd nel 1953 basata sul tempo di adozione dell'innovazione a partire dal centro propulsore in relazione alla distanza dal luogo dove è stata introdotta l'innovazione. In questo modello la distanza agisce come elemento di frizione allungando i tempi di adozione delle innovazioni mano a mano che ci si allontana dal luogo iniziale; le fasi individuate sono:

1. introduzione;
2. diffusione e consolidamento;
3. saturazione.

---

[1] L'etimo di sinergia deriva dalla parola greca *synergō* (cooperare), composta da *syn* che significa «insieme» ed *ergō* che significa «operare»: in altre parole «unire le forze».

Nella prima fase l'innovazione sarà adottata dai soggetti localizzati vicino al luogo dove è stata introdotta l'innovazione; in questo caso, i centri di innovazione (aree metropolitane, centri di ricerca, poli tecnologici, ecc.) giocano un ruolo rilevante nell'introdurre le innovazioni anche se la loro localizzazione resta pur sempre molto concentrata in poche aree privilegiate del mondo. Più in generale, i *milieux* di innovazione, i poli tecnologici, le università sono centri culturali d'avanguardia, centri di produzione della conoscenza, catalizzatori e, al tempo stesso, incubatori per le imprese tecnologicamente avanzate: sono cioè dei veri e propri luoghi privilegiati per la produzione e la diffusione delle innovazioni.

La seconda fase, o fase intermedia, corrisponde alla rapida diffusione dell'innovazione, cioè alla diffusione vera e propria; in questo caso, sono le reti, la loro geometria e l'intensità (misurata dalle infrastrutture di trasporto e accessibilità) che svolgono un ruolo fondamentale nell'accelerare o ritardare il processo di diffusione. Oltre alle reti però entrano in gioco anche i fattori locali (e/o regionali) che, a seconda della morfologia degli insediamenti, della presenza di risorse (naturali e sociali), possono facilitare la ricettività o, al contrario, rallentare e ostacolare l'introduzione delle innovazioni. Ed è proprio sulla seconda fase che è necessario concentrare la nostra attenzione anche perché quando ormai si è raggiunto la terza fase, cioè la completa saturazione, l'innovazione ha perso completamente quel differenziale di valore che offre una marcia in più alle imprese capaci di adottare con rapidità i comportamenti più innovativi. Inoltre, anche sotto l'aspetto più direttamente normativo-operativo è necessario concentrare l'attenzione sui momenti interni alla seconda fase poiché essa rappresenta un momento cruciale per rimuovere e/o predisporre le azioni necessarie atte a facilitare la diffusione delle innovazioni nella direzione voluta dalle imprese e/o dalle istituzioni locali.

Infine, nella terza fase, la velocità di diffusione dell'innovazione si riduce progressivamente fino a tendere a zero; ciò avviene quando tutte le imprese, a prescindere dalla loro ubicazione, hanno adottato l'innovazione; in questo momento, si è ridotta fino ad annullarsi la quota dei vantaggi competitivi, quota che declina rapidamente con il passare del tempo e del numero delle imprese che hanno adottato l'innovazione.

Sempre da un punto di vista strettamente geografico-metodologico, per studiare le modalità e i tempi[2] di diffusione delle innovazioni è necessario individuare anzitutto la forma spaziale delle reti (gerarchica, a circuito, policentrica) e le di-

---

[2] In proposito, è interessante confrontare il calcolo dei tempi di diffusione di alcune fra le principali innovazioni tecnologiche fra gli abitanti degli Stati Uniti d'America (assumendo come valore significativo il superamento della soglia del 30% di diffusione tra la popolazione): per il telefono ci sono voluti 38 anni per raggiungere il 30% della popolazione; per la televisione 17 anni; per i personal computer 13 anni, mentre per Internet sono stati sufficienti appena 7 anni (VACIAGO E. ed G., 2001).

mensioni dei nodi, ma anche la connettività dei singoli nodi. A questi due elementi si aggiunge anche, sul piano locale, la presenza di fattori che possono favorire la ricettività o, al contrario, rallentare il processo di adozione delle innovazioni, fattori quali: il grado di apertura/chiusura, la coesione dei sistemi locali, la specializzazione produttiva. Un territorio coeso, con una forte identità, sorretto da un sistema di insediamenti urbano-produttivi ben strutturato e collegato a tutti i livelli tramite nodi accessibili e aperti verso l'esterno è indubbiamente capace di accogliere, più rapidamente di altre aree, quelle innovazioni tecnologiche necessarie per mantenere e accrescere il vantaggio competitivo locale. Più in generale, la velocità e l'intensità legate all'introduzione delle innovazioni tecnologiche nei processi produttivi dipende da un insieme di elementi quali:

a. risorse tecnologiche sufficientemente alte;
b. reti di trasporto e di comunicazione folte e stabili;
c. l'intensità delle reti globali/locali attivate dalle imprese.

Per competere con successo occorre guardare oltre l'ambito economico nazionale poiché ormai da tempo i nodi delle reti strategiche sono rappresentati dai centri dominanti delle città globali, così come da singole regioni e in alcuni casi anche da singole aree (sistemi di impresa, distretti). Nella visione reticolare i confini politico-amministrativi perdono importanza poiché sono completamente travalicati dalle reti eterodirette dell'economia. Ai tradizionali fattori di localizzazione (materie prime, lavoro e capitale), tipici dell'analisi geoeconomica «classica», si affianca oggi, con sempre maggiore forza, un altro importante fattore: l'accessibilità alle innovazioni e la capacità di adattarle alla realtà locale imprenditoriale. Per le imprese il portato di queste trasformazioni organizzative può essere misurato in termini di flessibilità, di velocizzazione dei cicli produttivi, di delocalizzazione e di dematerializzazione del processo produttivo. In sintesi, le principali evidenze geoeconomiche del binomio territorio-innovazioni possono essere colte tramite almeno due nessi strutturali:

1. il nesso tra livello tecnologico e grado di complessità della struttura economica la crescita economica incentiva i mutamenti tecnologici avviando un processo che si autoalimenta);
2. il nesso tra sviluppo di nuove tecnologie e territorio (sistema sociale e organizzazione spaziale).

In generale, le PMI, molto più delle grandi imprese (e ovviamente delle multinazionali), sono radicate nel *milieu* locale e da questo ne traggono linfa vitale attivando un *feedback* reciproco; però anche per queste ragioni spesso sono meno sensibili alle innovazioni. Ed è proprio per aiutare le piccole e medie imprese ad adottare rapidamente le innovazioni che Castells e Hall (1994) hanno suggerito di promuovere e potenziare dei «vivai» regionali di innovazione. Questa opzione, se realizzata mettendo in rete le risorse disponibili a scala locale-regionale, può rappresentare una valida scelta da intraprendere sia per valorizzare le qualità delle PMI che spesso «soffrono» dell'isolamento dai grandi centri di R&S, sia per avviare concrete risposte locali alle continue trasformazioni tecnologiche in una società organizzata sempre più su flussi e reti di comunicazione globalizzanti. Concretamente, la debolezza delle PMI può attenuarsi soltanto di fronte ad azioni e scelte messe in atto da organismi regionali[3] o sovraregionali (reti d'impresa, «vivai» di tecnologia, ecc.). Senza dubbio, le dure condizioni competitive imposte alle imprese che si collocano nelle fasi avanzate del ciclo del prodotto dall'apertura dei mercati, dalla crescente concorrenza sul fronte dei costi, dalla segmentazione della domanda finale, impongono con urgenza l'adozione di innovazioni in tutte le fasi del processo industriale (ALONSO e MÉNDEZ, 2000). Ritornando a osservare il caso italiano, è convinzione diffusa che le migliori *performances* delle regioni del Nord siano legate alla presenza di alti tassi di innovazione che trovano il naturale supporto nel ruolo trainante esercitato dalle grandi imprese. Però, da una ricerca condotta da Camagni e Capello nel 1999 sul nesso tra innovazioni e PMI a scala regionale, emergono quattro interessanti tipologie regionali (tab. 1) che in parte smentiscono questo assunto:

1. regioni con alti tassi di innovazioni e alta concentrazione di PMI;
2. regioni con alti tassi di innovazione e bassa presenza di PMI;
3. regioni con bassi tassi di innovazione e bassa presenza di PMI;
4. regioni con bassi tassi di innovazioni ed alta concentrazione di PMI.

I quattro *clusters* così ottenuti possiedono anche una precisa valenza geografica in quanto il primo e il secondo sono caratterizzati da alti tassi di innovazione e comprendono quasi tutte le regioni del Nord; mentre il terzo e il quarto sono caratterizzati da bassi quozienti di innovazione e comprendono rispettivamente le regioni del Centro e quelle del Sud. Da questa analisi, sembrerebbe che la variabile dimensionale non sia fondamentale per la diffusione delle innovazioni. Pertanto, se non sono le dimensioni a rappresentare lo spartiacque dell'innovazione, entrano in gioco anche altre variabili quali ad esempio: la maggiore articolazione del sistema imprenditoriale (tanto per settori quanto per dimensioni delle imprese), la

---

[3] Per esempio, la Regione Toscana promuove la realizzazione di studi e ricerche da parte di imprese private per individuare i processi più idonei al trasferimento tecnologico verso le PMI, in particolare si tratta di: definire le reti a supporto al sistema produttivo toscano; analizzare la rete in fibra ottica esistente nel territorio regionale e studiare i suoi possibili sviluppi per il collegamento delle aree industriali; creare un «Osservatorio per il trasferimento alle imprese». Sono inoltre previsti dei bandi anche per quanto attiene alla realizzazione di servizi innovativi da parte delle Amministrazioni pubbliche per promuovere lo sviluppo economico del territorio tramite: a) diffusione del software *open source*; b) sviluppo di sistemi GIS per le PMI; c) creazione di reti di servizi per il turismo e il sistema socio sanitario (REGIONE TOSCANA, 2004).

dotazione di infrastrutture, le interconnessioni delle reti locali con le reti lunghe. In breve si tratta del territorio, cioè dello spazio trasformato dall'agire umano, con le sue specificità e peculiarità che rappresenta una risorsa (spesso misconosciuta e latente) da valorizzare pienamente.

TABELLA 1
*Regioni, PMI e tasso di innovazione*

|  | ALTO TASSO DI INNOVAZIONE | BASSO TASSO DI INNOVAZIONE |
|---|---|---|
| ALTA PRESENZA DI PMI | Veneto, Lombardia Friuli-Venezia Giulia Emilia-Romagna | Abruzzo, Molise Toscana, Marche Umbria |
| BASSA PRESENZA DI PMI | Trentino-Alto Adige Piemonte, Valle d'Aosta Liguria | Lazio, Campania, Sicilia, Calabria, Basilicata, Puglia, Sardegna |

(Fonte: Camagni, Capello, 1999; rielaborazione propria)

Nel prosieguo del testo saranno precisate le relazioni tra innovazioni tecnologiche e PMI attraverso lo studio di due tipologie settoriali delle innovazioni: le reti telematiche e le certificazioni ambientali.

*PMI, innovazioni telematiche e certificazioni*

Già Leonardo da Vinci nel 1498, all'indomani della scoperta del Nuovo Mondo, e agli albori dell'era moderna, immaginava la possibilità di comunicare a distanza scrivendo così: «Parleransi li omini di remotissimi paesi l'uno all'altro e risponderansi»; ma è stato soltanto alla fine del Settecento che l'idea di Leonardo si è potuta concretizzare con l'invenzione del telegrafo. Il potente sviluppo delle reti di trasporto e delle comunicazioni ha fornito energia all'integrazione geo-economica e sociale, spostando continuamente le frontiere fisiche e culturali e accelerando il processo di convergenza spazio-tempo in atto fra alcune aree centrali «privilegiate» rispetto al resto del mondo. Nelle società odierne l'informazione ha ormai assunto il rango di risorsa strategica, risorsa che viaggia attraverso specifici e sempre più numerosi canali di trasmissione tanto da disegnare un fitto intreccio di reti fisiche e immateriali che possono accelerare tanto l'integrazione quanto l'emarginazione.

Con notevole intuito, già alla fine dell'Ottocento, Alfred Marshall individuava nella produzione della conoscenza la molla dello sviluppo economico; l'economia dell'informazione[4] è dominata dal circuito della produzione-riproduzione-distribuzione delle informazioni che permea ormai l'intera struttura delle moderne società: dall'economia dell'informazione alla società dell'informazione il passo è stato breve. Questo nuovo paradigma informazionale (CASTELLS, 1996) si distingue soprattutto per la struttura reticolare in continua evoluzione, per la molteplicità di reti che connettono più nodi e che ri-configurano nuove geografie della produzione e nuove centralità spaziali in tempi sempre più compressi e frammentati.

In questo scenario soggetto a continue trasformazioni, la maggior parte della circolazione fisica di merci è regolata da flussi di informazioni che attivano operazioni computerizzate a monte e a valle degli scambi, originando una vera e propria economia dell'informazione. Già da tempo interi settori economici si sono strutturati per vendere informazioni alle imprese e alle famiglie (con la creazione di banche-dati sempre più sofisticate) e questa è la novità più rilevante della nostra epoca. La logica del nuovo sistema è una logica di connessione, di accesso all'informazione in un ambiente reso tumultuoso dall'ondata possente delle trasformazioni tecnologiche (per esempio, Internet), nel quale la produzione di informazioni e la conoscenza sono al centro dell'organizzazione del lavoro.

Le più importanti innovazioni tecnologiche hanno avuto l'effetto di facilitare gli scambi, i contatti e la trasmissione della conoscenza tra gli abitanti del mondo. Infatti, la stampa, il telegrafo, la radio, la televisione, Internet, sono state tutte invenzioni tese ad agevolare e velocizzare lo scambio delle informazioni e la diffusione delle reti.

*PMI e reti telematiche in Italia*

Le reti telematiche stanno rapidamente influenzando le modalità di lavoro e di relazioni sociali di milioni di persone: nel 2004 Internet è stato utilizzato da 800 milioni di utenti. In proposito, appare impressionante la rapidità della diffusione delle reti telematiche in Cina che ormai è al secondo posto (dopo Stati Uniti e prima del Giappone) per numero di utenti a Internet, attualmente stimati attorno ai 120 milioni (China Internet Network Information Center, 2003). Se invece del numero degli utenti, osserviamo le quote di mercato delle NTC (Nuove Tecnologie della Comunicazione[5]) la classifica cambia: al primo posto sono sempre gli Stati Uniti (con il 34%), poi l'Unione Europea (il 29%) e il Giappone (12%).

---

[4] Basta questo semplice dato per cogliere l'importanza dell'economia dell'informazione: alla fine degli anni Sessanta del Novecento l'informazione rappresentava il 46% del PIL degli Stati Uniti d'America (PORAT, 1977).

[5] A volte si utilizza anche l'acronimo ICT (Information and Communication Tecnology), spesso abbreviato in IT (Information Tecnology).

In questo quadro, può essere interessante soffermarsi anche sullo «stato dell'arte» delle relazioni tra PMI e innovazioni telematiche in Italia. Per quanto riguarda il settore delle NTC emerge con chiarezza che questo è un settore ancora molto «giovane» e certamente inadeguato alle necessità dell'economia (i primi PC sono stati introdotti nelle imprese italiane soltanto nella prima metà degli anni Ottanta); così come sono da potenziare la ricerca e la diffusione tra le PMI delle nuove tecnologie digitali. In Italia gli investimenti in NTC sono ancora piuttosto bassi, fattore che potrebbe incidere negativamente se sarà confermata la correlazione positiva tra investimenti in IT e competitività.

Da una ricerca promossa da Microsoft e Confcommercio (realizzata nel 2001 da NetConsulting) su un campione di 200 piccole e medie imprese italiane per valutare l'impatto delle nuove tecnologie sulle PMI (con un numero di addetti compreso fra 10 e 500) in Italia risulta che:

a. il 98,5% delle PMI alla fine del 2001 possedeva un collegamento alla rete;
b. tra le motivazioni per l'utilizzo di Internet emerge la necessità sempre più sentita di costruire un sito Web per promuovere l'immagine dell'impresa a scala globale, e successivamente per avviare l'*e-commerce* (73,7%);
c. dal 1995 al 2001 le PMI hanno speso circa 46 miliardi di euro in tecnologie informatiche (IT, valore che rappresenta circa 0,89% del PIL italiano);
d. per le aziende identificate come *Heavy Users* è stata registrata una crescita di produttività per addetto del 10% annuo in più rispetto alle aziende *Low Users*;
e. le province più innovative sono state: Milano (con il 9,6% degli occupati totali impegnati nel settore della *new economy*), Roma (l'8,5%) e Firenze (7,9%).

Anche la successiva indagine ISTAT relativa al periodo 2001-2002 condotta sull'adozione da parte delle imprese delle nuove tecnologie dell'informazione (IT) offre uno spaccato dettagliato su alcune peculiarità del «sistema Italia». L'esame dei dati mette in luce alcuni aspetti positivi: l'uso del computer che è ormai entrato anche nelle piccole e piccolissime imprese a gestione familiare (il 94,6% delle imprese possiede un personal computer); la diffusione appare equilibrata, senza evidenti fratture né di tipo dimensionale (fra le diverse classi di impresa), né di tipo territoriale tra le singole regioni italiane (tab. 2). Sono però evidenti anche alcuni aspetti negativi: la bassa la percentuale di imprese industriali dotate di un proprio sito web (45,3%); e la scarsa presenza di connessioni Intranet (32,1%) necessarie per usufruire di collegamenti telematici interni all'impresa e alle sue eventuali sedi decentrate.

Più in generale, i settori di attività economica dotati di minore alfabetizzazione informatica sono quelli delle industrie di tipo «tradizionale», per esempio, nel comparto del tessile e abbigliamento soltanto il 51,8% delle aziende possiede la

TABELLA 2

*Diffusione del personal computer nelle imprese con almeno 10 addetti, anno 2002*
(valori percentuali sul totale delle imprese e degli addetti per settori di attività economica,
classi di addetti, e ripartizioni geografiche)

| Settori di attività economica, classi di addetti, ripartizioni geografiche | Imprese con pc | Addetti che utilizzano pc | Imprese con e-m | Imprese con sito web | Imprese con Internet | Imprese con Intranet |
|---|---|---|---|---|---|---|
| **SETTORI DI ATTIVITÀ ECONOMICA** | | | | | | |
| Industrie alimentari, delle bevande e del tabacco | 94,9 | 34,7 | 70,3 | 76,5 | 45,0 | 24,9 |
| Industrie tessili e dell'abbigliamento | 81,6 | 24,2 | 51,8 | 54,5 | 28,6 | 15,5 |
| Industrie conciarie, fabbr. prodotti in cuoio, pelle e similari | 85,2 | 20,9 | 54,3 | 56,9 | 28,0 | 11,2 |
| Industria del legno e dei prodotti in legno | 95,3 | 23,1 | 69,0 | 65,8 | 37,7 | 15,6 |
| Fabbr. pasta-carta, carta e prod.di carta; stampa ed editoria | 98,0 | 45,0 | 84,6 | 89,0 | 54,8 | 30,4 |
| Fabbr. di coke, raffinerie di petrolio, trattamento dei combustibili nucleari | 100,0 | 69,5 | 85,3 | 94,9 | 57,5 | 41,0 |
| Fabbr. di prodotti chimici e di fibre sintetiche e artificiali | 99,5 | 61,6 | 95,2 | 95,1 | 74,4 | 54,0 |
| Fabbr. di articoli in gomma e materie plastiche | 97,2 | 30,3 | 90,0 | 90,5 | 60,5 | 30,5 |
| Fabbr. di prodotti della lavorazione di minerali non metalliferi | 98,1 | 28,6 | 80,5 | 83,6 | 49,1 | 22,4 |
| Prod. di metallo e fabbricazione di prodotti in metallo | 98,5 | 31,7 | 79,5 | 82,9 | 47,6 | 23,5 |
| Fabbr. macc. e appar. mecc., install., montag., riparaz. e manutenz. | 99,5 | 39,3 | 91,8 | 93,4 | 72,5 | 41,8 |
| Fabbr. macchine elettriche e apparecchiature elettriche ed ottiche | 99,0 | 46,0 | 85,6 | 82,5 | 51,8 | 42,6 |
| Fabbr. di mezzi di trasporto | 97,3 | 38,9 | 88,4 | 88,6 | 64,2 | 47,2 |
| Altre industrie manifatturiere | 96,4 | 28,2 | 76,4 | 81,5 | 56,3 | 22,9 |
| Prod. e distribuz. di energia elettrica, gas e acqua | 98,8 | 55,4 | 93,6 | 94,0 | 56,8 | 50,8 |
| *Totale industria* | *94,6* | *36,2* | *75,7* | *78,1* | *48,8* | *26,8* |
| **CLASSI DI ADDETTI** | | | | | | |
| 10-49 | 93,2 | 34,6 | 72,7 | 75,3 | 43,9 | 25,7 |
| 50-99 | 99,1 | 38,5 | 90,7 | 93,0 | 69,4 | 46,4 |
| 100-249 | 98,7 | 42,7 | 93,6 | 94,1 | 73,7 | 59,1 |
| 250 e oltre | 99,8 | 49,8 | 97,5 | 97,4 | 79,2 | 75,7 |
| **RIPARTIZIONI GEOGRAFICHE** | | | | | | |
| Nord-ovest | 95,5 | 45,6 | 80,0 | 82,0 | 50,9 | 33,1 |
| Nord-est | 94,3 | 37,2 | 77,2 | 78,4 | 48,3 | 29,7 |
| Centro | 92,1 | 45,3 | 70,5 | 74,8 | 46,8 | 24,9 |
| Sud e Isole | 91,5 | 31,2 | 65,4 | 69,0 | 37,9 | 23,9 |

(Fonte: ISTAT, Rilevazione sulle tecnologie dell'informazione e della comunicazione nelle imprese, anni 2001 e 2002; rielaborazione propria)

posta elettronica, piuttosto simile appare la situazione delle industrie conciarie (54,3%), e appena migliore quella delle industrie del legno (69%). Inoltre, l'uso della rete – misurato dall'attivazione dell'e-mail e di un proprio sito web – resta ancora direttamente proporzionale al numero degli addetti; infatti, le imprese di piccole dimensioni (cioè quelle comprese nella classe da 10 a 49 addetti) presentano valori piuttosto bassi, valori che crescono all'aumentare delle dimensioni d'impresa (con oltre 250 dipendenti). Infine, squilibri appaiono anche nella ripartizione geografica tra le imprese ubicate a Nord-ovest (l'80% con l'e-m) e imprese ubicate al Sud (il 65%).

Nell'insieme, emerge comunque una tendenza favorevole da parte delle imprese all'uso di Internet anche per la sua doppia valenza: da un lato, permette di accedere a tutta una serie di servizi e di informazioni fra i quali i servizi bancari e l'analisi di mercato; dall'altro, consente direttamente alle imprese di accedere al mercato globale sia pubblicizzando direttamente i prodotti sia vendendoli direttamente (*e-commerce*). Però, fra le motivazioni addotte dagli imprenditori appare che i freni e gli ostacoli posti all'introduzione di strumenti telematici, non siano tanto i costi quanto la mancanza di sicurezza informatica e la lentezza nella trasmissione dei dati (*www.istat.it*, 2004).

In questo scenario informatico le categorie più soggette al rischio del *Ddivide* (*digital divide*[6]) sono proprio le PMI e gli artigiani, sia a causa della dimensione ridotta, sia per l'attività impostata in maniera personalizzata e autonoma, basata su processi flessibili e informali.

I quasi due milioni di PMI industriali in Europa che attivano innovazioni di prodotto e creano occupazione (almeno la metà), rappresentano la spina dorsale dell'economia europea. Proprio per questi motivi l'Unione Europea ha lanciato una serie di azioni per accelerare l'ingresso nell'era digitale e rafforzare il peso dell'economia della conoscenza entro il 2010. L'obiettivo principale è quello di realizzare «un'Europa informaticamente alfabetizzata per garantire l'inclusione sociale, sviluppare la fiducia dei consumatori e diminuire il divario tra ricchi e poveri nella società europea» (COMMISSIONE EUROPEA, DIREZIONE GENERALE STAMPA E COMUNICAZIONE, 2002, p. 4). In questa ottica si inserisce anche il progetto DETECT-IT che si indirizza a oltre mille PMI di tutta Europa per aumentare il potenziale innovativo tramite l'attivazione di una rete di partner per fornire informazioni, sostegno e guida, per accedere alle differenti reti di risorse e informazioni, grazie anche alla creazione di una rete di 30 «incubatori» denominati BIC (*Business Innovation Centre*) a scala europea per monitorare le PMI e incoraggiarle ad adottare queste innovazioni.

---

[6] *Digital divide* è una recente espressione coniata nei primi anni Novanta negli Stati Uniti per comprendere l'insieme delle disuguaglianze prodotte dai diversi gradi di partecipazione alle nuove tecnologie da parte degli individui, delle famiglie, delle imprese e delle istituzioni.

In particolare, le principali risultanze che emergono da alcuni studi portati avanti per misurare l'apporto delle Information Technology alla crescita economica (OECD, 2003; ECONOMIST INTELLIGENCE UNIT, 2004) riguardano alcune evidenze necessarie per avviare un virtuoso processo di crescita. Anzitutto le IT richiedono una soglia iniziale di dotazione e di diffusione (dei PC e di Internet) per usufruire vantaggiosamente delle esternalità di rete; poi, dopo aver raggiunto la massa critica, occorre attendere un certo periodo di tempo prima di vedere gli effetti sulla produttività, il lasso di tempo sufficiente affinché le innovazioni introdotte siano pienamente assimilate dalle imprese. Per esempio, se osserviamo la crescita percentuale della produttività lavorativa e l'apporto dal settore delle IT in Italia (tab. 3), si nota chiaramente la riduzione della crescita complessiva ma anche l'aumento in proporzione delle IT nel secondo periodo (1996-2002). Interessante è anche l'insieme dei paesi nordici (Svezia, Finlandia, Norvegia, Danimarca), che presentano elevati investimenti in IT e alta produttività in entrambi i periodi esaminati.

TABELLA 3
*Produttività del lavoro e contributo delle IT, anni 1990-1995 e 1996-2002*

| Paesi | 1990-1995 | | 1996-2002 | |
|---|---|---|---|---|
| | Contributo delle IT | Produttività lavorativa | Contributo delle IT | Produttività lavorativa |
| Irlanda | 0,68 | 2,39 | 1,9 | 3,76 |
| Finlandia | 0,43 | 2,65 | 1,4 | 2,02 |
| Svezia | 0,96 | 2,95 | 1,33 | 2,67 |
| Inghilterra | 0,74 | 2,2 | 1,1 | 1,08 |
| Austria | 0,76 | 2,32 | 0,75 | 1,73 |
| Norvegia | 0,85 | 3,11 | 0,68 | 1,71 |
| Germania | 0,52 | 2,11 | 0,67 | 1,38 |
| Danimarca | 0,72 | 1,99 | 0,59 | 1,45 |
| Olanda | 0,29 | 0,63 | 0,48 | 0,77 |
| *Italia* | *1,09* | *2,83* | *0,36* | *0,56* |
| Belgio | 0,92 | 1,9 | 0,35 | 0,78 |
| Francia | 0,23 | 1,13 | 0,18 | 1 |
| Spagna | 0,06 | 1,22 | 0,14 | 0,28 |

(Fonte: OECD, 2003; rielaborazione propria)

*Imprese e certificazioni ambientali*

Le sfide da affrontare nei prossimi anni ruotano essenzialmente attorno alle modalità di organizzazione del territorio e di valorizzazione delle risorse locali (economiche, sociali e ambientali). Sfide di ampio respiro, difficili da superare, e che proprio per queste ragioni dovrebbero coinvolgere l'intera società. In particolare, però sul fronte delle imprese, gli obiettivi sono mirati essenzialmente a migliorare il posizionamento di mercato e la competitività economica: cioè dalla capacità di innovare in un mondo ogni volta più globale e interdipendente.

Il processo innovativo riguarda non soltanto l'ambito direttamente legato alle nuove tecnologie ma anche tutte quelle innovazioni che introducono scenari e metodi diversi da quelli tradizionali; per esempio, si pensi alle nuove logiche imprenditoriali per mantenere ed aumentare l'efficienza economica tramite le tecnologie ambientali in grado di attivare processi produttivi eco-compatibili.

In questo contesto, la necessità per le imprese in generale (e per le PMI in particolare) di confrontarsi con le tematiche ambientali, per coniugare qualità dei processi e dei prodotti con l'innovazione tecnologica e la tutela dell'ambiente, passa anche tramite l'applicazione degli strumenti volontari quali le certificazioni ambientali (norme ISO e registrazioni EMAS).

Le norme della serie ISO 9000 sono state prodotte dall'ISO (International Organization for Standardization), l'organizzazione internazionale per la standardizzazione, con lo scopo di definire i requisiti internazionali per i sistemi di gestione di qualità. Il concetto di sistema di gestione per la qualità fa riferimento a «quella parte del sistema di gestione di un'organizzazione che si propone, con riferimento agli obiettivi per la qualità, di raggiungere dei risultati in grado di soddisfare adeguatamente le esigenze, le aspettative ed i requisiti di tutte le parti interessate» (ISO 9000, 2000). Il fattore guida che ha ispirato il processo di revisione 2000 delle norme ISO 9000 riguarda l'ampliamento del concetto di qualità inteso come capacità di soddisfazione i bisogni di tutti gli attori (*stakeholders*) che intervengono nei processi di produzione e fornitura, di utilizzo e fruizione di beni e servizi.

Anche le norme internazionali ISO 14000 rappresentano uno strumento di adesione volontaria per migliorare la gestione della variabile ambientale all'interno dell'impresa o di qualsiasi altra organizzazione. In particolare, fra le norme della famiglia 14000 la ISO 14001 fornisce i requisiti guida per realizzare un Sistema di Gestione Ambientale (SGA) necessario per formulare una politica ambientale, tenendo conto delle prescrizioni legislative e delle informazioni riguardanti gli impatti ambientali. La norma ISO ha fonte giuridica privata ed è riconosciuta in ambito internazionale, a differenza del Regolamento EMAS che ha fonte giuridica pubblica ed è una norma comunitaria. Fino a qualche anno fa, in Italia, le imprese che già avevano ottenuto la certificazione ISO 9000 erano oltre 60.000 (tab. 4), prevalentemente concentrate nei settori dell'elettronica, della metalmeccanica e della chimica. La ripartizione geografica indica chiaramente il ruolo trainante svolto dalla Lombardia, seguita dal Veneto, dall'Emilia-Romagna, dal Lazio e dalla Campania (fig. 2).

La registrazione EMAS (Eco-Management and Audit Scheme) serve per incentivare processi produttivi rispettosi dell'ambiente. Il regolamento EMAS è stato introdotto nel 1993 dalla Comunità Europea ed è aperto a qualsiasi organizzazione del settore pubblico e privato che intenda migliorare la propria efficienza

TABELLA 4
*Imprese per tipologia e anno di certificazione, v.a, Italia*

| anni | ISO 9000 | ISO 14000 |
| --- | --- | --- |
| 1991 | 212 | 0 |
| 1992 | 245 | 0 |
| 1993 | 712 | 0 |
| 1994 | 1167 | 0 |
| 1995 | 2140 | 23 |
| 1996 | 2894 | 8 |
| 1997 | 4591 | 38 |
| 1998 | 6322 | 87 |
| 1999 | 8881 | 187 |
| 2000 | 12247 | 374 |
| 2001 | 15478 | 735 |
| 2002 | 7325 | 665 |
| *Totale* | 62214 | 2117 |

(Fonte: http://www.sincert.it/ITA/statisti.html)

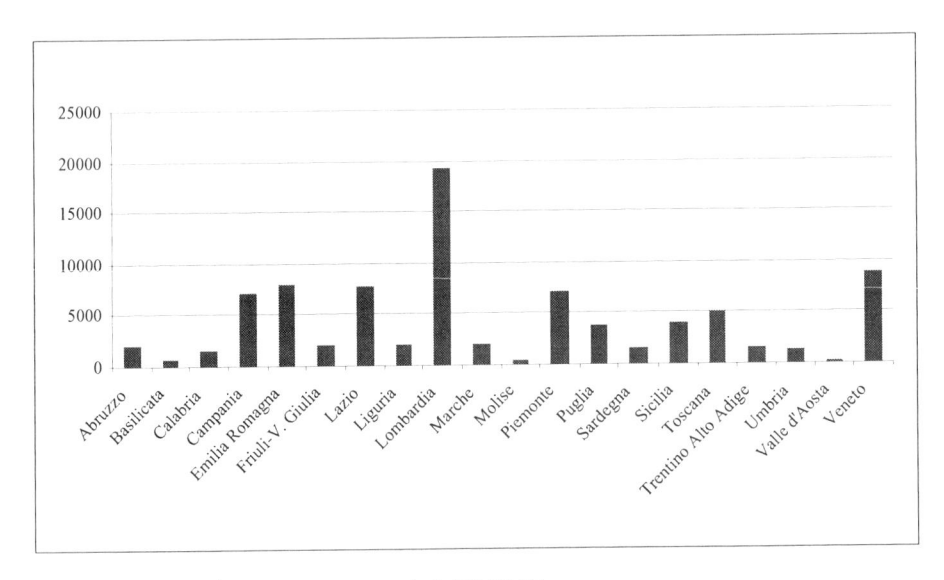

Fig. 2 - *Imprese certificate per regione, v.a., dati al 30/11/04.*
(Fonte: http://www.sincert.it/ITA/statisti.html; elaborazione propria)

ambientale; a esso aderiscono gli Stati membri della Unione Europea e quelli dello spazio economico europeo. Nel 1998 il regolamento EMAS è stato sottoposto a un processo di revisione che si è concluso nel 2001 con la pubblicazione del nuovo regolamento (CE, n. 761/2001). Gli obiettivi riguardano il miglioramento delle prestazioni ambientali, dei rapporti con gli attori privati e le istituzioni, le maggiori garanzie in termini di sicurezza, la razionalizzazione dei processi di produzione e dell'intero sistema di gestione dell'azienda legati all'EMAS, il raggiungimento di tali obiettivi comporta l'introduzione di innovazioni, soprattutto di processo, nell'ottica di aumentare il vantaggio competitivo delle imprese attraverso l'impiego di tecnologie. Infine, ottenere la registrazione EMAS comporta numerosi vantaggi immediati fra i quali ricordiamo:

a. l'accesso a «corsie preferenziali» negli iter burocratici e a facilitazioni legislative;
b. una gestione ambientale conforme alla normativa ambientale;
c. la possibilità di utilizzare il logo EMAS come strumento di marketing;
d. la riduzione dei costi a seguito di una razionalizzazione nell'uso delle risorse e nell'adozione di tecnologie pulite;
e. maggiori opportunità di sbocco per le imprese nei mercati dove i processi di produzione ecologica sono più diffusi;
f. un miglior ambiente di lavoro, una maggiore soddisfazione dei dipendenti, migliori rapporti con i clienti e le comunità locali;
g. maggiori garanzie di accesso ai finanziamenti per le PMI.

In sintesi, l'EMAS è uno strumento di politica ambientale e industriale, a carattere volontario, per quelle imprese e organizzazioni che intendano valutare e migliorare la propria efficienza ambientale.

*Processi innovativi e imprese*

Nella struttura produttiva italiana la pervasività delle piccole e medie imprese è così forte (l'80% del tessuto industriale è costituito da PMI) che richiede necessariamente l'adozione di politiche ed azioni mirate a rimuovere gli ostacoli all'innovazione tecnologica che contraddistinguono questa categoria d'impresa. Il carattere locale tipico delle PMI rappresenta spesso un punto di forza proprio per la diversità che contraddistingue ogni territorio, sia per la sua storia sia per le sue risorse, diversità che si riversa anche nel processo creativo imprenditoriale. Ma le dimensioni e la frammentazione penalizzano le piccole rispetto alle grandi imprese, e la penalizzazione aumenta ulteriormente per quelle localizzate lontano dai nodi centrali delle innovazioni e della finanza.

Una volta stabilizzata la correlazione diretta tra processo innovativo e incrementi di produttività si avvia la fase di analisi relativa alle modalità di diffusione spaziale delle innovazioni tecnologiche, anche perché la maggiore e migliore competitività delle imprese a sua volta si riflette sullo sviluppo locale innescando un processo circolare di azione e reazione. La diffusione spaziale delle innovazioni è un campo di studio tipico della geografia economica, e riguarda sia i tempi di adozione delle innovazioni più o meno lunghi sia la distribuzione spaziale più o meno equilibrata, cioè l'analisi morfologico-funzionale del territorio. In questo senso, lo studio di quali siano i requisiti in grado di migliorare la diffusione delle innovazioni ci ha condotto a sottolineare due aspetti che secondo la nostra analisi sono strategici per attivare un meccanismo virtuoso di diffusione delle innovazioni: a) un sistema urbano equilibrato, tanto per le funzioni economiche quanto per l'accessibilità; b) la presenza di reti infrastrutturali e di comunicazione in grado di collegare i nodi locali con i nodi regionali e globali.

In sintesi, la creazione e promozione di reti di collaborazione tra imprese all'interno del singolo sistema locale, così come delle reti di relazione aperte verso l'esterno (cioè verso altre imprese), rappresenta uno strumento essenziale per conoscere e introdurre rapidamente le tecnologie più recenti. Si disegna così un territorio attraversato da maglie di reti che operano a scala locale, con funzioni soprattutto di cooperazione e di trasmissione delle risorse locali, e da maglie di reti lunghe connesse con i nodi nevralgici del mondo, con funzioni di collegamento e filtro in entrata e in uscita per i flussi di lungo raggio.

Per concludere, nella dialettica globale-locale il ribaltamento del ruolo di dipendenza-dominanza sta proprio nella capacità di valorizzare a pieno titolo le PMI che rappresentano il tessuto connettivo dei sistemi locali regionali. Valorizzazione che passa soprattutto tramite la capacità di adottare le innovazioni tecnologiche più adatte alle singole specificità locali e alla capacità delle imprese di gestire in maniera più efficiente il processo produttivo in relazione alla sostenibilità ambientale.

BIBLIOGRAFIA

ALONSO J.L. e MÉNDEZ R., *Innovaciòn, pequeña impresa y desarrollo local en España*, Madrid, Civitas, 2000.

ARPAT, *http://www.arpat.toscana.it*, 2005.

ASSINFORM, *http://www.assinform.it*, 2004 e 2005.

BAKIS H., *Communications et territoires*, Parigi, La Documentation Française, 1990.

BONORA P., *Reti comunicative, spazi di relazione, nuove regionalità*, in DEMATTEIS G. e DANSERO E., *Regioni e reti nello spazio unificato europeo*, Firenze, «Memorie della Società di Studi Geografici, 1996».

CAMAGNI R. e CAPELLO R., *Innovazione e performance delle PMI in Italia: il ruolo degli elementi territoriali*, in CAMAGNI R. e FAZIO V. (a cura di), *Politiche locali, infrastrutture per lo sviluppo e processi di integrazione euro-mediterranea*, Milano, FrancoAngeli, 1999.

CAMAGNI R., *Innovation Networks: Spatial Perspectives*, Londra, Belhaven Press, 1991.

CAPINERI C. e ROMEI P., *Telecommunication and Territorial Innovation: The Experience of the High Technology Network in Tuscany*, in REGGIANI A. e FABBRI D. (a cura di), *Networks Developments in Economic Spatial Systems: New Perspectives*, Ashgate, Aldershot, 1999.

CASTELLS M., *Galassia Internet*, Milano, Feltrinelli, 2002.

CASTELLS M. e HALL P., *Tecnopoles of the World*, Londra, Routledge, 1994.

CASTELLS M., *The Rise of the Network Society*, Oxford, Blackwell, 1996.

CHINA INTERNET NETWORK INFORMATION CENTER, *Surveyng Internet Usage and Impact in Twelve Chinese Cities*, 2003.

COMMISSIONE EUROPEA, DIREZIONE GENERALE STAMPA E COMUNICAZIONE, *Verso un'Europa basata sulla conoscenza. L'Unione europea e la società dell'informazione*, ottobre 2002.

ECONOMIST INTELLIGENCE UNIT, *Reaping the Benefits of ICT: Europe's Productivity Challenge*, 2004.

HÄGERSTRAND T., *Innovation Diffusion as a Spatial Process*, Chicago, University of Chicago Press, 1967.

ISTAT, *Rilevazione sulle tecnologie dell'informazione e della comunicazione nelle imprese, anni 2001 e 2002*, Roma, ISTAT, 2004.

LÉVY P., *L'intelligenza collettiva. Per un'antropologia del cyberspazio*, Milano, Feltrinelli, 1996.

LIVRAGHI G., «La *network society* vista dall'Italia», traduzione italiana della relazione presentata al congresso *Computers, Freedom and Privacy*, Toronto, aprile 2000.

MATTELART A., *La comunicazione mondo*, Milano, Il Saggiatore EST, 1997.

MCLUHAN M. e POWERS B.R., *The Global Village: Transformations in World Life and Media in the 21° Century*, New York, Oxford University Press, 1989.

OECD, *ICT and Economic Growth: Evidence from OECD Countries, Industries and Firms*, Parigi, 2003.

PORAT M., *The Information Economy: Definition and Measurement*, Government Printing Office, Washington DC, 1977.

REGIONE TOSCANA, *http://www.regione.toscana.it*, 2004.

ROMEI P. e PETRUCCI A., *L'analisi del territorio. I Sistemi informazione geografica*, Roma, Carocci, 2003.

SIMMIE J. (a cura di), *Innovation, Networks and Learning Regions*, Londra, Kingsley, 1997.

SINCERT, http://www.sincert.it/ITA/, 2004 e 2005.

SISTEMA PIEMONTE, *http://www.sistemapiemonte.it*, 2004.

SOJA E.W., *Postmodern Geographies: The Reassertion of Space in Critical Social Theory*, Londra, Verso, 1994.

TINACCI MOSSELLO M. (a cura di), *La sostenibilità dello sviluppo locale*, Bologna, Pàtron, 2001.

TOFFLER A., *La terza ondata*, Milano, Sperling&Kupfer, 1987.

VACIAGO E. e VACIAGO G., *La new economy*, Bologna, Il Mulino, 2001.

WHARF B., *Telecommunications and the changing geographies of knowledge transmission in the late 20th century*, in «Urban Studies», 32 (1), 1995, pp. 361-378.

Sabina Ronconi *

# LE LINEE STRATEGICHE DELL'ASSISTENZA DELL'UNIONE EUROPEA AI BALCANI OCCIDENTALI: SFIDE E STRUMENTI PER L'INTEGRAZIONE REGIONALE

*Introduzione*

I Balcani Occidentali (BO) sono una nuova regione geopolitica definita sinteticamente dalla formula «Yugoslavia meno Slovenia più Albania», e più precisamente comprendente i seguenti cinque paesi ex comunisti: Bosnia ed Erzegovina, Croazia, Ex Repubblica Yugoslava di Macedonia (FYROM), Serbia e Montenegro (incluso Kosovo), Albania. Questi paesi sono oggetto negli ultimi anni di rinnovata attenzione da parte della comunità internazionale, e dell'Unione Europea (UE) in particolare, principalmente per due ragioni tra loro collegate: da un lato, dopo la fine della guerra bosniaca della prima metà degli anni Novanta, la ripresa di conflitti armati legata alla persistenza di situazioni di tensione e instabilità grave non ancora risolte; dall'altro, la prospettiva dell'*enclavement* della regione da parte del territorio dell'Unione, che si sta determinando progressivamente (la tappa più recente è l'allargamento del primo maggio 2004) e si concluderà con il prossimo probabile allargamento a Bulgaria e Romania previsto per il 2007.

Si tratta di una regione molto eterogenea sotto vari profili, sia per i livelli di sviluppo socio-economico assai diseguali sia per le differenti problematiche interne ed esterne. Una delle questioni più gravi ancora aperte è la stabilità di alcune delle entità politiche presenti, che hanno gradi di sovranità diversi e che si trovano tuttora in una situazione provvisoria sotto la supervisione totale o parziale della comunità internazionale (Bosnia-Erzegovina e Kosovo, Serbia e Montenegro, FYROM).

---

\* Dipartimento di Economia e Storia del Territorio, Università «G. d'Annunzio» di Chieti-Pescara.

I disordini del marzo del 2004 in Kosovo, seguiti da violenze e scontri armati sia interetnici sia contro i rappresentanti delle Nazioni Unite e NATO, si possono citare come esempio a conferma della necessità di una definizione più soddisfacente delle profonde tensioni tuttora esistenti. In generale, gli ostacoli alla stabilizzazione sono numerosi e complessi, non ultime varie dispute ancora irrisolte relative alle frontiere e alle minoranze. Non è questa la sede per esaminare nel dettaglio il complicato problema della sicurezza in questa regione, tuttavia è di fondamentale importanza tenere presente che esso fa da sfondo costante non solo alla definizione ed evoluzione dell'approccio europeo verso quest'area in ambito politico-militare, ma anche naturalmente in materia di politiche di cooperazione economica e non solo.

L'impegno dell'UE insieme con i propri paesi membri a promuovere stabilità e sviluppo della regione data dall'inizio degli anni Novanta. Complessivamente, dal 1991 al 2001 incluso, l'UE ha fornito ai BO più di 6,1 miliardi di euro attraverso i propri programmi di assistenza (PHARE, OBNOVA, CARDS)[1], in ragione dei quali si colloca al primo posto quanto ad aiuti sotto forma di donazioni. In aggiunta, ha partecipato e partecipa tuttora in modo molto significativo alla forza militare internazionale presente nelle aree più «calde». Valga ricordare a titolo esemplificativo che i militari dispiegati in Kosovo a presidio della sicurezza provengono per la maggior parte dai paesi dell'Unione (circa 36.000 unità o l'80% delle truppe totali secondo dati forniti dalla Commissione europea aggiornati al 2003)[2].

Non va inoltre sottovalutata, seppur di difficile quantificazione, la funzione trainante e talvolta dirompente della prospettiva di «riunificazione all'Europa» anche prima che essa fosse sancita ufficialmente nel 2000 dal Consiglio europeo di Feira. Per quanto ancora apparentemente vaga nei modi e nei tempi per tutti i BO eccetto la Croazia, divenuta recentemente «Paese candidato», tale prospettiva ha giocato e continua a giocare oggi un ruolo politico fondamentale di catalizzatore delle riforme in tutta l'area.

In questa relazione si descrivono sinteticamente le sfide, il quadro strategico e gli strumenti delle rinnovate iniziative di cooperazione dell'UE nei confronti dei BO a partire dal 1999. Particolare attenzione è rivolta al Processo di Stabilizzazione e Associazione e al suo braccio finanziario, il Programma CARDS, in quanto essi costituiscono i cardini sui quali si impernia la strategia europea. È su tale sfondo che si tenta di inquadrare correttamente e criticamente la dimensione specificamente regionale della cooperazione, componente definita prioritaria dalla Commissione per assicurare il buon esito del processo di integrazione.

---

[1] Fonte: materiale *on line* sul sito ufficiale della COMMISSIONE EUROPEA, si veda *http://europa.eu.int/comm/europeaid/projects/cards/financial_en.htm*. La data di riferimento per l'accesso a questo indirizzo Internet così come per tutti gli altri citati nell'articolo è il 1° giugno 2004.

[2] Fonte: materiale *on line* sul sito ufficiale della COMMISSIONE EUROPEA, si veda *http://europa.eu.int/comm/external_relations/see/index.htm*.

*Il quadro macroeconomico*

I conflitti armati, l'eredità dei passati regimi e le trasformazioni successive al loro crollo si sono riflessi nei Balcani Occidentali in una *performance* economica complessiva di declino o stagnazione durante gli anni Novanta. Prima di riportare alcuni dati significativi, è doveroso qui ricordare che tutti i dati macroeconomici relativi alla transizione in questi paesi vanno letti con estrema cautela; in parte a causa delle situazioni di guerra, ma pure per le gravi difficoltà proprie dei sistemi statistici nazionali, essi stessi «in transizione», a fotografare non solo la parte emersa delle economie, ma anche e soprattutto la parte sommersa, informale ed illegale. Tuttavia, anche ipotizzando una scarsa affidabilità del valore assoluto degli indicatori, sembra possibile trarre con ragionevole sicurezza una serie di deduzioni relative a tendenze e caratteristiche della regione.

Innanzitutto è significativo osservare che alla fine del decennio precedente il 2000, solo l'Albania è ritornata ai livelli di prodotto interno lordo (PIL) reale[3] del 1989, mentre il livello medio del PIL per tutta la regione nel 2000 era inferiore del 20% circa rispetto allo stesso dato del 1990. Sempre nello stesso decennio, la disoccupazione ha mostrato una tendenza più o meno costante al peggioramento, partendo dalla media del 18% circa del 1990 fino a raggiungere nel 2000 un tasso del 30%. Dal 2000 in poi il quadro macroeconomico ha mostrato segni di miglioramento per alcuni indicatori, tuttavia la situazione negativa del periodo precedente vale a sottolineare alcuni aspetti ancora particolarmente problematici, soprattutto considerando che anche i dati più positivi degli ultimi anni vanno inquadrati nel contesto di economie che rimangono dominate da problemi di declino industriale e sottosviluppo rurale, dove il PIL *pro capite* permane molto basso e le condizioni delle infrastrutture, povere più o meno in tutta la regione, costituiscono un serio vincolo allo sviluppo del settore privato.

TABELLA 1
*Tendenze macroeconomiche nei Balcani Occidentali (2000-2003)*

|  | 2000 | 2001 | 2002 | 2003 (*) |
|---|---|---|---|---|
| Crescita PIL reale | 4,3 | 4,6 | 4,5 | 4,2 |
| Inflazione (media) | 26,3 | 29,4 | 7,4 | 4,4 |
| Saldo bilancio pubblico | -5,8 | -5,5 | -4,9 | -4,1 |
| Investimenti Diretti Esteri | 1,7 | 2,8 | 2,1 | 2,9 |
| Saldo partite correnti (% GDP) | -4,2 | -6,8 | -9,0 | -7,8 |

(*) dato provvisorio. Fonte: Commissione Europea

---

[3] I dati che non si evincono dalle tabelle riportate più avanti provengono da COMMISSIONE EUROPEA, 2002.

Quanto al livello attuale di sviluppo economico e alle potenzialità future, i dati confermano l'eterogeneità dell'area a favore della Croazia. Basti notare che la media regionale del PIL *pro capite* è di circa 2.400 euro, ma il valore più basso è di circa 700 euro (del Kosovo) mentre quello più alto della Croazia arriva a oltre 5.400 euro. Se si toglie quest'ultima, tra l'altro, la media del PIL *pro capite* per i paesi rimanenti scende a 1.700.

TABELLA 2
*Indicatori macroeconomici nei Balcani Occidentali, sintesi per paese*

|  | Popolazione (milioni) | Crescita PIL reale (%) | Inflazione (fine periodo, %) | Saldo bilancio pubblico (% PIL) | PIL pro capite (EURO) | Disoccupazione |
|---|---|---|---|---|---|---|
| Anno | 2002 | 2003 (*) | 2003 (*) | 2003 (*) | 2003 (*) | 2003 |
| Albania | 3,4 | 6,0 | 2,8 | -5,6 | 1.602 | 15,0 |
| Bosnia e Erzegovina | 4,3 | 3,5 | 0,4 | -3,4 | 1.383 | 16,1 |
| Croazia | 4,4 | 5,0 | 1,5 | -4,5 | 5.420 | 14,1 |
| FYROM | 2,0 | 3,0 | 2,4 | -1,5 | 1.972 | 36,7 |
| Serbia e Montenegro | 8,1 | 4,0 | 8,0 | -4,5 | 2.055 | 13,8 |
| Kosovo | 1,8 | 4,7 | 0,0 | 4,1 | 710 | 55,0 |
| *Balcani Occ.* | 24,0 | 4,2 | 3,4 | -4,1 | 2.380 | — |
| *EU-25* | 454,6 | 1,2 | 2,0 | -2,8 | 21.454 | 18,2 |

(*) dato provvisorio, tranne EU-25. Fonte: Commissione Europea

La stessa eterogeneità si può constatare, anche se in modo meno evidente, osservando i flussi di investimenti diretti esteri (IDE), che rappresentano usualmente un aspetto cruciale di qualunque strategia di crescita in presenza di un basso PIL *pro capite*; sotto questo punto di vista, la Croazia risulta di gran lunga il paese più attraente.

TABELLA 3
*Flussi IDE in entrata 2000-2003 nei Balcani Occidentali (milioni di euro)*

|  | 2000 | 2001 | 2002 | 2003 (*) | Media 2000-2003 |
|---|---|---|---|---|---|
| Albania | 155 | 231 | 144 | 132 | 112 |
| Bosnia ed Erzegovina | 159 | 145 | 244 | 282 | 147 |
| Croazia | 1.182 | 1.745 | 1.043 | 1.256 | 1.129 |
| FYROM | 192 | 494 | 82 | 41 | 137 |
| Serbia e Montenegro | 27 | 184 | 597 | 1169 | 405 |
| *Balcani Occ.* | 1.715 | 2.801 | 2.110 | 2.880 | 1.930 |

(*) dato provvisorio. Fonte: UNCTAD - IMF - Commissione Europea - Fonti Nazionali

Il quadro regionale sinteticamente presentato dà un'idea delle gravi difficoltà e disparità esistenti a livello socio-economico, e di riflesso anche di una parte importante delle sfide da affrontare nella prospettiva di una possibile integrazione dell'area all'interno dell'Unione. A questo riguardo è interessante notare che allo stato attuale il rapporto tra il PIL *pro capite* dei BO e quello dell'Europa a 25 è pari all'11%, mentre il rapporto tra il PIL dei BO e quello dell'EU-25 è pari allo 0,6%. Se per ipotesi l'integrazione dei BO avvenisse ora, si tratterebbe dell'asimmetria in assoluto più marcata rispetto a qualunque altro precedente allargamento [4]. Ciononostante il PIL *pro capite* dell'Unione così allargata scenderebbe a 20.454 €, cioè di appena il 4,5%, fatto che si spiega in ragione dello scarso peso demografico relativo dell'insieme dei BO rispetto alla UE (tab. 2).

*La strategia dell'Unione Europea verso i Balcani Occidentali: il Processo di Stabilizzazione ed Associazione (PSA)*

Prima del 2000 esistevano alcune iniziative dell'Unione Europea che si proponevano il rilancio politico-economico dei BO, ma il processo virtuoso che si voleva così innescare progredì assai poco in quanto il livello (basso) di rispetto dei criteri di «condizionalità» stabiliti permise soltanto lo sviluppo di forme limitate di relazioni contrattuali e, nel caso della Serbia, si registrò un forte regresso che portò addirittura all'imposizione di sanzioni economiche. Perciò tali iniziative sono state oggetto di rinnovamento dopo la guerra in Kosovo nel 1999. La svolta decisiva e l'inizio dell'attuale orientamento verso i BO si sono verificati in occasione del Consiglio europeo di Feira del giugno 2000, quando è stata offerta e sancita ufficialmente la prospettiva della possibile attribuzione dello status di Paesi candidati. Rimane però tuttora vaga la definizione delle tappe di avvicinamento a questo obiettivo (e tanto più di quello della effettiva ammissione all'Unione) dato che, a questo riguardo, anche il Consiglio europeo di Salonicco del giugno 2003, pur riaffermando tale prospettiva, ha persistito nella medesima linea di non concedere lo status di Paesi candidati. Soltanto la Croazia costituisce una recente eccezione, in quanto il 18 giugno 2004 le è stato attribuito lo status in questione [5].

Da un punto di vista generale, la presente strategia di stabilizzazione e sviluppo europea si rifà a due modelli ispiratori:

---

[4] Per un'analisi e un confronto delle asimmetrie di natura economica e delle loro conseguenze politiche nel corso dei successivi allargamenti dell'UE si vedano MORAVCSIK e VACHUDOVA, 2003, in particolare la tabella a p. 7.

[5] Per approfondimenti sui recenti sviluppi per la Croazia si veda il materiale *on line* sul sito ufficiale della COMMISSIONE EUROPEA: *http://europa.eu.int/comm/external_relations/see/croatia/croatia04_14-06.pdf*.

1) il modello adottato per la ricostruzione dell'Europa occidentale dopo la Seconda Guerra Mondiale che prevedeva, pur nel rispetto della sovranità e integrità territoriale, una cooperazione molto stretta tra paesi europei su alcuni obiettivi comuni, con il fine preminente della ricostruzione e della prevenzione di futuri conflitti;
2) le politiche adottate dalla Comunità Europea verso i paesi dell'Europa centro-orientale dopo la caduta del Muro di Berlino nel 1989 e verso i paesi dell'ex URSS dopo il crollo nel 1991, finalizzate a incoraggiare le riforme verso la democratizzazione e l'economia di mercato attraverso lo sviluppo di relazioni «contrattuali» con i paesi in questione, graduate in base al rispetto di una serie di condizioni politico-economiche. Sulla base di questa strategia furono conclusi negli anni Novanta gli «Accordi Europei» con dieci paesi dell'Europa centro-orientale, Slovenia inclusa, e gli «Accordi di associazione e cooperazione» con altri dieci paesi della Comunità degli Stati Indipendenti nata dalla dissoluzione dell'Unione Sovietica. Per i paesi dell'Europa centro-orientale, gli Accordi Europei sono stati lo strumento chiave per definire le tappe preparatorie per l'ammissione, all'interno di un percorso che li ha portati con il sostegno dell'UE a soddisfare le condizioni poste da quest'ultima per l'integrazione.

In concreto, la base delle relazioni tra la UE e i BO è oggi costituita dal Processo di Stabilizzazione ed Associazione (PSA), lanciato dalla Commissione europea nel maggio 1999 e sancito ufficialmente al Summit UE/Balcani di Zagabria nel novembre 2000[6]. Sue finalità sono di incentivare e sostenere la transizione verso la democratizzazione e l'economia di mercato nell'ambito della preparazione di questi ultimi per la possibile attribuzione dello status di candidati. Il suo elemento cardine è lo sviluppo degli «Accordi di Stabilizzazione e Associazione» (ASA), nuova generazione di accordi considerati il gradino intermedio verso l'ammissione all'Unione. Gli altri due elementi chiave sono le misure commerciali asimmetriche in favore dei BO (da notare che già dalla fine del 2000 la gran parte dei loro prodotti godono di accesso illimitato e senza dazi ai mercati dell'Unione), e l'assisten-

---

[6] Per completezza va menzionato anche il Patto di Stabilità per l'Europa Sud-Orientale, un'iniziativa politica adottata in occasione del Summit ministeriale UE di Colonia il 10 giugno 1999 e mirante a incoraggiare e rafforzare la cooperazione tra paesi dell'Europa sud-orientale (area che è più ampia dei soli BO, in quanto include anche Bulgaria, Romania e Moldavia tra i beneficiari) e a razionalizzare gli sforzi in atto di assistenza all'integrazione politica, economica e di sicurezza della regione nell'orbita europea. Si tratta in concreto di una dichiarazione di volontà politica e un accordo quadro di cooperazione internazionale per sviluppare una strategia di lungo periodo condivisa tra tutti i sottoscrittori, che sono in totale una quarantina di paesi, tra cui quelli promotori (G-7 più Russia) e 17 organizzazioni internazionali minori e maggiori. Non ne tratteremo in questa relazione per ragioni di spazio e perché non è uno strumento diretto soltanto dell'UE, pur fornendo quest'ultima uno dei maggiori contributi in termini di risorse alle sue attività. Per approfondimenti e collegamenti con il PSA si vedano per esempio BOGDANI e LOUGHLIN, 2004; KAVALSKI, 2003 e VAN BRABANT, 2002.

za finanziaria per programmi di investimento, rafforzamento istituzionale e altro, principalmente attraverso il programma CARDS[7].

In sintesi il PSA si può definire come una sorta di meccanismo per aggiornare bilateralmente le relazioni tra la UE e ciascun paese dei BO, articolato in due fasi principali: la prima fase di negoziazione e stipula dell'ASA (a oggi soltanto due ASA sono stati stipulati con Croazia e FYR Macedonia); la seconda fase di applicazione dell'Accordo stesso. La piena realizzazione dei termini previsti da tale accordo costituisce il prerequisito per il passo successivo, cioè per la valutazione ed eventuale concessione da parte della UE dello status di Paese candidato (solo la Croazia per ora ha completato con successo questa tappa), che corrisponde a sua volta alla fase precedente l'eventuale piena integrazione nell'Unione in qualità di Stato membro. L'avanzamento dei singoli Stati lungo questo percorso è regolato sulla progressione nel rispetto di una serie di «condizioni» di varia natura, e cioè:

1) i cosiddetti «criteri di Copenaghen», vale a dire condizioni generali politico-economiche relative all'*acquis communautaire* comprendenti in sostanza il rispetto dei principi democratici e lo sviluppo di un'economia di mercato;
2) i criteri del PSA: a quelli generali se ne aggiungono di specifici per ciascun paese per accedere alla fase di negoziazione dell'ASA e, una volta concluso quest'ultimo, i criteri da esso definiti, oltre a quelli specifici nel quadro del programma CARDS. È qui incluso tra l'altro l'impegno specifico per la cooperazione regionale[8].

*Gli strumenti per l'integrazione regionale dei Balcani Occidentali: il programma CARDS Regionale e la componente transfrontaliera*

Dal 2001 il programma CARDS è il braccio finanziario per l'attuazione del PSA in ciascun paese dei BO e, avendo rimpiazzato e consolidato gli strumenti precedenti OBNOVA e PHARE, costituisce il principale strumento della cooperazione per l'integrazione di quest'area nella UE. Per capire quali strumenti specifici sono a disposizione a livello regionale e transfrontaliero, è dunque fondamen-

---

[7] *Community Assistance for Reconstruction, Development and Stabilisation*. Al di fuori del CARDS, per completare il quadro degli aiuti diretti europei vanno inoltre menzionati l'assistenza macro-finanziaria (circa 1 miliardo di euro allocati dal 1992), e il perdurante sostegno finanziario alle amministrazioni internazionali che operano nella regione, come ad esempio l'amministrazione UNMIK (United Nations Administration Mission in Kosovo) in Kosovo e dal 2004 anche all'Ufficio del Coordinatore Speciale del Patto di Stabilità per l'Europa Sud-Orientale (COMMISSIONE EUROPEA, marzo 2004, p. 10).

[8] Per un'analisi dettagliata della «condizionalità», si veda ANASTAKIS e BECHEV, 2003.

tale capire innanzitutto se e come questi aspetti della cooperazione vengano sostenuti nell'ambito del CARDS.

Va rilevato in primo luogo che a livello programmatico l'attenzione alla dimensione regionale, mantenuta ed enfatizzata dal PSA rispetto alle politiche precedenti, si riflette puntualmente negli indirizzi strategici del CARDS; pur dovendo rispettare il vincolo della complementarietà rispetto alle attività incluse nei programmi CARDS nazionali per ciascun paese, la cooperazione regionale risulta essere uno dei quattro maggiori obiettivi previsti dal programma[9]. Essa viene articolata nei termini della promozione di relazioni più strette e cooperazione regionale tra paesi PSA, e tra questi ultimi con la UE e i paesi dell'Europa centro-orientale (tra cui ora anche i paesi ex candidati). Per questo obiettivo viene allocato nel periodo 2000-2006 circa il 10% del totale per l'intero CARDS, che è di 4,65 miliardi di euro[10]. Secondo le direttive del programma, l'aspetto regionale, e quindi l'utilizzo di questa linea di finanziamento, entra in gioco quando ci sia un chiaro vantaggio comparato a causa alternativamente:

– della natura transfrontaliera del problema, la cui soluzione richiede un apporto attivo a livello regionale da parte dei governi PSA;
– di vantaggi significativi in termini di efficienza o maggiore impatto attraverso l'attuazione a livello regionale piuttosto che a livello nazionale in ciascuno dei cinque paesi.

Dal punto di vista operativo, il CARDS regionale identifica a sua volta quattro aree di attività prioritarie, scelte a motivo del loro valore aggiunto a livello regionale o perché di maggiore impatto se svolte a tale livello, e cioè[11]:

(a) la gestione integrata delle frontiere;
(b) la stabilizzazione democratica;
(c) la «capacity building» istituzionale;
(d) lo sviluppo infrastrutturale regionale.

L'area (a) è definita dalla strategia CARDS come un approccio che mira ad affrontare in modo complessivo i problemi interrelati dei «colli di bottiglia» relativi a commercio e trasporti ai valichi di frontiera, di sicurezza, crimine e contrabbando internazionale e, ove rilevante, i problemi dello sviluppo delle regioni di

---

[9] Commissione Europea, 2002, p. 3. Gli altri tre obbiettivi sono: 1. Ricostruzione, stabilizzazione democratica, riconciliazione e rientro dei rifugiati; 2. Sviluppo istituzionale e legislativo, inclusa l'armonizzazione con le norme e approcci dell'UE, per sostenere democrazia e stato di diritto, diritti umani, società civile e media, e il funzionamento di un'economia di libero mercato; 3. Sviluppo sociale ed economico sostenibili, inclusa riforma strutturale.

[10] COMMISSIONE EUROPEA, 2002, p. 20.

[11] COMMISSIONE EUROPEA, 2002, pp. 20-21.

frontiera stesse. Esso richiede alle varie autorità e agenzie coinvolte (specialmente per i controlli alla frontiera e le dogane) di lavorare congiuntamente su problemi comuni piuttosto che separatamente e indipendentemente. Si stabilisce inoltre che nel concreto i fondi debbono venire indirizzati per favorire i flussi commerciali e la circolazione delle persone; per migliorare i controlli alle frontiere; per sviluppare le regioni di frontiera; per promuovere attivamente la cooperazione tra le agenzie coinvolte.

All'interno di questa tipologia è compreso l'unico filone di attività che si può annoverare nella categoria della cooperazione transfrontaliera vera e propria, nel senso di indirizzarsi in modo diretto ai bisogni specifici delle regioni di frontiera. Questa componente è denominata «Border Region Cooperation» (BRC), ed è inserita qui in quanto si rileva che la gestione integrata delle frontiere «non può essere migliorata significativamente se non vengono anche affrontati i problemi di sviluppo delle regioni di confine o la cooperazione transfrontaliera»[12]. Le azioni finanziabili nella BRC devono riguardare:

- l'infrastruttura per le imprese, cioè progetti infrastrutturali di diretto beneficio per l'attività produttiva o il cosiddetto «business environment»;
- il miglioramento delle risorse umane;
- le attività di organizzazioni non governative e società civile, specialmente se i legami transfrontalieri hanno influenza nella sfera sociale e per la risoluzione dei conflitti.

Beneficiarie dei fondi possono essere tutte le regioni di confine: quelle tra paesi confinanti coinvolti nel PSA; quelle tra paesi PSA e paesi membri, inclusi quelli di nuova accessione e quelli ancora candidati. Nonostante questa eleggibilità estesa, tuttavia, va notato che i fondi destinati alla BRC sono limitati: non più del 30% di quanto allocato per la tipologia (a) all'interno di ciascun paese[13].

L'area (b) si rivolge a sostenere le attività di fondazioni od organizzazioni internazionali già esistenti che lavorano su programmi che includono più di un paese BO tra i partecipanti. Priorità specifiche previste sono il «buon governo» e lo stato di diritto, la protezione delle minoranze, il rispetto delle diversità e la lotta contro xenofobia e razzismo, la prevenzione e risoluzione dei conflitti. Inoltre si prevede il sostegno a organizzazioni non governative attive sullo sviluppo sostenibile.

Nell'area (c) si includono primariamente la riforma della pubblica amministrazione e in particolare il rafforzamento all'interno di quest'ultima della capacità di gestione finanziaria e fiscale, degli appalti pubblici, degli affari interni e giustizia, della gestione degli accordi commerciali e questioni relative, e la familiarizzazione con l'*acquis communautaire*.

---

[12] COMMISSIONE EUROPEA, 2002, p. 34.
[13] COMMISSIONE EUROPEA, 2002, pp. 30-31.

L'area (d) si concentra sullo sviluppo di strategie regionali per le infrastrutture dei trasporti, energia e ambiente che siano a loro volta connesse con le più ampie reti europee.

Nel complesso, le novità da sottolineare sono due. In primo luogo, l'eleggibilità prevista dal CARDS Regionale per le regioni di frontiera tra paesi PSA, come già menzionato; in secondo luogo, la possibilità di combinare i fondi CARDS con i fondi strutturali europei. Ciò significa che alle risorse relativamente modeste per la cooperazione transfrontaliera si possono aggiungere in modo complementare anche quelle del Programma Interreg, con il quale si favorisce il coordinamento e la combinazione fin dalle fasi di elaborazione delle strategie di gestione integrata delle frontiere per ciascun paese. In passato questa sinergia rimaneva un'opzione non utilizzata dai BO a causa della difficoltà di raccordare le diverse linee di bilancio del programma INTERREG e dei programmi PHARE o OBNOVA. Ora invece, con l'ultimo INTERREG 2000-2006 è prevista un'iniziativa di cooperazione specificamente transfrontaliera (INTERREG-IIIA), che promuove strategie congiunte sui due lati della frontiera adriatica occidentale dell'Unione per lo sviluppo territoriale sostenibile attraverso la creazione di «raggruppamenti» socio-economici transfrontalieri. Questo tipo di raccordo tra le due sponde appare significativo perché configura una strategia di allargamento dell'Unione più articolata rispetto al recente passato, quando il bacino adriatico-ionico era considerato soprattutto come frontiera di divisione, quindi prevalentemente teatro di iniziative di controllo e prevenzione dei traffici illegali. Dato che tutti i paesi dei BO interessati dal PSA hanno uno sviluppo costiero o hanno comunque un'importante proiezione economica verso il bacino adriatico-ionico, il PSA potrebbe in futuro acquistare rilevanza particolare per la promozione di una potenziale «euro-regione» adriatica nella prospettiva del rilancio di tutti i BO (e più ampiamente dell'Europa sud-orientale).

Di particolare importanza è a nostro avviso rilevare anche che la Commissione, a livello generale, sottolinea chiaramente che tutte le priorità CARDS illustrate sono non solo al servizio diretto degli obiettivi PSA, come richiesto dal suo regolamento istitutivo, ma anche dell'«obiettivo critico sotteso a tutti gli aiuti della CE della *riduzione della povertà*. La riduzione della povertà richiede un approccio ad ampio raggio ma ben finalizzato da parte di tutti i donatori teso ad assicurare che le politiche macroeconomiche, strutturali e sociali del paese riducano la povertà oltre a promuovere la crescita»[14]. Il PSA stesso è di seguito definito sia uno strumento della politica estera UE sia una strategia per «alleviare la povertà sostenendo la stabilizzazione delle economie della regione e facendo in modo che il loro sviluppo e avvicinamento alla UE sia sostenibile, e a seguito di ciò permettere l'allocazione mirata delle risorse sulla riduzione della povertà e il reinvestimento nelle sfere non solo economica ma anche sociale».

---

[14] COMMISSIONE EUROPEA, 2002, p. 23. Enfasi in originale e traduzione dell'autore. Anche le traduzioni successive dallo stesso documento sono a cura dell'autore.

*Qualche considerazione per un approccio critico*

La nascita di cinque nuovi Stati dal crollo della Yugoslavia ha creato più di 5.000 chilometri di nuovi confini internazionali nella regione del PSA, con tutta una serie di problemi collegati attinenti a sviluppo e sicurezza. Oggi i BO hanno una chiara vocazione verso l'integrazione europea, ma per il raggiungimento di tale obiettivo la «condizionalità» dell'Unione Europea continua a porre forte enfasi sulla necessità dell'integrazione a livello regionale. La strategia del CARDS recita puntualmente a questo proposito: «La volontà e disponibilità di ciascun paese a costruire buone relazioni con i propri vicini sarà il fattore chiave per la preparazione e l'avvicinamento all'obiettivo dell'ammissione alla UE»[15]. È per sostenere in modo significativo il progresso in questa direzione che il CARDS Regionale delinea, come abbiamo visto, una serie di strumenti di cooperazione specifici. Vorremmo qui di seguito esporre una serie di spunti critici a questo proposito sia in generale sulla dimensione regionale, sia in particolare riguardo il ruolo della cooperazione transfrontaliera, con alcuni riferimenti al caso dell'Albania.

In primo luogo esistono alcuni elementi che suggeriscono una certa ambiguità nel modello di cooperazione regionale come via all'integrazione[16]. In particolare, non è chiaro come esso si concili in modo credibile con l'eterogeneità della regione, perlomeno in un orizzonte di tempo «ragionevole», tanto che alcuni autori (così per esempio BENEDEK, 2003) davano già per scontato, ancor prima che se ne avesse conferma nel giugno del 2004, che oramai lo scenario più realistico di allargamento verso i Balcani fosse quello a più «ondate», con la Croazia nella prima ondata. Ma se i paesi dei BO non entreranno in blocco nell'Unione, fino a che punto l'integrazione della regione è un prerequisito di ammissione?

Altre voci critiche (RAKIPI, 2003; TZAMPIRIS, 2003) sostengono poi che l'approccio regionale, oltre ad apparire in certa misura ambiguo, è in ogni caso destinato a fallire allo stato attuale delle economie in questione. Ciò è dovuto al fatto che le premesse da cui questa strategia prende ispirazione non sono del tutto valide nel caso dei Balcani. Secondo Rakipi, le diversità di fondo rispetto alle esperienze della ricostruzione dell'Europa occidentale dopo la Seconda Guerra Mondiale riguarderebbero:

- in primo luogo, le cause scatenanti i conflitti: nei Balcani le campagne militari per l'espansione territoriale sono state intraprese al fine di dare legittimità e mantenere al potere delle *élites* corrotte con poteri dittatoriali;

---

[15] COMMISSIONE EUROPEA, 2002, p. 5.

[16] A livello di strategia, una contraddizione abbastanza evidente è rilevata per esempio in BATT, 2003, p. 140: «[...] the EU's insistence on their tightening controls at the borders among themselves, seem to be at odds with the EU's exhortations that they ease the conditions of travel within the Western Balkan region, notably by lifting the visa regimes that are still in force among most of these states».

– in secondo luogo, la scarsa coesione interna e forza delle istituzioni statali, ovvero lo «stato debole»: come costruire un mercato comune nei BO quando molti paesi della regione non hanno ancora ben creato il proprio mercato interno «regolare» e tra l'altro in presenza di un'economia sommersa, informale e illegale considerata assai rilevante se non dominante?

Secondo questi autori la strategia di integrazione regionale non è inutile, ma nelle condizioni dei Balcani si dovrebbe dare priorità alle politiche interne e al rafforzamento delle istituzioni statali, problema ben maggiore della sola costruzione o ricostruzione di infrastrutture fisiche. Così per Rakipi il problema critico per l'integrazione è soprattutto una questione di politiche interne: stabilità politica, rafforzamento istituzionale e funzionamento effettivo delle istituzioni dell'economia di mercato. Sulla stessa linea è anche Tzampiris, che sottolinea il legame tra lo «stato debole» e la presenza massiccia di crimine organizzato e corruzione, tendenti in un circolo vizioso a diminuire ulteriormente la già scarsa legittimità dell'apparato di governo. Dal punto di vista della cooperazione, vale la pena notare che il problema dello stato debole appare strettamente associato ai fenomeni giudicati unanimemente molto rilevanti nei Balcani di scarsa «capacità di assorbimento» degli aiuti e di mancanza di «ownership», cioè di deresponsabilizzazione dei beneficiari in mancanza di condivisione profonda delle priorità e obbiettivi; si tratta di fenomeni che in concreto, analizzando i progetti di assistenza, possono determinare un basso rapporto tra livelli di spesa rispetto alle allocazioni finanziarie disponibili e scarsa efficacia dei progetti già realizzati.

Un'altra riflessione critica connessa ai problemi specifici dei BO è quella di Bumçi (2003), che argomenta a favore di un riorientamento dell'attuale cooperazione regionale verso una maggiore enfasi sulla cooperazione transfrontaliera all'interno dell'area. Egli osserva che finora la cooperazione regionale si è rivolta prevalentemente al livello macro e più tra paesi dei BO ed esterno (l'attenzione è stata rinnovata in questo senso dal CARDS con il collegamento a INTERREG, ma si trattava di una tendenza già in atto perlomeno agli estremi della regione con Grecia e Italia); ciò tuttavia non sarebbe adeguato alle sfide specifiche da affrontare nei Balcani, che sono:

– le sfide della sicurezza, per cui è riconosciuto ampiamente come fondamentale un approccio «dal basso» per la sostenibilità della riconciliazione dei conflitti e per la costruzione della fiducia tra le popolazioni di confine;
– le sfide dell'economia, se si vuole come da dichiarazioni programmatiche esercitare un impatto diretto e duraturo sulla riduzione della povertà nelle aree dove essa maggiormente è presente.

Questi bisogni specifici dei Balcani secondo questo autore verrebbero quindi meglio affrontati con un vero e proprio programma di cooperazione transfrontaliera tra paesi del PSA, perché risponderebbe in modo più mirato ed efficace a tali bisogni; ciò non implicherebbe neppure un cambiamento radicale, dato che la cooperazione transfrontaliera viene in qualche misura già applicata; semplicemente si tratterebbe di uno spostamento di enfasi (e di allocazione dei fondi). In questo contesto il ruolo dell'UE avrebbe un grande valore aggiunto, da un lato per l'esperienza maturata in passato con le regioni economicamente periferiche sul proprio territorio e con i Paesi candidati, dall'altro fungendo da terzo «neutrale» e quindi da tramite per la ricostruzione della fiducia. In mancanza tuttavia della possibilità immediata di riorientare i finanziamenti in modo sostanziale verso un tale programma, dato che l'attuale ciclo finanziario del CARDS arriva fino al 2006, una soluzione intermedia proposta dall'autore in questa direzione è quella di utilizzare l'esistente filone di finanziamenti per progetti di «Sviluppo Locale» tenendo conto di esigenze specificamente transfrontaliere.

La proposta di Bumçi ci sembra proporre in sostanza di valorizzare all'interno della dimensione regionale un approccio simile a quello detto di «glocalizzazione» alla cooperazione (ALFONSI e CACACE, 2002)[17], dato che la cooperazione transfrontaliera, a differenza delle relazioni interstatali classiche, «implica anche lo sviluppo di contatti e collaborazione tra attori locali come comuni, università, camere di commercio, ONG, istituti e varie associazioni culturali localizzati su entrambi i lati del confine. Nella situazione ottimale, quando la cooperazione è molto intensa, si è osservata la creazione di istituzioni transfrontaliere "soft" tra attori locali delle regioni di confine ossia ciò che è conosciuto come Euro-regione» (BUMÇI, 2003, p. 175).

A nostro avviso le proposte su questo filone meritano particolare attenzione perché elaborate tenendo conto del contesto e dei problemi specifici dei BO; meno convincente invece ci sembra sostenere la necessità di un aumento sostanziale nel breve periodo degli aiuti, misura indicata da alcune parti come essenziale per risolvere i problemi di integrazione della regione (così per esempio EUROPEAN STABILITY INITIATIVE, 2002). Una prima verifica dell'utilità di questi elementi di riflessione ci pare constatabile con riferimento al caso dell'Albania, per la quale da più parti si riconosce la presenza dei problemi menzionati in precedenza dello stato debole, della scarsa capacità di assorbimento, della mancanza di «ownership» (così anche la stessa Commissione[18]). Per quanto riguarda l'«assorbimento» ad esempio, in Albania il rapporto fondi spesi/fondi allocati è molto basso.

---

[17] Suggerimento di questo autori è di considerare la glocalizzazione come «una nuova e rinnovata strategia per la cooperazione internazionale e per le strategie di sviluppo in senso lato» (ALFONSI e CACACE, 2003, p. 3). Essi rilevano che la glocalizzazione si può alternativamente riferire a «un processo sociale, a un progetto o a un insieme di politiche, o perfino ad un sistema di pensiero o idee» (*ibidem*, p. 4). In pratica consiste in forme di cooperazione orizzontale attraverso attori non tradizionali (pubblici, privati o non-profit), in approcci originali quali la cooperazione internazionale tra municipalità, la cooperazione decentralizzata, etc.

[18] COMMISSIONE EUROPEA, 2002 e COMMISSIONE EUROPEA, 2004.

Secondo una valutazione indicativa[19], nel 2001 solo circa il 50% dell'allocazione complessiva CARDS è stata anche utilizzata («disbursed»), e una performance via via decrescente si constata negli anni successivi al 2001; ciò a conferma che nel breve termine l'aumento dell'assistenza non si potrebbe tradurre in un aumento immediato delle attività.

Per quanto concerne in particolare la cooperazione transfrontaliera, essa potrebbe avere un valore aggiunto in Albania in particolare per la riduzione della povertà, dato che essa si concentra prevalentemente proprio a ridosso dei confini, in particolare nelle aree di frontiera di nord-est con gli altri stati PSA[20]. Se alleviare la povertà è veramente un obiettivo critico e trasversale in quanto sotteso a tutti gli aiuti, così come affermato dalla Commissione europea e come ricordato precedentemente (vedi la sezione precedente di questa relazione), la possibilità di un impatto positivo e mirato in questo senso non può essere sottovalutata. Visto inoltre che alcune di queste aree sono anche tra le più «calde» (ad esempio il Kosovo), è verosimile che un miglioramento della situazione economica a livello locale su entrambi i lati del confine si rifletterebbe pure sul versante del miglioramento della stabilità dei territori di frontiera e quindi della sicurezza, in una dinamica virtuosa di rafforzamento reciproco; così anche verosimilmente per l'«ownership», perché questo tipo di cooperazione comporterebbe più coinvolgimento diretto a livello locale. Finalmente, un effetto positivo non secondario potrebbe essere anche quello di alleviare il «sovraccarico» dell'amministrazione pubblica centrale, che attualmente è coinvolta in una ragnatela di iniziative regionali, ciascuna con una lunga lista di obiettivi, generalmente sovrapponentisi, in una fase in cui i negoziati per la stipula dell' Accordo di Stabilizzazione e Associazione già sembrano imporre uno sforzo molto coinvolgente e di un livello di complessità molto alto.

---

[19] Questo dato proviene da un colloquio informale della scrivente con un funzionario della Delegazione europea in Albania svoltosi durante l'estate 2004.

[20] Questa distribuzione è confermata di recente anche dalle analisi condotte dall'INSTAT in Albania sulla base dell'ultimo Censimento della popolazione e dell'Indagine sulla misura degli standard di vita (vedi in bibliografia le tre pubblicazioni INSTAT, 2004).

BIBLIOGRAFIA

ALFONSI A. e CACACE M., *The Future of Glocalization in World Development. City-to-city Diplomacy and Cooperation for Peace-building and Poverty Reduction*, relazione CERFE presentata al «Urban Research Symposium», Washington, World Bank, 10 dicembre 2002, materiale *on line*.

ANASTAKIS O. e BECHEV D., *EU Conditionality in South East Europe: Bringing Commitment to the Process*, European Studies Centre Papers, St Antony's College, University of Oxford, aprile 2003, materiale *on line*.

BATT J., *The Enlarged EU's External Borders - The Regional Dimension*, in RAKIPI A. (a cura di), *Debating Integration*, Tirana, Albanian Institute for International Studies, 2003, pp. 126-144.

BENEDEK M., *From Neighbour to Member or Associate? The Future of the European Union's Neighbourhood Policy*, EU Policy Network, St Antony's College, University of Oxford, ottobre 2003, materiale *on line*.

BOGDANI M. e LOUGHLIN J., *Albania and the European Union. European Integration and the Prospect of Accession*, Tirana, Dajt 2000, 2004.

BUMÇI A., *The Importance of Cross-border Cooperation in the Balkans and the Role of the EU*, in RAKIPI A. (a cura di), *Debating Integration*, Tirana, Albanian Institute for International Studies, 2003, pp. 175-191.

COMMISSIONE EUROPEA, *Regional Strategy Paper 2002-2006: CARDS Assistance Programme to the Western Balkans*, Bruxelles, 2002.

COMMISSIONE EUROPEA, *Communication from the Commission to the Council and the European Parliament: The Western Balkans and European Integration*, COM(2003)285 final, Bruxelles, 21 maggio 2003.

COMMISSIONE EUROPEA, *The Western Balkans in transition*, European Economy Occasional Papers, n. 5, Direzione Generale per gli Affari Economici e Finanziari, gennaio 2004.

COMMISSIONE EUROPEA, *Report from the Commission: The Stabilisation and Association process for South East Europe - Third Annual Report*, COM(2004)202/2 final, Bruxelles, 30 marzo 2004.

EUROPEAN STABILITY INITIATIVE, *Western Balkans 2004: Assistance, cohesion and the New Boundaries of Europe. A Call for Policy Reform*, Bruxelles, ESI, 3 novembre 2002, materiale *on line*.

INSTAT (Institute of Statistics of Albania), *Albania Census Atlas, Population and Housing Census 2001*, Tirana, 2004.

INSTAT (Institute of Statistics of Albania), *Poverty and Inequality Mapping in Albania*, Tirana, 2004.

INSTAT (Institute of Statistics of Albania), *A Profile of Poverty and Living Standards in Albania. Methodology and Main Findings*, Tirana, 2004.

KAVALSKI E., *The western Balkans and the EU: The Probable Dream of Membership*, in «South-East Europe Review», Hans-Böckler-Stiftung, Düsseldorf, gennaio-febbraio 2003, pp. 197-212.

MORAVCSIK A. e VACHUDOVA M.A., *National Interests, State Power, and EU Enlargement*, Center for European Studies Working Paper No. 97, Harvard University, 2002, materiale *on line*.

PAOLINI M., *New Opportunities and Criteria for Joint Cross-Border Workshops in the Adriatic Basin*, relazione presentata al Seminario: «Šibenik-Knin and Zadar Counties: Framework for a Regional Development Vision», Šibenik 3-6 Ottobre 2001, Banca Mondiale, materiale *on line*.

PRODI R., A *Wider Europe: A Proximity Policy as the key to stability*, Discorso 02/619 presentato al seminario «Peace, Security and Stability: International Dialogue and the Role of the EU, Sixth ECSA - World Conference», Bruxelles, Jean Monnet Project, 5-6 dicembre 2002, materiale *on line*.

QERIMI Q., *South-east Europe's EU integration: Dreams and realities*, in «South-East Europe Review», Hans-Böckler-Stiftung, Düsseldorf, aprile 2002, pp. 43-56.

RAKIPI A., *I Leave to Europe Tomorrow...*, in RAKIPI A. (a cura di), *Debating Integration,* Tirana, Albanian Institute for International Studies, 2003, pp. 150-174.

TZAMPIRIS A., *Weak states, Organized Crime, Corruption and the Euro-Atlantic Future of the Western Balkans*, in RAKIPI A. (a cura di), *Debating Integration,* Tirana, Albanian Institute for International Studies, 2003, pp. 117-125.

UNIONE EUROPEA, *Kosovo Crisis. European Commission proposes Stabilization and Association Process for Countries of South-East Europe*, Comunicato stampa no.33/99, 26 maggio 1999, materiale *on line*.

VAN MEURS W., *The next Europe: South-eastern Europe after Thessaloniki*, in «South-East Europe Review», Hans-Böckler-Stiftung, Düsseldorf, marzo 2003, pp. 9-16.

VAN BRABANT J.M., *Southeastern Europe, Transitions, and the EU - Is Ever-widening Desirable?*, in «MOCT-MOST», vol. 11, Kluwer Academic Publishers, 2002, pp. 295-325.

Dionisia Russo Krauss *

# VERSO UN'UNIONE ALLARGATA: UN PERCORSO COMPLESSO

Fin dal principio il cammino verso l'integrazione europea è apparso irto di difficoltà. Per quanto, infatti, l'ideale di un'Europa unita sia di antica data [1], di gran lunga precedente le prime teorizzazioni dell'idea di integrazione e la nascita del paneuropeismo come movimento ufficiale [2], e per quanto la Comunità Europea, una volta istituita, sembrasse dotata di un certo cemento culturale, gli Stati membri erano in realtà troppo diversi tra loro, sia per disponibilità di risorse che per capacità organizzative e contesto politico. Ai fondatori della CEE si posero due alternative: attuare subito l'unità politica, aspettando le ripercussioni economiche che ne sarebbero derivate, oppure riconoscere le diversità strutturali tra i Paesi e cercare di appianarle, prima di giungere, attraverso un processo necessariamente lungo, al mercato unico e all'unione politica. Allora si scelse la seconda possibilità: scelta prudente ma, in un certo senso, obbligata.

---

\* Dipartimento di Analisi delle Dinamiche Territoriali ed Ambientali, Università di Napoli «Federico II».

[1] I geografi greci e poi quelli romani già indicavano con il termine «Europa» una precisa entità geografica. Il riferimento mitologico poi – Europa, figlia del re dei Fenici Agenore, fu amata da Giove, che la rapì e la portò a Creta (dove nacquero tre figli, Minosse, Radamanto e Sarpedonte) – già sottolinea l'importanza del mare, da una parte, e della componente orientale, dall'altra.

[2] «Nel 1923 il conte austriaco Richard Coudenhove-Kalergi pubblicò un volume dal titolo *Pan-Europa* e tre anni dopo diede vita a un movimento dall'eguale denominazione. L'obiettivo era quello di persuadere le *élites* politiche della necessità di unificare l'Europa per sottrarla alla spirale autodistruttiva delle guerre interne e restituirle un ruolo nella politica mondiale. Kalergi non era un manipolatore di masse e la vita europea di quegli anni era pronta più ad accogliere la predicazione dell'estremismo nazionalista che quella del pacifismo europeistico; il movimento ebbe dunque una scarsa efficacia pratica. Tuttavia l'opera di Kalergi toccò la sensibilità di molti uomini politici che ne condivisero l'ispirazione [...] o che consideravano l'europeismo come un'idea forza, utile per mobilitare la diplomazia in una direzione voluta e rassicurante. In questa seconda categoria rientrano Briand e il segretario generale del ministero degli Esteri francese, Alexis Léger» (Di Nolfo, 1994, p. 91).

Se è vero che la realtà economica ha subito un'effettiva evoluzione, è anche vero, però, che ancora adesso nel quadro comunitario permangono numerose contraddizioni e che, dal punto di vista politico, vi sono alcune analogie con il passato. L'integrazione, infatti, è necessaria, oggi come ieri, per recuperare un ruolo di primo piano in ambito internazionale e garantire la salvaguardia della pace [3].

L'Unione Europea si è sempre detta aperta all'adesione di altri Stati: sin da quando i 6 Stati fondatori (Francia, Germania, Italia, Belgio, Olanda e Lussemburgo) si associarono per dar vita ai suoi antenati – la Comunità Europea del Carbone e dell'Acciaio nel 1951 e la Comunità Economica Europea nel 1957 – essa fa appello agli altri popoli d'Europa «animati dallo stesso ideale» perché uniscano le proprie forze. La Comunità passa da 6 a 9 Stati membri nel 1973 (con Danimarca, Regno Unito e Irlanda), a 10 nel 1981 (con la Grecia), a 12 nel 1986 (con Spagna e Portogallo), e a 15 nel 1995 (Austria, Finlandia e Svezia). Ma già dal 1989, dopo il crollo del Muro di Berlino, si intravide la possibilità di estendere l'integrazione all'Europa centrale e orientale. Proprio la Germania, fin dalla sua riunificazione, ha sostenuto l'ingresso nell'Unione degli Stati dell'Europa centro-orientale, così da evitare sia la coincidenza del suo confine orientale con i confini dell'Unione, sia la persistenza della loro condizione di «posta in gioco» nel caso di contrasti con la Russia.

Dal 1989 a oggi l'evoluzione della politica comunitaria in materia di allargamento è andata avanti lungo quattro assi principali: 1) la fissazione di criteri politico-economici che impongono ai candidati il rispetto della democrazia e l'adozione di un regime di economia di mercato [4]; 2) l'attuazione di programmi di aiuto in fase di preadesione per contribuire a ridurre le disparità economiche tra i candidati (nel 1999 il prodotto interno lordo *pro capite* dell'insieme degli allora 13 Paesi candidati era pari al 33% della media dell'UE); 3) la promozione delle riforme istituzionali necessarie a permettere di adottare ed applicare, in ciascuno dei Paesi, l'insieme della normativa comunitaria; 4) la riforma dei trattati, atta a garantire

---

[3] Si è infatti acquisita coscienza del significato dell'Europa come fattore di protezione contro minacce esterne che fino a qualche tempo fa non venivano percepite come tali e per difendersi dalle quali lo Stato nazionale non è più sufficiente: si pensi alla criminalità organizzata, all'immigrazione clandestina, ai problemi ambientali.

[4] Il trattato dell'UE entrato in vigore nel '93 dispone, all'art. 49, che ogni Stato europeo che rispetti i principi di libertà, democrazia, i diritti dell'uomo, le libertà fondamentali e lo stato di diritto può aspirare a diventare membro dell'Unione. Ulteriori chiarimenti sono stati apportati dal Consiglio europeo di Copenaghen, che ha precisato le condizioni essenziali per l'adesione, i cosiddetti *criteri di Copenaghen*, vale a dire: delle istituzioni stabili che garantiscano la democrazia; lo stato di diritto, il rispetto e la tutela dei diritti dell'uomo e delle minoranze; un effettivo regime di economia di mercato; la capacità di far fronte alle forze di mercato e alle spinte concorrenziali generate all'interno dell'Unione; la capacità di assolvere agli obblighi derivanti dall'adesione, in particolare quelli derivanti dall'Unione economica e monetaria.

che il gran numero di Stati aderenti non sia di ostacolo al funzionamento delle istituzioni dell'Unione Europea.

Avviato all'inizio degli anni Novanta, il processo di allargamento ha subito una svolta determinante nel corso degli ultimi due anni. Nell'ottobre del 2002, la Commissione adottò un «pacchetto allargamento», comprendente un documento di strategia, una relazione sui progressi compiuti da ciascuno dei Paesi candidati ai fini dell'adesione e le relazioni periodiche sui singoli Paesi. Subito dopo, il Consiglio europeo[5] di Bruxelles approvò le conclusioni e le raccomandazioni scaturite dal «pacchetto», decidendo degli aiuti all'agricoltura e di quelli regionali, dei contributi al bilancio comunitario, e raggiungendo un accordo in tempi piuttosto brevi sui costi dell'allargamento e dunque anche della PAC, la Politica Agricola Comune, da sempre madre di tutte le discordie europee[6].

Nel dicembre dello stesso anno, basandosi su queste raccomandazioni, il Consiglio europeo di Copenaghen concluse i negoziati di adesione con Cipro, Malta, Estonia, Lettonia, Lituania, Ungheria, Polonia, Repubblica Ceca, Slovacchia e Slovenia. Fu stabilito che l'adesione sarebbe stata effettiva nel 2004, e precisamente dal 1° maggio, data di nascita della «Grande Europa a 25»; fu approvata, inoltre, la comunicazione della Commissione relativa ai «tracciati» per la Bulgaria e la Romania – che diventeranno membri dell'Unione a tutti gli effetti nel 2007, fatti salvi i progressi compiuti rispetto ai criteri di adesione. Infine, si decise che, qualora nella sessione del dicembre 2004 il Consiglio europeo dovesse stabilire che la Turchia soddisfa i criteri politici fissati a Copenaghen per l'adesione dei Paesi terzi all'Unione, verranno avviati i negoziati anche con questo Stato.

L'accordo fu raggiunto dopo forti contrasti e serrate trattative con il premier polacco Leszek Miller. La Polonia è stata infatti l'ultima, fra gli aspiranti all'ingresso nell'UE, a firmare l'accordo sul pacchetto finanziario. Il premier danese Rasmussen aveva ottenuto dai colleghi il placet all'offerta presentata ai 10 candidati[7], ma il governo di Varsavia si era presentato ben deciso a strappare ulteriori concessioni, tanto da porsi alla testa del gruppo di Paesi (tra questi l'Ungheria, la Repub-

---

[5] Nato parallelamente ma all'esterno della struttura istituzionale comunitaria, dalla prassi delle riunioni al vertice fra i capi di Stato o di governo degli Stati membri, il Consiglio europeo non va confuso con il Consiglio *tout court*, che invece è una istituzione comunitaria, né con il Consiglio d'Europa, organizzazione internazionale con sede a Strasburgo.

[6] Secondo un compromesso suggerito dal Belgio, fino al 2006, per la PAC, restano stanziate le cifre decise nel '99 dal vertice di Berlino, le quali saliranno gradualmente fino ai quasi 43 miliardi di euro del 2004 e ai 45,3 miliardi del 2006. Poi la crescita della spesa agricola si «stabilizzerà»: gli stanziamenti aumenteranno dell'1% all'anno, ma serviranno a coprire le necessità non più dei 15, bensì dei 27 che dal 2007 faranno parte dell'Unione (è anche vero, peraltro, che l'unica agricoltura «pesante», fra i nuovi soci, sarà quella polacca).

[7] 40,4 miliardi di euro per il periodo 2004-2006, cifra superiore di oltre un miliardo rispetto a quanto stabilito a Bruxelles a fine ottobre.

blica Ceca e Malta) intenzionati a ottenere maggiori vantaggi; furono necessarie ore di discussione, la decisione di trasformare circa un miliardo di euro da fondi strutturali in aiuti «cash» e un'ulteriore offerta di qualche centinaio di milioni di euro per far cadere le resistenze di Miller e degli altri «ribelli».

La grande operazione politica della riunificazione era, così, riuscita a rispettare una tabella di marcia messa in forse in molte occasioni nel corso dei mesi; un percorso fitto di ostacoli – il referendum irlandese sul Trattato di Nizza fra i tanti – che l'Unione ha superato anche grazie al rinnovato vigore del motore franco-tedesco. Non senza ragione, alla vigilia del Consiglio europeo di Bruxelles dell'ottobre del 2002, sembrava che si sarebbe andati avanti fra dispute inconciliabili per chissà quanto tempo. Poi la Germania, che voleva anticipare la riforma della PAC per ridurne i costi, ha accettato di aspettare comunque il 2007 e la Francia, che di riforme non voleva parlare per protrarre il più possibile i benefici europei a favore dei suoi agricoltori, ha accolto la riforma implicita preannunciata dall'intesa siglata a Bruxelles. E poiché l'accordo raggiunto da francesi e tedeschi copriva di fatto tutte le questioni finanziarie connesse con l'allargamento, è stato possibile definire il quadro completo[8].

Come a Bruxelles è stato l'accordo tra Chirac e Schröeder a sciogliere la questione degli aiuti agricoli ai Paesi candidati, anche a Copenaghen, nel dicembre successivo, Francia e Germania hanno svolto un ruolo di primo piano, proponendo una soluzione per il controverso nodo turco. La pressione della Turchia e degli USA per l'indicazione di una data per l'inizio dei negoziati di adesione era fortissima, ma stava rischiando di provocare in alcuni Paesi dell'UE un irrigidimento. La proposta franco-tedesca si è posta, invece, come base del confronto: Parigi e Berlino si sono dette favorevoli a indicare il luglio 2005, subordinato alla condizione che il rapporto della Commissione, alla fine del 2004, dia indicazioni positive sulle riforme effettuate dalla Turchia nel campo dei diritti umani e politici. Alcuni Paesi membri (fra i quali il Regno Unito, l'Italia, la Spagna e la Grecia) hanno premuto per scadenze più ravvicinate, ma le elezioni europee sono uno spartiacque non superabile. La Turchia, da parte sua, ha in mano la chiave per sbloccare i nodi di Cipro[9] e della politica di difesa dell'Unione; i 15, infatti, non sono ancora riusciti a

---

[8] Per il triennio 2004-2006 la Commissione disporrà di 23 miliardi di euro (ne chiedeva 25,6) per gli aiuti strutturali ai primi dieci Paesi dell'allargamento, i quali potranno incassare anche 9 miliardi di euro come sostegno agricolo. Infine, poiché i nuovi soci dovranno contribuire al bilancio comunitario fin dal 2004 rischiando di essere subito «contributori netti», la Commissione ha previsto per i dieci una «busta» speciale di 1.300 milioni di euro.

[9] Va detto che dal 1° maggio è solo la Repubblica di Cipro (la parte greco-cipriota, l'unica riconosciuta dalla comunità internazionale) ad essere entrata a far parte dell'U.E.; il Nord dell'isola, sotto occupazione turca, ne resta fuori. Chiamati alle urne (nell'aprile 2004) per esprimere il loro parere sul progetto di riunificazione dell'isola proposto dal segretario generale dell'ONU Kofi Annan, i cittadini della parte greca lo hanno infatti respinto a larga maggioranza (i «no» hanno avuto il 75% delle preferenze), mentre il 65% dei turchi ha votato a favore di esso.

definire l'accordo con la NATO sull'accesso automatico ai mezzi di pianificazione dell'Alleanza.

Il 2003 ha rappresentato l'anno del monitoraggio e delle ratifiche per i nuovi 10 membri dell'UE Il 16 aprile, ad Atene, sono stati firmati i trattati di adesione, nei mesi successivi sottoposti a referendum nei Paesi candidati. Proprio all'indomani dello scoppio della guerra in Iraq, dunque, che ha mostrato quanto questa unione multinazionale fosse divisa nelle scelte di politica estera, 10 nuovi Paesi hanno dato ulteriore slancio alla sua costruzione[10].

Il vertice di Atene è stato dominato dagli interrogativi riguardo alla crisi internazionale innescata dal conflitto in Iraq, dalle divergenti filosofie su come impostare i rapporti con la superpotenza americana, dal desiderio di condizionare in proprio favore i lavori della Convenzione presieduta da Valery Giscard d'Estaing, cui è stato assegnato il compito di ridisegnare l'architettura europea. Già la lunghezza della cerimonia, d'altra parte, che ha visto i *leader* di tutti e 25 i Paesi avvicendarsi nel discorso di rito e nella firma (dimostrazione pratica di come sarà difficile, anche solo sotto il profilo organizzativo[11], gestire le decisioni di un'Europa a 25), fa intuire il perché della decisione di concludere due mesi dopo i lavori della Convenzione per le riforme dell'Europa[12]. Questa ha avuto il compito di proporre le trasformazioni necessarie a evitare la paralisi gestionale dell'Unione Europea dopo l'adesione dei 10 nuovi membri[13].

Il dibattito, nel corso di tutti questi mesi, ha evidenziato l'esistenza di profonde divergenze fra i Paesi comunitari sui punti più caldi della riforma istituzionale, in particolare sulla presidenza dell'Unione (del Consiglio, organo di Stati

---

[10] Con 10 nuovi Paesi l'UE diventa la terza entità al mondo per numero di abitanti dopo Cina e India. I 10 che hanno firmato il trattato di adesione hanno una popolazione complessiva di circa 75 milioni di persone, con punte massime in Polonia, 39 milioni, e minime a Malta, 390.000 abitanti. Ai due Paesi si aggiungono la Repubblica Ceca (10,3 milioni), Ungheria (10,2), Slovacchia (5,4), Lituania (3,5), Slovenia (2), Lettonia (2,4), Estonia (1,4) e Cipro (800.000).

[11] L'allargamento costituisce anche una sfida linguistica: in un'Unione che già parlava 11 lingue ufficiali, l'ingresso di 10 nuovi Paesi porta a 20 il loro numero: polacco, ungherese, ceco, estone, lettone, lituano, sloveno, slovacco e maltese si affiancano a inglese, francese, italiano, tedesco, spagnolo, portoghese, greco, olandese, danese, finlandese e svedese. Nove lingue ufficiali in più, che potevano addirittura essere dieci, perché, se è la Repubblica di Cipro a entrare nell'UE, di fatto resta tagliata fuori la parte turca dell'isola (il negoziato per la riunificazione è interrotto). E nel 2007, con l'eventuale adesione di Romania e Bulgaria, le lingue aumenteranno a 22. Un banco di prova impegnativo: basti pensare che durante una seduta del Parlamento europeo le combinazioni linguistiche per tradurre l'intervento di un deputato, prima 110, dopo l'allargamento sono salite a 462.

[12] Per la firma della prima Costituzione europea – adottata da una conferenza intergovernativa sulla base della bozza della Convenzione presentata a Salonicco il 20 giugno 2003 – è stata scelta Roma, visto anche il valore simbolico che questa città ha per l'Unione.

[13] Le istituzioni dell'Unione, nate nel quadro del Trattato di Roma del 1957 per 6 Paesi e mai sostanzialmente modificate, sono andate già ben oltre i loro limiti.

e a composizione variabile). Quella principale è scaturita dal tentativo dei Paesi più grandi di mantenere un'egemonia anche nell'Europa a 25: i «grandi» hanno chiesto infatti, al posto del sistema di rotazione semestrale fra i vari Paesi membri, una presidenza di più lungo respiro – di 2 o 5 anni – con un presidente eletto dai vertici dell'UE che sia anche il presidente dell'Unione (Giscard d'Estaing – optando per un presidente stabile, eletto dal Consiglio per due anni e mezzo, rinnovabili – aveva da subito sottolineato come sei mesi fossero troppo pochi per mettere in cantiere progetti di un certo respiro; con l'allargamento, poi, si sarebbero avuti 25 presidenti in dodici anni e mezzo, con forti pericoli per la stabilità). Ma il progetto ha visto contrari molti dei piccoli Paesi comunitari, decisi a non rinunciare alla visibilità internazionale che dà loro a turno la presidenza dell'Unione e a ribadire la pari dignità tra i membri.

Ampiamente dibattuta è stata anche la questione della composizione della futura Commissione europea (organo di individui, composto, prima dell'allargamento, da 20 membri) – un commissario per Paese, o una formazione più compatta ed efficace – anche qui per l'opposizione dei «piccoli» a non avere più un rappresentante fisso nell'esecutivo europeo.

Quasi unanimità vi è stata sull'istituzione di un Ministro degli Esteri europeo, anche se con posizioni diverse in merito ai suoi poteri effettivi e alla sua collocazione. Tale figura avrebbe dovuto assorbire le competenze prima divise tra il commissario per le relazioni esterne e il rappresentante dei governi; ma la volontà comune di una politica estera «a una sola voce» si è scontrata con il consueto contrasto tra Commissione e Consiglio, entrambi decisi a «inglobare» il ministro unico.

Divisioni specifiche sono emerse anche dietro la volontà di attuare politiche comuni nella difesa, nell'economia, nella giustizia, nell'immigrazione, nella tutela dei diritti umani. Non a caso il vicepresidente della Convenzione, Jean Luc Dehaene, aveva chiesto di trasferire i lavori in un convento per poter rispettare il termine del 20 giugno. Il premier greco Simitis aveva allora offerto una nave, egualmente isolata e più piacevole.

Dunque scontro tra Paesi grandi e piccoli, tra Consiglio e Commissione, tra metodo intergovernativo e comunitario, tra favorevoli e contrari all'estensione del voto a maggioranza qualificata per le scelte di politica estera e di sicurezza e difesa.

Il 13 giugno 2003 è avvenuto il varo definitivo, per quanto travagliato, della bozza di Costituzione europea. I nodi sciolti, almeno in sede di Convenzione, hanno riguardato innanzitutto il tanto contestato – dai Paesi piccoli – Presidente dell'Unione Europea. Questo ci sarà, sarà in carica per due anni e mezzo e potrà essere rieletto una volta, ma verranno ridotti i suoi poteri per non mettere troppo in ombra il ruolo della Commissione. Sarà piuttosto un *chairman*, come ha spiegato Giscard d'Estaing, che prepara e presiede le sedute del Consiglio europeo dei capi di Stato o di governo. In realtà, sarà qualcosa in più: eletto a maggioranza qualificata, dovrà anche «contribuire alla rappresentanza esterna dell'UE» (ma senza «pregiudicare le responsabilità del presidente della Commissione e del ministro degli Esteri»). I Consigli dei ministri avranno, invece, un Presidente a rotazione annuale. È stata poi ritirata l'incompatibilità fra la carica di Presidente del Consiglio dell'UE e un altro incarico istituzionale europeo: in un futuro più o meno lontano, dunque, l'UE potrà avere un solo Presidente, del Consiglio e della Commissione.

L'Unione avrà – nel 2006, al completamento della ratifica della Costituzione – anche un Ministro degli Esteri che presiederà i Consigli per gli affari internazionali e sarà vicepresidente della Commissione (e questo ha accontentato i Paesi piccoli). Eletto dal Consiglio d'intesa con il Presidente della Commissione, la sua nomina dovrà essere ratificata dall'Europarlamento. Se il Presidente dell'UE avrà la rappresentanza esterna dell'Unione, il Ministro degli Esteri contribuirà all'elaborazione della politica internazionale, di sicurezza e di difesa comune, e l'attuerà.

Il compromesso più difficile ha riguardato la Commissione: questa manterrà una composizione inalterata – un commissario per ogni Stato – fino al primo novembre 2009, quando l'Unione dovrebbe contare 27 Stati. Da allora in poi sarà formata da 15 membri (compreso il Presidente), con altri commissari – nominati dal Presidente della Commissione, scelti in base agli stessi criteri applicabili per i membri del collegio e provenienti da tutti gli altri Stati membri – senza diritto di voto. Vigerà una rotazione a carattere egualitario fra tutti gli Stati; l'Europarlamento, su proposta del Consiglio europeo, ne eleggerà il Presidente.

È stato infine esteso il voto a maggioranza (anche se non quanto molti avrebbero voluto a causa del freno posto da alcuni governi, a cominciare da quello inglese e da quello spagnolo). Fino al 2009 resterà l'attuale sistema del voto ponderato (la Spagna ha ottenuto che possa essere esteso fino al 2011); poi, esso sarà sostituito da decisioni a maggioranza degli Stati e dei due terzi della popolazione, anche se su particolari questioni di politica estera e di giustizia, occorrerà una maggioranza «super qualificata», pari a due terzi degli Stati e quattro quinti della popolazione.

Il 2004 è e sarà un anno di transizione denso di conseguenze, e l'influenza dei nuovi membri potrà farsi sentire sia dal punto di vista istituzionale che politico. Istituzionalmente i Paesi subentranti siedono come osservatori nei Consigli dell'Unione e i deputati designati dai diversi parlamenti nazionali sono nel Parlamento europeo come ospiti, in attesa di entrare a farne parte con le elezioni[14], e poi i nuovi aderenti partecipano a pieno titolo alla Conferenza intergovernativa che dovrà varare il progetto di Costituzione elaborato dalla Convenzione[15]. Interessante sarà allora osservare come essi influiranno dall'esterno sulla stesura della

---

[14] Il numero degli europarlamentari passerà da 626 a 786, ma diminuirà la consistenza delle rappresentanze nazionali e si ridurrà proporzionalmente la quota degli eletti degli attuali Paesi membri (per l'Italia, ad esempio, i seggi passeranno da 87 a 78).

[15] Base di lavoro per i ministri dei 15 che dovranno elaborare un progetto di trattato.

nuova Costituzione europea, non facendo parte della Convenzione, ma dovendo partecipare alle conclusioni.

Da Parigi 1951 ad Atene 2003, dalla CECA all'Unione Europea: l'Europa a 25 ha impiegato oltre 50 anni per vedere la luce. Ha salito i gradini dell'unificazione allargata sempre in momenti difficili: nel dopoguerra erano state le precarietà finanziarie e gli squilibri dovuti alla Guerra Fredda a innescare l'accelerazione della CEE; alla fine degli anni '70 e nel 1992, SME e Trattato di Maastricht sono scaturiti dalla necessità di contare su un'area economica comune. Dagli anni '70 in poi sono state invece le mutate opportunità politiche a imporre prima l'allargamento a Ovest e a Nord dei Paesi membri, quindi l'adozione dell'euro e, infine, l'ulteriore allargamento. Ma ora che l'Europa conta su 75 milioni di nuovi abitanti i problemi non sono più facili da risolvere. I «presagi» negativi derivano, in particolar modo, dallo stato di salute effettivo delle economie nei Paesi dell'Unione, e in particolare dei nuovi membri e di quelli prossimi all'ingresso, spesso caratterizzati da disagi profondi ed ampi squilibri sociali. Nell'Europa centro-orientale la crescita dei PIL nazionali nasconde, infatti, una verità fatta di delocalizzazioni di imprese straniere, salari da socialismo reale e prezzi da liberismo globale, esportazioni agganciate ai mercati occidentali e imprese a capitale estero. Per la nuova Unione a 25 la sfida verso il 2007 sta allora anche nel riequilibrio degli stili di vita, altrimenti – come testimonia la diffusione di partiti nazionalisti e populisti, dichiaratamente euroscettici e non alieni da posizioni razziste – il rischio di un'implosione politica diverrà reale, e nulla potranno le «tigri del Baltico», i «distretti magiari» o le «Silicon Valley balcaniche».

Dunque all'interno di ciascuno degli Stati membri si deve attuare un riavvicinamento tra le economie delle diverse aree regionali per rafforzare le economie nazionali e renderle competitive. L'intervento regionale della Comunità[16] – basato su quattro Fondi strutturali (il Fondo Europeo di Sviluppo Regionale, il Fondo Sociale Europeo, la sezione Orientamento del Fondo Europeo Agricolo di Orientamento e di Garanzia, lo Strumento Finanziario di Orientamento della Pesca) – è stato concepito proprio per ricomporre gli squilibri territoriali, integrando gli sforzi nazionali per realizzare più velocemente i progetti ammessi al finanziamento[17].

---

[16] La regione, vista come il principale strumento per la realizzazione di uno sviluppo comunitario su basi più razionali, diventa il punto focale, la base di prova della funzionalità del sistema a stadi economici e a livelli territoriali successivi.

[17] Nel prossimo futuro sono tre le principali problematiche che la politica regionale dovrà affrontare: in primo luogo proprio l'allargamento, tant'è che l'Unione ha creato programmi finanziari su misura per il periodo 2000-2006 per aiutare i Paesi candidati a prepararsi a diventare membri; poi la liberalizzazione degli scambi commerciali, perché se le regioni vogliono attirare gli investimenti delle imprese devono essere in grado di competere con le condizioni offerte dagli altri Paesi a livello di infrastrutture, servizi e qualificazione della manodopera; infine la rivoluzione nella tecnologia dell'informazione, aspetto fondamentale della politica regionale e prerequisito indispensabile per competere nell'economia globale.

Ma quali Paesi dell'Europa occidentale trarranno, sul piano economico e politico, i maggiori vantaggi dall'allargamento? È chiaro che si tratta di un'equazione a molte incognite, e che le variabili coinvolte sono numerose; eppure è un calcolo che nessuno può eludere e che comincia con una precisazione: chi pagherà il prezzo più alto a breve termine sarà probabilmente il maggior beneficiario sulla prospettiva medio-lunga. Il riferimento è, chiaramente, alla Germania. Come maggior contribuente netto dell'Unione, sarà la Germania a sopportare in percentuale il peso maggiore degli oltre 40 miliardi di euro di costi dell'allargamento tra il 2004 e il 2006. Ma l'interesse economico e geopolitico di Berlino all'allargamento a Est è strategico: già adesso, in una situazione di crisi economica, la Germania è il maggior *partner* commerciale per 6 dei 10 Paesi nuovi membri. Dal crollo del Muro di Berlino in poi, l'espansione tedesca a Est è stata sistematica, tant'è che oggi nelle capitali dell'Est il tedesco è lingua degli affari al pari dell'inglese[18].

Lo spostamento a Est del baricentro geografico dell'Unione fa di Berlino il cuore della nuova Europa. Innegabili, però, sono anche certe sfere di influenza che interessano Paesi cosiddetti minori: la ricca Austria ha facile accesso alle occasioni di mercato delle vicine Slovenia e Slovacchia. La Finlandia ha già capitali in molte industrie dell'Estonia e il Baltico diventa un «mare interno» anche a vantaggio della Svezia.

Alcune preoccupazioni politiche sorgono a Est: soprattutto in Polonia, dove si vuole controbilanciare l'influenza tedesca. È proprio su queste esigenze di equilibrio che cercherà di far leva la Francia, una volta risolto il contenzioso intorno alla PAC e agli aiuti alle vaste e arretrate campagne polacche e lituane (e dal 2007 rumene). La presenza di industrie francesi a Est è significativa, più diffusa, per esempio, di quella inglese: il gruppo Psa, Peugeot-Citroën, progetta un nuovo stabilimento da 700 milioni di euro in Polonia o Slovacchia (dove il costo del lavoro è, attualmente, circa un sesto di quello francese); l'industria «del lusso» punta alla crescita di un mercato nuovo nelle strade più eleganti di Praga, Varsavia, Budapest. In realtà l'industria francese, più che col colosso tedesco, rischia di trovarsi in una competizione ravvicinata con la Gran Bretagna e con l'Italia.

Per l'Italia, infatti, le prospettive dell'Europa a 25 non sono negative[19]: la presenza nel settore bancario è radicata, e molte piccole e medie industrie del Nord-Est conoscono già bene quei mercati. I vantaggi per il nostro Paese saranno

---

[18] Il simbolo della nuova espansione tedesca potrebbe essere la Skoda, rugginosa fabbrica di auto ceca acquistata e riportata al successo dalla Volkswagen.

[19] A Bruxelles ci si è preoccupati di misurare le spese, valutando l'impatto che l'allargamento avrà su ciascun Paese. Lo studio per l'Italia, effettuato da due docenti dell'Università di Firenze (Maurizio Grassini e Rossella Bardazzi, rispettivamente alla cattedra di Economia dell'integrazione europea e Politica economica) su un modello di 44 settori, ha simulato tre diversi scenari nell'arco di dieci anni, dal 2001 al 2010.

sia diretti sia indotti. In pratica, aumentando la propria ricchezza, i nuovi soci consumeranno di più: e questo, per l'Italia, si tradurrà in maggiori esportazioni. Più massiccio l'effetto riflesso: lo sviluppo dei 10 nuovi membri alzerà la ricchezza media di tutti gli altri *partner* che, a loro volta, importeranno di più. In dettaglio, i settori italiani dove l'allargamento darà maggiore impulso saranno con buone probabilità il manifatturiero, quello dei macchinari agricoli e industriali, e quello delle apparecchiature elettriche[20]. Più neutro, invece, l'effetto su una delle voci più importanti del *made in Italy*, la moda. L'allargamento può comunque costituire un'opportunità anche per questo settore: in Romania (che entrerà nel 2007) le imprese italiane di filati e tessuti hanno già creato 150mila posti di lavoro. Nei 10 del 2004, poi, i salari sono già cresciuti: si apre dunque un mercato di potenziali nuovi clienti. Meno favorito, invece, il comparto alimentare. Con l'abbattimento dei dazi, una volta entrati nel mercato unico, i prodotti di questi Paesi saranno più competitivi, anche se questo potrebbe non intaccare più di tanto la quota di mercato dei nostri prodotti, che restano ancorati a qualità e tipicità.

Molto, insomma, dipenderà da come l'Italia saprà affrontare la sfida. Il Paese vanta già una posizione di tutto rispetto: stando ai dati dell'Istituto per il Commercio Estero, l'*export* verso i 10 candidati è stato, nel 2002, di 14,542 miliardi di euro, e per molti Paesi l'Italia è il secondo *partner* commerciale. Piuttosto, è probabile che i vantaggi per l'Italia arriveranno con un po' di ritardo, dopo l'ingresso nel 2007 di Romania e Bulgaria, due realtà in cui gli italiani sono ben inseriti, meglio anche dei tedeschi. Ma a questo punto diventa decisivo lo sviluppo di quel Corridoio 5 (la direttrice attrezzata autostradale e ferroviaria Lione-Kiev) a sud delle Alpi. Un progetto che rappresenta anche una delle opportunità per le economie della Penisola Iberica di non trovarsi emarginate dall'allargamento.

A sentire certi sondaggi, sarebbe aumentato il numero di europei che non vedono di buon occhio l'allargamento a Est dell'Europa. Ma anche a Est i dubbi sono cresciuti, soprattutto perché, dopo aver subito le conseguenze sociali dell'adeguamento ai criteri economici dell'Unione (chiusure di impianti antiquati, privatizzazioni, tagli alla spesa pubblica), sloveni, polacchi o estoni rischiano comunque di ritrovarsi europei di serie B.

Come, visti da Ovest, i candidati sono divenuti, da un certo punto di vista, meno rilevanti perché non c'è più una frontiera strategica da presidiare[21] (non si tratta di avanzare verso oriente una sia pur blanda cortina presidiata da NATO e

---

[20] Qui l'entrata dei 10 inciderà positivamente, con punte che vanno dal 7,7 al 18,5% in più di quanto sarebbe senza il loro ingresso. E questo solo per quanto riguarda la produzione; dietro a questa percentuale si celano, infatti, anche più posti di lavoro.

[21] E, questo, malgrado adesso, con l'allargamento, spetti ai Paesi dell'Europa centro-orientale, nuova frontiera esterna dell'Unione, farsi carico dei costi economici e sociali connessi alla gestione di nuovi confini potenzialmente molto permeabili.

Unione Europea), le opinioni pubbliche dei Paesi sulla soglia dell'Unione si sono divise sull'urgenza di varcare tale soglia. Svanite le speranze del dopo-Ottantanove, i popoli dell'Europa centro e sud-orientale hanno capito che l'integrazione ha i suoi costi, effettivi e immateriali, come la cessione di parte della sovranità appena riconquistata.

In conclusione, sembrano esistere oggi più «Europe» che guardano con stati d'animo differenti al processo di graduale integrazione (BETTIZA, 2002): la prima appare già saldamente coesa nell'Unione di Maastricht (quelli che la contestano nel nome di particolarismi regionali sono minoranze non trascurabili, ma pur sempre minoranze); la seconda è quella dei 10 Paesi nuovi membri da quest'anno, con tutte le questioni (finanziarie, politiche, agricole) connesse al loro ingresso; la terza Europa lambisce un pezzo d'Asia, spingendosi da Romania e Bulgaria fino alla Turchia, sospese nel limbo di un'attesa che durerà ancora alcuni anni (le prime due stanno cercando di risanare i loro conti, per presentarsi alla candidatura con disavanzi non troppo distanti dai parametri di Maastricht, mentre la Turchia deve mettere ordine soprattutto nell'ambito dei comportamenti politici, democratici e umanitari). La quarta Europa, infine, quella balcanica, è sicuramente la più problematica: solo la Slovenia è riuscita a presentarsi con le carte in regola agli esami dell'Unione, mentre la richiesta di adesione inoltrata dalla Croazia nel febbraio 2003 è attualmente all'esame della Commissione europea, che dovrà decidere se i negoziati di adesione possono avere inizio; per le altre repubbliche ex jugoslave i termini «Europa» ed «europeismo» sono divenuti piuttosto cartine di tornasole delle loro aspirazioni, contraddizioni e frustrazioni. Basti ricordare le recenti elezioni presidenziali in Serbia, che hanno assunto un significato di scontro traslato tra europeisti ed antieuropeisti (hanno vinto questi ultimi, guidati dal *leader* ultranazionalista Seselj) o le elezioni bosniache dell'ottobre 2002, in cui hanno stravinto i partiti nazionalisti etnici, tutti antieuropeisti; l'europeismo ha invece trionfato nelle elezioni legislative del Montenegro. La conclusione è paradossale: l'Irlanda, già da tempo socia dell'UE, stava per bloccarne la crescita; il Montenegro, che non è nell'Unione, vota in anticipo simbolico per l'adesione.

# BIBLIOGRAFIA

AA. VV., *L'Europa senza l'Europa*, «Limes. Rivista italiana di Geopolitica», n. 4, 1993.

AA. VV., *Mediterraneo l'Arabia vicina*, «Limes. Rivista italiana di Geopolitica», n. 2, 1994.

AA. VV., *Stato del mondo. Annuario geoeconomico e geopolitico mondiale*, Milano, Hoepli, 2003.

AMATO G., *Fini e confini dell'Europa*, in «Limes. Rivista italiana di Geopolitica», n. 1, 2002, pp. 45-51.

AMOROSO B., *Europa e Mediterraneo. Le sfide del futuro*, Bari, Dedalo, 2000.

BETTIZA E., *Quattro Europe a confronto*, in «Panorama», 31 ottobre 2002.

COMMISSIONE EUROPEA, *Verso un'Unione ampliata. Documento di strategia e relazione della Commissione europea sui progressi fatti da ciascuno dei paesi candidati verso l'adesione*, Bruxelles, 2002.

COMMISSIONE EUROPEA, *Più unità, più pluralismo. Il più grande allargamento della storia dell'Unione Europea*, Bruxelles, 2003.

DI NOLFO E., *Storia delle relazioni internazionali 1918-1992*, Bari, Laterza, 1994.

FUBINI F., *I gesti blu. Così nasce l'Unione che conta*, in «Limes», n. 1, 2002, pp. 25-43.

FUMAGALLI M., *L'Unione Europea: divisioni interne e aree di influenza esterne*, in VIGANONI L. (a cura di), *Temi e problemi di Geografia: in memoria di Pietro Mario Mura*, Roma, Gangemi, 1998.

GUERRIERI S., MANZELLA A. e SDOGATI F., *Dall'Europa a Quindici alla Grande Europa. La sfida istituzionale*, Bologna, Il Mulino, 2002.

LETTA E., *L'allargamento dell'Unione Europea: dal Circolo polare artico al Mar Nero, i nuovi confini dell'Europa*, Bologna, Il Mulino, 2003.

MUSCARÀ C., *L'Europa necessaria*, in «Ambiente Società Territorio», n. 2, 2004, pp. 5-7.

RIZZI F., *Unione europea e Mediterraneo: dal trattato di Roma al dopo Barcellona (1957-1997)*, Roma, La Nuova Italia, 1997.

Sito Internet dell'Unione Europea: *http://europa.eu.int*

LIDIA SCARPELLI *

# FLUSSI TURISTICI INTERNAZIONALI IN SLOVENIA E IN CROAZIA

*Premessa*

Nel presentare i lavori dell'unità di ricerca coordinata da A. Celant nell'ambito del Cofin 2002 in occasione del Convegno di Rimini «*Le giornate della Cultura Turistica*: Il turismo tra sviluppo locale e cooperazione interregionale» del maggio 2004 [1], annotavo come recenti avvenimenti internazionali, segnati dalla crescente tensione terroristica, dal mutamento profondo negli scenari geopolitici, da un andamento negativo dell'economia che ha colpito in modo particolare Paesi di provenienza dei turisti che tradizionalmente scelgono l'Italia quale meta delle loro vacanze, potrebbero avere influito in varia misura sulla consistenza, sulla composizione e sulla destinazione, anche regionale, dei flussi.

E più precisamente riferendo sui dati più recenti, ancorché provvisori, dell'ISTAT sull'andamento del turismo internazionale con destinazione Italia, sottolineavo che essa, pur essendo al quarto posto nella graduatoria delle prime 10 destinazioni turistiche (secondo i dati WTO), ha avuto un trend di presenze straniere diverso rispetto a quello della componente italiana. Se infatti gli aumenti in termini percentuali erano stati consistenti per il 1999 rispetto al 1998 (+1,9% per gli italiani, +4,5% per gli stranieri) e per il 2000 rispetto al 1999 (+9,3% e +10,8%), questi erano stati ridimensionati nel 2001 rispetto al 2000 (+2,6% e +4,5%), probabilmente sia in conseguenza dell'11 settembre, ma anche in considerazione dell'anno giubilare del 2000 con i suoi eventi eccezionali, fino ad arrivare al segno

---

\* Dipartimento di Studi Geoeconomici, Linguistici, Statistici e Storici per l'Analisi Regionale, Università «La Sapienza» di Roma

[1] SCARPELLI L., *Flussi turistici internazionali e sistemi locali: i fattori territoriali competitivi*, contributo al Convegno di Rimini «*Le giornate della Cultura Turistica*: Il turismo tra sviluppo locale e cooperazione interregionale», in corso di stampa.

negativo per il 2002 rispetto al 2001, più consistente per la componente italiana (–1,9%) e molto meno per quella straniera (–0,8%). Per il 2003 rispetto al 2002 i dati sono differenti: si è sottolineata una ripresa del turismo interno (+1,8%) e una diminuzione vistosa dei flussi stranieri (–5,0%).

E il dato più preoccupante era riferito al calo di turisti tedeschi e austriaci, oltre naturalmente a quello di turisti provenienti da Giappone e Stati Uniti. I dati aggiornati, seppure provvisori, dell'ISTAT per il 2003, infatti, ci indicano che le variazioni positive per tale anno rispetto al 2002 hanno riguardato i turisti provenienti dalla Francia (+4,0%), dal Regno Unito (+3,7%) e dalla Svizzera (+1,1%); le variazioni negative hanno riguardato i turisti provenienti dal Giappone (–14,9%), dalla Germania (–9,0%), dall'Austria (–7,5%), dagli Stati Uniti (–3,5).

Se il calo dei turisti giapponesi riguarda una componente che al 2000 (ultimo anno per il quale si hanno dati ufficiali definitivi) rappresentava soltanto il 4,61% del totale degli arrivi e il 2,36% delle presenze, il ridimensionamento della componente tedesca e austriaca è preoccupante poiché riguarda un afflusso che al 2000 rappresentava il 32,30% degli arrivi e il 43,18% delle presenze.

Le ripercussioni naturalmente sarebbero state maggiori per quelle regioni italiane in cui la presenza della componente di lingua tedesca è stata ed è più incisiva, prima fra tutte quelle del Triveneto, della Romagna, della Toscana. E infatti gli stessi dati ISTAT sulle presenze nel 2003 rispetto al 2002, che indicano per le regioni del Nord-Ovest un calo di italiani (–0,8%) e di stranieri (–2,9%), registrano per quelle del Nord-Est un aumento di italiani (+2,8%) e una diminuzione consistente di stranieri (–4,5%). L'andamento degli afflussi da Germania, Austria e Giappone si fa sentire anche nelle regioni del Centro dove la diminuzione degli ospiti italiani è quasi impercettibile (–0,2%), ma quella degli stranieri è cospicua (–6,6%). Situazione che si ripete per il Mezzogiorno (+3,7% per gli italiani, –5,5% per gli stranieri), con l'unica eccezione della Calabria che presenta incrementi sia per gli italiani (+11,1%) che per gli stranieri (+11,6%).

Tale andamento negativo del turismo di provenienza internazionale giustificherebbe le preoccupazioni di coloro che paventavano uno sviluppo economico legato alle risorse turistiche e consiglierebbe di investigare con attenzione sulle cause, non solo di ordine geopolitico, ma soprattutto dovute a probabili e possibili deficienze e/o distorsioni dal lato dell'offerta.

Queste potrebbero essere fondamentali nell'ipotesi che quelle stesse minori presenze in Italia si siano in realtà riorientate verso località di altri Paesi che presentino caratteri similari alle nostre località turistiche e quindi in concorrenza.

In tutti i casi diverrebbero di nuovo centrali le motivazioni economiche che sono state presentate in altre occasioni. La consistenza dei flussi turistici internazionali è, ma non solo, la conseguenza dell'attrazione di taluni luoghi (o regioni), dotati di «risorse turistiche», ma sicuramente anche la risultante, come per tutti gli altri consumi, di una scelta che l'individuo (in questo caso il turista) opera, in termini reali tra costo e ricavo. Ma poiché la risorsa turistica non è equidistribuita sul territorio, la mobilità finanziaria, indotta dal turismo, indirizzata verso aree ben definite e delimitate, finisce ancora una volta per influire sull'assetto dei territori investiti dal fenomeno turistico. Tutto ciò naturalmente nell'ipotesi che le scelte siano di tipo economico; mentre è ormai acquisito, e ne fanno fede i risultati di talune indagini, che un peso rilevante è ascrivibile anche a scelte di tipo socio-psicologico.

La conseguenza più evidente, nel caso in cui agissero soltanto motivazioni economiche, dovrebbe essere, ad esempio, una forte sensibilità ciclica del fenomeno turistico, che ha fatto ipotizzare dubbi su uno sviluppo economico fondato essenzialmente sul comparto turistico. Tale sensibilità sarebbe comunque diversa a seconda che i flussi finanziari siano originati dal turismo interno del paese, oppure da un turismo internazionale, il quale, oltre ai livelli di reddito, potrebbe essere influenzato anche dai tassi di cambio (tra moneta del paese di origine e quella del paese di destinazione) e dalle loro fluttuazioni.

Ciò premesso mi sono chiesta se i turisti austriaci e tedeschi abbiano preferito altre mete dell'Adriatico, come ad esempio le località balneari della Slovenia e della Croazia.

Ed è per questa ragione che in questa occasione, presento alcune considerazioni in merito ai flussi turistici internazionali diretti verso le località balneari slovene e croate che, dopo una lunga parentesi di «turbolenze politiche» le quali a partire dal 1990 hanno fatto precipitare il numero degli ospiti stranieri, stanno dimostrandosi quali concorrenti di tutto rispetto nei confronti delle località balneari italiane, soprattutto di quelle che si affacciano sull'Adriatico.

*Alcuni dati sulla domanda di turisti stranieri in Slovenia*

La lunga fase degli sconvolgimenti geopolitici che hanno interessato i Balcani in generale e la ex Iugoslavia in particolare sono alla base dell'andamento dei flussi turistici.

Nel 1986 si era registrato il picco massimo della totalità sia per gli arrivi che per le presenze in Slovenia, ma l'anno di riferimento prima della crisi iugoslava è rappresentato dal 1990[2]. In quell'anno si erano avuti 2,537 milioni di arrivi di turisti, di cui la componente straniera contava per 1,095 milioni, e 7,956 milioni di presenze (3,673 stranieri). Naturalmente in quell'anno i provenienti dalle altre repubbliche dell'ex Iugoslavia figuravano quali turisti interni.

Si era successivamente verificato un calo vistoso negli anni di massima crisi e in quelli immediatamente seguenti, tanto che ancora nel 2002 gli arrivi e le pre-

---

[2] Il 1990 è stato un anno cruciale per la storia recente della Slovenia. Infatti il 23 dicembre vi è stato il referendum a favore dell'indipendenza che fu proclamata ufficialmente dal Paese il 25 giugno 1991 e che fu riconosciuta il 15 gennaio 1992 dalla comunità internazionale (Unione Europea e ONU).

senze quali dati complessivi sono ancora inferiori – e di molto – rispetto a quelli del 1990 (–14,78% e –13,97% rispettivamente). Negli anni 2001 e 2002, al contrario, gli arrivi e le presenze di turisti stranieri fanno registrare il segno positivo rispetto al dato del 1990. Infatti questi nel 2001 erano già passati a 1,219 milioni di arrivi (+11,32%) e 3,813 milioni di presenze (+3,81%), per crescere ulteriormente nel 2002 a 1,302 milioni e 4,021 milioni rispettivamente[3].

Ma altri dati illustrano il peso del turismo straniero sull'economia slovena. Infatti esso, che alimentava al 1990 il 43,16% del totale degli arrivi e il 46,17% del totale delle presenze, rappresenta al 2002 il 60,22% ed il 54,92% rispettivamente[4] (al 2001 il 58,44% ed il 53,48%).

La tabella 1 illustra la composizione del turismo estero in base ai Paesi di provenienza. I dati indicano che ben oltre la metà degli arrivi e delle presenze sono da ascrivere a Germania, Italia e Austria, a dimostrazione che l'accessibilità in termini anche «di vicinato» è alla base delle scelte delle vacanze.

TABELLA 1
*Arrivi e presenze in Slovenia di turisti stranieri per nazionalità di provenienza*

| Nazionalità | Arrivi (% totale turisti stranieri) | | Presenze (% totale turisti stranieri) | |
|---|---|---|---|---|
| | 2001 | 2002 | 2001 | 2002 |
| Germania | 19,2 | 17,6 | 23,0 | 21,1 |
| Italia | 22,1 | 21,1 | 18,0 | 17,9 |
| Austria | 14,3 | 14,9 | 16,3 | 16,8 |
| Croazia | 7,8 | 7,2 | 6,8 | 6,4 |
| Regno Unito | 3,3 | 3,5 | 5,0 | 4,8 |
| Paesi Bassi | 2,9 | 3,0 | 3,7 | 3,7 |
| Ungheria | 2,7 | 2,5 | 2,4 | 2,3 |
| Bosnia Erzegovina | 2,3 | 2,1 | 2,0 | 2,0 |
| USA | 2,3 | 2,3 | 1,8 | 1,7 |
| Repubblica Ceca | 2,4 | 2,3 | 1,6 | 1,6 |
| Israele | 1,2 | 2,5 | 1,0 | 1,6 |
| Polonia | 2,1 | 1,9 | 1,5 | 1,4 |
| Altri | 17,4 | 11,1 | 16,9 | 18,7 |
| *Totale* | *100,0* | *100,0* | *100,0* | *100,0* |

(Fonte: Stat. Off. Rep. Slovenia)

---

[3] I dati riferiti ai turisti provenienti dalle altre repubbliche ex iugoslave ci fanno ritenere che l'aumento non sia dovuto soltanto alla diversità di computo tra turisti interni e turisti esteri.

[4] Nello stesso anno gli arrivi dalla Croazia erano il 4,36% e le presenze il 3,50%, dalla Bosnia-Erzegovina provenivano l'1,29% degli arrivi e l'1,10% delle presenze.

Per quel che riguarda i tipi di località scelti dalla clientela estera vi è da annotare una composizione articolata e per certi versi quasi uniforme (tab. 2).

TABELLA 2
*Presenze di turisti stranieri negli esercizi ricettivi per tipo di località*

| Tipo di località | 2001 (% del totale) | | 2002 (% del totale) | |
|---|---|---|---|---|
| | arrivi | presenze | arrivi | presenze |
| Località per il benessere | 13,4 | 20,1 | 14,2 | 20,6 |
| Località marine | 21,3 | 27,1 | 21,1 | 26,9 |
| Località montane | 27,8 | 29,2 | 27,7 | 29,1 |
| Loc. di interesse turistico* | 35,6 | 22,3 | 35,3 | 22,2 |
| Altre località | 1,9 | 1,3 | 1,7 | 1,2 |
| *Totale* | *100,0* | *100,0* | *100,0* | *100,0* |

* inclusa Lubiana
(Fonte: Stat. Off. Rep. Slovenia)

Tanto che il «turismo balneare» è secondo rispetto al «turismo montano» quanto a presenze, ed addirittura terzo (preceduto anche da quello verso «località di interesse turistico») quanto ad arrivi.

Naturalmente, vista la limitatezza della costa (soltanto 46,6 km), sono soltanto 4 le località rilevate per il turismo balneare: Izola (Isola), Koper (Capodistria), Piran (Pirano) e Portoroz (Portorose)[5]. Quest'ultima, dove c'è il Casino, ha polarizzato al 2002 arrivi per quasi il 64% del totale di turisti stranieri nelle località marine e presenze per il 68,53%.

*Alcuni dati sulla domanda di turisti stranieri in Croazia*

Anche per la Croazia l'ultimo anno di riferimento prima della crisi politica è il 1990. A partire dalla fine di quell'anno i flussi di turismo, che pure erano stati notevoli e che facevano annoverare in particolare le coste dalmate, quelle istriane e le isole tra le località più visitate dell'Adriatico, si erano arrestati.

Faticosamente di nuovo in crescita nella seconda metà dell'ultimo decennio del XX secolo, soltanto nel 2003 gli arrivi sono riusciti a superare, seppure di poco, quelli registrati nel 1990, mentre le presenze sono ancora inferiori dell'11,21% rispetto a quell'anno di riferimento (erano 52,523 milioni nel 1990, sono state di 46,635 milioni nel 2003).

---

[5] Nel 2002 le 4 località rappresentavano il 78,49% degli arrivi e il 75,71% delle presenze sulla totalità del turismo balneare. Esse peraltro assommavano l'88,35% degli arrivi e l'87,54% delle presenze di turisti stranieri.

Il peso del turismo straniero sul totale dei flussi è molto più consistente rispetto ai dati segnalati per la Slovenia. Nel 1990[6] gli arrivi e le presenze degli ospiti esteri rappresentavano rispettivamente il 59,08% e il 64,83% del totale, nel 2002 tali quote erano salite all'83,46% e 88,85%, per rimanere nel 2003 pressoché stabili (83,45% e 88,61%). Naturalmente nel computo del turismo estero degli ultimi anni si ingloba anche quello proveniente dalle repubbliche dell'ex Iugoslavia[7].

TABELLA 3
*Arrivi e presenze in Croazia di turisti stranieri per nazionalità di provenienza*

| Nazionalità | Arrivi (% totale turisti stranieri) | | Presenze (% totale turisti stranieri) | |
|---|---|---|---|---|
| | 2002 | 2003 | 2002 | 2003 |
| Germania | 21,2 | 20,9 | 27,2 | 26,8 |
| Italia | 15,7 | 16,3 | 12,3 | 12,9 |
| Slovenia | 12,4 | 12,4 | 12,6 | 12,6 |
| Repubblica Ceca | 10,0 | 9,4 | 11,5 | 11,0 |
| Austria | 9,9 | 9,6 | 8,9 | 8,7 |
| Ungheria | 4,6 | 4,8 | 4,4 | 4,6 |
| Paesi Bassi | 2,1 | 2,4 | 3,0 | 3,6 |
| Polonia | 5,1 | 3,2 | 5,5 | 3,2 |
| Slovacchia | 2,7 | 2,5 | 3,1 | 2,9 |
| Bosnia ed Erzegovina | 2,5 | 2,4 | 2,0 | 2,1 |
| Altri | 13,8 | 16,1 | 9,5 | 11,6 |
| *Totale* | *100,0* | *100,0* | *100,0* | *100,0* |

(Fonte: Central Bureau of Statistics)

Nella tab. 3 sono riportati i dati che si riferiscono ai Paesi di provenienza. Da essa si evince che quasi la metà degli arrivi di turisti stranieri e il 52,3% delle presenze sono alimentati da Germania, Italia e Slovenia. Ma si sottolinea anche la presenza con buone quote di ospiti provenienti dall'Ungheria e dalla Polonia che fino al 1990 erano quasi del tutto assenti. Mentre il turismo proveniente dall'Austria si mantiene costantemente al di sotto del 10% sia per gli arrivi che per le presenze.

Non disponendo di dati diretti sul turismo balneare e quindi non potendo fare un confronto con la tab. 2 se ne è costruita una (tab. 4) con gli arrivi e le presenze al 1990, 2002 e 2003 attribuiti alle 21 circoscrizioni amministrative croate.

---

[6] Anche per la Croazia il 1990 è stato un anno cruciale. Il 23 dicembre vi è stato il referendum a favore dell'indipendenza che venne dichiarata dal Paese il 25 giugno 1991, con il riconoscimento il 15 gennaio 1992 da parte della comunità internazionale (Unione Europea e ONU).

[7] Nel 2003 gli arrivi dalla Slovenia erano il 10,35% e le presenze l'11,41%, dalla Bosnia-Erzegovina provenivano il 2% degli arrivi e l'1,82% delle presenze.

TABELLA 4
*Arrivi e presenze nelle Contee croate di turisti stranieri (%)*

| Contea | 1990 | | 2002 | | 2003 | |
|---|---|---|---|---|---|---|
| | Arrivi | Presenze | Arrivi | Presenze | Arrivi | Presenze |
| Zagreb | 0,4 | 0,1 | 0,2 | 0,1 | 0,2 | 0,1 |
| Krapina-Zagoye | 0,6 | 0,4 | 0,5 | 0,3 | 0,5 | 0,3 |
| Sisak | 0,6 | 0,4 | 0,3 | 0,2 | 0,3 | 0,1 |
| Karlovac | 2,1 | 0,6 | 1,6 | 0,5 | 1,7 | 0,5 |
| Zarazdin | 0,9 | 0,9 | 0,5 | 0,3 | 0,5 | 0,3 |
| Koprivnica | 0,2 | 0,1 | 0,1 | – | 0,1 | 0,1 |
| Bjelovar | 0,3 | 0,1 | 0,1 | – | 0,1 | 0,1 |
| Primorje | 20,3 | 22,2 | 23,0 | 22,9 | 22,5 | 22,0 |
| Lika | 3,3 | 1,9 | 2,6 | 1,9 | 2,7 | 2,0 |
| Virovitica | 0,1 | 0,1 | 0,1 | – | 0,1 | – |
| Pozega | 0,4 | 0,2 | 0,1 | – | 0,1 | – |
| Brod | 0,7 | 0,2 | 0,2 | – | 0,2 | 0,1 |
| Zadar | 5,6 | 6,2 | 7,9 | 8,5 | 8,3 | 9,2 |
| Osijek | 0,8 | 0,3 | 0,6 | 0,3 | 0,6 | 0,2 |
| Sibenik | 3,6 | 4,6 | 7,0 | 5,7 | 7,2 | 6,1 |
| Vukovar | 0,9 | 0,2 | 0,3 | 0,1 | 0,2 | 0,1 |
| Split | 12,7 | 15,4 | 14,0 | 14,5 | 13,9 | 14,3 |
| Istra | 24,4 | 32,9 | 28,3 | 35,7 | 27,4 | 34,8 |
| Dubrovnik | 10,0 | 10,3 | 7,2 | 7,3 | 7,9 | 7,8 |
| Medimurje | 0,2 | 0,1 | 0,1 | – | 0,1 | 0,1 |
| City of Zagreb | 11,9 | 2,8 | 5,3 | 1,7 | 5,4 | 1,8 |
| *Totale* | *100,0* | *100,0* | *100,0* | *100,0* | *100,0* | *100,0* |

(Fonte: Central Bureau of Statistics)

Estrapolando le sole che si affacciano sul mare Adriatico si è costruita la tab. 5.

TABELLA 5
*Arrivi e presenze nelle Contee croate di costa di turisti stranieri (%)*

| Contea | 1990 | | 2002 | | 2003 | |
|---|---|---|---|---|---|---|
| | Arrivi | Presenze | Arrivi | Presenze | Arrivi | Presenze |
| Istra | 24,4 | 32,9 | 28,3 | 35,7 | 27,4 | 34,8 |
| Primorje | 20,3 | 22,2 | 23,0 | 22,9 | 22,5 | 22,0 |
| Split | 12,7 | 15,4 | 14,0 | 14,5 | 13,9 | 14,3 |
| Zadar | 5,6 | 6,2 | 7,9 | 8,5 | 8,3 | 9,2 |
| Dubrovnik | 10,0 | 10,3 | 7,2 | 7,3 | 7,9 | 7,8 |
| Sibenik | 3,6 | 4,6 | 7,0 | 5,7 | 7,2 | 6,1 |
| Lika | 3,3 | 1,9 | 2,6 | 1,9 | 2,7 | 2,0 |
| *Total* | *79,9* | *93,5* | *90,0* | *96,5* | *89,9* | *96,2* |

(Fonte: Central Bureau of Statistics)

Da essa si può evidenziare che le sette circoscrizioni individuate: Istra (Istria), Primorje, Split (Spalato), Zadar (Zara), Dubrovnik (Ragusa), Sibenik (Sebenico) e Lika, attiravano nel 1990 il 79,9% degli arrivi di turisti stranieri e il 93% di presenze. Tali quote erano aumentate nel 2002 rispettivamente al 90% e al 96,5% per rimanere nel 2003 pressoché stabili, ma inglobando anche il turismo proveniente dalle altre repubbliche ex iugoslave.

Da tale tabella emerge peraltro anche un certo mutamento nella graduatoria delle località preferite dai turisti stranieri. Infatti a un rafforzamento della partecipazione delle circoscrizioni di Istra, di Zadar e di Sibenik corrisponde la sostanziale tenuta di Primorje e di Split e il calo di Lika, ma soprattutto di Dubrovnik.

In generale, però, si può affermare che, contrariamente a quanto osservato per la Slovenia dove tutti i tipi di località turistiche erano ben rappresentati, il turismo croato, specialmente per quel che riguarda la componente estera – che pure rappresenta una quota ragguardevole dei flussi totali – ha prettamente un «carattere balneare». Anche se non si esclude che la presenza sulla costa di città e cittadine che si segnalano per le risorse artistiche e per le loro valenze storiche abbia un peso non indifferente sulle scelte operate dal turista internazionale. Del resto 5.835 km di costa con ben 1.185 tra isole (di cui 47 abitate), falesie e scogliere non possono che garantire l'affermarsi della «risorsa balneare».

*Conclusioni*

Le autorità economiche sia della Slovenia che della Croazia puntano sull'apporto del turismo alla formazione del PIL e alla promozione dello sviluppo. E i dati più recenti sembrano essere confortanti.

Sicuramente il nuovo clima politico e la conclusione della fase critica istituzionale hanno giocato un ruolo determinante per il ritorno dei turisti stranieri. Ciò ha ridisegnato la distribuzione della domanda turistica sulle due sponde dell'Adriatico in particolare e del Mediterraneo in generale.

Non si può infatti dimenticare che fino al 1990 il turismo che si dirigeva verso le coste iugoslave si segnalava per i vantaggi costituiti da tariffe e prezzi mediamente più bassi rispetto a talune, se non a tutte, località marine italiane. Il ritorno del turismo internazionale sulle coste slovene e croate potrebbe essere interpretato come il ritorno a una «situazione di normalità turistica». Tale ritorno è stato peraltro caratterizzato anche da una diversa composizione per Paesi di provenienza. A tale proposito, per rispondere alla domanda che mi ero posta nella premessa, e cioè se il calo di turisti tedeschi e austriaci in Italia fosse dovuto a una loro preferenza per le coste slovene e croate, mi sembra di poter affermare che questo non è avvenuto, perlomeno in modo significativo[8].

Piuttosto l'entrata nell'Unione Europea della Slovenia il 1° maggio del 2004[9] e quella prossima della Croazia provocheranno inevitabili ripercussioni in campo economico, e dunque anche nel comparto del turismo. E allora si può ipotizzare anche per questi due Paesi che si potranno sperimentare modelli di stima già segnalati, in altre occasioni di convegni, per altri Paesi e per l'Italia[10]. In modo particolare quelli di tipo causale dal lato della domanda secondo i quali convenienza relativa a scegliere come destinazione turistica un determinato Paese e immagine che ciascun offre di sé sul mercato turistico internazionale appaiono i due cardini intorno ai quali ruota la costruzione di ogni modello. E quelli dal lato dell'offerta turistica che può essere analizzata in merito alle risorse paesaggistiche, naturali e ambientali e al patrimonio culturale dell'area verso la quale il turismo si rivolge; oppure considerando gli aspetti strutturali, riguardanti sia l'offerta di servizi turistici in senso stretto, sia il complesso del sistema generale dei servizi di cui l'area è dotata[11].

Tali modelli potrebbero costituire una chiave di lettura per la predisposizione e l'operatività di quei progetti di offerta che debbono necessariamente tenere conto che la distribuzione territoriale dei flussi turistici dovrebbe essere anche la risultante delle esigenze di sostenibilità ambientale e quindi delle collegate strategie di pianificazione territoriale.

---

[8] I più recenti dati sembrano suggerire che il calo sarebbe da attribuire alle difficoltà economiche interne dell'Austria e della Germania.

[9] L'accesso al Trattato di Atene era avvenuto il 26 aprile 2003.

[10] SANNA F.M. e SCARPELLI L., *I flussi turistici internazionali verso l'Italia*, in «Riv. Geogr. Ital.», 1999, CVI, 4, pp. 473-508; SANNA F.M, CANTORE A. e PIRACCINI M., *Indicatori per l'analisi dei flussi turistici internazionali: il caso della Toscana*, contributo al Convegno di Rimini «*Le giornate della Cultura Turistica*: Il turismo tra sviluppo locale e cooperazione interregionale», in corso di stampa.

[11] Per un approfondimento di tali modelli cfr. SANNA F.M. e SCARPELLI L., *Flussi turistici internazionali e competitività del territorio. modelli di stima*, contributo al Convegno di Sassari su «Risorse culturali e sviluppo locale», in corso di stampa.

Silvia Scorrano *

# I BALCANI OCCIDENTALI VERSO L'INTEGRAZIONE EUROPEA

Il crollo della ex Iugoslavia e gli anni di guerra e di repressione che ne sono conseguiti hanno lasciato profondi segni sul tessuto produttivo economico e sociale di una regione estremamente frammentata, nella quale l'Unione Europea potrebbe rappresentare l'elemento unificante dei numerosi nuclei etnico-culturali compatti (romeno, serbo, croato, bulgaro, albanese, greco e, in molte aree, anche ungherese, italiano, ebreo e nomade) che mescolati tra loro rendono particolarmente difficile la creazione di Stati nazionali, aspirazione comune nei Balcani anche a costo di dover dar vita ad entità di dimensione ridotta (FUMAGALLI, 2002).

Tutti i Paesi hanno in corso la creazione di istituzioni pubbliche moderne partendo pressoché da zero: la maggior parte delle vecchie reti politiche, economiche e infrastrutturali è crollata. L'Albania, prima isolata dal resto del mondo, ha dovuto avviare un processo di transizione incominciando da un livello ancora più basso.

*Il Processo di Stabilizzazione e Associazione*

Dall'inizio degli anni Novanta, l'Unione Europea partecipa attivamente al processo di pace e ricostruzione del Sud-Est Europeo (SEE)[1]. Tra il 1991 e il 1999, essa ha fornito un'assistenza pari a 4,5 miliardi di euro che congiuntamente al contributo dei singoli Stati membri e all'assistenza umanitaria sale a 17 miliardi di euro (GAUDIO, 2001).

---

\* Dipartimento di Economia e Storia del Territorio, Università «G. d'Annunzio» di Chieti-Pescara.

[1] Albania, Bosnia-Erzegovina (BiH), Croazia, Repubblica Federale di Iugoslavia (dal 4 febbraio 2003 ribattezzata Serbia e Montenegro) e l'ex Repubblica Iugoslava di Macedonia.

Tuttavia, con l'inizio del secolo è emersa la consapevolezza che la politica di emergenza, ricostruzione e contenimento fino a questa data condotta non fosse in grado di garantire pace e stabilità durature nella regione: soltanto la prospettiva di adesione[2] all'Unione avrebbe consentito di conseguire tale obiettivo. Il Processo di Stabilizzazione e di Associazione (PSA) che ne è conseguito rappresenta il principale impegno dell'Unione Europea nell'ambito del Patto di Stabilità[3] per l'Europa del Sud-Est, di cui la stessa è stata promotrice.

Pertanto, i rapporti tra i Balcani Occidentali e l'Unione Europea sono regolati da relazioni contrattuali (Accordi di Stabilizzazione e Associazione[4]); commerciali[5] (Accordo di Libero Scambio) e finanziarie (Programma comunitario di assistenza alla ricostruzione, allo sviluppo e alla stabilizzazione dei Balcani Occidentali CARDS)[6]. L'Unione si impegna, in tal modo, ad aiutare ciascun Paese a soddisfare i criteri che l'adesione comporta.

---

[2] I Consigli Europei di Feira e di Nizza hanno riconosciuto la vocazione di potenziali candidati ai Paesi dei Balcani.

[3] Il Patto di Stabilità è stato adottato il 10 giugno 1999 a Colonia, con l'obiettivo di incoraggiare i paesi a raggiungere e mantenere la pace, la democrazia, il rispetto dei diritti umani e il benessere economico e quindi assicurare la stabilità all'intera regione. Il Patto di Stabilità, non è una nuova organizzazione internazionale, ma rappresenta una dichiarazione politica di impegno presa tra più di 40 stati, i cui obiettivi sono individuati e racchiusi in tre Tavoli di Lavoro. La Working Table I si occupa della democratizzazione e dei diritti umani; la Working Table II della ricostruzione economica, della cooperazione e dello sviluppo, mentre la Working Table III affronta la politica di sicurezza. Al Patto di Stabilità per l'Europa del Sud-Est partecipano tutti i Paesi del SEE (inclusa la Turchia), gli USA, la Russia, il Giappone, il Canada e numerosi altri paesi (ad esempio Norvegia e Svizzera), le organizzazioni internazionali (tra cui ONU, OSCE, NATO, Consiglio d'Europa), istituzioni finanziarie internazionali (BM, FMI, BERS, BEI) e iniziative regionali (Black Sea Economic Co-operation - BSEC, Central European Iniziative - CEI. South East European Co-operative Iniziative - SECI, South East European Co-operation Process - SEECP).

[4] Gli Accordi di Stabilizzazione e Associazione sono accordi internazionali giuridicamente vincolanti che esigono il rispetto dei principi democratici, dei diritti umani e dello Stato di diritto. Essi prevedono, inoltre, la creazione di un'area di libero scambio con l'Unione Europea e stabiliscono diritti e obblighi in settori quali la concorrenza, le norme in materia di aiuti, la proprietà intellettuale e il diritto di stabilimento.

[5] Nel 2000, l'Unione Europea ha concesso – Regolamento (CE) n. 2007/2000 del Consiglio del 18/09/2000 e successive modifiche – unilateralmente ai prodotti provenienti dai Balcani il quasi libero accesso al mercato comunitario con l'obiettivo di aumentare il livello generale delle importazioni (nel 2000 rappresentavano meno del 0,6% di tutte le importazioni comunitarie) e di favorire, in tal modo, la crescita economica della regione. La liberalizzazione non è completa in quanto sono previste alcune limitazioni e contingenti tariffari nell'ipotesi dei prodotti tessili originari della Repubblica Federale di Iugoslavia (successivamente eliminate), di alcuni prodotti della pesca e di alcuni vini. I Paesi interessati devono adoperarsi, entro un termine prestabilito, a instaurare un regime di libero scambio sia con l'UE sia tra essi.

[6] Il programma CARDS per l'area dei Balcani Occidentali sostituisce i precedenti programmi PHARE e OBNOVA. Esso è stato adottato dal Consiglio Affari Generali della Commissione Europea nel 2000 mediante il Regolamento CARDS (2666/2000) pubblicato sulla Gazzetta ufficiale delle Comunità Europee (GUCE) L 306 del 7/12/2000. La dotazione finanziaria prevista fino al 2006 è pari a 4,56 mld di euro.

L'Unione Europea ha istituito, quindi, con il Sud-Est Europeo una politica di accompagnamento all'integrazione che prende in esame le esigenze e le condizioni specifiche dei singoli Stati, cercando, al contempo, di portare avanti i due momenti della stabilizzazione – Stato di diritto, istituzioni politiche e giudiziarie funzionanti – e dell'associazionismo. Mediante gli strumenti operativi del Processo, i Balcani possono attingere sia dall'esperienza quasi cinquantennale dell'Unione sia dal bagaglio di norme e regolamenti che ruotano attorno ai Paesi comunitari per adeguare il proprio quadro legislativo ai principi base comunitari – la libera circolazione di beni, servizi, capitali e persone – e favorire lo sviluppo economico della regione.

Il Processo di Stabilizzazione e di Associazione rappresenta una novità nella politica comunitaria rispetto al cosiddetto «approccio regionale» nel quale si prospettava un regime commerciale preferenziale, un'assistenza economica e finanziaria e uno specifico sistema contrattuale a fronte del rispetto di una serie di impegni assunti, che altro non sono che i punti costituenti gli Accordi di Pace di Parigi/Dayton e di Erdut.

La nuova strategia per i Balcani Occidentali si presenta, al contempo, bilaterale e regionale in quanto oltre a stabilire i legami tra ciascun Paese e l'Unione incoraggia anche la cooperazione regionale tra i Paesi stessi e tra questi e i Paesi limitrofi.

A fine 2001, dopo l'approvazione dei documenti di strategia nazionali e dei programmi indicativi pluriennali, il programma CARDS è stato strutturato secondo i seguenti settori prioritari [7]:
– stabilizzazione democratica;
– rinforzo delle capacità amministrative;
– sviluppo economico e sociale;
– infrastrutture;
– ambiente e risorse naturali;
– giustizia e affari interni.

La strategia di cooperazione dell'Unione nella regione dei Balcani Occidentali è incentrata su tre strumenti applicati a ogni Paese: il Documento Strategico Paese (Country Strategy Paper 2001-2006) che offre il quadro strategico di riferimento per l'assistenza comunitaria fornita nel periodo 2000-2006, il Programma Pluriennale Indicativo (2001-2003) [8] e il Programma Annuale [9].

---

[7] Nel 2003, si nota che il sostegno alla ricostruzione e stabilizzazione democratica va scemando a vantaggio dei altri settori legati al rinforzo delle capacità amministrative e istituzionali, allo sviluppo economico e sociale, alla giustizia e agli affari interni.

[8] Il Documento Strategico Paese e il Programma Pluriennale Indicativo sono di competenza della Direzione generale geografica (DG Relex) e sono sottoposti all'approvazione del Comitato di Gestione CARDS.

[9] La Programmazione annuale e l'esecuzione dei progetti per la Serbia, Montenegro e Kosovo spetta all'Agenzia europea per la ricostruzione. Per gli altri Paesi CARDS la competenza è attribuita all'Agenzia Europeaid.

Un importante passo avanti nell'assistenza CARDS si ha con l'adozione, acconto alle strategie nazionali, di un programma regionale che copre il periodo 2002-2006.

La cooperazione regionale è un pilastro fondamentale del Processo come ribadito nel vertice di Zagabria del 2000 nel quale si è testualmente dichiarato che «il ravvicinamento all'Unione Europea procederà di pari passo con il processo di sviluppo della cooperazione regionale» [citato in Commissione delle Comunità Europee Com (2002), p. 11]. Gli Accordi di Stabilizzazione e di Associazione, oltre a offrire ai cinque paesi della regione un modello su cui basare la portata e il tipo di cooperazione auspicata dall'Unione, prevedono espressamente che ciascun firmatario concluda una convenzione bilaterale in materia di cooperazione regionale con gli altri firmatari. L'integrazione nell'Unione sarà possibile solo se i futuri membri dimostrino l'intenzione e la capacità di interagire con i paesi limitrofi in quanto la collaborazione tra i paesi, estesa ad abbracciare la più ampia gamma di attività, costituisce uno dei principi ispiratori della stessa Unione Europea.

Nello specifico del Sud-Est Europeo la cooperazione regionale è indispensabile per combattere la criminalità organizzata – la cui rete oltre ad alimentare il nazionalismo e l'estremismo nei Paesi della regione, esporta nell'Unione i suoi illeciti [10] – e per alleviare i pesanti danni che la sanguinosa disgregazione della Federazione ha inferto al tessuto sociale: i profughi e gli sfollati, nel 2002, risultavano superiori al milione.

Un importante elemento di integrazione economica all'interno della regione è rappresentato dalla liberalizzazione degli scambi verso il quale, nel 2001, sotto l'egida del Patto di Stabilità, i cinque Paesi della regione – a cui si sono uniti la Romania e la Bulgaria – si sono orientati accettando di concludere, entro il 2002, accordi di libero scambio nel rispetto delle norme dell'Organizzazione Mondiale del Commercio.

Lo sviluppo economico della regione e l'integrazione nell'Unione Europea sono condizionati anche al ricollegamento dei corridoi di trasporto regionali e delle reti energetiche.

*Verso l'integrazione europea*

I Consigli europei di Copenaghen del 2002 e di Bruxelles [11] del marzo 2003 hanno ribadito la prospettiva di adesione all'Unione. Oltre ai requisiti fondamen-

---

[10] Due terzi dell'eroina sequestrata nell'Unione attraversa i Balcani [Commissione delle Comunità Europee Com (2002)].

[11] Nel Consiglio di Bruxelles si è affermato «il futuro dei Balcani Occidentali e all'interno dell'UE» e ha invitato «il consiglio e la Commissione ad esaminare modi e mezzi, basandosi anche sull'esperienza acquisita nel processo di allargamento, per consolidare ulteriormente la politica di stabilizzazione e di associazione dell'Unione nei confronti della regione» [citato in Commissione delle Comunità Europee, 2003, COM (2003) 285, p. 2].

tali stabiliti dal Consiglio europeo di Copenaghen del 1993 e sanciti dagli articoli 6 e 49 del Trattato dell'Unione [12], i Balcani devono applicare i criteri specifici del Processo tra i quali figurano la piena cooperazione con il Tribunale penale internazionale per l'ex Iugoslavia, il rispetto dei diritti dell'uomo e delle minoranze, la creazione di concrete possibilità di ritorno nei luoghi di origine per i profughi e gli sfollati e un impegno reale sul fronte della cooperazione regionale.

Con il Consiglio europeo di Salonicco e il vertice UE-Balcani Occidentali del giugno 2003 si è proposto di introdurre, nell'ambito del Processo, gli strumenti di preadesione che nel recente passato si sono dimostrati efficaci. Si tratta dei Partenariati europei [13] che sulla base delle valutazioni contenute nelle relazioni annuali, individuano le priorità a breve e medio termine sui quali i Paesi si devono concentrare.

Le priorità emerse costituiranno la base per la programmazione degli aiuti forniti a titolo del programma CARDS. L'assistenza comunitaria, originariamente concentrata sul recupero delle infrastrutture e sulle misure di stabilizzazione democratica, ha gradualmente spostato l'attenzione verso gli interventi di potenziamento istituzionale e quelli riguardanti la giustizia e gli affari interni.

Le nuove forme di sostegno introdotte dalla Commissione, conformemente alla Comunicazione intitolata «I Balcani Occidentali e l'integrazione europea e l'Agenda di Salonicco per i Balcani occidentali» [14] prevedono una serie di nuovi

---

[12] I cosiddetti criteri di Copenaghen implicano che i Paesi aderenti siano in grado di garantire:
- la stabilità istituzionale che garantisca la democrazia, lo Stato di diritto, i diritti umani, il rispetto e la protezione delle minoranze;
- l'esistenza di un'economia di mercato funzionante, nonché la capacità di far fronte alle pressioni concorrenziali e alle forze di mercato all'interno dell'Unione;
- la capacità di assumersi gli obblighi derivanti all'appartenenza all'UE, compresa l'adesione agli obiettivi dell'Unione politica, economica e monetaria.

[13] Con il Regolamento (CE) n. 533/2004 del Consiglio del 22 marzo 2004 l'Unione introduce, nell'ambito del processo di stabilizzazione e di associazione, i partenariati europei con l'Albania, la Bosnia-Erzegovina, la Croazia, l'ex Repubblica Iugoslava di Macedonia e la Serbia e Montenegro compreso il Kosovo. Gli atti connessi all'istituzione di partenariati europei con i Balcani sono:
- Decisione 2004/648/CE del Consiglio del 13/9/2004 relativa ai principi, alle priorità e alle condizioni specificate nel partenariato europeo con la Croazia;
- Decisione 2004/520/CE del Consiglio del 14/6/2004 relativa alla priorità e alle condizioni contenuti nel partenariato europeo con la Serbia e Montenegro incluso il Kosovo quale definito dalla risoluzione 1244 del Consigli di sicurezza delle Nazioni Unite, del 10/6/1999;
- Decisione 2004/519/CE del Consiglio del 14/6/2004 relativamente al partenariato con l'Albania;
- Decisione 2004/518/CE del Consiglio del 14/6/2004 per l'ex Repubblica Iugoslava di Macedonia;
- Decisione 2004/518/CE del Consiglio del 14/6/2004 relativamente al partenariato con la Bosnia-Erzegovina.

[14] L'Agenda di Salonicco per i Balcani Occidentali è stata adottata dal Consiglio Affari Generali e Relazioni Esterne il 16 giugno 2003 e approvata dal Consiglio Europeo di Salonicco il 19-20 giugno 2003.

strumenti quali il Gemellaggio[15] e l'assistenza tecnica fornita dall'Ufficio per lo scambio di informazioni in materia di assistenza tecnica (TAIEX)[16].

Nel 2003, sono iniziati i negoziati per la conclusione di un Accordo di Stabilizzazione e Associazione con l'Albania, la Bosnia-Erzegovina e la Serbia e Montenegro[17]. La Croazia e l'ex Repubblica Iugoslava di Macedonia, avanti nel processo di riforme, sono state in grado di firmare i rispettivi accordi già nel 2001 e hanno fatto, nel 2004, richiesta di adesione all'Unione Europea.

*Conclusioni*

Pur essendo riuscito ad avviare vasti programmi di transizione il Processo non ha ancora eliminato tutti i problemi politici economici e sociali ancora presenti nella regione. Restano ancora da costruire Stati efficienti e democratici data la fragilità dei dispositivi costituzionali, la difficoltà ad applicare i principi dello Stato di diritto e la debolezza della capacità amministrativa. I Paesi della regione sono democrazie nuove, che se sono riuscite a emarginare le forme più destabilizzanti di estremismo nazionalistico devono fare ancora numerosi progressi. La criminalità organizzata e il persistere della corruzione ritardano la riforma politica e ostacolano lo sviluppo economico, mettendo in discussione, da ultimo, lo Stato di diritto.

L'evoluzione è ostacolata dai conflitti legati alla ripartizione dei poteri, tra rappresentati politici, partiti e organi di governo, e dalla complessità, oltre che dall'ambiguità, degli accordi costituzionali. Una delle principali sfide con la quale la regione si trova a dover ancora interagire è la costruzione di sistemi di governo democratici pienamente funzionanti.

I progressi nella riforma della pubblica amministrazione continuano a essere scarsi, la capacità amministrativa, alla scala centrale e locale, di coordinare le politiche e di eseguire la pianificazione strategica è ostacolata dalla mancanza di risorse umane e finanziarie e dalla pratica dell'ingerenza politica.

Il sistema giudiziario presenta ancora numerose carenze: il carico dei processi pendenti è notevole, la formazione del personale giudiziario dipende in larga misura dai contributi dei donatori esterni, gli istituti di formazione non sono ancora organi permanenti. Le inefficienze del sistema ostacolano la lotta contro la criminalità organizzata e le azioni penali contro i crimini di guerra.

---

[15] Il Gemellaggio è uno strumento di cooperazione che prevede il distaccamento di funzionari degli Stati dell'Unione presso le analoghe autorità della regione.

[16] Il TAIEX è stato istituito nel quadro della strategia di preadesione per fornire assistenza tecnica mirata ai paesi candidati in merito all'*acquis* (legislazione comunitaria).

[17] Il Kosovo beneficia di tutti gli elementi del Processo di Stabilizzazione e Associazione ma non può concludere relazioni contrattuali con l'Unione Europea.

Il Tribunale Penale Internazionale per l'ex Iugoslavia ha difficoltà a operare in quanto è soggetto a una politica ostruzionistica che cela il permanere di difficili rapporti tra i popoli.

In tutti i Paesi la costituzione o la legge garantiscono il rispetto dei diritti umani e delle minoranze sebbene sia necessario un maggiore impegno in termini di applicazione pratica. Infatti, si denunciano ancora atti di violenza a opera delle forze di polizia, le condizioni nei penitenziari sono precari e la parità fra gli uomini e le donne non è sufficientemente garantita.

Il flusso di ritorno dei profughi va diminuendo (44.868 rimpatri in Bosnia-Erzegovina rispetto ai 102.000 del 2002); i diritti dei rimpatriati, tra cui anche i diritti di proprietà, sono complessivamente rispettati (in Bosnia-Erzegovina oltre il 90% delle rivendicazioni riguardanti i beni immobiliari nel 2003 è stato risolto); sebbene in Kosovo la mancanza di sicurezza continua a ostacolare i rimpatri.

La crescita economica nella regione per quattro anni consecutivi ha superato il 4%. Il PIL *pro capite* mediamente risulta di 2.400 euro (700 euro in Kosovo e 5.400 in Croazia). L'inflazione è stata ridotta a una media regionale del 3,5%. Il deficit di bilancio è sceso al 4% del PIL. Il tasso di disoccupazione, elevato in tutti i Paesi, crea forti tensioni sociali e politiche.

L'assistenza finanziaria internazionale rimane un'importante fonte di finanziamento del bilancio [18]. Lo stesso dicasi per le rimesse degli emigrati, più elevate rispetto agli investimenti diretti esteri, che nel corso del 2002 sono risultate superiori al 10% del PIL.

Le misure commerciali adottate dall'Unione, combinate con altri fattori quali la ricostruzione postbellica, la transizione verso un'economia di mercato, hanno permesso un incremento significativo delle esportazioni [19] e aiutato la regione a sostenere la concorrenza del Paesi Terzi Mediterranei sul mercato comunitario. L'Unione Europea rimane il principale partner commerciale (circa il 60% del volume complessivo degli scambi) sebbene i flussi provenienti dai Balcani rappresentino meno dell'1% degli scambi complessivi. Il deficit commerciale [20] dei Balcani rimane elevato avendo superato il 25% del PIL nel 2003. La crescita degli investimenti esteri diretti, stimolata dal processo di privatizzazione della Serbia e Montenegro, è stata significativa raggiungendo il 5,4% del PIL; tuttavia, essi risultano di gran lunga inferiori rispetto a quelli rilevati nei Paesi di nuova adesione.

---

[18] Nel 2003, gli aiuti non rimborsabili si stimano intorno al 2% del PIL nell'ex Repubblica Iugoslava di Macedonia, e al 4% del PIL in Bosnia-Erzegovina. In Kosovo l'importo viene ipotizzato superiore al 40% del PIL [Commissione delle Comunità Europee 2004, COM (2004), 202].

[19] Attualmente, l'Albania e la Serbia e Montenegro sembrerebbero aver tratto i maggiori benefici dalla liberalizzazione degli scambi.

[20] Il deficit commerciale varia dal 17% del PIL nell'ex Repubblica Iugoslava di Macedonia a circa il 40% della Bosnia-Erzegovina e al 95% del Kosovo.

La Croazia, che ha raggiunto un buon livello nel processo di transizione, ha attratto da sola oltre la metà del flusso di capitali.

La Commissione delle Comunità Europee sostiene, per quanto concerne le esportazioni, l'esistenza di un enorme potenziale inutilizzato che implica l'impegno da parte dei governi di attuare le riforme strutturali, modernizzare le amministrazioni (in particolare l'apparato giudiziario) e garantire lo Stato di diritto, in modo tale da attrarre investimenti diretti esteri per accrescere la capacità produttiva e garantire la conformità con gli standard CE.

La maggior parte degli indicatori macroeconomici, sebbene essi indichino una ripresa della regione, non permette di considerare alcuna economia stabile e sana: il sommerso è largamente diffuso, la disoccupazione è elevata, gli investimenti diretti dall'estero non trovano un quadro giuridico e amministrativo efficiente. La povertà e l'emarginazione minano il sistema sociale.

Numerosi progressi sono stati fatti nel vertice di Salonicco con l'approvazione della Carta europea delle piccole imprese in cui i Paesi dei Balcani hanno riconosciuto che la crescita economica e occupazionale della regione passa anche attraverso lo sviluppo della piccola e media impresa.

I Paesi della regione devono intensificare gli sforzi a lungo termine ed effettuare ingenti investimenti per porre in essere gli elementi essenziali del modello europeo, l'Unione, deve mantenere il proprio impegno nei confronti del Processo di Stabilizzazione ed Associazione, garantendo che le risorse finanziarie di cui la Comunità dispone siano efficacemente utilizzate.

TABELLA 1
*Aiuti umanitari devoluti a favore dei Balcani Occidentali. Valori in milioni di euro*

| Paese | 1991 | 1992 | 1993 | 1994 | 1995 | 1996 | 1997 | 1998 | 1999 | 2000 | 2001 | Totale |
|---|---|---|---|---|---|---|---|---|---|---|---|---|
| ALBANIA | | | | | | | | | | | | |
| Phare/Cards | 10,00 | 75,00 | 40,00 | 49,00 | 53,00 | 53,00 | 70,40 | 42,50 | 99,90 | 35,45 | 37,50 | 565,75 |
| Democrazia &diritti umani | | | | | 1,00 | 0,60 | 0,40 | 0,80 | 0,17 | 0,52 | 0,40 | 3,89 |
| Interventi specifici | | | | | | | | | 2,60 | 1,92 | | 4,52 |
| Aiuti umanitari | | | 4,13 | | 1,15 | 1,65 | 16,30 | 11,00 | 97,07 | 3,40 | 6,60 | 141,30 |
| FEOGA | | | | 120,00 | | | | | | | | 120,00 |
| Sicurezza alimentare | | | | | | | 10,80 | | 5,50 | | | 16,30 |
| Assist. macroec. (1) | | | 70,00 | | 15,00 | 20,00 | | | | | | 105,00 |
| Totale | | | 368,13 | | 70,15 | 75,25 | 97,90 | 54,30 | 205,24 | 41,29 | 44,50 | 956,76 |
| BOSNIA-ERZEGOVINA | | | | | | | | | | | | 0,00 |
| Phare/Obnova/Cards | | | | 0,21 | 0,65 | 229,77 | 211,16 | 190,50 | 118,36 | 100,85 | 105,23 | 956,73 |
| Democrazia &diritti umani | | | | | 0,70 | 4,80 | 4,80 | 1,80 | 0,79 | 0,62 | 0,80 | 14,31 |
| Interventi specifici | | | | | 70,00 | 65,40 | 39,90 | 15,00 | 30,90 | 3,96 | | 225,16 |
| Aiuti umanitari | | | 495,26 | | 145,03 | 142,45 | 105,00 | 87,95 | 58,90 | 0,40 | 0,75 | 1035,74 |
| Assist. macroec. (1) | | | | | | | | | 25,00 | 10,00 | 25,00 | 60,00 |
| Totale | | | 495,47 | | 216,38 | 442,42 | 360,86 | 295,25 | 233,95 | 115,83 | 131,78 | 2291,94 |
| CROAZIA | | | | | | | | | | | | 0,00 |
| Obnova/Cards | | | | 0,09 | 0,31 | 11,71 | 10,26 | 15,59 | 11,50 | 18,34 | 60,00 | 127,80 |
| Democrazia & diritti umani | | | | | | 0,70 | 2,20 | 0,60 | 0,21 | 0,97 | 0,50 | 5,18 |
| Interventi specifici | | | | | | | | 1,00 | 0,42 | 0,31 | 0,98 | 2,71 |
| Aiuti umanitari | | | 204,77 | | 38,43 | 21,15 | 14,50 | 6,95 | 6,50 | | | 292,30 |
| Totale | | | 204,86 | | 38,74 | 33,56 | 26,96 | 24,14 | 18,63 | 19,62 | 61,48 | 427,99 |
| YU - SERBIA/MONTENEGRO | | | | | | | | | | | | 0,00 |
| Obnova/Cards | | | | 0,37 | 1,18 | 0,00 | 4,00 | 10,38 | 26,90 | 208,95 | 230,00 | 481,78 |
| Democrazia & diritti umani (2) | | | | | 1,90 | 0,70 | 0,80 | 2,50 | 2,05 | | 4,95 | 12,90 |
| Interventi specifici | | | | | | | | 1,76 | | | | 1,76 |
| Aiuti umanitari | | | 170,25 | | 36,87 | 23,40 | 13,50 | 11,20 | 93,70 | 59,64 | 55,40 | 463,96 |
| Assist. macroec. (1) | | | | | | | | | | 20,00 | 260,00 | 280,00 |
| Totale | 170,62 | | | | 39,95 | 24,10 | 18,30 | 25,84 | 122,65 | 288,59 | 550,35 | 1240,40 |
| YU-KOSOVO | | | | | | | | | | | | 0,00 |
| Obnova/Cards | | | | | | | | 13,16 | 127,00 | 439,90 | 320,00 | 900,06 |
| Democrazia & diritti umani | | | | | | | | | | 0,38 | | 0,38 |
| Interventi specifici | | | | | | | | | | 6,00 | | 6,00 |
| Aiuti umanitari | | | | | | | | | 111,70 | 28,84 | 13,92 | 154,46 |
| Sicurezza alimentare | | | | | | | | | 20,90 | | | 20,90 |
| Assist. macroec. (1) | | | | | | | | | | 35,00 | 15,00 | 50,00 |
| Totale | | | | | | | | 13,16 | 259,60 | 510,12 | 348,92 | 1131,80 |
| FYROM | | | | | | | | | | | | 0,00 |
| Phare/Obnova/Cards (3) | | | 65,00 | | 25,28 | 25,00 | 33,21 | 25,28 | 68,70 | 21,20 | 56,20 | 319,87 |
| Democrazia & diritti umani | | | | | | | 0,50 | 0,20 | 0,10 | 0,52 | 1,35 | 2,67 |
| Aiuti umanitari | | | 36,52 | | 9,15 | | | | 39,81 | 5,35 | 5,40 | 96,23 |
| Meccanismo di intervento rapido | | | | | | | | | | | 12,80 | 12,80 |
| Assist. macroec. (1) | | | | | | | 25,00 | 15,00 | | 20,00 | 10,00 | 70,00 |
| Totale | | | 101,52 | | 34,43 | 25,00 | 58,71 | 40,48 | 108,61 | 47,07 | 85,75 | 501,57 |
| REGIONALE | | | | | | | | | | | | 0,00 |
| Phare/Obnova/Cards | | | 81,44 | | 0,61 | 0,15 | 1,45 | 8,40 | 2,20 | 18,75 | 20,00 | 133,00 |
| Democrazia & diritti umani | | | | | | | 5,30 | 0,90 | 6,40 | 7,36 | 3,68 | 23,64 |
| Interventi specifici | | | | | | | | | | 2,71 | | 2,71 |
| Aiuti umanitari | | | 17,10 | | 20,00 | | | 17,00 | 39,32 | 1,08 | 1,00 | 95,50 |
| Totale | | | 98,54 | | 20,61 | 0,15 | 6,75 | 26,30 | 47,91 | 29,90 | 24,68 | 254,84 |
| SOMMA COMPLESSIVA | | | 1439,15 | | 420,26 | 600,85 | 569,30 | 477,70 | 998,35 | 1052,41 | 1247,46 | 6805,48 |

(1) L'assistenza macroeconomica si riferisce agli esborsi e comprende gli aiuti non rimborsabili ed i prestiti.
(2) Il dato relativo al 2001 si riferisce all'intera Repubblica federale di Yugoslavia.
(3) Compreso il pacchetto di emergenza Cards (13,7 milioni di euro) nel 2001.
Fonte: COM (2002) 163 definitivo.

## BIBLIOGRAFIA

Cassano G. e Onelli S.(a cura di), *Vantaggi e prospettive di un'area di integrazione commerciale*, Ministero delle Attività Produttive, Roma, 2003.

Commission des Communautés Européennes, *Décision du conseil relative aux principes, aux priorités et aux conditions figurant dans le partenariat européen avec la Croatie*, Bruxelles, 2004, COM (2004) 275.

Commission Européenne, *Rapport annuel 2004 sur la politique de développement et l'aide extérieure de la Communauté européenne*, 2004.

Commissione delle Comunità Europee, *I Balcani Occidentali e l'integrazione europea*, Bruxelles, 2003, COM (2003), 285.

Commissione delle Comunità Europee, *Relazione annuale 2003 della Commissione al Consiglio e al Parlamento Europeo sulla politica della CE e sull'esecuzione dell'assistenza esterna nel 2002*, Bruxelles, 2003.

Commissione delle Comunità Europee, *Relazione della Commissione. Il processo di stabilizzazione e di associazione per l'Europa sudorientale. Seconda relazione annuale*, Bruxelles, 2003, COM (2003) 139.

Commissione delle Comunità Europee, *Relazione annuale 2003 della Commissione al Consiglio e al Parlamento Europeo sulla politica della CE e sull'esecuzione dell'assistenza esterna nel 2002*, Bruxelles, 2003 COM (2003) 527 definitivo.

Commissione delle Comunità Europee, *Il processo di stabilizzazione e di associazione per l'Europa sudorientale. Prima relazione annuale*, Bruxelles, 2004, COM (2002) 163.

Commissione delle Comunità Europee, *Comunicazione della Commissione al Consiglio e al Parlamento Europeo. Relazione Annuale 2004 sulla politica di sviluppo e sull'assistenza esterna della CE*, Bruxelles, 2004, COM (2004) 536 definitivo SEC (2004) 1027

Dell'Agnese E. e Squarcina E. (a cura di), *Geopolitiche dei Balcani. Luoghi, narrazioni, percorsi*, Milano, Unicopli, 2002.

Fumagalli M., *La costruzione europea e la penisola balcanica*, in Dell'Agnese E. e Squarcina E. (a cura di), *Geopolitiche dei Balcani. Luoghi, narrazioni, percorsi*, Milano, Unicopli, 2002, pp. 35-70.

Gaudio L., *Unione Europea. I programmi di cooperazione della UE nei Balcani e nell'Europa Centrale e Orientale*, Roma, ICE, 2001.

Ice, *Unione Europea. Programma CARDS per i Balcani Occidentali. "Multi Annual Indicative Programmes" 2002-2004*, Roma, 2002.

Iuso P., Pepe A. e Simoncelli M. (a cura di), *La comunità internazionale e la questione balcanica. Le Nazioni Unite, l'Alleanza Atlantica e la gestione della crisi nell'area dell'ex Jugoslavia*, Catanzaro, Rubbettino, 2002.

Luisa Spagnoli *

# «IL GOLFO DI VENEZIA OLIM ADRIATICUM MARE» L'ADRIATICO E L'IMMAGINE DI VENEZIA NELL'ESPRESSIONE CARTOGRAFICA NAUTICA

L'Adriatico, realtà complessa di relazioni, scambi e scontri, è un mare che allontana e, al tempo stesso, avvicina civiltà e culture diverse. Braudel (2002, p. 18), non a caso, definisce l'Adriatico come «la regione marittima più coerente», che da solo «pone, per analogia, tutti i problemi che implica lo studio del Mediterraneo». E se il Mediterraneo è definito come «una successione di pianure liquide, comunicanti per mezzo di porte più o meno larghe» (*Ibidem*, p. 120), ecco, allora, che l'Adriatico ci apparirà come una di queste pianure, uno dei suoi mari, con proprie caratteristiche e peculiarità tali da renderlo diverso da altre realtà marittime. Da un lato, è un mare che unisce, e allora si può parlare di cultura adriatica che si diffonde come una linea sottile lungo le città affacciate sul mare, luoghi di incontri, di scambi commerciali e culturali [1]. Dall'altro lato, è un mare che separa, un teatro di scontri, innanzitutto, tra mondo musulmano e mondo cristiano, nonché di lotte di supremazia per disputarsene il controllo politico ed economico. L'Adriatico, infatti, essendo verso nord l'accesso all'Europa centrale e, verso sud l'accesso al Levante, ha la funzione di far da ponte, da collegamento tra questi due mondi.

Importante chiave di interpretazione, sebbene non certamente esclusiva, per accostarsi a questa realtà, fatta di identità e alterità insieme, può essere considera-

---

\* Università di Roma «Tor Vergata».

[1] Intensi furono i rapporti che si instaurarono tra le città della sponda orientale, tra le quali emergeva Ragusa, e quelle della sponda occidentale, tra cui il primato spettava a Venezia. Fondamentale sarà, infatti, il ruolo giocato da Venezia soprattutto tra il XIV ed il XV secolo, tale da lasciare la sua impronta sotto ogni profilo, artistico, architettonico e culturale.

ta la rappresentazione cartografica, strumento sociale di significazione e appropriazione intellettuale del territorio. Ogni rappresentazione cartografica, infatti, è il risultato di un sistema di valori soggettivi che, a loro volta, rimandano alla cultura a cui il singolo individuo appartiene.

L'analisi, pertanto, si snoderà lungo un filone di indagine che avrà per oggetto la cartografia nautica (dagli ultimi decenni del Quattrocento fino agli albori del Settecento), attraverso la quale è stato possibile comprendere l'importanza che alcune città, tra cui non ultima Venezia, andarono, via via, assumendo nel Mediterraneo ed in modo particolare nell'Adriatico.

La cartografia nautica, infatti, benché sia un prodotto con una propria e specifica funzione e destinazione, per cui il linguaggio prescelto è di immediata decifrabilità, è pur vero che, man mano, che si procede in questo tipo di produzione, il linguaggio grafico perde la sua sobrietà e scientificità, per lasciare il posto ad una simbolica rappresentazione delle città costiere, volta ad esaltarne il ruolo predominante di alcune rispetto ad altre[2].

Se dalle carte nautiche, dunque, traspare l'immagine di un'Italia al centro del Mediterraneo, non chiusa in se stessa, bensì al centro di traffici marittimi e commerciali che hanno avuto un forte sviluppo soprattutto in alcuni porti italiani, è inevitabile focalizzare l'attenzione su Venezia che, a dispetto di altre città, ha assunto questo ruolo prevalente nel bacino adriatico, divenendo anche centro dominante di produzione della cartografia nautica (LAGO, 2002, p. 185).

*L'Adriatico: specchio dell'identità collettiva di Venezia*

La privilegiata posizione geografica di Venezia, circondata interamente dalle acque, alle spalle la laguna e di fronte il mare, stimolò la sua capacità mercantile ed imprenditoriale, che venne accrescendosi nel corso dei secoli. Fino all'anno Mille i Veneziani non furono altro che semplici «barcaioli» che, con piccole imbarcazioni, solcavano le acque della loro laguna. A partire da quel momento cominciarono a trasformarsi in una potenza marinara in grado di commerciare ovunque nel Mediterraneo (LANE, 1991, p. 3). Con la conquista di Costantinopoli, nel 1204, ad opera dei crociati, a cui Venezia prese parte, la città cominciò a divenire una potenza imperialistica e la sua storia ad intrecciarsi con tutti i rivolgimenti di potere del Mediterraneo. La sua potenza rimase incontrastata a lungo, nonostante cominciassero ad affacciarsi sulla scena politica e commerciale dell'età moderna le grandi monarchie nazionali. Infatti, la sua supremazia sull'Adriatico rimase ancora

---

[2] Se all'inizio prevalgono vessilli e gonfaloni, dice Romanelli (1990, p. 26), lentamente vengono proposte sintetiche rappresentazioni, «insieme vedutistiche ed emblematiche, dove la verosimiglianza s'accompagna all'accettazione delle convenzionali rappresentazioni degli agglomerati urbani».

inviolata fino al XVII secolo, ove solo Ancona, Ragusa e la Puglia tentarono di fronteggiarla lungo le stesse rotte commeriali, seppure in modo più modesto. Fu così che, progressivamente, in virtù delle strategie politiche e militari messe in campo, Venezia riuscì ad ottenere un incontrastato dominio sull'intero bacino adriatico[3].

In verità, il monopolio così esercitato trovava legittimazione anche in qualcosa di più profondo della sua potenza marittima, in qualcosa che, non a torto, Tenenti (1991, pp. 1-68) ha definito uno spiccato senso del mare che i Veneziani possedevano da sempre. Esemplificative sono le parole di Paolo Morosini (1637, p. 193) che, nello scrivere la storia della sua Venezia, nella prima metà del Seicento, sottolinea quell'attaccamento viscerale, a volte anche contrastato, dei Veneziani al mare. Sin dal XIII secolo, infatti, coloro che presiedevano al governo della Repubblica, sapendo che la loro grandezza era consistita «nell'impiego che li cittadini avevano avuto nelle cose di mare», temendo che la fatica legata alla navigazione avrebbe indotto i Veneziani ad abbandonare il mare per una via più comoda, decretarono che «venetiani non potessero far acquisto di terreni e possesioni in terraferma», così facendo «dovessero attendere alle cose di mare».

E, non è un caso, che anche i miti e le leggende tendessero ad evidenziare questa dimensione psicologica ed identitaria. «Guarda, o signore, dalle tempeste i tuoi fedeli marinai, guardali dal naufragio improvviso, e dalle perfide trame dei nemici astuti», queste le parole recitate nella chiesa di S. Niccolò, il giorno dell'Ascensione, durante il quale il doge sposava il mare, dicendo: «De sponsamus te mare in signum veri et iusti dominij» (LANE, 1991, p. 67). Al cospetto dei grandi della Repubblica e degli ambasciatori stranieri, egli gettava in mare un anello d'oro, a simboleggiare che con esso prendeva possesso del mare, legittimando ancora una volta l'esclusivo predominio della città sull'Adriatico. Mentre altri re-

---

[3] Effettivamente, il primato della Serenissima su questa «pianura liquida», quale principale collegamento dell'Italia settentrionale, fra occidente e oriente, costò molto a Venezia in termini di «sangue» sparso per i numerosi conflitti, nonché in termini di denaro, ovvero attuando un'oculata politica di acquisizioni di dominii, punti strategici per il controllo marittimo. A tal riguardo, si legga quanto scritto dallo storico Paolo Morosini (1637, pp. 190-192) che, in svariati passaggi della sua opera, sottolinea l'impegno della Serenissima nel rendere libero l'Adriatico, tale da giustificare la sua rivendicazione di considerarlo il suo mare. Infatti, Venezia sdegnata del mancato aiuto da parte di alcune città, tra cui Padova e Treviso, in un momento di carestia di «biade», decise «di aggravare il commodo che i popoli vicini ricevevano dalla navigazione» risolvendosi «di estendere l'imposizione di certa, non però importante gravezza sopra quelli che nel mare Adriatico navigassero; stimando anco poter ciò con molta ragione, e legalmente fare, poiché col mezzo e con la difesa prestata dalle galee venetiane, liberi e sicuri dalle depredazioni rimanevano li loro vascelli». L'autore prosegue: «l'abate Nervesa [...] constatato che il doge Pietro Orsolo aveva conquistato insieme col sangue versato dai suoi cittadini, il mare, per tenerlo pulito dai Saraceni [...]» dichiarò legittimo da parte loro esigere «i dacij sopra il medesimo mare».

gnanti usavano le crociate per acquistare nuovi territori, i Veneziani se ne servivano per aumentare la loro potenza marittima. È questo che intende dire Tenenti (1991, p. 10) quando attribuisce alla città lagunare un senso fortemente talassocratico, vale a dire un legame che esistette da sempre con il suddetto mare, profondamente sentito dalla sua comunità abituata a «tesserlo» e «a cui il solcarlo era ormai del tutto connaturato». Ecco, allora, spiegarsi l'idea di mare Adriatico percepito come peculiare possedimento della collettività veneziana, tanto da essere denominato come «Golfo di Venetia». In numerose rappresentazioni cartografiche, infatti, a partire dagli anni successivi alla metà del Quattrocento, accanto alla dizione mare, per indicare l'Adriatico, torna ad affiancarsi quella di «Golfo», ma questa volta, di «Venezia»[4].

Senza dubbio il mare di Venezia è l'Adriatico, nonostante avesse possedimenti estesi nello Ionio e nei mari di Levante, è solo su di esso che pretese di imporre il predominio assoluto. Sarà la sua posizione geografica, all'estremità settentrionale della Penisola, saranno gli interessi economci verso il Levante, sarà la sua dimensione psicologica di appartenenza al suddetto 'spazio liquido', saranno questi fattori tutti insieme a farla definire «di tutte le città Regina» (ZÖGNER, 1988, p. 30v).

*La cartografia nautica, l'Adriatico e l'immagine di Venezia*

Se l'Adriatico, come si è più volte evidenziato, è stato da tutti sempre considerato il 'territorio' su cui primariamente Venezia ha imposto la sua *auctoritas*, è inevitabile, dunque, considerare in particolare la produzione cartografica nautica operata dalla Serenissima. Le mire espansionistiche di Venezia, il dominio sui territori anche lontani si riflettono irrimediabilmente nella necessità di redigere carte che rispondano a diverse esigenze, tra cui il controllo sul mare. Alla luce di ciò, si può dire, che lo sviluppo della cartografia nautica a Venezia assume una serie di connotati del tutto propri.

La città possiede tutti i requisiti per essere considerata un punto strategico per la ricezione di informazioni, di notizie provenienti dai più disparati angoli del

---

[4] Molto cospicua è la documentazione cartografica relativa all'Italia, sia sotto forma di carte sciolte sia contenute in atlanti che, per indicare il mare Adriatico, usa la locuzione «Golfo di Venetia», ulteriore conferma della sua appartenenza alla città. Il designatore assume in questo caso un forte valore simbolico, addirittura potenziato, laddove Jacopo Gastaldi, nel 1561, stampa a Venezia una carta dell'Italia, in cui non solo l'Adriatico appare come «Golfo di Venetia», ma anche la strozzatura del canale di Otranto, che viene indicata come «Bocca del Golfo di Venetia». I due designatori, disposti sulla carta nel senso longitudinale, al centro del mare e al limite meridionale di esso, se da un lato, potenziano l'immagine simbolica di Venezia padrona dell'Adriatico, dall'altro, sembra addirittura che concorrano a chiuderlo, trasformandolo in un bacino chiuso.

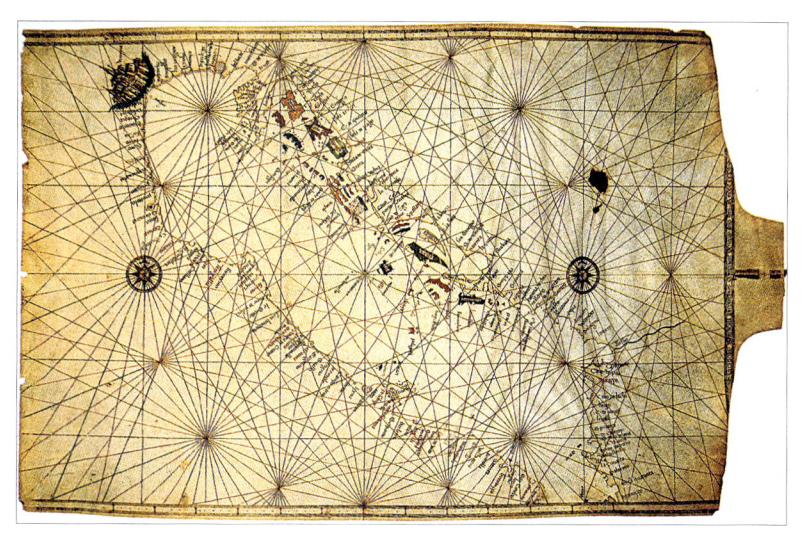

Fig. 1 - *Carta nautica dell'Adriatico, Grazioso Benincasa, 1472.*
(Fonte: BIADENE, 1990, pp. 48-49)

Fig. 2 - *Carta del «Golfo Adrian», Pietro Coppo, 1524-1526.*
(Fonte: LAGO, 2002, p. 203)

mondo[5]. Esistevano, infatti, laboratori cartografici privati, luoghi di incontro anche di cartografi provenienti da altre città, come Genova e Ancona, in cui venivano elaborati e raccolti tutti i dati e le novità acquisite nel campo. Venezia, pertanto, si impone come fulcro di irradiazione di novità e di tecniche che vanno via via affinandosi con precise caratteristiche.

Tra tutte le carte nautiche, in primo luogo, si fa riferimento a quella di Grazioso Benincasa (1472), relativa al bacino adriatico, che più delle altre si inscrive nel filone dell'universo simbolico volto ad esaltare il fenomeno urbano di Venezia[6]. La carta (fig. 1) risponde a quelli che erano gli elementi costitutivi e caratterizzanti i documenti nautici del Quattrocento[7]. Si può cogliere, infatti, rigorosità ed essenzialità del disegno, che focalizza l'attenzione sulla linea di costa, unico elemento di divisione tra terra – non affatto rappresentata – e mare. Quest'ultimo, invece, emerge chiaramente in virtù della presenza dei nomi indicanti le località lungo il tracciato costiero (CASTI, 1999, p. 48).

Un secondo elemento fortemente legato alla dimensione simbolica è rintracciabile nella rappresentazione di Venezia e delle isole dalmate. Generalmente nelle carte nautiche i prospetti delle città, soprattutto quelli delle città costiere, venivano disegnati con dimensioni ingrandite e caratterizzate da particolari architettonici tipici delle città rappresentate. In questo caso, Venezia emerge su tutte, raffigurata come una «città di casupole» e campanili appuntiti, difesa da un dongione tuttavia mai esistito (ROMANELLI, 1990, p. 27). Con tale icona è evidente che il cartografo abbia voluto sottolineare l'importanza politica ed economica di Venezia nell'Adriatico. Le isole dalmate, al contrario, benché non caratterizzate dal solo designatore denominativo, sono rappresentate unicamente da

---

[5] Quasi certamente non dovevano esistere né laboratori pubblici per la produzione di carte nautiche, né laboratori sottoposti al controllo pubblico (ASTENGO, 2000, pp. 89-90; CASTI, 1999, p. 47; TUCCI, 1990, pp. 9-19).

[6] Cartografo anconitano, Grazioso Benincasa, fu attivo durante il XV secolo a Genova e a Venezia. Fu in prima persona mercante e compì numerosi viaggi nel Mediterraneo e soprattutto nell'Adriatico. In virtù della sua esperienza di viaggiatore riuscì ad ottenere tutte le informazioni necessarie per la sua produzione cartografica. Per un quadro più esaustivo sulla sua attività di cartografo a Venezia si consulti: EMILIANI [SALINARI], 1936, pp. 485-510; [EMILIANI] SALINARI, 1952, pp. 36-42.

[7] L'analisi non ha la pretesa di addentrarsi su problematiche strettamente legate ad aspetti filologici che già hanno visto protagonisti, nell'ultima metà del secolo scorso, nomi illustri quali Caraci, Salinari, nonché più di recente Campbell. Si vuole solo ricordare che Caraci, in uno dei suoi scritti dedicato al cartografo Benincasa, suggeriva a Emiliani Salinari di leggere una carta non in modo generico, bensì tenendo ben presente due elementi: puntualità e concretezza. Caraci dissentiva dall'ipotesi della Salinari, secondo cui la diversità di elementi della carta del 1472, rispetto ad altre dello stesso autore, più o meno coeve, dipendeva, non già dall'adozione di una scala più grande, bensì dal fatto che il cartografo giammai ripeteva meccanicamente il disegno di opere precedenti; al contrario, secondo l'autrice «la sua attività mostra una continua evoluzione e varia in rapporto al lavoro commissionatogli» ([EMILIANI] SALINARI, 1952, p. 39). Si rimanda nuovamente alla consultazione di: CAMPBELL, 1987, p. 421; CARACI, 1954, pp. 285-289; SALINARI, 1952, pp. 36-42.

Fig. 3 - *Il Mediterraneo centrale, Atlante nautico, Giovanni Xenodocos, 1520.*
(Fonte: Biadene, 1990, p. 52)

«simboli coloristici e miniaturizzazioni» e non da prospetti, quasi a voler creare una scala di valori, significante la loro sottomissione all'orbita di Venezia (CASTI, 1999, p. 48).

Con il Cinquecento la produzione cartografica comincia a mostrare evidenti segni di cambiamento. All'essenzialità del disegno si sostituisce una produzione di carte non più sciolte, bensì raccolte, caratterizzate da miniaturizzazioni sempre più preziose. Cambiamento, questo, che dipende dalla diversa funzione a cui la carta era destinata: non più uno strumento strettamente legato all'esigenza pratica della navigazione, bensì strumento di consultazione da parte di mercanti-imprenditori che, oramai, preferivano assumere il ruolo di organizzatori di viaggi piuttosto che parteciparvi direttamente in prima persona (*Ibidem*).

Un documento cartografico della prima metà del Cinquecento, alquanto significativo relativo alla sola area limitata dell'Adriatico, è la carta del *Golfo Adrian* (fig. 2), di Pietro Coppo (1524-1526), probabilmente una delle prime cartografie nautiche a stampa del bacino adriatico[8]. È opinione di Lago (2002, p. 209) che la scelta del soggetto, riservata ad un'area geografica specifica, troverebbe ancora un volta la sua giustificazione nell'ampio campo di interessi pratici che l'Adriatico rappresentava per i Veneziani.

Ritornando più specificatamente all'immagine di Venezia, tra le altre carte che rimandano direttamente ad una visione 'venezio-centrica', si ricordano, innanzitutto, quelle di Giovanni Xenodocos e Giorgio Sideri, cartografi non italiani che operarono a Venezia.

A Giovanni Xenodocos, originario di Corfù, si deve un atlante del 1520, attualmente formato da tre carte, che in origine dovevano far parte di un atlante stimato essere più grande (ASTENGO, 2000, p. 101). In una di esse (fig. 3) viene rappresentato il Mediterraneo centrale con tutta una serie di toponimi che, al di là dei canoni tipici degli atlanti nautici di allora, sono espressi nel dialetto veneziano. La città di Venezia, inoltre, è riprodotta in modo piuttosto verosimile[9]:

---

[8] Questa è una delle quindici carte geografiche che sono annesse al codice manoscritto intitolato *Petri Coppi De Sum[m]a Totius Orbis* (LAGO, 2002, p. 209).

[9] Due cartografi che, al contrario, forniscono una rappresentazione di Venezia tutt'altro che verosimile, sono Matteo Prunes e Jacopo Maggiolo. Vogliamo qui ricordare una carta di Maggiolo (1560) e due carte di Prunes (1560 e 1568) che, sebbene non di produzione veneziana, forniscono ugualmente un'immagine di Venezia dominante. La carta del Mediterraneo di Jacopo Maggiolo, finemente decorata, si colloca pienamente in questo cambiamento di stile cinquecentesco: oltre a prospetti di città compaiono anche figure di re in trono. Ma soprattutto ci colpisce la rappresentazione «fantasiosa» di Venezia, un insieme di case e torri rotonde accatastate l'una sull'altra, disposte su una vallata. Al contrario la rappresentazione di Genova risulta molto più fedele alla realtà, probabilmente per il legame dell'autore con Genova, presso cui esercitò l'attività cartografica. Altrettanto irreali appaiono le due rappresentazioni di Venezia di Matteo Prunes, in cui, dapprima la città appare cinta di possenti mura, turrita e dominata dallo stendardo veneziano, e successivamente, apparirà in parte circondata da mura su cui svettano le due colonne di Piazza S. Marco. Probabilmente, l'autore, secondo Romanelli, influenzato dai disegni che della città circolavano, ha creato un'immagine tutta sua della realtà urbana (ROMANELLI, 1990, p. 27).

Fig. 4 - *Il Mediterraneo orientale, particolare, Giorgio Sideri (Callapoda), 1560.*
(Fonte: TOLIAS, 1999, pp. 94-95)

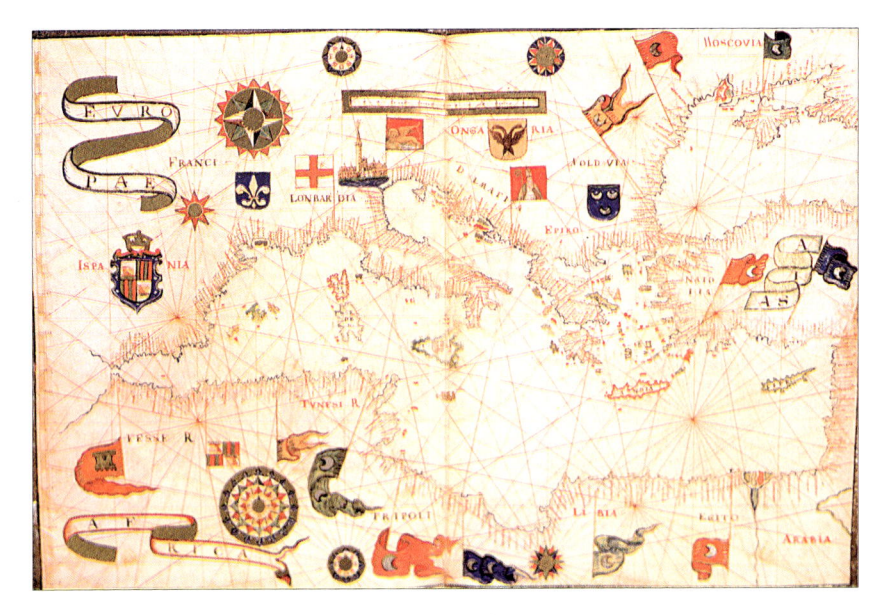

Fig. 5 - *Il Mediterraneo, Atlante nautico, Antonio Millo, 1586.*
(Fonte: ZÖGNER, 1988, foll. 13v-14r)

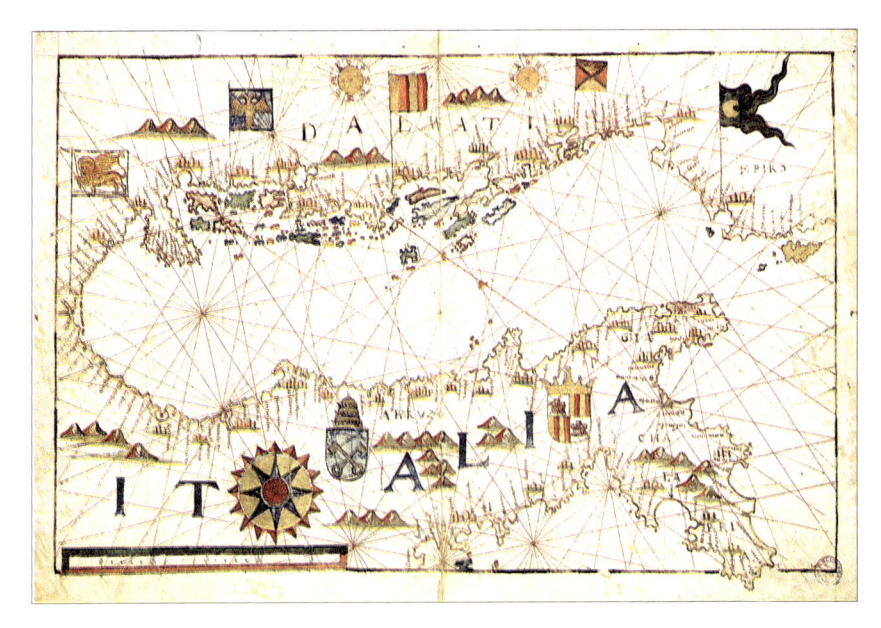

Fig. 6 - *L'Adriatico, Atlante nautico, Antonio Millo (?), 1580-1590.*
(Fonte: BIADENE, 1990, p. 83)

oltre alla raffigurazione di elementi architettonici realmente esistiti, l'autore, rinunciando all'idea di città fortificata, realizza l'immagine di un organismo urbano che si costituisce come un tutt'uno con il mare e, così facendo, sottolinea il senso dell'identità veneziana con il bacino adriatico [10]. Nel complesso la sua produzione cartografica riflette un gusto estetico piuttosto misurato: gli ornamenti non sono mai eccessivi, così come i colori che risultano piuttosto discreti (TOLIAS, 1999, p. 63).

L'attività cartografica di Giorgio Sideri, detto Callapoda, originario di Creta, fu assai più copiosa. Il primo atlante da lui redatto risale al 1537 e fu composto a Creta. Il resto della produzione è compresa tra il 1541 ed il 1565. I suoi atlanti risentono dell'influenza dei modelli catalani, soprattutto nella forma molto curata, ma nel complesso non si possono considerare esempi di grande originalità [11]. Si deve aggiungere che nelle sue carte spesso si mostra attenzione per le regioni interne, di cui sono rappresentate l'idrografia e l'orografia. In numerose sue carte nautiche relative al Mediterraneo [12], Venezia, ancora una volta, primeggia su tutte le città, con la sua forma tondeggiante, «orbicolare», come scrive Romanelli (1990, pp. 29-30), e con gli elementi architettonici quasi al completo.

Altro cartografo di spicco nel panorama della produzione cartografica veneziana degli ultimi anni del Cinquecento è Antonio Millo [13], autore di un manuale per la navigazione – *Arte del naviga*, 1590 – di un isolario – *Isolario del tuto el mare mediterraneo* – di un portolano e di carte e atlanti nautici.

In uno dei suoi più noti atlanti, quello datato al 1580 [14], è compresa una carta relativa al Mediterraneo (fig. 5), in cui è rappresentata l'Italia con la sua costa adriatica, anch'essa secondo i canoni dell'epoca. Le città vengono riprodotte attraverso prospetti miniaturizzati, come già si è visto altrove, più o meno grandi, a seconda della loro rilevanza. In aggiunta vengono utilizzate le lettere capitali per fornire maggiore enfasi. Normalmente, laddove si verifica un'eccessiva presenza di città – è questo il caso dell'Italia – esse sono individuate da una serie di puntini rossi, eccettuata Venezia che, come di consueto oramai, troneggia sul versante nord dell'Adriatico, manifestando tutta la sua potenza sull'intero mare. La città, infatti, anche in questo caso, viene raffigurata con tutti i suoi simboli: il campanile, la torre dell'orologio, la cupola di S. Marco, il palazzo del

---

[10] Per una più dettagliata descrizione della raffigurazione miniaturizzata di Venezia si rimanda alla consultazione di ROMANELLI, 1990, p. 29.

[11] Si consulti ASTENGO, 2000, pp. 101-102; TOLIAS, 1999, pp. 56-57.

[12] Qui viene presentata la carta nautica del Mediterraneo orientale del 1560 (fig. 4).

[13] Per saperne di più sulla sua attività si faccia riferimento ad: ASTENGO, 2000, p. 104; TOLIAS, 1999, pp. 40-41.

[14] Si tratta di un atlante di grande formato, composto da quattordici carte e alcune pagine di testo.

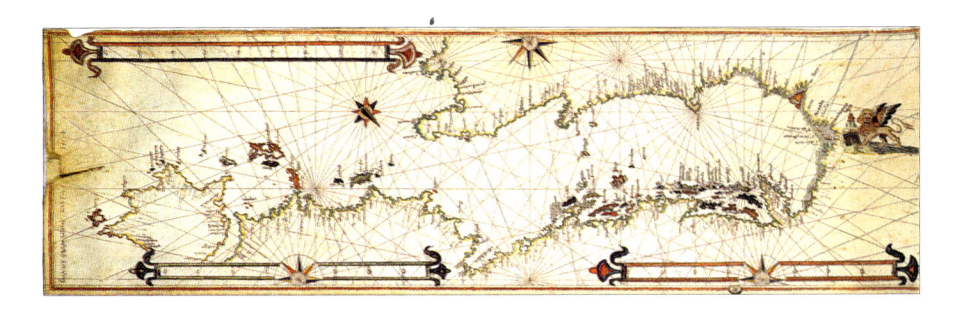

Fig. 7 - *Carta nautica dell'Adriatico, Alvise Gramolin, 1624.*
(Fonte: BIADENE, 1990, p. 103)

Fig. 8 - *Golfo di Venezia, Vincenzo Coronelli, 1688.*
(Fonte: LAGO, 2002, p. 90)

Doge e il vessillo della Repubblica. Del resto, anche il testo in alcuni punti è volto all'esaltazione della Serenissima: talvolta, è appellata «l'inclita città», talaltra, «Venezia di le citta Regina» (ZÖGNER, 1988, pp. 1r e 30v). Inoltre, sempre in conformità con la tradizione portolanica italiana, le aree interne non presentano particolari topografici.

Probabilmente è da attribuirsi allo stesso Millo un atlante nautico, compreso tra il 1580-1590, in otto carte, raffigurante il Mediterraneo, il Mar Nero, le coste adriatiche, il Mare Egeo, le isole di Creta e Cipro (BIADENE, 1990, p. 82; TOLIAS, 1999, p. 165, tav. 53). L'Adriatico (fig. 6), in scala maggiore, è scandito dal profilo frastagliato della costa e dai nomi delle città costiere. Vengono indicati i tre paesi che si affacciano sul mare: la Dalmazia, l'Epiro e l'Italia che, in primo piano, è contraddistinta dal nome in lettere maiuscole di dimensioni più grandi rispetto ai designatori degli altri due paesi. Le città, in gran parte, sono simbolicamente rappresentate da prospetti generici, non riproducenti le loro caratteristiche architettoniche. Alcuni centri urbani sono raffigurati esclusivamente dai loro vessili: Venezia, con il suo stendardo, sembra opporsi, sul versante settentrionale, a quello spiegato della mezzaluna che, sulla sponda diametralmente opposta, sventola sull'Epiro. Si può cogliere, infine, un tentativo di accenno alla raffigurazione dell'orografia dei territori interni: qua e là si snodano i prospetti 'pittorici' delle catene montuose.

L'analisi si conclude con il Seicento, secolo che segna, se non proprio il declino della Serenissima, l'epilogo della sua supremazia sull'Adriatico. È questo il periodo in cui prevalgono carte nautiche regionali o speciali: esemplificativa è la produzione cartografica di Alvise Gramolin che, tra il 1612 ed il 1630, concentra la sua attenzione sul Mare Adriatico e l'Egeo (ASTENGO, 2000, p. 104). Della sua produzione si conserva una carta nautica dell'Adriatico (1624) che, sebbene oramai la cartografia a stampa fosse ampiamente diffusa, venne eseguita secondo moduli piuttosto arcaici (BIADENE, 1990, p. 102). La carta (fig. 7) ha un andamento longitudinale ed il disegno è piuttosto semplificato. L'unico elemento simbolico rilevante è il leone marciano che sventola su Venezia, per il resto nessun'altra città costiera è contraddistinta da alcuna rappresentazione simbolica. Ancora una volta solo a Venezia viene attribuito il ruolo indiscusso di regina dei mari.

Tale immagine della città sarà lenta a svanire, è sufficiente leggere le parole di Coronelli (1690-1691, p. 81), autore dell'Atlante Veneto, per rendersene conto: «Dal Capo dunque di S. Maria comincia il mare che gli antichi intitolarono Adriatico [...] con più gloria e poi da più nobile cagione ha preso il nome di Golfo di Venetia», a partire dall'anno 421 «furono gettati li primi fondamenti di quest'inclita e trionfante città, refugio e asilo di quegli illustri avanzi, che dalle invasioni dé Vandali, degli Alani, dé Goti, e d'altre Barbare Nationi, restano nell'Italia. In questa, che per opera Divina, che humana pare eretta nel mezzo dell'acqua, stabilì la sua sede la libertà, per conservazione ed incremento della quale gli invitti suoi cittadini le acquistarono coll'effusione di molto sangue il titolo glorioso di Regina del Mare»[15].

A ragione di ciò, del suo essere addirittura opera di Dio e degli innumerevoli sforzi umani affrontati nel combattere soprattutto il nemico Ottomano, quasi alle soglie del XVIII secolo, nonostante la città fosse in una fase di declino, l'Adriatico continuava ad essere percepito dalla collettività veneziana come il proprio mare e, quindi, ad essere ancora per molto tempo indicato come «Golfo di Venetia».

## BIBLIOGRAFIA

ALMAGIÀ R., *Planisferi, carte nautiche e affini dal secolo XIV al XVII esistenti nella Biblioteca Apostolica Vaticana*, Città del Vaticano, Biblioteca Apostolica Vaticana, 1944 («*Monumenta Cartographica Vaticana*, I»).

ANSELMI S., *Ragusa e il Mediterraneo: ruolo e funzioni di una repubblica marinara*, Bari, Cacucci, 1990.

ANSELMI S., *Adriatico. Studi di storia, secoli XIV-XIX*, Ancona, Clua, 1991.

ANSELMI S., *Ragusa (Dubrovnik) una repubblica adriatica*, Bologna, Cisalpino, 1994.

ANSELMI S. (a cura di), *Pirati e corsari in Adriatico*, Pesaro, Banca Popolare dell'Adriatico, 1998.

ASTENGO C., *La cartografia nautica mediterranea dei secoli XVI e XVII*, Genova, Erga edizioni, 2000.

BAUSANI A., *Venezia e l'Adriatico in un portolano turco*, in LANCIOTTI L. (a cura di), *Venezia e l'Oriente*, Firenze, Leo S. Olschki Editore, 1987.

BIADENE S. (a cura di), *Carte da navigar. Portolani e carte nautiche del museo Correr 1318-1732*, Venezia, Marsilio editori, 1990.

BIADENE S., *Le "carte da navigar"*, in TURRI E. (a cura di), *Adriatico mare d'Europa. La cultura e la storia*, Milano, Rolo Banca, 1999, II, pp. 216-225.

BIADENE S. e ROMANELLI G. (a cura di), *Venezia: piante e vedute, Catalogo del fondo cartografico a stampa, Museo Correr, Venezia, 1982*, La Stamperia di Venezia Editrice, 1981.

BORDONE B., *Isolario*, Venezia, Nicolò Zoppino, 1534.

BORRI R., *L'Italia nell'antica cartografia 1477-1799*, Ivrea, Priuli e Verlucca, 1999.

---

[15] In questa prospettiva si colloca la carta dell'Adriatico di Coronelli (fig. 8), in cui l'ampia distesa del mare è occupata interamente dalla locuzione «Golfo di Venezia olim Adriaticum Mare». L'avverbio *olim* è carico di significato: sta, infatti, a ribadire che ciò che una volta era Adriatico, oramai è da tutti percepito come «Golfo di Venezia».

BRAUDEL F. (a cura di), *L'oriente storia di viaggiatori italiani*, Milano, Electa, 1985.

BRAUDEL F., *Civiltà e imperi del Mediterraneo nell'età di Filippo II*, Torino, Einaudi, 2002, I-II.

CAPPELLETTI G., *Storia della Repubblica di Venezia dal suo principio sino al giorno d'oggi*, Venezia, G. Antonelli, 1849-1855, 1-13.

CARACI G., *Di due carte di B. Agnese*, in «Rivista Geografica italiana», Firenze, 1928, fasc. VI, pp. 227-234.

CARACI G., *A proposito di alcune carte nautiche di G. Benincasa*, in «Memorie geografiche», Roma, 1954, I, pp. 282-290.

CARACI G., *Viaggi tra Venezia e il Levante fino al XIV secolo e relativa produzione cartografica*, in PERTUSI A. (a cura di), *Venezia e il Levante*, Firenze, Leo S. Olschki Editore, 1973.

CORONELLI V., *Atlante Veneto*, Venezia, appresso Girolamo Albizzi, 1690-91, I.

CORTELLAZZO M., *Venezia, il Levante e il mare*, Pisa, Pacini, 1989.

CASTI E., *L'ordine del mondo e la sua rappresentazione*, Milano, Unicopli, 1998.

CASTI E., *L'Adriatico rappresentato*, in TURRI E. (a cura di), *Adriatico mare d'Europa. La geografia e la storia*, Milano, Rolo Banca, 1999, I, pp. 46-51.

DE BIASIO L., *Il viaggio di Angelo degli Oddi lungo l'Adriatico (1584)*, in «Arte Documento», Milano, 1993, 7, pp. 379-387.

EMILIANI [SALINARI] M., *Le carte carte nautiche dei Benincasa cartografi anconitani*, in «Bollettino della Reale Società Geografica Italiana», Roma, 1936, 73, pp. 458-510.

FABBRI P., *Cartografia adriatica tra III e XVI secolo*, in «Ravenna, Studi e ricerche», Ravenna, 1998, V/1, pp. 217-230.

FRABETTI P., *Carte nautiche italiane dal XIV al XVI secolo conservate in Emilia Romagna*, Firenze, Leo S. Olschki, 1978.

GUARNIERI G.G., *Il Mediterraneo nella storia della cartografia nautica medievale*, Livorno, Stet, 1933.

LAGO L., *Theatrum Adriae. Dalle Alpi all'Adriatico nella cartografia del passato*, Trieste, Lint, 1989.

LAGO L. (a cura di), *Imago mundi et Italiae: la versione del mondo e la scoperta dell'Italia nella cartografia antica (secoli 10-16)*, Trieste, La Mongolfiera, 1992.

LAGO L., *Imago Italiae. La fabrica dell'Italia nella storia della Cartografia tra Medioevo ed età Moderna*, Trieste, Edizioni Università di Trieste, 2002.

LANE F.C., *Storia di Venezia*, Torino, Einaudi, 1983.

LEVANTO F.M., *Prima parte dello Specchio del mare nel quale si descrivono tutti li porti, le spiagge, le baje, isole, scogli e seccagini del Mediterraneo*, Genova, 1679.

MARINELLI G., *Saggio di cartografia della regione veneta*, Venezia, Deputazione veneta di Storia Patria, 1881, pp. 13-44.

MILLO A., *Isolario et portolano de tuto el Mare Mediterraneo*, Ms., Venezia, 1582-1584.

MOROSINI P., *Historia della città e Repubblica di Venetia*, Venezia, Paolo Baglioni, 1637.

RAMUSIO G.B., *Navigazione e viaggi*, Torino, Einaudi, 1978-1988, 1-6, (ed. a cura di MILANESI M.).

Romanelli G., *Città di costa. Immagine urbana e carte nautiche*, in Biadene S. (a cura di), 1990, pp. 21-31.

[Emiliani] Salinari M., *Notizie su alcune carte nautiche di Grazioso Benincasa*, in «Rivista Geografica italiana», Firenze, 1952, pp. 36-42.

Secchi L. (a cura di), *Navigazione e carte nautiche nei secoli XIII-XVI*, Catalogo della mostra, Genova, Sagep, 1983.

Tenenti A., *Il senso del mare*, in Tenenti A. e Tucci U. (a cura di), *Storia di Venezia. Il mare*, Roma, Istituto dell'Enciclopedia Italiana, 1991, XII, pp. 1-68.

Tolias G., *The Greek portolan charts, $15^{th}$-$17^{th}$*, Atene, Olkos, 1999.

Turri E., *Prefazione*, in *idem* (a cura di), *Adriatico mare d'Europa. La geografia e la storia*, Milano, Rolo Banca, 1999, I.

Turri E., *Gli isolari ovvero l'idealizzazione cartografica*, in Tonini C. e Lucchi P. (a cura di), *Navigar e descrivere. Isolari e portolani del Museo Correr di Venezia XV-XVIII secolo*, Venezia, Marsilio Editori, 2001, pp. 19-35.

Zago F., *Corpus cartografico veneziano*, in «Bollettino della Società Geografica Italiana», Roma, 1984, I, pp. 621-638.

Zögner L., *World Atlas by Antonio Millo 1586*, Süssen-Württemberg, Deuschll, 1988.

Marius Tatar * e Luca Zarrilli **

# NUOVE FORME DI INTERNAZIONALIZZAZIONE DEL SISTEMA PRODUTTIVO ITALIANO: IL CASO DEGLI IDE ITALIANI IN ROMANIA ***

1. *Introduzione*

Il ruolo dell'Italia sotto il profilo degli Investimenti Diretti Esteri (IDE) in uscita è andato crescendo a partire dagli anni Ottanta, per consolidarsi nel decennio successivo. Tra il 1980 e il 1990 l'incidenza sul totale mondiale degli IDE italiani è passata dall'1,4% al 3,3% per poi salire a oltre il 4% nel 1998 ed al 3,5% nel 1999. Nonostante i miglioramenti registrati, l'integrazione internazionale dell'Italia rimane debole, se comparata al quadro europeo. Un carattere conosciuto dell'internazionalizzazione del sistema produttivo italiano è infatti la minore propensione all'investimento diretto, sia in entrata che in uscita, rispetto al commercio internazionale. Il gap di internazionalizzazione produttiva che separa l'Italia dagli altri paesi dell'Occidente è riconducibile a una serie di cause: innanzitutto, la parte preponderante dei grandi gruppi industriali italiani ha attraversato – o sta attraversando – fasi di ristrutturazione che hanno comportato ritirate da partecipazioni all'estero, soprattutto nei settori delle tecnologie avanzate, mentre il sistema bancario-assicurativo italiano non è ancora in grado di offrire un supporto strategico agli investitori internazionali italiani. Inoltre, lo storico modello di specializzazione internazionale dell'Italia, che vede eccellere le nostre imprese nei settori dei beni di consumo legati alla persona e alla casa e nella meccanica specializzata, lascia il paese in condizioni di inferiorità proprio nei settori più tipicamente

---

\* Università di Oradea, Romania.

\*\* Dipartimento di Economia e Storia del Territorio, Università «G. d'Annunzio» di Chieti-Pescara.

\*\*\* Marius Tatar ha redatto i paragrafi 3, 4.1, 4.3, 5. Luca Zarrilli ha redatto i paragrafi 1, 2, 4.2, 6.

protagonisti della competizione oligopolistica multinazionale (*hi-tech*, terziario avanzato, consumi di massa). Pertanto, la debolezza dell'Italia come investitore all'estero appare marcata proprio nei settori a più rapida crescita, caratterizzati da forti economie di scala e da alto tasso di innovazione tecnologica.

Per converso, un inedito protagonismo dei gruppi di media taglia attivi nei settori di tradizionale competitività dell'industria italiana e il crescente dinamismo delle PMI hanno saputo dare nuovo propellente all'internazionalizzazione dell'industria italiana, che si è indirizzata in misura crescente verso i Paesi dell'Europa centro-orientale (PECO).

## 2. *Gli IDE italiani nei PECO*

A partire dalla seconda metà degli anni Novanta si è quindi registrata l'esplosione – soprattutto se si considera il basso livello di internazionalizzazione del sistema produttivo italiano – degli IDE italiani in Europa orientale. In effetti, già dai primi anni Novanta, il club degli investitori italiani all'estero si andava allargando alle numerose PMI operanti nei settori tradizionali (tessile, abbigliamento, cuoio, pelletteria, calzature, prodotti in legno), che trovavano grandi opportunità di sviluppo nei paesi dell'ex blocco comunista.

Sul piano settoriale emerge, anche nel confronto con gli altri partner europei, che gli IDE dall'Italia sono concentrati nei comparti tradizionali. Si tratta, in molti casi, di investimenti compiuti da imprese medio-piccole operanti in settori *labour-intensive*, che tendono a sfruttare i differenziali di costo del lavoro quale fattore prioritario della decisione di investimento.

La quota italiana di IDE nei paesi PECO tra il 1994 e il 1999 è stata del 3,8%, inferiore a quella di Austria, Belgio e Svezia. Ma al tempo stesso gli investimenti italiani nei PECO hanno rappresentato l'11,1% degli investimenti italiani extra-UE, contro una media europea del 6,4%. Secondo i dati Eurostat, i due terzi dei flussi cumulati degli IDE italiani verso i paesi PECO derivano dagli investimenti effettuati in Polonia[1]. Al tempo stesso, l'Italia ha presentato nel periodo un forte orientamento verso la Romania, con il 17,7% degli IDE diretti verso quel paese, contro una media UE del 4,1%.

Dal punto di vista settoriale, i tre quarti degli IDE ha riguardato il settore manifatturiero. Di questi, il 40% l'industria meccanica, il 17,6% il tessile e il 19,2% l'alimentare. Si assiste in molti casi a fenomeni di *outward processing trade*, con esportazione dall'Italia di semilavorati ad alta intensità di capitale, lavorazione negli stabilimenti avviati nei paesi PECO e reimportazione di prodotti finiti ad alta intensità di lavoro. Come numero di iniziative, l'Italia risulta seconda solo alla

---

[1] Si ricorda ad esempio l'acquisizione per 2.000 miliardi di lire da parte di Unicredit di Bank Pekao, prima banca polacca per attività.

Germania. Ne consegue una dimensione media aziendale nettamente inferiore alla media europea. La peculiarità italiana è rappresentata quindi dal notevole peso relativo delle PMI come investitori nei PECO.

Il *pattern* di specializzazione italiano rispetto ai PECO conferma pertanto i già citati elementi di diversità rispetto a quello dei partner UE, ovvero la debolezza nelle industrie a elevate economie di scala e la forza nei settori tradizionali. In quest'ottica, i mercati dell'Est sono a un tempo punto di arrivo e di partenza per il sistema produttivo italiano: vengono utilizzati per servire a costi più bassi l'Europa occidentale e come base produttiva per preparare la conquista di nuovi e promettenti mercati, primo fra tutti quello russo, seguito da quelli polacco, ungherese e romeno.

Questo dato è coerente con il *pattern* italiano di specializzazione dell'export nei settori tradizionali. Sembrerebbe quindi che il modello settoriale italiano degli IDE nei paesi PECO sia speculare al modello di specializzazione esportativa dell'industria italiana, a ulteriore conferma dell'importanza assunta, per gli IDE italiani nei paesi PECO, del fenomeno dell'*outward processing trade*.

Sono soprattutto le aziende del Nord-Est a manifestare una propensione verso la delocalizzazione produttiva nei paesi PECO, quale soluzione immediata e temporanea alla perdita di competitività sui mercati nazionali ed esteri, grazie alla presenza di bassi costi della manodopera e delle materie prime, e per reagire alla crescente saturazione produttiva e territoriale dell'area. «Non pensato a tavolino e sostanzialmente dominato da una sorta di "anarchia imprendioriale", il progressivo insediamento delle imprese del Nord-Est, e la conseguente delocalizzazione di molte attività, ha comportato un progressivo radicamento delle attività produttive all'estero» (TURATO, 2003, p. 86), radicamento testimoniato – e rafforzato – dai legami che le associazioni nazionali e provinciali di categoria hanno cominciato a stringere con le autorità locali degli enti territoriali coinvolti dagli IDE.

## 3. *Gli IDE in Romania*

### 3.1. *Considerazioni generali*

Nell'ultimo decennio, gli IDE sono divenuti una componente essenziale della transizione economica dei PECO, fornendo il necessario supporto finanziario agli investimenti in paesi caratterizzati da un mercato interno dei capitali altrimenti carente. Sotto questo profilo, gli IDE rappresentano senza dubbio un elemento necessario e possono svolgere un ruolo assai significativo nel sostenere la crescita economica dei PECO.

Per ciò che riguarda in particolare la Romania, l'evoluzione degli IDE si inserisce organicamente nel trend economico positivo che la Romania va registrando dalla fine degli anni Novanta, testimoniato anche da un migliorato clima imprenditoriale che si traduce in una maggiore attrattività del paese. Dopo un timido inizio nei primi anni Novanta, il flusso degli IDE è infatti cresciuto in maniera vertiginosa nel 1997 (1.215 milioni di dollari dai 263 dell'anno precedente) e nel 1998 (oltre 2.031 milioni di dollari). Nel 1999 il flusso si è tuttavia dimezzato rispetto al picco del 1998, e bisognerà aspettare il 2003 per registrare un nuovo incremento significativo (1.574 milioni di dollari). Il flusso medio annuo di IDE nel periodo 1991-2003 è stato di 803 milioni di dollari, mentre il flusso cumulato ha raggiunto i 10.433 milioni di dollari alla fine del 2003.

La struttura per settore di attività colloca al primo posto l'industria (54%), seguita dai servizi (16%), dal commercio (11%) e dai trasporti (8%). Marginale infine la quota destinata all'agricoltura (2%).

TABELLA 1
*IDE in Romania per paese - 2003*

|   | Paese | Totale Milioni di dollari | % |
|---|---|---|---|
| 1 | Paesi Bassi | 1.859 | 17,93 |
| 2 | Francia | 1.068 | 10,30 |
| 3 | Germania | 880 | 8,49 |
| 4 | USA | 704 | 6,79 |
| 5 | Italia | 625 | 6,02 |
| 6 | Antille Olandesi | 599 | 5,77 |
| 7 | Austria | 595 | 5,74 |
| 8 | Cipro | 505 | 4,87 |
| 9 | Turchia | 419 | 4,04 |
| 10 | Regno Unito | 374 | 3,61 |

(Fonte: National Trade Register Office - Ministry of Justice)

TABELLA 2
*Aziende straniere in Romania per paese - 2003*

|   | Paese | Aziende Numero | % |
|---|---|---|---|
| 1 | Italia | 14.157 | 14,56 |
| 2 | Germania | 10.954 | 11,27 |
| 3 | Turchia | 8.666 | 8,92 |
| 4 | Cina | 8.210 | 8,45 |
| 5 | Siria | 5.259 | 5,41 |
| 6 | Ungheria | 4.329 | 4,52 |
| 7 | USA | 3.800 | 3,91 |
| 8 | Francia | 3.150 | 3,24 |
| 9 | Austria | 2.785 | 2,87 |
| 10 | Grecia | 2.555 | 2,63 |

(Fonte: National Trade Register Office - Ministry of Justice)

## 3.2. *Il ruolo delle euroregioni*

Accanto ai tradizionali fattori di attrazione, come i differenziali di costo del lavoro, la prossimità geografica, la presenza di un ampio mercato interno, molti altri elementi entrano in gioco nello spiegare il trend positivo della Romania sotto il profilo degli IDE. Per una trattazione sistematica dei fattori di attrazione si rinvia al paragrafo 4.2 (relativo al caso degli IDE italiani, ma sufficientemente generalizzabile). Si vuole qui soltanto accennare a un aspetto peculiare, che se contribuisce a aumentare l'attrattività del paese appare tuttavia meno legato alla specificità degli IDE italiani: ci si riferisce alle ricadute che l'istituzione delle euroregioni può avere sui flussi di IDE in ingresso nel paese. L'euroregione rappresenta una struttura formalizzata per la cooperazione transfrontaliera che coinvolge i livelli amministrativi locale e regionale, così come gli attori sociali ed economici, dei paesi interessati. La finalità delle euroregioni è quella di promuovere lo sviluppo generale delle regioni di confine di due o più paesi, legate da nessi culturali, economici o demografici, attraverso la creazione di una trama di relazioni transfrontaliere che consenta uno sfruttamento ottimale delle reciproche complementarità. La Romania in particolare è interessata da 10 strutture euroregionali che gettano un ponte tra le sue regioni di confine e quelle dei paesi limitrofi. Queste strutture transfrontaliere hanno l'obiettivo di promuovere lo sviluppo infrastrutturale romeno nei suoi collegamenti con le reti europee. Questa crescente integrazione avrà – e in una certa misura sta già avendo – un impatto positivo sui flussi in ingresso di IDE poiché facilita gli scambi economici e commerciali e la valorizzazione delle complementarità economiche. Un altro vantaggio offerto dalle euroregioni è rappresentato dal flusso transfrontaliero di informazioni sulle opportunità di investimento generato da enti, come le Camere di Commercio, coinvolte nelle strutture euroregionali. È ben nota la strategia delle multinazionali di stabilire avamposti in regioni di confine per poi estendere la propria sfera di influenza al di là del confine. In quest'ottica l'euroregione può rappresentare un trampolino di lancio che gli investitori esteri possono utilizzare per conquistare nuovi mercati tanto in Romania quanto nei paesi limitrofi. Nello stesso tempo le euroregioni sono aree particolarmente vocate all'istituzione di *Free Trade Zones* (è il caso di Galati, Braila, Giorgiu, Arad) e di parchi industriali (Borş), che offrono un sistema di incentivi multipli agli investitori.

## 4. *Gli IDE italiani in Romania*

### 4.1. *Considerazioni generali*

Alla fine del 2003 erano registrate in Romania 14.157 società a capitale italiano (per la produzione e commerciali), con un investimento complessivo di 625 milioni di dollari, collocando l'Italia al quinto posto tra gli investitori stranieri in Romania per ciò che riguarda il capitale investito (vedi tab. 1), ma al primo posto per ciò che concerne il numero di iniziative (a conferma della modesta dimensione aziendale degli IDE italiani. Vedi tab. 2).

Il principale settore d'investimento dei capitali italiani in Romania è di gran lunga l'industria (52%), seguita dall'agricoltura (21%, valore questo assai più elevato della media internazionale, che – come già visto – non supera il 2%) e dal commercio (15%). Nell'ambito del manifattutiero, gli investimenti più importanti si registrano nei settori del tessile-abbigliamento e della lavorazione del legno. Anche se la struttura portante degli IDE italiani in Romania è costituita da una costellazione di piccole e medie imprese soprattutto del Nord-Est, sono presenti anche numerose società di rilevanti dimensioni, fra le quali possiamo citare Ansaldo, AGIP Petroli, Italstrade, Gruppo Frati, Fiat-Iveco, Incom, Astaldi, Pirelli, Parmalat, Butangas, Benetton, Stefanel, il consorzio Federici Todini, Zoppas, Zanussi, Geox, Radici.

### 4.2. *I fattori di attrazione*

Dal punto di vita delle aziende italiane, soprattutto di quelle medio-piccole operanti in settori tradizionali, numerosi sono i vantaggi comparativi della Romania sotto il profilo della delocalizzazione produttiva:
- un mercato del lavoro caratterizzato da flessibilità, basso livello di sindacalizzazione e bassi costi (al 2000 1,51 euro, contro 8,98 di Slovenia, 4,48 di Polonia, superiori solo a quelli della Bulgaria, 1,35), a fronte di una produttività analoga;
- un grande mercato interno (circa 22 milioni di consumatori), in crescita dal punto di vista della capacità di acquisto (6,4% nel primo semestre del 2001), e con prospettive di ulteriore crescita soprattutto in vista del prossimo ingresso del paese nella UE e del conseguente processo di convergenza dal punto di vista del Pil *pro capite*;
- una buona posizione geografica, considerata l'intersezione degli itinerari commerciali tradizionali, che permettono l'accesso a un mercato di 240 milioni di consumatori in un raggio di 100 km; inoltre la Romania è situata sulla giunzione di tre futuri corridoi europei di trasporto: Berlino-Praga-Budapest-Oradea-Bucarest-Costanza-Istanbul-Salonicco (numero 4); corridoio fluviale Costanza-Danubio-Reno (numero 7); Helsinki-Mosca/Kiev-Odessa-Bucarest/Costanza (numero 9); questi garantiranno migliori collegamenti viari, ferroviari, fluviali e marittimi, con conseguente riduzione dei costi di trasporto, accanto a collegamenti aeroportuali tra città italiane e romene che si vanno moltiplicando;
- un quadro legislativo e fiscale favorevole, basato sulla parità di trattamento tra investitori nazionali e stranieri, garanzie contro nazionalizzazioni ed espropriazioni, libera trasferibilità degli utili, sgravi e incentivi fiscali per investimenti con impatto economico significativo (superiori a un milione di dollari);

- l'esistenza di *Free Trade Zones* (Costanza, Basarabi, Galati, Braila, Sulina, Giurgiu, Arad), caratterizzate da un regime fiscale e doganale particolarmente favorevole, rilevante quindi per le aziende interessate dal fenomeno dell'*outward processing trade*;
- la crescente apertura internazionale del paese;
- una vasta gamma di risorse naturali e di materie prime disponibili a costi relativamente bassi;
- la presenza delle succursali di importanti banche internazionali, tra cui molte italiane (vedi paragrafo successivo);
- la crescente presenza di *clusters* di imprese integrate verticalmente con conseguente creazione di sistemi locali specializzati, in particolare nei settori tessile e calzaturiero [2];
- la presenza istituzionale in Romania del sistema imprenditoriale italiano, attraverso Fundatia Sistema Italia Romania, ente costituito da Confartigianato e Confindustria, insieme con Ance, Agitec e Finest, forse il primo caso in Europa di internazionalizzazione di un sistema associativo, la cui *mission* è quella del radicamento in Romania del sistema produttivo italiano e delle sue modalità di azione [3];
- fattori culturali, quali l'affinità linguistica, ma anche di mentalità, con conseguente facilità di comunicazione e di interazione [4].

4.3 *Il ruolo del sistema bancario*

Un aspetto che per la sua novità merita una trattazione a parte è quello relativo al ruolo inedito che il sistema bancario, tradizionalmente poco attivo nel sostenere il capitale italiano all'estero, va svolgendo in Romania. La corsa all'investimento italiano in Romania è stata infatti seguita negli ultimi anni da una crescente presenza del sistema bancario italiano *in loco*, attraverso l'apertura di filiali (è il caso della Banca di Roma), la costituzione *ex novo* di istituti bancari di diritto romeno (ad esempio la Banca Italo-Romena del Gruppo Veneto Ban-

---

[2] Per la Romania si è registrata una crescente specializzazione produttiva tra il 1990 e il 1999. Cfr. DANIELE, 2004.

[3] Dopo Fundatia è stata poi costituita Unimpresa Romania, che rappresenta una prosecuzione del progetto Fundatia per arrivare alla costituzione in Romania di una associazione imprenditoriale all'estero con il supporto dei sistemi associativi italiani.

[4] A questo proposito, la prudenza imporrebbe di dubitare che le affinità culturali – che sicuramente esistono fra i due paesi – possano rappresentare un fattore di attrazione, ancorché aggiuntivo e marginale. Tuttavia, queste sembrano effettivamente influire, in una qualche misura, sulle decisioni di investimento delle PMI del Nord-Est. Cfr. al riguardo TURATO, 2002.

ca) o l'acquisizione di banche già operanti nel paese (Unicredit ha acquistato Demirbank Romania, San Paolo IMI la filiale romena della West Bank), per un investimento complessivo di 50 milioni di dollari al 2003. Anche se l'Italia è il primo investitore per numero di iniziative e il principale partner commerciale della Romania (vedi paragrafo successivo), le banche italiane rappresentano ancora una presenza discreta nel settore dei servizi bancari destinati ai privati. Le banche italiane hanno infatti preferito focalizzarsi sui servizi alle aziende italiane operanti in Romania. Si può quindi sostenere che il sistema bancario italiano abbia seguito in Romania i propri clienti, sostenendoli nelle loro necessità finanziarie sulla scorta delle forti relazioni commerciali e imprenditoriali ormai instauratesi tra i due paesi. Recenti segnali lasciano tuttavia prevedere una prossima presenza delle banche italiane anche nel settore dei servizi ai privati: è il caso, ad esempio, di Unicredit, che ha manifestato la volontà di espandere le proprie attività in Romania verso i servizi al dettaglio, aprendo un certo numero di fliliali già a partire dal 2002.

### 5. *Le relazioni commerciali italo-romene*

Si è già accennato al parallelismo tra IDE ed *export* italiani, nel senso di una specializzazione dell'Italia nei comparti tradizionali in entrambe le forme di proiezione internazionale del suo sistema produttivo. Tale *pattern* trova una significativa conferma in Romania, e questo soprattutto per la forte incidenza che il fenomeno dell'*outward processing trade* presenta nella dinamica degli investimenti italiani nel paese.

Un quadro favorevole allo sviluppo degli scambi commerciali tra i due paesi è stato creato attraverso una serie di accordi bilaterali, quali ad esempio l'Accordo di associazione della Romania all'Unione Europea (1993), i Protocolli delle Sessioni della Commissione mista intergovernativa italo-romena di collaborazione economica, industriale e tecnica (fino 1997) e del Gruppo di lavoro intergovernativo italo-romeno per gli scambi e la cooperazione economica e industriale nell'ambito del partenariato strategico italo-romeno, l'Accordo tra Italia e Romania sulla reciproca promozione e protezione degli investimenti e la Convenzione per evitare le doppie imposizioni.

Seguendo una dinamica parallela a quella degli IDE, nel periodo 1993-2003 il volume complessivo degli scambi commerciali italo-romeni è aumentato costantemente, e già dal 1997 l'Italia rappresenta il primo partner commerciale della Romania con più del 19% dell'export, superando la Germania.

Nel 2003, il 24,9% delle esportazioni romene è destinato all'Italia, mentre il 19,5% delle importazioni provengono dall'Italia. Le esportazioni italiane in Romania riguardano soprattutto – come è prevedibile, se si considera l'*outward processing trade* – i settori tessile (32,6%), delle macchine e apparecchi (18,7%) e della pelletteria (12,7%). Parallelamente, le principali esportazioni romene in Italia si registrano nei settori tessile (35,6%) e delle calzature (25,7%).

TABELLA 3
*Scambi commerciali italo-romeni 1992-2003. Milioni di dollari*

|  | 1993 | 1994 | 1995 | 1996 | 1997 | 1998 | 1999 | 2000 | 2001 | 2002 | 2003 |
|---|---|---|---|---|---|---|---|---|---|---|---|
| TOTALE | 1020.3 | 1636.5 | 2605.9 | 3135.7 | 3426.3 | 3886.3 | 4019.8 | 4761.9 | 5937.0 | 7153.4 | 8938.4 |
| Import | 406.3 | 795.1 | 1243.3 | 1384.9 | 1643.6 | 1827.4 | 1980.2 | 2318.7 | 2837.7 | 3460.7 | 4249.9 |
| Export | 614.0 | 841.4 | 1362.6 | 1750.8 | 1782.7 | 2058.9 | 2039.6 | 2443.2 | 3099.3 | 3692.7 | 4688.5 |
| Saldo | 207.7 | 46.3 | 119.3 | 365.9 | 139.1 | 231.5 | 59.4 | 124.5 | 261.6 | 232.0 | 438.6 |

(Fonte: Ambasciata di Romania in Italia)

## 6. *Le prospettive deli IDE italiani in Romania alla luce dell'allargamento della UE*

I fattori di attrazione degli IDE da parte dei PECO sono molteplici, come dimostra il caso italo-romeno. Schematicamente, tali fattori sono rappresentati dalla presenza di opportunità di mercato, di costi di produzione vantaggiosi e dalla disponibilità di risorse naturali particolarmente abbondanti e/o economicamente acquisibili. Le analisi empiriche (DANIELE, 2004) hanno verificato l'esistenza di una correlazione positiva tra IDE e costo del lavoro, che presenta il maggior grado di significatività, ma anche tra IDE e dimensione dei mercati locali, integrazione verticale, presenza di *cluster* di imprese, specializzazione produttiva, prossimità geografica, dotazione infrastrutturale, rischio paese, processo di privatizzazione. Scarsa invece è apparsa la correlazione con variabili non di costo o di mercato, ma di «contesto», come tasso di scolarità e grado percepito di corruzione. A quest'ultimo riguardo, anzi, sembra che un certo grado di corruttibilità della PA possa essere percepito come un elemento positivo da parte di investitori esteri, soprattutto se medio-piccoli.

È poi dimostrato (MANZOCCHI, 1998) che la posizione dei Paesi candidati a essere inclusi in una unione economica e monetaria migliora poiché diventano destinazioni più attraenti per gli IDE sia in quanto parte di un mercato comune, sia grazie alle prospettive di crescita del paese offerte dall'adesione. Questo quindi risulterebbe un fattore positivo di attrazione per gli investimenti *market seeking*. L'esperienza dell'allargamento a Est della UE conferma questa ipotesi. Nel caso di investimenti *labour oriented*, invece, l'ingresso nella UE può rivelarsi controproducente, a causa dei maggiori costi del lavoro e in generale dei costi fissi di produzione che l'adeguamento alle normative UE comporterà per il paese aderente.

La Romania si trova in una posizione particolare: non è entrata nella UE in questa prima storica fase dell'allargamento, ma vi entrerà presumibilmente nel 2007. Può quindi continuare a beneficiare per almeno 3-4 anni dei differenziali di costo del lavoro con i PECO entrati nella UE, attraendo quote prevedibilmente in aumento di IDE *labour seeking*, quali sono quelli in partenza dall'Italia. D'altro canto, un mercato interno già piuttosto ampio, che vedrà ampliata notevolmente la propria capacità d'acquisto sia per lo sviluppo che il paese sta registrando dai primi anni del XXI secolo (incrementi del PIL di circa il 5% annuo), sia per i processi di convergenza con le medie europee a partire dal 2007, renderà il paese attraente anche per investimenti *market seeking* di medio-lungo periodo. Il descritto radicamento sul territorio dell'imprenditoria italiana, sia da un punto di vista istituzionale, sia dal punto di vista delle dinamiche industriali e dei modelli di interazione aziendale faciliterà questo processo. Anche le riduzioni dei costi di trasporto che discenderanno dal completamento dei corridoi europei di trasporto eserciterà un impatto positivo sulla propensione a investire in Romania da parte delle imprese italiane, in particolar modo da parte di quelle del versante Est della penisola, non solo settentrionale ma anche centrale e meridionale. Non è un caso, d'altronde, che il modello di delocalizzazione verso Est e verso la Romania in particolare avviato dai distretti del Nord-Est sia oggi seguito anche dalla Val Vibrata in provincia di Teramo, che con i distretti del Triveneto condivide alcuni punti di forza ma anche di debolezza.

Il rischio per la Romania è tuttavia quello di specializzarsi eccessivamente in produzioni *labour intensive* ispirate dalla logica dell' *outward processing trade*, che se nell'immediato garantiscono occupazione e reddito, in prospettiva non generano capacità imprenditoriali, propensione all'innovazione e competitività internazionale. L'emersione di altri produttori a costi più bassi (Cina in primis, ma anche altri paesi ex comunisti localizzati più a Est della Romania) può mettere in crisi questo modello di sviluppo troppo basato sulla dipendenza dall'estero e troppo poco fondato su specificità locali e risorse del territorio.

Il rischio per il sistema produttivo italiano è invece quello di rinunciare, per comodità, a sviluppare strategie di innovazione tecnologica o di design, fondando troppo sulle prospettive di risparmio di costo offerte da questo modello di delocalizzazione produttiva. Tale forma di internazionalizzazione, anche se utile in questa fase, andrebbe considerata quindi come un processo transitorio, sia da parte del sistema imprenditoriale italiano in via di ristrutturazione, sia da parte di quello romeno in via di formazione.

# BIBLIOGRAFIA

BEVAN A. e ESTRIN S., *The Determinants of Foreign Direct Investment in Transition Economies*, Londra, Centre for New and Emerging Markets, London Business School, 2000.

BIANCHI L. e MARIOTTI I., *La delocalizzazione delle imprese italiane nel Mezzogiorno e nei Paesi dell'Europa sud-orientale. Due sistemi in competizione?*, in «Rivista Economica del Mezzogiorno», 2002, 4, pp. 745-785.

BRENTON P. e DI MAURO F., *The Potential Magnitude and Impact of FDI Flows to CEECs*, Brussels, CEPS, Working Document n. 116, 1998.

BUCH C. e PIAZZOLO D., *Capital and Trade Flows in Europe and the Impact of Enlargement*, Kiel, Kiel Working Paper, Kiel Institute of World Economics, 2000.

CIPOLLA D. e QUERCIA P., *L'internazionalizzazione delle imprese italiane nell'Europa sud-orientale e balcanica*, Roma, Ministero delle Attività Produttive, Dipartimento per l'Internazionalizzazione, 2000.

CNEL, *Italia Multinazionale 2000*, Roma, 2002.

CNEL, *L'impresa italiana in Romania: il punto di vista italiano e quello rumeno*, Roma, 2003.

DANIELE V., *Gli investimenti diretti esteri nell'Europa dell'Est. Un'analisi sui fattori di attrazione*, Catanzaro, Working Paper, Università Magna Graecia di Catanzaro, 2004.

HOEKMAN B. e DJANKOV S., *Intra-industry Trade, Foreign Direct Investment and the Reorientation of East European Exports*, Londra, CEPR, Discussion Paper n. 1377, 1996.

IMF, *Accession of Transition Economies to the European Union: Prospects and Pressures*, in «World Economic Outlook», 2000, pp. 202-256.

ISTAT-ICE, *L'Italia nell'economia internazionale*, Roma, 2000.

KRUGMAN P., *Geografia e commercio internazionale*, Milano, Garzanti, 1995.

MANZOCCHI S., *The Determinants of Foreign Financial Inflows in Central and Eastern Europe and the Implication of the EU Eastern Enlargement*, Brussels, CEPS, Working Document n. 117, 1998.

PASSERELLI F. e RESMINI L., *FDI in Central and Eastern Europe: The Role of European firms*, in «Economia e Politica Industriale», Milano, 1998, 99, pp. 5-36.

PASSERINI P., *EU FDI with Candidate Countries: An Overview*, Brussels, Eurostat Statistics in Focus, Theme 2-26, 2000.

SCAINI M., *Globalisation's New Frontiers and the Penetration of Italian Firms in Romania*, in ILIES A. e WENDT J. (a cura di), *Europe Between Millenniums. Political Geography Studies*, Oradea, Editura Universității din Oradea, 2003, pp. 219-231.

TURATO F., *Il ruolo delle Pmi del Nord-Est nei Balcani*, Venezia, Fondazione Nord-Est, 2002.

TURATO F., *L'Est secondo il Nord-Est*, in «Limes. Rivista Italiana di Geopolitica», Roma, 2003, 6, pp. 85-92.

UNCTAD, *World Investment Report*, New York, United Nations, 2003.

Daniela Vestito *

# IL TURISMO SOSTENIBILE IN PUGLIA: ATTUALITÀ E PROSPETTIVE

*Introduzione*

Il turismo, diventato oggi una delle principali attività economiche su scala mondiale, ha a lungo trascurato le componenti ambientali, il più delle volte concepite come un limite allo sviluppo piuttosto che una variabile strategica vera e propria. Molte aree a forte vocazione turistica e ad alta frequentazione hanno sacrificato, infatti, le proprie risorse naturali per rispondere alle domande emergenti del turismo di massa. L'innesco del turismo in una data regione ha significato spesso elevati costi economici e sociali per l'area interessata dal fenomeno, nonché innumerevoli tensioni a livello locale: la valorizzazione ha assunto i caratteri di mercificazione del patrimonio ambientale e turistico, mentre l'organizzazione dello spazio circostante è diventata occasione di speculazione edilizia (Leone, 2002). Un simile atteggiamento ha avuto come conseguenza la distruzione del patrimonio culturale e il degrado ambientale delle mete di destinazione, con risvolti negativi anche sullo sviluppo e la competitività dello stesso settore turistico. In molte località, soprattutto nei Paesi del bacino mediterraneo, si è assistito a «uno svilimento della potenzialità costiera, costruzioni architettoniche smodate, insensate e spesso abusive, eccedenza dei rifiuti su coste, boschi, laghi e fiumi con deteriori fenomeni di macro inquinamento, ed anche conseguenze sul piano dei rapporti umani, con la perdita dell'identità storica e culturale, soprattutto delle piccole comunità e dei piccoli centri carichi di storia e di civiltà» (Aloj Totaro, 2001, p. 9). Ciò ha indotto

---

* Università di Lecce.

a un ripensamento del rapporto turismo-territorio, tant'è che negli ultimi anni si parla sempre più di *Turismo Sostenibile* a indicare tutte quelle «forme di sviluppo, gestione e attività turistica che rispettino e preservino a lungo termine le risorse culturali, economiche e sociali» (*ibidem*). Questo nuovo orientamento verso una gestione sostenibile del turismo acquista particolare rilievo nelle aree depresse dove settori economici storicamente trainanti sono in declino; non a caso le politiche comunitarie, nella pianificazione delle aree più arretrate, considerano il turismo uno strumento importante per la gestione del territorio, in grado di creare occupazione e di avvicinare regioni periferiche al centro (DANESE, 1996). Si ritiene infatti che, mediante la valorizzazione delle diversità ambientali, culturali e dei generi di vita dei gruppi umani, i beni turistici possano agire come fattori di sviluppo locale autocentrato (MENEGATTI, 2003) e generare, attraverso la promozione del territorio, uno sviluppo indotto capace di valorizzare le identità sociali locali, nonché favorire processi di integrazione economica e culturale.

*Tendenze evolutive del turismo in Puglia*

Il turismo in Puglia, nonostante la forte vocazione turistica di tale area geografica, ha mostrato, in passato, segni di un'intrinseca debolezza riconducibile per lo più agli usi che sono stati fatti delle risorse territoriali, prevalendo fattori di sfruttamento piuttosto che di valorizzazione del patrimonio ambientale (REGIONE PUGLIA, 1988). La mancanza di adeguati interventi in tale settore ha inciso sul grado di attrazione delle località turistiche, al punto che la Puglia, fino a pochi anni fa, era da annoverare tra le regioni meno frequentate dai turisti italiani e stranieri. A confermarlo è una recente ricerca sul turismo, la quale evidenzia i flussi piuttosto modesti che hanno interessato la Regione dal 1981 al 2000: appena il 2,4% rispetto al dato nazionale e soltanto lo 0,8% delle presenze straniere in Puglia. Inoltre, la ricerca sottolinea che, a fronte di quasi 5 miliardi e 300 milioni di turisti in Italia nel ventennio preso in esame, solo 130 milioni di visitatori si sono indirizzati verso la Regione (RUBINO, 2004).

Bisogna tuttavia rilevare che, in controtendenza alle dinamiche passate, nel corso degli ultimi anni i tassi di crescita in termini di presenze, nazionali e non, hanno registrato significativi aumenti, sebbene l'incidenza del turismo sull'economia pugliese risulti ancora sensibilmente inferiore rispetto alla media nazionale e alle potenzialità che tale Regione offre (tab. 1). Per l'anno 2004 – nonostante la crisi che ha investito l'intero settore su scala nazionale – si osservano buone *performances*, passando dal +1,2% dell'area di Brindisi, al +1,7% dell'area del Tavoliere di Foggia, al +3,7% del territorio salentino-leccese, fino al +5,8 dell'area di Taranto.

TABELLA 1
*Arrivi e presenze sul territorio nazionale (per regioni) - anno 2002*

| REGIONI | Italiani | | Stranieri | | Totale | |
|---|---|---|---|---|---|---|
| | Arrivi | Presenze | Arrivi | Presenze | Arrivi | Presenze |
| Piemonte | 1.526.317 | 4.930.930 | 1.124.686 | 3.661.465 | 2.651.003 | 8.592.395 |
| Valle d'Aosta | 547.453 | 2.391.927 | 234.928 | 912.283 | 782.381 | 3.304.210 |
| Lombardia | 4.645.189 | 13.639.402 | 3.927.618 | 11.966.407 | 8.572.807 | 25.605.809 |
| Trentino-Alto Adige | 3.156.473 | 17.476.337 | 3.947.662 | 21.364.136 | 7.104.135 | 38.840.473 |
| Veneto | 4.528.321 | 23.266.770 | 7.155.425 | 32.136.823 | 11.683.746 | 55.403.593 |
| Friuli-Venezia Giulia | 978.302 | 5.247.796 | 755.715 | 3.957.973 | 1.734.017 | 9.205.769 |
| Liguria | 2.241.310 | 10.721.226 | 1.184.946 | 4.398.330 | 3.426.256 | 15.119.556 |
| Emilia-Romagna | 5.660.099 | 27.780.738 | 1.957.074 | 9.244.022 | 7.617.173 | 37.024.760 |
| Toscana | 4.792.560 | 19.357.585 | 5.218.189 | 18.659.105 | 10.010.749 | 38.016.690 |
| Umbria | 1.420.378 | 3.868.251 | 600.096 | 2.077.247 | 2.020.474 | 5.945.498 |
| Marche | 1.668.796 | 11.134.415 | 362.468 | 2.065.185 | 2.031.264 | 13.199.600 |
| Lazio | 3.244.400 | 10.480.587 | 5.299.592 | 14.459.066 | 8.543.992 | 24.939.653 |
| Abruzzo | 1.154.796 | 5.790.534 | 189.254 | 1.065.481 | 1.344.050 | 6.856.015 |
| Molise | 170.252 | 643.164 | 16.987 | 73.875 | 187.239 | 717.039 |
| Campania | 2.777.419 | 11.681.368 | 1.775.399 | 8.641.845 | 4.552.818 | 20.323.213 |
| Puglia | 1.940.183 | 8.759.746 | 313.860 | 1.500.955 | 2.254.043 | 10.260.701 |
| Basilicata | 342.603 | 1.479.808 | 48.526 | 218.330 | 391.129 | 1.698.138 |
| Calabria | 1.044.500 | 5.757.640 | 152.853 | 1.027.360 | 1.197.353 | 6.785.000 |
| Sicila | 2.494.892 | 7.945.151 | 1.533.618 | 5.201.981 | 4.028.510 | 13.147.132 |
| Sardegna | 1.341.023 | 7.333.745 | 556.150 | 2.928.061 | 1.897.173 | 10.261.806 |
| Italia | 45.675.266 | 199.687.120 | 36.355.046 | 145.559.930 | 82.030.312 | 345.247.050 |

(Fonte: ISTAT, 2003)

Dunque, un andamento positivo che investe l'intero territorio regionale, sebbene si rilevi ancora la carenza di infrastrutture, soprattutto di quelle viarie per i sistemi locali del Gargano e per le zone più interne della Murgia («Gazzetta del Mezzogiorno», 6.9.2004). A tal proposito, occorre evidenziare che lo sviluppo delle attività turistiche in Puglia è stato fortemente penalizzato non solo dalla posizione geografica marginale rispetto alla altre regioni italiane e ai maggiori centri europei, ma anche e soprattutto da un sistema di infrastrutture inadeguato rispetto alle esigenze del territorio. La scarsa accessibilità della maggior parte delle località turistiche rispetto alle direttrici della domanda nazionale e internazionale ha limitato in modo sostanziale l'uso delle attrezzature esistenti, avviando le stesse verso processi di obsolescenza funzionale (REGIONE PUGLIA, 1988). Ancora oggi, la dotazione infrastrutturale della Regione risulta inferiore alla media nazionale e l'intera struttura viaria non è tale da garantire né i traffici commerciali né quelli turistici, con riflessi negativi sullo sviluppo socio-economico locale. Non a caso la Puglia detiene – assieme alla Calabria – il primato di area tra le meno accessibili d'Europa (*www.jobonline.it*). La necessità di migliorare l'accessibilità aerea, marittima, ferroviaria e autostradale, indispensabile per rendere fruibili le località turistiche della Regione, ha reso impellente lo stanziamento di ingenti risorse finanziarie, tra cui gli oltre 178 milioni di euro che l'ANAS, Azienda Nazionale Autonoma delle Strade, ha previsto di investire per la viabilità in Puglia nell'ambito del programma triennale 2002-2004. La somma andrà ad aggiungersi ai 117 milioni di euro del triennio precedente per un dato complessivo di 295 milioni di euro in sei anni (*www.sudnews.it*).

Il problema legato all'esiguità delle infrastrutture si accentua ulteriormente in funzione di un altro fattore critico del settore turistico pugliese, ossia la forte stagionalità dei flussi turistici. Tale fenomeno ha assunto una dimensione significativa soprattutto a partire dagli anni Ottanta del XX secolo, con un andamento particolarmente negativo rispetto alla media nazionale nel decennio successivo. Il modello turistico applicato in passato, infatti, si è incentrato prevalentemente sul segmento del turismo balneare, facendo leva sul paesaggio costiero altamente suggestivo e sul clima mite che caratterizza la regione[1]. È nella stagione estiva che si registra, tuttora, la più elevata concentrazione delle presenze: il 56% nei mesi di luglio e agosto, a fronte della media nazionale del 41% rispetto allo stesso arco stagionale. Tuttavia, nel corso degli anni, il turismo balneare è divenuto un prodotto ad alto livello di maturità, e come tale ha reso impellente la necessità di integrarlo con altri prodotti, soprattutto alla luce delle crescenti pressioni competitive sul mercato, della maggiore complessità della domanda e del ciclo di vita del prodotto turistico sempre più breve. Con riferimento proprio a quest'ultimo aspetto, Butler (1980) ha posto l'accento sulla limitatezza e sulla non rinnovabilità delle attrazioni turistiche, le quali non possono considerarsi né infinite né eterne; secondo l'autore, pertanto, è opportuno contenere lo sviluppo del luogo turistico entro i limiti di capacità prestabiliti, mantenendo il suo potenziale di competitività per un periodo più lungo. Occorre tener conto, infatti, dei crescenti costi a carico della comunità ospitante, derivanti dalla concentrazione dei flussi turistici in brevi periodi dell'anno. Accade di frequente che l'enfasi posta sui vantaggi del turismo in termini sociali, culturali ed economici induca a trascurare l'aspetto legato ai costi che tale fenomeno comporta: da un lato quelli in infrastrutture necessarie per l'esercizio del turismo, dall'altro quelli provocati dal turismo stesso, in funzione dei danni prodotti dal movimento dei visitatori (RUOCCO, 1997). Da qui la necessità di differenziare il servizio innalzando la qualità nell'offerta turistica, e prestando maggiore attenzione al miglioramento della qualità ambientale oltre che della qualità della vita. Ciò anche allo scopo di scongiurare quanto teorizzato da Doxey (1976), secondo cui al crescere del fenomeno turistico e a fronte del deterioramen-

---

[1] Da un confronto della situazione in Puglia con quella di altre regioni, emerge che il turismo balneare pugliese può contare su una stagione estiva di oltre 4 mesi, circa un mese in più rispetto alla media nazionale (VITERBO, 1996).

to delle mete di destinazione si arriva a una condizione di antagonismo da parte della popolazione locale nei confronti dei turisti.

Proprio al fine di qualificare l'offerta e distribuire le presenze dei visitatori in un arco temporale più ampio, le attuali politiche di sviluppo locale nel comparto turistico sono protese verso la conservazione e la valorizzazione di beni a elevato contenuto storico artistico, di pari passo con la tutela e la valorizzazione del patrimonio naturalistico della Regione. Da questo nuovo modo di agire da parte degli attori locali, pubblici e privati, sono scaturite iniziative di indubbio valore, miranti a un potenziamento del turismo ambientale e culturale. Tra queste è possibile annoverare la creazione di percorsi enogastronomici attraverso le cosiddette *Strade dell'olio e del vino*, che incentivano «un turismo non semplicemente legato alla cantina o all'enoteca, bensì collegato a tutte le realtà presenti lungo la strada» (CORIGLIANO, 1999, p. 117). In Puglia sono state istituite nove *Strade del vino* e otto *Strade dell'olio extravergine di oliva*, che «percorreranno la regione da Nord a Sud e si svilupperanno nei territori delimitati dai disciplinari di produzione dei 25 vini DOC e dei 4 DOP esistenti in Puglia» (CARULLI, 2003). Attraverso l'istituzione degli itinerari enogastronomici turistici, dunque, si viene a disporre di veri e propri percorsi educativi diretti a tutelare e valorizzare i territori vitivinicoli e olivicoli, nonché a aumentarne la fruizione sotto l'aspetto turistico, paesaggistico e naturalistico (REGIONE PUGLIA, 1999a).

Si è cercato di esaltare, inoltre, le ricchezze paesaggistiche della Regione attraverso la creazione di itinerari di escursionismo, molti dei quali particolarmente suggestivi, come quelli della Foresta Umbra, sul Gargano, e i percorsi che dal Tavoliere si estendono fino alla fascia costiera. Da annoverare anche la creazione di itinerari di piste ciclabili[2], un progetto promosso dalla Provincia di Lecce che individua una rete di percorsi ciclabili – 16 itinerari extraurbani – in grado di fornire al turista la possibilità di riscoprire aree spesso inaccessibili con i tradizionali sistemi di trasporto (PROVINCIA DI LECCE, 1999).

Sempre nell'ottica di promuovere attività tali da garantire un uso sostenibile delle risorse del territorio, sono stati inseriti nel quadro dell'offerta turistica regionale nuovi modelli organizzativi, tra cui l'agriturismo che, oltre ad ampliare la ricettività della Regione, contribuisce a preservare l'identità dei contesti rurali attraverso la valorizzazione delle tradizioni e del patrimonio culturale locale. Dal rapporto ISTAT 2003 sul turismo emerge che ben 137.709 turisti hanno scelto di villeggiare in Puglia privilegiando questa forma di vacanza a contatto con la natura. Si offre così l'opportunità di rilanciare il turismo rurale della Regione, spesso caratterizzato dalla formula «agriturismo di mare» e come tale, in grado di produrre effetti positi-

---

[2] Per ulteriori approfondimenti in merito al progetto si rimanda alla Deliberazione della Giunta provinciale di Lecce n. 387 del 23.03.1999, *Piano provinciale delle piste ciclabili extraurbane* (Legge n. 366/98), p. 2 e segg.

vi anche in termini di destagionalizzazione e riduzione della pressione antropica sulle coste della Penisola (DE RUBERTIS e VITERBO, 2001). In forte espansione – sebbene non ancora molto diffuso sul territorio rispetto ad altre regioni italiane – è anche il sistema «camera con colazione», meglio noto come Bed & Breakfast[3]. Tale forma di ospitalità extra-alberghiera, al pari dell'agriturismo, si presenta quale strumento per attuare forme di turismo sostenibile, in quanto compatibile con l'ambiente: si tratta infatti di valorizzare le infrastrutture esistenti senza crearne nuove sul territorio e facilitare, al tempo stesso, l'accoglienza dei visitatori attraverso contatti diretti con la comunità locale. L'offerta e le politiche di sviluppo di un'area a valenza turistica, del resto, non possono prescindere dalla qualità dell'ambiente circostante e dalla relativa capacità di carico[4] – concetto considerato dalla OMT elemento chiave nella pianificazione dello sviluppo turistico durevole (DEPREST, 1997).

Il concetto di *qualità* acquista una rilevanza di portata enorme non soltanto nelle aree naturalistiche, ma anche nelle tradizionali mete del turismo culturale, prese d'assalto da un afflusso di visitatori che va al di là delle potenziali capacità di carico (GORELLI, 1993). Proprio a fronte dei problemi di sostenibilità turistica a cui stanno andando incontro città d'arte e grandi centri urbani – molti dei quali prossimi alla saturazione – assumono crescente importanza i siti minori, che rappresentano, in prospettiva, punti focali della futura politica del turismo. Il fine è quello di «ridistribuire il flusso nell'arco dell'anno e orientare gli spostamenti verso destinazioni differenti da quelle abituali, ad esempio i centri storici minori, i quali a volte sono stati trascurati a causa di ubicazioni poco favorevoli, della insufficienza delle strutture di alloggio, di un'immagine di scarso richiamo» (CITARELLA, 1997, p. 9). Cresce perciò l'interesse da parte degli attori locali a sostenere il movimento turistico verso i centri minori ai fini della riscoperta di valori, tradizioni, culture, sapori e prodotti legati alle specificità del territorio. Si ravvede in tale scelta la volontà di superare le dinamiche centro-periferia, teorizzate dagli economisti sul finire degli anni Cinquanta del secolo scorso per descrivere l'agire del turismo di massa, basato su flussi che dal centro industriale si spostano verso le periferie del piacere (SANGALLI, 2002).

Le iniziative poste in essere sul territorio regionale testimoniano, dunque, la nascita di una nuova coscienza collettiva che riconosce l'importanza di attuare una gestione eco-compatibile delle risorse ambientali unitamente al rafforzamento dell'identità locale, quali condizioni indispensabili per elevare il potenziale turistico della Puglia.

---

[3] Per l'anno 2003 risultano già 370 le strutture iscritte nell'elenco ufficiale della regione Puglia, 235 delle quali nella provincia di Lecce, 47 a Bari, 41 a Foggia, 26 a Brindisi e infine 21 a Taranto (REGIONE PUGLIA, 2004a).

[4] Il concetto di capacità di carico mira a stabilire in termini misurabili il numero di visitatori e il grado di sviluppo che non sono suscettibili di arrecare conseguenze pregiudizievoli alle risorse (CAZES, 1993, p. 139).

*Piani Integrati Settoriali e Itinerari Turistico-Culturali*

La crescita del territorio attraverso lo sviluppo di sinergie derivanti dalla combinazione di turismo, ambiente e cultura è quanto prospettato nel Piano Operativo Regionale 2000-2006 a supporto dei sistemi di imprese turistiche in Puglia. Il documento di programmazione, infatti, auspica un'integrazione tra l'elemento rurale, le risorse balneari, culturali, archeologiche ed eno-gastronomiche, quale specificità turistica su cui puntare per il rilancio dell'economia locale (REGIONE PUGLIA, 1999b).

Tra gli strumenti programmatici attraverso cui il Piano Operativo Regionale (POR) si propone di perseguire concretamente tale obiettivo si collocano i Progetti Integrati Settoriali (PIS), riguardanti gli *itinerari turistico-culturali*, il cui obiettivo comune è quello di sviluppare gli aggregati regionali, mediante la valorizzazione delle specificità locali e il recupero funzionale dei centri storici. La realizzazione di questi itinerari offre la possibilità di prolungare la stagione turistica e con essa il periodo di utilizzazione degli impianti ricettivi, nonché dei servizi turistici anche da parte della comunità locale (CITARELLA, 1997).

I cinque Piani Integrati Settoriali, previsti dalla misura 4.14 del POR per il settore turistico, sono stati approvati dal governo regionale nel dicembre 2004 e hanno portato all'istituzione di altrettanti itinerari turistico-culturali, così denominati (tab. 2):
1. PIS n. 11 «Barocco Pugliese»;
2. PIS n. 12 «Normanno-Svevo Angioino»;
3. PIS n. 13 «Habitat rupestre»;
4. PIS n. 14 «Turismo, Cultura e Ambiente nel Sud Salento»;
5. PIS n. 15 «Turismo, Cultura e Ambiente nel Gargano».

TABELLA 2
*Itinerari turistico-culturali previsti dal POR Puglia 2000-2006*

| PIS | Estensione area (in Km$^2$) | n. comuni | Popolazione residente | Densità di popolazione (ab./km$^2$) | Fondi pubblici destinati (in Ml di euro) |
|---|---|---|---|---|---|
| *Barocco Pugliese* ** | 2.841 | 28 | 659.992 | 232 | 96.776 |
| *Normanno-Svevo Angioino* | 10.764 | 102 | 2.412.012 | 224 | 103.276 |
| *Habitat rupestre* | 2.224,214 | 13 | 306.436 | 136,7 | 63000 |
| *Tur., Cult., Amb. nel Sud Salento* | 128.888 | 61 | 359.068 | 278,8 | 80.676 |
| *Tur., Cult., Amb. nel Gargano* | 2.773 | 16 | 196.317 | — | 78.076 |

** I dati riferiti al PIS «Barocco Pugliese» non includono quelli dei sei comuni in Terra di Capitanata.
(Fonte: Regione Puglia, 2004)

Ciascuno dei progetti su elencati interessa una specifica area territoriale avente distinte peculiarità e oggetto, pertanto, di precipui interventi facenti leva sulle risorse locali esistenti, nell'interesse più generale di promuovere le ricchezze naturalistiche e culturali della Puglia. Dall'analisi dei singoli Piani settoriali emergono, infatti, precisi obiettivi da perseguire in ciascuna delle cinque aree tematiche omogenee delineate (fig. 1) [5].

Nello specifico, il PIS *Barocco Pugliese* (REGIONE PUGLIA, 2004c) ha previsto interventi per la valorizzazione di beni culturali di elevato pregio in quanto espressione dell'arte barocca in molti centri storici delle province di Brindisi, Lecce, Taranto e di una ristretta area foggiana [6]. Si punta alla rivitalizzazione di tali centri e, al tempo stesso, alla tutela del patrimonio diffuso del territorio, caratterizzato dalla

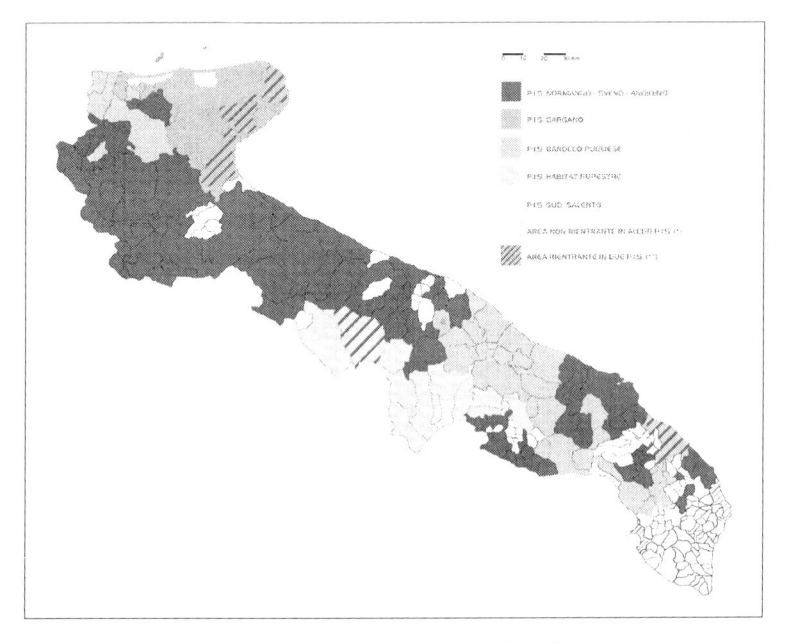

Fig. 1 - *Ambito territoriale delle aree tematiche previste dai PIS.*
(Fonte: Regione Puglia, 2004; elaborazione grafica: A. MELCARNE, A. SASSANELLI)

---

[5] Nelle cinque aree individuate dai PIS non risultano inclusi 40 comuni della regione Puglia.

[6] Il PIS *Barocco Pugliese* prende come riferimento geografico due macro-aree: la prima si colloca intorno al capoluogo leccese, dove sono presenti le principali testimonianze del barocco pugliese; la seconda interessa le province di Bari, Brindisi e Taranto e si estende tra Martina Franca e Francavilla Fontana. A queste due aree se ne aggiunge poi una terza territorialmente discontinua (con un'estensione di 741 km$^2$) posta in terra di Capitanata, dove il barocco presenta caratteristiche distinte rispetto alle altre due zone di riferimento.

presenza di numerose testimonianze della civiltà contadina (quali muretti a secco, trulli, tratturi, masserie), così come di dolmen, menhir e suggestive risorse paesaggistiche, tra cui boschi, paludi, lame e gravine. Alla valorizzazione di beni storico-artistici è proteso, altresì, il PIS *Normanno-Svevo-Angioino* (REGIONE PUGLIA, 2004d), avente come obiettivo il recupero di risorse culturali, quali castelli, torrioni, chiese, palazzi e monumenti dell'epoca, che costituiscono preziose testimonianze della presenza normanna, sveva e angioina dal XI al XV secolo su una porzione di territorio piuttosto ampia della regione, ossia l'area foggiana, barese-tarantina e brindisino-salentina. A tal proposito, di notevole interesse è la presenza di numerosi musei archeologici, religiosi e artistici dove vengono conservati oggetti che documentano il periodo storico su citato, contribuendo a innalzare il potenziale attrattivo dell'itinerario. Costituiscono, invece, elementi chiave del PIS *Habitat rupestre* (REGIONE PUGLIA, 2004e) le risorse paesaggistiche che caratterizzano parte del territorio della Murgia pugliese, a cavallo delle province di Bari e Taranto. Obiettivo centrale del progetto è la riscoperta di insediamenti come gravine, grotte, cunicoli e chiese che appartengono alla memoria della civiltà rupestre. Elevata attrattività rivestono, inoltre, le risorse architettoniche presenti nel Parco Naturale Regionale delle Gravine lungo l'arco jonico, e i numerosi siti archeologici, in cui sono state rinvenute tracce di necropoli arcaiche e importanti testimonianze dell'era preistorica (come le orme dei dinosauri ritrovate ad Altamura). Notevole attenzione ai beni ambientali e culturali viene prestata anche nell'ambito del PIS *Territorio-Ambiente e Cultura del Gargano* (REGIONE PUGLIA, 2004f) con una serie di interventi per la tutela e la salvaguardia del patrimonio diffuso, tra cui i giardini agrumari del Gargano e le torri fortificate, nonché con la predisposizione di itinerari di escursionismo che consentano di conoscere le ricchezze paesaggistiche del parco nazionale. Ma è principalmente sulle «strade del pellegrinaggio» che tale PIS fa leva per favorire lo sviluppo delle attività turistiche in tale area. Grazie al turismo religioso, infatti, milioni di pellegrini percorrono ogni anno le strade della fede verso gli antichi luoghi di culto presenti sul territorio (*www.tuttogargano.com*). È invece sul segmento del turismo ambientale che si incentrano gli interventi previsti dal PIS *Turismo Cultura e Ambiente nel Sud Salento*, di cui si appronta di seguito un'analisi più dettagliata.

*Un itinerario turistico-culturale per lo sviluppo socio-economico del Sud Salento*

Il PIS *Turismo Cultura e Ambiente nel Sud Salento* riveste particolare importanza per l'elevato pregio del patrimonio culturale e ambientale afferente al territorio oggetto degli interventi settoriali[7]. L'area interessata si estende interamente

---

[7] L'approvazione del PIS n. 14 *Turismo Cultura e Ambiente nel Sud Salento* è avvenuta con delibera della Giunta regionale n. 1628, in data 30 novembre 2004 e pubblicata sul «Bollettino Ufficiale della Regione Puglia» n. 149 del 15 dicembre 2004.

nella provincia di Lecce, precisamente nella parte sud-orientale della penisola, lungo la direttrice che unisce idealmente Gallipoli, Maglie e Otranto (fig. 2).

Il turismo nel Sud Salento[8] costituisce da sempre uno dei settori trainanti dell'economia locale, rappresentando, assieme alle altre attività terziarie, il 70% del reddito complessivo ivi prodotto (REGIONE PUGLIA, 2004g). Difatti, tale area geo-

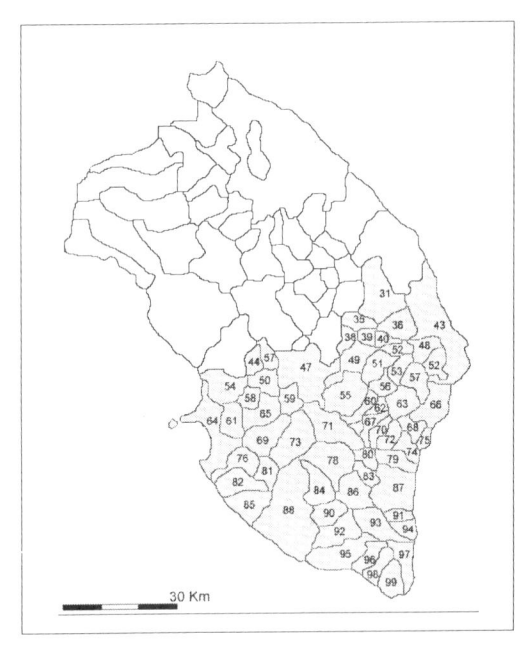

Fig. 2 - *Ambito territoriale del PIS* Turismo Cultura e Ambiente nel Sud Salento.

Comuni rientranti nell'area del PIS *Turismo, Cultura e Ambiente nel Sud Salento* (numero d'ordine geografico secondo ISTAT): 31. Carpignano Salentino; 32. Soleto; 33. Nardò; 34. Galatina; 35. Castrignano de' Greci; 36. Cannole; 37. Corigliano d'Otranto; 38. Melpignano; 39. Cursi; 40. Bagnolo del Salento; 41. Galatone; 42. Sogliano Cavour; 43. Otranto; 44. Seclì; 45. Aradeo; 46. Palmariggi; 47. Cutrofiano; 48. Giurdignano; 49. Maglie; 50. Neviano; 51. Muro Leccese; 52. Uggiano la Chiesa; 53. Giuggianello; 54. Sannicola; 55. Scorrano; 56. Sanarica; 57. Minervino di Lecce; 58. Tuglie; 59. Collepasso; 60. Botrugno; 61. Alezio; 62. San Cassiano; 63. Poggiardo; 64. Gallipoli; 65. Parabita; 66. Santa Cesarea terme; 67. Nociglia; 68. Ortelle; 69. Matino; 70. Surano; 71. Supersano; 72. Spongano; 73. Casarano; 74. Diso; 75. Castro; 76. Taviano; 77. Ruffano; 78. Andrano; 79. Montesano Salentino; 80. Melissano; 81. Racale; 82. Miggiano; 83. Taurisano; 84. Alliste; 85. Specchia; 86. Tricase; 87. Ugento; 88. Acquarica del Capo; 89. Tiggiano; 90. Presicce; 91. Alessano; 92. Corsano; 93. Salve; 94. Morciano di Leuca; 95. Gagliano del Capo; 96 Patù; 97. Castrignano del Capo.
(Fonte: Regione Puglia, 2004; elaborazione grafica: MELCARNE A., SASSANELLI A.)

---

[8] Di seguito con l'accezione «Sud Salento» si intende fare riferimento nel testo all'insieme dei 61 comuni facenti parte del PIS in esame (cfr. fig. 2).

grafica – conosciuta con il nome di Terra d'Otranto – è connotata da un'elevata vocazione turistica, grazie alle sue peculiari risorse naturali, oltre che alla radicata cultura dell'accoglienza della comunità locale. In particolare, è il mare la risorsa su cui il settore turistico ha fatto maggiormente leva, puntando all'elevata suggestività dei paesaggi costieri e al mare cristallino che si estende lungo tale tratto della penisola.

L'eccessivo sfruttamento turistico della *risorsa mare* ha determinato una forte pressione sui litorali della penisola salentina, con la conseguente crescita disordinata e non controllata del territorio (AMORUSO, 1992). L'intensa urbanizzazione delle maggiori mete turistiche lungo le coste del Sud Salento, unitamente al fenomeno delle seconde case, che ha interessato sia l'arco ionico che adriatico del Salento (cfr. SANTORO LEZZI, 1974), e all'abusivismo edilizio, soprattutto nei tratti di costa tra Gallipoli e Ugento sul versante ionico e nei pressi di Otranto sull'Adriatico (REGIONE PUGLIA, 2004g) hanno esercitato una forte pressione sul territorio. A tali criticità di natura antropica si somma la carenza di infrastrutture ricettive e servizi, non proporzionati al carico demografico dei mesi estivi, con conseguenti effetti negativi sulla capacità attrattiva di questa realtà territoriale.

Da qui la necessità di intervenire per una maggiore qualificazione dell'offerta complessiva, al fine di distribuire le presenze nell'arco dell'anno ed evitare, così, di congestionare le località balneari nella stagione estiva. A tale scopo, il PIS in esame prevede una serie di interventi integrati e coordinati tra soggetto pubblico e privato, che coinvolgono le diverse attività legate allo sviluppo del territorio, da quelle commerciali e artigianali a quelle enogastronomiche e folkloristiche.

L'elemento chiave verso cui è indirizzata l'intera strategia del PIS è la valorizzazione del *paesaggio della pietra*, quale elemento caratterizzante di tutto il Sud Salento, nonché fattore di aggregazione di tutte le risorse ambientali e storico-culturali disperse sul territorio e apparentemente prive di un legame. La pietra rappresenta, infatti, una vera e propria specificità del contesto locale, contraddistinto dalla presenza di scogliere a picco sul mare, grotte e terreni rocciosi. Lo stesso patrimonio storico-architettonico è ricco di antiche strutture in pietra, come i dolmen e i menhir risalenti al Neolitico o le chiese, i castelli e i palazzi nobiliari che costituiscono la memoria storica della civiltà locale. In particolare, la massiccia presenza di manufatti della civiltà contadina (quali trulli, specchie, frantoi ipogei, masserie e muretti a secco) così come di quella marinara (con fari, torri e approdi) testimonia l'importanza che la pietra ha rivestito nella vita quotidiana della popolazione salentina sin dal passato fino ai giorni nostri, giacché ancora oggi tale risorsa rappresenta la materia prima utilizzata dai laboratori artigianali locali. L'idea promossa dal PIS è proprio quella di fare della pietra il filo conduttore di queste risorse sparse sul territorio, creando degli itinerari turistici collegabili tra loro su tutta l'area e inserendo così nel circuito beni che in precedenza erano stati trascurati o sottovalutati; in modo tale che «ciascuna delle tipologie di risorse culturali presenti sul territorio potrebbe costituire il nodo di una filiera che favorisca lo sviluppo integrato di attività interconnesse – ad esempio partendo dal mare, inoltrandosi alla scoperta di masserie e dei frantoi con degustazioni in loco, seguendo itinerari eno-gastronomici e naturalistici» (REGIONE PUGLIA, 2004g, p. 51).

L'obiettivo generale posto alla base della progettualità è creare sviluppo socio-economico nel Sud Salento, innescando un indotto che crei nuove opportunità occupazionali e attragga nuova forza lavoro sul territorio, la cui economia oggi attraversa un'evidente fase di difficoltà legata soprattutto alla bassa produttività dell'agricoltura diffusa e dei sistemi di piccola imprenditoria. Nonostante le enormi potenzialità e la forte vitalità imprenditoriale di questo territorio, infatti, il livello del reddito *pro capite* resta al di sotto della media regionale; di contro il tasso di disoccupazione, negli ultimi anni, continua la sua ascesa, contestualmente alla progressiva diminuzione della domanda di lavoro.

È proprio in questo contesto, dunque, che si inserisce il turismo come possibile volano di crescita per l'intero territorio preso in esame. Si ritiene infatti di poter avviare, attraverso una maggiore specializzazione turistica, «un sistema locale integrato capace di ottenere un effetto moltiplicatore di valore superiore rispetto a quello dato dalla semplice somma delle risorse presenti sul territorio» (REGIONE PUGLIA, 2004b, p. 48). Si stima che il coefficiente moltiplicatore del turismo sui posti di lavoro indotti sia uno dei più alti rispetto ad altre attività: in linea di massima per ciascun posto diretto si arriva a generare da 2 a 3 posti di lavoro indotti (LOZATO-GIOTART, 2001). Seguendo le teorie di Reynaud e Defert, dunque, si prospettano effetti positivi in termini di aumento delle attività indotte dalla presenza dei visitatori e di mobilità settoriale della popolazione dal settore primario al terziario (BRESSO e ZEPPETELLA, 1985).

Tuttavia, se da un lato si considera il turismo creatore di posti di lavoro, non bisogna neanche trascurare che tale settore è, prima di tutto, «utilizzatore e consumatore di spazio» (LOZATO-GIOTART, 2001, p. 191) e come tale necessita di un'attenta politica a livello locale per far sì che l'impatto sociale ed economico del turismo non vada ad alimentare e consolidare contrasti infra-regionali (*ibidem*). Come osserva Innocenti (1990), il turismo comporta una serie di opportunità, tra cui l'aumento delle stazioni turistiche e interconnessioni interne ed esterne, ma anche il rischio di effetti perversi qualora non si intervenga con piani di gestione dei flussi *ad hoc*.

Il connubio esistente tra arte, storia e natura offre enormi potenzialità di crescita del sistema turistico di questa area e, conseguentemente, dell'intera economia locale. Tuttavia, è pur vero che la disponibilità di un patrimonio culturale e ambientale di elevato spessore non è di per sé sufficiente a garantire lo sviluppo delle attività turistiche. È ragionevole pensare, infatti, che quest'ultimo non possa prescindere dall'esistenza di attrezzature ricettive, commerciali e di trasporto ai fini di un'adeguata fruizione delle risorse presenti. In merito a ciò, occorre sottolineare che nel Sud Salento, a fronte di una domanda turistica che continua a crescere nel corso degli anni, l'offerta risulta tuttora carente sotto diversi punti di vista e le strutture esistenti non sono in grado di accogliere, qualitativamente e quantitativamente il flusso di visitatori in arrivo, ancor più elevato nell'alta stagione. In particolare, è mancato un adeguamento del sistema dei trasporti all'aumento dei traffici e dei flussi turistici avutosi negli ultimi anni: non soltanto non esistono porti turistici in nessuno dei maggiori centri marittimi dell'area in esame (Gallipoli, Otranto, Santa Maria di Leuca), ma gli stessi collegamenti stradali sono tali da rendere poco agevole il raggiungimento di molte località situate nella parte più meridionale della penisola. Il potenziamento delle strutture di trasporto diventa, perciò, fattore imprescindibile per lo sviluppo del territorio, la cui posizione geografica, aperta verso il Mediterraneo, favorisce lo sviluppo delle reti e dei corridoi internazionali che intersecano l'area.

È ovvio che la realizzazione di opere atte a potenziare la dotazione infrastrutturale locale dipende da una molteplicità di fattori, tra cui la disponibilità di risorse finanziarie, uno spiccato spirito imprenditoriale da parte degli attori locali oltre che l'interessamento dell'amministrazione pubblica. Alla luce di quanto riscontrato, pertanto, risulta indispensabile porre in essere una politica del territorio tesa non soltanto a promuovere flussi turistici costanti, ma anche e soprattutto a qualificare e innovare l'offerta turistica. Ciò si traduce concretamente con una riorganizzazione del sistema produttivo, che vede come punti di partenza sia la formazione tecnico-imprenditoriale, al fine di introdurre nuove figure professionali e aumentare la competitività delle imprese, sia un partenariato pubblico-privato che attivi «processi di valorizzazione ancorati a salde prese territoriali e fondati su un'organizzazione del territorio più flessibile e attenta alle istanze di partecipazione e collaborazione degli attori locali» (PALMA, 2003, p. 197).

# BIBLIOGRAFIA

AA. VV., *X Rapporto sul turismo italiano 2001*, Firenze, Mercury, 2001.

AA. VV., *XI Rapporto sul turismo italiano 2002*, Firenze, Mercury, 2002.

AA. VV., *XII Rapporto sul turismo italiano 2003*, Firenze, Mercury, 2003.

AA. VV., *L'economia pugliese resiste*, in «Gazzetta del Mezzogiorno», 6.09.2004.

AA. VV., *Viabilità in Puglia, piano triennale Anas per 295 mln euro*, www.sudnews.it, 22.06.2002.

ACI, CENSIS, *Rapporto sul Turismo 2001. I distretti turistici italiani: l'opportunità di innovare l'offerta*, 2001.

ALOJ TOTÀRO E., *Ecologia del Turismo. Compatibilità ambientale dei fenomeni turistici e strategie di turismo sostenibile*, Napoli, Edizioni Giuridiche Simone, 2001.

AMORUSO O., *Dalla repulsione alla congestione: dinamica dell'arco adriatico del Salento*, in AMORUSO O., CARPARELLI S., MININNO A. e RINELLA A., «Per una sintassi dello spazio costiero pugliese», Pubblicazione del Dipartimento di scienze geografiche e merceologiche, Università degli Studi di Bari, n. 12, Bari, Cacucci, 1992, pp. 29-45.

BRESSO M. e ZEPPETELLA A., *Il turismo come risorsa e come mercato*, Milano, Franco Angeli, 1985.

BUTLER R.W., *The Concept of Tourism Area Cycle Evolution: Implication of Management Resources*, in «The Canadian Geographer», Montréal, 1980, vol. XXIV, n. 1, pp. 5-12.

CARULLI V., *Quattro passi per le strade del vino e dell'olio*, in A. RINELLA e F. RINELLA (a cura di), «Serre, Cantine e frantoi. Viaggio nell'economia locale del Salento», Bari, Progedit, 2003, pp. 133-168.

CAZES G., *Fondements pour une géographie du tourisme et des loisirs*, Rosny-Bréal, 1993.

CITARELLA F., *Turismo e diffusione territoriale dello sviluppo sostenibile*, Napoli, Loffredo Editore, 1997, pp. 1-28.

CORIGLIANO M.A., *Strade del vino ed enoturismo. Distretti turistici e vie di comunicazione*, Milano, Franco Angeli, 1999.

DANESE F., *Il turismo dell'Unione Europea*, in «Terra d'Otranto», Rivista della C.C.I.A.A. di Lecce, anno XI, n. 4, 1996, p. 70 e segg.

DE RUBERTIS S. e VITERBO D.D., *L'agriturismo in Puglia: un volano per lo sviluppo locale*, in CELANT A. e MAGNI C. (a cura di), *Sviluppo rurale e agriturismo di qualità nel Mezzogiorno: il caso delle regioni Campania, Puglia, Sardegna e Sicilia*, Bologna, Pàtron, 2001, pp. 213-247.

DEPREST F., *Enquête sur le tourism de masse. L'ecologie face au territoire*, Coll. Mappemonde, Paris, Belin, 1997.

DOXEY G.V., *When Enough's enough. The Natives are Restless in Old Niagara*, in «Eritage Canada», vol. 2, 1976, pp. 26-27.

GORELLI C., *L'intervento straordinario*, in «Criteri per la valutazione economica dei programmi e progetti d'intervento pubblico nel campo del turismo», Roma, FORMEZ, 1993, pp. 72-81.

INNOCENTI P., *Geografia del turismo*, Roma, Nuova Italia Scientifica, 1990.

IPRES, *Puglia in cifre 2001*, Bari, Progedit, 2002.

IPRES, *Puglia in cifre 2002*, Bari, Progedit, 2003.

IPRES, *Puglia in cifre 2003*, Bari, Progedit, 2004.

ISTAT, *Rapporto sul turismo 2003*.

LEONE U., *Nuove politiche per l'ambiente*, Roma, Carocci, 2002.

Lozato-Giotart J.P., *Geografia del Turismo. Dallo spazio visitato allo spazio consumato*, Milano, Franco Angeli, 2001.

Menegatti B., *Il turismo in Italia. Il movimento, la ricerca, la didattica*, in «Bollettino della Società Geografica Italiana», fasc. 3, 2003, 703-715.

OMT, *Sustainable Tourism Development: Guide for Local Planners*, 1993.

Palma E., *Alla scoperta dei sistemi turistici leccesi*, in A. Rinella e F. Rinella (a cura di), *Serre, Cantine e frantoi. Viaggio nell'economia locale del Salento*, Bari, Progedit, 2003, pp. 193-208.

Provincia di Lecce, Deliberazione della Giunta provinciale di Lecce n. 387 del 23.03.1999, *Piano provinciale delle piste ciclabili extraurbane* (Legge n. 366/98).

Provincia di Lecce, *Studio preliminare per lo sviluppo turistico e programmazione negoziata nella provincia di Lecce*, Firenze, Centro Studi Turistici, 1999.

Regione Puglia, *Piano di Sviluppo turistico. Fase propositiva*, Milano, Franco Angeli, 1988.

Regione Puglia, *Bollettino Ufficiale della Regione Puglia*, n. 4 del 14.01.1999a.

Regione Puglia, *Programma Operativo Regionale 2000-2006*, 1999b.

Regione Puglia, Deliberazione della Giunta Regionale n. 125 del 17.02.2004, L.R. 24.07.2001 n. 17 «Istituzione e disposizioni normative dell'attività ricettiva di Bed & Breakfast (affittacamere)» - Pubblicazione elenco iscritti all'Albo, in «Bollettino Ufficiale della Regione Puglia», n. 23 del 27.02.2004, 2004a.

Regione Puglia, Deliberazione della Giunta regionale n. 1620-1623-1625-1628-1752 del 30.11.2004, Approvazione PIS n. 11-12-13-14-15 P.O.R. Puglia 2000/2006, in «Bollettino Ufficiale della Regione Puglia», n. 149 del 15.12.2004, 2004b.

Regione Puglia, *Progetto Integrato Settoriale n. 11 "Barocco Pugliese"*, 2004c.

Regione Puglia, *Progetto Integrato Settoriale n. 12 "Normanno - Svevo Angioino"*, 2004d.

Regione Puglia, *Progetto Integrato Settoriale n. 13 "Habitat Rupestre"*, 2004e.

Regione Puglia, *Progetto Integrato Settoriale n. 15 "Turismo, Cultura e Ambiente nel territorio nel Gargano"*, 2004f.

Regione Puglia, *Progetto Integrato Settoriale n. 14 "Turismo, Cultura e Ambiente nel territorio del Sud Salento"*, 2004g.

Rubino L., *Il sistema turistico pugliese, un lillipuziano in crescita*, in «Puglia Notizie», n. 2, giugno 2004.

Ruocco I., *Costi del turismo*, in «Turismo e diffusione territoriale dello sviluppo sostenibile», Napoli, Loffredo Editore, 1997, pp. 121-126.

Sangalli F., *Le Organizzazioni del Turismo*, Milano, Apogeo, 2002.

Sapio R., *La riforma della legislazione nazionale del turismo*, Lecce, Manni, 2001.

Viterbo D.D., *Turismo, possibilità mal sfruttata*, in «Terra d'Otranto», rivista trimestrale della C.C.I.A.A. di Lecce, anno XIII, n. 2, giugno 1996.

Viterbo D.D. (a cura di), *Turismo e territorio. Contributi per una geografia del turismo pugliese*, Lecce, Argo, 1995.

Siti internet consultati

*http://www.sudnews.it*
*http://www.jobonline.it*
*http://www.pugliaturismo.com*
*http://www.istat.it*
*http://www.tuttogargano.it*

Antonio Violante *

# SLAVI ORTODOSSI, MINORANZE STORICHE E PROFUGHI IN MONTENEGRO

Il Montenegro si estende sulla costa adriatica per circa 290 km, tra Herceg-Novi vicino al confine croato fino all'Albania in prossimità di Ulcinj, con un entroterra formato da massicci montuosi. L'interno del paese consta della valle della Zeta, una pianura circondata da montagne eccetto che sul lato sud-est rivolto verso il lago Skadar; vi si situano alcuni tra i maggiori centri abitati, come Nikšić e Podgorica che è la capitale amministrativa. Più a nord, le valli dei fiumi Piva, Tara e Lim che si immettono nella Drina, a sua volta subaffluente del Danubio, estranee al bacino adriatico sono comprese in quello del Mar Nero.

Il profilo culturale di questa regione presenta una disomogeneità non meno accentuata di quella territoriale ricordata in breve sopra; infatti, in passato come oggi, il Montenegro è stato soggetto a una duplice attrazione verso due direzioni opposte: verso un Occidente mediterraneo da un lato, e verso un Oriente europeo che riscontra nella Serbia e in senso lato anche nella Russia, i propri punti di riferimento, dall'altro. Questa duplice appartenenza culturale non è il solo aspetto che distingue il Montenegro dagli altri paesi della ex Jugoslavia: esso si caratterizza anche per essere stato il solo degli Stati a fondamento *nazionale* tra quelli della federazione scomparsa nel 1992, a non essersi proclamato indipendente nei primi anni Novanta[1]. Un tale attaccamento all'istituzione federale, come questa mostrata dal Montenegro quando nel 1992 la proposta di secessione da Belgrado venne bocciata con referendum popolare, lascerebbe presupporre un'*identità nazionale montenegrina debole* per non

---

\* Università di Milano, Istituto di Geografia Umana.

[1] La Bosnia-Erzegovina costituisce una parziale eccezione a questo quadro, dal momento che essa si è resa indipendente in nome di un'identità *statuale* piuttosto che *nazionale* «bosniaca». Infatti una nazione bosniaca «in fieri», pur rintracciabile in qualche modo nel medioevo come nel caso di tante altre nazionalità europee, con l'avvento della dominazione ottomana aveva cessato di esistere a conseguenza soprattutto della nuova amministrazione provinciale, non a base territoriale ma fondata sul criterio della ripartizione degli abitanti per comunità religiose (cristiana nelle due varianti cattolica ed ortodossa, musulmana ed ebraica), che sta all'origine delle fratture etniche in Bosnia nel XX secolo emerse di fronte ai tentativi di «europeizzare» questa terra sul piano politico ed amministrativo.

essere condivisa dalla maggioranza della popolazione, oppure un legame solido con una Serbia percepita come il vero *cuore* dello Stato. Secondo una differente chiave di lettura, l'insuccesso degli indipendentisti alla consultazione del 1992 potrebbe essere stato determinato dal timore di innescare una violenta reazione nazionalistica dei serbi, come quelle verificatesi nelle altre repubbliche secessioniste. Tuttavia, dal 2001 dopo la fine repentina del potere di Milošević, il contesto politico con cui il piccolo Montenegro si deve confrontare per attuare le proprie scelte, si è modificato radicalmente. Infatti, che l'allineamento con Belgrado stesse in realtà stretto alla classe dirigente di Podgorica, era già emerso nel 1999 in occasione dei bombardamenti NATO a danno della Jugoslavia, che avevano colpito anche la repubblica adriatica nonostante la sua estraneità alla politica serba di repressione in Kosovo. Quell'anno, anche a conseguenza indiretta di tali eventi, era avvenuta una sorta di secessione monetaria dallo Stato federale, concretizzatasi con l'adozione del marco tedesco come valuta ufficiale in sostituzione del dinaro jugoslavo, che cessava così di avere corso legale in Montenegro; provvedimento a cui è seguita, naturalmente, l'introduzione dell'euro dal 1° gennaio 2002. E nel mondo attuale, in cui l'economia prevale su ogni altro valore, niente più di questa scelta potrebbe indicare meglio per il Montenegro l'intenzione di rafforzare la sua identità europea occidentale a scapito di quella levantina. Tuttavia nel 2001, il passo che forse avrebbe staccato questa repubblica dall'istituzione federale, non è stato compiuto. Il referendum per l'indipendenza, che si sarebbe dovuto tenere quell'anno, non si è attuato non più davanti al timore di un nazionalismo serbo aggressivo, ma per l'opposizione dell'UE, contraria a un'eventuale ulteriore frammentazione politica dell'area balcanica. Comunque, come contropartita l'allora presidente del Montenegro Milo Đukanović, otteneva – con un accordo a tre firmato a Belgrado il 14 marzo 2002 da Serbia, Montenegro e dall'Alto rappresentante per la «Pesc» Javier Solana per conto dell'UE – una rivisitazione radicale delle istituzioni federali tra le due repubbliche. Ne conseguiva la scomparsa definitiva della Jugoslavia, sia pure dal 1992 ridotta a due soli Stati, rimpiazzata da una Federazione di Serbia e Montenegro di durata almeno triennale in cui la sovranità, eccetto poche materie di competenza degli organismi federali, è divenuta prerogativa diretta delle singole repubbliche costitutive[2]. In altre parole, si è stipulato una sorta di contratto dopo la cui scadenza sarà possibile tenere un eventuale referendum abrogativo che renderebbe il Montenegro indipendente[3]. Dunque,

---

[2] Per l'assetto istituzionale del nuovo Stato, si veda DAL BORGO, 2003, in part. p. 48.

[3] Esiste un contenzioso tra Montenegro e UE, a proposito della data di scadenza di questo triennio dopo il quale si potrà indire un referendum sull'indipendenza: per le autorità montenegrine essa sarà il 14 marzo 2005, a tre anni dalla firma del trattato di Belgrado che ha istituito il nuovo Stato federale, mentre per l'UE il triennio dovrà essere conteggiato solo dal 4 febbraio 2003, data della ratifica della nuova costituzione da parte del parlamento federale. Questa divergenza, ben lungi dall'essere soltanto «tecnica», lascia trasparire l'ostilità dell'UE verso un Montenegro sovrano (in proposito, cfr. il quotidiano montenegrino *Vijesti* del 13-3 e del 3-4-2004, che riporta le differenti posizioni sul tema).

dopo il 4 febbraio 2003, con l'entrata in vigore della nuova costituzione federale, la possibilità referendaria, insieme alla questione dei profughi provenienti dalle altre repubbliche della ex Jugoslavia rifugiatisi in Montenegro, sono diventati il tema principale del dibattito politico. Per questa ragione, i risultati del censimento tenutosi tra il 1° e il 15 novembre 2003, con due anni di ritardo rispetto alla cadenza decennale con cui nella federazione avvenivano queste consultazioni, sono estremamente interessanti. Gli esiti di tali inchieste vengono condizionati, di solito, non solo dalla natura ma soprattutto dal modo con cui i quesiti si pongono, oltre che dalle opzioni di risposta possibili. Per questo, tutti i dati ricavati fin dal censimento del 1909, il primo in cui gli esiti non siano stati coperti interamente dal segreto di Stato, hanno presentato sempre variazioni sensibili tra una consultazione e l'altra, solo in parte determinate dal semplice incremento demografico e dal cambiamento dei confini, i quali comunque non si sono più modificati dalla nascita della repubblica federale sotto la presidenza di Tito. Forse, la ragione più importante dei risultati altalenanti di cui si è accennato sopra è riconducibile alle variazioni della percezione di appartenenza della popolazione censita; un fatto che non deve stupire, essendo ormai acquisito che nazioni ed etnie sono concetti dinamici anche nel breve periodo, esposti a considerazioni estremamente soggettive[4].

Nel 1909 la nazionalità si stabiliva soltanto su base linguistica, tanto che chi aveva indicato il serbo come lingua madre veniva considerato serbo, pur mancando l'opzione della lingua albanese. A ebrei, rom e musulmani, tuttavia, era riconosciuta la possibilità di dichiarare una nazionalità non determinata dalla lingua. Dai risultati, resi pubblici alla fine dell'anno seguente, gli abitanti del Montenegro censiti sono stati 317.856, dei quali 300.000 circa ortodossi, 10.000 musulmani e 500 cattolici. Tali dati, tuttavia, erano stati manipolati ad arte dal governo per nascondere la realtà di un'emigrazione originata dalla povertà dopo la fine della dominazione turca, oltre che per coprire il mancato incremento demografico previsto, che avrebbe dovuto accrescere la disponibilità di leve militari. Infatti altri risultati, allora secretati dal dicastero degli interni, avevano indicato una popolazione di soli 222.018 individui[5]. Appare alquanto significativo, ai fini della presente indagine, come nessuna differenziazione tra serbi e montenegrini venisse percepita allora sul piano nazionale e neppure su quello etnico. Nel 1909 l'identità montenegrina derivava solo dall'esistenza dello Stato, la cui popolazione, tuttavia, per la grande maggioranza era riconosciuta – *e si ricono-*

---

[4] Come ha posto in evidenza SMITH, 1998, in part. a p. 31 e ricordato anche SCARDUELLI, 1996, pp. 22-23, nel riconoscere che le identità etniche piuttosto che oggetti sono immagini mentali, modelli autorappresentativi, tanto che gli stessi gruppi etnici sono «realtà fluide». Inoltre è fondamentale, in proposito, ANDERSON, 2003, *passim*.

[5] I dati sul censimento del 1909 sono tratti da *Vijesti* del 14-12-2003 (art. a firma di ŽIVKO M. ANDRIJAŠEVIĆ).

*sceva* – come serba, dal momento che era di fede ortodossa e soprattutto parlava il serbo. Una caratteristica costante della popolazione di un paese pur piccolo come il Montenegro, è stata la sua eterogeneità non soltanto dovuta a fattori linguistici e religiosi, ma anche politici in particolar modo da quando, con il Congresso di Berlino nel 1878, le potenze di allora lo hanno riconosciuto come Stato, ratificandone dunque la differenziazione statuale dalla Serbia, nonostante le affinità etniche e culturali degli abitanti dei due regni. Date tali premesse, i maggiori contrasti interni in Montenegro durante il XX secolo si sono manifestati non tra le minoranze alle prese con il gruppo etnico prevalente, ma in una spaccatura entro la stessa componente maggioritaria sul piano linguistico e religioso della popolazione: quella di lingua serba e di fede ortodossa, divisasi già nel 1918 tra i «bianchi» favorevoli a una unione con la Serbia, e i «verdi» che auspicavano un mantenimento della casa regnante montenegrina[6]. Sul finire del XX secolo scomparse le monarchie da oltre un cinquantennio, i contrasti del passato si sono rivestiti di forme istituzionali repubblicane dopo il fallimento della federazione socialista costituitasi dopo la seconda guerra mondiale. Il contenzioso montenegrino negli anni Novanta nei confronti delle strutture federali belgradesi è, come già nel 1918, di natura squisitamente politica, pur avendo assunto anche l'aspetto – e in questo consiste la novità – di rivendicazione etnico nazionale. Per rendersene conto, vale la pena considerare i risultati del censimento tenuto nel 1991, confrontandoli con quelli della analoga consultazione di dieci anni prima. Nel 1981 su un totale di 584.310 abitanti censiti, 400.488 si sono riconosciuti montenegrini (68,54%), 19.407 serbi (3,32%), 78.080 musulmani (13,36%), 37.735 albanesi (6,45%), 33.146 jugoslavi (5,67%), oltre a ulteriori componenti minoritarie. Nel 1991, con una popolazione complessiva censita di 615.447 unità, soltanto 380.664 abitanti (61,85%) si sono dichiarati montenegrini, 57,176 (9,29%) serbi, 89.909 (14,6%) musulmani, 40.880 (6,64%) albanesi, 25.854 (4,2%) jugoslavi. Questi dati, emersi dalle personali scelte identitarie degli interessati, pur segnalando una certa fluidità nella composizione dei gruppi etnici e nazionali, riflettono soprattutto uno sviluppo di natura socio-politica. È interessante rilevare, in proposito, come il cambiamento del senso di identità di larghe percentuali di abitanti, possa essere spia di una ridefinizione *effettiva* delle nazionalità stesse. Infatti i montenegrini, diminuendo in dieci anni di circa 20.000 unità, sono passati da oltre il 68% della popolazione complessiva a poco meno del 62%, mentre i serbi sono quasi triplicati. In assenza di movimenti migratori tanto consistenti in quel decennio e nell'impossibilità di un ricambio generazionale completo in un arco di tempo tanto limitato, va da sé che più o meno 20.000 persone dichiaratesi montenegrine, dieci anni più tardi si sono sentite

---

[6] Cfr. LUTARD, 1999, p. 65.

maggiormente «serbe»; questo fatto potrebbe spiegarsi in chiave politica: nel 1981 quando la federazione jugoslava era ancora solida, la grande maggioranza di abitanti di lingua serba e fede ortodossa della repubblica adriatica, risiedendo in Montenegro si era definita «montenegrina», indicando in tale modo una nazione accomunata a quella serba da lingua, religione e dalla medesima origine slava. Appartenere alla nazione montenegrina, fino ad allora aveva corrisposto per lo più a risiedere in Montenegro parlando il serbo con l'uso indifferente degli alfabeti cirillico e latino, oltre all'identificarsi – non diversamente dai serbi – nel cristianesimo ortodosso. Nel 1991 invece, le rivendicazioni nazionali nelle varie repubbliche facevano a pezzi lo Stato federale, tanto che soprattutto Slovenia e Croazia stavano realizzando rapidamente la propria indipendenza in nome del diritto all'autodeterminazione politica da parte della nazione eponima di ciascuna delle due repubbliche. Entro tale mutato scenario a scala federale, dichiararsi montenegrini aveva corrisposto a una intenzione di presa di distanze da Belgrado, e non più soltanto a risiedere in Montenegro parlando serbo e riconoscendosi nella Chiesa ortodossa. Il vento di secessione è arrivato anche in Montenegro, e dunque dirsi di tale nazione è diventato un mezzo per esprimere una netta scelta di campo in senso antifederale, soprattutto antiserbo. Naturale che con una siffatta politicizzazione della preferenza, i contrari a un eventuale distacco da Belgrado abbiano preferito la nazionalità serba, maggioritaria (sia pure di maggioranza relativa) in tutta la federazione e vera anima della Jugoslavia. Questo spiegherebbe la crescita esponenziale dei serbi in soli dieci anni e contemporaneamente il calo dei montenegrini di ben sette punti percentuali sul totale degli abitanti. È anche comprensibile, poi, il voto antisecessionista al referendum del 1992, in quanto pesantemente condizionato dal timore, per gli interessati chiamati a esprimersi, di un allargamento al Montenegro delle guerre scatenatesi in altre repubbliche. Questo risultato, tuttavia, non ha scalfito la volontà di distacco dalla federazione da parte di una significativa componente della società. Possono esserne prova, nonostante l'adesione nel 1992 del Montenegro alla nuova Jugoslavia, i risultati elettorali del 1998 una volta esaurita la fase dello strapotere della Serbia durante la prima metà degli anni Novanta[7] e la separazione monetaria già menzionata. Tuttavia, la prova maggiormente significativa del consolidamento di uno zoccolo duro di identità nazionale montenegrina che sta acquisendo una propria peculiare fisionomia pur al prezzo di un ridimensionamento quantitativo, proviene a mio parere, dopo il fallimento dei tentativi egemonici della Serbia in area balcanica, dagli esiti dell'ultimo censimento svolto

---

[7] In queste elezioni Milo Đukanović, leader dell'indipendentismo montenegrino, ha sconfitto il partito socialista filoserbo di Bulatović prevalendo anche nei comuni settentrionali, roccaforte tradizionale del serbismo montenegrino (cfr. CARNIMEO, 1998, pp.171-177).

dal 1° al 15 novembre 2003, che sono ancora più eloquenti di quelli delle elezioni politiche.

Gli abitanti complessivi censiti in tale occasione sono stati 672.636, con un incremento del 9,4% rispetto al 1991. Mentre nei censimenti precedenti del 1948, 1953, 1961, 1971 e 1981 l'accrescimento medio si è posto poco al di sopra del 10%, nel 1991 esso si è dimezzato rispetto a quello di dieci anni prima. Tuttavia, il rilancio demografico del 2003 solo in parte è dovuto alla ripresa del saldo naturale, stimato intorno a 50.000 unità[8] dal momento che tra fuoriusciti e nuovi entrati va considerata una differenza positiva di 7.000 abitanti circa, buona parte dei quali sono profughi da altre repubbliche ex jugoslave. Altra tendenza generale è stata una crescita in tutti i comuni costieri e a Podgorica, mentre cali sensibili si sono riscontrati nella vecchia capitale Cetjnie e nei sette comuni settentrionali di Andrijevica, Žabljak, Kolašin, Mojkovac, Pljevlja, Plužine e Šavnik.

A modificare il quadro sociale complessivo, anche il numero delle famiglie mononucleari è cresciuto rispetto all'incremento della popolazione, tanto che dal 1991 al 2003 la media dei componenti di una famiglia è calata da 3,8 membri a 3,24; se ne evince che la tradizionale famiglia patriarcale si sta erodendo in favore di una struttura più vicina agli standard europei.

Comunque, i dati di grande significato e di valenza politica sono quelli relativi all'appartenenza nazionale e alla lingua, i più indicativi riguardo le trasformazioni avvenute nel paese in poco più di un decennio. La nazionalità montenegrina – che non riconoscendosi nel serbismo esprime un'identità autonoma – ha perduto la maggioranza assoluta, passando a 273.336 (40,64%) abitanti, con una diminuzione di circa 107.000 unità pari a oltre 21 punti di percentuale sul totale della popolazione. I serbi invece, salendo a 201.892 (30,01%) e dunque aumentando di tre volte e mezza rispetto al 1991, sono diventati la seconda nazione della repubblica; inoltre, dato che la loro crescita è stata superiore alla diminuzione dei montenegrini, ci si domanda da dove provenga questa differenza di circa 30.000 nuovi serbi: la spiegazione potrebbe derivare dai 26.000 che nel 1991 si sono dichiarati jugoslavi, opzione non più prevista nel 2003.

Il travaso da un gruppo all'altro non è soltanto una peculiarità dei montenegrini, essendosi verificato un processo analogo anche per i musulmani, i quali a partire dal censimento del 1961 sono stati riconosciuti come popolazione a sé per via della religione praticata. Ora invece anche i musulmani si sono divisi in due; infatti, quelli «etnici» si sono ridotti a 28.714 (4,27%), mentre 63.272 (9,41%) si sono dichiarati bosniaci. Entrambe le componenti danno una somma di 91.986

---

[8] Quest'ultimo dato e tutti gli altri relativi al censimento del 2003, sono tratti da *Vijesti* del 7, del 19, del 20, del 30-12-2003, del 4, del 5-1-2004, dell'11-4-2004; su di esso si vedano anche le valutazioni di T. Bošković del 23-12-2003 su *www.osservatoriobalcani.org*.

(13,68%), che posta a confronto con i musulmani censiti nel 1991 (89.614, pari al 14,57%), indica un modesto calo dello 0,89%. L'attuale sdoppiamento «nazionale» dei musulmani è dovuto al fatto che nel 1991 non ci si poteva dichiarare bosniaci; «Bosnia» fino ad allora era stata la denominazione di una repubblica della federazione, che tuttavia unica tra tutte mancava dell'etnico corrispondente al suo nome, tanto che la popolazione residente poteva definirsi soltanto serba, croata, musulmana o jugoslava, *ma non bosniaca*. Successivamente invece, dopo il riconoscimento nel 1992 della Bosnia come Stato nazionale sovrano, la nuova identità bosniaca accettata in quella repubblica soltanto dai musulmani, si è allargata fuori dai suoi confini fino a caratterizzare anche la maggior parte dei musulmani del Montenegro, che la hanno preferita alla vecchia identificazione etnico-nazionale su base religiosa. In altre parole, è in via di esaurimento la soluzione di Tito di caratterizzare i musulmani in chiave etnica, e poi dal 1971 anche nazionale, che era stata istituita allo scopo di valorizzare come componente costitutiva della federazione anche la fede islamica, che in tale modo aveva acquisito una piena legittimità, non inferiore a quella delle altre nazioni.

La quarta nazionalità del Montenegro è quella albanese, con 47.682 (7,09%) presenze, mentre nel 1991 erano 40.415 (6,57%). Marginali e fondamentalmente stabili, poi, sono le componenti croata (7.062) e rom (2.875). Si è invece riscontrato un aumento di chi si è avvalso del diritto costituzionale di non dichiarare la propria nazionalità (28.885 casi pari al 4,29%) e di chi non ha fornito alcun dato (10.532, l'1,57%).

Analizzando i risultati a livello locale, emerge una tendenza alla polarizzazione territoriale delle appartenenze nazionali. Infatti, dalla costa adriatica e nell'interno fino alla valle della Zeta prevale nettamente un'identità montenegrina, mentre nel nord montuoso del paese è maggioritario il serbismo, tanto più accentuato quanto più ci si avvicina al territorio della Serbia propriamente detta. Nel nord-est, invece, vi è una piccola area quasi interamente «bosniaca» e musulmana, e nell'estremo sud vicino al confine con l'Albania è concentrata la componente albanese. Conformemente a tale quadro, a Pljevlja il comune più settentrionale, si considera serba il 59,52% della popolazione e montenegrina il 20,99%, per un totale di 36.918 abitanti; che questi dati siano la conseguenza di una scelta di campo politica, traspare facilmente dal confronto con i risultati del 1991, secondo i quali i serbi erano soltanto il 24,23%, a fronte del 55,35% montenegrino. Le altre roccaforti serbe, tutte nel nord, sono Žabljak (serbi 50,15% e montenegrini 42,85%, per un totale di 4.245), Šavnik (serbi 47,64% e montenegrini 46,64%, per 2.972 ab.) e Plužine (serbi 60,57% e montenegrini 32,6% per 4.294 ab.). Nella valle del fiume Tara, a schiacciante maggioranza ortodossa, invece, i montenegrini prevalgono di poco sui serbi a Mojkovac (54,77% montenegrini e 40,88% serbi per 10.274 ab.) e a Kolašin (50,35% montenegrini e 44,6% serbi per 9.975 ab.). Lungo il fiume Lim, nel Montenegro orientale la situazione è un poco più complessa; infatti a Bijelo Polje (serbi 36,31% e montenegrini 16,13% per 57.124 ab.), a Berane (serbi 41,43% e montenegrini 22,7% per 40.885 ab.) e a Andrijevica (serbi 65,08% e montenegrini 23,1% per 6.384 ab.) la popolazione è a maggioranza ortodossa, mentre a Plav sono più numerosi i musulmani (5,78% quelli «etnici», 50,73% i «bosniaci» per 21.604 ab.). L'unica città a prevalenza netta musulmana è Rožaje (6,06% gli «etnici» e 81,68% i «bosniaci» per 27.562 ab.), nel nord-est. Invece nel «cuore» storico del Montenegro che si trova nella valle della Zeta con le città di Nikšić (62,5% montenegrini e 26,65% serbi per 76.671 ab.), di Danilovgrad (67,93% montenegrini e 25,47% serbi per 16.400 ab.) di Podgorica (54,94% montenegrini e 25,08% serbi per 179.403 ab.), e nella vecchia capitale Cetinje (90,28% montenegrini e 4,61% serbi per 18.749 ab.) tra la Zeta e la costa, culla del nazionalismo secessionista da Belgrado, i montenegrini sono la maggioranza assoluta su ogni altra componente. Sulla costa ogni centro fa caso a sé: l'estremo sud è albanese a Ulcinj (78,17% albanesi per 26.435 ab. totali), mentre la vicina Bar (44,14% montenegrini, 24,81% serbi, 12,05% albanesi per 45.223 ab.), pur prevalentemente slava, data la sua posizione vicina ai confini con l'area albanese fa riscontrare una forte presenza anche di questa componente; a Budva (45,56% montenegrini, 40,45% serbi per 16.095 ab.), a Tivat (29,49% montenegrini, 34,1% serbi per 13.991 ab.) e a Kotor (46,85% montenegrini, 30,65% serbi per 23.481 ab.) serbi e montenegrini costituendo la grande maggioranza, quasi si equivalgono numericamente; e per finire a Herceg Novi, la città sul golfo di Cattaro a pochi chilometri dalla frontiera croata e dalla repubblica serba di Bosnia, in controtendenza rispetto agli altri comuni della costa adriatica, si è dichiarata serba la maggioranza assoluta degli abitanti (28,41% montenegrini, 52,45 serbi per 33.971 ab.). Dai dati presentati sopra, emerge una certa tendenza all'accentramento etnico sul territorio, che dà luogo a una situazione ben diversa da quella della Bosnia antecedente alla guerra del 1992-1995, in cui quasi tutta la superficie dello Stato era coperta da un mosaico etnico a «pelle di leopardo», nella quale eccetto alcune zone fortemente omogenee, si alternavano abitati ciascuno etnicamente differente dal vicino, o addirittura insediamenti misti. Il Montenegro, invece, presenta regioni che se non proprio etnicamente omogenee, fanno intravedere la prevalenza netta di una certa componente sulle altre, il che potrebbe limitare molto i rischi di conflittualità distruttive.

È opportuno rilevare che, tornando alla ripartizione degli abitanti in senso nazionale, a rigore i musulmani in Montenegro sono di più della somma tra quelli «etnici» e quelli «bosniaci», essendo di fede islamica anche quasi tutti gli albanesi; tuttavia, la condivisione religiosa tra questa comunità e gli slavi musulmani non dà luogo ad alcun senso di appartenenza comune, come invece accade in quasi tutte le altre parti del mondo islamico, dove popolazioni di differente origine etnica sentendosi affratellate dalla stessa religione, percepiscono generalmente l'islam come la propria unica vera nazione: in Montenegro, come del resto anche in tutte le altre repubbliche della ex Jugoslavia, la distanza tra queste due componenti accomunate dalla religione è etnica, tanto che la lingua differente – il serbo per gli uni e l'albanese per gli altri – è ben altro che la semplice causa della loro diversità ed estraneità reciproca, costituendo solo un effetto di un divario molto più profondo.

Dunque, l'impressione che si ricava dall'analisi dei dati del censimento e dagli sviluppi politico sociali dagli anni Novanta, è che nel Montenegro sia in atto un processo di polarizzazione per nazioni, nel quale le nazionalità, ancora in gran parte «fluide», si stanno comunque consolidando anche col ricorso agli elementi tipici che nella cultura sì di origine europea, ma ormai estesa a tutto il mondo, rafforzano il senso identitario: la religione e la lingua. Infatti, pur essendo entrambe cristiano ortodosse, le due componenti serba e montenegrina dispongono ciascuna di una Chiesa propria che non riconosce l'altra: una è la Chiesa Serba Ortodossa Autocefala in cui è compreso il Metropolitanato Ortodosso del Montenegro, la seconda la Chiesa Ortodossa Autocefala del Montenegro, che era stata abolita nel 1920 dal re Alessandro Karađorđević e poi ristabilita nel paese il 31 ottobre 1993 a Cetinje con l'elezione popolare del vladika[9]. Invece, per i musulmani la caratterizzazione in senso nazionale proveniente dalla religione, è un'arma ormai spuntata; infatti il loro credo, oltre a essere condiviso con la maggior parte degli albanesi dai quali si distinguono nettamente, sta perdendo rapidamente la sua precedente funzione identitaria in senso nazionale, soppiantata da una vera e propria nascente nazione territoriale, quella bosniaca, nonostante derivi da un altro Stato.

Tuttavia, la partita per le identificazioni nazionali degli abitanti si gioca sopratutto sul terreno delle lingue, le quali più che le religioni – semplici etichette vuote per i non praticanti – riguardano l'intera popolazione. Alla luce della pubblicazione dei dati ufficiali del censimento sulla lingua (su *Vijesti* del 20-12-2003), il serbo è parlato da 401.382 abitanti (59,67%) e il montenegrino da 144.838 (21,53%). Inoltre, il bosniaco è madrelingua per il 4,37%, l'albanese per il 7,35%, il croato per lo 0,46%, la lingua rom per lo 0,42%; non si sono dichiarati il 2,92% dei cittadini e il 3,26 ha dichiarato altre lingue. Emerge che oltre al caso dell'albanese in cui la lingua coincide esattamente con la nazione corrispondente, anche negli altri le indicazioni linguistiche tendono a collimare, pur in modo blando, con quelle nazionali. Una tale inclinazione si riscontra meglio esaminando alcuni casi locali esemplari. Infatti, se il serbo è lingua quasi esclusiva nelle città a maggioranza serba come Plužine (93,34%), Andrijevica (86,9%) e Žabljak (84,12%), nell'ultranazionalista Cetinje ha dichiarato di parlare il

---

[9] Cfr. «Brief History of the Orthodox Metropolitanate of Montenegro and the Littoral», su *http://www.njegos.org/past/metrohist.htm* (cons. il 7-1-2004), sito dei montenegrini filoserbi, e «Montenegrin Church and Religion in Montenegro», su *http://www.montenegro.org/religion.html* (cons. l'11-1-2004), sito della diaspora montenegrina in America; in entrambi si espongono posizioni opposte in cui non si riconosce alcuna ragione all'altro.

montenegrino il 70,69% degli abitanti. Ma c'è di più: a Plav, comune a maggioranza musulmana, il 48,26% ha dichiarato di parlare il «bosniaco» e a Rožaje il 52,53% degli abitanti parla «altre lingue». In realtà, il montenegrino, il bosniaco e quanto buona parte della popolazione di Rožaje ha definito «altre lingue», non sono altro che il serbo nel dialetto *stocavo* (da *sto?* = che cosa?), il medesimo in uso in Serbia, nella sua variante *ijecavo* che è la stessa adoperata nella Bosnia, anche da parte dei serbi e dei croati locali[10]. In altre parole, in Montenegro il serbo, il montenegrino e *a fortiori* anche le altre lingue dichiarate, sono lo stesso idioma che si vuole differenziare per ragioni politiche e nazionali. Questo non significa affatto che alcune neolingue non stiano effettivamente nascendo: le motivazioni di poco sopra, in fondo, sono notoriamente tra le più frequenti tra quelle che stanno alla base della formazione di un nuovo idioma. Vi è da ricordare, tuttavia, che nel caso del Montenegro, paese su una frontiera culturale, tutta europea, tra Occidente e mondo levantino, se fino ad alcuni anni fa venivano usati indifferentemente entrambi gli alfabeti latino e cirillico, attualmente chi propende per un'identità serba preferisce il cirillico, mentre il nazionalismo montenegrino ha optato decisamente per quello latino: e questa costituisce, ad oggi, la differenziazione linguistica più appariscente. In realtà, alle spalle vi è un confronto culturale in cui tutte le componenti, in una situazione che in questi primi anni del nuovo secolo è ancora piuttosto fluida, cercano spazi per una piena visibilità delle proprie specificità. La partita si gioca sul terreno dell'aspirazione delle minoranze nazionali a un riconoscimento *optimo iure*; un fine che richiede una cultura propria con tanto di lingua nazionale a coronarne la legittimità, da impiegarsi sia nell'insegnamento scolastico e sia nella pubblica amministrazione. Il riconoscimento culturale trascende la mera questione linguistica: in tale senso, laddove vi siano minoranze nazionali sufficientemente consistenti è rivendicato non solo l'insegnamento in lingua, ma anche uno specifico programma didattico per alcune materie culturali (come storia, letteratura, arte), modellato su quelli in uso nei paesi d'origine delle minoranze. L'esistenza di un tale dibattito indica che nel Montenegro, nonostante le istanze nazionaliste, si è ben lontani dal perseguire un nazionalismo aggressivo negatore di identità altre rispetto alla dominante, sul tipo di quelli di altre repubbliche balcaniche negli anni Novanta. Invece, il modello che questa repubblica sembra volere adottare il Montenegro è molto più «politicamente corretto» e in linea rispetto ai valori di multiculturalità auspicati per il conferimento di una patente di piena democrazia da parte della comunità internazionale, oggi indispensabile per un paese che intenda candidarsi a un'ammissione nell'UE, percepita in area extracomunitaria

---

[10] Sui confronti linguistici in queste aree, si veda JANIGRO, 1995, pp. 65-73, e MLADENOVIC, 2002, pp. 155-165.

come una sorta di status symbol indicatore di benessere[11]; infatti, una nuova legge sulle minoranze nazionali prevede un concreto riconoscimento delle lingue minoritarie laddove esse abbiano una presenza significativa[12], oltre a un sistema di insegnamento che tenga conto delle specificità culturali dei gruppi etnici; in altre parole, viene auspicato un nuovo tipo di società organizzata su base multiculturale, con norme che alcuni vorrebbero derivare integralmente da quelle in uso nelle democrazie europee, per evitare spunti creativi originali «autoctoni», potenzialmente pericolosi[13].

Alla luce degli assestamenti nazionali e sociali in atto, l'ipotesi di una secessione a breve termine del Montenegro, nel 2004 non è così certa come poteva apparire invece nel 2001. Infatti, oltre all'opposizione dell'UE, occorre considerare anche il ridimensionamento della popolazione dichiaratasi montenegrina nell'ultimo censimento, avvenuto a tutto vantaggio della componente serba manifestamente ostile a una rottura del legame federale. In proposito, ci si domanda come l'indipendenza da Belgrado possa realizzarsi senza traumi o conflitti distruttivi – che nessuno auspica – come avvenuto in Bosnia, se si riconosce di nazione montenegrina solo il 40% degli abitanti; l'unica possibilità è che la nazione eponima che detiene la maggioranza relativa, riesca a coinvolgere le minoranze musulmano-bosniaca e albanese in un progetto di stato multinazionale e multiculturale, anche se un tale esito non è affatto scontato.

I cambiamenti manifestatisi in Montenegro nei primi anni del nuovo secolo sono ancora più profondi della semplice evoluzione dei rapporti di forza tra le nazionalità. Per rendersene conto, vale la pena considerare che il calo del numero degli abitanti nel nord del paese – sia in assoluto e sia in percentuale – è l'effetto di una migrazione interna verso i comuni del centro, della costa e verso l'estero dovuta alla fuga da una povertà senza uscita; un dinamismo, questo, correlato alla tradizionale chiusura della società montenegrina, povera di occasioni di mobilità sociale in loco, a cui si sono aggiunte forme di pressione politica nei confronti delle minoranze. Queste migrazioni, che hanno fatto perdere 20.000

---

[11] Per rendersene conto, basti considerare come l'UE insista nell'auspicare una società multietnica in Kosovo, laddove le popolazioni direttamente interessate né desiderano né possono impostare una convivenza pacifica nella regione (cfr. MANGALAKOVA T., «Kossovo multietnico? Missione impossibile» su www.osservatoriobalcani.org del 7-5-2003, e CVIJANOVIĆ Ž., «Il Kosovo unisce la Serbia», ibid. del 22-3-2004).

[12] Si è dibattuto su quanti debbano essere, in una data località, i componenti di una minoranza nazionale sufficienti a garantire a essa il riconoscimento ufficiale che le conferisca il diritto di usare la madrelingua nella scuola, nella p.a., nella segnaletica stradale: secondo alcuni il limite dovrebbe essere fissato al 10% per via dei costi che tali provvedimenti comporterebbero, mentre per altri sarebbe necessario porre la soglia al 5% (in proposito, vd. l'art. di TOMOVIĆ Dš. su Vijesti del 1°-12-2003).

[13] In tale senso si è pronunciato Srđan Vukadinović della commissione governativa preposta alla stesura di tale legge, in una intervista pubblicata sempre su Vijesti del 1°-12-2003.

persone al nord del paese, si differenziano rispetto a quelle degli anni Sessanta e Settanta per il loro carattere definitivo[14]. Infatti, mentre i residenti all'estero nel 1991 erano solo 23.766, successivamente se ne sono registrati 54.816, con un incremento del 130% che è un dato illuminante di quanto sia in crisi l'offerta odierna di lavoro specie nel nord, nonostante le possibilità di integrazione della sua economia con quella del resto dell'Europa e le potenzialità di crescita di un settore innovativo come quello turistico.

Un altro problema sociale e demografico ancora consistente anche se senz'altro ridimensionato rispetto alla seconda metà degli anni Novanta, è quello della presenza in Montenegro di 32.000 profughi da regioni disastrate delle repubbliche della vecchia federazione. Secondo la coordinatrice dei programmi umanitari del commissariato governativo per i profughi e la popolazione emigrata, Ivanka Kojić[15], circa 18.000 di questi provengono dal Kosovo e 14.000 dalla Croazia e dalla Bosnia, costituendo il 5% della popolazione attuale del Montenegro. Pur diminuiti rispetto a un afflusso stimato a 130.000 unità ai tempi dell'intervento NATO in Kosovo, questo problema grava sul paese dal momento che terminata l'emergenza, gli aiuti dell'UE si sono contratti considerevolmente. Una soluzione per molti profughi potrebbe essere l'integrazione nella società montenegrina, considerando che un grande numero di essi è riuscito a rendersi economicamente indipendente con un'occupazione. Altri invece hanno perso lo status di profugo perché rientrati temporaneamente nel paese d'origine per vendervi le proprie cose, prima di tornare in Montenegro. Per costoro la situazione di incertezza giuridica si è accentuata per l'impossibilità di ottenere, col solo domicilio temporaneo, la residenza in Montenegro che è requisito indispensabile per una eventuale futura cittadinanza.

Dunque la possibile evoluzione del Montenegro, prima di prendere direzioni precise in senso politico ed economico, deve riguardare soprattutto la questione identitaria della popolazione, la quale dovrà stabilire come considerarsi e pertanto cosa *essere*; da queste scelte dipenderà il tipo di Stato che si consoliderà nel prossimo futuro.

---

[14] Secondo la valutazione del sociologo Srđan Vukadinović, su *Vijesti* dell'11-4-2004.
[15] Intervista su *Vijesti* del 5-10-2003.

# BIBLIOGRAFIA

ALLCOCK J.B., *Explaining Yugoslavia*, New York, Columbia University Press, 2000.

ANDERSON B., *Comunità immaginate. Origini e fortuna dei nazionalismi*, Roma, Manifestolibri, 2003 (ed. orig. *Imagined Communities*, Verso, London - New York, 1991).

CARNIMEO N., *Montenegro o Montecarlo?*, in «Limes», 3, 1998, pp. 171-178.

DAL BORGO A., *La nuova federazione Serbia-Montenegro: cronaca di una genesi tormentata*, in BIANCHINI S. e PRIVITERA F. (a cura di), *Guida ai paesi dell'Europa centrale orientale e balcanica. Annuario politico-economico 2003*, Bologna, Il Mulino, 2003.

FLEMING T., *Montenegro: The Divided Land*, Chronicles Press, Rockford (Illinois), 2002.

GAMBINO S. (a cura di), *Europa e Balcani: stati, culture, nazioni*, Padova, CEDAM, 2001.

JANIGRO N., *La battaglia delle "neolingue"*, in «Limes», 3, 1995, pp. 65-73.

LUTARD C., *Serbia*, Bologna, Il Mulino, 1999 (ed. orig. *Géopolitique de la Serbie-Monténégro*, Éditions Complexe, Paris, 1998).

MLADENOVIC A., *La lingua serba e le minoranze linguistiche della RFJ*, in CERMEL M. (a cura di), *La transizione alla democrazia di Serbia e Montenegro. La Costituzione della Repubblica federale di Jugoslavia 1992-2002*, Venezia, Marsilio, 2002, pp. 155-165.

PIRJEVEC J., *Serbi, croati, sloveni. Storia di tre nazioni*, Bologna, Il Mulino, 1995.

PRÉVÉLAKIS G., *I Balcani*, Bologna, Il Mulino, 1997 (ed. orig. *Les Balkans. Cultures et géopolitique*, Nathan, Paris, 1994).

SCARDUELLI P., *Stati, etnie, culture: alcune considerazioni preliminari*, in ID. (a cura di), *Stati, etnie, culture*, Milano, Guerini e Associati, 1996, pp. 19-39.

SMITH A.D., *Le origini etniche delle nazioni*, Bologna, Il Mulino, 1998 (ed. orig. *The ethnic origins of nations*, Basil Blackwell, Oxford, 1986).

*finito di stampare
nel 2006
brigati glauco
via isocorte, 15
tel. 010.714535
16164 genova-pontedecimo*